国家哲学社会科学成果文库
NATIONAL ACHIEVEMENTS LIBRARY
OF PHILOSOPHY AND SOCIAL SCIENCES

出土战国文献虚词研究

张玉金 著

人民出版社

张玉金 男，吉林榆树人，1958年生。现为华南师范大学文学院教授、博士生导师、副院长。兼任广东省中国语言学会副会长、中国殷商文化学会理事。主要从事出土文献语言学、古文字学和汉字学研究。出版学术著作8部：《甲骨文虚词词典》、《甲骨文语法学》、《甲骨卜辞语法研究》、《20世纪甲骨语言学》、《西周汉语语法研究》、《西周汉语代词研究》、《汉字学概论》、《当代中国文字学》等。主编著作5部，主编丛书2套。在《中国语文》、《语言研究》、《古汉语研究》、《文史》、《语言科学》、《语文研究》等刊物上发表学术论文150多篇。曾获中国高校人文社会科学优秀成果奖三等奖，省社科优秀成果一等奖、二等奖，省教育厅优秀社科成果二等奖，市社科优秀成果一等奖。主持国家社科基金课题3项，省部级课题3项，省教育厅课题4项。

《国家哲学社会科学成果文库》
出版说明

为充分发挥哲学社会科学研究优秀成果和优秀人才的示范带动作用，促进我国哲学社会科学繁荣发展，全国哲学社会科学规划领导小组决定自2010年始，设立《国家哲学社会科学成果文库》，每年评审一次。入选成果经过了同行专家严格评审，代表当前相关领域学术研究的前沿水平，体现我国哲学社会科学界的学术创造力，按照“统一标识、统一封面、统一版式、统一标准”的总体要求组织出版。

全国哲学社会科学规划办公室

2011年3月

2006年国家社会科学基金项目“虚词理论与出土战国文献虚词研究”(06BYY036)成果

华南师范大学文学院“211”工程项目成果

目　录

CONTENTS

第　一　章

绪　论

第一节　虚词及出土战国文献虚词概貌

一、虚词的定义及其范围

本书研究的是出土战国文献中的虚词，所以首先要弄清楚什么是虚词。

《马氏文通》诞生以前，古代语文学家就已经开始对虚词进行研究了。那时对虚词的称谓还未规范，有多种叫法，如“虚字”“助字”“词”“语助”“助语”等等。与虚词相对的是实词，对实词和虚词的区分还是靠词的词汇意义，所以实词、虚词属于非语法范畴的词类。那时虚字的所指范围跟现代意义上虚词的所指范围不尽相同，除了指语气词、介词、连词、助词之外，还包括代词、数词、叹词、副词，甚至还包括动词和形容词。古代语文学家研究虚词的目的主要有两个，一是为了写作（诗文修辞），二是为了释义（古籍训诂）。前者属于修辞学范围，后者则属于训诂学范围（详见孙良明 1992）。研究的重点是语气词，以语气为中心是古汉语虚词研究的一大特色。研究特点是重语序和重声气。从汉语虚词的分布中，求其相同“位置义”在功能上的共性。又从汉语虚词的语气中，辨其相异“声气”在功能上的个性。那时研究虚词的方法主要有三：一是逐字为训的辞注式虚词研究。这是汉儒在传注及字词典中首先使用的，如《诗经》等的传注以及《尔雅》、《说文解字》。二是辞气式虚词研究。这种研究是魏晋以后文学家、文论家在吟诗作文、欣赏评论中开创的，旨在研究虚词的神情气韵。如刘勰的《文心雕龙》总结出了“发端”“送末”“札句”三类用法。柳宗元归纳出疑词、决词两种语气词。三是辞例式虚词研究。如清代刘淇的《助字辨略》把虚词分为十三种，并附以大量书证材料，训释翔实可靠。清代王引之的《经传释词》采用“比类丑物”的方法和声近义通的理论，把语文学阶段的虚词研究推向了一个高峰。

《马氏文通》诞生以后至建国前，学者们采用的虚词和实词的划分标准基本上是一致的，主要采取意义标准。马建忠的《马氏文通》主张：“凡字有事理可解者，曰实字。无解而惟以助实字之情态者，曰虚字。”可见，马建忠在区分实词、虚词时，是按照其字义可解与否作为依据的，即以意义作为标准。他把汉语文言的词分成九类，其中实字包括名字、代字、动字、静字、状字五类，虚字包括介字、连字、助字、叹字四类。黎锦熙的《新著国语文法》也主张根据意义区分词类，他说：“就语词在言语的组织上所表示的各种观念分为若干种类，叫做词类”，或者说“词类是分别观念自身在言语中的品质和性质”。他认为词是思想中的一种观念的即人类精神所贯注的对象，这种对象往往具有三个方面的内容：实体、作用、情态。表示实体的叫实体词，包括名词、代名词；表示作用的叫述说词，有动词；表示情态的叫区别词，包括形容词、副词。这三大类词都叫实词。另两大类叫关系词、情态词，关系词是表示各词或各语句关系的词，包括介词、连词；情态词是表示人的意趣、情感或态度的词，包括助词、叹词，这两类叫虚词。由上述看来，黎锦熙对实词、虚词的区分，从名称上看虽与《马氏文通》有不同，但实质上并无差别。王力的《中国现代语法》认为，“汉语里，词的分类差不多完全只凭着意义来分。就意义上说，词可以分为两大类，第一类是实词，它们的意义很实在的，它们所指的是实物、数目、形态、动作等等。第二类是虚词，它们的意义是很空灵的。独立的时候，它们几乎没有意义可言，然而它们在句子里都有语法上的意义。”可见，王力所讲的意义，对实词而言，是词汇上的意义；对虚词而言，是语法上的意义。王力首先把词分为理解成分和语法成分两大类。理解成分就是实词，包括名词（含单位名词）、数词、形容词、动词（包括一些介词）。语法成分又分为三类，一是半实词，即副词，二是半虚词，包括代词、系词，三是虚词，包括联结词、语气词、记号。吕叔湘的《中国文法要略》主张把词“按意义和作用相近的归为一类"，他虽然强调"作用"，但在具体分类时，仍以意义为主。他把实词称为实义词，虚词称为辅助词。实义词包括名词、动词、形容词，辅助词包括限制词（副词）、指称词（称代词）、关系词、语气词等。如上所述，这一时期学者们辨别虚、实的依据是语义。但汉语虚词的语义功能是依附于结构体现出来的，表示的是结构中的语义关系，与实词不同。因此语义难以成为科学的标准。《马氏文通》以前，学者们研究领域主要是文言文，但在此阶段，学者们已经开始研究白话文了，这就拓宽了研究领域。

从建国后至现在，语法学界对虚词的研究有了更大的进展。以往，人们认为汉语中的词分为实、虚两类，是理所当然的。但到这时，有些学者开始对这个前提进行思考。姚晓波（1988）认为，在词类划分中应取消实词、虚词的分类，而应该根据语法功能直接划分成名词、动词、形容词等等，然后分别说明各个词类的语法功能和特点。但对这种观点表示赞同的人很少，多数人还主张分虚实。不过，许多学者看到虚、实二分的难处，就主张三分。孙良明（1992）将汉语词类分成句法结构成分词、句法结构关系词、非句法结构词三类。句法结构成分词包括动词、名词、形容词、数词、量词、代词、副词；句法结构关系词包括介词、连词、结构助词；非句法结构词包括语气助词、动态/时态助词、叹词等。他认为实词、虚词是非语法范畴的类，不属于语法学分类研究的范畴。汪小宁（1996）将汉语中的词划分为实词、虚词、中词三大类。实词包括名词、动词、形容词、数量词和代词；虚词包括介词、连词、助词和语气词；中词则包括副词、象声词和叹词。他认为，中词具有自己的特点：一、与实词相比，它们都没有确定的词汇意义；二、副词、象声词都能单独充当句子成分；三、副词、象声词和叹词都能作句词。由此可见，中词不具有虚词的表连接和附着的作用，它们所具有的语法功能是虚词所没有的。中词的表意功能和语法功能处于实词和虚词中间，把它们和实词、虚词并提，可以解决当今词类只分虚、实所造成的不可能解决的矛盾。邢福义（1997）则把汉语中的词分为成分词、特殊成分词和非成分词三类，成分词包括名词、动词、形容词、副词，特殊成分词包括数词、量词、代词、拟音词，非成分词包括介词、连词、助词（包括语气助词）。即使是二分的观点，近来也有变化。一些学者不再坚持把词分为虚词、实词两类，而有另外的二分。吕叔湘（1979）、朱德熙（1982）把汉语中的词分为开放类和封闭类两类。近年来人们认为开放类词包括名词、动词、形容词等，封闭类词包括数词、量词、区别词、代词、副词、连词、介词、助词、叹词、语气词、方位词、趋向词等。张谊生（2000）将汉语的词分为以表示词汇意义为主的概念词和以表示语法意义为主的功能词。概念词包括名词、动词、形容词、区别词、数词、量词、代词；功能词包括连词、介词、助词、叹词、语气词、方位词、趋向词。副词则二分，以表示词汇意义为主的描摹性副词（状词）归入概念词；而以表示功能意义为主的限制性副词和以表示情态意义为主的评注性副词则归入功能词，这两者仍称为副词。

建国以后，经过词类问题的大讨论，多数学者认为词类划分应该是多标准的。这些标准是：一是语法意义标准，二是形态标准（包括构形形态和构词形态），三是句法标准（词在句中的作用或功能，词的组合能力等）。这时对虚词、实词的划分标准，除了根据意义以外，还有语法功能。《暂拟汉语教学语法系统》是根据词的意义和词的语法特点来划分词类的，认为“实词能够作句子成分，并且能够作句词。就是说在一定的语言里一个词就能够成为一个句子，回答一定的问题。实词都有实在的意义，表示实体事物以及实体事物的动作变化、性状、数量等概念。”“虚词在任何场合都不能单独成为句子，回答问题。虚词不表示实在的意义，不作句子成分，它们的基本用途是表示语法关系。”根据这种原则，把词分为实词和虚词两大类。实词包括名词、动词、形容词、数词、量词、代词六类，虚词包括副词、介词、连词、助词、叹词五类。《中学教学语法系统提要》则认为划分词类主要依据词的语法功能，兼顾词汇意义。将词分为实词和虚词两大类。实词包括名词、动词、形容词、数词、量词、代词，虚词包括副词、介词、连词、助词。认为叹词和拟声词虽有某些表达作用，但是没有实在意义，也属于虚词。《暂拟汉语教学语法系统》词汇标准在前，语法标准在后，重点突出了词汇标准，《中学教学语法系统提要》则不仅把语法放在词汇的前面，并且强调语法功能是划分词类的主要标准，词汇意义只是参考而已。这是一个很大的进步。朱德熙的《语法讲义》提出了实词和虚词有五个方面的区别：功能、意义、自由与粘着、位置固定与否、开放与封闭，其中主要还是功能与意义。他将汉语中的词分为两大类，即实词和虚词。实词包括体词和谓词。体词中有名词、处所词、方位词、时间词、区别词、数词、量词、代词（体词性的）。谓词包括代词（谓词性的）、动词、形容词。虚词包括副词、介词、助词、语气词。拟声词和叹词列为特殊的类。胡裕树主编的《现代汉语》、黄伯荣和廖序东主编的《现代汉语》和张静主编的《新编现代汉语》都采用了语法功能这项标准，以能否单纯作句法或句子成分来划分实词、虚词。胡裕树等把名词、动词、形容词、数词、量词、副词、代词列为实词，而把连词、介词、助词（时态助词和结构助词）、语气词、叹词、象声词列为虚词。黄伯荣和廖序东等把名词、动词、形容词、数词、量词、代词、副词、区别词、象声词、叹词看作实词，而把介词、连词、助词、语气词看作虚词。张静等把名词、动词、形容词（象声词）、数量词、副词、代词看作实词，而把介词、连词、语气词、感叹词看作虚词。上述三种教材共同的地方都把副词、代词、量词划归为实词，都把语气助词提出来另立一类（张静等还取消了助词这一类）。但对叹词和象声词的处理意见则不同，胡裕树等将它们列为虚词，黄伯荣和廖序东等将它们列为实词，张静等却将象声词归入形容词看作实词，而把感叹词列为虚词。北京大学中文系现代汉语教研室编的《现代汉语》、张斌主编的《现代汉语》，都把汉语的词分成实词、虚词、特殊类三大类，而把感叹词（叹词）、拟声词（象声词）归为特殊类词。由上述看来，汉语词类的划分标准，经历了从最初的词汇意义标准到词汇、语法功能双重标准，再到单纯的语法功能标准的发展过程。认识到词类是词的语法分类，区分词类的标准是语法功能，这反映了人们对汉语词类认识的不断深化，是符合汉语实际的。虚、实划分标准的选取，也随着词类划分标准的进步而不断完善。

目前，学者们都认为介词、连词应是虚词。助词也应看作虚词。对于助词，《暂拟汉语教学语法系统》分为三类，即语气助词、结构助词、时态助词。但从20世纪60年代开始，人们越来越觉得语气助词同表结构、表时态、表比况等的助词在性质和功用等方面都不太相同，明显缺乏共性。尤其是结构助词和时态助词主要是附在词和短语后面表示结构关系和语法意义的，而语气助词主要是位于句末或句中表示语气情态和交际功能的。于是有的学者开始倾向于将语气助词从助词中分离出来，另立一类语气词。随着研究的深入，语气词单列的观点逐渐地为语法学界所接受。这样一来，虚词就包括介词、连词、助词、语气词四大类了。

副词到底是实词还是虚词呢？对于这个问题过去主要有三种看法。第一种看法认为副词是虚词。吕叔湘的《语法学习》从意义出发，认为应当把副词归入虚词。他说，中国话里的词没有词形变化，划分词类主要凭词的意义和词与词之间的关系。他把副词归入虚词，主要依据是副词的意义比较空灵一些。朱德熙的《语法讲义》也把副词归入虚词，但是他对词类的认识与吕叔湘等学者所采取的标准不同。他偏重于从功能方面来考察词类问题，认为副词符合粘着、定位、封闭等特征，从而可以归入虚词。他说，汉语的词可以分为实词和虚词两大类。从功能上看，实词能够充任主语、宾语或谓语，虚词不能充任这些成分。实词绝大部分是自由的，虚词绝大部分是粘着的；实词在句法结构里的位置是不固定的，虚词的位置是固定的；实词是开放类，虚词是封闭类。第二种看法认为副词是实词。胡裕树主编的《现代汉语》看到了马建忠、黎锦熙以狭义的句法功能划分词类存在的弊端，即脱离句子，无法确定词类；词与句子之间的对应关系如发生矛盾便无法归类；会导致词无定类、类无定词的观点。因此胡裕树提出了广义的语法功能标准，即词的语法功能首先表现在能不能单独充当句法成分上面。能够单独充当句法成分的是实词，不能单独充当句法成分的是虚词。不仅如此，他还注意到了词与词之间的相互关系和词与词的结合程度。实词的不同语法功能表现在词和词的组合上。哪些词可以同哪些词组合，怎样组合，组合起来表示什么关系，哪些词不能同哪些词组合：这里面表示出实词的不同类别。虚词的不同语法功能表现在它同实词或词组的关系上，能同哪些实词或词组发生关系，发生什么关系：这里表现出虚词的不同类别。正是依据这样的标准，胡裕树主编的《现代汉语》、黄伯荣和廖序东主编的《现代汉语》、张静主编的《新编现代汉语》都把副词归入实词。宋卫华（1994）等人也将副词归入实词。其理由有二：一是副词在句中能够单独充当句子成分，而这种特征决非副词中的个别用例，而是具有普遍性的；二是副词具有明显的组合能力，而这种组合关系恰恰反映了副词充当句子成分的语法特征同样具有普遍的意义。第三种看法是副词介于实、虚之间。之所以提出这种说法，是因为意义和功能相结合又难以统一的缘故。吕叔湘（1984）说，副词从句法功能上看，也应当归入实词，可是它们的意义有比较实的，也有比较虚的，少数是虚而又虚。因此有的书上把副词称为“半实词”。吕叔湘则认为副词属于半虚词。还有人把副词一分为二，一部分归入实词，另一部分归入虚词。张谊生（2000）认为，对这个问题之所以会产生如此严重的分歧，而且多年来一直悬而未决，是因为有下述三个方面的原因。一是从副词自身的特点来看，由于虚化的程度不一，它是一个比较混杂而模糊的集合，同一些词类存在着交叉纠葛的现象。二是从历史传统的观点来看，副词研究在自古以来的虚词研究中一直占有举足轻重的地位。古往今来的各种虚词词典几乎都包括副词，“副词属于虚词”长久以来已经深入人心。三是从分类标准看，凡是比较重视句法功能的，一般都将副词归入实词；凡是比较重视意义虚实的，则往往把副词归入虚词。当然也有例外，重视功能的，有的也将副词归入虚词；重视意义的，也有将副词归入实词的。而采用功能和意义相结合的标准，由于两头难以兼顾，只好选择一头放弃另一头，在虚、实之间游移。前面说过，汉语词类的划分标准，经历了从最初的词汇意义标准到词汇、语法功能双重标准，再到单纯的语法功能标准的发展历程。它反映了人们对汉语词类认识的不断深化，是符合汉语的实际情况的。如果以单纯的语法功能为标准是科学的，那么还是把副词看作实词为好，因为它可以作句法成分。所以我们同意上述第二种看法。

象声词和叹词的虚、实归属问题也有争议。首先象声词和叹词到底是归为一类，还是分为两类的问题。有些学者把两者归为一类。吕叔湘、朱德熙的《语法修辞讲话》和丁声树的《现代汉语语法讲话》把叹词和象声词合为一类，把象声词作为附类归入叹词。钟启贤（1987）也主张象声词应该与叹词合并。有些学者则认为应把两者分开。朱德熙的《语法讲义》把感叹词和拟声词作为独立于实词和虚词之外的两大类词。黄伯荣和廖序东主编的《现代汉语》和张静主编的《新编现代汉语》把象声词归入形容词，把叹词独立一类。但张静（1982）又把象声词看成实词中的一个独立的词类。杨思奎（1989）、郑德刚和汪凡（1986）、张明东（1986）等都主张把叹词和象声词分开。随着研究的深入，学术界基本已经达成一致的意见，即应把象声词和叹词分开。其次是象声词和叹词到底是实词还是虚词。对此也有不同的看法。关于象声词，有些学者归入实词，如张静主编的《新编现代汉语》、黄伯荣和廖序东主编的《现代汉语》，把象声词当作实词，看作是形容词的附类，主要理由是象声词在句中经常作状语、定语，近似于形容词。把象声词看作实词，理由在于认为象声词具有实在的词汇意义，能独立成句，能充当句子成分。有些学者归入虚词，如胡裕树主编的《现代汉语》，把象声词看作虚词，理由在于与实词相比，象声词没有确定的词汇意义，读法和写法都不确定，作句子成分的能力有限。总之，象声词所表示的词汇意义既非“实在”，也并非“没有”，正好处在实词和虚词中间，所以汪小宁（1996）将其划归中词。叹词与象声词存在许多相似的特点，也存在虚、实两可的情况。它既不像实词那样具有词汇意义，又不像一般虚词那样可以表示某种语法关系，只在具体的语言环境里表示某种语境意义。叹词不能与其他词发生组合关系，但能单独充当独立成分和叹词独词句。所以，有的学者把叹词归入实词，如黄伯荣、廖序东主编的《现代汉语》；而有些学者把它归入虚词，如胡裕树主编的《现代汉语》。近来不少论著主张叹词（感叹词）和象声词（拟声词）独立在虚、实之外，是特殊类词，我们同意这种做法。

二、出土战国文献中的虚词系统

我们主张，以单纯的语法功能作为划分词类的标准，能单纯地作句法/句子成分的是实词，不能单纯地作句法/句子成分的是虚词。虚词包括介词、连词、助词、语气词等四大类。

依据这个理论来研究出土战国文献中的虚词，我们得出如下结论：

（一）介词（24个）

於（于、乎）、以、**以至**、**以就**、用、与、及、为、因、自、**自从**、从、由、道、至、**至于**、到、遝、晋、在、当、方、尽、终。

（二）连词（48个）

而、**而后**、**而况**、则、斯、此、焉、以、**以到**、**以起**、**以会**、用、与、为$_1$、及、因、**因而**、虽、然、**然而**、**然则**、**然后**、既、且、是、**是以**、**是故**、故、**此以**、抑、宁、无（毋）、纵、唯、若、如、**如夫**、苟、为$_2$、藉、即、党（当、尚）、将、其、所、有、或、今。

（三）助词（8个）

之、所、者、其、然、馀、等、云。

（四）语气词（13个）

也、矣、耳、**而已**、尔、已、殹、乎、与（欤）、哉、兮、焉、夫。

（五）兼词（2个）

焉、诸。

如果不算兼词，则共有虚词92个，其中单音虚词74个，双音虚词有18个。

参考文献

北京大学中文系现代汉语教研室：《现代汉语》，商务印书馆1993年版。

陈昌来：《介词与介引功能》，安徽教育出版社2002年版。

丁声树：《现代汉语语法讲话》，商务印书馆1961年版。

郭锡良：《古代汉语语法讲稿》，语文出版社2007年版。

何乐士：《古代汉语虚词词典》，语文出版社2006年版。

胡裕树：《现代汉语》，上海教育出版社1979年版。

黄伯荣、廖序东：《现代汉语》，高等教育出版社1993年版。

金昌吉：《谈动词向介词的虚化》，《汉语学习》1996年第2期。

黎锦熙：《新著国语文法》，商务印书馆1924年版。

刘淇：《助字辨略》，中华书局1954年版。

吕叔湘：《中国文法要略》，商务印书馆1942年版。

吕叔湘、朱德熙：《语法修辞讲话》，中国青年出版社1952年版。

吕叔湘：《语法学习》，中国青年出版社1955年版。

吕叔湘：《汉语语法分析问题》，商务印书馆1979年版。

吕叔湘：《汉语语法论文集》（增订本），商务印书馆1984年版。

马建忠：《马氏文通》，商务印书馆1898年版。

马真：《现代汉语虚词研究方法论》，商务印书馆2004年版。

齐沪扬：《语气词与语气系统》，安徽教育出版社2002年版。

齐沪扬、张谊生、陈昌来：《现代汉语虚词研究综述》，安徽教育出版社2002年版。

宋卫华：《汉语副词的虚实归属》，《青海师范大学学报》1994年第2期。

孙良明：《词类三分法刍议，实词、虚词二分新析》，《山东师范大学学报》

1992 年第 1 期。

汪小宁:《实词、虚词、中词》,《安庆师范学院学报》1996 年第 3 期。

王力:《中国现代语法》(新 1 版),商务印书馆 1985 年版。

王明铭:《也谈现代汉语的虚词研究》,《承德师范专科学校学报》1990 年第 1 期。

王引之:《经传释词》,岳麓书社 1984 年版。

邢福义:《汉语语法学》,东北师范大学出版社 1997 年版。

杨思奎:《有关叹词和拟声词的几个问题》,《西部学坛》1989 年第 3 期。

姚晓波:《汉语中划分实词、虚词没有必要》,《锦州师范学院学报》1988 年第 4 期。

张斌:《现代汉语》,语文出版社 2000 年版。

张静:《谈象声词》,《汉语学习》1982 年第 4 期。

张静:《新编现代汉语》,上海教育出版社 1986 年版。

张明东:《关于现代汉语象声词的几个问题》,《信阳师范学院学院》1986 年第 2 期。

张亚军:《副词与限定描状功能》,安徽教育出版社 2002 年版。

张谊生:《现代汉语虚词》,华东师范大学出版社 2000 年版。

张谊生:《助词及相关格式》,安徽教育出版社 2002 年版。

郑德刚、汪凡:《现代汉语象声词》,《贵州师范大学学报》1986 年第 1 期。

钟启贤:《拟声词的归属问题——兼论拟声词和叹词的合并》,《佛山师范专科专科学校学报》1987 年第 1 期。

周刚:《连词与相关问题》,安徽教育出版社 2002 年版。

朱德熙:《语法讲义》,商务印书馆 1982 年版。

第二节 出土战国文献语法研究的回顾暨展望

近三四十年来,尤其是二十世纪八十年代以后,不断有战国和秦代的文献出土。经过学者们的考释,多数已经可以通读。在此基础上,语言学者开始利用这些材料来研究语法问题。在这里拟对以往这方面的研究进行回顾,然后对今后该如何开展这方面的研究谈谈我们的看法。

一、研究的回顾

本文根据研究者所使用的语料的不同，分以下四个方面进行回顾：秦简语法研究、楚简帛语法研究、战国金文语法研究、多种出土战国文献语法研究。

（一）秦简语法研究

这方面的研究可以分为两大类，一是全面研究，即对秦简中的语法问题展开全面系统的研究；二是专题研究，即对这种语料中的某一或某些语法问题展开研究。

全面研究的著作，首先应提到的是崔南圭（1982）。此文分为两个部分，即序论和本论。序论部分里介绍了作者的研究范围和睡虎地秦简的内容，本论部分共分九章：第一章是语法名称；第二章、第三章是句子成分的研究，分析了睡虎地秦简中的主语、宾语、表语、述语、定语、状语、补语以及同位语；第四章是句类的研究，分析了睡虎地秦简中的陈述句、疑问句、祈使句、否定句；第五章是复句研究；第六章是语序研究，主要考察了睡虎地秦简中宾语和数量词的位置；第七章是省略研究；第八章是句组研究；第九章是秦简语法特点研究，主要是将睡虎地秦简与《左传》和《史记》进行对比，从而揭示前者的特点。全文采用了其导师周法高教授的语法体系，对睡虎地秦简中的语法问题进行了全面的分析。

其次要提到的是魏德胜（2000）。全书共分为六章，第一章是复音词简析，讨论了确定复音词的标准，并进行了分类举例和统计分析；第二章是数量和称代，研究了睡虎地秦简中的数词、量词和代词；第三章是虚词论，讨论了睡虎地秦简中的副词、介词、连词、助词和叹词；第四章是短语结构，描述了睡虎地秦简中的体词性结构、动词性结构、形容词性结构和主谓结构；第五章是句法功能篇，描写了睡虎地秦简中的主语、谓语、状语和补语的状况；第六章是省略、复指、范围，研究了睡虎地秦简中对句子主语、谓语和兼语的省略，介绍了复指成分作主语、宾语、定语的情况，还探讨了“范围”问题——一个句子里各种成分所涉及的对象的位置和数量等。此书是大陆第一部以睡虎地秦墓竹简为研究对象全面描写其中语法问题的专著。

专题研究的成果较多。

石峰（1998）系统研究了睡虎地秦简中的动词。石峰（2000）则穷尽性地整理了睡虎地秦简中的“是”，认为它有指示代词、结构助词和系词的用法。他认为作系词用的“是”有35个用例，特别是“是是”句中的第二个“是”应是系词。钟如雄（2002）也认为睡虎地秦简中的“是”有判断词用法，判断词“是”在当时的使用已相当成熟了，他也认为“是是”句中的第二个“是”是判断词（系词）。

把“是是”句中第二个“是”看成系词，最早是由裘锡圭（1979）提出来的，郭锡良（1997）、唐钰明（1991）从之。石峰和钟如雄则是进一步论证了这个观点。

梁冬青（2002）则认为“是是”句中的第二个“是”字不是系词，而是副词。它应读为“寔”，用在谓语前作状语，对事实的真实性、对动作行为或事态进行强调。朱城（2004）认为，对“是是”句中的第二个“是”不能一概而论，当它用于判断句中时是系词；当它用于叙述句中时则是副词。

曾仲珊（1981）首先讨论了睡虎地秦简中的数词，包括基数、序数、分数、概数等；也研究了其中的量词，包括个体量词、集体量词和度量词；还考察了数词和量词的发展。冯春田（1984）讨论了睡虎地秦简中五种表示分数的方法。吉仕梅的《秦汉简帛语言研究》（巴蜀书社2004年版）一书中，有“《睡虎地秦墓竹简》量词”一章，描写了睡虎地秦简中的物量词，讨论了量词的用法，也分析了动量的表示法。王锳（1982）也描写了睡虎地秦简中的物量词，并分析了动量表示法。研究睡虎地秦简中数量词的成果还有赵立伟（2000）、王建民（2001）等。

胡伟（2005）系统全面地研究了秦简中的第一、第二和第三人称代词。所使用的语料除了睡虎地秦墓竹简外，还有龙岗秦简，关沮秦汉简牍。冯春田（1984）则讨论了睡虎地秦简中的指示代词“是”和“此”。

以上是对秦简中实词的研究。对秦简中虚词的研究也有一些成果。

吉仕梅（2003）对睡虎地秦简中的副词进行了分类考察，并探讨了副词中的新词新义。冯春田（1984）研究了睡虎地秦简中否定副词“弗”和“勿”的问题。何莫邪（1992）首先回顾了学者们过去对“弗”的两个解释：指代宾语假说和表强调假说，认为此两说都有待商榷。他认为“弗”

在某种上下文中用来构成表示否定的词组，它包含着一种做某种事物的失败，这种失败是由于主观上的原因而不只是客观因素造成的。他主张，“弗+动词”经常被理解或被注释作“拒绝·动词·宾语”，“不愿意·动词·宾语”，“放弃·动词·宾语”，“决不·动词·宾语”，“不可能·动词·宾语”，“失败于·动词·宾语”；“弗+动词”的特征是，“弗”后及物动词的宾语更多是被理解出来的而不是表现出来的。

吉仕梅（1985）对睡虎地秦简中的介词分词进行考察，并总结了它的特点。吉仕梅（2003）分词考察了睡虎地秦墓竹简中的连词，分析了它的特点。魏德胜（1999）也研究了睡虎地秦简中的连词。

韩剑南、郝晋阳（2004）对周家台秦简中的虚词进行了封闭性的研究，考察了这些虚词的使用情况。

研究睡虎地秦简中的一些具体句式的论文有冯春田（1994）、甘露（2001）等。前者研究了秦简简文中的“……（之）谓殴（也）”式及其相关句式；后者研究了睡虎地秦简中的连谓句和兼语句。

王锳（1982）认为，睡虎地秦简中已有补充式，多达14例，出现频率为20次，如“矫端”、“禁御”、“䆳突”、“啮断”等。还认为在秦简中疑问代词作宾语有不前置的，如“何”作宾语共有53例，前置者为37例，后置者为21例；秦简中已存在正反相叠表示疑问的格式，共有三种。冯春田（1983）则从“补充式”和“疑问句疑问代词宾语位置”两个方面，对前述王锳的论文提出了不同的看法。冯春田认为秦简中没有较为可信的补充式，王锳所举的10个例证，均非补充式，或者是并列式（如“矫端”、“禁御”），或者是偏正式（如“啮断”、“斗折”），或者为“动词+得”式（“得”是独立的外动词）。王锳论文认为疑问代词有作宾语而不前置的，共举了四个例证，三个是“论可（何）也”，一个是“论各可（何）也”。冯春田认为这都不可靠，“论可（何）也”是主谓式，而不是动宾式。王锳（1983）则坚持认为“矫端”、“禁御”、“啮断”、“杀伤”等仍为“补充式”，但他强调这些补充式只是一种句法手段，而不是构词手段，由前者至后者，其间还要经历漫长而复杂的过程。关于“论可（何）也”的结构，王锳认为应分为两种情况，一是“论”前有“其”的，这时“其”作主语，“何”为宾语后置，整句可解作“他（它）该判处什么”；二是“论”

和“何”之间插入了“皆”、“各”等副词的，这时是主谓式。

冯春田（1987）把睡虎地秦简中的选择问句分成两大类，一类是一般复句式选择问句，二类是紧缩式选择问句。秦简里的一般复句式选择问句，在第二个分句句首用关系词“且”，分句末常常不用语气词，如果使用，一般也只用“也”。紧缩式选择问句，是由肯定形式和它的否定形式结合在一起组成的紧缩句，如“吏当论不当”、“为廷不为”等。高一勇（1993）把睡虎地秦简“法律答案问”中的问句分析三种，一种是“X（……）不（X）型问句”，如“今郡守为廷不为?”，二种是“X 且 Y”型问句，如“问主购之且公购?”，三种是“……‘X’……”型问句（这里的“X”可以是“可”或“安”），例如“可（何）谓‘集人’”、“问安置其子”。

（二）楚简帛语法研究

对楚简语法问题进行全面研究的论著有李明晓（2010）。全书共分为词法篇和句法篇两大部分。词法篇共有七章，第一章是代词，研究了战国楚简中的人称代词、指示代词和疑问代词。第二章是介词，研究了战国楚简中的时间介词、方位处所介词、对象范围介词、原因目的介词和工具方式介词。第三章是连词，研究了战国楚简中的并列连词、顺承连词、选择连词、转折连词、递进连词、因果连词、假设连词和其他连词。第四章是副词，研究了战国楚简中的否定副词、时间副词、程度副词、范围副词、语气副词、情态副词、频度副词、关联副词和谦敬副词。第五章是数量词，研究了战国楚简中的量词和称数法。第六章是助词，研究了战国楚简中的结构助词和语气助词。第七章是语气词及其他，研究了战国楚简中的语气词、感叹词、发语词及形容词词缀。句法篇也有七章，第一章是判断式，研究了战国楚简中的肯定判断句和否定判断句。第二章是被动式，研究了战国楚简中的有形式标志的被动句和意念被动句。第三章是宾语前置，研究了战国楚简中的有标志的宾语前置和无标志的宾语前置。第四章是处置式，研究了战国楚简中的“处置（告）”、“处置（作）”、“处置（给）”、“处置（把）”等四种句式。第五章是兼语式，重点研究了战国楚简中的五种使令义兼语句。第六章是疑问句式，研究了战国楚简中的一般疑问句（包括是非问、特指问、选择问、正反问四种）和反问句。第七章是楚简典籍中句式特点。此书是第一部对楚简语法问题进行比较全面研究的论著，书中利用了不少新近出土的文献。

只是书中没有谈及名词、动词、形容词等重要实词，这是不太全面的。

专题研究的成果不太多，主要有以下一些：

王颖的《包山楚简词汇研究》（2004）共有十一章和三个附录。第一章为绪论。第二章是名词。全面分析了包山楚简中的名词，把它分成方位、处所、地域、行政区域、时间、身体、伤病、人、身份、称代、经济、金属、兵器、军事、公务、狱讼、动物、占卜工具、神灵、占卜习语、玉器、乐器、金器、木器、竹器、服饰及丝织物、起居用品、食物、车马器、其他、职官等31类。每类下都具体地列出包括哪些名词，并对一些词的词义进行了考释。第三章为动词。列举了包山楚简中的165个动词语，对每个动词的义项都进行了考证。第四章为形容词。列举了包山楚简中的28个形容词，对每个形容词的意义都进行了考释。第五章为数量词。分别研究了包山楚简中的数词和量词。第六章为代词。分析了包山楚简中9个代词的意义和用法。第七章为虚词。共有六节。第一节为副词。作者把包山楚简中的副词分成了否定副词、时间副词、范围副词、程度副词、语气副词、情态副词、表敬副词等7类。否定副词有“不、毋、弗、勿、无、未”等6个；时间副词有“既、已、且、恒、将、或”等6个；范围副词有“皆、佥、唯、凡、尽”等5个；程度副词有“少、甚”等2个；语气副词有“信、良、尚、其、思”等5个；情态副词有“相”；表敬副词有“敢”。第二节为介词，有“为、於、自、从、以”等5个。第三节为连词，有“以、而、与、安、且、又、旦、於”等8个。第四节为助词，有“所、之、其、者”等4个。第五节为语气词，有“也”。第六节为合音词，有“安、之”等。第八章为同义词辨析，辨析了以下十二组同义词：一、宫、室；二、军、师；三、王、君；四、臣、妾、奴、仆；五、居、处；六、捕、传、执；七、逃、走；八、疾、病；九、瘥、闲；十、自、从；十一、言、谓、曰、言曰、言谓；十二、不、弗、无、毋、勿、未等。第九章是与睡虎地秦简用词进行比较。第十章是对《汉语大词典》释义之订补。第一节为增补词条；第二节为增加义项；第三节是引例时代可以提前；第四节是修正释义。第十一章为结语。

附录一为包山楚简中的地名，附录二为包山楚简中的姓名，附录三为包山楚简释文。

张钰（2004）以郭店楚简的18篇文章作为主要材料，选择一些虚词作为研究的对象，考察它们的用法。作者考察的虚词主要有否定副词“不”、“弗”；连词“斯”、“此”、“安”、“则”、“与”、“而”、“以”；介词“於”、“乎”；语气词“尔”等。

杨泽生（2006）主要研究了“屯、皆、均、凡、咸”等5个总括副词。在文章末尾，作者还讨论了“屯”和“皆”的意义差别，以及“屯”和“均（钧）”“皆”的音义关系。研究楚简中副词的论文还有宁赫、孙琳（2004）。

周守晋（2006）主要有两个内容：首先，认为上博简同《论语》、《孟子》、《郭店楚简》这些内容相近的文献在语言表达上具有某些共性。作者这一结论是通过两个方面的比较得出来的，一是一些常见名词在四种文献中的使用频率的比较；二是一些常用动词在四种文献中的使用频率的比较。作者还做了以下两种统计：一是一些常见形容词带宾语的统计，二是一些常见名词带宾语的统计。作者认为从活用为他动词的名词、形容词的语义特征来看，上博简与《论语》《孟子》以及郭店楚简基本相同。其次，作者从三个方面论述了上博简的语法特点，这三个方面是：一是代词“是”、“此”与“A，是B也”、“A，此B也”的功能分化；二是“如”、“若”的更替；三是否定词的使用（不/弗、毋/勿、亡/无）。

吴辛丑（2006）分析了楚竹书《昔者君老》中的“是”字句，认为楚竹书中的“是”还不是系词。

董琨（2001）从汉语语法史的角度，对郭店楚简本《老子》与帛书及其他重要传本的若干异文进行分组考察，共分为八个组：即1. 亡和元，2. 其，3. 之，4. 此，5. 夫、天、而，6. 弗、不，7. 古（故）、是以，8. 也。考察的目的是探求战国秦汉时期汉语发展的某些现象和规律，以及部分同义虚词的消长交替导致语义方面变化的脉络。作者还就简本《老子》及其内部三部简文的书写年代问题提出了初步的看法。

（三）战国金文语法研究

严格意义上的战国金文语法研究的论著（完全以战国金文作为语料的）并不多，主要有以下三个：

一是黄盛璋（1982），共有三部分，即一、中山文字属三晋体系证；

二、特殊的语法与用辞的考察；三、关于中山铜器难字辨考。

在第二部分中，黄盛璋指出，中山文字属于中原系三晋体系，语法表达上也跟中原相同，但有些句子中语法、用辞与中原大汉语略有差异。例如“中山王礜作鼎於铭曰”、“周愿从在大夫，以请（靖）郾（燕）疆”、“使得贤在良佐周，以辅相厥身”、“而皇（况）在於少君乎？”黄盛璋认为这些句子所反映的，是鲜虞语法残遗的反映。战国中山建于春秋鲜虞之地，尽管其王室出自周室，但其被统治的人民必然大多数仍为鲜虞族。撰书铭文的中山王臣，至少平时操鲜虞族语，因而无意中保留本地鲜虞语的习惯表达。

二是韩国姜允玉（2001），主要以战国时代的《中山王礜鼎铭》、《中山王方壶铭》、《妤盗壶铭》作为研究对象，全文共有五章，第一章为绪论，第二章为铭文所反映的文字现象，第三章为铭文所反映的音韵现象，第四章为铭文所反映的词汇现象，第五章为铭文所反映的语法现象，第六章为结语。文后还有一个附录：中山王铜器铭文的假借字释例。

姜允玉论文的第五章，集中讨论语法问题。共有两节。第一节是词汇的几个问题。在这一节里，作者谈到了中山王铜器铭文中“于”和“於”的并存现象、“厥”和“其”的同义类化以及“也”字的出现和发展。第二节是句法的几个问题。在这一节里，作者分析了中山王铜器铭文中状语的发展、“惟宾是动”式的出现以及复合句式的发展。

作者在语法方面的结论是：一、西周时期有“于”无“於”，中山王铜器铭文则“于”、“於”并存。二、中山王铜器铭文“厥”受“其”类化，“其”取代“厥”的比率已达79%。三、中山王铜器铭文中出现了新的句末语气词“也”，“也”用在句末或句中的位置，并结合前后文意来表达各种不同的语气。四、中山王铜器铭文的状语与甲骨、西周金文比起来有进一步发展，叠词的使用使中山王铜器铭文的修饰成分得以丰富，助动词、双重否定作状语亦已普遍使用。五、“惟宾是动”式不是汉代才出现，中山王铜器铭文里已经出现了，这些事实充分地证明了战国时期已进入句式发展的成熟期。六、复合句式的发展显示了中山王铜器铭文语法结构的严谨，与中原语言正相一致，因此黄盛璋（1982）对中山王铜器铭文语言的评价是不可信的。

三是高岛谦一（1998），对中山王铜器铭文中“隹”和“也”的异同进行了比较。

四是大西克也（1998），研究了“我”字在列国金文中的一个特殊用法。

与此相关的成果还有研究金文（或铜器铭文）、周金文、两周金文中语法问题的论著，这些论著中都或多或少会涉及战国金文中的语法问题。

研究金文（或铭文）、周金文的论著，如黎锦熙（1936）、裘锡圭（1988）、廖序东（1990）、赵平安（1991）、赵平安（1994）、赵诚（1996）、赵诚（1998）、赵诚（2001）、容庚（1929）、沈春晖（1936）等。

研究两周金文（或两周铜器铭文）中语法问题的论著，如马国权（1979）、马国权（1981）、赵平安（1990）、周清海（1992）、崔永东（1994）等。

（四）多种出土战国文献语法研究

出土战国文献，可以分为秦简、楚简帛、战国金文、战国玉石文字等几大种类。多种出土战国文献是指至少包括上述几大种类文献中两种的文献。

利用多种出土战国文献进行全面语法研究的成果目前还未见到。

利用这样的文献进行专题研究的论著，主要有以下几种：

周守晋（2005）使用了秦简、楚简帛和战国金文等多种出土战国文献。全书共分四章。第一章是材料和方法。主要讨论研究时使用的材料、材料的时代和地域问题、研究方法问题。第二章为时间表达。主要研究了时间名词、与时间表达有关的动词、用于时间表达的介词和时间副词。第三章为连接成分。主要研究了下列三组词，即“如”和“若”、“是”和“此”、“与”和“及”。第四章为否定形式。作者对出土战国文献的否定词及其系统进行了外部和内部描写，重点讨论了“不”和“弗”以及“毋”和“勿”等。

张振林（1982）涉及了战国时期古文字材料中的语气词。作者不但使用了楚简帛，也使用了战国金文，而且还使用了诅楚文和石鼓文。不但列出了在上述语料中有哪些语气词，而且还指出了每个语气词出现的频率。对这些语气词的意义和用法，也做了简要的分析。

日本大西克也（1998），不但使用了秦简，也使用了楚简。作者对这两种语料中使用并列连词“及”和“与”的情况进行了对照分析。认为并列连词“及”和“与”在两种语料中的不同分布很可能反映出上古汉语方言语法的差异，这样说的主要根据是并列连词楚简只用“与”，秦简只用“及”（有个别例外）。

姜允玉（2002）不但使用了战国金文（中山王铜器铭文），也使用了楚简帛和秦简。作者研究了上述文献中的语气词“也”。得出的结论是：一、战国时期出土文献中出现了很多新的叹词和句末语气词，但是表示句子的语气时主要靠特殊的语气词“也”。二、中山王铜器铭文受到文体和书写条件的限制，它所反映出来的语言规律比西周金文复杂得多，但比秦汉文献简帛简单，“也”字使用正是这种过渡阶段的一个小小的标志。三、秦汉简帛中“也”、“殹”的使用，不能光说是国别上的差异，还存在着文体上的差别。

周守晋（2004）既使用了楚简（主要是《包山书简》和《九店楚简》），也使用了秦简（主要是《放马滩秦简》、《龙岗秦简》和《睡虎地秦墓竹简》）。作者对上引语料中“以”介引时间的各种用法加以探讨，分析了这种“以”的结构特点、它与相关虚词功能上的异同。

以上我们对出土战国秦代文献语法研究进行了回顾。由此可以看出，前人和时贤在这一研究领域已取得了很多成果，为今后开展这方面的研究打下了很好的基础，对此我们必须予以充分的肯定。

但以往的研究也有局限：从语料使用来说，使用某一种语料的多，全面使用出土战国秦代文献的少；从研讨的课题来说，研究某一方面语法问题的多，全面研究出土战国秦代文献中语法问题的少；从研究方法来说，使用陈旧方法研究的多，利用新的理论方法研究的少；从研究成果来看，学者们对一些问题的看法还存在分歧。

因此，这一领域的研究尚需加强。

二、研究的展望

（一）继承前人和时贤的已有的研究成果，使之成为未来研究的基础。

如前所述，以往已有不少这方面的成果，要好好研读，弄懂弄通，取其所当取，弃其所当弃。尊重已有的劳动，避免低水平重复。

（二）做好语料的整理工作。具体工作如下：

1. 把出土战国秦代语料收集齐全。从《殷周金文集成》、《近出殷周金文集录》、《近出殷周金文集录二编》三书中查出所有的战国金文；收集齐五里牌楚简、仰天湖楚简、杨家湾楚简、信阳楚简、望山楚简、九店楚简、包山楚简、郭店楚简、上博楚简、葛陵楚简、香港中大楚简、曾侯乙墓竹简、睡虎地秦简秦牍、青川秦牍、岳山秦牍、放马滩秦简、龙岗秦简、周家台秦简和子弹库楚帛书等的照片、摹本和释文；查找全战国玉石文字材料，包括守丘石刻、诅楚文、岣嵝碑、行气玉铭、玉璜箴铭、峄山刻石、秦骃玉版铭等。

2. 充分吸收前人和时贤对上述语料的研究成果，包括文字考释、语语训释、语句通释、思想内容等方面的研究。若有不同看法，则要在深入研究原始语料的基础上择善而从，或拿出己见。

3. 研究上述语料的形成时代、形成地域等问题，要注意到这方面问题的复杂性。

（三）在使用传统语法学理论方法的同时，注意学习并运用现代语法学的理论方法。如运用当代实词研究方法、当代虚词研究方法、当代句法分析方法（包括层次分析法、变换分析法、语义特征分析法、配价分析法、语义指向分析）、当代范畴研究方法等。还可以使用适合历史研究的一些语言学理论，如语法化理论、认知语言学、语言类型学、语用学、话语分析等。

（四）对出土战国秦代文献中的语法问题进行从微观到宏观的研究。

把出土战国秦代语料收集齐全、并能进行通释之后，即可以利用这种语料研究其中的语法问题。研究时可以先进行微观的研究，要一个词一个词地研究，一个句式一个句式地研究，当然从事微观研究时要有全局的观念；在微观研究的基础上进行宏观概括，探讨由出土文献所体现出来的战国秦代语法系统。

（五）对出土战国秦代文献和同时代的传世文献从语法学角度进行比较研究。看看两者的相同之处和相异之处，分析造成种种不同的原因。对传世战国秦代文献的语料价值进行实事求是的评价。

（六）进行必要的历时研究。这有三层含义。

1. 可根据形成时代的不同，把出土战国秦代文献分为早、晚两个时期，考察从早期到晚期语法的演变，探究变化的规律和原因；

2. 把出土战国秦代文献跟出土西周春秋文献进行比较，上探它的直接源头；

3. 把出土战国秦代文献跟出土西汉文献进行比较，考察其流变。

如果我们从事了上述几个方面的研究，那将是非常有意义的，将填补我国汉语语法史研究领域中的空白，对于建立完整的可信的汉语语法史是十分有价值的。

参考文献

崔南圭：《〈睡虎地秦简〉语法研究》，台湾东海大学博士学位论文 1982 年。

崔永东：《两周金文虚词集释》，中华书局 1994 年版。

大西克也：《并列连词“及”“与”在出土文献中的分布及上古汉语方言语法》，《古汉语语法论集》，语文出版社 1998 年版。

大西克也：《谈谈“我”字在列国金文中的一个特殊用法》，《语苑撷英》，北京语言文化大学出版社 1998 年版。

董琨：《郭店楚简〈老子〉异文的语法学考察》，《中国语文》2001 年第 4 期。

冯春田：《关于秦墓竹简中有无“补充式”以及“疑问句疑问代词宾语的位置”问题——与王锳同志商榷》，《语言研究》1983 年第 1 期。

冯春田：《〈睡虎地秦墓竹简〉某些语法现象研究》，《中国语文》1984 年第 4 期。

冯春田：《秦墓竹简选择问句分析》，《语文研究》1987 年第 1 期。

冯春田：《秦简简文中的“……（之）谓殹（也）”式及其相关句式》，《第一届国际先秦汉语语法研讨会论文集》，岳麓书社 1994 年版。

甘露：《睡虎地秦简中的连谓句和兼语句》，《青海师专学报》2001 年第 3 期。

高岛谦一：《中山王陵三器铭文中“隹”与“也”的比较》，《古汉语语法论集》，语文出版社 1998 年版。

高一勇：《秦简“法律答案问”问句类别》，《古汉语研究》1993 年第 1 期。

郭锡良：《关于系词“是”产生时代和来源论争的几点认识》，《汉语史论集》，商务印书馆 1997 年版。

韩剑南、郝晋阳：《〈周家台秦简〉虚词研究》，《淮北煤炭师范学院学报》2004 年第 4 期。

何莫邪：《马王堆汉墓〈老子〉手抄本和秦律残卷中的“弗”》，《古汉语研究》1992 年第 4 期。

胡伟：《秦简人称代词研究》，华南师范大学汉语言文字学专业硕士学位论文 2005 年。

黄盛璋：《中山国铭刻在古文字、语言上若干研究》，《古文字研究》（第七辑），中华书局 1982 年版。

吉仕梅：《睡虎地秦墓竹简介词考察》，《西南民族学院学报》1998 年第 5 期。

吉仕梅：《睡虎地秦墓竹简副词考察》，《西南民族学院学报》2003 年第 5 期。

吉仕梅：《睡虎地秦墓竹简连词考察》，《乐山师范学院学报》2003 年第 2 期。

吉仕梅：《秦汉简帛语言研究》，巴蜀书社 2004 年版。

姜允玉：《中山王铜器铭文的语文学研究》，中山大学汉语言文字学专业博士学位论文 2001 年。

姜允玉：《出土文献中的语气词“也”》，《古文字研究》（第二十四辑），中华书局 2002 年版。

黎锦熙：《论金文文法致容庚书》，《世界日报》1936 年 2 月 1 日。

李明晓：《战国楚简语法研究》，武汉大学出版社 2010 年版。

梁冬青：《出土文献“是是”句新解》，《中国语文》2002 年第 2 期。

廖序东：《金文中的同义并列复合词》，《中国语言学报》（第四期），商务印书馆 1990 年版。

马国权：《两周铜器铭文数量词初探》，《古文字研究》（第一辑），中华书局 1979 年版。

马国权：《两周铜器铭文代词初探》，《中国语文研究》1981 年第 3 期。

宁赫、孙琳：《楚简〈老子〉否定副词“不”与“弗”的比较》，《长春工程学院学报》2004 年第 1 期。

裘锡圭：《谈谈古文字资料对古汉语研究的重要性》，《中国语文》1979 年第 6 期。

裘锡圭：《说金文“引”字的虚词用法》，《古汉语研究》1988 年第 1 期。

容庚：《周金文中所见代名词释例》，《燕京学报》1929 年第 6 期。

沈春晖：《周金文中之“双宾语句式”》，《燕京学报》1936 第 20 期。

石峰：《〈睡虎地秦墓竹简〉动词研究》，四川大学硕士学位论文 1998 年。

石峰：《〈睡虎地秦墓竹简〉的系词“是”》，《古汉语研究》2000 年第 3 期。

唐钰明：《上古判断句的变换考察》，《中国语文》1991 年第 5 期。

王建民：《睡虎地秦墓竹简量词考察》，《康定民族师专学报》2001 年第 3 期。

王锳：《云梦秦墓竹简所见某些语法现象》，《语言研究》1982 年第 1 期。

王锳：《就冯春田同志的商榷致〈〈语言研究〉编辑部的信》，《语言研究》1983 年第 1 期。

王颖：《包山楚简词汇研究》，厦门大学出版社 2008 年版。

魏德胜：《睡虎地秦墓竹简中的连词》，《语言文化教学研究集刊》（第三辑），华语教学出版社 1999 年版。

魏德胜：《〈睡虎地秦墓竹简〉语法研究》，首都师范大学出版社 2000 年版。

吴辛丑：《楚竹书〈昔者君老〉“是”字句辨析》，《出土文献语言研究》（第一辑），广东教育出版社 2006 年版。

杨泽生：《楚地出土简帛中的总括副词》，《简帛语言文字研究》（第二辑），巴蜀书社 2006 年版。

曾仲珊：《〈睡虎地秦墓竹简〉中的数词和量词》，《求索》1981 年第 2 期。

张钰：《〈郭店楚墓竹简〉虚词研究》，首都师范大学汉语言文字学专业硕士学位论文 2004 年。

张振林：《先秦古文字材料中的语气词》，《古文字研究》（第七辑），中华书局 1982 年版。

赵诚：《金文的“于”》，《语言研究》1996 年第 2 期。

赵诚：《金文的隹、唯（虽、谁）》，《容庚先生百年诞辰纪念文集》，广东人民出版社 1998 年版。

赵诚：《金文的“者”》，《中国语文》2001 年第 3 期。

赵立伟：《秦简所见称数法考察》，《语言文史论集》，西南师范大学出版社

2000 年版。

赵平安：《两周金文中的“后置定语”》，《古汉语研究》1990 年第 2 期。

赵平安：《记铭文中的一种特殊句型——“某作某器”句式》，《古汉语研究》1991 年第 4 期。

赵平安：《试论铭文中“主语+之+谓语+器名”的句式》，《古汉语研究》1994 年第 2 期。

钟如雄：《秦简〈日书〉中的判断词“是”》，《西南民族学院学报》2002 年第 2 期。

周清海：《两周金文里的被动式和使成式》，《中国语文》1992 年第 6 期。

周守晋：《战国简帛中介引时间的“以”》，《古汉语研究》2004 年第 4 期。

周守晋：《出土战国文献语法研究》，北京大学出版社 2005 年版。

周守晋：《上博简（一、二函）语法劄记》，《简帛语言文字研究》（第二辑），巴蜀书社 2006 年版。

朱城：《出土文献“是是”连用后一“是”字的训释问题》，《古汉语研究》2004 年第 4 期。

第三节 出土战国文献虚词研究的语料问题

研究一个课题，首先要做好语料的选取工作。“研究材料选定得不好，往往事倍功半，甚至在做无用功（例如伪材料）；反之，选择经过精心选择反复论证而确定的材料，则事半功倍。也就是说，首先应该选定能客观地反映所研究时代面貌的文献材料，来作为研究材料，只有这样的研究才会具有科学性。”（张显成：《简帛文献学通论》，中华书局 2004 年版，第 3 页。）

一、出土战国文献的语料价值

本书是研究战国时代的虚词，所选择的语料是出土战国文献，而不是传世战国文献。传世战国文献很多，如《左传》、《墨子》、《庄子》、《孟子》、《荀子》、《韩非子》、《吕氏春秋》等等。这些文献，经过长期流传、反复传抄、屡经校勘、多次刊刻，难免失真。作为语料来说，它们具有很大的局限性。而出土战国文献，长期被掩埋在地下，未经流传，能够真实地保留当时语言的面貌，具有珍贵的语料价值。

裘锡圭先生曾比较过传世文献和出土文献的优劣（裘先生把传世文献叫传世古书，把出土文献叫古文字资料），他说：

“古文字资料作为语言研究的对象，确实存在一些缺点，例如资料往往比较零碎，有相当多的文字现在还不认识，有些资料里经常出现重复的话。但是另一方面，古文字资料显然有比传世古书优越的地方：一、不少古书的年代问题聚讼纷纭，因此它们所记录的语言的时代也成了问题。地下发现的古文字材料，年代绝大部分比较明确。除去传抄的古书以外，它们所记录的通常就是当时的语言。就拿传抄的古书来说，由于抄写的时代较早，年代问题也不像很多传世的古书那样严重。有的古书正是由于地下古抄本的发现，初步解决了年代问题……二、古书屡经传抄刊刻，错误很多，有的经过改写删节，几乎面目全非。地下发现的古文字资料，除去传抄的古书以外，很少有这种问题。就是传抄的古书，通常也比传世的本子近真。三、古书里保存下来的商代、西周和春秋时代的作品很贫乏。尤其是商代作品，不但数量极少，而且显然经过后人比较大的修改，不能代表商代语言的真面貌。古文字资料里有数量很多的商代后期的甲骨文和西周、春秋时的金文，正可以补古书的不足。四、流传下来的古书绝大多数是自古以来一直受到封建士大夫重视的典籍。地下发现的古文字资料，品种比较杂，往往有在古书中很难看到的内容……由于上面指出的种种原因，古文字资料对古汉语研究有很大的重要性。”（裘锡圭：《谈谈古文字资料对古汉语研究的重要性》，《中国语文》1979年第6期，第31—36页。）

日本汉学家太田辰夫则提出“同时资料”和“后时资料”两个概念，前者大致相当于出土文献，后者大体相当于传世文献。他说：

“所谓‘同时资料’，指的是某种资料的内容和它的外形（即文字）是同一时期产生的。甲骨、金石、木简等，还有作者的手稿是这一类……所谓‘后时资料’，基本上是指资料的外形的产生比内容的产生晚的那些东西，即经过转写转刊的资料……中国的资料几乎大都是后时资料，它们特别成为语言研究的障碍。根据常识来说，应该是以同时资料为基本资料，以后时资料为旁证，但没有同时资料的时代就只有根据例子的多寡和时代前后的状况如何来推测，这样还得不出明确的结论。”（［日］太田辰夫：《中国语历史文法》，蒋绍愚、徐昌华译，北京大学出版社 1987 年版，第 381—382 页。）

以上两位先生的论述都非常精辟。传世文献在流传过程中难免失真，出土文献长期被掩埋在地下，未经流传，所以具有文献真实性。这是我们只选用出土文献来研究战国时代语言中虚词的原因（当然研究时常要拿传世文献来作对比）。

我们以《老子》为例，来看看传世《老子》在流传过程中的失真情况。

以前只有传世《老子》，我们即使对它的真实性有所怀疑，也不能具体地指出其失真的所在。但是我们现在有了出土《老子》可以拿来做对比，能看出传世《老子》在哪里失真。

出土《老子》主要有两种：一是汉帛《老子》，分甲、乙两个本子。这是 1973 年底在湖南长沙马王堆 3 号汉墓中出土的（材料见于《马王堆汉墓帛书［壹］》，文物出版社 1980 年版）。二是楚简《老子》，分甲、乙、丙三个本子，这是 1993 年冬在湖北省荆门市郭店 1 号楚墓中出土的（材料见《郭店楚墓竹简》，文物出版社 1998 年版）。

下面我们只拿楚简《老子》和今本《老子》（用的是王弼本，即王弼的《老子道德经注》，浙江书局重刻明华亭张之象本）做比较，仅比较两个本子中的部分文字（楚简《老子》的释文依据《郭店楚墓竹简》）：

楚简甲本《老子》：江海（海）所以为百浴（谷）王，以其能为百浴（谷）下，是以能为百浴（谷）王。圣人之才（在）民前也，以身后之；其才（在）民上也，以言下之。其才（在）民上也，民弗厚也；其才（在）民前也，民弗害也。天下乐进而弗詀（厌）。以其不静（争）也，古（故）天下莫能与之静（争）。辠（罪）莫厚虐（乎）甚欲，咎莫佥（憯）虐（乎）谷（欲）得，化（祸）莫大虐（乎）不智（知）足。智（知）足之为足，此亙（恆）足矣。

王弼本《老子》：江海所以能为百谷王者，以其善下之，故能为百谷王。是以欲上民，必以言下之；欲先民也，必以身后之。是以圣人处上而民不重，处前而民不害。是以天下乐进而不厌。以其不争，故天下莫能与之争。祸莫大於不知足，咎莫大於欲得。故知足之足，常足矣。

第一句：江海……百浴王。今本在“为百谷王”前加“能”，在其后加“者”，把“能为百浴下”，改为“善下之”。把“是以”改为“故”。

第二句：圣人……以言下之。楚简本先说“前”“后”、后说“上”“下”。今本则相反，先说“上”“下”，后说“先”“后”（把“前”改为“先”），而且说法都变了。今本又在句子前加了“是以”。

第三句：其才……民弗害也。今本、楚简本都先说“上”后说“前”，但说法不同，用词也有异。如楚简本说“民弗厚”，今本说“民不重”；楚简本说“民弗害”，今本说“民不害”。

第四句：天下乐进而弗詀（厌）。今本在“天下”前加“是以”，而且把“弗”改为“不”。

第五句：以其……与之静（争）。今本“不争”下脱“也”字。

第六句：皋莫……不智足。今本脱掉“皋（罪）莫厚唇甚欲”一句，而且后两句还颠倒了次序，先说“祸”句，后说“咎”句。而且共有的句子，用词也不同。楚简本用“乎”，今本用“於”；楚简本用“僉（憯）”，今本用“大”。

第七句：智足……此亙（恆）足矣。今本“知足”前加“故”，“知足之”后脱“为”，后一小句前今本脱“此”字，又把“恆”改为“常”。

通过上述比较可以看出，楚简本和今本差异较大。如前所引，裘锡圭先生说，出土文献中的传抄古书，通常比传世的本子近真。这就是说，除了明显错误之外，我们必须认为楚简本比今本更接近真实。仅依今本《老子》，难以看出《老子》语言的真面貌。比如今本常把“弗”改成“不”，这给我们研究《老子》中“不”“弗”的区别带来极大的障碍。

所以为了能考察出当时语言的真面貌，我们对传世战国文献要忍痛割爱。

出土战国文献也有两种，如前所述，一是汉帛《老子》，二是楚简《老子》。两者都是出土文献，其形成时代也都是战国早期，但前者是从汉墓中出土的，而后者是从战国楚墓中出土的。

汉帛《老子》是从西汉早期的墓葬中出土的（根据墓中一枚有纪年的木牍，可以确定该墓的下葬时间为文帝前元十二年，即公元前 168 年）。汉帛《老子》自形成时起开始流传，经过战国秦代，被埋入坟墓。由于它已经历了一段时间的流传，就难免失真了。

仍以前面引过的一段《老子》为例，看看它在汉帛《老子》中是什么样子：

汉帛甲本《老子》：[江] 海之所以能为百浴王者，以其善下之，是以能为百浴王。是以圣人之欲上民也，必以其言 [下] [之]；[欲] [先] [民] [也]，必以其身后之。故居前而民弗害也，居上而民弗重也。天下乐隼 [推] 而弗厌也。非以其无静与？[故] [天] [下] [莫] [能] [与] 静。罪莫大於可欲，祸莫大於不知足，咎莫憯於欲得。[故] [知] [足] [之] [足]，恒足矣。

把这一段与楚简甲本《老子》同一段文字相比较，可以看出差异：

第一句：江海……百浴王。汉帛本在“所以”前加“之”，在“所以”后加“能”，在“百谷王”后加“者”。把“能为百浴（谷）下”改为“善下之”。跟今本比，“所以”前多了个“之”，今本因果连词改为“故”，而汉帛本跟楚简本一样用“是以”。

第二句：圣人……以言下之。汉帛本先谈“上”、“下”，后谈“先”、“后”，跟今本一样，而楚简本先谈“前”、“后”，后谈“上”、“下”。而且汉帛本、楚简本的说法也不一样。汉帛本在句子前已添加了“是以”。汉帛本更接近今本，但与今本也有区别。

第三句：其才……民弗害也。汉帛本先谈“前”，后谈“上”，而楚简本先谈“上”，而后谈“前”。而且两个本子的表达也不一样，用词有差异。汉帛本说“民弗害”、“民弗重”，楚简本说“民弗厚”、“民弗害”，除次序不同外，用词也不同（“厚”和“重”是同义词）。今本说“民不重”、“民不害”，其次序跟楚简本相同，但把“弗”换成了“不”，汉帛本没有换。

第四句：天下乐进而弗詀（厌）。汉帛本“乐”后是“隼（推）”，句后加了一个句尾语气词“也”。

第五句：以其……与之静（争）。楚简本中的“以其不静（争）也”，汉帛本作“非以其无静与?”由叙述句变成了反问句。

第六句：辠莫……不智足。汉帛本跟今本不同，仍有“罪莫大於可欲”一句，没有脱落。但是跟今本相同的是，“祸”句在前而“咎”句在后，楚简本则是“咎”句在前，“祸”句在后。从用辞来看，汉帛本把“虖(乎)”换成“於”，把“厚”换成“大”，把“甚”换成“可”。

第七句：智足……此亘（恒）足矣。汉帛本“恒足矣”前脱掉“此”字，跟今本同。“足”前仍用“恒”，跟楚简本同；不用“常”，跟今本不同。

由上述看来，汉帛《老子》虽为出土文献，但是由于它在进入墓葬之前已有了一段时间的流传，已在一定程度上失真了。

秦火之后，汉初重视古代典籍，不少古籍被重新用隶书抄写（有些是依靠人的记忆用隶书写出来的），这就难免把汉人的东西带进去。与形式相比，古人更重视的是古书的内容，因此古书在流传过程中常常发生错字、错简、漏字、添字、换字等现象。即使是在从战国初到汉初的流传过程中也是这样。

正因如此，我们把从汉墓出土的战国文献也排除在外。我们追求研究语料的真实性，宁缺勿滥，这样能够保证我们研究结论的可靠性（研究虚词与研究实词不同，由于虚词的使用频率很高，所以一定数量的语料便可反映出虚词的基本面貌）。

我们不要传世战国文献，也排除从汉墓中出土的战国文献，只使用从战国和秦代的墓葬中出土的战国文献。

二、出土战国文献的种类

这样的出土战国文献有以下几种：战国金文、战国简牍文字、战国帛书、战国玉石文字、战国货币文字、战国玺印文字、战国陶文、战国封泥文字等。

上述几种文献，都是非常珍贵的。不过，我们是要利用出土战国文献研究战国时代的虚词系统，这样后四种文献价值不大，因为后四种文献中很少出现虚词。这一点可以从下面所引的例子中看出来：

1. 战国货币文字

尹（伊）阳 （《货系》1696）
唐（杨）是（氏） （《货系》2256）
中都 （《货系》1549）
武安 （《货系》1002）

2. 战国玺印文字

东武城 （《玺汇》0150）
盖丘 （《玺汇》0277）
文安 （《玺汇》0012）
族（聚）昜（阳） （《玺汇》0369）

3. 战国陶文

繇鄙大匋（陶）里犬 （《季木》42·12）
孟常（尝） （《陶汇》3·423）
十七年八月，右陶尹，里看，轨貣。 （《季木》61·7）
右北坪（平） （《陶汇》3·752）

4. 战国封泥文字

宋连信鉨 （《集成》1·8）
民鄰信鉨 （《集成》1·7）

上述四类文献，语句往往都比较简短，一般没有虚词出现，所以我们不把它们作为研究语料。

这样我们只使用以下四种出土战国文献，即战国金文、战国简牍文字、战国帛书、战国玉石文字。

（一）战国金文

金文，是指铸刻在青铜器上的铭文。所谓青铜，是指红铜和其它化学元素的合金，铜与锡的合金为锡青铜，铜与铅的合金为铅青铜，此外还有铅锡青铜、镍青铜、磷青铜等。中国商周时代青铜的化学成分是锡青铜、铅锡青铜。所谓青铜器包括：钟、铙、铎、铃、句鑃、鼓座、鬲、甗、匕、鼎、簋、盨、簠、敦、鉚、豆、卣、尊、觯、觚、爵、角、斝、觥、盉、壶、罍、方彝、勺、栝、瓿、鑐、瓶、罐、缶、盘、匜、鉴、盂、杂器、戈、戟、矛、剑、杂兵、车马器、符节以及类别不明器等。

有些金文的形成时代是战国时代，如《中山王方壶铭》、《鄂君启节铭》等等，这些都是研究战国时代语言的珍贵语料。战国金文主要见于《殷周金文集成》（第1至18册，中华书局1984年至1994年版）。《殷周金文集成》是当今世界上最具权威性的集铭文之大成的金文总集。该书各册收器截止时间有的距今达二十多年（如第一册收器截止于1983年），有的距今也有十多年（如第16册收器截止时间是1988年）。

《近出殷周金文集录》（第一至四册，中华书局2002年版）收集的是《殷周金文集成》出版后新出土的金文，截止时间是1999年5月。胡长青（安徽大学汉语言文字学专业博士，2004年毕业，指导教师为何琳仪）编了《殷周金文集成续编》（其博士论文一部分，未见出版），收器时间上接《殷周金文集成》，截止时间（《殷周金文集成》成书之前而《集成》未收入的铭文也间或补入）下至2002年底。

台湾钟柏生等人编的《新收殷周青铜器铭文暨器影汇编》（艺文印书馆2006年版）（全三册）收器时间也上接《殷周金文集成》，下至2005年底。

在《殷周金文集成》和《新收殷周青铜器铭文暨器影汇编》中，对每一篇金文的形成时代都有明确标示。这样，我们从这两部著录书中选出战国金文。《新收殷周青铜器铭文暨器影汇编》出版之后（2005年12月以后）新出土的金文，依据其它材料加以补充。

近来《近出殷周金文集录二编》（第一至四册，中华书局2010年版）已经出版，该书收集的是《近出殷周金文集录》出版后新出土的金文，截止时间是2007年底。

本书主要使用了《殷周金文集成》和《新收殷周青铜器铭文暨器影汇编》中的金文材料。

（二）战国简牍文字

所谓简牍，是指古代的在纸张发明和广泛运用以前的书写材料。分开来说，简是指竹质书写材料，是指经过加工的竹片。牍是指木质书写材料，是指经过加工的木片。所以严格说起来，书于竹者叫做简，书于木者叫做牍。但由于“简牍”常常连用，所以木牍也可以叫做简，或者叫做木简。木牍的形式主要有两种，一种是跟竹简相似的较窄的一般只写一行字的薄片；一种是较宽的可以书写两行及数行甚至数十行字的木片。有时为了把它们区别开来，就把前者叫做木简，后者叫做木牍。由于竹子的直径不如木大，所以竹简的宽度一般都比较窄，可以书写一行字。但也有少数宽的，这是用高大的竹子制作的。这类宽大竹简的形制跟木椟类似，所以可以叫竹牍。书写在简牍上的文字，就叫简牍文字。

关于二十世纪简帛出土的情况，详见骈宇骞、段书安的《二十世纪出土简帛综述》（文物出版社 2006 年版）。

目前已经出土的战国（具体是指从春秋战国之交到秦末这个时段）简牍已有不少，不过有一些尚未整理发表。我们所使用的只能是业已出土并整理发表了的战国简牍文字。这种材料主要有五里牌楚简、仰天湖楚简、杨家湾楚简、信阳楚简、望山楚简、睡虎地秦简、睡虎地秦牍、曾侯乙墓竹简、青川秦牍、九店楚简、放马滩秦简、岳山秦牍、包山楚简、龙岗秦简、周家台秦简、郭店楚简、上博楚简、葛陵楚简、香港中大楚简等。

五里牌楚简：这是 1951 年在湖南长沙市近郊五里牌 406 号战国楚墓中出土的，共有竹简 38 枚。关于这个楚墓的发掘情况，详见《长沙近郊古墓发掘记略》（《科学通报》1952 年 3 卷 7 期）。关于竹简的释文与考释，详见商承祚《战国楚竹简汇编》（齐鲁书社 1995 年版）。

仰天湖楚简：这是 1953 年在湖南省长沙市南门外仰天湖 25 号战国楚墓中出土的，共有竹简 43 枚。发掘情况详见《长沙仰天湖第 25 号木椁墓》（《考古学报》1957 年第 2 期）；关于竹简的释文与考释，详见史树青《长沙仰天湖出土楚简研究》（群联出版社 1955 年版）；又见商承祚《战国楚竹简汇编》。关于这批竹简的研究情况，详见许学仁《长沙仰天湖楚简研究文献要目》（简帛研究网 2003 年 6 月 1 日）。

杨家湾楚简：这是 1954 年在湖南省长沙市杨家湾 M006 号战国楚墓中出土的，共有竹简 72 枚。发掘情况详见《长沙杨家湾 M006 号墓清理简报》（《文物参考资料》1954 年 12 期）；关于这批竹简的释文和考释，详见商承祚《战国楚竹简汇编》。

信阳楚简：这是 1957 年在河南省信阳长台关 1 号战国楚墓的一座大墓中出土的，共有竹简 100 多枚。其发掘情况详见《我国考古史上空前的发现——信阳长台关发掘一座战国大墓》（《文物参考资料》1957 年 9 月）。关于这批竹简的释文与考释，详见河南省文物研究所的《信阳楚墓》（文物出版社 1986 年版）；又见商承祚《战国楚竹简汇编》、房振三《信阳楚简文字研究》(安徽大学汉语言文字学专业硕士学位论文 2003 年)、田河《信阳长台关楚简遣策集释》(吉林大学历史文献学专业硕士学位论文 2004 年)。关于这批竹简的研究情况,详见许学仁《河南信阳长关台楚简研究文献要目》(简帛研究网 2003 年 6 月 1 日)。

望山楚简:这批竹简分两次出土,一是 1965 年在湖北省江陵望山 1 号楚墓中出土,共有竹简 207 枚;二是 1966 年又在同一地点的 2 号楚墓中出土,共有竹简 60 多枚。其发掘情况详见《湖北江陵三座楚墓出土大批重要文物》(《文物》1965 年 5 期)。关于这批竹简的释文与考释,详见商承祚《战国楚竹简汇编》;又见湖北省文物考古研究所的《江陵望山沙塚楚墓》(文物出版社 1996 年版)、《望山楚简》(中华书局 1995 年版)、程燕《望山楚简文字研究》(安徽大学汉语言文字学专业硕士学位论文 2002 年)、《望山楚简校录》([台湾] 艺文印书馆股份有限公司 2004 年版)。关于这批竹简的研究情况,详见许学仁《江陵望山楚墓竹简研究文献要目》(简帛研究网 2003 年 6 月 1 日)。

睡虎地秦简:这是 1975 年底在湖北省云梦县睡虎地 11 号墓中出土的,共有 1150 多枚。其发掘情况详见《湖北云梦睡虎地十一号秦墓发掘简报》(《文物》1976 年第 6 期);竹简概况见《云梦睡虎地秦简概述》(《文物》1976 年第 5 期)。关于这批竹简的释文和考释详见《睡虎地秦墓竹简》(8 开精装本,文物出版社 1990 年版);又见王辉《秦出土文献编年》([台湾] 新文丰出版公司 2000 年版)。

睡虎地秦牍:这是 1975 年底至 1976 年初在湖北省云梦县睡虎地 4 号秦墓中出土的,共有 2 枚,编号分别为 6 号和 11 号。其发掘情况详见《湖北云梦睡虎地十一座秦墓发掘简报》(《文物》1976 年第 9 期);其释文和考释详见李均明、何双全的《散见简牍合辑》(文物出版社 1990 年版);又见王辉《秦出土文献编年》。

曾侯乙墓竹简:这是 1978 年在湖北省随县的一座战国时曾国曾侯乙的大墓中出土的,共得竹简 240 多枚。其发掘情况详见《湖北随县曾侯乙墓发掘简报》(《文物》1979 年第 7 期);其释文和考释详见《曾侯乙墓》(文物出版社 1989 年版)中的附录一《曾侯乙墓竹简释文与考释》(作者裘锡圭、李家浩);又见萧圣中《曾侯乙墓竹简释文补正暨车马制度研究》(武汉大学历史文献专业博士学位论文 2005 年)。

青川秦牍：这是 1979 年在川、甘、陕三省交界的四川省青川县城郊郝家坪 50 号战国秦墓中出土的，共有木牍 2 枚。其发掘情况详见《青川县出土秦更修田律木牍——四川青川县战国墓发掘简报》(《文物》1982 年第 1 期)。其释文与考释详见于豪亮《释青川秦墓木牍》(《文物》1982 年第 1 期)、李昭和《青川出土木牍文字简考》(《文物》1982 年第 1 期)、杨宽《释青川秦牍的田亩制度》(《文物》1982 年第 7 期)、胡平生《青川秦墓木牍“为田律”所反映的田亩制度》(《文史》第十九辑，1983 年 8 月)；又见李均明、何双全《散见简牍合辑》、王辉《秦出土文献编年》。

九店楚简：这是 1981 年 5 月至 1989 年底在江陵县九店 56 号东周墓和 621 号东周墓中出土的，共得竹简 234 枚。其释文和考释详见《九店楚简》(中华书局 2000 年版)；其发掘情况见《九店楚简》一书所附的《五六号、六二一号楚墓发掘报告》。

放马滩秦简：这是 1986 年 3—9 月在甘肃省天水市放马滩 1 号秦墓中出土的，共有竹简 460 枚。其发掘情况详见《甘肃天水放马滩战国秦汉墓群的发掘》(《文物》1989 年第 2 期)。竹简概况见于何双全《天水放马滩秦简概述》(《文物》1989 年第 2 期)。放马滩秦简主要有三种，即甲种《日书》、乙种《日书》和《墓主记》。乙种《日书》尚未发表。其余竹简的释文和考释见于李学勤《放马滩秦简中的志怪故事》(《文物》1990 年第 4 期)、甘肃省文物考古研究所和秦简整理小组《天水放马滩秦简甲种〈日书〉释文》(《秦汉简牍论文集》，甘肃人民出版社 1989 年版)、何双全《天水放马滩秦简甲种〈日书〉考述》(同上)、王辉《秦出土文献编年》(目前放马滩秦简的全部资料已经整理发表了，详见甘肃省文物考古研究所编《天水放马滩秦简》，中华书局 2009 年版。本书没有使用《天水放马滩秦简》乙种《日书》的材料)。

岳山秦牍：这是 1986 年 9 月至 10 月在湖北省江陵岳山 36 号秦墓中出土的，共有木牍 2 枚。其发掘情况和释文，详见《江陵岳山秦汉墓》(《考古学报》2000 年第 4 期)。

包山楚简：这是 1987 年 1 月在湖北荆门市十里铺王场村包山岗 2 号楚墓中出土的，共有 448 枚。其发掘情况见《荆门市包山楚墓发掘简报》

(《文物》1988 年第 5 期)。这批竹简的释文与考释详见《包山楚简》(文物出版社 1991 年版);又见陈伟《包山楚简初探》(武汉大学出版社 1996 年版)、何琳仪《包山楚简选释》(《江汉考古》1993 年第 4 期)、王颖《包山楚简词汇研究》(厦门大学出版社 2008 年版)。

龙岗秦简:这是 1989 年在湖北省云梦县城东南郊龙岗 6 号秦墓中出土的,共有竹简 293 枚(另有 138 枚残片),木牍 1 枚。其发掘情况详见《云梦龙岗秦汉墓地第一次发掘简报》(《江汉考古》1990 年第 3 期)。其释文和考释详见刘信芳、梁柱《云梦龙岗秦简》(科学出版社 1997 年版)、中国文物研究所和湖北省文物考古研究所《龙岗秦简》(中华书局 2001 年版)、王辉《秦出土文献编年》。

周家台秦简:这是 1993 年 6 月在湖北省荆州市沙市区关沮乡周家台 30 号秦墓中出土的,共有竹简 389 枚,木牍 1 枚。关于这批竹简的情况和释文、考释,详见于《关沮秦汉墓简牍》(中华书局 2001 年版)。

郭店楚简:这是 1993 年冬在湖北省荆门市郭店 1 号楚墓中出土的,共有有字竹简 730 枚,1.3 万多字。关于这批竹简的详细情况和释文、考释,见于荆门市博物馆《郭店楚墓竹简》(文物出版社 1998 年版)、《郭店楚简研究》(《中国哲学第(二十辑)》,辽宁教育出版社 1999 年版)、《郭店简与儒学研究》(《中国哲学(第二十辑)》,辽宁教育出版社 1999 年版)、李零《郭店楚简校读记》(北京大学出版社 2002 年版;增订本,中国人民大学出版社 2007 年版)、张静《郭店楚简文字研究》(安徽大学汉语言文字学专业博士学位论文 2002 年)、刘钊《郭店楚简校释》(福建人民出版社 2003 年版)。关于这批竹简的研究情况,详见许学仁《荆门郭店一号楚墓楚简研究文献要目》(简帛研究网 2002 年 1 月 1 日)。又见廖名春《郭店楚简论著目录(修订版)》(简帛研究网 2003 年 6 月 1 日)。

上博楚简:这是 1994 年上海博物馆从香港古玩市场上购得的(也有一些是香港同胞收购后捐赠给上海博物馆的),共有 200 多枚,达 3.5 万字。这批竹简正逐批整理发表,目前(2010 年 12 月)已出版了七本著录书(本书只使用了《上海博物馆藏战国楚竹书》第一册至第六册中的材料):

《上海博物馆藏战国楚竹书》(一),上海古籍出版社 2001 年版;

《上海博物馆藏战国楚竹书》(二),上海古籍出版社 2002 年版;

《上海博物馆藏战国楚竹书》（三），上海古籍出版社 2003 年版；
《上海博物馆藏战国楚竹书》（四），上海古籍出版社 2004 年版；
《上海博物馆藏战国楚竹书》（五），上海古籍出版社 2005 年版；
《上海博物馆藏战国楚竹书》（六），上海古籍出版社 2007 年版；
《上海博物馆藏战国楚竹书》（七），上海古籍出版社 2008 年版。

关于这批竹简的释文、考释，见于《上博馆藏战国楚竹书研究》（上海书店出版社 2002 年版）、《上博馆藏战国楚竹书研究续编》（上海书店出版社 2004 年版）、季旭升等《〈上海博物馆藏战国楚竹书（一）〉读本》（［台湾］万卷楼图书股份有限公司 2002 年版）、季旭升等《〈上海博物馆藏战国楚竹书（二）〉读本》（［台湾］万卷楼图书股份有限公司 2003 年版）、季旭升等《〈上海博物馆藏战国楚竹书（三）〉读本》（［台湾］万卷楼图书股份有限公司 2005 年版）、季旭升等《〈上海博物馆藏战国楚竹书（四）〉读本》（［台湾］万卷楼图书股份有限公司 2007 年版）、邱修德《上博楚简（一）（二）字词解诂》（上、下）（［台湾］台湾古籍出版有限公司 2005 年版）、邹濬智《〈上海博物馆藏战国楚竹书（一）·缁衣〉研究》（［台湾］花木兰文化出版社 2006 年版）、苏建洲《〈上海博物馆藏战国楚竹书（二）〉校释》（［台湾］花木兰文化出版社 2006 年版）、李零《上博楚简三篇校读记》（中国人民大学出版社 2007 年版）。

关于这批竹简的研究概况，见于陈琼《上海博物馆藏战国楚竹书（一）研究概况及文字编》（吉林大学汉语言文字学专业硕士学位论文 2005 年）、牛淑娟《上海博物馆藏战国楚竹书（二）研究概况及文字编》（吉林大学汉语言文字学专业硕士学位论文 2005 年）、曲冰《上海博物馆藏战国楚竹书（三）研究概况及文字编》（吉林大学汉语言文字学专业硕士学位论文 2006 年）、于智博《上海博物馆藏战国楚竹书（四）研究概况及文字编》（吉林大学汉语言文字学专业硕士学位论文 2007 年）、钟明《上海博物馆藏战国楚竹书（五）研究概况及文字编》（吉林大学汉语言文字学专业硕士学位论文 2007 年）、廖名春、朱渊清《上海博物馆藏战国楚竹书研究论文目录》，《上博馆藏战国楚竹书研究》，上海书店出版社 2002 年。

需要指出的是上博楚简中的《周易》和《逸诗》，其形成时代为西周春秋，故这两部分应删除。

新蔡楚简：这是1994年8月在河南省新蔡县李桥镇葛陵村东北的楚平夜君成墓中出土的，共有1500多枚。共发掘情况详见《河南新蔡平夜君成墓的发掘》（《文物》2002年8月）。这批竹简的释文、考释和研究，见《新蔡葛陵楚墓》（大象出版社2003年版）、袁金平《新蔡葛陵楚简字词研究》（安徽大学汉语言文字学专业博士学位论文2007年版）、蔡丽利《新蔡葛陵楚墓卜筮简集释》（吉林大学汉语言文字学专业硕士学位论文2007年版）、单晓伟《新蔡葛陵楚墓竹简编联及相关问题研究》（安徽大学历史文献学专业硕士学位论文2007年版）、宋华强《新蔡葛陵楚简初探》（武汉大学出版社2010年版）。

香港中大战国竹简：香港中文大学文物馆历年来共购得简牍269枚，其中战国竹简有10枚。其释文和考释详见陈松长编著《香港中文大学文物馆藏简牍》（香港中文大学文物馆藏品专刊之七2001年）。

（三）战国帛书

帛书中的“帛”，是指一种丝织品，即绢帛。《说文·帛部》：“帛，缯也。从巾，白声。”“帛书”是指用绢帛书写的书籍或文书，即指用绢帛书写的文献。战国帛书只有一种，即子弹库楚帛书。

子弹库楚帛书：这是1942年9月长沙的一伙盗墓贼在长沙市东南郊子弹库处的一座战国楚墓中盗得的，共有比较完整的帛书一件和一些帛书残片。“子弹库楚帛书”有广狭二义，狭义的仅指那幅比较完整的帛书；广义的还包括那些帛书残片。楚帛书被盗出之后，流失到海外，目前那幅比较完整的帛书和绝大部分帛书残片都藏在美国华盛顿赛克勒美术馆。只有一件残片藏在湖南省博物馆，这是目前唯一保存在国内的楚帛书残片。

对子弹库楚帛书进行研究的论著主要有：李零《长沙子弹库战国楚帛书研究》（中华书局1985年版）、饶宗颐和曾宪通的《楚帛书》（香港中华书局1985年版）、饶宗颐和曾宪通《楚地出土三种文献研究》（其中有《长沙子弹库楚帛书研究》，中华书局1993年版）、李学勤《试论长沙子弹库楚帛书残片》（《文物》1992年11月）、何琳仪《长沙楚帛书通释》（《江汉考古》1986年第1—2期）。

（四）战国玉石文字

这是指刻在或者写在玉石上的文字。这主要有守丘石刻、诅楚文、岣嵝碑、行气玉铭、玉璜箴铭、峄山刻石、秦骃玉版铭等。

守丘石刻：这是20世纪30年代（约1935年）在河北省平山县南三汲村发现的，是战国时期中山国的石刻。1974年被河北省文物考古工作人员所征集，现存于河北省文物研究所。该石刻铭文刻在一块天然的河光石上，分两行竖刻，共有19个字。释文和考释详见赵超的《石刻古文字》（文物出版社2006年版）。

诅楚文：这是战国时秦王命宗祝向神灵祈祷降祸于前来攻打秦国的楚师的诅咒文。这个诅咒文一式多份，只有神名各异，刻在不同的石上，沉埋于山川。在北宋时期，先后出土了告巫咸、大沈厥湫和亚驼三神之石。南宋时期，原石佚失。现在可以见到的只是后代摹刻的拓本。关于诅楚文的真伪、时代、释文和考释，详见郭沫若《石鼓文研究、诅楚文考释》（科学出版社1982年版）、姜亮夫《楚辞学论文集》（其中有《秦诅楚文考释》，上海古籍出版社1984年版）、陈昭容《秦系文字研究》（其中有《论〈诅楚文〉的真伪及其相关问题》，台湾“中央”研究院历史语言研究所专刊之一〇三，2003年）、赵超《石刻古文字》等。

岣嵝碑：原立于湖南省内有南岳之称的衡山的主峰上，因主峰叫岣嵝峰，故称此碑为岣嵝碑。因此碑上的文字奇古，后人遂附会为大禹治水时所刻，所以又有“神禹铭”或“禹碑”之称。原刻已不知去向，现今流传的拓本为后世所摹刻。曹锦炎经过多年的研究，认为岣嵝碑是越国鸟虫书刻石，是继秦诅楚文、中山国守丘石刻之后战国刻石的又一次发现。他对此碑的碑文进行了释文和考释，详见《岣嵝碑研究》（见于《鸟虫书通考》，上海书画出版社1999年版）。

行气玉铭：郭沫若认为此玉可能是洛阳金村韩墓所出土之物，因为它上面的文字与金村出土的韩国“𠫑羌钟”铭文字体极为类似。此玉原藏合肥李木公家，今归天津市文物管理处。行气玉铭的拓本，最先影印在《艺賸》里，以后又收入《三代吉金文存》中。关于此铭的释文和考释，详见郭沫若《奴隶制时代》（其中有《古代文字之辩证发展》，人民出版社1954年版）；又见陈邦怀《战国〈行气玉铭〉考释》（《古文字研究》第七辑，中华书局1982年版）。

玉璜箴铭：此璜“传发现于金村”，可能是1930年前后出土，现藏于英国。关于此铭的释文详见李学勤《释战国玉璜箴铭》，《于省吾教授百年诞辰纪念文集》，吉林大学出版社 1996 年版。

峄山刻石：是公元前 219 年秦始皇出巡东方，登上峄山（今山东省峄县境内）后所刻的。峄山刻石在唐代被野火所焚，后来依靠摹本传世。宋代郑文宝利用著名古文字学家徐铉所藏的摹本刊刻上石。关于此刻石的释文和考释，详见赵超的《石刻古文字》。

秦骃玉版铭：此玉版相传出土于陕西省华阴县，原藏于私人手中，现归上海博物馆。有甲、乙两简，均正面 6 行，背面 5 行。正面 26—32 字，背面 24—30 字。两简都有残字，甲简残字最多。释文以乙简为主，而据甲简补其残文，共有 299 字。关于此玉版铭文的照片、摹本、释文和考释，详见李零《秦骃祷病玉版研究》（《国学研究（第六卷）》，北京大学出版社 1999 年版，第 525—547 页）、李学勤《秦玉牍索隐》（《故宫博物院院刊》2000 年第 2 期）、王辉《秦出土文献编年》（［台湾］新文丰出版公司第 2000 年）、曾宪通等《秦骃玉版文字初探》（《考古与文物》2001 年第 1 期）、李家浩《秦骃玉版铭文研究》（《北京大学中国古文献研究中心集刊》（2），北京燕山出版社 2001 年版）。

关于上述各类出土战国文献的研究，还参见简帛研究网（http：//www. jianbo. org）、简帛网（http：//www. bsm. org. cn）、复旦大学出土文献与古文字研究中心网（http：//www. gwz. fudan. edu. cn）等网站。

关于石鼓文，其刻石年代可能在春秋战国之交，但石鼓诗的写作年份可能要早。裘锡圭先生认为可能如郭沫若所说，在送平王东迁而归的襄公八年或稍后。详见裘锡圭《关于石鼓文的时代问题》（《传统文化与现代化》1995 年第 1 期）。因为此诗的写作时代可能在春秋早期，所以不用它作为语料。

关于侯马盟书的盟主及年代，学术界有两种观点：一是盟主为赵简子鞅，盟书反映了公元前五世纪晋国诸卿的斗争（详见张颔：《侯马盟书丛考》，《文物》1972 年第 5 期）。二是盟主为赵桓子嘉，盟书反映了公元前 424 年赵宗族内部的斗争（详见唐兰：《侯马出土晋国赵嘉之盟载书新释》，《文物》1972 年第 8 期）。对这两种观点，后来都有人支持，如冯时信从后说，认为侯马盟书的盟主是桓子赵嘉，打击的敌人是献子赵浣；温县盟书的盟主是献子赵浣，打击的敌人是赵嘉；侯马盟书和温县盟书的年代分别属于公元前425年的12月和公元前424年的2月（冯时：《侯马盟书和温县盟书》，《考古与文物》1987年第2期）。而赵世纲和赵莉则认为温县盟书的年代为晋定公十五年十二月二十七日（公元前497年1月16日），侯马盟书的年代为晋定公十七年十一月二十七日（赵世纲、赵莉：《温县盟书的历朔研究》，《新出简帛研究》，文物出版社2004年版）。目前，大多数学者认为侯马盟书、温县盟书是春秋晚期的文献，如李学勤的《侯马、温县盟书历朔的再考察》（《华学》第三辑，紫禁城出版社1998年版）、郝本性《河南温县东周盟誓遗址发掘与整理情况》（《新出简帛研究》，文物出版社2004年版）。所以研究战国时代的虚词，不以这两种盟书为语料。

三、出土战国文献的时代性问题

我们研究本课题所使用的出土文献要同时符合以下要求：一是从战国或秦代的墓葬中出土的；二是形成时间是从春秋战国之交到秦代这一时段的。

“出土战国文献”可以大致分为两类，一类是档案，即文书；另一类即典籍，即古书，详见李零：《简帛古书与学术源流》（三联书店2004年版，第39—53页）。前者如包山楚简的《集书》、《集书言》、《受期》、《胥狱》等编、云梦睡虎地和龙岗出土的秦代法律文书；后者如郭店楚简中的《老子》。这两种文献的情形有所不同。

档案类出土文献，就总体来说，它的形成时代跟所从出土的墓葬时代（该种文献的时代下限）比较接近，有的甚至是同时的，如遣册类文献。典籍类出土文献，它的形成时代与其墓葬时代往往相隔较远，有的甚至很远，如上博楚简《周易》。

尽管是出土于战国和秦代的墓葬中，但如果其形成时代早于春秋战国之交，如上博楚简《周易》和《逸诗》，这样的文献仍然要排除在外。

有些典籍类出土文献，如郭店楚简《老子》，它的形成年代应在战国早期，而它所从出土的墓葬年代是战国中期偏晚。从战国早期到战国中期偏晚，已有了一段时间的流传。在流传过程中，它难道不会被改动吗？这种可能性当然存在。但是，由于它的墓葬时代（也就是时代下限），是战国中期偏晚，所以改动的人只能是战国时代的人，而不会是战国以后的人。这样这些文献只能反映战国时代语言的面貌（虽然不一定是《老子》刚形成时的语言面貌），而不会有后代语言要素的掺入。前面说过我们是要探究从春秋战国之交到秦代语言中的虚词，这样，使用郭店楚简《老子》这类语料是完全可以的。

讨论出土文献的时代问题时，会涉及三个时间，即墓葬年代、抄写年代、形成年代。按照从早到晚的次序排列，应是：

形成年代>抄写年代>墓葬年代

这就是说出土文献的形成年代往往早于抄写年代，而抄写年代又往往早于墓葬年代。典籍类出土文献一般是这样。

有没有这三个时间重叠的呢？即一种文献的形成年代、抄写年代皆同于墓葬年代，这也是有的，如遣册类出土文献。

出土文献的墓葬年代一般都是明确的，墓葬年代即是这种文献的时代下限，即这种出土文献不会晚于进入墓葬的时间。但典籍类出土文献往往经过一定时间的流传。从战国墓葬中出土的典籍类文献它是什么时候形成的？又是什么时候抄写的？这往往不容易回答。出土文献时代的复杂性还表现在，在同一墓葬中出土的文献，时代下限虽然一样，但是其形成时代却可能是不一致的，流传途径、抄写时代可能都不同。

一种文献在形成之后、在流传过程中常常会被改动（有时还会产生讹误），因此出土文献所反映的是它从形成时代到墓葬时代（时代下限）的语言面貌。所以对一种文献，我们不但要知道它的墓葬时代，还要尽可能探讨它的形成时代、流传状况。

前面说过，出土文献的墓葬时代一般是明确的，主要应该用心研究的是它的形成时代。

探讨出土文献的形成时代，可以参照金文的标准器断代法。金文学家们在给青铜器进行断代时，先以有明确年代记载的青铜器作为标准器，一般是各个时段都选一些标准器（如西周的早期、中期、晚期）。如果要研究一个青铜器的时代，就把它跟那些标准器比较（当然是全面的比较），与哪个时段的标准器接近，它就是哪个时段的青铜器。

确定标准文献的方法，主要还是考察出土文献本身。有些文献有绝对年代的记载或标志，可以据此确定它的形成时代。如包山楚简、龙岗秦简、睡虎地秦简里的部分材料，其形成时代都是相对确定的。当然对文献的考察是全方位的，不但要考察它是否有写作年代的记载，还要考察它所记载的史实、其字体风格以及语言状况。这样会形成对于特定时段出土文献状况的系统性认识，这对于给其它文献进行断代是很有帮助的。除了考察文献本身之外，还要依据文献的作者进行推断。比如郭店楚简《老子》的作者，可能是老子或老子的亲传弟子。老子是春秋晚期的人，那么《老子》一书应是形成于春秋战国之交或战国早期的，或者说是在春秋末期到战国早期这段时间内形成的。

以确凿的根据确定了标准文献之后，就对标准文献展开全面研究。由于不同时段都可找到标准文献，这样我们对各个时段的标准文献就都有了一定的认识。根据这样的认识来确定一个没有写作年代记载的文献的时代，一般来说还是可信的。

这里特别强调的是依据语言的发展状况来确定时代。语言是发展的，因此一个时段的标准文献的语言状况必然有不同的特点，这种特点是建立在对各个时段标准文献的描写研究和比较研究之后确立的。如果对一个时段标准文献语言特点的认识可靠，那么这是一个很好的确定时代的依据。

对战国时代，《殷周金文集成》分成早、晚两段（见该书第一册的《编辑凡例》）：

战国　公元前四七五年——二二二年

战国早期　公元前四七五年——四世纪中叶

战国晚期　公元前四世纪中叶——二二二年

考古学上把战国时期分为三段，即早期、中期、晚期。早期是从公元前5世纪上半叶到公元前4世纪中叶；中期是从公元前4世纪中叶到3世纪上半叶；晚期是从3世纪上半叶到秦统一中国（221年）。下文引述一些学者的看法，他们所使用的术语，往往是考古学上的，所以会有“中晚期”、“中期晚段”等说法。

我们采纳《殷周金文集成》的分法。但由于我们使用的语料有的早到春秋战国之交，有的晚到秦末，所以采取这样的二分法，即：

第一时段：春秋战国之交和战国早期；

第二时段：战国晚期和秦代

第一时段和第二时段的界线划在公元前四世纪中叶。

下面我们要谈每个时段内都有哪些语料，或者说要谈前述出土战国语料每一种应属于哪一个时段的。

春秋战国之交和战国早期的语料主要有：

战国早期金文：《殷周金文集成》中有《铭文说明》的部分，标出一个铜器所属的时代和时段。如“十四年陈侯午敦”，作者标出它的时代和时段为“战国晚期”。《新收殷周青铜器铭文暨器影汇编》一书中，也有对铜器的时代和时段的标示。

曾侯乙墓竹简：曾侯乙墓是一座时代明确的战国早期墓葬，墓中的竹简应属于战国早期。

葛陵楚简：《河南新蔡平夜君成墓的发掘》（《文物》2002 年 8 月）一文认为，平夜君成的入葬年代应在楚声王以后，竹简应略早于墓葬年代。楚声王公元前 407 年即位，公元前 401 年楚悼王继之。可见葛陵楚简可归入战国早期。

岣嵝碑：曹锦炎的《岣嵝碑研究》认为，此碑的作者是朱句，刻于公元前 456 年，属于战国早期。

行气玉铭：郭沫若的《古代文字之辩证的发展》认为行气玉铭的文字与洛阳金村出土的韩国“驫羌钟”铭文字体很类似，驫羌钟作于公元前 380 年，是战国初年的东西，行气玉铭应该和钟同时。

此外，还有古书类文献的语料，其形成时代往往早于墓葬时代，例如：

郭店楚简：其中《老子》的形成时代应该比较早，大约在战国早期。李学勤认为郭店竹简典籍均早于《孟子》的成书，孟子（公元前 390—前 305）在晚年撰写了《孟子》，《孟子》应属于战国晚期作品。郭店竹简典籍既然早于《孟子》，可能早到战国早期（公元前 350 年以前），至少《五行》、《缁衣》应是如此。

上博楚简（包括香港中大战国楚简）：情况跟郭店楚简差不多。上博楚简中的《周易》、《逸诗》，其形成时代应属于西周春秋，研究战国时代的语言不应把它们作为语料。上博竹简的典籍，其形成时代也大都比较早，如《孔子诗论》，可能是战国早期之作。

九店楚简：这批竹简出在江陵县九店 56 号墓和 621 号墓，621 号墓属于战国中期晚段，56 号墓属于战国晚期早段。九店楚简属古书类文献，其形成时代也许会早到战国早期。

子弹库楚帛书：出土于战国中晚期的墓葬之中。楚帛书属于古书类文献，其形成时代也许早到战国早期。

信阳楚简：其中的古书类文献的形成时代较早，也许早到战国早期。

战国晚期和秦代的语料主要有：

战国晚期金文：这种金文在《殷周金文集成》和《新收殷周青铜器铭文暨器影汇编》中都有标示。

五里牌楚简、仰天湖楚简、杨家湾楚简、信阳楚简（文书类文献）、望山楚简：商承祚认为这几批竹简的形成时代与墓葬时代相近（详见《战国楚竹简汇编》中的《前言》，齐鲁书社 1995 年版）。出这些竹简的墓葬的年代，均不属于战国早期，出土“五里牌楚简”的墓葬的年代为战国后期，出土“仰天湖楚简”的墓葬的年代为战国后期，出土“杨家湾楚简”的墓葬的年代为战国末期，出“信阳楚简”的墓葬的年代为战国中晚期，出土“望山楚简”的墓葬的年代为战国中晚期。

睡虎地秦牍：王辉的《秦出土文献编年》认为，其时代在秦昭襄王五十一年（公元前 256 年）至秦统一（公元前 221 年）之间。

青川秦牍：王辉《秦出土文献编年》认为其时代在秦武王二年（公元前 309 年）之后的数年内。

放马滩秦简：王辉《秦出土文献编年》认为其时代在战国末至秦王政元年（公元前 246 年）的三十年间。放马滩简中的《日书》，为古书类文献，其形成时代应比较早。

包山楚简：出土于包山二号楚墓之中，包山二号楚墓为战国中晚期墓葬。包山楚简的性质为遣册、占卜和法律文书，其形成时代与墓葬时代相近。

守丘石刻：这件刻石大约刻写于战国时期中山王譻死后至中山国灭亡前的十几年间（公元前 310—公元前 296 年），应属于战国晚期。

诅楚文：根据陈昭容《秦系文字研究》（台湾“中央”研究院历史语言研究所专刊之一第一〇三号 2003 年）应作于秦惠文王后元十三年，楚怀王十七年，即公元前 312 年，当为战国晚期。

秦骃玉版铭：王辉《秦出土文献编年》认为，其形成时代当在秦昭襄王五十二年（公元前 255 年）至秦始皇二十六年（公元前 221 年）之间，为战国晚期之作。

睡虎地秦简：王辉《秦出土文献编年》认为其形成时代在秦昭襄王二十九年（公元前 277 年）至秦始皇三十年（公元前 217 年）之间。这批简应是战国末至秦代的文献。

岳山秦牍：它的时代与睡虎地秦简的时代大体相近，详见《江陵岳山秦汉墓》。

龙岗秦简：王辉《秦出土文献编年》认为，它的形成时代在秦王政二十四年（公元前 223 年）至秦二世三年（公元前 207 年）间。这批竹简非古书类文献，基本上应是秦代的文献。

周家台秦简：出土这批竹简的墓葬为周家台 30 号秦墓，其下葬年代在秦代末年，下葬年代的上限和下限之间跨度小（详见《关沮秦汉墓简牍》，中华书局 2001 年版）。周家台秦简中的古书类文献，其形成时代可能早到战国时期。而文书类文献，其形成时代应在秦代。

峄山刻石：刻写在公元前 219 年，为秦代的文献。

四、出土战国文献的地域性问题

出土战国文献的地域性问题也比较复杂。探讨出土文献地域性问题时，涉及三种地域，即出土地域（即文献所从出土的墓葬所在的地域）、作者地域（即某种文献的作者是哪个地域的人）、流传地域（一种文献形成之后，都在哪些地域流传，然后进入墓葬的）。

有些出土文献，特别是一些实用性强的文献，其出土地域、作者地域是一致的（没有经过流传），如包山楚简、望山楚简等。这种文献即可以按出土地域作为它的地域属性。又如郭店楚简《老子》，它是从楚墓中出土的，作者老子是楚人，也主要在楚地流传。这样《老子》一书的方言背景也容易确定。再如睡虎地秦简中的法律文书，是在秦地形成的，也是长期在秦地使用的，其方言背景也不复杂。

但有些文献的地域性问题就比较复杂，它们的出土地域和作者地域不一致。如郭店楚简中的《缁衣》，是从楚墓中出土的，但其作者可能是鲁国人。所以把郭店楚简都当作楚地文献来处理是不妥的，这是把复杂的问题简单化了。再如睡虎地秦简中的《日书》，其作者地域（或者说是形成地域）应是楚地，不少学者认为睡虎地秦简《日书》与楚地《日书》有渊源关系。但它的出土地域是秦地。《日书》从楚国流传到秦国后，还被改造了。虽然睡虎地秦简《日书》与楚地《日书》在内容和表达上有不少一致之处，但睡虎地秦简《日书》不仅在内容上有许多改变，语句表达上也进行了简化。睡虎地秦简《为吏之道》，是对于官吏日常行为、处事原则的说教。它虽有不少是秦人用当地语言撰写的，但也有不少语句是从儒家著作中摘取的。而儒家著作的作者又不是秦地人。由上述看来，我们不能仅仅根据文献的出土地域来确定它的方言背景。

与此密切相关的，还有方言和共同语的问题。在战国时代，各地肯定是存在方言的，各个方言也肯定是有差异的。但是当时也已经存在共同语了，这一点早已被学术界证明了。即使一种文献的作者地域（或形成地域）、流传地域、出土地域都一致，其方言背景明确，也还有一个他究竟是使用方言还是共同语的问题。这个问题不解决，仍然不能遽谈方言语法问题。

在研讨出土文献的地域性问题时，我们仍然主张使用标准文献断定法，即把一些方言背景明确的文献作为标准文献，把其它有待确定的文献与标准文献做对比，与哪个地域的文献相同就可归入哪个地域的文献类别之中。

确定标准文献的方法，是考察这种文献的作者地域、流传地域、出土地域，三者一致，没有疑问，即可定为标准文献。然后对标准文献展开全方位的研究，特别要从语言方面进行探讨。

在确定了各地（如楚地、秦地）的标准文献并对其展开全方位研究之后，要对不同地域的标准文献进行比较。通过比较，可以发现各地标准文献的特点，特别是语言方面的特点。以后碰到地域性有待确定的文献，可以考察它的特点，看与哪个地域的标准文献的特点吻合，它就应是哪个地域的。

研究方言语法，首先要经过三个步骤，即确定标准文献、对各个地域标准文献中的语法展开系统深入的描写研究、对不同地域的标准文献的语法展开对比研究。如果某一种语法现象确为某一地域标准文献所独有，可初步确定为属于方言语法现象。对初步的结论还要从多个角度加以检验，比如从方言发展史角度、从已有的先秦方言语法研究成果的角度等等。

第四节 出土文献与上古汉语虚词研究

出土上古文献有甲骨文、金文、简牍文字、帛书、盟书、刻石文字、货币文字、玺印文字、封泥文字和陶文等等。跟传世文献比较起来，出土文献对于上古汉语虚词研究具有更大的价值。

一、为上古汉语虚词研究提供了“同时资料”

如前所述，太田辰夫（1987）提出了“同时资料”和“后时资料”这两个概念，所谓“同时资料”，指的是某种资料的内容和它的外形是同一时期产生的。所谓“后时资料”是指资料外形的产生比内容的产生晚的那些东西。根据常识来说，研究语言应该以同时资料为基本资料，以后时资料为旁证。笔者赞同太田辰夫（1987）的观点。

出土文献一般都是“同时资料”。跟传世文献比，它至少有两个明显的优点，而这两个优点对于研究上古汉语虚词来说又是十分重要的。

（一）保持语言原貌

如裘锡圭（1979）所说，传世文献屡经传抄刊刻，错误很多，有的经过改写删节，几乎面目全非。而出土文献除去传抄的古书以外，很少有这种问题。就是传抄的古书，通常也比传世的本子近真。笔者认为这些话说得非常好。

我们以《老子》为例，对这一点展开论证。《老子》这一古文献有两类，即传世文献《老子》和出土文献《老子》。传世文献《老子》包括王弼本《老子》、[①]河上公本《老子》等；[②]出土文献《老子》包括楚简《老子》（甲、乙、丙本）、[③]汉帛《老子》（甲、乙本）。[④]把传世文献《老子》和出土文献《老子》进行对比，会发现传世文献《老子》在虚词方面至少存在下述问题：

1. 有些虚词被删掉了

王弼本《老子》十八章：“大道废，有仁义。慧知出，有大伪。六亲不和，有孝慈。国家昏乱，有忠臣。”这段文字在楚简《老子》丙本中作“古（故）大道废，安又（有）悬（仁）义。六新（亲）不和，安又（有）孝孶（慈）。邦豪（家）緍（昏）［乱］，安又（有）正臣。”跟王弼本《老子》比，楚简《老子》丙本中缺“慧知出，有大伪”两小句。在汉帛《老子》乙本中有这两小句，这个本子中四个“有”之前都有“安”字。在汉帛《老子》甲本中也有这两小句，这个本子中四个“有”之前都有“案”字。依据出土文献《老子》，应知在传世文献《老子》中的四个“有”之前原来是有顺承连词“安（案）”的。又如在楚简《老子》甲、乙、丙三本中，共有55个“也”，这些“也”在王弼本《老子》中有52个被删掉了，只保留了3个。

2. 添加了一些虚词

王弼本《老子》十七章：“信不足焉，有不信焉。”这句话在楚简《老子》丙本中作“信不足安又（有）不信。”在汉帛《老子》甲、乙本中也都作“信不足安有不信。”可见，在“有不信”之后，原来是没有“焉”的。之所以添加“焉”，是由于对前面“焉”的错误标点所造成的。“焉”和“安”上古音相近，都有顺承连词的用法。这种“焉”在传世文献中都可以见到：“必知乱之所自起，焉能治之；不知乱之所自起，则弗能治。”（《墨子·兼爱》）所以第一个“焉”属下句，应是顺承连词。这个“焉”在出土文献《老子》中都作“安”。后人不知传世文献《老子》中第一个“焉”是顺承连词，就错误地在“焉”后断句；“焉”既属上句，下句则显得语气急促，于是在“有不信”后边错加了一个“焉”。这样一来，第一个“焉”不可解，第二个“焉”为“衍文”。

3. 换成了另外的虚词

这有两种情况。一是用新词替换古词。王弼本《老子》六十四章：“慎终如始，则无败事。”这句话在楚简《老子》甲本中作“誓（慎）冬（终）女（如）忖（始），此亡败事矣。”可知“则”原来作“此”（“无”原来作“亡”）。“此”作连词，在甲骨文中业已出现了，而连词“则”产生得比较晚。二是用同义虚词替换。王弼本《老子》六十六章：“是以圣人处上而民不重，处前而民不害。是以天下乐推而不厌。”上引这段文字中的三个“不”，在楚简《老子》甲本、汉帛《老子》甲和乙本中都作“弗”。可见，原来是“弗”而不是“不”。

4. 错成了另外的字

这也有两种情况。一是把虚词错成了实词。王弼本《老子》四十章："上士闻道，勤而行之。"这句话在楚简《老子》乙本中作"上士昏（闻）道，堇能行於其中。"其中的"堇"，古文字学者们一般都读为范围副词"僅"，可从。这种"仅"在传世文献中可以见到："叔孙昭子曰：'楚不在诸侯矣，其仅自完也，以持其世而已'。"（《左传·昭公十九年》）王弼本《老子》把"僅"错成"勤"，是形近致讹。二是把实词错成虚词。王弼本《老子》十九章："此三者以为文不足，故令有所属。"这句话中的"三者"，在楚简《老子》甲本、汉帛《老子》甲和乙本中均作"三言"，可见"者"原来是"言"。

上面举例性地说明了传世文献《老子》在虚词方面存在的问题。可见，与传世文献《老子》相比，出土文献《老子》更接近其原貌。

依据李零（2004），出土文献大致可以分为两类，一类是档案，即文书；另一类是典籍，即古书。前者如《包山楚简》中的《集书》、《集书言》、《受期》、《胥狱》等编，云梦睡虎地和龙岗出土的秦代法律文书；后者如楚简《老子》。在这两类出土文献中，文书类的比古书类的更能保持原貌。前面我们已经证明，古书类的出土文献《老子》更"近真"，那么文书类出土文献就更加可靠。

（二）时代地域明确

裘锡圭（1979）说，不少传世古书的年代问题聚讼纷纭，因此它们所记录的语言的时代成了问题。地下发现的古文字材料，年代绝大部分比较明确。除去传抄的古书外，它们所记录的通常就是当时的语言。就拿传抄的古书来说，由于抄写的时代较早，年代问题也不像很多传世的古书那样严重。

讨论出土文献的时代问题时，会涉及三个时间，即文献的形成年代、抄写年代、墓葬年代。在这三者当中，最为明确的是墓葬年代，这是该种文献的时代下限。

就文书类出土文献而言，其形成年代、抄写年代、墓葬年代都比较接近，有些甚至是同时的，如遣册类文献。

而古书类出土文献的时代问题则较为复杂，这种文献的形成年代、抄写年代、墓葬年代往往相隔较远，也就是说其形成年代往往早於抄写年代，而抄写年代往往早于墓葬年代。但是，由于这种文献的墓葬年代明确（即这种文献的时代下限明确），所以确定这种文献的时代也不太难。即以楚简《老子》为例，它的墓葬年代是战国中期偏晚，这是时代下限。依据裘锡圭（1999），《老子》一书不大可能为老聃所亲著，而应跟《论语》一样，为老聃的弟子或再传弟子所编成，其形成时代很可能在战国早期（在楚简《老子》之前已经出现一个几乎是五千余字的《老子》传本）。这样楚简《老子》从形成年代到墓葬年代有一百几十年的时间。在这段时间里，《老子》可能被改动，但是改动的人只能是从战国早期到中期偏晚的人，而不会是此后的人。这样，就不会有战国中期偏晚以后语言要素的掺入。这一点是十分重要的。

讨论出土文献的地域问题时，也会涉及三个地域，即出土地域（即墓葬所在的地域）、作者地域（某种文献作者所属的地域）、流传地域（文献所曾流传过的地域）。在这三者当中，最为明确的是出土地域。

文书类出土文献的地域问题不太复杂，其作者地域、流传地域、出土地域往往是一致的。有些文献写成后没有经过流传即进入墓葬，如遣册类出土文献；有些文献在进入墓葬之前可能经过流传，但不会超出一国的范围。

古书类出土文献的地域问题比较复杂。有些文献的出土地域和作者地域可能是一致，如楚简《老子》是从楚墓中出土的，老子是楚人，他的弟子、再传弟子可能多数也是楚国人。有些出土地域和作者地域可能不一致。如郭店楚简《缁衣》是从楚墓中出土的，但其作者很可能是鲁国人，是从鲁国流传到楚国的。再如睡虎地秦简《日书》是从秦墓中出土的，但其作者可能是楚人。从楚国流传到秦国后，可能还被改造了。地域问题还涉及方言和共同语问题，即使知道了文献的形成地域，也还要考虑作者是用共同语写的，还是用方言写的。

在探讨出土文献的时代和地域问题时，我们主张使用标准文献断定法，即以时代和地域都明确的出土文献为标准，来断定其他出土文献的时代和地域问题。

二、在上古汉语虚词研究方面得出一些可靠的新结论

（一）新发现一些虚词

利用出土文献这种珍贵的语料，可以发现一些在上古汉语中曾存在过但利用传世文献却发现不了的虚词，这一点最能体现出出土文献对于古汉语虚词研究的重要价值。

例如，利用殷墟甲骨文，可以发现否定副词“弜”、语气副词“惠”、句末语气词“执”（张玉金 2001）：“其宜河燎？弜宜河燎？”（《合集》41658）、“壬戌卜：惠岳先侑？惠河先侑？惠王亥先侑？”（《屯南》342）、“壬午［卜］，争贞：其来抑，不其来执？”（《合集》800）

又如利用出土战国文献，发现了范围副词“屯（纯）”、介词“以就”、连词“以起”：“二戟，屯三菓（戈），屯一翼之翻；二旆，屯八翼之翻。”（《曾侯乙墓竹简》6）、“盬吉目（以）宝家为左尹舵贞：出入侍王，自夏层之月目（以）就集岁之夏层之月，尽集岁，躳身尚毋有咎。”（《包山楚简》213）、“庚申之昏以起辛酉之日祷之。”（《新蔡楚简》甲三：109）

（二）新发现虚词的一些用法

利用出土文献，可以发现虚词的一些在上古汉语中曾存在但是利用传世文献却发现不了的用法。

例如“抑”在传世文献中有选择连词和转折连词的用法，但是在殷墟甲骨文中却有句末语气词的用法：“癸酉卜，王贞：自今癸酉至于乙酉邑人其见方抑，不其见方执？”（《合集》799）。“唯”（又写作“惟”、“维”，在出土文献中一般作“隹”）在传世文献可以用来构成“唯+O+是/之+V”式，但是在殷墟甲骨文中却用来构成“唯+O+V”式：“丁未卜，亘贞：邛方出，唯年祸？”（《合集》6091）、“贞：河求，唯竽置？”（《合集》14617）后来“唯+O+V”与“O+是/之+V”式融合而成“唯+O+是/之+V”。

又如“主之谓”在传世文献中一般用作偏正复句中的偏分句，但是在出土战国文献中却可以作并列复句中的分句：“又（有）亡之相生也，难惕（易）之相成也，长耑（短）之相型（形）也，高下之相涅（盈）也，音圣（声）之相和也，先遂（后）之相墮（随）也。”（《郭店楚简·老子甲本》）在传世文献中，“主+之+介宾+也”中的“介”一般是“与”和

“於”，但是在出土战国文献中也可以是“在”：“大（太）族（簇）之在周也为刺（厉）音，其在晋也为槃钟。”（《曾侯乙钟铭》，《集成》2·322）

一些虚词的有些用法，在传世文献中也有用例，但在出土文献中用例更为丰富。依据出土文献对这种用法会有更深刻的认识。如“以”的介引时间的用法就是这样，详见周守晋（2004）。

（三）新发现虚词的一些书写形式

利用出土文献，可以发现虚词的一些曾在上古汉语中使用过但依据传世文献却发现不了的书写形式。

例如由殷墟甲骨文，可以知道传世文献中的语气副词“式”可以写作“异”（裘锡圭 1983）：“丁丑卜翌日戊王异其田，弗悔，亡災，不雨?”（《屯南》256）可以知道传世文献中的连词“暨”可以写作“眔”：“癸卯卜，𡧊贞：告于妣己眔妣庚？贞：勿告于妣己眔妣庚?”（《合集》1248）

又如依据西周金文，可以知道传世文献中的连词“越”可以写作“雩”：“余其用各我宗子雩百生。”（《善鼎铭》）可以知道传世文献中的假设连词“厥”可以写作“氒”：“氒非正令，乃敢疾讯人，则隹辅天降丧。”（《𧽊盨铭》）

再如依据出土战国文献，可以知道传世文献中的选择连词“抑”可以写作“伊”：“子羔曰：尧之得舜也，舜之德则诚善与？伊尧之德则甚明与?”（《上博楚简二·子羔》），可以知道传世文献中的兼词“焉”可以写作“安”：“受餌（闻）之，乃出文王於虽（夏）耋（台）之下而餌（问）安（焉）。”（《上博楚简三·容成氏》）

（四）正确认识书写形式与所记录的虚词的关系

“焉”这个兼词的书写形式，在出土战国文献中明显因地域而异。在楚简中写作“安”，但在秦简和中山国金文中则写作“焉”。很可能在战国时代兼词“焉”在南方写作“安”，在西方、北方则写作“焉”。“安”和“焉”的上古音十分相近，“安”是元部、影纽、平声，拟音为 an①，“焉”有两个音，一个是元部、影纽、平声，跟“安”的音有双声叠韵的关系；一个是元部、匣纽、平声，跟“安”的声音也很近，韵部为叠韵关系，声母为邻纽关系。正因为两者音近，所以可相通假。刘淇《助字辨略》：“安得为焉者，声相近也。”王海根（2006）认为，“安”可通“焉”，“焉”也可通“安”。据此看来，楚简中的“安”和秦简、中山国金文中的“焉”记录的是同一个兼词。

在传世战国文献中，“焉”、“安”、“按”、“案”都可作顺承连词用，这四者记录的是一个词，还是四个词？我们认为是前者，因为这四者的上古音极为相近，而在楚简中这个顺承连词都写作“安”。

在传世战国文献中，“安”、“焉”都用作疑问代词，都主要问处所、表反问，它们记录的是一个词，还是两个词？我们也认为是前者，因为这两者的上古音极为相近，而且在楚简中这个疑问代词都写作“安”。

（五）正确认识同义虚词的区别

由于出土文献保持语言原貌、时代和地域明确，因此运用这种材料比使用传世文献能更正确地区别同义虚词。

张玉金（2006）认为殷墟甲骨文的“不”和“弗”的区别如下：一是两者语义指向不同：“弗”指向其后的主动态及物动作动词，“不”既可指向其后的主动态及物动作动词，也可以指向其后的其他动词及作谓语的非动词，还可以指向句中的状语以及宾语中的定语部分，特别是可以指向焦点标记词“唯”和“重”后的焦点部分。二是两者所否定的动词的配价不同：零价动词、一价动词都只用“不”否定，二价、三价动词既可用“不”否定，也可以用“弗”否定。三是两者所否定的动词的态不同：被动态的二价、三价动词，只用“不”来否定；宾语前置之后的二价、三价动词也只用“不”来否定。四是两者所否定的动词的语义类别不同；“弗”多用于二价、三价的动作动词和心理动词前，否定的多是动作，而“不”多用于二价、三价状态动词前，否定的多是状态。五是否定作用不同：“弗”否定主动态及物动作动词所表的动作，否定整个命题，“不”既可以否定整个命题，也可以仅否定在否定范围内的某些成分而非否定整个命题。

又如根据出土战国文献，我们可以知道“是以”、“此以”的区别如下：一是“是以”在楚简、秦简都可以见到，而“此以”只出现在楚简中。二是“是以”常见（50 次），而“此以”较不常见（14 次）。三是“是以”在西周金文中业已出现，由一个介宾短语逐渐凝固为一个结果连词，而“此以”在西周金文中见不到，它是受“是以”类化而产生的。四是“是以”多用于复句中，而“此以”多用于句群中。五是“是以”可以跟

"以"、"唯"构成"以……是以……"、"唯……是以……"这样的复句形式，而"此以"无此用法。

（六）正确认识一些虚词的时代性和地域性

出土文献优点鲜明，以它为基本语料进行研究，就能够对虚词的时代性和地域性问题有科学、正确的认识。

以"之"为例，它的时代性非常鲜明。在殷墟甲骨文中，"之"只有代词用法。到了西周金文里，"之"除了代词用法之外，已发展出了助词的用法，但是只用于定中之间。到了出土战国文献里，"之"仍有代词、用于定中之间的助词用法，此外，已有用于状中之间、中补之间、主谓之间以及主语与介宾之间的助词用法。可见"之"的助词用法是从无到有、逐渐丰富的。

依据大西克也（1998），"与"和"及"在出土战国文献中都可以作并列连词用，但是在楚简中只用并列连词"与"，而在秦简中用并列连词"及"（有个别例外）。

笔者曾详细考察出土战国文献中以"以"为语素的一些词（有虚词，也有实词），有"以至"、"以到"、"以就"、"以起"、"是以"、"此以"、"以上"、"以下"、"以来"、"以逾"等等。在这些词当中，"是以"在楚简、秦简中都可以见到，"以至"在楚简中可以见到。此外，"以到"、"以上"、"以下"、"以来"只见于出土秦文献中，而"以就"、"以起"、"此以"、"以逾"都只出现在楚简当中。

（七）正确认识一些虚词的来源

出土文献，特别是在早期出土文献当中，往往存有一些虚词的原始用法，特别是所由虚化的实词用法，这对于探讨虚词的来源和语法化问题是十分有价值的。

例如关于介词"于"的来源问题，过去有三种不同的看法，一是认为是由往义的动词"于"虚化而来的，如郭锡良（1997、2005）；二是认为来源于上古的泛声，如赵仲邑（1964）；三是认为来源于远古汉语的格助词，如时兵（2003）。我们赞同第一种看法，这是因为在殷墟甲骨文中可以见到不少动词用法的"于"，而且可以描绘出从动词"于"到介词"于"的虚化过程。

又如“以”在西周以后是一个常见的虚词，可以作介词，也可以作连词。它的来源如何？我们考察了殷墟甲骨文中的“以”，发现“以”都是用作动词的，有两个义项，一是携带、带来，如“㚔以新鬯，惠今夕？”（《合集》13868）；二是带领、率领，如“丁未卜，争贞：勿令㚔以众伐邛？”（《合集》26）有了这些认识，再考察“以”的来源和语法化问题，无疑会得出更为可靠的结论。

（八）正确描写上古时代各个时段的虚词系统

可以把上古时代分为殷商（253 年）、西周（275 年）、春秋（294 年）、战国（含秦代）（269 年）、西汉（231 年）共五个时段，然后使用出土文献分别描写各个时段的虚词系统。由于出土文献时代明确，因此可以断定某种语料是属于上古时代的哪个时段的。如殷墟甲骨文是属于殷商的，郭店楚简属于战国时代的。虚词具有数量少、使用频率高的特点，因此，使用一定数量的语料便可基本描绘出某一时段的虚词系统。描写时以出土文献为基本语料，以传世文献为旁证（如果有传世文献的话）。例如使用殷墟甲骨文，可以知道殷商时代的连词系统如下：共有 6 个连词，即“眔（暨）”、“于”、“有”、“唯”、“此”“延”。这个连词系统又可分为三个子系统：一是“眔（暨）”和“于”，它们是用来连接两个名词语、两个动词语或两个分句的，“眔（暨）”常用；二是“有”和“唯”，它们是用来连接整数和零数或价值不等的两项的，“有”常用；三是“此”和“延”，它们是用来表示假设条件下的结果的，“此”常用。

虚词系统是一个历史现象，从前一时段到后一时段都是有变化的。例如表示假设条件下的结果，在西周金文中就常用“则”了。因此，在把各个时段的虚词系统描写出来以后，就用“史”的线索把各个时段串联起来，考察从殷商到西汉虚词系统的演变，并探讨演变的原因及其规律等。这样建立起来的上古汉语虚词发展史，基础是十分牢固的。

总之，出土文献跟传世文献比较起来，具有保持语言原貌和时代地域明确的优点，因此，研究上古汉语虚词时，应以出土文献为基本资料，而以传世文献为旁证，这样在上古汉语虚词研究方面会得出更加可靠和有价值的结论。

注　释

①王弼本《老子》，指三国王弼《老子道德经注》所用的版本，载清代黎庶昌所编的《古逸丛书》，系浙江书局重刻明华亭张之象本。江苏广陵古籍刻印社 1990 年版。

②河上公本《老子》，指西汉河上公《老子道德经河上公章句》所用的版本，载张元济所编的《四部丛刊》初编，系涵芬楼影印常熟瞿氏藏宋刊本。上海书店 1980 年版。

③楚简《老子》，系《郭店楚墓竹简》中的《老子》，有甲、乙、丙三种本子。荆门市博物馆编，文物出版社 1998 年版。

④汉帛《老子》，系《马王堆汉墓帛书》［壹］中的《老子》，有甲、乙两种本子。国家文献研究室编，文物出版社 1980 年版。

参考文献

大西克也：《并列连词“及”“与”在出土文献中的分布及上古汉语方言语法》，《古汉语语法论集》，语文出版社 1998 年版。

郭锡良：《介词“于”的起源和发展》，《中国语文》1997 年第 2 期。

郭锡良：《汉语介词“于”起源于汉藏语说商榷》，《中国语文》2005 年第 4 期。

李零：《简帛古书与学术源流》，三联书店 2004 年版。

裘锡圭：《谈谈古文字资料对古汉语研究有很大的重要性》，《中国语文》1979 年第 6 期。

裘锡圭：《卜辞“异”字和诗、书里的“式”字》，《中国语言学报》1983 年第 1 期。

裘锡圭：《郭店〈老子〉简初探》，陈鼓应主编《道家文化研究》（第十七辑），三联书店 1999 年版。

时兵：《也论介词“于”的起源和发展》，《中国语文》2003 年第 4 期。

太田辰夫：《中国历史文法》，蒋绍愚、徐昌华译，北京大学出版社 1987 年版。

王海根：《古代汉语通假字大字典》，福建人民出版社 2006 年版。

张玉金：《论甲骨文“不”和“弗”的根本区别》，王建生、朱岐祥主编《花园庄东地甲骨论丛》，圣环图书股份有限公司 2006 年版。

张玉金：《甲骨文语法学》，学林出版社 2001 年版。

赵仲邑：《论古代汉语介词“于”、“於”、“乎”》，《中山大学学报》1964 年第 4 期。

周守晋：《战国简帛中介引时间的“以”》，《古汉语研究》2004 年第 4 期。

第 二 章

出土战国文献中的介词

介词是在句子中起某种介引作用的词。它在句子中介引某些跟谓语中心相关的词语，如名词、代词、各类体词性词语、部分谓词或谓词性词语等，标明这些词语跟句子中谓语中心的句法关系和语义关系。介词介引的词语在句法结构中可以作状语，也可以作补语。介词介引的词语在语义上可以是主事、客事、与事、凭事、境事、因事、关事、比事等语义成分（有关的概念可以看陈昌来：《介词与介引功能》，安徽教育出版社 2002 年版；又见陈昌来：《现代汉语动词的句法语义属性研究》，学林出版社 2002 年版）。

介词的语法特点是，它只能出现在谓语中心的前面或后面，起介引作用；介词在组合能力上总是附着的，附着在所介引的词语前面，不能跟所介引的词分离，在句子结构上没有独立性，不能单独充当句法成分，只能跟所引介的词语一起充当句法成分；介词不能构成独词句，不能做谓语，也不能单独回答问题。

介词的功能有三：一是句法功能，主要是介引某些句法成分并与其一同组成介宾短语作谓语中心的状语或补语；二是语义功能，是作语义结构中某些语义成分的标记，如主事、客事、与事等等；三是语用功能，如介词有话题标记功能、凸显焦点功能、篇章功能等。

过去，对于介词有多种分类法。本项研究根据介词的语义功能进行分类，即根据引介什么语义成分来进行分类。由于语义学研究已经取得了很大的成就，所以这种分类是可行的，而且可以跟传统的分类法相衔接。我们把出土战国文献中的介词分为以下8类：

（一）主事介词

所谓主事，包括施事、致事、经事、系事、起事等。属于这一类的介词有："於（于、乎）、为、由、自、自从、到"。

主事介词"於（于、乎）"可作施事介词（15）（括号中的数字代表这种用法的介词出现的次数，下同）、经事介词（5）和系事介词（1）。

主事介词"为"只作施事介词（8）。

主事介词"由"只作施事介词（1）。

主事介词"自"只作施事介词（1）。

主事介词"自从"也只作施事介词（1）。

主事介词"到"可作施事介词（2）、起事介词（1）。

（二）客事介词

所谓客事，包括受事、成事、位事、任事、使事、感事、涉事、止事等。属于这一类的介词有："於（于、乎）、以、自、到"。

客事介词"於（于、乎）"可作受事介词（34）、位事介词（132）、使事介词（3）、感事介词（19）、涉事介词（7）、止事介词（1）。

客事介词"以"只作受事介词（96）。

客事介词"自"也只作受事介词（4）。

客事介词"到"可作受事介词（6）和止事介词（4）。

（三）与事介词

所谓与事，包括当事、共事等。属于这一类的介词有："於（于、乎）、与、及、为、以、以就、自"。

与事介词"於（于、乎）"可作当事介词（228），也可作共事介词（7）。

与事介词"与"只作共事介词（134）。

与事介词"及"也只作共事介词（1）。

与事介词"为"则只作当事介词（188）。

与事介词"以"既可作当事介词（2），也可作共事介词（17）。

与事介词"以就"只作当事介词（3）。

与事介词"自"也只作当事介词（4）。

（四）凭事介词

所谓凭事，包括工具、材料、方式、依据等。属于这一类的介词有："於（于、乎）、以、用、因"。

凭事介词"於（于、乎）"可作工具介词（4）、依据介词（3）。

凭事介词"以"可作工具介词（377）、材料介词（46）、方式介词（35）、依据介词（207）。

凭事介词"用"可作工具介词（5）、材料介词（3）、依据介词（1）。

凭事介词"因"可作方式介词（1）、依据介词（4）。

（五）境事介词

所谓境事，包括处所、时间等。属于这一类的代词有："於（于、乎）、在、当、方、自、由、从、至、至于、到、遝、晋、尽、终、以、以至、以就、用、及"。

境事介词"於（于、乎）"可作处所介词（211），也可以作时间介词（23）。

境事介词"在"可作处所介词（38），也可以作时间介词（2）。

境事介词"当"亦然，可作处所介词（1），也可作时间介词（6）。

境事介词"方"只作时间介词（1）。

境事介词"自"可作处所介词（19），也可作时间介词（18）。

境事介词"由"只作方位介词（4）。

境事介词"从"可作处所方位介词（48），也可以作时间介词（2）。

境事介词"至"可作处所介词（2），也可以作时间介词（10）。

境事介词"至于"亦然，作处所介词（2），也可作时间介词（2）。

境事介词"到"可作处所介词（5），也可以作时间介词（7）。

境事介词"遝"只作处所介词（1）。

境事介词"晋"只作时间介词（2）。

境事介词"尽"和"终"都只作时间介词（14）、（6）。

境事介词"以"只作时间介词（556）。

境事介词"以至"可作处所介词（2），也可以作时间介词（4）。

境事介词"以就"只作时间介词（4）。

境事介词"用"只作时间介词（1）。

境事介词“及”只作时间介词（12）。

（六）因事介词

所谓因事，包括原因、目的，属于这一类的介词有：“於（于、乎）、以、用、为、因、由”。

因事介词“於（于、乎）”可作原因介词（1）。

因事介词“以”可以作原因介词（139）。

因事介词“用”可以作原因介词（3）。

因事介词“为”既可以作原因介词（8），也可以作目的连词（20）。

因事介词“因”只作原因介词（3）。

因事介词“由”也只作原因介词（5）。

（七）关事介词

所谓关事，包括对象、范围、方面、条件等。属于这一类的介词有：“於（于、乎）、及、为、在、自、由、从、逻”。

关事介词“於（于、乎）”可作对象介词（22）、范围介词（287）、方面介词（30）。

关事介词“及”可作对象介词（6）、方面介词（1）、条件介词（1）。

关事介词“为”可作对象介词（2）。

关事介词“在”只作范围介词（2）。

关事介词“自”、“由”、“从”都只作范围介词，数量依次是（5）、（20）、（3）。

关事介词“逻”只作条件介词（1）。

（八）比事介词

属于这一类的介词有：“於（于、乎）、与”。

比事介词“於（于、乎）”出现23次。

比事介词“与”出现22次。

第一节　出土战国文献中的介词“於”“于”“乎”

语法学界目前大都认为，汉语中有介词这一独立的词类，古代汉语中的“于”、“於”是介词，而“乎”有介词的用法。

用作介词的“于”、“於”、“乎”三者之间到底是什么关系呢？是三个或两个不同的介词，还是一个虚词的三个不同的书写形式呢？

何乐士（2006）似乎认为是前者，即认为是三个不同的介词。她立了“于”、“於”、“乎”三个词条。在“於”字条下，谈了“于”和“於”的区别；而在“乎”字条下，她又谈到了介词“乎”和“於”的区别。蒲立本（1986）则认为，“于”和“於”作为介词是有区别的：“于”的介词用法是由动词用法语法化而来的，“于”作为动词，义为“去、往”；“於”最初的动词义应为静态的“在……里”，但是后来“于”和“於”用为介词的功能混同了。

我们却认为是后者，即是一个虚词的三个不同的书写形式。

“于”可能是“竽”的初文（裘锡圭 1980）。“於”字的本义是乌鸦，与“乌”本为同字。“乎”依据《说文解字》，本义是语句的馀声。

在甲骨文中，“于”被假借为“往、到”义的动词，并由此虚化出一系列介词用法。后来，介词“于”逐渐被“於”替代。“于”和“於”是什么关系？是两个不同的词（新词和旧词）的关系，还是一个词的两个不同的字（古今字）的关系？董秀芳（2006）把“於”、“于”看作同一语言形式的不同写法，记作“於/于”，我们认为这是正确的。

从上古音来说，“于”为鱼部、匣母、平声，而“於”为鱼部、影母、平声。韵部为叠韵关系，而声母为邻纽关系。孟蓬生（2001）认为影匣相通，可从。“婴”（yīng）、“荥”（xíng）两个字，前者从女，后者从水，但都是“荧省声”。从上古音来说，“婴”为影母、耕部，而“荥”为匣母、耕部。两者为耕部叠韵、影匣邻纽。可见，从音理上来说，“于”、“於”的上古音确实极为相近。冯其庸等（2006）等认为“於”通“于”，王海根（2006）既认为“於”通“于”，也认为“于”通“於”。

把“于”和“於”看成同一个词的不同书写形式的障碍，可能是介词“于”和“於”的时代不同和用法有别。但是这种现象并不罕见。例如在《楚辞》中，第一人称代词“余”还可以写成“予”，“予”用于宾语，而“余”用作定语。又如西周汉语中的代词“是”，又写作“时”，两种写法的用法并不相同。

“于”和“於”记录的是一个词，早期写作“于”，后来逐渐被“於”

所替代。“于”和“於”的关系，类似“尔”和“你”的关系，这个词原来写作“尔”，后来写作“你”。

“乎”的上古音是鱼部、匣母、平声，它跟“于”上古音很相近，是双声叠韵的关系。“於”和“乎”上古音也很近，韵部为叠韵关系，声母为邻纽关系。王海根（2006）认为“乎”可通“于”、“於”，而“于”也可以通“乎”。

“乎”跟“于”、“於”的用法也有别，但仍是一个词的不同写法。

介词“于”的来源如何？对此有三种不同的看法。

一、认为是由“往”义的动词“于”虚化而来的。持此说的有蒲立本（1986）、洪波（1988）、郭锡良（1997、2005）、王鸿滨（2004）等。梅祖麟（2004）也认为介词“于”是由“往、行”义动词虚化而来，但他认为这个动词属于共同汉藏语里的，而不仅是上古汉语中的动词“于”。

二、认为介词“于”、“於”、“乎”来源于上古的泛声。持此说的是赵仲邑（1964）。他看到了上古汉语介词“于”、“於”、“乎”跟“以”、“与”、“为”有很大不同，他认为可以根据来源把上古汉语的介词分为两个不同的系统，即来源于泛声的介词和来源于动词的介词。

三、认为介词“于”来源于远古汉语的格助词。持此说的是时兵（2003）。他认为原始汉语的语法基本格局与古藏语大体相同，都是SOV型语言，没有前置介词，而使用格助词标识体词性成分在句子中的地位以及与其他成分的关系。“于”的真正来源是远古汉语的格助词，它的语法功能与古藏语向格助词la大致相当。

我们赞同第一种说法。这是因为我们在甲骨文中发现了不少用作动词的“于”，并看到了动词“于”和介词“于”的密切关系，能描绘出由动词“于”到介词“于”的语法化过程。

郭锡良（1997）已指出甲骨文中有动词“于”。他认为动词“于”有6种类型。一是名+于+处所名词，如“壬寅卜，王于商？”（合33124）；二是自+处所名词+于+处所名词，如“乙酉卜，行贞：王步，自遘于大，无灾？”（合24238）；三是先+于+处所名词，如“从向归，乃先于盂？”（合29117）；四是使/令/呼+名词+于+处所名词，如“庚申卜，古贞：王使人于陕，若？”（合376）；五是戋+于+处所名词+无灾，如“丁丑卜，翌日戊王其戋，于囚无灾？于梌无灾？于丧无灾？于盂无灾？于宫无灾？”（合 28905）；六是步/往+于+处所名词/动词“田”，如“辛酉卜，争贞：今日王步，于敦，亡巷？”（合 7957）、“丁未贞：王往，于田，无灾？”（合 557）。

郭先生对上述卜辞的标点断句，有一些确实存在问题，在学术界引起争议。有些学者据此否认介词“于”源于动词“于”的说法。

我们认为，在上引六种类型中，第一、四两种类型是可信的，其中的“于”确为动词。而其余诸种类型，标点断句都是可以商榷的。

第二种类型，在“自”前不应标点，“王步自遘于大”的核心动词是“步”，“步”后是两个介宾短语的并列，表示“步”这种运动的起点和终点。试看下例：“辛酉卜，尹贞：王步自商，亡灾？”（合 24228）在这个例子里，“自商”前肯定不能标点，因为卜辞中“自”已是个介词，“自商”表示“步”的起点。再看下例：“辛酉卜，争贞：今日王步于敦，亡害？”（合 7957）在这个例子里，“于敦”前也不能标点，它是表示“步”的终点。如果在一个句子中，既要讲出主要动词“步”，也要表达出它的起点和终点，那就要用“王步自遘于大”这种句式。在一个核心动词后，有两个介宾短语，分别表示起点和终点，这种句式是存在的，如“壬辰卜：祷自祖乙至父丁？”（合 32031）在卜辞中，还可见到“自瀼至于膏，亡灾”（合 28188）这种例子，这是把“自瀼”放在核心动词“至”之前，而把“于膏”放在核心动词“至”之后。如果“自……于……”中的“于”是动词，那么就不需要在“于”前再加“至”了。

第三种类型，其中的“于”不是动词。郭先生可能是把“先”看成了副词，因而认为其中的“于”是动词。但是在甲骨文中，“先”常作动词，是先往、前往的意思。例如“丁酉卜：马其先，其每？”（合 27946）“丁卯卜，贞：㚔往先？/贞：勿先？”（合 4068）“贞：勿乎（呼）帚（妇）姘先？”（合 2732）“戊申卜：马其先，王兑（锐）从？”（合 27945）。郭先生所举的“先于盂”里的“先”，即是动词。“先于盂”是说前行到盂地。“先”是核心动词，而“于盂”表示运动的终点，“于”是介词。

第五种类型，不能在“戋”（应释为“迖”）后标点。以郭先生所举的两个例子来说，应做如下标点：（a）丁丑卜：翌日戊王迖于囚，亡灾？/于梌，亡灾？/于丧，亡灾？/于盂，亡灾？/于宫，亡灾？（合 28905）（b）甲申卜：翌日乙王其讼于榇，亡灾？（英 2316）“戋”应释为“讼”，作动词，是敕戒镇抚的意思（参见裘锡圭 1980）。“于 X”，表示“讼”的处所。如果从（a）例后四条卜辞来看，“于”像是动词，应在“于”前标点。但这是不对的。（a）例的后 4 条卜辞，在“于”前均省去了“翌日戊王讼”五个字。关于卜辞的省略规律，有不少学者做过论述，此处从略。卜辞有省略的，在进行语法分析时要补出来。这样，（a）例后 4 条卜辞中的“于”前均有核心动词“讼”，“于”都是介词。

第六种类型，郭锡良（1997）认为“步/往+于+处所名词/动词田”中的“于”为动词。梅祖麟（2004）指出，不应在“于”前标点，而应分析为“动+介宾”。但郭锡良（2005）仍坚持原来的看法，他说：“于和往义动词的动词方向一致，用在往义动词后，意义不变，是动词；用在入、来、至等来义动词之后，运动方向相反，于的意义起了变化，抽象化，只表示引进来至这行为的处所，开始向介词转化。”罗国强（2007）认为，此说可商。他同意梅祖麟（2004）的看法，认为甲骨文中的“往于敦”、“步于敦”原来是连动式，后来由于“于”的语法化，就变成了“动介宾”。我们认为梅祖麟（2004）、罗国强（2007）的看法是正确的。不管是“往”义动词，还是“来”义动词，都是运动动词。“于 X”用于运动动词之后，都是表示运动的终点的。再比较下引几例：

（a）辛酉卜，尹贞：王步自商，亡灾？（合 24228）（b）辛酉卜，争贞：今日王步于敦，亡害？（合 7957）（c）乙酉卜，行贞：王步自遘于大，亡灾？（合 24238）（d）自瀼至于膏，亡灾？/自瀼至于大，亡灾？（合 28188）（e）壬辰卜：祷自祖乙至父丁？（合 32031）

例（a）中的“自商”肯定是“步”的补语，表示“步”的起点。（b）例中的“于敦”是附属于“步”的，表示“步”的终点。由（a）（b）来看，（c）中的“自遘”也应属于“步”，表起点，同时“于大”也属于“步”，表终点，（c）是“主语+动词+介宾$_1$+介宾$_2$”这样的句式，是把（a）、（b）两种句式融合在一起形成的，这样的句式在商代是存在的，如（e）例。（d）例的核心动词是“至”，前有“自瀼”表示起点，后有“于膏”、“于大”表示终点。（d）例是把表示起点和终点的介宾短语分置于“至”的前后。“至”（到）是往义动词，其后不能标点，同样，“步于敦”

中的“步”后也是如此。

那么，在甲骨文当中有没有动词“于”呢？我们认为是有的，即郭锡良先生所谓的第一种类型“名词+于+处所名词”和第四种类型“使/令/呼+名词+于+处所名词”中的“于”。

“名+于+处所名词”这种类型，除郭锡良（1997）所举的两个例子之外，还可以见到不少。例如：

（1）贞：方于苋？
贞：方勿于苋？（合 8648）

（2）贞：妥于冥？
妥勿于冥？（合 190）

（3）叀今夕于滴？（合 28178）

（4）庚寅卜：多子族于舌？（屯 4026）

（5）雀于宥？（合 4154）

（6）雍于万？（合 7938）

（7）梦于东，有鹿？（合 6813）

（8）贞：王人于芍，若？（合 16336）

（9）己巳卜，争贞：方女于敦？
贞：方女勿于敦？（合 11018）

（10）庚辰卜，宾贞：朕刍于門？
贞：朕刍于丘剢？（合 152）

（11）雍刍于苋？
雍刍勿于苋？
贞：雍刍于秋？
雍刍勿于秋？（合 150）

（12）乙巳卜，古贞：弓刍于𢦏？
☐贞：弓刍勿于𢦏？（合 940）

（13）贞：于龚？
贞：勿［于］龚？（合 891）

（14）甲午卜，晅贞：其于东？（英 2284）

（15）贞：勿于西？（合 8771）

（16）贞：勿于㐭？（合 8297）

（17）王占曰：吉。余亡不若，不于斲。（合 376）

在甲骨卜辞中有下引一例“己巳贞：𠭯刍其奠于京？”（屯 1111）。例中的“𠭯”和“京”都是地名，而“刍”，中国社会科学院考古研究所的释文认为应是一种人的身份，即刈草之人，或牧人。此说甚是。卜辞或云“癸丑卜，争贞：旬亡祸？王占曰：有求有梦。甲寅允有来艰。左告曰：有逸刍自盗，十人有二”（合 137）。“有逸刍自盗”，是说从盗地逃逸了刈草之奴隶，共有十二个人。过去一般把“刍”解释成牲畜是不对的。若“刍”为刈草之人这种说法可信，则前引例（10）至（12）中的“X 刍”中的“刍”也都是这个意思。“刍”后的“于”都是动词，所以可以受“勿”修饰。“于”后的名词，都是表示处所的。其余诸例类此。

“使/令/呼+名+于+处所名词”这种类型，除了郭锡良（1997）所举的例子之外，还可见到不少。例如：

（18）乙酉卜，宾贞：使人于河，沈三羊，酉三牛？（合 5522）

（19）贞：使人于岳？

贞：勿使人于岳？（合 5520）

（20）丁丑卜，韦贞：使人于我？（合 5525）

（21）贞：使人于沚？（合 6357）

（22）贞：使人于吴？（合 14474）

（23）使人于眉？（合 7693）

（24）贞：勿使人于𠂤？（东 397）

（25）贞：使于𠂤？（合 6079）

（26）呼牧于朕刍？（合 148）

（27）呼牛于北土？（合 8793）

（28）己巳☐贞：呼众人于𢦏？（东 416）

（29）呼于唐？（合 8808）

（30）乙巳贞：令多射于廙？（合 41527）

（31）贞：令射𤰇于微？（英 528）

（32）□亥卜，宾贞：令卯于𠦪？（合 4770）

（33）庚辰卜：令耆于成？（合 4584）

（34）辛亥卜，出贞：令莫伯于𢍰？（英 1978）

（35）乙亥贞：令𢦏于䧅？（合 32996）

（36）己卯卜，我贞：令豖翌庚于隹？（合 21631）

以上所举的，都是兼语句。第一个动词为使令动词，有“使”、“呼”、“令”等。使令动词后的名词均为表人名词，可以省略，如例（25）、（29）。第二个动词都是“于”，“于”后的宾语均为处所名词。

以上所举的 36 个例子，都是“于”作动词的用例。当然这并不是甲骨文中“于”作动词的全部用例，而只是选出了其中有代表性的。可见在甲骨卜辞中，“于”是常用作动词的。罗国强（2007）认为，即使是在先秦文献中，有一些“于”根据语境也可以分析为动词，毛传、郑笺“于，往也”的解释不是信口雌黄。

介词“于”就是由动词“于”虚化过来的，其间经历了语法化的过程。

之所以由动词虚化为介词，首先是由于汉语这种特定语言的需要。汉语是孤立语，依靠语序和虚词这种语法手段表达语法意义。殷商汉语还比较原始，虚词还不很发达，仅靠语序难以准确表达语法意义。很需要一些介词来引进处所、时间、对象等词语。正是这种需要促进了由动词“于”向介词“于”的语法化。

那么，动词“于”具体是在什么样的句法环境中虚化的呢？

郭锡良（1997）、梅祖麟（2004）都认为介词“于”是由连动式“V_1V_2O”中的“V_2”变来的。我们认为，这大抵是正确的。但仅仅指出这一点还不够。动词“于”所由虚化的环境还有更为具体的要求。“于”是运动动词，有往、到之义。当它成为“V_1V_2O”中的“V_2”时，它后面的“O”应该是处所名词，用以表示运动的终点。而“于”前的“V_1”也应是运动动词，如“步”、“往”、“先”等等。这些运动动词本身具有移动、位移的特点，如“先”是前往、先行之义，所以从表示词汇意义这个角度来看，用作 V_2 的“于”显得多余。这样，这种“于”就可能适应语言的需要而虚化为介词。前面说过，动词“于”带处所宾语的例子很常见，同样，“于+处所宾语”出现在 V_1 后的例子也很常见。这种句式使用频率的增加，成了动词“于”虚化为介词的诱发因素。最能证明介词“于”源于动词“于”的，是两者意义相近，动词“于”是往、到的意思，而介词“于”在甲骨文中绝大多数是到的意思；另外，动词“于”和介词“于”后的宾语都是处所名词。

在由动词“于”向介词“于”虚化的过程中，业已存在的“V+介+处所名词”这种句法格式成了类推的源动力。在殷商汉语，存在着“V+介+处所名词”这种格式，例如：

（37）辛酉卜，尹贞：王步自商，亡灾？（合 24228）

（38）乙酉卜，宾贞：王往从丧？（合 10931）

这两个例子中的“自”、“从”都是介词，介词前的“步”、“往”都是具有位移性的运动动词，介词后都是处所名词。受这种句式的类化，用作连动式中第二个动词的“于”变成了介词。

当“于”为动词时，“V_1V_2O”中的边界应在 V_2之后，V_1和 V_2都是运动动词，O 表示位移的终点。但是，当用作 V_2的“于”虚化为介词之后，结构被重新分析，边界由 O 前，移到了 V_1之后。“于”成了介词，后边的处所名词成了“于”的宾语，这个“于”字介宾短语构成一个整体作 V_1的补语。

在殷商汉语中，与“于”的其它用法相比，引介处所的用法是先产生的，这跟它的源头有关，当时动词“于”的宾语都是处所名词。

由于隐喻机制的作用，“于”的语义逐渐抽象化和泛化，表义辖域由空间（处所、方位）扩大到时间，又由空间扩大到对象等。

由上述看来，介词“于”确实源于动词“于”，是由后者逐渐虚化而成，它与介词“以”、“为”、“与”的来源并没有什么不同。梅祖麟（2004）由语法化只能是单方向的推出一开始“于”只有动词的用法。罗国强（2007）也认为，介词“于”也是由动词“于”虚化而来的。

郭锡良（1997）和梅祖麟（2004）都认为介词“于”源于动词，但郭锡良（1997）认为是源于远古汉语中的动词“于”，而梅祖麟（2004）认为源于共同汉藏语“往、行”义的动词。郭锡良不同意梅说，我们也认为梅说的证据不是很可靠。

赵仲邑（1964）、时兵（2003）都看到了“于”、“於”这个介词的独特性。赵仲邑把“于”、“於”同“以”比较，看到了以下几点不同：第一，介词“以”前可以加上能愿动词、数词、形容词和“所”字，“与”、“为”

等也是这样。介词“于”、“於”不能，“乎”也是这样。第二，带有指示代词宾语的介词“以”本身不能省略，而它后面的指示代词宾语可以省略，“与”、“为”等也是这样。反之，介词“于”、“於”本身可以省略，而它们后边的宾语不能省略，“乎”也是这样。第三，“以”字结构以置于谓语前作状语占优势，而“与”字结构、“为”字结构等更全部都置于谓语前作状语。“于”字结构、“於”字结构以置于谓语后作补语占优势，“乎”字结构更全部都置于谓语后作补语。第四，介词“以”前可以加上副词，“与”、“为”等也是这样，至于介词“于”、“於”前加上副词的例子已是仅有，而“乎”字前面加上副词的例子更是绝无。时兵（2003）通过与同期介词的比较，归纳出了四项关于介词“于”的功能特征。第一，介词“于”对受事补足语的可标识性；第二，介词“于”使用的不确定性；第三，介词“于”应用范围的广泛性；第四，“于”字结构位置的灵活性。

正因如此，赵仲邑（1964）认为“于”来源于上古的泛声，而时兵（2003）认为来源于远古的格助词。

赵仲邑（1964）的说法难以让人信从。依据解惠全（1987），汉语中的介词基本来自动词。到目前为止，还没有人能证明，某个虚词来源于所谓的泛声。事实上看不到这种现象，理论上也难以加以解释。时兵（2003）的观点建立在一个基础之上，即原始汉语在未受到其它类型语言（非 SOV 型）影响之前，其语法基本格局与古藏语大体相同。它们都是 SOV 型语言，没有前置介词，使用格助词标识体词性成分在句子中的地位以及与其他成分的关系。这个前题令人怀疑。目前我们所能见到的最早的成系统的汉语材料是甲骨文。依据我们的研究，甲骨文所反映的商代语言，是 SVO 型的语言，跟今天的汉语相比，其语法基本格局并没有什么大的不同。比殷商汉语更早的汉语，我们不好乱猜测。即使猜测了，也未见得可靠。一篇论文立足于这个不太可靠的基础上，其观点难以令人信服。罗国强（2007）也指出，认为古汉语是 SOV 型语言似乎还缺少可靠的证明，“格助词说”只能看作是就一种假设作出的解释。

“于”这个介词，跟“以”、“为”这种介词相比，具有一些不同，并不是来源不同，它们都是源自动词。但是“于”产生的早，在甲骨文时代已经是一个很常用的相当成熟的介词了，到春秋战国时代仍很常用，这时它具有纯粹介词性。可是“以”、“为”这样的词，在甲骨文中都出现了，那时它们还不是介词，都是动词，它们演变成介词，那是较晚时候的事。这样在春秋战国时代的汉语中，“以”、“为”的介词性就不那么纯粹，他们还保留动词的用法。因此，“于”、“於”和“以”、“为”会有不同。

一、於

应该怎样给介词“於”进行分类呢？

研究现代汉语的学者，在对介词进行再分类的问题上主要有两种看法。一是根据介宾短语的语义功能来分类，如赵淑华（1996）将介词分为标志时间、标志处所方向、标志原因目的、标志方式、标志关涉、标志条件依据、标志对象、标志比较、标志排除、标志协同、标志距离、标志所经、标志话题等十三类。二是根据介宾短语的语法功能。如饶长溶（1991），把介词分成四类。一是“把”、“被”类：这是只能作状语的；二是“按”、“照”类：是能作状语、主语前修饰语的；三是“向”、“往”类：是能作状语、主语前修饰语、谓语后补语的；四是“跟”、“对”类：是能作状语、主语前修饰语、定语的。

研究古汉语语法的学者，在对介词进行再分类时，一般采取上述第一种分类法。如何乐士（2006）把文言文中的“於”分成“对象介词”、“处所介词”、“时间介词”、“原因介词”和“条件介词”5类。又如赵大明（1990）把文言文中“于（於）”、“诸”、“乎”的用法分为18类。

本文采用了陈昌来（2002）对汉语介词进行再分类的方法。他根据介词的语义功能的不同，把汉语介词分成八大类，即主事介词、客事介词、与事介词、境事介词、凭事介词、因事介词、关事介词和比事介词。各类介词内部还可以再进行分类。

根据我们的研究，出土战国文献中的介词“於”，上述8种用法都用，只是使用频率有很大不同，下边分别加以叙述。

（一）用作主事介词

主事包括：施事、致事、经事、系事、起事等。出土战国文献中的介词“於”，介引主事的共有15次，占总次数（1006）的1.5%，其中介引施事的有9次，介引经事的有5次，介引系事的1次。未见到介引致事和起事的。

用作施事介词、可译为“被”、“由”的例子如：

（39）不韦（讳）所不孝（教）於帀（师）者三……此所不孝（教）於帀（师）也。（《上博楚简六·天子建州甲》）不教於师：不被老师所教。

（40）忈（恐）后豉（诛）於吏（史）者。（《上博楚简六·竞公瘧》）

（41）君圣人，虘（且）良倀子，牆（将）正於君。（《上博楚简四·柬大王泊旱》）

（42）龟尹智（知）王之庶（炙）於日而疠。（《上博楚简四·柬大王泊旱》）试比较：□□於东室，日出炙之。（《九店楚简》53）

（43）女（如）载马、牛、羊，台（以）出入闢（关），则政（徵）於大府，毋政於闢。（《鄂君启舟节铭》，《集成》18·12113）

这种“於”一般都认为是被动式之标志。但向光忠（2000）认为这种“於”，并非决然为被动语态之体现者。他考察古文献后发现，在传世典籍中，被动句虽常用“于”，而亦或无“于”，主动句虽常无“于”，而亦或有“于”。甚或对举的选择问句，有“于”者为主动态，而无“于”者为被动态；并列的“于”字结构，其一为被动态，另一为主动态。

用作经事介词、可译为“被”的例子如：

（44）内居西南，妇不媚於君。（《睡虎地秦简·日书甲种》）媚：爱。

（45）姑（苦）或（成）冢（家）父事敕（厉）公，为士宧行正（征）詗弜（强），目（以）见亚（恶）於敕（厉）公。（《上博楚简五·姑成家父》）

（46）是以上之互（恒）柔（务），才（在）訐（信）於众。（《郭店楚简·成之闻之》）

（47）宦及智（知）於王。（《睡虎地秦简·法律答问》）

用作系事介词的例子如：

（48）丁巳安於身，癸酉多衣。（《睡虎地秦简·日书甲种》）安：安乐、舒服。

（二）用作客事介词

客事包括受事、成事、位事、任事、使事、感事、涉事、止事等。出土战国文献中的介词“於”，介引客事的有 162 次，占总次数（1006）的

16.1%。其中介引受事的有29次，介引位事的有110次，介引使事的3次，介引感事的有15次，介引涉事的4次，介引止事的1次。未见到介引成事、任事的。

用作受事介词、可译为“对”或不译的例子如：

(49) 必中青目(以)翟(罗)於勿(物)，幾杀而邦正。(《上博楚简六·天子建州甲》)罗：包罗、囊括。

(50) 天道贵溺(弱)，雀(削)成者以嗌(益)生者，伐於弶，责於□。(《郭店楚简·太一生水》)

(51) 今之弋(式)於直(德)者，未年不弋(忒)。(《郭店楚简·唐虞之道》)式：效法。

(52) 亓政絧(治)而不赏，官而不箞(爵)，无萬(励)於民。(《上博楚简二·容成氏》)

(53) 从人觀(劝)，肰(然)则孪(免)於戾。(《上博楚简四·内豊》)

(54) 君子为豊(礼)，以依於悬(仁)。(《上博楚简五·君子为礼》)

由于在动作动词和受事宾语之间，一般都不用介词，所以赵仲邑(1964)认为，这种“於”不是介词，而是助词。赵说不可从。动作和受事之间一般是不用“於”的，但有时为了表达特定的语用意义，就用了介词“於”，详见下文。

用作位事介词、可译为“在”、“到”的例子如：

(55) 僕(仆)之父之骨才(在)於此室之隮(阶)下。(《上博楚简四·昭王毁室》)

(56) 昔尧凥(处)於丹府与藋陵之间。(《上博楚简二·容成氏》)

(57) 视(寘)盂庈(炭)亓(其)下，加圜(圜)木於亓上，思民道(蹈)之。(《上博楚简二·容成氏》)

(58) 臧(藏)於圂中垣下。(《睡虎地秦简·日书甲种》)

(59) 王遲(徙)於鄩郢之戢(岁)。(《新蔡楚简》甲二：14、13)

(60) 窺(亲)軓(巡)远方，登於繹山。(《峄山刻石》)

(61) 戊午之日，涉於孟澫(津)，至於共、緣之间。(《上博楚简二·容成氏》)

能带位事的动词，主要有三种，一是静态存在动词，如前引的“在”、“处”；二是放置动词，如前引的“藏”、“加”；三是位移运动动词，如前引的“徙”、“登”、“至”、“涉”等。

用作使事介词、可不译的例子如：

（62）快於吕（己）者之胃（谓）兑（悦）。（《郭店楚简·性自命出》）快於己：使自己快乐。

（63）三军大败……君乃自怹（过），目敚（悦）於墓（万）民。（《上博楚简四·曹沫之阵》）悦於万民：使万民喜悦。

用作感事介词、可译为“对”或不译的例子如：

（64）毋辟（嬖）於便俾（嬖），毋倀（长）於父眭（兄）。（《上博楚简四·曹沫之阵》）嬖：宠爱。

（65）冒难軺（犯）央（殃），非憮於福。（《上博楚简六·用曰》）憮：爱。

（66）此言也，言余（舍）之此而乇（度）於天心也。（《郭店楚简·成之闻之》）度：揣度。

（67）不吕（忌）於天，而吕於人。（《上博楚简六·用曰》）忌：顾忌、忌惮。

（68）又（有）少（小）辠（罪）而弗亦（赦）也。不業（察）於道也。（《郭店楚简·五行》）察：明察。

（69）虐（吾）见於君，不昏（问）又（有）邦之道。（《上博楚简四·相邦之道》）

能带感事的动词主要有两类，一类是情绪类心理动词，如“嬖”、“憮”、“度”、“忌”、“察”；另一类是认知类动词，如“见”。

用作涉事介词、可译为“对”或不译的例子如：

（70）毋以丑徐（除）门户，害於骄母。（《睡虎地秦简·日书甲种》）

（71）甚害於邦，不便於民。（《睡虎地秦简·语书》）

可带涉事的动词一般都是性状动词，如前引例句中的“害”。

用作止事介词的例子如：

（72）其它冗吏、令史掾计者，及都仓、库、田、亭啬夫坐其离官属於乡者，如令、丞。（《睡虎地秦简·效律》）

上例中的“属”为关系动词，其后的“於”引进“属”的止事“乡”。

（三）用作与事介词

与事包括当事与共事。出土战国文献中的“於”，介引当事的有218次，占总次数（1006）的21.7%；介引共事的有4次，占总次数（1006）的0.4%。

用作当事介词、可译为“向”、“给”、“跟”的例子如：

（73）归備（佩）玉於二天子，各二璧。（《新蔡楚简》甲一：4）

（74）凡宅（托）官於人，是胃（谓）邦固；宅（托）人於官，是胃邦薾（窳）。（《上博楚简五·三德》）

（75）忻（祈）福於司禍（祸）、司褨、司鮠，各一痒（牂）。（《新蔡楚简》乙三：5）

（76）古之甬（用）民者，求之於㠯（己）为互（恒）。（《郭店楚简·成之闻之》）

（77）君内（入）而语仆之言於君王。（《上博楚简四·柬大王泊旱》）

（78）公曰：向者虗（吾）昏（问）忠臣於子思。（《郭店楚简·鲁穆公问子思》）

上面所引例子中的“归”、“托”属于给予动词，“祈”、“求”属于索取动词，“语”属于告知动词，“问”属于探问动词。

用作共事介词、可译为“跟”的例子如：

（79）上下和且辑，緍（姻）紀（配）於大国。（《上博楚简四·曹沫之阵》）

（80）贞：既心疾，㠯（以）合於伓（背）。（《新蔡楚简》甲三：233、190）

上面所引的“姻配”、“合”属于互向动词。

（四）用作凭事介词

凭事包括工具、材料、方式、依据等。出土战国文献中的“於”，介引凭事的很少见。介引工具的有4次，占总次数（1006）的0.4%；介引依据的有3次，占总次数的0.3%。

用作工具介词、可译为“用”的例子如：

（81）昔尧之鄉（饗）𦱤（舜）也，饭於土輜（熘），欲（歠）於土型

（鉶）。（《上博楚简四·曹沫之阵》）土增：食器。土鉶：饮器。

用作依据介词、可译为“依据、依靠”的例子如：

（82）壬午生，穀於武，好货。（《睡虎地秦简·日书乙种》穀：活着。

（五）用作境事介词

境事包括处所、时间。出土战国文献中的“於”，介引处所的有195次，占总次数（1006）的19.4%；介引时间的有21次，占总次数的2.1%。

用作处所介词、可译为“在”、“从”、“到”的例子如：

（83）昔［者］叁（舜）静（耕）於鬲（鬲）丘，匋（陶）於河宾（滨），鱼（渔）於雷泽。（《上博楚简二·容成氏》）

（84）墨（禹）乃盡（建）鼓於廷。（《上博楚简二·容成氏》）

（85）句（后）禝（稷）既已受命，乃飤（食）於埜（野），宿於埜（野）。（《上博楚简二·容成氏》）

（86）邵（昭）王为室於死涎（湑）之澽（浒）。（《上博楚简四·昭王毁室》）

（87）大司马邵昜败晋师於襄陵之岁，夏柰之月，庚午之日。（《包山楚简》115）

（88）受駬（闻）之，乃出文王於虽（夏）壴（台）之下。（《上博楚简二·容成氏》）

（89）秎（利）目取货於人之所，毋目舍人货於外。（《九店楚简》42）舍：给予。

（90）郾（燕）客臧嘉闻（问）王於葳郢之岁。（《郾客问量铭》，《集成》16·10373）

前面说过，静态存在动词、位移运动动词和放置动词后的处所词语为位事。此外，用来表示处所的词语应该属于境事。上引前五例中的“於”应为所在介词，例（88）和（89）中的前一个“於”，应为起点介词，（89）中的后一个以及（90）中的“於”应为终点介词。

用作时间介词，可译为“在”、“从”、“到”。例如：

（91）择日於八月戠祭竞坪（平）王目（以）逾至吝（文）君。（《新蔡楚简》甲三：201）

（92）少（小）人之告纆牆（将）剸（專）於含（今）日。（《上博楚简四·昭王毁室》）将专於今日：今日将要进行。

（93）人之败也，亙（恒）於丌（其）𪭢（且）成也败之。（《郭店楚简·老子丙本》）

（94）为之於丌（其）亡又（有）也，絧（治）之於丌未乱。（《郭店楚简·老子甲本》）

（95）六帝兴於古，㾓（皆）采（由）此也。（《郭店楚简·唐虞之道》）

（96）於言又（有）之：㒼𧙃㠯（以）至於含（今）才（哉）。（《上博楚简五·姑成家父》）

上引前四例中的“於”应为所在介词，例（95）中的“於”应为起点介词，例（96）中的“於”应为终点介词。

（六）用作因事介词

因事包括原因、目的。出土战国文献中的“於”，用来介引原因的，只有1例。未见到介引目的的。

用作原因介词、可译为“因为”的例子如：

（97）臣为君王臣，介備（服）名，君王遂（後）凥（处），辱於孝（老）夫。（《上博楚简六·平王问郑寿》）

（七）用作关事介词

关事包括对象、范围、方面、条件。出土战国文献中的“於”，用作对象介词的有22次，占总次数（1006）的2.2%；用作范围介词的有282次，占总次数的28%；用作方面介词的，有25次，占总次数的2.5%。未见到用作条件介词的。

用作对象介词、可译为“对”、“对于”的例子如：

（98）君子之於孴（教）也，丌（其）道（导）民也不𢡔（浸），则丌淳也弗深悷（矣）。（《郭店楚简·成之闻之》）

（99）君子之於言也，非从末浥（流）者之贵。（《郭店楚简·成之闻之》）

（100）豊（礼）之於㞳（尸）宙（庙）也，不腈（精）为腈（精）。（《上博楚简六·天子建州甲》）

（101）女（如）天（夫）毋炁（爱）珪璧帀（幣）帛於山川，毋乃不

可？（《上博楚简二·鲁邦大旱》）

（102）士又（有）志於君子道，胃（谓）之時（寺）士。（《郭店楚简·五行》）

（103）不汲於利，民产又芮。（《鸟书箴铭带钩》，《集成》16·10407）

对象介词和前面谈到的与事介词（包括当事介词、共事介词）很类似，意思也差不多，不过两者是有区别的。首先，与事介词所介引的成分是句子语义结构中必有的语义成分（配价成分），而对象介词所介引的成分则只是句子语义结构中的可有的语义成分。前者如“问忠臣於子思”中的“子思”，后者如“士有志於君子道”中的“君子道”。其次，能支配与事的动词有交接动词、称呼动词、针对动词、互向动词，而能支配对象的动词是上述四种动词之外的其它动词。

用作范围介词、可译为“在……中/里”、“在……上”、“从……中/里”的例子如：

（104）情生於眚（性），豊（礼）生於情，厰（严）生於豊，敬生於厰，宔（望）生於敬，恥生於悳（望），悡生於恥，敾（廉）生於悡。（《郭店楚简·语丛二》）

（105）斊（教），所以生悳（德）於审（中）者也。豊（礼）复（作）於青（情）。（《郭店楚简·性自命出》）

（106）又（有）人安（焉）又（有）不善，𤔔（乱）出於人。（《上博楚简三·恒先》）

（107）甲乙有疾，父母为祟，得之於肉。丨王母为祟，得之於黄色索鱼、堇酉（酒）。（《睡虎地秦简·日书甲种》）

（108）又（有）敚（祟）见於卲（昭）王、蕙（惠）王、文君、文夫人、子西君。（《新蔡楚简》甲三：213）

（109）𩑋（夏）㝭：建於未、䉷於申、敓於栖（酉）、坪於戌、𥁰於亥、工於子、坐於丑、盍於寅、城於卯、復（復）於唇（辰）、萄於巳、敚於午。（《九店楚简》16）

（110）既为金桎，或（又）为酉（酒）池，䜴（厚）乐於酉（酒）。（《上博楚简二·容成氏》）

范围介词和前面讲过的处所介词不同。处所介词所介引的词语往往都是处所名词，与介词一起表示动作行为的所在、起点和终点。而范围介词所介引的词语一般不是处所名词，这些词语与介词一起表示动作行为的范围。如前面引过的“乱出於人”是说祸乱是从人里边出来的。“於人”表示“出”的范围。不过，处所介词和范围介词确实比较相近，有时候难以区分。

用作方面介词、可译为“在……方面”的例子如：

(111) 民新（慎）於言而歎（谨）於行。旹（诗）員（云）：“穆穆文王，於幾义之。”（《上博楚简一·缁衣》）

(112) 此不贫於散（美）而福（富）於惪（德）与（欤）？（《上博楚简四·曹沫之阵》）

(113) 厚於义、専（薄）於息（仁），障而不罣（亲）。（《郭店楚简·语丛一》）

(114) 非之而不可亚（恶）者，篙（笃）於息（仁）者也。（《上博楚简一·性情论》）

(115) 古（故）君子惇於恆（反）吕（己）。（《郭店楚简·穷达以时》）

(116) 衣備（服）逃（过）折（制），遊（失）於美。（《上博楚简五·三德》）

方面介词和范围介词也是很相近的，有时难以区分。但方面介词是介引方面的，从领域的角度讲，它所介引的往往比范围介词所介引的窄。正因如此，方面介词常常成对使用，和它的宾语一起，表示这方面如何、那方面怎样，如前引例（111）至例（113）。由此看来，典型的方面介词是可以跟范围介词区别开来的。

（八）用作比事介词

出土战国文献中的“於”，用作比事介词的有 14 次，占总次数的1.4%。

比事介词可以分为两类，一类是用来比高下的，这时“於”前一般是形容词；另一类是用来比异同的，这时“於”前一般是“异”或“同”。

前一类“於”，一般可译为“比”，例如：

(117) 肰（然）则臤（贤）於垔（禹）也。（《上博楚简五·君子为礼》）

（118）氏（是）古（故）臤（贤）人大於邦。（《上博楚简五·季庚子问於孔子》）

（119）计脱实及出实多於律程，及不当出而出之。（《睡虎地秦简·效律》）

（120）盗罪轻於亡，以亡论。（《睡虎地秦简·法律答问》）

（121）丌（其）欲雨或甚於我。（《上博楚简二·鲁邦大旱》）

后一类“於”，可译为“跟”，例如：

（122）☐萛（异）於丘之所昏（闻）。（《上博楚简五·季庚子问於孔子》）

（123）今异於而（尔）言。（《上博楚简四·曹沫之阵》）

（124）所以异於父，君臣不相才（存）也。（《郭店楚简·语丛三》）

我们对出土战国文献中介词“於”的每一个用例都进行了分析，制成了下表：

1-1：出土战国文献中介词“於”语义功能统计表

语义功能＼文献		战国金文	战国简牍		战国帛书	战国玉石文字	合计	
			楚简	秦简				
主事介词	施事	2	7				9	15
	经事		3	2			5	
	系事			1			1	
客事介词	受事	2	25	2			29	162
	位事	10	85	14		1	110	
	使事		3				3	
	感事	1	13	1			15	
	涉事			4			4	
	止事			1			1	
与事介词	当事	1	213	3		1	218	222
	共事		4				4	
凭事介词	工具		4				4	7
	依据			3			3	

续表

语义功能＼文献		战国金文	战国简牍		战国帛书	战国玉石文字	合计	
			楚简	秦简				
境事介词	处所	7	163	23		2	195	216
	时间		21				21	
因事介词	原因		1				1	1
关事介词	对象	1	18	2		1	22	329
	范围	1	277	4			282	
	方面		24	1			25	
比事介词		比事		12	2		14	14
於是乎			29				29	29
残辞		1	10				11	11
合计		26	912	63	0	5	1006	

由上表可以见到，出土战国文献中的“於”，主要的用法是用作关事介词（329 次），与事介词（222 次）、境事介词（216 次）和客事介词（162 次），其余用法都很少见。

由上表还可以见到，介词“於”在楚简中常见，共有 912 次，而在秦简中却少见，共有 63 次。可以作参照的是助词“者”，“者”在楚简中出现 483 次，而在秦简中出现 714 次。可见“於”少见于秦简，是其地域性特征之一。

出土战国文献中介词“於”的语义功能是多样的。这多样的语义功能的源流如何？

洪波（1988）曾把动词用法和介词用法的“於”和“于”的意义概括为一些义项，并探讨这些义项之间的源流关系，他的结论如下图所示：

洪波（1988）能认真地思考“於”“于”各个义项之间的联系，这是可贵的。不过，洪波说也有三点值得思考之处。首先，他认为动词“于”由“往”义引申出动词“到达”义、“在”义、“比”义。洪波认为“於”作动词有“在”义、“比”义和“对于”义，这种看法不太可靠。比如他认为动词“于”有“在”义，但所举的三个例子中的“于”都应是介词。又

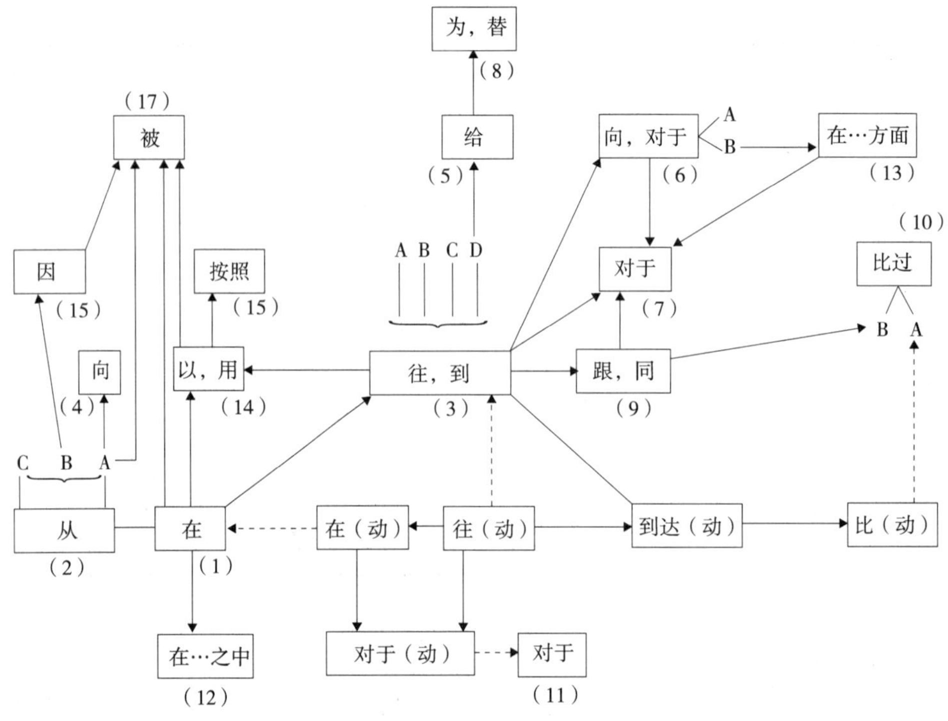

1－2："於"和"于"义项源流关系表

比如他认为"於"有"对于"义，但所举的两个例子中的"于"也都是介词。其次，动词"于"虚化为介词之后，其意义的发展已不同于实词词义的引申，不能等量齐观。最后，有些义项的发展，不一定如上图所示。比如说他认为"以、用"义来自"往、到"义；认为"在……中"来自"在"义，可是却认为"在……方面"义来自"对于"和"向、对于"义，这些都令人难以理解。

我们认为介词"於"语义功能的发展应如下图所示：

由"往、到"义的动词虚化为意义为"到"的位事介词和处所介词，这是一个语法化的过程，已如前述。作动词时，"于"的宾语都是处所词语，虚化为位事介词和处所介词后亦然。意义为"到"的位事介词和处所介词"于"本来是终点介词，后来，其语法意义泛化，不但作终点介词，也作所在介词和起点介词。由"在、到、从"义的处所介词变为有"在、到、从"义的时间介词，这是由于隐喻的作用，由表空间义转为表时间义。

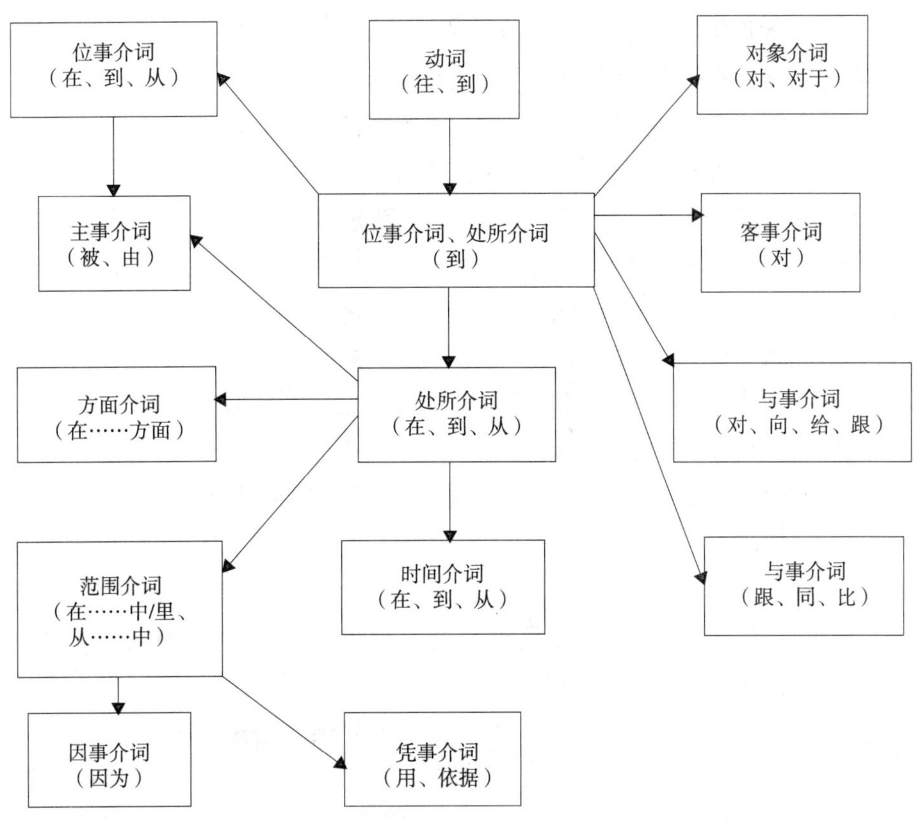

1－3：介词“於”语义功能发展表

“於”的对象介词、客事介词、与事介词和比事介词等的用法，都应该是由意义为“到”的位事/处所介词发展而来的，因为“往、到”义跟“对、向、跟、给”义是相通的：往某个地方去其实就是向着/对着某个方向。洪波（1988）就是这样看的，我们认为是可从的。

主事介词“於”应源自位事/处所介词“於”。郭锡良（1992）就是这样看的。他认为表示处所是介词“於”最基本的用法，甚至在一些表示被动意义的句子里，介词“於”也只是介绍动作行为的处所，而不是引出主动者，如“百里奚举於市”（《孟子·告子下》）在个别表示被动意义的句子里，介词“於”究竟是引出主动者还是介绍动作行为的处所是不容易确定的。如“昔司马喜髌脚於宋，卒相中山”（邹阳《狱中上梁王书》）、“屈原放逐於楚国”（《盐铁论·相刺》），这里的“髌脚於宋”和“放逐於楚国”可有两种理解，“於+名词”既可以认为是介绍动作行为的处所，又可以认为是引出动作行为的主动者。郭锡良说可从。

处所介词“於”是“在”、“到”、“从”的意思。由此义逐渐抽象化和泛化，引申为“在……中/里”、“从……中”，这样就变成了范围介词；由处所介词的意义引申为“在……方面”，就变成了方面介词。“因事介词”、“凭事介词”其实都是源自范围介词。先看下引两例：（a）余必使尔罢於奔命以死。（《左传·成公七年》）（b）於诸侯之约，大王当王关中，关中民咸知之。（《史记·淮阴侯列传》）前引（a）例中的“於”，何乐士（2006）认为可译为“由于”；（b）例中的“於”，何乐士（2006）认为可译为“根据”。其实，这两个“於”原来都是“在……中”的意思，只是由于“於”的宾语和前面动词的特定语义关系，使我们可以像何乐士（2006）那样翻译罢了。又如前引（97）“辱于老夫”中的“于”，我们分析为原因介词，但也可以看成范围或处所介词，意思是“从……这里”。再如前引（81）、（82）中的“于”，我们分析为凭事介词，但也可以看成范围或处所介词，意思是“在……里/中”。可分析为因事介词、凭事介词的“于”很少。

董秀芳（2006）对“于/於”的看似纷繁复杂的用法提出一种概括：指出从语义上看，“于/於”是古汉语中非受事成分的标志，可以用来引进除典型受事以外的任何与动词有关的名词性成分。从句法上看，“于/於”是非宾语名词性成分的标记，动词与“于/於+名词性成分”构成的不是中心语与补足语形成的最低层次的动词短语，而是更高一级的动词短语，“于/於+名词性成分”充当的是附加语。“于/於”的存在表明在上古汉语中宾语与非宾语的区分是十分重要的。

董秀芳的看法可以商榷。首先，“于/於”跟其它介词一样，也是由动词虚化而来的，它也必然跟其它虚词一样，走语法化的道路。既然走语法化的道路，它的各种用法之间也必然是有迹可寻的。其次，“于/於”用来引介受事的例子并不少见，前面说过，在出土战国文献中，这种用法有29次。受事前用不用“于/於”，不是受事典型不典型的问题，而是受事是否被强调的问题。再次，非受事成分前用“于/於”并不均衡，有些非受事成分前常用“于/於”，如“处所”、“位事”、“范围”、“当事”前；有些非受事成分前很少用“于/於”，如“原因”、“工具”、“依据”、“共事”前；有些非受事成分前从不用“于/於”，如“目的”前。最后，“于”在甲骨文中已经是一个很常用的虚词，又是单音节，到战国时代仍然常用（这时常写作“於”），它发展出较多的用法是自然的。在汉语的实词中可以看到类似的现象。“于/於”的用法虽多，但常见的用法并不多。这些常见的用法之间的发展脉络是很清晰的。

介词“於”的宾语可由名词性词语充当，也可以由谓词性词语充当。

能充当介词“於”宾语的名词性词语，主要有名词、代词、定中短语、名词性联合短语、同位短语、方位短语和者字词组。

介词“於”的宾语由名词充当的例子如：

（125）齐客陈异至（致）福於王之岁。（《新蔡楚简》甲三：27）

（126）不可目不攸（修）政而善於民。（《上博楚简四·曹沫之阵》）

（127）古者，民各有乡俗，其所利及好恶不同，或不便於民，害於邦。（《睡虎地秦简·语书》）

（128）以戊日日中而食黍於道，遽则止矣。（《睡虎地秦简·日书甲种》）

（129）子眚（省），割（盖）憙（喜）於内，不见於外；憙（喜）於外，不见於内；恩（愠）於外，不见於内。（《上博楚简二·昔者君老》）

（130）六帝兴於古，虐（皆）采（由）此也。（《郭店楚简·唐虞之道》）

介词“於”的宾语由代词充当的例子如：

（131）丌（其）欲雨或甚於我。（《上博楚简二·鲁邦大旱》）

（132）是虐（吾）所寛（望）於女（汝）也。（《上博楚简六·竞公瘧》）

（133）虐（吾）韰（闻）为臣者，必思君㝵（得）志於㠯（己）。（《上博楚简五·姑成家父》）

（134）祭正不隻，未㠯（以）至於此。（《上博楚简六·竞公瘧》）

介词“於”的宾语由定中短语充当的例子如：

（135）畢祷於三楚祧（先）各一痒（牂）。（《新蔡楚简》乙三：41）

（136）作兹宝毁，用追孝於我皇毁（舅）。（《陈贶簋盖铭》，《集成》8·4190）

（137）十月辛未之日不行代易（阳）厩尹郙之人戜（斗）戟（格）於长沙公之军，阩门又败。（《包山楚简》61）

（138）卲（昭）王为室於死浞（湑）之滸（浒）。（《上博楚简四·昭王毁室》）

（139）宇多於西南之南，富。宇多於西北之北，绝后。宇多於东北之北，安。（《睡虎地秦简·日书甲种》）

（140）昌少（小）会者（诸）侯之帀（师）於畧（牧）之埜（野）。（《上博楚简二·容成氏》）

介词“於”的宾语由方位短语充当的例子如（方位短语是由方位名词直接附在名词性词语之后或之前组成）：

（141）臧（藏）於刍稾中。丨臧於園中草下。（《睡虎地秦简·日书甲种》）

（142）不攸（修）亓成，而死於枘（刃）下。（《上博楚简五·三德》）

（143）虖（号）命（令）於军中。（《上博楚简四·曹沫之阵》）

（144）□□於室东，日出庶（炙）之。（《九店楚简》53）

（145）□□柰寋（赛）祷於畱（荆）王昌（以）逾，训（顺）至文王昌逾□。（《新蔡楚简》甲三：5）

（146）若弗得，乃弃其屦於中道。（《睡虎地秦简·日书甲种》）

介词“於”的宾语由同位短语充当的例子如：

（147）命（令）尹子林䎽（问）於大𡩜（宰）子歨。（《上博楚简四·柬大王泊旱》）

（148）使其宗祝邵馨布檄告於丕显大神厥湫。（《诅楚文·大沈厥湫文》）

介词“於”的宾语由名词性联合短语充当的例子如：

（149）是古（故）胃不物（利）於行䢔（作）、埜（野）事，不吉。（《九店楚简》32）

（150）又（有）敓（祟）见於司命、老嫜（童）、祝𩁹（融）、空（穴）酓（熊）。（《新蔡楚简》乙一：22）

（151）外鬼为祟，得之於酉、脯、脩、节肉。（《睡虎地秦简·日书甲种》）

（152）☐又（有）优（忧）於船（躬）与宫室，叡（且）又（有）一☐。（《望山楚简》1·75）

（153）囟（思）攻解於祖与兵死。（《包山楚简》241）

（154）☐於父抶与新（新）父与不殆（辜）与累禮与□☐。（《望山楚简》1·78）

介词“於”的宾语由者字短语充当的例子如：

（155）尧目天下壤（让）於叚（贤）者，天下之叚者莫之能受也。（《上博楚简二·容成氏》）

（156）善於死者为生者。（《上博楚简四·曹沫之阵》）

（157）舉祷於绝无后者各肥豬，馈之。（《包山楚简》250）

能充当介词“於”宾语的谓词性词语，主要有动词、形容词、动宾短语和主谓短语。

介词“於”的宾语由动词充当的例子如：

（158）凡敓（悦），乍（作）於悳（与）者也。（《郭店楚简·语丛二》）

（159）天下之勿（物）生於又（有），又（有）生於亡。（《郭店楚简·老子甲本》）

（160）恙宜、利丂、采（採）勿（物）出於复（作）。（《上博楚简三·恒先》）

（161）民新（慎）於言而歠（謹）於行。（《上博楚简一·缁衣》）

（162）盗罪轻於亡，以亡论。（《睡虎地秦简·法律答问》）

（163）逃人不𢔶（得）。秎（利）於寇（寇）逃（盗）。（《九店楚简》30）

介词“於”的宾语由形容词充当的例子如：

（164）此不贫於散（美）而福（富）於悳（德）与（欤）？（《上博楚简四·曹沫之阵》）

（165）难之少，足於㲉（慤），亦不婁（迩）於恻（贼）。（《上博楚简六·用曰》）

（166）衣備（服）逃（过）折（制），遊（失）於美。（《上博楚简五·三德》）

（167）羕（养）心於子（慈）俍（谅）。（《郭店楚简·尊德义》）

（168）天道贵溺（弱），雀（削）成者以嗌（益）生者，伐於弜（强），责於□。（《郭店楚简·太一生水》）

介词“於”的宾语由动宾短语充当的例子如：

（169）古（故）君子惇於饭（反）邑（己）。（《郭店楚简·穷达以时》）

（170）䎽（闻）亓（其）司（始）於徸（失）人。（《上博楚简六·孔子见季桓子》）

（171）使之之於为善殹。（《睡虎地秦简·语书》）

介词“於”的宾语由主谓短语充当的例子如：

（172）为之於丌（其）亡又（有）也，絧（治）之於丌未乱。（《郭店楚简·老子甲本》）

（173）人之败也，亙（恒）於丌（其）叡（且）成也败之。（《郭店楚简·老子丙本》）

带谓词性词语的“於”如下表：

1-4：出土战国文献中带谓词性词语宾语的“於”统计表

类别	关事介词			境事介词	比事介词	客事介词
	对象介词	范围介词	方向介词	时间介词	比事介词	受事介词
数量	1	23	9	3	1	1

由上表看来，能带谓词性词语作宾语的“於”，一般都是用作关事介词和境事介词，其余的都很少，关事、境事都是句子语义结构中的外围成分。

对谓词性词语作介词“於”的宾语这种现象该怎么看呢？过去一般认为谓词性词语充当介词的宾语就名词化了，由谓词性词语变为体词性词语了。但是近来不少学者承认动词和形容词可以作主语、宾语，既然如此，谓词性词语也可以作介词的宾语。

我们认为，谓词性词语作介词“於”的宾语可有两种情况：

一是既在句法层面上名词化了，也在语义层面事物化了，即从陈述功能转为指称功能了。如作受事介词的宾语时，可以前引例（168）为例。这是因为受事是动作行为支配的对象，应是一种事物，如例（168）中的“强”，是强者的意思。

二是在句法层面没有名词化，只是在语义平面上事物化了，即从陈述功能转为指称功能了，如作关事介词、境事介词、比事介词“于/於”的宾语时。这是因为此时谓词性词语还保留一些谓词的语法特点，但语义上已表示事物了。

介词“於”和它的宾语一起组成“於”字介词短语。

“於”字介词短语的句法功能主要是出现在谓词性词语之后作补语。例如：

（174）唯（虽）戠（勇）力䎽（闻）於邦，不女（如）材。（《郭店楚简·语丛四》）

（175）是古（故）大一簪（藏）於水，行於时，逈（周）而或（又）［始］。（《郭店楚简·太一生水》）

（176）句（后）褉（稷）既已受命，乃飤（食）於埜（野），宿於埜（野）。（《上博楚简二·容成氏》）

（177）女（如）天（夫）毋悉（爱）珪璧帀（幣）帛於山川，毋乃不可？（《上博楚简二·鲁邦大旱》）

（178）邓人所渐（斩）木四百长於蔡君之地蘘溪之中，亓百又八十长於罼地郐中。（《包山楚简》140）

（179）祷於吝（文）夫人，智牢，乐虘（且）贛（贡）之。（《新蔡楚简》乙一：11）

（180）若弗得，乃弃其履於中道。（《睡虎地秦简·日书甲种》）

（181）蒦（与）其汭（溺）於人旃，宁汭於渊。（《中山王礨鼎铭》，《集成》5·2840）

这种“於”字短语共出现994次，占总次数（1006）的98.8%。可见，“於”字短语在战国时代主要是作补语的。

“於”字短语可以出现在谓词性词语之前作状语。这有三种情况。一是“於”用作境事介词中的时间介词，这种“於”只出现1次。例如：

（182）人之败也，亙（恒）於丌（其）叡（且）成也败之。（《郭店楚简·老子甲本》）

下引三个例子，似是“於”字短语作状语的：（a）择日於八月甅祭竞坪（平）王目（以）逾至吝（文）君。（《新蔡楚简》甲三：201）（b）斁（择）日於八月之审（中）赛祷☑。（《新蔡楚简》甲三：303）（c）睪（择）日於是𠳿（期）㝬（賽）祷司命、司录☑。（《新蔡楚简》甲三：4）以（a）为例，“於八月”不是作后边的谓词语的状语的，而是作前边“择日”的补语。“择日於八月”，是说在八月份里选一个日子。对于（c）例，《新蔡楚简》的整理者在“是期”之后标点，可从。

二是“於”用作境事介词中的处所介词，这种“於”共出现4次，例如：

（183）凡於道逄（路）毋愄（畏），毋蜀（独）言。（《上博楚简一·性情论》）

三是“於”用作关事介词中的对象介词，共出现7次，主要出现在“名+之+於+名+也”这样的格式里。例如：

（184）君子之於耆（教）也，丌道（导）民也不宼（浸），则丌淳也弗深悠（矣）。（《郭店楚简·成之闻之》）

（185）君子之於言也，非从末湰（流）者之贵。（《郭店楚简·成之闻之》）

（186）豊（礼）之於层（尸）窗（庙）也，不腈（精）为腈（精）。（《上博楚简六·天子建州甲》）

“名+之+於+名+也”中的“名+之”可以用“其”替代，例如：

（187）唯（虽）丌（其）於善道也，亦非又（有）译（择）娄（数）以多也。（《郭店楚简·成之闻之》）

（188）其於久远也，如后嗣为之者，不称成功盛德。（《峄山刻石》）

下表是出土战国文献中“於”字介宾短语句法位置的统计表：

1-5：出土战国文献中“於”字介宾短语句法位置统计表

文献／位置	战国金文	战国简牍		战国帛书	战国玉石文字	合计
		楚简	秦简			
谓词语后	26	901	63	0	4	994
谓词语前	0	11	0	0	1	12
合计	26	912	63	0	5	1006

由上表来看，“於”字介宾短语用状语的占总次数的98.8%，用作补语的占总次数的1.2%. 可见在出土战国文献中“於”字介宾短语一般是作状语的。

蔡镇楚（1983）曾讨论过古汉语介词结构的语法功能。他从《论语》、《商君书》、《老子》、《孟子》、《荀子》中找出了所有介词“于（於）”的用例，共1376次。其中“於”字短语作补语的有1185次，占总次数（1376）的86.1%，作状语的有191次，占总次数的13.9%。上述五部书大都属于战国时代。看来在传世文献中，“於”字短语也主要是作补语的，但比例没有出土战国文献中的比例高。蔡镇楚还分别统计了较早的《论语》和较晚的《荀子》中的“于（於）”，《论语》中“於”字短语作补语和状语的比例分别是86%和14%，《荀子》中“於”字短语作补语和状语的比例也分别是86.5%和13.5%。看来，战国时代前后期并没有明显变化。

何乐士（2004）研究了《左传》中的“於”和“于”。根据她的统计，“于”和“於”位于谓词语前237次，占介词“于”、“於”总数（3213）的7%；位于谓词语后的有2976次，占93%。

何乐士（2004）在谈到“於”字短语作状语时说，除了固定短语“於是”和“於是乎”外，大都出现在表示强调的句子中。例如“主相晋国，於今八年”（《左传·昭公一年》）中的“於今”表示了对与谓词语有关的时间的强调。又如“礼之於政，如热之有濯也”（《左传·襄公三十一年》）中的“於政”表示对有关对象的强调。再如“朔於敝邑，亚大夫也”中的“於敝邑”，表示对与谓词语有关的处所的强调。我们认为何乐士的这个看法是有道理的。

遵此理论，我们可以对出土战国文献中介词“於”及其宾语的语序问题做出解释。在出土战国文献中，“於”字介宾短语的通常语序就是出现在谓词语之后作补语，这种“於”占总次数的98.8%。能够前置的是表示时间、处所和对象的“於”字结构，将其前置是为了表示对它的强调。这种“於”很少，只有1.2%。

介词“於”的语用功能主要有三：一是话题标记功能；二是凸显焦点功能；三是篇章功能。

介词“於”的话题标记功能是不强的，这主要是因为“於”和它的宾语经常处于谓词语之后作补语。介词“於”的话题标记功能，主要表现在“於”介引其宾语居于句首，如前引例（183）。

在出土战国文献中，“於”字短语本身作为话题是很少见的。较为常见的则是，在“於”字短语前出现“名+之”或者“其”，在其后出现“也”，构成“名+之+於+宾语+也”或“其+於+宾语+也”，这样的结构一般都是居於句首作话题的。

在汉语中，常规焦点的设位遵循尾焦原则，也就是说一般都位于句子末尾的词语上，句子尾部是被强调和凸显的成分。介词“於”和它的宾语在出土战国文献中，一般位于句子末尾，是句子的常规焦点之所在。在这一点上来说，介词“於”具有凸显常规焦点的功能。当介词介引主事时，这一功能就更为突出。主事常居句首，往往作话题，不会是常规焦点。但是当主事前出现介词“於”时，“於+主语”常位于句末，成了句子的常规焦点，如例（44）至例（48）。这可见，没有介词“於”和主事词语位置的移动，也就不会有主事作常规焦点。

另一方面，当把介词“於”及其宾语移到谓词语前面时，如前引例（182）至（188），则“於+宾语”就把自己的常规焦点的位置让给了谓词语。这个意义上说来，“於”也有凸显焦点的功能。

介词“於”的篇章功能则较为突出。它的篇章功能主要有四：一是衔接功能；二是管界功能；三是分类、列举和排比功能；四是对比功能。

介词“於”在语篇内部的衔接中起一定的作用。这主要表现在两点上。一是介词“於”介引回指上文的代词“是”（“是”后又出现句中语气词“乎”表示提顿），以承上启下：

（189）尧解（闻）之而散（美）亓（其）行。尧於是虖（乎）为车十又（有）五輮（乘），目（以）三從銮（舜）於旬（畎）畱（畝）之中。（《上博楚简二·容成氏》）

（190）墨（禹）亲执枌（畚?）耜（耜）目波（陂）明者（都）之泽，决九河之渫（阻），於是虖（乎）夹州、滄（徐）州訠（始）可凥（处）。（《上博楚简二·容成氏》）

（191）方百里之审（中），衙（率）天下之人遼（就），奉而立之，目为天下。於是虖（乎）方囩（圆）千里。（《上博楚简二·容成氏》）

（192）高山陞，蓁林内（入），焉目行正。於是虖（乎）訂（治）箮（爵）而行录（禄）。（《上博楚简二·容成氏》）

上引四个例子中的“是”，回指上文，同时引出下面的句子。

二是介词“於”连用，构成同形重复，以显示出篇章的脉络，也起到篇章衔接的作用。例如：

（193）不和於邦，不可目出豫（舍）；不和於豫，不可目出戦（陈）；不和於戦，不可目战。（《上博楚简四·曹沫之阵》）

（194）智生於眚（性），化生於智，敚（悦）生於化，枒生於敚，从生於枒。（《郭店楚简·语丛二》）

例（193）连用了三个“於”，分别说明若在“邦”、“豫”、“陈”三个方面不和，会怎样。连用的“於”字短语把例（193）的议论层次较为清楚地显示出来了。例（194）类此。

介词“於”的管界功能表现在，“於”字短语作为句首修饰语，可以在处所、对象等方面对后边的小句进行限定。例如：

（195）凡於道逄（路），毋愄（畏），毋蜀（独）言。（《上博楚简一·性情论》）

这个例子中的“於”字短语，限定“毋畏、毋独言”是在道路上。

介词“於”的连用，可以起到分类和列举叙述的作用，例如：

（196）昔［者］叅（舜）静（耕）於鬲（鬲）丘，匋（陶）於河宾（滨），鱼（渔）於雷泽。（《上博楚简二·容成氏》）

（197）生於丑即，生於寅衰，生於卯夬；寛於唇即，寛於巳衰，寛於午［夬］。（《九店楚简》96）

介词“於”连用，可以构成修辞上的排比格，“於”在排比格中起到“提示语”的作用。在出土战国文献中，“於”字短语连用构成的排比格尚未见到，而是一个“於”字短语在一个小句中作状语，几个小句之间排成排比格。例如：

（198）子（孳）生於眚（性），易生於子，肆（肆）生於易，容生於肆（肆）。（《郭店楚简·语丛二》）

（199）又（有）出於或，生（性）出於又（有），音出於生（性），言出於音，名出於言，事出於名。（《上博楚简三·恒先》）

由介词“於”介引的介词宾语在上下文中可以构成对比项。在出土战国文献中，用在谓词语之后的“於”字短语可以构成对比。例如：

（200）坓（刑）不逮（逮）於君子，豊（礼）不逮（逮）於小人。（《郭店楚简·尊德义》）

（201）厚於义，専（薄）於悬（仁）。（《郭店楚简·语丛一》）

（202）民訢（慎）於言而慬（谨）於行。（《郭店楚简·缁衣》）

（203）此不贫於散（美）而福（富）於悳（德）与（欤）？（《上博楚简四·曹沫之阵》）

（204）既只（跻）於天，或（又）椎（坠）於困（渊）。（《上博楚简三·彭祖》）

“於”可以跟“是”和“乎”构成“於是乎”（在出土文献中常作“於是虖”），这是个固定短语，“於”是介词，“是”是其宾语，“乎”为句中语气词。“於是乎”一般是用来表示顺承关系的，可译为“于是”、“就”、“便”。

“於是虖”只出现在《上博楚简二·容成氏》之中，共出现29次。可以分为三类：

一是“於是虖”出现在语句主语之后，例如：

（205）尧辠（闻）之而散（美）亓行。尧於是虖（乎）为车十又（有）五輮（乘），目三從叁（舜）於旬（畎）畱（畝）之中。（《上博楚简二·容成氏》）

（206）㕣（皋）秀（陶）……述（遂）爯（称）疾不出而死。墨（禹）於是唐（乎）壤（让）益，启於是唐（乎）攻益自取。（《上博楚简二·容成氏》）

（207）文王曰：“可。”文王於是唐（乎）素耑（端）襈（褰）裳目行九邦。（《上博楚简二·容成氏》）

（208）虘（吾）戲（勴）天畏（威）之。武王於是虖（乎）复（作）为革车千輮（乘）。（《上博楚简二·容成氏》）

二是“於是乎”出现在语句主语之前，例如：

（209）専（溥）亦（夜）目为槿（淫），不圣（听）亓邦之正（政）。於是唐（乎）九邦畔（叛）之。（《上博楚简二·容成氏》）

（210）汤於是唐（乎）諻（徵）九州之帀（师），目雹四海（海）之

内，於是虐（乎）天下之兵大起，於是虐（乎）𣪘（亡）宗鹿（戮）族戔（残）群焉備（服）。《上博楚简二·容成氏》

（211）墨（禹）迵（通）淮与忻（沂），东豉（注）之海（海），於是虐（乎）竞州、篖（莒）州訂（始）可凥也。（《上博楚简二·容成氏》）

（212）而一亓志，而寢亓兵，而官丌才（材），於是虖（乎）唫（喑）聋执烛，相（矇）戉（瞽）鼓瑟（瑟）。（《上博楚简二·容成氏》）

三是“於是乎”出现在谓词语之前（谓词语前的主语没有出现），例如：

（213）受（纣）不述亓先王之道，自为芑为。於是乎作为九成之台。（《上博楚简二·容成氏》）

（214）於是虐（乎）复（作）为金桎三千。（《上博楚简二·容成氏》）

（215）高山陞，蓁林内（入），焉㠯行正。於是於（乎）訂（治）籊（爵）而行录（禄）。（《上博楚简二·容成氏》）

（216）於是虐（乎）訂（始）语尧天地人民之道。（《上博楚简二·容成氏》）

“於是乎”只出现在楚简之中，而未见于其它语料当中。

二、于

在出土战国文献中还可以见到“于”，共有68次。从语义功能角度来分析，“于”有下列用法：

一是用作主事介词。在出土战国文献中，只见到“于”作施事介词的例子。例如：

（217）武侄寺（持）力，富敚（夺）楚京，赏于韩宗，令于晋公，昭于天子，用明则之于铭。（《鷹羌钟铭》，《集成》1·157）

（218）左关釜节于廩釜，关鉚节于廩半，关人筑桿戚釜，闭料于□外。（《子禾子釜铭》，《集成》16·10374）

二是用作客事介词。在出土战国文献中，“于”可作客事介词中的受事介词、位事介词和涉事介词。用作受事介词的例子如：

（219）铸为彝壶，节于醒（禋）醑，可法可尚。（《中山王嚳方壶铭》，《集成》15·9735）醒醑：祭祀酒名。

（220）眊眊畬（余）朕孳（兹）未则于天。（《上博楚简三・彭祖》）

用作位事介词的例子如：

（221）楚王畬（熊）章乍（作）曾侯乙宗彝，寞（奠）之于西旛。（《楚王畬章钟铭》，《集成》1・83）

（222）亡體（体）之豊（礼），塞于四沺（海）。（《上博楚简二・民之父母》）

（223）人过于丘虚，女鼠抱子逐人。（《睡虎地秦简・日书甲种》）

（224）矢兵不入于身，身不伤。（《睡虎地秦简・日书甲种》）

用作涉事介词的例子如：

（225）☑□乃兵，害于亓（其）王。（《楚帛书・乙篇》）甘氏《岁星法》："必害其王"。

（226）泗（伊）尹既已受命，乃执兵钦（禁）暴，羕㝵（得）于民。（《上博楚简二・容成氏》）

三是用作与事介词。在出土战国文献中，"于"可作当事介词和共事介词。用作当事介词的例子如：

（227）逘（寺）人内（入）告于君。（《上博楚简二・昔者君老》）

（228）征虫飞鸟，叟（受）勿（物）于天。（《上博楚简六・用曰》）

用作共事介词的例子如：

（229）勿有不义，訅之于不適。（《者沪钟铭》，《集成》1・125）訅：谋划。

四是用作境事介词。在出土战国文献中，"于"可作境事介词中的处所介词和时间介词。用作处所介词的例子如：

（230）厥辟軐（韩）宗彻，率征秦迮齐，入㲺（长）城，先会于平险（阴）。（《驫羌钟铭》，《集成》1・157）

（231）陈侯午朝群邦者（诸）侯于齐。（《十年陈侯午敦铭》，《集成》9・4648）

（232）地虫斲（斗）于下，血上扇。（《睡虎地秦简・日书甲种》）

（233）唯送（朕）先王，茅（苗）蒐狃（田）猎，于皮（彼）新土，其逾（会）女（如）林。（《妤壶铭》，《集成》15・9734）

用作时间介词的例子如：

（234）五年覆吴，皮（克）并（併）之，至于含（今）。（《中山王礨鼎铭》，《集成》5·2840）

（235）宦于朝夕，而考（巧）於左右。（《上博楚简六·用曰》）

五是用作关事介词。在出土战国文献中，“于”可作关事介词中的范围介词和方面介词。用作范围介词的例子如：

（236）中山王礨诈（作）贞（鼎），于铭曰：於虖，语不废哉。（《中山王礨鼎铭》，《集成》5·2840）

（237）有祱（祟）见于大川有汸，少（小）臣成敬之瞿☐。（《新蔡楚简》零：198、203）

（238）《寺（诗）》员（云）：雷（淑）誓（慎）尔（爾）垦（止），不侃（諐）于义（仪）。（《郭店楚简·缁衣》）

（239）日城（盛）于纵。（《上博楚简五·鲍叔牙与隰朋之谏》）

六是用作比事介词，例如：

（240）参（三）垟（郤）中（忠）立（位）目正上下之謞，弜（强）于公豪（家）。（《上博楚简五·姑成家父》）

（241）租不能实□，□轻重于程，町失三分。（《龙岗秦简》136）

1-6：出土战国文献中介词“于”语义功能统计表

语义功能＼文献		战国金文	战国简牍		战国帛书	战国玉石文字	总计
			楚简	秦简			
主事介词	施事介词	6					6
客事介词	受事介词	2	1				3
	位事介词	3	7	3	3		16
	涉事介词		1		1		2
与事介词	当事介词	4	4			1	9
	共事介词	1					1
境事介词	处所介词	8	3	3	2		16
	时间介词	1	1				2
关事介词	范围介词	1	1				2
	方面介词		5				5

续表

语义功能＼文献	战国金文	战国简牍		战国帛书	战国玉石文字	总计
		楚简	秦简			
比事介词		1	1	1		3
残辞	1	1	1			3
合计	27	25	8	7	1	68

介词“于”的宾语，可由名词语充当，也可以由谓词语充当。

能充当“于”之宾语的名词语有名词、代词、定中短语、名词性联合短语、方位短语。例如：

（242）允哉，若言，明犮（跋）之于壶而时观焉。（《中山王嚳方壶铭》，《集成》15·9735）

（243）王曰：者㲻，女（汝）亦虔秉不（丕）涇（经）德，台（以）克总光朕邸（越），于之悉（逊）学。（《者㲻钟铭》，《集成》1·125）

（244）天梠（棓）湆（将）乍（作）濼，降于其方（旁）。（《楚帛书·乙篇》）

（245）大不训于邦，又梟内（入）于上下。（《楚帛书·丙篇》）

（246）☐于禁苑中者，吏与参辨券☐。（《龙岗秦简》11）

能充当“于”之宾语的谓词语有动词、形容词和状中短语。例如：

（247）日城（盛）于纵。（《上博楚简五·鲍叔牙与隰朋之谏》）

（248）德径于康。（《上博楚简六·用曰》）

（249）勿有不义，訙之于不适。（《者㲻钟铭》，《集成》1·125）

介词“于”和它的宾语组成“于”字短语，一般是放在谓词后作补语的，如前引例（217）至（235）。有时放在谓词前作状语，这种例子很少见，有上引例（236）、（243），又如：

（250）□命者，于其事区夫。（《子禾子釜铭》，《集成》16·10374）

“于”字短语作状语的例子，都出现在战国金文这种语料当中，未见於其它语料。这三个“于”，一是作处所介词的，一是作范围介词的，一是作受事介词的。

三、"于"和"於"的区别

关于"于"和"於"的区别，何乐士（2006）有过论述。她认为，"于"来源较古，"於"比较后起。"于"所在句式保留古代原始用法较多，"於"反映新兴、灵活的语言特色较多。"于"引自古书的例子较多，"於"则有不少来自当时的歌谣、谚语。"于"多用于书面语，"於"则常用于口语、对话中。"于"更多出现在客观叙事的句子中，"於"除用于叙事句外，还常用于表示强调或传递某些主观感情的句子中。总之，"于"所在句式和用法都不如"於"丰富多样；一些新兴的语言现象和意义主要用"於"，不用或很少用"于"来表示，"於"在历史发展中逐渐取代了"于"。

何乐士的上述论述，大抵是不错的。

在出土战国文献中，"于"和"於"的区别主要有以下几点：

一、两者出现的频率不同。"於"共出现1006次，而"于"只出现68次，"于"出现的次数只占"於"出现次数的6.8%，"于"少而"於"多。

二、"于"多用于较古的文献中，而"於"多用于较晚的文献中。《尚书》、《诗经》一般认为是西周春秋时代的文献，出土战国文献里的《尚书》、《诗经》引文中，一般是用"于"的，例如"《君奭》員（云）：昔才（在）上帝，戬（割）绅（申）观文王悳（德），其集大命于氒身"（《郭店楚简·缁衣》）、"《寺（诗）》员（云）：雪（淑）誓（慎）尔（爾）止（止），不侃（諐）于义（仪）。"（《郭店楚简·缁衣》）。"于"一共出现68次，用在《尚书》、《诗经》的引文中就有5次。在战国金文里，"於"出现26次，而"于"出现了27次。关于金文这种语料，唐钰明（1991）评论到："铭文是一种书面化程度相当高的文体，这种文体往往语言旧质较迟退出而语言新质较晚进入，因此，它不但与周代实际口语距离较大，而且与周代的文告体（如《尚书》）、诗歌体（如《诗经》）、语录体（如《论语》）相比，也难免偏于泥古和保守。"正因如此，在战国金文中是"于"少而"於"多。在楚帛书中，"于"出现了7次，而未见到介词"於"。这应视为语言文字地域性的表现。楚帛书反映了楚人使用语言文字的状况，楚地处边远地区，当中原地区已经常用"於"而少用"于"时，楚地人还是以使用"于"为主。但在楚简里，"於"出现了912次，而"于"只出现了25次，这说明楚简反映了共同语中“于”和“於”使用的状况。在秦简中，“於”出现了63次，而“于”出现8次；在战国玉石文字中，“於”出现了5次，而“于”出现1次。都是“於”多而“于”少，都反映了当时共同语的状况。

三、从语义功能来看，“于”所有的功能，“於”都有；“於”所有的功能，有一些是“于”所没有的。“於”和“于”都可以作施事介词、受事介词、位事介词、涉事介词、当事介词、共事介词、处所介词、时间介词、范围介词、方面介词、比事介词，但是“於”还可以作经事介词、系事介词、使事介词、感事介词、止事介词、工具介词、依据介词、原因介词、对象介词，“于”则没有这些功能。

“於”最常见的用法是用作范围介词（有282次），其次是用作当事介词（218次）和处所介词（195次）。“于”最常见的用法是位事介词（16次）和处所介词（16次），其次是作当事介词（9次）。“于”最常见的用法是其原始的源自动词的用法。

四、从语法结构和功能的角度分析，两者也有不同。“於”和“于”的宾语虽然都可由名词性词语和谓词性词语充当，但是“於”的宾语还可以由同位短语和者字词组充当，而“于”没有这种用例。“於”的宾语还可以由动宾短语、主谓短语充当，而“於”无此用例。

“于”字短语和“於”字短语都以作补语为常，都很少作状语。“于”字短语作状语的百分比是4.4%，“於”字短语作状语的百分比是1.2%。“于”字短语作状语时有的是表示处所的，有的是表示范围的，有的是表示受事。而“於”字短语作状语时，有的是表示时间的，有的是表示处所的，有的是表示对象的。

介词“於”可以出现在下述的句式中：“名+之+於+名+也，谓词语”，例如“君子之於言也，非从末滜（流）者之贵。”（《郭店楚简·成之闻之》）。而“于”从不出现在这样的句式里。

五、从语用功能的角度来分析，两者也有不同。介词“於”的篇章功能较为突出，而“于”则不然。如前所述，介词“於”介引回指上文的代词“是”（“是”后又出现了句中语气词“乎”），以承上启下；可是介词“于”没有这种用法。同“於”比较起来，介词“于”连用，构成同形重复的例子很少见，而“於”则多见。这说明“於”在显示篇章的脉络、进行分类和列举、构成排比格方面的作用突出，而“于”在这方面的作用不突出。“於”字短语可以构成对比，而“于”字短语无此用例。

四、乎

介词“乎”在出土战国文献中共出现27次，它的语义功能如下：

一是用作客事介词。在出土战国文献中，介词“乎”可以作位事介词、受事介词、感事介词和涉事介词。用作位事介词的例子如：

(251) 刺（列）唇（乎）其下，不斬（折）其枳（枝）。(《上博楚简五·弟子问》)

(252) 子乘唇（乎）轩而☒。(《上博楚简五·弟子问》)

(253) 人之眚（性）非与？止虚（乎）丌孝。(《郭店楚简·语丛二》)

(254) 古之所以行虖（乎）闵（蛮）嗖（貉）者，女（如）此也。(《郭店楚简·忠信之道》)

用作受事介词的例子如：

(255) 或（何）必寺（恃）虐（乎）名虐（乎）？(《上博楚简二·鲁邦大旱》)

用作感事介词的例子如：

(256) 君子不帝（啻）明虐（乎）民散（微）而巳（已），或（又）以智（知）丌（其）弌（一）壴（矣）。(《郭店楚简·六德》)

(257) 昏（闻）叁（舜）丝（慈）虖（乎）弟□□□□□□为民宔（主）也。(《郭店楚简·唐虞之道》)

用作涉事介词的例子如：

(258) 受（授）叐（贤）炅（则）民兴效（教）而蠣（化）簿（乎）道。(《郭店楚简·唐虞之道》)

二是用作与事介词。在出土战国文献中，介词“乎”可以作当事介词和共事介词。

用作当事介词的例子如：

(259) 古（故）埜（尧）之徸（禅）虖（乎）叁（舜）也，女（如）此也。(《郭店楚简·唐虞之道》)

用作共事介词的例子如：

（260）涞（求）虖（乎）大人之兴，溦（微）也。（《郭店楚简·唐虞之道》）求：匹配，相比。

（261）子赣曰：否，戝（偕）乎子女，適命其与。（《上博楚简二·鲁邦大旱》）戝（偕）：偕同。

三是用作关事介词。在出土战国文献中，介词“乎”可作范围介词，例如：

（262）夬（缺）生虖（乎）未𢔶（得）也。又（有）生虖（乎）名。（《郭店楚简·语丛一》）

四是用作比事介词。例如：

（263）莫新（亲）虐（乎）父母，死不䚍（顾）生。（《上博楚简五·弟子问》）

（264）辠（罪）莫至（重）虐（乎）甚欲，咎莫僉（险）乎谷（欲）得，化（祸）莫大虐（乎）不智（知）足。（《郭店楚简·老子甲本》）

介词“乎”只出现在楚简之中，现将其语义功能统计如下：

1－7：出土战国文献中介词“乎”语义功能统计表

语义功能＼文献	客事介词				与事介词		关事介词	比事介词	残辞	合计
	位事介词	受事介词	感事介词	涉事介词	当事介词	共事介词	范围介词			
楚简	6	2	4	1	1	2	3	6	2	27

介词“乎”的宾语可以是名词性词语，也可以是谓词性词语。

用作介词“乎”宾语的名词性词语，可以是名词，也可以是定中短语和名词性联合短语。

“乎”的宾语是名词例子如前引例（255）、例（258）、例（259）。

“乎”的宾语是定中短语的例子如前引例（260），又如：

（265）畬（尊）悳（德）义，明虐（乎）民侖（伦）。（《郭店楚简·尊德义》）

（266）君子明虐（乎）此六者，肰（然）句（后）可以剸（断）杏（讪）。（《郭店楚简·六德》）

（267）是古（故）亡虗（乎）丌身而廌（存）唇（乎）丌訇（辞）。（《郭店楚简·成之闻之》）

“乎”的宾语是名词性联合短语的例子如前引例（263），又如：

（268）悳（德）者，虘（且）莫大唇（乎）豊（礼）乐安（焉）。（《郭店楚简·尊德义》）

用作介词“乎”宾语的谓词性词语，可以是连谓短语，也可以是状中短语。

“乎”的宾语是连谓短语的例子如：

（269）悳（德）之澁（流），遬（速）唇（乎）楮（置）蚤（邮）而逋（传）命。（《郭店楚简·尊德义》）

“乎”的宾语是状中短语的例子如前引例（262）、（264），又如：

（270）正（政）不达虔（文），生虖（乎）不達丌肰（然）也。（《郭店楚简·语丛一》）然：正确、合适。

“乎”和它的宾语，只作补语，不作状语。

从语用功能来看，“乎”没有话题标记功能，也没有管界限定功能，因为它和宾语从不前置。

“乎”字短语，都用在谓词语之后，常处于句子中常规焦点所在的位置，可以说它有凸显常规焦点的功能。前引例（264），三个“乎”连用，构成排比格，这说明“乎”有分类、列举和排比功能，也有衔接功能。前引例（267）中，两个“乎”连用，前后两个“乎”字短语构成对比项，说明“乎”有对比功能。

五、“乎”跟“于”和“於”的区别

“乎”与“于”和“於”的区别何在？

何乐士（2006）认为“乎”作介词的用法与“於”近似。但不同的是，“乎”不能带宾语用于动词或其他谓语前，只能用在谓语之后；“於”则可前可后。介词“於”的用法比“乎”宽泛多样。

周国瑞（2004）提到，许多学者认为“乎”和“于（於）”用法相同，但也有一些学者谈到它们的区别。王力等认为被动句通常不用“乎”，“对于”的意义不用“乎”字，但是这种例子在古书中都可找到。许多人提到

“乎”字结构只作补语，但是“恶乎”通常是作状语的。许多教材和工具书都没有提到“乎”字介绍原因的用法，但这种例子古书中也有。周国瑞认为，“乎”与“于（於）”的区别，应有以下四点。一是“乎”字大体上相当于“于（於）”的用法，都可译为“在、从、到、向（对）、比、给、跟（和、与）、被、由于、对于”等。在这些用法上，它们是相同的。只是“乎”使用的数量较“于（於）”要少得多。二是在语法成分上，“于（於）”字组成的介宾结构既可以用在谓语之前作状语，又可以用于其后作补语，而“乎”字组成的介宾结构除“恶乎”作状语外，其他则只作补语成分。三、“之于（於）”的格式，不论是用在谓语之前还是其后，都不能换成“之乎”的格式。四、杨伯峻说“于（於）”字用作“用、拿、替、依据”之义，“乎”则没有这样的意义。

上述两位，都是就传世文献而言的。那么从出土文献来看，“乎”跟“于”、“於”有何区别呢？这主要有以下几点：

一、出现频率不同。在出土战国文献中，“於”出现了1006次，“于”出现了68次，而“乎”只出现27次，是最少见的。

二、出现的语料种类不同。“於”在战国金文、楚简、秦简和玉石文字中都可以见到；“于”不但见于上述四种语料中，还出现在楚帛书里。而“乎”只出现在楚简里，带有地域特色。

三、从时代来看，“于”出现的时代最早，殷商、西周时代只用“于”。“於”出现后，使用频率越来越高，“于”相反，使用频率越来越低。在出土战国文献里，“于”已很少使用了。“乎”出现得也很晚，而且使用频率始终不高。

四、从语义功能来看，“於”的语义功能最多，“于”次之，而“乎”最少：

1-8：出土战国文献中“於”“于”“乎”语义功能比较表

介词	施事	经事	系事	受事	位事	使事	感事	涉事	止事	当事	共事	工具	依据	处所	时间	原因	对象	范围	方面	比事
於	○	○	○	○	○	○	○	○	○	○	○	○	○	○	○	○	○	○	○	○
于	○			○	○			○		○	○			○	○			○	○	○
乎				○	○		○	○		○	○							○		○

“於”字最常见的用法是作范围介词和当事介词，“于”字最常见的用法是作位事介词和处所介词，“乎”字最常见的用法是作比事介词和位事介词。

从出土战国文献来看，“乎”确实没有介引施事、对象、原因等用法，也未见“恶乎”这一短语。

五、从语法功能来看，“乎”字短语只能作补语，而“于”字短语和“於”字短语虽然主要是作补语，但有时候可以作状语。

从构造来看，构成“于”、“於”、“乎”宾语的具体情况有所不同：

於：名词性词语：名词、代词、定中短语、联合短语、同位短语、方位短语、者字词组

谓词性词语：动词、形容词、动宾短语、主谓短语

于：名词性词语：名词、代词、定中短语、联合短语、方位短语

谓词性词语：动词、形容词、状中短语

乎：名词性词语：名词、定中短语、联合短语

谓词性词语：状中短语、连谓短语

由上述比较可见，“於”、“于”、“乎”的宾语虽然都可以由名词性词语充当，但“於”的宾语种类最全，凡是“于”、“乎”宾语有的它都有，其次是“于”，最少的是“乎”。

“於”、“于”、“乎”的宾语虽然都可由谓词语充当，但“於”的宾语可以是动宾短语、主谓短语，而“于”、“乎”的宾语没有这种情况；“于”、“乎”的宾语可以是状中短语，而“於”的宾语没有这种情况；“乎”的宾语可以是连谓短语，而“于”、“於”的宾语没有这种情况；“於”、“于”的宾语可以是动词、形容词，“乎”的宾语无此情况。当然，这是根据现有的语料来看的。

六、从语用功能角度来分析，“於”、“于”、“乎”也有所不同。“於”有时有话题标记功能，特别是“名+之+於+宾语+也”或“其+於+宾语+也”常作话题，而“于”、“乎”无此功能。

“於”、“于”都可介引施事，经常使“于/於+施事”处于句中常规焦点位置，而“乎”无此用例。“于/於+宾语”可以前置，使谓词语处于常规焦点的位置，而“乎”无此用法。

"於"的篇章功能较为突出，它可以介引回指上文的代词"是"（"是"后又加"乎"，构成"於是乎"的形式），以承上启下，而"于"、"乎"都无此用法。"於"字连用，构成同形重复的例子较常见，这说明"於"在显示篇章脉络、构成排比格、进行分类和列举方面的作用较为突出，而"于"、"乎"连用的很少，这方面的作用不突出。"於"字短语常构成对比，"乎"字短语很少这样用，而"于"字短语无此用例。

总之，"於"、"于"、"乎"三者是有区别的。

参考文献

蔡镇楚：《试谈古汉语介词结构的语法功能》，《语文研究》1983 年第 10 期。

陈昌来：《介词与介引功能》，安徽教育出版社 2002 年版。

董秀芳：《古汉语中动名之间"于/於"的功能再认识》，《古汉语研究》2006 年第 2 期。

方平权：《关于介词"于"由先秦到汉发展变化的两种结论》，《古汉语研究》2000 年第 2 期。

冯其庸、邓安生：《通假字汇释》，北京大学出版社 2006 年版。

郭锡良：《介词"于"的起源和发展》，《中国语文》1997 年第 2 期。

郭锡良、李玲璞：《古代汉语》（上），语文出版社 1992 年版。

郭锡良：《汉语介词"于"起源于汉藏语说商榷》，《中国语文》2005 年第 4 期。

何乐士：《〈左传〉的介词"于"和"於"》，《左传虚词研究》（修订本），商务印书馆 2004 年版。

洪波：《"于""於"介词用法源流考》，《语言研究论丛》第五辑，南开大学出版社 1988 年版。

罗国强：《"于"字的动词用法探讨》，《古汉语研究》2007 年第 2 期。

梅祖麟：《介词"于"在甲骨文和汉藏语里的起源》，《中国语文》2004 年第 4 期。

孟蓬生：《上古汉语同源词语音关系研究》，北京师范大学出版社 2001 年版。

蒲立本：《古汉语语法纲要》，语文出版社 2006 年版。

裘锡圭：《甲骨文中的几种乐器名称》，《中华文史论丛》1980 年第 2 辑。

裘锡圭：《释柲》，《古文字研究》（第三辑），中华书局 1980 年版。

饶长溶：《再说次动词》，《语法研究和探索》（五），语文出版社 1991 年版。

时兵：《也论介词“于”的起源和发展》，《中国语文》2003 年第 4 期。

王海根：《古代汉语通假字大字典》，福建人民出版社 2006 年版。

王鸿滨：《上古汉语介词的发展与演变》，《上海师范大学学报》2004 年第 5 期。

向光忠：《古文献施受句谓语体词间之“于”考》，《徐州师范大学学报》2000 年第 1 期。

解惠全：《谈实词虚化》，《语言研究论丛》（第四辑），南开大学出版社 1987 年版。

赵大明：《论汉语介词发展中的功能专一化趋势》，《陕西师大学报》1990 年第 3 期。

赵淑华：《介词和介词分类》，《词类问题考察》，北京语言学院出版社 1996 年版。

赵仲邑：《论古代汉语介词“于”、“於”、“乎”》，《中山大学学报》1964 年第 4 期。

周国瑞：《介词“乎”和“于（於）”用法之比较》，《殷都学刊》2004 年第 3 期。

第二节　出土战国文献中的介词“在”“当”“方”

在出土战国文献中，有介词“在”、“当”、“方”。本文讨论他们的用法。

一、在

介词“在”可以用作处所介词、时间介词和范围介词，分别出现 38 次、2 次、2 次。用作处所介词的“在”，引进动作行为发展或持续的处所。

例如：

（1）后嗣甬（用）之，职在王室。（《曾姬无卹壶铭》，《集成》15·9710）职：执掌、服事。

（2）顛（履）地戴（戴）天，竺（笃）义与信，会才（在）天地之间，而槖（包）才（在）四海（海）之内。（《上博楚简二·容成氏》）“会”、“槖”俱有囊括无遗之义。

（3）言在家室，而莫褺（执）朕栝（舌）。（《上博楚简六·用曰》）

（4）以枲索大如大指，旋通系颈，旋终在项。（《睡虎地秦简·封诊式》）终：系束。

（5）鄘（应）音之在楚为兽钟，其在周为鄘音。（《曾侯乙钟铭》，《集成》2·291）

（6）妥（蕤）宾之在楚也为坪皇，其在申也为遅（夷）则。（《曾侯乙钟铭》，《集成》2·287）

时间介词“在”引进动作行为发生或进行的时间，仍可译为“在”。例如：

（7）《君奭》員（云）：“昔才（在）上帝，戡（割）紳（申）覯（观）文王悳（德），其集大命于氒（厥）身。”（《郭店楚简·缁衣》）

（8）皇帝立国，维初在昔，嗣世称王，讨伐乱逆。（《峄山刻石》）

范围介词“在”引进动作行为或状态的范围，可译为“在……中”、“在……上”。例如：

（9）又（有）頧在心，嘉德吉猷。（《上博楚简六·用曰》）

（10）夫古之圣王，务在得民。（《中山王嚳方壶铭》，《集成》15·9735）

“在”的宾语，一般由名词语充当，可以是名词，如前引例（4）、（5）、（6）、（7）、（8）、（9）；也可以是定中短语，如前引例（1）、（2）。“在”的宾语，有时由动词语充当，如前引例（10）。

“在”的宾语都放在“在”字之后，而且没有省略的。

“在”和它的宾语一起组成“在”字介宾短语。“在”字短语可以放在“VP”之后作补语，也可以放在“VP”之前作状语。一般的规律是用作处所介词、范围介词的“在”及其宾语作补语，而用作时间介词的“在”及其宾语作状语。前者如例（1）、（2）、（3）、（4）、（9）、（10），后者如例（7）、（8）。

表示处所的“在”字短语也可以出现在“VP”之前，但是在出土战国文献之中，“在”字短语和其前的主语之间一般都出现“之”，构成“主语+之+在字短语”这样的结构，一起作语句的主语。在“主语+之+在字短语”之后有时出现句中语气词“也”。例如：

（11）割肄之在楚为吕钟。（《曾侯乙钟铭》，《集成》2·321）

（12）亘（宣）钟之在晋为六墉。（《曾侯乙钟铭》，《集成》2·328）

（13）割（姑）肄（洗）之在楚也为吕钟。（《曾侯乙钟铭》，《集成》2·328）

（14）柬音之在楚也为文王。（《曾侯乙钟铭》，《集成》2·326）

“主语+之+在字短语+（也）”中的“主语+之”可以用“其”来替代，构成“其+在字短语+（也）”这样的格式。例如：

（15）穆音之在楚为穆钟，其在周为剌（厉）音。（《曾侯乙钟铭》，《集成》2·290）

（16）嬴（嬴）嗣（乱）之在楚为新钟，其在齐为吕音。（《曾侯乙钟铭》，《集成》2·319）

（17）大（太）簇之在周也为剌音，其在晋也为槃钟。（《曾侯乙钟铭》，《集成》2·322）

（18）妥宾之在楚也为坪皇，其在申也为遅则。（《曾侯乙钟铭》，《集成》2·292）

试把这种“在”与下引各例中的“于”、“於”、“与”加以比较：

（19）寡人之于国也，尽心焉耳矣。（《孟子·梁惠王上》）

（20）鲁之於晋也，职贡不乏，玩好时至。（《左传·襄公二十九年》）

（21）傅毅之於班固，伯仲之间耳，而固小之。（曹丕《典论·论文》）

（22）秦之与魏，譬若人之有腹心疾。（《史记·商君列传》）

这些例子里的“于”、“於”、“与”都是介词。既然如此，那么处于同样句式中的“在”也应是介词。一般谈“之”用于主语和介宾短语之间时，都提到“之于”、“之於”或“之与”。而在出土战国文献中，却常见“之在”，这丰富了我们对上古汉语语法的认识。

“在”本是动词，例如“公在乾侯”（《春秋·昭公三十年》）、“醉翁之意不在酒，在乎山水之间也”（欧阳修《醉翁亭记》）。

介词“在”所由虚化的具体句法环境应是“在+处所词语+VP”和“VP+在+处所词语”。这两种结构中的“在”最初都是动词。由于句子结构信息的安排，往往是旧信息和已知信息在前，新信息或焦点在后。在汉语的连动句中，第一个动词往往是旧信息或已知信息，本身往往是表示伴随义的动词，而后一个动词才是句子的中心。在“在+处所词语+VP”中，“在”是非中心动词，其意义开始变弱，开始虚化。它逐渐失去动词性，而成为介词。在“VP+在+处所词语”中，“在”处于动词后的位置，由于语音弱化，词义也弱化，也逐渐虚化为介词。与“在”虚化相伴随，它的词义开始泛化，其搭配对象扩大，所带的宾语在意义类型上多样化了。

在汉语中，早已存在“P+NP+VP”和“VP+P+NP”这样的句式，这成了“在”字虚化的类推源动力。在此影响下，“在”最终虚化为介词，同时人们对“在+处所词语+VP”和“VP+在+处所词语”进行了重新分析，由连动式分析为“状中式”和“动补式”。

处所介词“在”最早产生。由于隐喻的作用，“在”又由处所介词发展为时间介词。“在”和“自”的发展过程差不多，“自”最初也是处所介词，后来发展出时间介词和范围介词的用法。“从”字亦然。

在：处所介词 → 时间介词
↘ 范围介词
自：处所介词 → 时间介词
↘ 范围介词
从：处所方位介词 → 时间介词
↘ 范围介词

二、当

介词“当”可以用作处所介词和时间介词。处所介词“当”，引进动作行为发生时的处所，可译为“正当”、“正在”。例如：

（23）十二月丑，当其地不可起土攻（功）。（《睡虎地秦简·日书甲种》）

时间介词“当”，引进动作行为的时间，可译为“正当”、“在”。例如：

（24）堂（当）是时也，戝（疠）役（疫）不至，祅（妖）羕（祥）不行。（《上博楚简二·容成氏》）

（25）堂（当）是旹（时），弝（强）溺（弱）不絧（辞）諹（扬）。（《上博楚简二·容成氏》）

（26）古（故）堂（当）是旹（时）也，亡并☐。（《上博楚简二·容成氏》）

（27）正（当）丌（其）肰（然）而行，怠（治）安（焉）尔（爾）也。（《郭店楚简·语丛一》）

（28）政（当）丌（其）肰（然）而行，怠（治）安。（《郭店楚简·语丛一》）

（29）律所谓者，当繇（徭），吏、典已令之，即亡弗会，为“逋事”。（《睡虎地秦简·法律答问》）

“当”的宾语可由名词语充当，如前引例（23）、（24）、（25）、（26），也可以由谓词语充当，如前引例（27）、（28）、（29）。由谓词语作宾语的“当”，都是用作时间介词的，没有例外。

“当”的宾语都放在“当”字之后，没有省略的。

“当”和它的宾语组成“当”字介宾短语，这种短语都是放在“VP”之前作状语的。

“当”本是动词，有“对着”、“相当”之义，例如“既歌而入，当户而坐。”（《礼记·檀弓上》）、“列国之卿当小国之君，固周制也。”（《左传·昭公二十三年》）

“当”所由虚化的具体句法环境应该是“当+NP+VP”。在这个句法环境里，“VP”是中心，“当+NP”处于非中心的位置，其意义逐渐变弱，开始虚化。业已存在的“P+NP+VP”这样的句式，成了“当”虚化的类推源动力。伴随“当”虚化的完成，人们对“当+NP+VP”进行了重新分析，由连动式分析为状中式。

最先产生的应是处所介词“当”，由于隐喻的作用，“当”又发展出时间介词用法。

三、方

“方”可以用作时间介词，表示动作行为的时间，可译为“当”、“正当”。例如：

（30）方才（在）下立（位），不以匹夫为至（轻）；及丌（其）又（有）天下也，不以天下为重。（《郭店楚简·唐虞之道》）

在这个例子里，“方在下位”和“及其有天下也”为对文，“及”为介词，“方”也应是介词。

上例中“方”的宾语为动词语，处于“方”字之后，整个介宾短语作状语。这种例子在传世文献中可以见到，例如“方事之殷也，有韎韦之跗注，君子也。”（《左传·成公十六年》）“方今之时，臣以神遇，而不以目视。”（《庄子·养生主》）“方此时也，尧安在?”（《韩非子·难一》）

介词“方”应是源自副词“方”。所由虚化的具体句法环境应为“方+VP_1+VP_2”（其中“VP_1”可视为“VP_2”的时间背景）。受汉语中早已存在的“P+宾语+VP”的类推，“方”开始虚化。“方”除了保有副词的意义之外，又从语境中吸收了关系意义（VP_1为VP_2的时间背景这样的关系）。伴随着“方”虚化的完成，人们对“方+VP_1+VP_2”进行了重新分析，不再视为复句或连动式，而看成是状中式。

最初“方”的宾语应是动词语，当它虚化为介词以后，它也可以以名词语为宾语了。

四、“在”“当”“方”的区别

这三个词比较相近，都含有“在”义，都可以用作时间介词，“在”、“当”又都可以作处所介词。但这三者有不同：

一、出现频率不同。在现有的出土战国文献中，介词“在”出现42次，介词“当”出现10次，介词“方”仅见到1次。

二、语义功能不同。“在”可以作处所介词、时间介词和范围介词。“当”可作处所介词和时间介词。“方”只见到时间介词的用法。

三、语法功能不同。“在”字介宾短语可以放在“VP”之前作状语，也可以放在“VP”之后作补语，而“当”字介宾短语、“方”字介宾短语都是放在“VP”之前作状语的，没有作补语的。“在”可以跟“之”构成“主语+之+在+处所词语+（也）”这样的格式（“主语+之”可由“其”替代而成“其+在+处所词语+（也）”），“当”和“方”都没有这样的用法。

四、来源不同。“在”和“当”都是由动词虚化过来的，先有处所介词用法，后有时间介词用法，而“方”是由副词虚化过来的，只有时间介词用法，而没有处所介词用法。介词“在”来源于动词“在”，所以它作处所介词和时间介词时，是单纯的“在”的意思，表示在何处、在何时。而“当”来源于“对着”、“相当”义的动词“当”，所以它是“正当”的意思，表示正当何处、正当何时。“方”源自意义为“正”、“正在”的“方”，它又从语境中吸收了关系意义，所以是“正在”、“正当”的意思，表示正在何时。

五、用法有地域性。如“当是时（也）”这种结构，只见于楚简之中，而“主语+之+在+处所名词+也”或“其+在+处所名词+（也）”这样的格式，只见于曾国金文里。

参考文献

何乐士：《古代汉语虚词词典》，语文出版社 2006 年版。

李佐丰：《古代汉语语法学》，商务印书馆 2004 年版。

石毓智、李讷：《汉语语法化的历程》，北京大学出版社 2001 年版。

中国社会科学院语言研究所古代汉语研究室编：《古代汉语虚词词典》，商务印书馆 1999 年版。

第三节　出土战国文献中的介词“自”“由”“从”“道”

在出土战国文献中，介词“自”、“由”、“从”都可以见到。它们各自的用法如何？它们之间的区别何在？这是本文要探讨的问题。

一、自、自从

在出土战国文献中，介词“自”可以用作施事介词、受事介词、对象介词、时间介词、处所介词和范围介词。其中处所介词和时间介词的用法最为常见。

“自”用作施事介词的例子如：

（1）吏自佐、史以上负从马、守书私卒令市取钱焉。（《睡虎地秦简·秦律杂抄》）

这个例子里的“自”和方位名词“以上”构成“自……以上……”这样的介词框架，表示级别高于“佐、史”的。“吏自佐、史以上”在句中表示施事。

在出土战国文献中，已经可以见到复音虚词“自从”，也用作施事介词，例如：

（2）自从令、丞以下智（知）而弗举论。（《睡虎地秦简·语书》）

在这个例子里，介词“自从”和“以下”构成“自从……以下……”这样的介词框架，表示级别低于“令、丞”的。“自从令、丞以下”在语句中表示动作行为的施事。

“自”用作受事介词的例子如：

（3）刍自黄穌及蘑束以上皆受之。（《睡虎地秦简·秦律十八种》）

（4）其有爵者自官士大夫以上爵食之。（《睡虎地秦简·秦律十八种》）

在上引两例中，“自”与“以上”构成介词框架“自……以上……”，用来表示级别高于某一层的，“刍自黄穌及蘑束以上”以及“有爵者自官士大夫以上”在语句中都是表示受事的。

“自”用作当事介词的例子如：

（5）册告自吝（文）王㠯（以）豪（就）圣趄王，各束絵（锦）珈璧。（《新蔡楚简》甲三：137）

（6）嬰祷荆王自熊丽㠯（以）就武王五牛、五豕。（《包山楚简》246）

在上引两个例子中，“自”和“以就”构成“自……以就……”这样的介词框架，表示动作行为当事的起点和终点。楚王辈份有高低，有不同层级，“自”表起点，“以就”表终点。“自文王以就圣趄王”和“荆王自熊丽以就武王”在语句中都表示当事。

“自”作时间介词，表示时间的起点，例如：

（7）不弐（禅）而能蠣（化）民者，自生民未之又（有）也。（《郭店楚简·唐虞之道》）

这种“自”可以跟“以就”构成“自……以就……”这样的介词框架，表示时间的起点和终点，例如：

（8）自荆层之月目（以）就集岁之荆层之月，尽集岁，躳身尚毋有咎。（《包山楚简》234）

（9）自荆层之月目（以）豪（就）荆层之月，出入事王。（《包山楚简》197）

（10）□愬固贞：出内（入）寺（侍）王，自𦝠［层］以就集岁之𦝠□。（《望山楚简》1·29）

这种“自”也可以跟“以至”构成“自……以至……”这样的介词框架，表示时间的起点和终点，例如：

（11）自𩠨（夏）柰之月目（以）至来（来）戢（岁）𩠨（夏）柰尚毋又（有）大咎。（《新蔡楚简》乙一：19）

（12）自𩠨（夏）柰之月目（以）至各（冬）柰之月，𦘔（尽）七月尚毋又（有）大［咎］。（《新蔡楚简》乙一：31、25）

这种“自”还可以跟“始”构成“自……始……”这样的介词框架，表示时间自何时开始。例如：

（13）自泰古始，世无万数，陀（施）及五常。（《峄山刻石》）

“自”用作处所介词，表示处所的起点，例如：

（14）郾（燕）侯庫（载）自洹徠（来）。（《燕侯载作戎戈铭》，《集成》17·11383）

（15）王自肥还郢、遲（徙）於鄩郢之戢（岁）。（《新蔡楚简》甲三：240）

（16）唯王五十又六祀，返自西旓。（《楚王酓章钟铭》，《集成》1·83）

（17）隹（唯）孛悳匿，出自黄𣶒。（《楚帛书·乙篇》）

（18）禍（祸）不降自天，亦不出自陛（地），隹（唯）心自恻（贼）。（《上博楚简六·用曰》）

（19）怵者，亡又（有）自来也。（《郭店楚简·语丛一》）

这种“自”可以跟“以西”“以东”构成“自……以西……以东”这样的介词框架，表示处所的范围。例如：

（20）自古（姑）、蚤（尤）目（以）西，翏（聊）、稓（摄）目（以）东，丌（其）人娄（数）多已。（《上博楚简六·竞公瘧》）

“自”用作范围介词，表示某种范围的终点。例如：

（21）《君迪（陈）》员（云）：出内（入）自尔（爾）帀（师）于（虞），庶言同。（《郭店楚简·缁衣》）

（22）眚（性）自命出，命自天降。（《郭店楚简·性自命出》）前一个“自”。

（23）穽（窒）戒先逫（匿），则自异（忌）司（始）。（《上博楚简二·从政乙》）

3-1：出土战国文献中介词“自”统计表

文献／用法	战国金文	战国简牍		战国帛书	战国玉石文字	合计
		楚简	秦简			
施事介词			1			1
受事介词			4			4
当事介词		4				4
时间介词		17			1	18
处所介词	4	13		2		19
范围介词		5				5
总计	4	39	5	2	1	51

介词“自”的宾语一般都是由名词语充当的，包括名词、定中短语和名词性联合短语。“自”的宾语由名词充当的例子如前引例（5）、（6）、（10）、（14）、（15）、（18）、（22）、（23）等。由定中短语充当的例子如前引例（8）、（9）、（11）、（12）等。由名词性联合短语充当的例子如前引例（1）、（2）、（3）、（20）等。

介词“自”的宾语有时由动词语充当，如前引例（7），又如：

（24）自亓（其）又（有）保（宝）货，盍又（有）保（宝）悳（德）。（《上博楚简六·用曰》）

这种“自”很少见，而且都是引介时间词语的。

介词“自”的宾语一般都出现，只有前引例（19）是例外。例（19）中的“亡有自来”，意思相当于“亡有所自来”，“自来”整体名词化，作“亡有”的宾语。

“自”的宾语都出现在“自”字之后，从来没有前置于“自”的。

“自+宾语”可以出现在“VP”之前，也可以出现在“VP”之后。“自+宾”经常是出现在“VP”之前的，如前引例（7）、（8）、（9）、（11）、（12）、（13）、（15）、（20）、（22）、（23）等。“自+宾语”出现在“VP”之后，只有两种情况（前引例21例外，这个例子引自《尚书》，反映的是早期语法现象）。一是表示当事的，一般都是构成“自……以就……”这样的介词框架，这都放在“VP”之后，没有例外。二是表示处所的，“自+宾”放在“VP”后作补语。处所介词“自”共出现了19次，放在“VP”后的有10次，可见以后置为常。这种后置的“自”都出现在楚地文献之中（楚简、楚帛书、楚金文）。

介词“自”的语用功能主要有篇章功能，具体说来有管界功能和对比功能。“自”的管界功能表现在，“自”和它的宾语一起，作为句首修饰语，在时间、处所方面对后面的一个或几个小句进行限定。如例（8）、（9）、（11）、（12）、（20）。“自”的对比功能表现在由“自”介引的介词短语在上下文中可以构成对比项，如前引例（18）中的“自天”和“自地”。

二、由

介词“由”只见于楚简之中，在其它出土战国文献中是见不到的。介词“由”的语义功能有以下几种：即用作施事介词、方位介词、范围介词、原因介词。

用作施事介词的“由”，只出现2次，例如：

（25）繇（由）丘籗（观）之，则散（微）言也已。（《上博楚简五·季庚子问于孔子》）

（26）三军出，亓（其）涶（将）逿（卑），父跓（兄）不廌（薦），繇（由）邦馹（御）之。（《上博楚简四·曹沫之阵》）

用作方位介词的“由”引进方位词语，表示动作行为的方位起点，可译为“从”。这种“由”共出现4次。例如：

（27）人之道也，或遜（由）中出，或遜外内（入）。（《郭店楚简·语丛一》）

（28）遜（由）中出者，悬（仁）、忠、訐（信）。（《郭店楚简·语丛一》）

（29）古（故）为正（政）者……或繇（由）宔（中）出，或埶（设）之外。（《郭店楚简·尊德义》）

范围介词“由”，和它的宾语一起，表示某种范围的起点，可译为“从……中”。这种“由”最为常见，共出现20次。例如：

（30）凡勿（物）繇（由）室（亡）生。（《郭店楚简·语丛一》）

（31）鉥（由）豊（礼）智（知）乐，鉥（由）乐智（知）忞（哀）。（《郭店楚简·尊德义》）

（32）豊（礼）生乐，遜（由）乐智（知）型（型）。（《郭店楚简·语丛一》）

（33）持（诗）遜（由）敬乍（作）。（《郭店楚简·语丛一》）

（34）古（故）夫夫、妇妇、父父、子子、君君、臣臣，六者客（各）行丌（其）戠（职），而岙（讪）夸（誇）亡繇（由）迮（作）也。（《郭店楚简·六德》）

（35）夫不夫，妇不妇，父不父，子不子，君不君，臣不臣，婚（昏）所繇（由）迮（作）也。（《郭店楚简·六德》）

原因介词“由”和它的宾语一起，表示动作行为的原因，可译为“因为”、“由于”。这种“由”共出现5次。例如：

（36）六帝兴於古，膚（皆）采（由）此也。（《郭店楚简·唐虞之道》）

（37）是古（故）畏（威）備（服）型（刑）罚之娄（屡）行也，繇（由）走（上）之弗身也。（《郭店楚简·成之闻之》）

3-2：楚简中介词“由”语义功能统计表

语义功能	施事介词	方位介词	范围介词	原因介词	总计
频率	2	4	20	5	31

介词“由”的宾语，可由名词语充当，也可由谓词语充当。作“由”的宾语的名词语，有名词和代词。名词（包括方位名词）作宾语的例子如前引例（25）、（26）、（27）、（28）、（29）、（31）、（32）。定中短语（主谓之间加“之”）作宾语的例子如（37）。代词作宾语的例子如前引例（36）。

作“由”的宾语的谓词语有动词、形容词和主谓短语。动词作宾语的例子如前引例（30），又如：

（38）凡勿（物）繇（由）望（无）生。（《郭店楚简·语丛一》）

（39）譩（吟）遊（由）忞（哀）也，喿（噪）遊（由）乐也。（《郭店楚简·性自命出》）

形容词作宾语的如前引例（33）。以动词、形容词作宾语的“由”，都是范围介词，没有例外。但范围介词“由”的宾语也可以由名词充当。

下引一例中“由”的宾语，应是由主谓短语充当的：

（40）度（文）衣（依）勿（物）以青（情）行之者，或遜（由）丌（其）闢（辟），或遜丌不耑（进），或遜丌可。（《郭店楚简·语丛三》）

介词“由”的宾语都放在“由”之后，从未见到前置的。介词“由”的宾语可以省略。这有两种情况：

一是“由”前出现了“所”，两者构成“所由”这样的固定组合。这时是“由”先与其后“VP”组合，“由+VP”再与“所”组合。这种用法的“由”都是用作范围介词的，如前引例（35），又如：

（41）圣智（知），豊（礼）樂（乐）之所由生也，五［行之所和］也。（《郭店楚简·五行》）

（42）悬（仁）义，豊（礼）所由生也，四行之所和也。（《郭店楚简·五行》）

二是出现在否定动词“亡”或“靡”之后，构成“亡由”或“靡由”这样的固定组合，这时“由”先与其后的“VP”组合，“由+VP”前相当于省略了“所”，作“亡”或“靡”的宾语。有这种用法的“由”也都是用作范围介词的，如前引例（34），又如：

（43）而杏（讪）夸（誇）爘（靡）繇（由）作也。（《郭店楚简·六德》）

“由”字短语后的“VP”也可以省略，一般都是承前省略。有这种情况的“由”只有用作原因介词和范围介词这两种。如前引例（36）、（37），又如：

（44）憙（吟），㞢（由）哀也；喿（噪），㞢（由）乐也；詠，㞢聖（声）也；敨，㞢心也。（《上博楚简一·性情论》）

“由”字介宾短语都是出现在“VP”前作状语的，没有例外。“由”字宾语省略之后，“由”仍然居于“VP”之前。由此看来，“VP”的省略都是在“由”字短语之后发生的。

介词“由”的语用功能只有篇章功能，具体说来有衔接功能、分类列举和排比功能、对比功能。“由”的衔接功能主要表现在，同一个“由”连用，构成同形重复，显示出篇章的脉络，也起到了篇章衔接的作用，如前引例（44）。这个例子连用了四个“由”字短语，把这个片断的议论层次较为清楚地显示出来了。

“由”的分类列举和排比功能也表现在同一个“由”字的连用上。如前引例（40）、（44）。同一个介词“由”连用，可以对某一范围的人或事物起到一种自然的分类和列举叙述的作用。同一个介词“由”连用，也可以构成修辞上的排比格，介词在排比格中起到“提示语”的作用。往往是一个介词短语在一个小句中作状语，小句之间构成排比格。

“由”的对比功能主要表现在，由介词“由”构成的介词短语在上下文中构成对比项，如前引例（27），里边的“由中”和“由外”构成对比项。

三、从、从而

介词“从”可以作处所介词、方位介词、时间介词和范围介词。“从”用作处所介词，它和宾语一起，表示动作行为处所的起点。例如：

（45）𧩯尹杰駐从郢以此等来。（《包山楚简》132反）

（46）十二月甲子以行，从远行归。（《睡虎地秦简·日书甲种》）

这种“从”可以跟“以南”或“以北”构成“从……以南……”、“从……以北……”这样的介词框架，表示处所的范围。例如：

（47）墨（禹）乃从灘（汉）吕（以）南为名浴（谷）五百，从灘（汉）以北为名浴（谷）五百。（《上博楚简二·容成氏》）

这种“从”还可以跟“以至”、“至”构成“从……以至……”、

“从……至……”这样的介词框架，表示处所的起点和终点。可译为“从……到……”。例如：

（48）丘欧。从丘欧（坎）以至内宫六步，从丘欧（坎）至内宫廿四步……从内宫至中宫廿五步，从内宫以至中宫卅步，从内宫至中宫卅六步。（《兆域图铜版铭》，《集成》16·10478）

用作方位介词的“从”可细分为两种，一种是表示动作行为的方位起点，二是表示动作行为的方位经由点。

表示动作行为的方位起点的“由”的用例如：

（49）从上右方数朔之初日及枳（支）各一日，数之而復从上数。（《睡虎地秦简·日书甲种》）

这种“从”可以跟“始”构成“从……始……”这样的介词框架，仍表示方位起点。例如：

（50）从朔日始数之，画当一日。（《周家台秦简·日书》）

（51）数从朔日始。（《周家台秦简·日书》）

表示动作行为的方位经由点最常见，共出现33次，这种“从”都出现在秦简当中。例如：

（52）寅，虎矣，以亡盗，从东方入，有（又）从之藏山谷中。卯，兔矣，以亡盗，从东方入，復从出，藏野林草茅中。辰，虫矣，以亡盗，从东方入，有（又）从出。午，马矣，盗从南方入，有（又）从之出。未，羊，盗者从南方，有（又）从出尔。申，猴矣，盗从西方尔，在山谷。酉，鸡矣，盗从西方入，復从西方出尔。（《放马滩秦简·日书甲·亡盗章》）

（53）赤肉从南方来，鲜肉从西方来，赤肉从北方来，鲜肉从西方来。（《睡虎地秦简·日书乙种》）

（54）乙亡盗□□三人，其一人在室中。从东方入，行有遗矣，不得女子也。丙亡盗在西方，从西北入。（《放马滩秦简·日书甲·亡盗章》）

（55）甲乙有疾，父母为祟，得之於肉，从东方来。（《睡虎地秦简·日书甲种》）

上引例（52）中的“盗从南方入，又从之出”以及“盗从西方入，復从西方出尔”，里边的“从”只有解释为“经由”，才能讲得通。其余诸例中的“从”同此。

用作时间介词的“从”，和它的宾语一起，表示动作行为的时间起点。这种“从”常和连词“以”构成“从……以……”这样的介词框架。例如：

(56) 君王之疠（病）牺（将）从含（今）日目（以）已。(《上博楚简四·柬大王泊旱》)

(57) 君王之瘵从今日以瘥（瘥）。(《上博楚简四·柬大王泊旱》)

用作范围介词的“从”，和它的宾语一起，表示动作行为的范围起点。例如：

(58) 腹中攷（巧）㝵（变），古（故）父母安之，如从（从）吕（己）记（起）。(《上博楚简四·内豊》)

(59) 君子曰：从允懌（释）怂（过），则先者余（除），銮（来）者託（信）。(《郭店楚简·成之闻之》)

(60) 凡斈（学）者隶〈求〉丌（其）心为难，从丌所为，𠨕（近）㝵（得）之壴（矣）。(《郭店楚简·性自命出》)

3－3：出土战国文献中介词“从”统计表

用法＼文献	战国金文	战国简牍		战国帛书	战国玉石文字	合计
		楚简	秦简			
处所介词	5	4	2			11
方位介词			37			37
时间介词		2				2
范围介词		3				3
总计	5	9	39			53

介词“从”的宾语可由名词充当，如前引例（45）、（50）、（51）、（52）；也可由名词性词组充当，如前引例（49）、（60），也可以是体词性的代词，如前引例（52）中的“盗从南方入，有（又）从之出”，再如例（58）。有些“从”的宾语是由动词性词组充当的，但这个动词性词组已经名词化，转指与动作行为有关的事物，如前引例（46）中的“远行”，是指“远行之处”。

介词“从”的宾语都出现在“从”的后面，没有前置的。“从”的宾语可以承前省略，如前引例（52）中的“从东方入，復从出”、“盗者从南方，有（又）从出尔”。“从”和它的宾语后面的“VP”有时可以省去，例如前引例（52）中的“盗者从南方，有（又）从出尔”。“从”和它的宾语一起组成介宾短语，都放在“VP”之前作状语，没有例外。

介词“从”的语用功能，有篇章功能，具体说来有衔接功能、管界功能、分类列举和排比功能、对比功能。“从”的衔接功能表现在“从”字连用构成同形重复，以显示篇章的脉络，起到篇章衔接作用，如前引例（48）。“从”的管界功能表现在“从”字短语作为句首修饰语，在范围等方面对小句进行限定，如前引例（60）。“从”的分类列举排比功能，表现在“从”字连用，对某一范围的人或事物起到一种分类和列举叙述的作用，如前引例（52）。“从”字短语在小句之中作状语，小句之间可以构成排比格，如前引例（53）。由“从”介引的介词短语有时在上下文中可以构成对比项，如前引例（47）。

“从”有时跟“而”一起构成“从而”这一复音虚词，用作顺承连词，用在后一分句的谓语前，表示前后两个小句之间的顺承关系，可以译为“就”、“于是”等。例如：

（61）既生畜之，或（又）从而孝（教）忞（诲）之。（《郭店楚简·六德》）

（62）听其有矢，从而贼（则）之。（《睡虎地秦简·为吏之道》）矢：陈述。

（63）不能述（遂）者内（入）而死，不从命者从而桎㚔（梏）之。（《上博楚简·容成氏》）

（64）汤或从而攻之。丨汤或（又）从而攻之。（《上博楚简二·容成氏》）

四、道

在出土战国文献中，有的“道”跟“从”的用法相同，表示动作行为的方位经由点，可译为“从”，例如：

（65）甲子旬，戌亥为狐（孤），辰巳为虚，道东南入。（《周家台秦简·病方及其它》）

（66）道索终所试脱头。（《睡虎地秦简·封诊式》）

（67）耤（藉）牢有六署，囚道一署旞。（《睡虎地秦简·法律答问》）

（68）所道旞者命曰“署人”，其它皆为“更人”。（《睡虎地秦简·法律答问》）

介词“道”的宾语可以省略，例如：

（69）权在一围，袤三尺，西去堪二尺，堪上可道终索。（《睡虎地秦简·封诊式》）

（70）三堵以下，及虽未盈卒岁而或盗决道出入。（《睡虎地秦简·秦律十八种》）

试把例（65）中的“道”跟前引例（52）、（53）、（54）、（55）中的“从”相比较，应知两者用法相同。其余诸例类此，参见魏德胜（2000：195）。

“自”、“由”、“从”三者，在殷墟甲骨文中都已出现了。“自”在甲骨文中是用作介词的，这一点已得到学术界的公认。杨逢彬（2003：292）认为，介词“自”是由动词“自”虚化而来的，这种看法应该是可信的。“自”在殷商时代已是一个地道的介词，比较常用。甲骨文中的“由”和“从”，有些学者认为已有介词用法，而有些学者认为没有介词用法，都是动词用法。[①]这种看法的分歧，正好反映出了作为介词的“由”和“从”跟作为动词的“由”和“从”的密切关系：介词“由”、“从”源自动词“由”“从”。总之，作为介词的“由”“从”应该都是从其动词用法中虚化过来的。“自”跟“由”“从”可以有同样的来源。

介词“自”、“由”、“从”所由虚化的具体语法环境首先应该是“自/由/从+处所方位词语+VP”。这本是一个连动式，“自/由/从”作连动式的第一个动词，“自/由/从”的宾语为“处所方位词语”。随着这种句式使用频率的增大，这个句式成了诱发“自/由/从”语法化的环境。由于句子结构信息的安排，一般是旧信息或已知信息在前，新信息或焦点在后，这样在连动式中的第一个动词一般是旧信息或已知信息，动词本身往往表示伴随意义，后一个动词才是句子的中心。作为连动式第一个动词的“自/由/从”，由于作为非中心动词来用，其意义开始变弱，从而开始虚化。它们逐渐失去动词性，起介引作用。最初，“自/由/从”是以方位处所词语为宾语的，但随着它们开始虚化，其词义泛化，搭配对象扩大，搭配能力增强，如可以以时间词语、范围词语为宾语。

汉语中早已存在的“介词+宾语+VP”这种句式成了它们虚化的类推源动力。这种句式在殷商时代业已存在，如“王于八月入?”（《合集》5176）、“于庚申出?”（《合集》7942）随着“自/由/从”虚化的完成，人们对“自/由/从+处所方位词语+VP”发生了重新分析。不再认为这种句式是一种“V_1+O+VP”式句，而认为是一种“P+NP+VP”式句，认为“自/由/从+处所方位词语”是作状语的了。

“由+宾语”和“从+宾语”在出土战国文献中都只出现在“VP”前作状语，没有例外。这说明“由/从”所由虚化的具体句法环境大概只有“由/从+O+VP”。但是，“自”不同，从殷墟甲骨文开始，“自+O”就不但可以出现在“VP”前作状语，也可以出现在“VP”后作补语，这说明，“自”所由虚化的具体的句法环境应该还有“VP+自+O”。从“王步自商”（《合集》24228）来看，最初“自”可能紧挨在动词之后，这种“自”由于语音弱化、词义的弱化或抽象化，也可以虚化为介词。

最先由动词虚化过来的用法，应该是处所方位介词。如前所述，“自”、“由”、“从”都有这种用法，出现的次数分别是19、4、48。由于隐喻的作用，“自”、“从”又由处所方位介词的用法发展出时间介词的用法。范围和处所方位是相通的，既然“自”、“由”、“从”可以表示处所方位的起点，当然也可以表示范围的起点。表示施事、受事、当事的名词，如果是级别名词，也可以由“自”介引，用以表示施事、受事、当事的起点，很明显，这种“自”和处所方位介词“自”（用于表示起点）是相通的。“由”也用施事介词用法，也应是源自处所方位介词“由”。“由”还有原因介词的用法，这是源自于何处呢?洪波（1988）曾讨论过“于”、“於”介词用法的源流，他认为原因介词“于”、“於”来源于处所起点的介词“于”、“於”。此说可从。既然如此，那么原因介词“由”，也是源自表示起点的处所方位介词“由”。

五、“自”“由”“从”的区别

“自”、“由”、“从”这三个介词的区别何在呢?

一、从语义功能来看，“自”、“由”都有施事介词用法，可是“从”没有；“自”有受事介词、当事介词的用法，而“由”、“从”没有；“自”、“从”都有时间介词用法，而“由”没有；“由”有原因介词用法，而“自”、“从”都没有。

“自”、“由”、“从”虽然都有处所方位介词用法，但仍有区别：“自”作处所介词，而“由”是方位介词，“从”既可作方位介词也可以作处所介词；“自”、“从”的处所方位介词用法常见，而“由”少见；“自”、“由”一般都是表示起点的，“从”也可以表示起点，但经常表示经由点。

“自”、“由”、“从”虽然都可以用作范围介词，但是“由”作范围介词常见，其次数占总次数的64.5%。而“自”、“从”作范围介词的都不常见，其出现次数分别是其总次数的9.8%、5.7%。

“自”和“由”虽然都可以用作施事介词，但“自”表示施事是从某一级别以上的人，一定是多数人，可以构成“自……以上……”这样的格式；而“由”只表示动作由谁发出，可以是单个人或单个国家。

“自”和“从”虽然都可以用作时间介词，但这种用法的“自”出现18次，而这种用法的“从”才出现2次；时间介词“自”可以构成“自……以就……”、“自……以至……”、“自……始……”这样的介词框架；而“从”只构成“从……以……”这样的介词框架。

介词“自”的主要用法是用作处所介词和时间介词，“由”的主要用法是用作范围介词，“从”的主要用法是用作方位介词（表示经由点），三者的主要用法各不相同。

二、从语法功能来看，“自”、“由”、“从”三者的宾语虽然都可由谓词语充当，但是“自+谓词语”一般是表示时间的，“由+谓词语”一般是表示范围的，“从+谓词语”一般是表示处所的。“自”、“由”、“从”的宾语有时可以省去，但“自”宾语的省略，是出现在“亡有+自+VP”这种格式中，“由”宾语的省略，是出现在“所由+VP”和“靡/亡+由+VP”这样的格式中，而“从”宾语的省略，则不是出现在上述格式中，可直接承前省略。“自+宾语”可以出现在“VP”之前作状语，也可以出现在“VP”之后作补语，而“由”、“从”和它们的宾语一起都只出现在“VP”前作状语，没有例外。

介词“自”可以构成如下介词框架：“自……以上……”、“自……以就……”、“自……以至……”、“自……始……”、“自……以西/以东……”；介词“由”一般不和其它词构成介词框架；介词“从”可以构成如下介词框架：“从……以南/以北……”、“从……以至/至……”、“从……始……”、“从……以……”。可见在构成介词框架这一点上，“自”和“从”更相近。也许是因为这个缘故，“自”和“从”一起合成一个“自从”这样的复音词。

三、从语用功能来看，三者虽然都有篇章功能，但具体内容不尽一致。三者都有对比功能。“自”和“从”有管界功能，而“由”没有；“由”和“从”有衔接功能、分类列举和排比功能，而“自”则没有。

四、从所出现的文献的地域性来看，“自”和“从”在楚简、秦简中都可见到（“自”还出现在战国帛书和战国玉石文字中），而“由”只见于楚简之中。“自”虽然在楚简、秦简中都可以见到，但它的施事介词、受事介词用法只出现在秦简之中，而当事介词、范围介词用法只出现在楚简之中。“从”虽然在楚简、秦简中都可以见到，但是它的方位介词用法只见于秦简之中，而时间介词、范围介词的用法只见于楚简之中。

就介词框架而言，“自……以上/以下……”（表示施事、受事）只出现在秦简之中，而“自……以就……”（表示时间、当事）、“自……以至……”（表示时间）只出现在楚简当中、“自……以西/以东……”（表示处所方位）也只出现在楚简当中。

“从……始……”（表示方位）只出现在秦简中，“从……以……”（表示时间）、“从……以南/以北……”（表示处所方位）只出现在楚简之中，而“从……以至/至……”（表示处所）只出现在中山国金文中。

五、从组成复音虚词来看，“自”可以和“从”组合成复音虚词“自从”（介词），产生方式是同义复合；“从”可以跟“而”组合成“从而”（连词），产生方式是邻词粘合；而“由”无此情况。

附　注

①详见杨逢彬：《殷墟甲骨刻辞词类研究》，花城出版社 2003 年版，第 304—337 页。

参 考 文 献

安九：《古汉语里介词“自”的位置》，《语文学习》1995 年第 10 期。

蔡镇楚：《试谈古汉语介词结构的语法功能》，《语文研究》1983 年第 4 期。

洪波：《“于”“於”介词用法源流考》，《语言研究论丛》第五辑，南开大学出版社 1988 年版。

黄伟嘉：《甲金文中“在、于、自、从”四个介词用法的发展变化及相互关系》，《陕西师范大学学报》1987 年第 1 期。

刘丽川：《说介词“自”（之一）》，《深圳大学学报》1987 年第 3 期。

王鸿滨：《上古汉语介词的发展与演变》，《上海师范大学学报》2004 年第 5 期。

魏德胜：《〈睡虎地秦墓竹简〉语法研究》，首都师范大学出版社 2000 年版。

杨逢彬：《殷墟甲骨刻辞词类研究》，花城出版社 2003 年版。

第四节 出土战国文献中的介词“至”“到”“逻”“晋”

本文探讨出土战国文献中的“至”（至于）“到”“逻”“待”“晋”等介词，这些词都含有“到”义，故放在一起讨论。

一、至、至于

“至”有处所介词和时间介词两种用法。作为处所介词，“至”是介引处所范围的终点，可译为“到”。例如：

（1）从足欧（坎）至内宫廿四步……从内宫至中宫廿五步。（《兆域图铜版铭》，《集成》16・10478）

（2）从内宫至中宫卅六步。（《兆域图铜版铭》，《集成》16・10478）

上引两例构成“从……至……”这样的介词框架，表示处所的起点和终点。作为时间介词，“至”主要有两种用法：一是介引动作行为所到的时间，即动作行为到何时进行，可译为“到”、“直到”。例如：

（3）至秋毋（无）雨时而以繇（徭）为之。（《睡虎地秦简・秦律十八种》）

（4）百姓不当老，至老时不用请，敢为酢（诈）伪者，赀二甲。（《睡虎地秦简·秦律杂抄》）

（5）至癸卯之日安良瘥（瘥）。（《新蔡楚简》甲三：39）

（6）至秋三月，赛祷卲王戠（特）牛，馈之。（《包山楚简》214）

（7）郿敓占之曰：吉。至九月憙雀（爵）立（位）。（《包山楚简》204）

（8）至计而上廥籍内史。（《睡虎地秦简·秦律十八种》）

二是引进时间的终点。这种“至”字和它的宾语之前，往往有另一个名词语，表示时间起点。构成“时间名词语$_1$+至+时间名词语$_2$+VP”这样的格式，表示时间的起点和终点。例如：

（9）☐□贞：七月至各（冬）柰之月尚☐。（《新蔡楚简》甲三：107）

（10）旮（期）至屈柰之月赛金。（《包山楚简》104）期：表示一定的时日。赛：偿。

（11）☐졸（卒）散（岁）国（或）至耒（来）散（岁）之顕（夏）柰☐。（《新蔡楚简》甲三：248）卒岁：名词，一整年。或：又。

（12）졸（卒）散或至顕（夏）柰之月，尚☐。（《新蔡楚简》零：221、甲三：210）

例（9）应是说希望从七月到冬柰之月怎样。例（10）是说从某一期限到屈柰之月偿还金。例（11）是说希望从这一年又到下一年的夏柰之月如何。例（12）类此。

“至”的宾语，可由名词充当，如例（1）、（2），也可由名词语充当，如例（3）、（4）、（5）、（6）、（7）、（9）、（10）、（11）。偶尔由动词充当，是表示时间的，如例（8）。“至”的宾语，没有前置于“至”的，都放在“至”之后。“至”的宾语也没有省略的。“至”字介宾短语，一般都放在“VP”之前作状语，只有例（1）例外，这个例子里的“至”是介引处所终点的。

介词“至”共出现21次，在楚简中有15次，在秦简中有3次，在中山国金文中有3次。

“至于”这个介词，在出土战国文献中可以作处所介词和时间介词。用作处所介词的“至于”，表示处所的终点，为终点介词，例如：

（13）大山又（有）赐，八月，已吾复（腹）心目（以）下至于足骭之病。（《秦骃玉版铭》）

（14）☐返（及）江、灘（汉）、泟（沮）、漳，延至於瀤。（《新蔡楚简》甲三：268）

用作时间介词的“至于”，表示动作行为时间延续的终点，可译为“一直到”。例如：

（15）五年覆吴，克併之至于今。（《中山王譽鼎铭》，《集成》5·2840）

（16）承受屯（纯）德、旂（祈）无疆至于万意（亿）年。（《令狐君嗣子壶铭》，《集成》15·9720）

“至于”的宾语，可由名词充当，如前引例（14）、例（15），也可由名词语充当，如前引例（13）、（16）。“至于”的宾语都出现在“至于”之后，没有省略的。“至于”介宾短语常常作补语，如例（15）、（16）；也可以作定语，如前引例（13），这时构成“……以下至于……”这样的介词框架，共同作定语。

“至于”共出现 8 次，其中楚简 3 次，楚帛书 2 次，战国金文 2 次，战国玉石文字 1 次。

二、到

在出土战国文献中，介词“到”可以作处所介词、时间介词、施事介词、起事介词、受事介词和止事介词

作为处所介词，“到”有两种用法。一是介引事物运动的终点或处所范围的终点。仍可译为“到”。例如：

（17）白昼甲将乙等徼循到某山。（《睡虎地秦简·封诊式》）

（18）男子死（屍）所到某亭百步，到某里士五（伍）丙田舍二百步。（《睡虎地秦简·封诊式》）

（19）其头、身、臂、手指、股以下到足，足指类人。（《睡虎地秦简·封诊式》）

二是介引处所的所到，即到何处进行某种动作行为，仍可译为“到”。这种“到”可构成“到……而……”这样的介词框架。例如：

（20）它县亦传其县次，到关而得。（《睡虎地秦简·法律答问》）

（21）善布清席，东首卧到晦，朔復到南卧。（《周家台秦简·病方及其它》）

这两种“到”的区别是明显的。后一种“到”和它的宾语都出现在“VP”前作状语，而前一种“到”和它的宾语则作补语，或者构成下述两种格式：“处所词语$_1$+到+处所词语$_2$+VP”、“……以下到……”。

时间介词“到”也可以分为两种，一是介引动作行为或状态在时间上延续的终点，即表示某个动作行为一直持续到某个时间。例如：

（22）取户旁腏黍，裹臧（藏）到种禾时。（《周家台秦简·病方及其它》）

（23）善布清席，东首卧到晦。（《周家台秦简·病方及其它》）

另一种是介引时间的所到，即表示动作行为到何时进行。例如：

（24）到明出种，即□（趣?）邑最富者，与皆出种。（《周家台秦简·病方及其它》）

（25）隶臣田者，以二月月稟二石半石，到九月尽而止其半石。（《睡虎地秦简·秦律十八种》）

（26）到七月而纵之。（《睡虎地秦简·秦律十八种》）纵：解除。

（27）到十月牒书数，上内［史］。（《睡虎地秦简·秦律十八种》）

（28）生子，不到三年死。（《睡虎地秦简·日书乙种》）

这两种“到”的区别十分明显，介引时间终点的“到”和它的宾语都放在动词后作补语，而介引时间所到的“到”和它的宾语都放在动词前作状语。后一种“到”可以跟连词“而”构成“到……而……”这样的介词框架。第二种“到”还可以细分，如例（24）中的“到”是时点介词，而例（28）中的“到”可看成时段介词，时点是时间上的点，时段是时间的长短。

用作施事介词的“到”介引施事的终点。当施事不止一个、又有级别时，就有一个从哪个级别到哪个级别的问题。这时可用到“到”。例如：

（29）不更以下到谋人，粺米一斗。（《睡虎地秦简·秦律十八种》）粺米一斗：每餐食粺米一斗。“谋人”是“粺米一斗”的施事。

（30）上造以下到官佐、史毋爵者，及卜、史、司御、寺、府，糲

（粝）米一斗。（《睡虎地秦简·秦律十八种》）

这种“到”构成“……以下到……”这样的介词框架，表示施事的起点和终点。

起事介词“到”，可以介引起事的终点。例如：

（31）甲子到乙亥是右〈君〉也，利以临官立政。（《睡虎地秦简·日书乙种》）“乙亥”是起事。

受事介词“到”，可以介引受事的终点。例如：

（32）葆子以上居赎刑以上到赎死，居於官府。（《睡虎地秦简·秦律十八种》）“赎死”是“居”的受事。

（33）已入月，数朔日以到六日，倍之；七日以到十二日，左之；十三日以到十八日，向之；十九日以到廿四日，右之；廿五日以到卅日，復倍之。（《周家台秦简·日书》）“六日”是数的受事，其余类此。

这种“到”可以构成“……以上到……”这样的介词框架。若把这个框架中的“上”省掉，则构成“……以到”这样的框架。

止事介词“到”介引止事的终点。例如：

（34）直（值）百一十钱以到二百廿钱。（《睡虎地秦简·效律》）

（35）课駃騠，卒岁六匹以下到一匹，赀一甲。（《睡虎地秦简·秦律杂抄》）

（36）盈廿石到十石，论□□；不盈［十］石到一石，☑。（《龙岗秦简》188）

（37）过二百廿钱以到二千二百钱，赀一盾。（《睡虎地秦简·效律》）

例（34）中的“直（值）”是名词，整句话是说价值为一百一十钱以上到二百廿钱。很明显，“二百廿钱”是句子的止事。例（35）“卒岁六匹以下到一匹”，是说一整年是六匹以下到一匹，“一匹”也是止事。同理，“廿石”是“盈”的止事，“十石”是“不盈”的止事，“二千二百钱”是“过”的止事。

这种“到”可以构成“……以上/以下到……”这样的介词框架，如前引例（35），又如：

（38）其不可食者不盈万石以下，谇官啬夫；百石以上到千石，赀官啬夫一甲。（《睡虎地秦简·秦律十八种》）

（39）不盈二百廿以下到一钱，䙴（迁）之。（《睡虎地秦简·法律答问》）

如果把“……以上/以下到……”中的“上/下”省去，则成了“以到”这种形式，如前引例（34）、（37），又如：

（40）百分以到不盈十分一，直（值）过千一百钱以到二千二百钱。（《睡虎地秦简·效律》）

（41）不盈廿二钱，除；廿二钱以到六百六十钱，赀官啬夫一盾。（《睡虎地秦简·效律》）

上引两例中的“以到”应是“以上到”的省略。也可以简单地说成“到”，如前引例（36），又如：

（42）不盈半升到少半升，赀一甲。（《睡虎地秦简·效律》）

（43）二百钱到百一十钱，耐为隶臣妾。（《龙岗秦简》40）

（44）不盈廿二钱到一钱，赀一盾。（《龙岗秦简》41）

“……到……”都是“……以下到……”这样的意思，即前边的数量多于后边的数量。这跟“以到”正如相反，“……以到……”一般是“……以上到……”这样的意思，前边的数量少于后边的数量。

“到”的宾语可以由名词充当，如前引例（20）、（21）、（23）、（29）、（31）；也可以是定中短语，如前引例（18）、（22）、（25）、（26）、（27）、（28）、（30）、（33）、（34）等；还可以是数量短语，如例（35）、（36）、（38）、（42）等。“到”的宾语也可以由谓词语充当，例如：

（45）十分一以到不盈五分一……百分一以到不盈十分一。（《睡虎地秦简·效律》）

“到”的宾语都出现在“到”字之后，没有宾语省略的。“到”和它的宾语组成“到”字介宾短语，可以作状语，也可以作补语。作状语的例子如例（18）、（20）、（21）、（24）、（25）、（26）、（27）、（28）、（29）、（30）、（31）。这种“到”主要有介引处所范围终点的、介引处所的所到和时间的所到、介引施事终点和起事终点。作补语的例子如前引例（17）、（22）、（23）、（32）、（33）、（34）、（35）、（36）、（37）、（38）、（39）、（40）、（41）、（42）、（43）、（44）、（45）。这种“到”主要有介引运动的处所终点和时间终点、介引受事终点和止事终点。可见，从“到”来看，作状语还是作宾语是有规律可循的。

“到”只出现在秦简里，不见于其它出土战国文献。

三、遝

在出土战国文献，只出现了2次，有处所介词和条件介词两种用法。用作处所介词的“遝”，表示动作行为所达到的处所，可译为“到”。例如：

（46）是状神在其室，屈（掘）遝泉，有赤豕。（《睡虎地秦简·日书甲种》）

条件介词“遝”，表示动作行为的条件，可译为“趁”、“趁着”。例如：

（47）官辄告叚器者曰：器敝久恐靡者，遝其未靡，谒更其久。（《睡虎地秦简·秦律十八种》）

这种“遝”在《战国纵横家书》中也可以见到，例如：

（48）愿君遝楚、赵之兵未至于赵也，亟以小割收魏。（《战国纵横家书·须贾说穰侯章》）

“遝”只见于秦简之中，未见于其它出土战国文献。

四、晋

在出土战国文献中，有的“晋”是作时间介词的，介引时间所到，表示到何时该怎样。这种“晋”可以译为“到”。例如：

（49）《君舀（牙）》员（云）：“日傛（暑）雨，少（小）民隹（惟）日怨（怨）。晋冬旨（耆）滄（沧），少（小）民亦隹（惟）日怨（怨）。”（《郭店楚简·缁衣》）

（50）晋备（冬）耆寒，少（小）民亦隹（惟）日怨。（《上博楚简一·缁衣》）

上引两例中的“晋冬耆寒”，是说到了冬日寒冷异常。这个“晋”出现在楚简《尚书·君牙》的引文中，不是当时的口语词，而应是古语词，是西周时代使用的。

五、“至”和“到”的区别

本文所讨论的四个词，“晋”出现在《尚书·君牙》的引文中，不常见，而且不是当时的口语词。“遝”很少见。比较常见的是“至”和“到”。那么，这两者有何不同呢?

一、两者所出现的语料的地域性不同。“到”共出现53次，都出现在秦简之中，没有例外。而“至”出现21次，在楚简、秦简和战国金文中都可以见到，最常见于楚简中，有15次，在秦简中少见，只有3次。可以这样说，介词“到”在战国时代，是在秦地使用的一个介词，而“至”则没有地域性（只是由于秦语中有了“到”，“至”就用得少了）。“至于”也没有地域性，在出土楚文献、出土秦文献中都可以见到。

二、两者的语义功能不同。“至”只有处所介词和时间介词这两种用法（“至于”也是这样）；可是“到”除了有这两种用法之外，还有施事介词、起事介词、受事介词和止事介词的用法。

虽然两者都有处所介词的用法，但“至”只用来介引运动的终点或处所范围的终点，可以构成“从……至……”这样的介词框架，“至于”也只介引处所终点，可以构成“……以下至于……”这样的介词框架；但是“到”不但可以介引运动的终点或处所范围的终点（这种“到”可以构成“……以下到……”这样的介词框架），还可以介引处所的所到。

虽然两者都有时间介词的用法，都可介引时间终点，但是“至”常用来介引时间范围的终点，可以构成“时间名词语$_1$+至+时间名词语$_2$+VP”这样的格式；而“到”常用来介引动作行为延续的终点，不构成上述格式，而和它的宾语一起作补语；时间介词“至于”的用法跟“到”相同，而不同于“至”。

三、两者的句法功能不同。“至”字介宾短语，一般都放在“VP”之前作状语，而“到”字介宾短语，既可以作状语，也可以作补语。作补语时，“到”字是介引运动的处所终点、时间终点、受事终点和止事终点的。“至于”介宾短语则常作补语。

“至”、“至于”都是老介词，在殷商时代业已出现，到了战国时代仍然常用，没有地域性；而“到”是一个新介词，它应该是最先在秦语中出现、使用，至少在战国时代它具有地域性，比如楚语中就见不到介词“到”。

下面附带谈一下介词“向”。

“向”用作处所介词，表示动作行为的朝向，可译为“朝”、“向”。

例如：

（51）王向日而立。（《上博楚简四·柬大王泊旱》）

解惠全（1987）曾谈到介词“向”的来源，他认为介词“向”的直接来源是“朝向”义的动词，此说可从。他用下图表示：

名词（1）		动词（2）		动词（4）
北出牖	→	朝向	→	趋向
		↓		↓
		介词（3）		副词（5）
		向		将近

参考文献

何乐士：《古代汉语虚词词典》，语文出版社2006年版。

黄珊：《〈荀子〉虚词研究》，河南大学出版社2005年版。

李佐丰：《古代汉语语法学》，商务印书馆2004年版。

唐道雄：《“至·于·至于”辨略》，《湘潭师范学院学报》1987年第3期。

解惠全：《谈实词虚化》，《语言研究论丛》第四辑，南开大学出版社1987年版。

张文国、张能甫：《古汉语语法学》，巴蜀书社2003年版。

第五节　出土战国文献中的介词“尽”“终”

“尽”和“终”在出土战国文献中有相同的用法，都可用作时间介词，表示“到……底”的意思，所以放在一起谈。

作为时间介词，“尽”和“终”都来源于它们的动词用法。“尽”还有范围副词的用法，也是从其动词用法虚化过来的。

一、尽

“尽”有副词和介词两种用法，前一种用法少见，后一种用法常见。

（一）副词“尽”

这种“尽”用在谓语动词之前作状语，表示全部，可译为“全都”、

"全部"、"全"等。例如：

（1）高下肥毳之利聿（尽）智（知）之。（《上博楚简二·容成氏》）

（2）☐聿（尽）緩目（以）𣏟玉。（《新蔡楚简》甲二：10）

（3）☐□虛，聿（尽）割目（以）九豬，祷目九☐。（《新蔡楚简》甲三：282）

（4）凡此籢也，既尽迻。（《包山楚简》204）

这种"尽"在传世文献中可以见到，例如"晋侯围聚，尽杀群公子"（《左传·庄公二十五年》）、"尽信书，则不如无书"（《孟子·尽心下》）。

（二）介词"尽"

一般是带宾语用于谓语之前作状语，表示动作行为截止的时间，可译为"到……底"、"到……为止"。例如：

（5）聿（尽）七月尚毋又（有）大☐。（《新蔡楚简》乙一：31、25）

（6）受（授）衣者，夏衣以四月尽六月稟之，冬衣以九月尽十一月稟之。（《睡虎地秦简·秦律十八种》）

（7）未聿（尽）八月疾必瘻（瘥）。（《新蔡楚简》甲三：160）

（8）告归尽月不来者，止其后朔食。（《睡虎地秦简·秦律十八种》）

（9）尽九月，其人弗取之，勿鼠（予）。（《睡虎地秦简·秦律十八种》）

上引例（5）至（8），其中的"尽"字介宾短语都是作句中状语的，例（9）中的"尽"字介宾短语则是作句首状语。

"尽"字介宾短语后可以出现连词"而"，这个"而"是用在状语和中心语之间的，"尽"与"而"构成"尽……而……"这样的固定格式。例如：

（10）内史买（卖）之，尽七月而觱（毕）。（《睡虎地秦简·秦律十八种》）

（11）以十二月朔日免除，尽三月而止之。（《睡虎地秦简·秦律十八种》）

（12）赦期已尽六月而得。（《睡虎地秦简·法律答问》）

（13）官相紤（近）者，尽九月而告其计所官，计之其作年。（《睡虎地秦简·秦律十八种》）

（14）日食城旦，尽月而以其余益为后九月稟所。（《睡虎地秦简·秦律十八种》）

上引各例，“尽”的宾语都是“月”或“数词+月”。“尽”的宾语也可以是“集岁”或“卒岁”。“集岁”、“卒岁”都是时间名词语，指一整年。“尽”以“集岁”或“卒岁”作宾语时，一般都是作句首状语的，例如：

（15）尽集岁，躬身尚毋有咎。（《包山楚简》234）

（16）尽集岁，躬身尚毋有咎。（《包山楚简》209—210）

（17）自荆层之月目（以）就荆层之月，出内（入）事王。尽卒岁，躬身尚毋又（有）咎。（《包山楚简》197）

（18）𦘫（尽）𡚬（卒）𡿓（岁），躬身尚毋又（有）咎。（《包山楚简》199）

这种时间介词的用法，在传世文献中可以见到，例如“尽十二月，群中无犬吠之盗”（《汉书·王温舒传》）。一般的辞书，所举的例子都是《史记》以后的文献中的，我们这里则举出了战国楚简和秦简中的例子，说明早在战国时代“尽”已有此用法。

二、终

何乐士（2006：620）认为在传世文献中，“终”有时间介词的用法。“终”可带宾语用于动词谓语之前或句首作状语，引进动作行为的持续时间或终限，常用来强调时间的长久。可译为“从……到……”、“直到”、“到”等。她举的例子有“终广之身，为二千石四十余年，家无余财”（《史记·李将军列传》）。这种用法的“终”在出土战国文献中可以见到，例如：

（19）十一月丁酉材（裁）衣，终身衣丝。（《睡虎地秦简·日书甲种》）

（20）閟（闭）丌（其）门，赛（塞）丌（其）逸（兑），终身不𡦹（瞀）。（《郭店楚简·老子乙本》）

（21）能（一）牙（與）之齐，终身弗改之壴（矣）。是古（故）夫死又（有）宔（主），终身不𧰨（嫁），胃（谓）之妇。（《郭店楚简·六德》）

“终”除了用在“身”之前，还可以用在“日”、“岁”之前，说成“终日”、“终岁”。对于这种“终”，何乐士（2006：620）认为是形容词，表“整”、“全（部）”之意，强调整个时间之内。例如“吾尝终日而思矣，不如须臾之所学也”（《荀子·劝学》）、“人情，一日不再食则饥，终岁不制衣则寒”（晁错《论贵粟疏》）。

我们认为这种“终”也是时间介词，理由如下：

第一，“日”、“岁”跟“身”一样，都是名词，都是表示时间的，既然“身”前的“终”是介词，“日”、“岁”前的“终”亦然。

第二，前面说过，介词“尽”可与“而”构成“尽……而……”这样的固定格式，“终”也可以与“而”构成“终……而……”这样的固定格式，“日”、“岁”可以出现在这种固定格式里，如“吾尝终日而思矣”（《荀子·劝学》）、“终岁而为出凡。”（《睡虎地秦简·秦律十八种》）。

第三，“终日”一语在殷墟甲骨文中业已出现，同时还有“终夕”。“终日”、“终夕”都是不但可以用于谓语动词前作状语，也可以用于谓语动词之后作补语，这与其它介宾短语是一样的，所以“终”应是介词。例如“壬终日雾”（《合集》13140）、“辛卯雨终日”（《合集》20942）、“不其终夕雨”（《合集》12998）、“乙其雨终夕”（《英国》1284）。

在出土战国文献中可以见到“终日”和“终岁”，例如：

（22）终日㱱（呼）而不㥯（嚘），和之至也。（《郭店楚简·老子甲本》）

（23）终岁衣食不足以稍赏（偿）。（《睡虎地秦简·秦律十八种》）

（24）终岁而为出凡。（《睡虎地秦简·秦律十八种》）

三、“尽”和“终”的区别

在出土战国文献中，“尽”和“终”很相似，但是有区别：

第一，“尽”除用作时间介词外，还有范围副词的用法。“终”没有范围副词的用法，在传世文献中有时间副词的用法，例如“诚既勇兮又以武，终刚强兮不可凌”（屈原《国殇》）。

第二，“终”这个时间介词在殷墟甲骨文中已经出现了，但见不到时间介词“尽”。相比较而言，时间介词“尽”出现的时代晚。

第三，时间介词“尽”的宾语可以是“月”，也可以是“岁”。在“月”和“岁”之前常有修饰语，修饰“月”的一般是数词，修饰“岁”的是“集”、“卒”等形容词。而时间介词“终”的宾语可以是“身”、“日”，也可以是“岁”。“身”和“日”不作“尽”的宾语，“岁”虽然可作“尽”的宾语，其前一般要加修饰语。“终”的宾语一般都是单音节的，而“尽”的宾语一般都是多音节的。

第四，“尽……而……”这种格式较常见，“终……而……”这种格式不太常见。

第五，“尽”和它的宾语一起可以作句首状语，而“终”和它的宾语不作句首状语。

参考文献

何乐士：《古代汉语虚词词典》，语文出版社 2006 年版。

张玉金：《甲骨文虚词词典》，中华书局 1994 年版。

第六节　出土战国文献中的介词“以”及相关复音介词

“以”在甲骨文中作“㠯”形，依据裘锡圭（1992），“㠯”大概像人手提一物，本义是提挈、携带的意思。

郭锡良（1998）认为甲骨文中的“以”都用作动词，此说可信。甲骨文中的“以”有些是携带、带来的意思，例如：（a）庚子卜，争贞：其祀于河，以大示至于多毓？（《合集》14851）（b）皋以新鬯，惠今夕？（《合集》13868）（c）癸亥贞：危方以牛其登于来甲申？（《合集》33191）（d）辛丑卜贞：皋以羌王于门寻？（《合集》261）有些是带领、率领之义，例如：（a）丁未卜，争贞：勿令皋以众伐邛？（《合集》26）（b）戊戌贞：惠亚𠂤以人狩？（《屯南》961）上述两种意义的联系是十分明显的。这种动词用法的“以”明显是后世虚词“以”的源头。

“以”之所以发生由实词到虚词的变化，首先是由于语言的需要。随着社会的发展，对语言提出了精密化的要求。正是适应这种要求，汉语中产生了用以表达工具、依据等的介词“以”。要知道，这种介词在殷商汉语中并不存在。

“以”所由虚化的具体的句法环境，应是“以”作前一个动词的连谓结构。这种结构在甲骨文中很常见：（a）惠亚㚔以人𡿧？（《屯南》340）（b）丁卯卜：令执以人田于𢀛？（《合集》1022）（c）丁未卜，贞：惠亚以众人步？（《合集》35）（d）贞：王气以众伐邛？（《合集》29）“以”和其后的动词本来都是主要动词，后来，随着表义重点经常落到后一个动词上，前面的“以”就会趋向虚化。

前面说过，甲骨文中的“以”有两个密切相关的义项，即“携带、带来”以及“带领、率领”。前者的宾语常常是物（或者是被作为物的人，如“羌”），后者的宾语常常是人。“以”带表示物的宾语作连动式第一个动词时，就很容易虚化为表示工具的介词“以”；“以”带表示人的宾语作连动式的第一个动词时，就可能语法化为表示共事的介词。事实上，前引（d）例“以众伐邛”中的“以”跟后世文献中“率领”义的“以”（如“王以诸侯伐郑”《左传·桓公五年》）从意义上看十分相近。

“以”是在西周时代虚化为介词的。在西周时代，已存在“介词+O+VP”这样的句式，这是“以”虚化的类推源动力：（a）自天佑之。（《周易·大有》）（b）我有好爵，吾与尔靡之。（《周易·中孚》）（c）走其罘厥子子孙孙万年永宝用。（《走簋铭》）（d）王麻冕黼裳，由宾阶隮。（《尚书·顾命》）

特别是在西周汉语中存在与“以”的意义十分相近的介词“用”，更成为“以”虚化的类推源动力：（a）舀用兹金作朕文考宄白𩰬牛鼎。（《舀鼎铭》）（b）用兹彝对令。（《大保簋铭》）（c）国既卒斩，何用不监？（《诗经·小雅·节南山》）（d）王欲玉女，是用大谏。（《诗经·大雅·民劳》）“用”作为介词，出现的时代比“以”略早，“以”很明显是受到了“用”的类化。作为介词，“以”和“用”很相类，都常作工具介词、依据介词、原因介词等。特别是西周汉语中既有“是用”、“何用”，又有“是以”、“何以”，更说明问题。

由于受到其它虚词、特别是“用”的类化，“以”开始虚化。而重新分析把这种虚化过程加以确定。原来“以+O+VP”被分析为连动结构，后来被分析为偏正结构。这种重新分析标志着“以”的虚化过程最终完成。

作为重新分析业已发生的症状，应是“以+O”语序的改动。当“以”为动词时，它只作连动结构中的第一个动词；但当它虚化为介词后，“以+O”就受其它介宾结构的影响，不但可以出现在“VP”前，也可以出现在“VP”之后，而所表示的语义关系基本相同。“以”虚化为介词后，意义上也逐渐抽象化和泛化了，表义辖域扩大。最初由动词“以”虚化而来的，应是表示工具、共事等用法，后来则可以表示依据、方式、材料、原因、受事等等。而且又由介词进一步虚化为连词。

一、“以……为……”式

何乐士（2006：500—503）谈过“以……为……”式（可以紧缩为“以为”式），她认为有三种：第一种是其中的“以”作工具介词、“为”作动词，例如：“以铜为镜，可以正衣冠。”（《新唐书·魏征传》）第二种是其中的“以”和“为”都作动词，“以”的宾语同时又是“为”的主语。这又有两种情况。一种情况是“以……为……”是表示意动的兼语句，其中“以”是“认为、以为”的意思；“为”是“是、当作”的意思。例如：“市人皆以嬴为小人，而以公子为长者。能下士也。”（《史记·魏公子列传》）另一种情况“以……为……”是表示使动的兼语句，其中“以”是“任用、使、让”的意思，“为”是“作”的意思。例如：于是梁王虚上位，以故相为上将军。（《战国策·齐策四》）第三种是其中的“以”作连词、“为”作动词，例如：收天下之兵，聚之咸阳，销锋镝，铸以为金人十二。（贾谊《过秦论》）

出土战国文献中的“以……为……”式，则可以根据“以”和“为”的不同词性分为四大类：一是“以（动词）……为（动词）……”式，二是“以（介词）……为（动词）……”式，三是“以（连词）……为（动词）……”式，四是“以（介词）……为（介词）……”式。

（一）“以（动词）……为（动词）……”式

这种句式又可以分为两小类：

1.“以”的意义是认为、以为的

依据何乐士（2006），这种“以”和其后的“为”一起构成“以……

为……”这样的兼语句式。例如：

(1) 於是虖（乎）天下之人，目（以）尧为善兴臤（贤）。（《上博楚简二·容成氏》）

(2) 子曰：民以君为心，君以民为体。（《郭店楚简·缁衣》）

这种“以……为……”可译为“认为……是……”、“把……当作……”。在出土战国文献中，这种“以”共出现12次。

这种句式“以”后的兼语，可以提到动词“以”的前面去，例如：

(3) 夫山，石目（以）为肤，木目为民；夫川，水目为肤，鱼目为民。（《上博楚简二·鲁邦大旱》）

“以”后的兼语也可以省去，这时“以”和“为”就连在一起了。例如：

(4) 令、丞以为不直，志千里使有籍书之。（《睡虎地秦简·语书》）

(5) 勿以为赢、不备，以职（识）耳不当之律论之。（《睡虎地秦简·效律》）

单独一个“以”，也可以表示认为的意思：

(6) 吾犀武舍人，犀武论其舍人□命者，以丹未当死，因告司命史公孙强。（《放马滩秦简·墓主记》）

从这个例子来看，这种“以……为……”格式，也可以不分析为兼语句，可以把“以”看成核心动词，而把“以”后的成分看成它的宾语。这种分析，可能更为可信。

2. “以”的意义是任用、使、让的

这种“以”和其后的“为”一起构成“以……为……”这样的兼语句式。例如：

(7) 或目（以）豎（竖）逜（刁）鼻（与）

(7) 或目（以）豎（竖）逜（刁）舁（与）䝸（易）䍐（牙）为相。（《上博楚简五·竞建内之》）

(8) 尧又（有）子九人，不目（以）亓子为逡（后）。（《上博楚简二·容成氏》）

这种句式中“以”后的兼语，也可以提到动词“以”的前面去，例如：

(9) 士五（伍）甲毋子，其弟子以为后。（《睡虎地秦简·秦律十八种》）

“以”后的兼语也可以省去不说，这时“以”和“为”连在一起了，例如：

（10）奉而立之，以为天子。（《上博楚简二·容成氏》）

（11）乃立咎（皋）訬（陶），目（以）为李（理）。（《上博楚简二·容成氏》）

（12）乃立墨（禹），目为司工。（《上博楚简二·容成氏》）

（二）“以（介词）……为（动词）……”式

这种句式可以分为四类：

1.“以”为客事介词的

（13）炁（爱）以身为天下，若可以迲（寄）天下矣。（《郭店楚简·老子乙本》）

上例中的“以”和“为”之间有词语隔开，下例中的“以”和“为”连在一起：

（14）免老告人以为不孝，谒杀。（《睡虎地秦简·法律答问》）老人控告人不孝，要求判以死刑。

前引例（13）中的“以”为感事介词，例（14）中的“以”为受事介词。

2.“以”为凭事介词的

具体说来，出现在这种句式中的“以”可以是工具、材料介词，也可以是依据介词。先看“以”是工具介词的例子：

（15）市人以白茅为富，其鬼受於它而富。（《放马滩秦简·墓主记》）

“以”的宾语可以省去，这时“以”和“为”连在一起，例如：

（16）帀（帑）帛，所以为訐（信）牙（与）諻（徵）也。（《郭店楚简·性自命出》）

（17）王子曰：薵可（何）目（以）为？（《上博楚简六·平王与王子木》）

例（16）中的介词“以”先与其后的动词语“为信与諻”构成状中短语，然后与“所”构成“所”字短语。例（17）中的“何”是“为”的宾语提前。

“以”是材料介词的例子如：

(18) 王子曰：可（何）目（以）𣏟（麻）为？畣（答）曰：目（以）为衣。(《上博楚简六·平王与王子木》)

(19) 以桃为弓，牡棘为矢。(《睡虎地秦简·日书甲种》)

(20) 以犬矢为完（丸），操以咼（过）之。(《睡虎地秦简·日书甲种》)

例（18）是“何以……为”这样的句式。关于这种句式，学术界有不同的分析，或以为“为”是动词，或以为“为”是语气词。从例（18）后部分的答语“以为衣”来看，“为”应是动词，“何以麻为”，应分析为“以麻为何”。

这种“以”的宾语可以省掉，这时“以”和“为”连在一起。例如：

(21) 取故丘之土，以为伪人犬。(《睡虎地秦简·日书甲种》)

(22) 其金及铁器入以为铜。(《睡虎地秦简·秦律十八种》)

“以”是依据介词的例子如：

(23) 妻智夫盗，以百一十为盗。(《睡虎地秦简·法律答问》)

(24) 以此为人君则鬼。(《睡虎地秦简·为吏之道》) 鬼：通“怀”，和柔。

介词“以”的宾语可以前置，这时“以”和“为”连在一起，例如：

(25) 三言以为史（使）不足，或命之，或㖓（呼）豆（属）。(《郭店楚简·老子甲本》)

(26) 信以为言，莫妥（偏）羊（干）。(《上博楚简六·慎子曰恭俭》)

这种“以”的宾语也可以省略：

(27) 叞（舜）君天下非以为异（己）名。(《上博楚简五·君子为礼》)

(28) 亓（期）会之不难，所目为和於豫。(《上博楚简四·曹沫之阵》)

3. “以”为境事介词的

作为境事介词，“以”只用来表示时间。例如：

(29) 乙以迺二月为此衣，五十尺，帛里。(《睡虎地秦简·封诊式》) 迺：是。

(30) 酉目（以）甘固之戢（岁）为偁於鄗，居隋里。(《包山楚简》

90）

（31）以此日㬥屋，屋以此日为盖屋。（《睡虎地秦简·日书乙种》）

这种“以……为……”，表示在……时候干什么，这种句子格式是以往的学者很少谈到的。

这种介词“以”的宾语可以省去，例如：

（32）是胃（谓）侌（陰）日，物（利）㠯（以）为室豪（家）。（《九店楚简》29）

（33）四废日，不可以为室，覆屋。（《睡虎地秦简·日书甲种》）此例中的“可”，义同“利”。“以”为时间介词。

（34）戌不可以为牀，必以炼（殡）死人。（《睡虎地秦简·日书甲种》）此例中的“可以”不是一个词。

4.“以”作因事介词的

作为因事介词，“以”只用来表示原因，例如：

（35）子羔曰：可（何）古（故）㠯（以）旻（得）为帝？（《上博楚简二·子羔》）

此例中原因介词“以”的宾语“何故”提前，此例是说因为什么缘故能够成为帝。

这种介词“以”的宾语可以省去，这时“以”和“为”连在一起，例如：

（36）江海所以为百浴（谷）王，以丌（其）能为百浴（谷）下，是以能为百浴（谷）王。（《郭店楚简·老子甲本》）

（三）“以（连词）……为（动词）……”式

这种句子格式，“以”和“为”往往不处于同一层次，例如：

（37）欲归爵二级以免亲父母为隶臣妾者一人。（《睡虎地秦简·秦律十八种》）

（38）以丌（其）能为百浴（谷）下，是以能为百浴（谷）王。（《郭店楚简·老子甲本》）

例（37）中的目的连词“以”连接的是“欲归爵二级”和“免亲父母为隶臣妾者一人”，而“为”以“隶臣妾”为宾语，整个动宾短语与“者”构成“者”字短语。例（38）中的“以”为原因连词，与后面的“是以”

相呼应，而“为”只是“其能为百谷下”中的动词。

有些“以为”，其中的“以”是连词，而“为”是动词。例如：

(39) 恒多取櫌桑木，燔以为炭火（《周家台秦简·病方及其它》）

(40) 分甲以为二甲蒐者，耐。（《睡虎地秦简·秦律杂抄》）

(四)“以（介词）……为（介词）……”式

这种格式在战国简牍中很常见。一般是“以”为工具介词，而“为”是当事介词。例如：

(41) 鄦吉目（以）驳霝为左尹旄贞：出入侍王，自荆𡱒之月目就集岁之荆𡱒之月，尽集岁，躳身尚毋有咎。（《包山楚简》234）

(42) 苛光目（以）长恻为右（左）尹卲旄贞：疠（病）腹疾，目（以）少𢝬（气），尚毋又（有）咎。（《包山楚简》207）

(43) 登道目（以）少（小）敀（筹）为悳固贞：既痤，目（以）孩（骇）心。（《望山楚简》1—9）

(44) 某以壶露、牛胙为先农除舍。（《周家台秦简·病方及其它》）

另一种格式是“以”为时间介词，而“为”为当事介词。“以”的宾语可以承前省去。例如：

(45) 遾（鲁）昜（阳）公目（以）楚帀（师）逡（后）城鄚（郑）之戢（岁），屈柰之月，丁巳之日，佯大㕠（令）悆目（以）为剁㕠（令）囯隆剁人。（《包山楚简2—5》

6－1：出土战国文献中“以……为……”式统计表

用法	以（动词）……为（动词）……		以（介词）……为（动词）……				以（连词）……为（动词）……	以（介词）……为（介词）……		总计
	“以”是认为义	“以”是任用义	“以”引介客事	“以”引介凭事	“以”引介境事	“以”引介因事		“以”引介工具	“以”引介时间	
数量	13	30	2	34	17	2	12	66	1	177

二、介词“以”

介词“以”主要是做客事介词、与事介词、凭事介词、境事介词和因事介词。

（一）用作客事介词

用作客事介词的“以”，主要是引介受事。所谓受事，是动作行为直接涉及的对象。这种“以”可译为“把”、“将”。例如：

（46）今盗盗甲衣，买（卖），以买布衣（衍）而得，当以衣及布畀不当？（《睡虎地秦简·法律答问》）

（47）者（诸）候（侯）客节（即）来使入秦，当以玉问王之谓毆。（《睡虎地秦简·法律答问》）问：赠送。

（48）尧㠯（以）天下壤（让）於臤（贤）者，天下之臤者莫之能受也。（《上博楚简二·容成氏》）

（49）者（诸）侯享（献）台（以）吉金，用作平寿适器敦。（《十年陈侯午敦铭》，《集成》9·4648）

（50）将军材以钱若金赏，毋（无）恒数。（《睡虎地秦简·法律答问》）

（51）其所告且不审，有（又）以它事告之。（《睡虎地秦简·法律答问》）

（52）☐□，𪠳㠯（以）二豬☐。（《新蔡楚简》零：333）

（53）［凡］天子𦘦（建）之㠯（以）州，邦君𦘦之㠯坘（都），大夫𦘦之㠯里，士𦘦之㠯室。（《上博楚简六·天子建州甲》）

（54）季逗（桓）子㚤（使）中（仲）弓为㓷（宰），中弓㠯告孔子。（《上博楚简三·中弓》）

（55）有秩吏捕闌亡者，以畀乙。（《睡虎地秦简·法律答问》）

（二）用作与事介词

可细分为两类，一类是作当事介词，另一类是作共事介词。所谓当事，是表示交接对象或针对对象的，可译为“给、向、替、对”等。所谓共事，是指动作行为的协同参与者，可以译为“率领”、“与”、“同”。

用作当事介词的例子很少见：

（56）埀（舜）又（有）子七人，不㠯亓子为逡（後），见墨（禹）之臤（贤）也，而欲㠯为逡。墨乃五壤（让）㠯（以）天下之臤者。（《上博楚简二·容成氏》）

（57）见㕚（皋）咎（陶）之臤（贤）也，而欲㠯为後。㕚（皋）秀

（陶）乃五壤（让）㠯天下之𤽄者。（《上博楚简二·容成氏》）

用作共事介词的例子如：

（58）姑（苦）𢦏（成）豙（家）父㠯（以）亓族参（三）垪（卻）正（征）百𨥻。（《上博楚简五·姑成家父》）

（59）鲁昜（阳）公㠯（以）楚帀（师）逡（後）城奠（郑）之戢，冬栾之月。（《包山楚简》2—5）

（60）王遅（徙）凥（居）於坪（平）瀳（漫），𡚬（卒）㠯（以）大夫饮酒於坪瀳。（《上博楚简四·昭王毁室》）

（61）王戒（誡）邦大夫㠯（以）飲。（《上博楚简四·昭王毁室》）

（62）炎帝乃命祝融以四神降。（《楚帛书·甲篇》）

（63）不得除其故官佐、吏以之新官。（《睡虎地秦简·秦律十八种》）

（64）爨月辛未之日，让命（令）人周甬受正李𠟭䎽㠯（以）𢿫田於章𢧢（域）𨛬邑。（《包山楚简》78）

（65）陵让尹墒㠯（以）杨虎𣪍关金於郙敓䀍仿之新阳一邑。（《包山楚简》149）

对于这种“以”，以往学界大多定性为介词，但是近来有些学者（胡安顺 1991，2001；于智荣 1995，2000，2002）对此说提出质疑，认为不是介词，而是动词。赵大明（2005）则凭借句法环境、语法功能及其出现频率的标准、词义和搭配对象的标准进行论证，证明《左传》中率领义的“以”已经由动词语法化为介词，其功能是“引进施事进行某种活动时所带领或携带的对象”。赵大明的论证是可信的。战国时代，这种意义的“以”确实是介词，而殷商时代这种意义的“以”则仍应看成动词。

（三）用作凭事介词

凭事介词“以”可以细分为四类，即工具介词、材料介词、方式介词、依据介词。由于这四类介词同属于凭事介词，所以有时难以区分。

所谓工具是句子语义结构中动作行为发出者进行某种动作行为的凭借，可译为“拿、用”。用作工具介词的例子如：

（66）𩒨与良志㠯（以）陵尹怿之髗髀为君贞：伓（背）膺疾，㠯（以）痒（胖）瘬（胀）、心悶（闷）。（《新蔡楚简》零 584、甲三：266、277）

（67）置垣瓦下，置牛上，乃以所操瓦盖之，坚貍（埋）之。（《周家台秦简·病方及其它》）

（68）邦客与人斗，以兵刃、投（殳）梃、拳指伤人，擘以布。（《睡虎地秦简·法律答问》）

（69）以牡棘之剑刺之。（《睡虎地秦简·日书甲种》）

（70）已前以布巾裹，如衃（衃）血状。（《睡虎地秦简·封诊式》）

（71）小子骃敢目（以）芥（玠）圭、吉璧、吉叉（琡），以告于华大山。（《秦骃玉版铭》）

（72）温病不汗者，以淳（醇）酒渍布，饮之。（《周家台秦简·病方及其它》）

（73）楚王酓（熊）肯乍（作）铸匜贞（鼎），台（以）共（供）岁棠（尝）。（《楚王酓肯鉇鼎》，《集成》4·2479）

所谓材料是句子语义结构中施事者动作行为中所使用的原材料、所耗费的物资。可译为“拿”、“用”。用作材料介词的例子如：

（74）律所谓者，以丝杂织履，履有文，乃为“锦履”，以锦缦履不为。（《睡虎地秦简·法律答问》）

（75）曰：“目（以）穜（种）林（麻）。”王曰：“可（何）目（以）林（麻）为?”畣（答）曰：“目（以）为衣。”（《上博楚简六·平王与王子木》）

（76）以桃为弓，牡棘为矢。（《睡虎地秦简·日书甲种》）

（77）陈侯午台（以）群者（诸）侯献金，乍（作）皇妣孝大妃祭器鍨敦。（《十四年陈侯午敦铭》，《集成》9·4646）

（78）戉王差郐以其钟金铸其戕戟。（《越王戈铭》，《汇编》1408）

（79）择其吉金，台（以）作厥元配季姜之祥器，铸兹寶簠。（《陈逆簠铭》，《集成》9·4629）

所谓方式，是句子语义结构中施事者为完成某种动作行为所采取的方法和形式。这种“以”，可译为“依”、“挨”、“用”等。用作方式介词的例子如：

（80）有（又）且课县官，独多犯令而令、丞弗得者，以令、丞闻，以次传。（《睡虎地秦简·语书》）

（81）以县次传诣成都，成都上恒书太守处，以律食。（《睡虎地秦简·封诊式》）

（82）☑以孤虚循求盗所道入者及臧（藏）处。（《周家台秦简·日书》）孤虚：一种古代方术。

（83）别书江陵布，以邮行。（《睡虎地秦简·语书》）

（84）辄以书言澍〈澍〉稼、诱（秀）粟及豤（垦）田暘毋（无）稼者顷数。（《睡虎地秦简·秦律十八种》）

（85）程禾、黍□□□□以书言年，别其数，以稟人。（《睡虎地秦简·秦律十八种》）

（86）有事设殴，必以书，毋口请。（《睡虎地秦简·秦律十八种》）

（87）有不当入而阑入，及以它诈伪入□□□□☑。（《龙岗秦简》12）

所谓依据，是指句子语义结构中施事者进行动作行为时所依照的标准，前提或基础。这种“以”可以译为“按照、根据、凭着、由”等。用作依据介词的例子如：

（88）大攻（工）尹脽台（以）王命命集尹悊（悁）糌、裁（织）尹逆、裁（织）敆（令）阢，为鄂君启之府賸（就）铸金节。（《鄂君启舟节铭》，《集成》18·12113）

（89）夫盗千钱，妻所匿三百，可（何）以论妻？妻智（知）夫盗而匿之，当以三百论为盗。（《睡虎地秦简·法律答问》）

（90）遣识者以律封守。（《睡虎地秦简·封诊式》）

（91）以小犯令论。（《睡虎地秦简·法律答问》）

（92）毋以传貣（贷）县。（《睡虎地秦简·秦律十八种》）

（93）夫是，则獸（守）之昌（以）信。（《上博楚简二·从政甲》）

（94）今甲癘，问甲可（何）以论，当瞏（迁）癘所处之。（《睡虎地秦简·法律答问》）

（95）凡君子所以立身大法晶（三）。（《郭店楚简·六德》）

（四）用作境事介词

在出土战国文献中，只见到介引时间的境事介词。这种时间介词“以”，有一些可以译为“用”。例如：

（96）毋以丑徐（除）门户。（《睡虎地秦简·日书甲种》）

（97）是胃（谓）达日，秎（利）㠯（以）行帀（师）徒，出正（征），㝵（得）。㠯祭，少（小）大吉。（《九店楚简》30）

（98）春三月甲乙，不可以杀，天所以张生时。（《睡虎地秦简·日书甲种》）

（99）壬申会癸酉，天以坏高山，不可取妇。（《睡虎地秦简·日书甲种》）

时间介词“以”有些可以译为“在”或“到”或“从”。例如：

（100）讯丙，辞曰：以三岁时病疕。（《睡虎地秦简·封诊式》）

（101）正月以朔旱，岁善，有兵。（《睡虎地秦简·日书甲种》）

（102）士五（伍）甲盗，以得时直（值）臧（赃）。（《睡虎地秦简·法律答问》）

（103）都官以计时雠食者籍。（《睡虎地秦简·秦律十八种》）

（104）陰（侌）人苛冒、趄卯㠯（以）宋客盛公𩿞之岁，荆层之月，癸巳之日，僉杀仆之兄叨。（《包山楚简》132—133）

（105）王四月，鄲（单）孝子台（以）庚寅之日命铸飤鼎鬲。（《郸孝鼎铭》，《集成》5·2574）

以上各例中的“以”可以译为“在”。

（106）以其来日致其食。（《睡虎地秦简·秦律十八种》）

此例中的“以”可以译为“到”。

（107）以十二月朔日免除。（《睡虎地秦简·秦律十八种》）

（108）隶臣田者，以二月月禀二石半石。（《睡虎地秦简·秦律十八种》）

（109）小隶臣妾以八月傅为大隶臣妾，以十月益食。（《睡虎地秦简·秦律十八种》）

（110）隶臣妾有亡公器、畜生者，以其日月减其衣食。（《睡虎地秦简·秦律十八种》）

以上各例中的“以”可译为“从”。

（五）用作因事介词

因事介词“以”，主要是用来表示原因的。这种“以”可译为“因”、“由”等。“以”用作原因介词的例子如：

（111）己丑之日，㠯（以）君不㘼（怿）之古（故），遼（就）祷三楚先屯一痒（牂）。（《新蔡楚简》乙一：17）

（112）直以多子故，不欲其生。（《睡虎地秦简·法律答问》）

（113）甲、乙交与女子丙奸，甲、乙以其故相刺伤。（《睡虎地秦简·法律答问》）

（114）大䣄（宰）言：君王，元君，不㠯（以）丌（其）身𠭯（变）釐尹之祟（常）古（故）。（《上博楚简四·柬大王泊旱》）

（115）君子㠯此皇（横）于天下。（《上博楚简二·民之父母》）

（116）以将阳有（又）行治（笞）。（《睡虎地秦简·法律答问》）以将阳：因游荡罪。

（117）毋以少（小）悔（谋）败大㥿（图），毋以卑（嬖）御息（塞）妝（庄）句（后），毋以卑（嬖）士息（塞）大夫、卿、事（士）。（《郭店楚简·缁衣》）

（118）人奴妾治（笞）子，子以貼死，黥颜頯，畀主。（《睡虎地秦简·法律答问》）

出土战国文献中介词“以”的语义功能及频率，可以用下表表示：

6－2：出土战国文献介词“以”语义功能统计表

<table>
<tr><td colspan="2" rowspan="2">用法＼文献</td><td rowspan="2">战国金文</td><td colspan="3">战国简牍</td><td rowspan="2">战国帛书</td><td rowspan="2">战国玉石文字</td><td rowspan="2">合计</td></tr>
<tr><td>楚简</td><td>秦简</td><td>曾简</td></tr>
<tr><td>客事介词</td><td>受事介词</td><td>3</td><td>60</td><td>33</td><td></td><td></td><td></td><td>96</td></tr>
<tr><td rowspan="2">与事介词</td><td>当事介词</td><td></td><td>2</td><td></td><td></td><td></td><td></td><td>2</td></tr>
<tr><td>共事介词</td><td></td><td>13</td><td>3</td><td></td><td>1</td><td></td><td>17</td></tr>
<tr><td rowspan="4">凭事介词</td><td>工具介词</td><td>37</td><td>216</td><td>117</td><td>3</td><td>1</td><td>3</td><td>377</td></tr>
<tr><td>材料介词</td><td>6</td><td>15</td><td>22</td><td></td><td>2</td><td>1</td><td>46</td></tr>
<tr><td>方式介词</td><td></td><td>19</td><td>16</td><td></td><td></td><td></td><td>35</td></tr>
<tr><td>依据介词</td><td>2</td><td>104</td><td>100</td><td></td><td>1</td><td></td><td>207</td></tr>
<tr><td>境事介词</td><td>时间介词</td><td>2</td><td>98</td><td>453</td><td></td><td>2</td><td>1</td><td>556</td></tr>
<tr><td>因事介词</td><td>原因介词</td><td></td><td>130</td><td>8</td><td></td><td>1</td><td></td><td>139</td></tr>
<tr><td colspan="2">总计</td><td>50</td><td>657</td><td>752</td><td>3</td><td>8</td><td>5</td><td>1475</td></tr>
</table>

解惠全等（1987）谈到了介词“以”用法的源流问题。他认为动词“以”的基本意义是“用”。他认为介词“以”有下列义项：

（1）引进动作行为或情况变化的凭借。可分为三小类：

A、引进工具，可译为“用”、“拿”等；

B、引进凭借，可译为“凭”、“用”；

C、引进身份、官职，可译为“凭（以）……身份/资格”。

（2）引进动作行为的直接对象，可译为“把”。

（3）引进动作行为的依据或标准。又分为两类：

A、引进依据或标准，可译为“根据”、“按照”；

B、引进时序或顺序，可译为“按照”。

（4）引进动作行为或情况发生的原因，可译为“因为”、“由于”等。

（5）引出某种看法、某种结论的提出者或推断者，可译为“依”、“据”。

（6）引进与动作行为或情况有关的时间、处所。可分为两类：

A、引进时间、处所之所在，可译为“在”；

B、引进时间、处所之起点，可译为“从”、“自”、“由”。

（7）引进与主语交往与行动的对象，可译为“与”、“跟”、“同”等。

解惠全等（1987）讨论了介词“以”上述用法的源流关系。他们的观点用图6－3表示。

图6－3不够清晰，我们根据解惠全等（1987）等的论述，按照他们的观点，绘制了介词“以”用法的源流图：

动词“以”（用）→动词“以”（率领）→（7）
↓
（1）A → （1）B →（1）C
↓ ↙ ↓ ↘
（2） （4） （3）AB （6）AB
↓
（5）

我们在动词“以”的本义和介词“以”语义功能分类等方面的看法与解惠全等（1987）的不同，在一些具体问题上的看法也不同，因此，所描

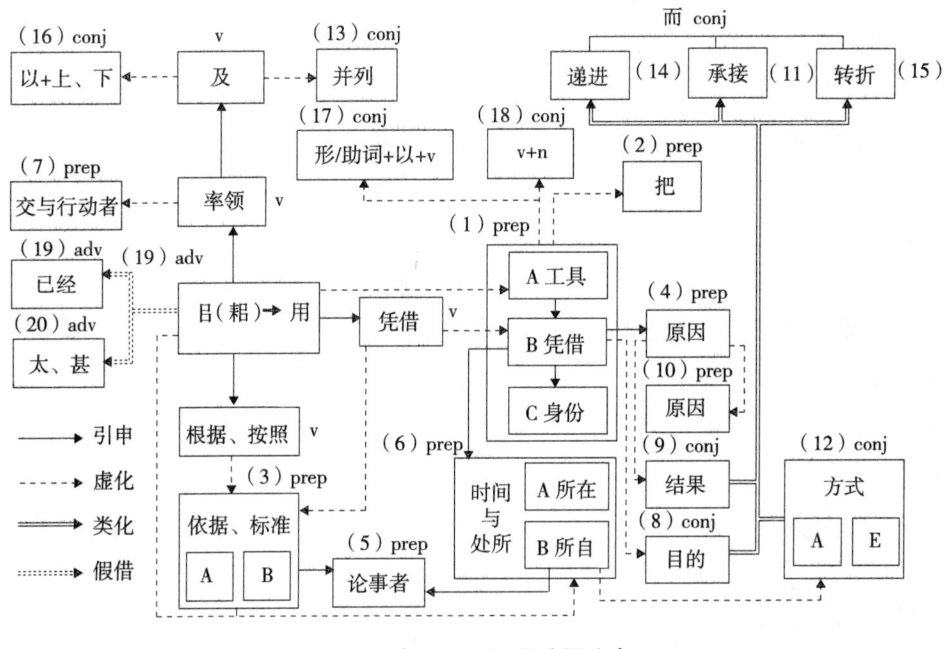

6-3：介词“以”用法源流表

绘出的源流图也不尽相同。

如前所述，我们认为动词“以”的本义是提挈、携带之义。由此义引申有拿、用的意义。这种意义的“以”首先虚化为工具介词“以”。这种工具介词“以”，意义也是“拿”、“用”，而且用什么工具做什么事，也就是拿着这个工具。意义是“拿、用”的动词“以”同时虚化为材料介词，材料介词“以”也是“拿、用”的意思，而且用什么材料做什么，也就是拿着这个材料。

方式介词、依据介词显然是由工具介词、材料介词进一步虚化而来的。由后者向前者发展的动因，主要在于介词“以”引进的内容的变化：工具介词、材料介词“以”一般是引进表示具体有形事物的名词语，而方式介词、依据介词“以”一般引进的是抽象名词，这个抽象名词用以表示完成动作行为所采取的方法、形式，所依据的标准、前提或基础。原因介词“以”应源自依据介词“以”。这两种“以”常常不易分辨，说明两者有极为密切的关系。

受事介词，相当于解惠全等（1987）的“引进动作行为的直接对象”介词。解文认为这种介词“以”源自工具介词，我们认为是可从的。出土战国文献中的“以”，还有两例是用作当事介词的，这在传世战国文献中见不到。这种“以”可能源自受事介词“以”，因为受事、当事，都是动词后的配价成分。当然，这种用法的“以”，也可能是受“於”类化而产生的。共事介词“以”，如解惠全等（1987）所说，是由率领义的动词“以”虚化而来的。率领义的动词“以”在殷商时代已很常见，后来直接虚化为共事介词“以”。

时间介词“以”情况复杂一点。解惠全等（1987）认为是源自“凭借”义的介词“以”，而周守晋（2004）则认为是源自工具格介词。如前所述，时间介词“以”常常可译为“用”，因而周守晋（2004）说可能更好一些。最初“以+表日名词”就是用这个日子干什么的意思。但是，如前所述，不少时间介词“以”已经不能译为“用”，而可以译为“在”、“到”、“从”了。这种变化，可以视为时间介词“以”意义的泛化（语法意义的泛化）。也可以认为是时间介词“以”受到了时间介词“於”的类化。这两个词既然都可以引进时间词语，所以相互影响，时间介词“以”也可以跟“於”一样有“在”、“到”、“从”的意义。

介词“以”语义功能源流可用下表表示：

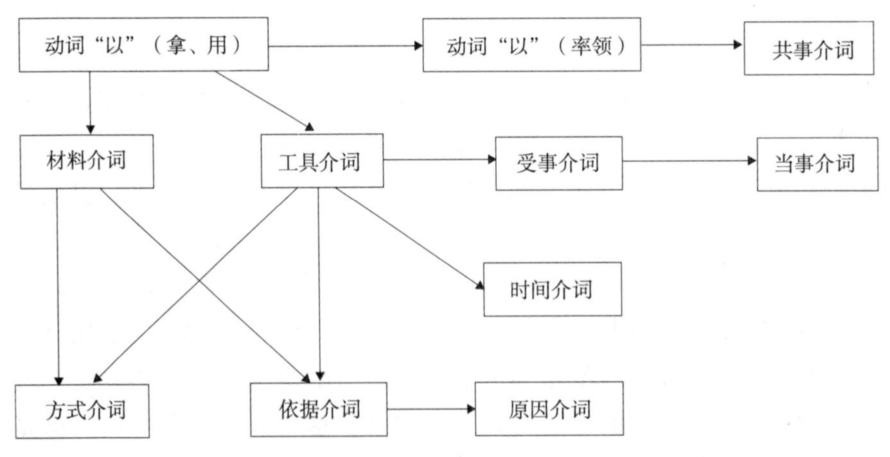

※当事介词、时间介词的发展，可能受到介词“於”的类化。

6－4：介词“以”语义功能源流表

介词“以”所带宾语的情况如何？何乐士（2004）曾把《左传》中介词“以”的宾语分为两大类：一类是代表人的名（代）词及其短语，一类是代表事物等的词或短语。

我们则从语法角度论述出土战国文献介词“以”宾语的情况。介词“以”的宾语有两大类，一类是名词性词语，另一类是谓词性词语。当然第一类最常见。

能够充当介词“以”宾语的名词性词语，包括名词、代词、定中短语、同位短语、名词性联合短语。

介词“以”的宾语是名词的例子如：

（119）斈（教）之𠂤（以）正（政），齐之𠂤（以）型（刑），则民又（有）免心。（《上博楚简一·缁衣》）

（120）遣识者以律封守。（《睡虎地秦简·封诊式》）

（121）［凡］天子聿（建）之𠂤（以）州，邦君聿之𠂤坭（都），大夫聿之𠂤里，士聿之𠂤室。（《上博楚简六·天子建州甲》）

（122）天子坐𠂤（以）巨（矩），飤（食）𠂤（以）义；立𠂤（以）县，行𠂤（以）［璧］。（《上博楚简六·天子建州甲》）

（123）者（诸）候（侯）客节（即）来使入秦，当以玉问王之谓毆。（《睡虎地秦简·法律答问》）

（124）今日见丙戏巚，直以剑伐痍丁。（《睡虎地秦简·封诊式》）

介词“以”的宾语是代词的例子如：

（125）今甲痽，问甲可（何）以论，当磿（迁）痽所处之。（《睡虎地秦简·法律答问》）

（126）女（汝）𠂤（以）此詁之。（《上博楚简五·鬼神之明》）

介词“以”的宾语是定中短语的例子如：

（127）炎帝乃命祝融以四神降。（《楚帛书·甲篇》）

（128）温病不汗者，以淳（醇）酒渍布，饮之。（《周家台秦简·病方及其它》）

（129）以此日为盖屋。（《睡虎地秦简·日书乙种》）

（130）王四月，鄲（单）孝子台（以）庚寅之日命铸飤鼎鬲。（《鄲孝鼎铭》，《集成》5·2574）

（131）计用律不审而赢、不备，以效赢、不备之律赀之。（《睡虎地秦简·效律》）

（132）置垣瓦下，置牛上，乃以所操瓦盖之，坚貍（埋）之。（《周家台秦简·病方及其它》）

介词“以”的宾语是同位短语的例子如：

（133）因令白狗（?）穴屈出丹，立墓上三日，因以司命史公孙强北出赵氏，之北地柏丘之上。（《放马滩秦简·墓主记》）

介词“以”的宾语是名词性联合短语的例子如：

（134）中兽，以皮、革、筋给用。（《龙岗秦简》85）

（135）斗以箴（针）、鉥、锥。（《睡虎地秦简·法律答问》）

（136）邦客与主人斗，以兵刃、投（殳）梃、拳指伤人。（《睡虎地秦简·法律答问》）

（137）小子骃敢㠯（以）芥（玠）圭、吉璧、吉叉（瑵），以告于华大山。（《秦骃玉版铭》）

（138）以四月、七月、十月、正月膚田牛。（《睡虎地秦简·秦律十八种》）

（139）以甲子、寅、辰东徙，死。（《睡虎地秦简·日书甲种》）

以上各例，几个组成部分之间是并列关系，而下引两例，几个部分之间则是选择关系：

（140）将军材以钱若金赏，毋（无）恒数。（《睡虎地秦简·法律答问》）

（141）公甲兵各以其官名刻久之，其不可刻久者，以丹若鬈书之。（《睡虎地秦简·秦律十八种》）

能够充当介词“以”宾语的谓词性词语，包括动词、形容词、数词、动宾短语、状中短语等。介词“以”的宾语是动词、形容词的例子如：

（142）盗罪轻於亡，以亡论。（《睡虎地秦简·法律答问》）

（143）夫是；则戰（守）之㠯（以）信。（《上博楚简二·从政甲》）

（144）以智衙（率）人多。（《郭店楚简·六德》）

（145）古者埜（尧）生於天子而又（有）天下，聖以堣（遇）命，忎（仁）以逩（逢）旹（时）。（《郭店楚简·唐虞之道》）

（146）毋以忿怒夬（决）。（《睡虎地秦简·为吏之道》）

（147）古（故）杀［人］［众］，则以忞（哀）悲位（莅）之，戰（战）勳（胜）则以喪（丧）豊（礼）居之。（《郭店楚简·老子丙本》）

动词、形容词作“以”的宾语，一般都名词化了。具体说来，有些是转指，如例（142）中的“亡”，应是指逃亡之罪，例（147）中的“哀悲”，是指悲痛的心情，所以“哀悲”和“丧礼”相对为文，“丧礼”肯定是名词性的词语。另一些则是自指，如例（144）中的“智”、例（145）中的“圣”和“仁”。

介词“以”的宾语是数词的例子如：

（148）夫盗千钱，妻所匿三百，可（何）以论妻？妻智（知）夫盗而匿之，当以三百论为盗。（《睡虎地秦简·法律答问》）

（149）尧於是虖（乎）为车十又五輮（乘），㠯（以）三從㚔（舜）於甸（畎）畱（畝）之中。（《上博楚简二·容成氏》）

这种作介词“以”宾语的数词之后，一般都有省略，例如例（148）中的“三百”后省去了“钱”，例（149）中的“三”后省去了“乘”。“三百钱”、“三乘”都应是名词性的。

介词“以”的宾语是动宾短语的例子如：

（150）廷行事皆以“犯令”论。（《睡虎地秦简·法律答问》）

（151）可（何）以论之？以通钱。（《睡虎地秦简·法律答问》）

（152）以正之（治）邦，以敧（奇）甬（用）兵，以亡事取天下。（《郭店楚简·老子甲本》）

（153）君子㠯（以）臤（贤）爯（称）而遊（失）之，天命；㠯（以）亡道爯（称）而抎（殒）身遠（就）死，亦天命。（《上博楚简四·曹沫之阵》）

例（150）中的“犯令”，应是“犯令律”的意思，下例可以为证：“日食城旦，尽月而以其馀益为后九月稟所。城旦为安事而益其食，以犯令律论吏主者。”（《睡虎地秦简·秦律十八种》）“以犯令论”是说按犯令的法律论处。例（151）中的“通钱”类此，在“通钱”之后应是省去“论”字。例（152）中的“亡事”、例（153）中的“亡道”，也应是名词化了，表示自指。

介词“以”的宾语是状中短语的例子如：

（154）以小犯令论。（《睡虎地秦简·法律答问》）

（155）虽然，廷行事以不审论，赀二甲。（《睡虎地秦简·法律答问》）

例（154）中的“小犯令”，应是指小犯令之律，这种名词化表示转指；例（155）中的“以不审论”，是指以控告不实论处，这种名词化表示自指。

由上述看来，由谓词语充当的“以”的宾语，一般都名词化了。

“以”字介宾短语的语法位置通常都放在谓词语的前面作状语。

蔡镇楚（1983）研究过《论语》、《商君书》、《老子》、《孟子》、《荀子》中的“以”字介宾结构。依据他的统计，由“以”组成的介宾结构共有 1189 个，其中充当状语的有 988 个，占“以”字介词结构总数的 83.1%，充当补语的是 201 个，仅占 16.9%。可见，从传世文献来看战国时代的“以”字结构多是前置的。

依据我们对出土战国文献的统计，也可以得出这样的结论：“以”字介宾结构以前置为常。详见下表：

6－5：出土战国文献中“以”字介宾结构语法前置统计表

<table>
<tr><th colspan="3" rowspan="2">文献
语法位置</th><th rowspan="2">战国金文</th><th colspan="3">战国简牍</th><th rowspan="2">战国帛书</th><th rowspan="2">战国玉石文字</th><th rowspan="2">合计</th></tr>
<tr><th>楚简</th><th>秦简</th><th>曾简</th></tr>
<tr><td rowspan="3">宾语出现</td><td rowspan="2">介宾在VP前</td><td>宾语在“以”后</td><td>6</td><td>289</td><td>348</td><td></td><td>1</td><td>3</td><td>647</td></tr>
<tr><td>宾语在“以”前</td><td></td><td>35</td><td>11</td><td></td><td></td><td></td><td>46</td></tr>
<tr><td colspan="2">介宾在VP后</td><td>3</td><td>130</td><td>28</td><td></td><td>1</td><td>2</td><td>164</td></tr>
<tr><td colspan="3">宾语省略</td><td>41</td><td>203</td><td>365</td><td>3</td><td>6</td><td></td><td>618</td></tr>
<tr><td colspan="3">总计</td><td>50</td><td>657</td><td>752</td><td>3</td><td>8</td><td>5</td><td>1475</td></tr>
</table>

介词“以”的宾语有时出现，有时省略。当宾语出现时，“以”字介宾短语可以出现在谓词语前，有时也出现在谓词语之后。

出现在谓词语前的“以”字介宾短语又可分为两种，一种是“以”的宾语在“以”字之后的，另一种是“以”的宾语在“以”之前的。

“以+O+VP”这格式是最常见的，在出土战国文献中出现了 647 次，占

“以”字出现总次数（1475）的43.9%。例如：

（156）戉王差郐以其钟金铸其戕戟。（《越王戈铭》，《汇编》1408）

（157）小子骃敢目（以）芥（玠）圭、吉璧、吉叉（琡），以告于华大山。（《秦骃玉版铭》）

（158）以女日病，以女日瘵，必可，日復之。以女日死，以女日葬，必復之。（《放马滩秦简·日书甲·男女日》）

（159）小畜生入人室，室人以投（殳）梃伐杀之。（《睡虎地秦简·法律答问》）

（160）子曰：民以君为心，君以民为体……古（故）心以体法（废），君以民芒（亡）。（《郭店楚简·缁衣》）

（161）王遅（徙）凥（居）於坪（平）澫（漫），卒（卒）目（以）大夫饮酒於坪澫。（《上博楚简四·昭王毁室》）

（162）炎帝乃命祝融以四神降。（《楚帛书·甲篇》）

“O+以+VP”（介词“以”的宾语前置于介词“以”）这种格式也可以见到，在出土战国文献中共出现了46次，占总次数（1475）的3.2%。

关于古代汉语中介词“以”宾语前置的问题，最早做过论述的应是马建忠（1898），他认为“以”的后置宾语和前置宾语有差别，他说“‘以’司‘何’、‘是’两代字，倒置为常。”（P336）“‘以’后于名字者不常。”（P338）

介词“以”的宾语在什么情况下前置呢？胡力文（1958）认为在下列情况下“以”的宾语前置：1. 在否定句中，2. 疑问代词作宾语时，3. 为了强调宾语时，4. 代词“是”作宾语时。

麦梅翘（1983）专门研究了《左传》中介词“以”的前置宾语，他认为《左传》中介词“以”宾语前置有以下几种情况：1. 为了强调宾语而将宾语置于“以”前，如“昔我先君之田也，旃以招大夫，弓以招士，皮冠以招虞人”（《左传·昭公十二年》）2. 因为宾语太长而将宾语置于“以”前。前置宾语的方式有二：一是直接置于“以”前，如“和如羹焉，水、米、醯、醢、盐、梅，以烹鱼肉。”（《左传·昭公二十年》）；二是用指代词“是”、“此”等复指宾语，例如“是以”、“此以”。3. 疑问代词“何”及包括“何”的名词短语作宾语时，宾语置于“以”前。如“何以”，又如

“何故以得诸侯。”（《左传·定公元年》）宾语前置有几个特点：1. 宾语前置不用否定式。2. 宾语前置不用假设式。3. “以”及其前置宾语所构成的介宾结构不受副词修饰。4. 定指代词“是”作“以”的前置宾语时，“是以”可用为连接成分。

何乐士（2004）也讨论过《左传》中介词“以”的前置宾语问题。她认为有以下几种情况：1. 疑问代词作宾语而前置，如“何以”。也包括疑问代词“何”与名词组成表疑问的词语而前置，如“何故以役诸侯”。2. 借助于助词“之”而宾语前置，如“鲁故之以”。3. 宾语前置的固定词组，如“是以”、“此以”。4. 言语中为强调宾语而前置，如“先君之敝器请以谢罪。”（《左传·昭公七年》）何乐士（2004）不认为“政以治民，刑以正邪”（《左传·隐公十一年》）中的“政”、“刑”是宾语前置，而认为是主题主语。这与麦梅翘（1983）的观点不同。

那么，出土战国文献中介词“以”的前置宾语有几种情况呢？“政以治民、刑以正邪”这种句式到底应该怎样分析呢？

胡力文（1958）说，在否定句中“以”的宾语前置，而麦梅翘（1983）、何乐士（2004）都不这么看。麦、何两先生的看法是对的。在出土战国文献中，见不到在否定句中介词“以”宾语前置的例子。

麦梅翘（1983）说有时因为宾语太长而将宾语置于“以”前。但依据我们的考察，在出土战国文献中见不到这样的例子。我们见到的例子是，宾语太长，提到句子前面，“以”后宾语省略。“以”后宾语省略和“以”宾语前置是两回事。例如：

（163）遯（鲁）昜（阳）公㠯（以）楚帀（师）逡（後）城鄭（郑）之戢，屈栾之月，丁巳之日，佯大㪉（令）悆㠯（以）为剁㪉（令）围隆剁人。（《包山楚简》2—5）

（164）邊（復）尹之一骐一黄，㠯（以）乘鲁旟（阳）公之附车。（《曾侯乙墓竹简》162）

例（163）中介词“以”（时间介词）的宾语是“遯（鲁）昜（阳）公……丁巳之日”，由于太长，提到主语之前，而介词“以”后有语法空位。例（164）中的“復尹之一骐一黄”也不能看成介词“以”的前置宾语，下引一例可以为证：“坪夜君之两駞（牝），石芫韒桼（?）㠯以乘其畋车。”（《曾侯乙墓竹简》161）。可见例（164）中的“以”前可以补出主语。

例（163）、（164）这类句子，和前引“政以治民，刑以正邪”是两种不同的句式。前者是介词“以”宾语省略，后者是介词“以”宾语前置，两者如何区别呢？麦梅翘（1983）认为可有两种办法：一是根据专属名词和指人名词作“以”的宾语都不前置的特点，若“以”是这些名词，那么它们就是句子的主语。二是可以把“以”前的名词移到“以”后去，如果句意顺畅，则“以”前的名词就是前置宾语。麦梅翘的第一种办法不一定可靠，因为指人名词是可以作“以”的前置宾语的，例如“士五（伍）甲毋子，其弟子以为后。”（《睡虎地秦简·秦律十八种》）第二种办法还是可行的。我们还想补充一种办法，即看可否在介词“以”前补出句子的主语，或者说可否在“以”前再加上另外的名词语。若能，则是“以”的宾语省略；若不能，则是宾语前置。以前引例（164）为例，“以”前就可以补出语句主语，所以“以”后是宾语省略。另外，如果是宾语省略，那么“以”前的名词后可以有语气停顿，“以”后可以补出“之”。总之，细细体味，是可以区别开来的。

何乐士（2004）认为《左传》中介词“以”的宾语可以借助助词“之”而前置，她举的两个例子是“我之不共，鲁故之以”（《左传·昭公十三年》）、“毛得必亡。是昆吾稔之日也，侈故之以。”（《左传·昭公十八年》）这种例子在出土战国文献中见不到。另外，从何乐士所举的两个例子来看，其中的“以”似看成动词为好。

还有一点，“政以治民，刑以正邪”中的“政”和“刑”到底是前置的宾语呢，还是主题主语呢？我们认为还是看成前置宾语好，因为在介词“以”的宾语前，有时还可以出现语句主语，例如：

（165）夫山，石目（以）为肤，木目（以）为民；夫川，水目为肤，鱼目为民。（《上博楚简二·鲁邦大旱》）

（166）君子身以为宔（主）心。（《郭店楚简·性自命出》）身以为主心：以身为主心，用身体体现其心。

例（165）语句的主题主语是“山”、“川”，例（166）语句的主题主语是“君子”，所以“以”前的名词不可能是作主语的。

那么出土战国文献中介词“以”的宾语前置到底有几种情况呢？

首先是代词“是”、“此”作“以”的宾语前置，均成“是以”、“此以”等成分。例如：

（167）古之善为士者，必非（微）溺（妙）玄达，深不可志（识），是以为之颂（容）。（《郭店楚简·老子甲本》）

（168）亓生赐羕（养）也，亓死赐葬，迲（去）蠠（苛）匿（慝），是㠯（以）为名。（《上博楚简二·容成氏》）

（169）君子岂（媺）丌情，贵丌宜（义），善丌节，好丌颂（容），乐丌道，兑（悦）丌季（教），是㠯敬安（焉）。（《上博楚简一·性情论》）

（170）法（乏）勿（物）慈（滋）章（彰），䟫（盗）恻（贼）多又（有）。是以圣人之言曰：我无事而民自福（富）。（《郭店楚简·老子甲本》）

（171）大人不新（亲）丌所臤（贤），而訐（信）丌所戔（贱），季（教）此以遊（失），民此以緮（变）。（《郭店楚简·缁衣》）

（172）昔者尧叁（舜）墨（禹）汤，急（仁）义圣智，天下灋之。此㠯（以）贵为天子，賱（富）又（有）天下，长年又（有）嬰（举），后殜（世）遂。（《上博楚简五·鬼神之明》）

“是”这个代词，是从西周时代开始出现的。它在语法上的一个特点是，作宾语时一般要放在动词或介词的前面。所以当“是”作“以”的宾语时，构成“是以”这样的结构。“是以”一般不说成“以是”。“此”与“是”是同义的代词，但两者在语法作用和语法位置上都有不同。在早期汉语中，是没有“此以”这样的说法的。但是由于“此”与“是”同义，受到了“是”的类化，所以才有了“此以”这样的说法。不过，类化得不彻底，还可见到“以此”这样的说法：

（173）君子㠯此皇（横）于天下。（《上博楚简二·民之父母》）

（174）女（汝）㠯（以）此詰之。（《上博楚简五·鬼神之明》）

“是以”已经是一个词了，它是表示结果的连词，结构形式固定，意义明确，使用频率也高。受“是以”影响而产生的“此以”，虽然难以像“是以”一样视为一个词，但可以看作是连接性的短语词。

在上表的统计中，我们没有把“是以”、“此以”统计在内。也就是说，

46 个“O+以+VP”的例子中，不包括“是以”、“此以”的用例。

其次，是疑问代词“何”以及“何+名词”作宾语而前置，例如：

（175）以正之（治）邦，以䜴（奇）甬（用）兵，以亡事取天下。虗（吾）可（何）以智（知）丌（其）肰（然）也。（《郭店楚简·老子甲本》）

（176）［以豖（家）观］豖（家），以向（乡）观向，以邦观邦，以天下观天下。虗（吾）可（何）以智（知）天［下之然哉？以此。］（《郭店楚简·老子乙本》）

（177）今甲癘，问甲可（何）以论？当罨（迁）癘所处之。（《睡虎地秦简·法律答问》）

（178）夫盗二百钱，妻所匿百一十，可（何）以论妻？妻智（知）夫盗，以百一十为盗。（《睡虎地秦简·法律答问》）

（179）可（何）㠯（以）女（如）是亓（其）疾與（欤）才（哉）？（《上博楚简五·姑成家父》）

（180）子羔曰：可（何）古（故）㠯（以）㝵（得）为帝？（《上博楚简二·子羔》）

上古汉语的语法规律是，疑问代词“何”作动词或介词的宾语一般都要前置，所以“何”作介词“以”的宾语，要产生“何以”这样的结构。“何故”是名词性结构，按理说不应遵循这条规律而前置，但由于受到“何”的类化，所以“何+名”作介词“以”的宾语时也要前置（当然也可以分析为名词性词语作介词“以”的宾语而前置）。

再次，名词语作介词“以”的宾语而前置。“$O_{名}$+以+VP”一般是成对或成组使用的，例如：

（181）古者坴（尧）生於天子而又（有）天下，聖以堣（遇）命，忎（仁）以逹（逢）旹（时）。（《郭店楚简·唐虞之道》）

（182）古（故）慈㠯（以）忢（爱）之，则民又（有）罤（亲）；信㠯（以）结之，则民伓=（不怀）；龙（恭）㠯（以）立（涖）之，则民又（有）悉（逊心）。（《上博楚简一·缁衣》）

（183）共（恭）㠯（以）为豊（礼），嗇（俭）莫㚏（偏）羊（干）；信㠯（以）为言，莫㚏（偏）羊（干）；弖㠯庚志。（《上博楚简六·慎子

曰恭俭》)

(184) 惠以聚之，宽以治之。(《睡虎地秦简·为吏之道》)

“$O_{名}$+以+VP”也可以单独使用，例如：

(185) 三言以为史（使）不足，或命之，或豊（呼）豆（属）。(《郭店楚简·老子甲本》)

(186) 士五（伍）甲毋子，其弟子以为后。(《睡虎地秦简·秦律十八种》)

(187) 君子身以为宝心。(《郭店楚简·性自命出》)

(188) 醓尹子桱曰：四艕（舸）目（以）逾。(《上博楚简六·庄子既成》)

将“以”的宾语放在介词“以”之前，这是为了强调这个宾语。当“$O_{名}$+以+VP”成对或成组使用时，对宾语的强调作用就更为突出。可以推测，置于“以”前的宾语，在诵读时发音要加重。

最后，介词“以”宾语前置、又在宾语前加“唯”字构成“唯+O+以+VP”这样的格式。这种格式，是以往学者们都没有谈过的。例如：

(189) 天道既载，隹（唯）一目（以）猶一，隹（唯）退（復）目猶退（復）。(《上博楚简三·恒先》)

(190) 明明天行，隹（唯）退（復）目（以）不法（废）。(《上博楚简三·恒先》)

例（189）中的“唯一以猶一”是说只有藉着一来维系一，“唯復以犹復”，是说只有藉着不断往复来维系“复”。例（190）中的“唯復以不废”是说正因为“复”的作用而不会废毁。

这种句式跟“O+以+VP”有联系，它只是在“O+以+VP”前加了“唯”，这可能是受到“唯+O+之/是+V”这种句式的影响而产生的。

总之，出土战国文献中介词“以”的宾语前置有四种情况，前一种是在词法层次，后三种则是在句法层次。

“以”字介宾短语也可以出现在谓词语之后作补语，例如：

(191) 夫是，则獸（守）之目（以）信，斈（教）之目义，行之目豊（礼）也。(《上博楚简二·从政甲》)

(192) 子曰：倀（长）民者斈（教）之目（以）悳（德），齐之以豊

（礼），𠬝（则）民又（有）懽（劝）心。（《郭店楚简·缁衣》）

（193）恀（化）而雒（欲）复（作），䣋（将）贞（镇）之以亡名之樸。（《郭店楚简·老子甲本》）

（194）敓（夺）民旹（时）㠯（以）土攻（功）。（《上博楚简五·三德》）

（195）毋上（尚）获而上（尚）闻命，所㠯为毋退，衒（率）车㠯车，衒徒㠯徒，所㠯同死。（《上博楚简四·曹沫之阵》）

（196）斗以箴（针）、鉥、锥。（《睡虎地秦简·法律答问》）

（197）者（诸）侯享（献）台（以）吉金，用作平寿适器敦。（《十年陈侯午敦铭》，《集成》9·4648）

（198）冬柰之月，甲寅之日，鄡快讼郘㚶、郘䍐、郘怿、郘寿、郘卒、郘賰，㠯亓（其）不分田之古（故）。（《包山楚简》82）

在出土战国文献中，介词“以”及其宾语以前置为常，后置少见。根据我们的统计，前置的（包括“以+O+VP”和“O+以+VP”）的共有693次，后置的（VP+以+O）共有164例，前者是后者的四倍多。

从语用上看，当“以+O”被放在谓词语之后时，它就处在句末焦点的位置上，明显是被突出强调出来了。“以+O+VP”的句末焦点在“VP”上，跟“VP+以+O”明显不同。在“O+以+VP”句式中，“O”被强调了，它与“VP+以+O”中的“以+O”被作为句末焦点而强调出来又有不同。

“以+O”放在谓词语前后有无规律可循？即什么情况下前置，什么情况下后置？对于这个问题，何乐士（2004）讨论过。她是从三点来论述这个问题的：

第一，从介词“以”的宾语所代的对象来看，当它代人时，“以+O”绝大部分在“VP”前；而当它代事物时，“以+O”放在“VP”后的例子就相对多起来。

第二，从用法上来看，当“以+O”表示带领的对象、施动者与之共同活动的对象、携带之物时，它们只出现在“VP”前；当“以+O”表示动作行为的原因、依据的条件时，它们主要用在“VP”前；当“以+O”表示动作时运用的工具、方法或对象、给予的人或物、告知或训示的内容、动作的时间时，它们可以出现在“VP”前，也可以出现在“VP”后；“以+O”只在或主要在“VP”后出现的情况有两种：有少数表示“训示”或“给予”意的动词（如“训、数、教、分”等），用“以+O”引进训示的内容或给予的物件时；四字或五字格言式的句子并列出现而其中的“VP”为“动之”或“动宾”时。

第三，从结构上看，两种句式的特点不同。“VP+以+O”的主要特点是，80%以上的这类句式，“VP”和“O”都简短；少数“以+O”出现在比较复杂的句式（如连动式、连动式兼动补式）中；少数例子“以”的宾语较长。而“以+O+VP”的主要特点是，“VP”和“O”都比较简短的句式只是接近半数，“以”的宾语所代对象为人或携带之物，其结构可以比较复杂，“VP”的结构也可以较为复杂，在“以+O”和“VP”之间可以出现其他成分（如连词“而”和“以”、其他介词、语气词“也”等），“以+O+VP”前有修饰成分（如“不、无、必、将、欲、能、其、岂其”等），而在“VP+以+O”的中间则很少出现这些成分。

何乐士（2004）总结说，“以+O”的位置与“VP”或“O”的结构、“O”所代的对象、“以+O”前有无修饰成分以及“以+O”与“VP”之间有无其他成分等都有密切的关系。

何乐士的分析是具体细致的，多数见解也是可信的，但是似乎没有抓住根本。

前面说过，介词“以”是由动词“以”虚化过来的，所由虚化的具体语法环境是“以+O+VP”。这种来源决定了介词“以”基本的语法位置是带上宾语出现在动词语的前面。

当需要对“以+O”这个介宾短语进行强调时，就把它置于“VP”之后，让它处于句末焦点的位置上。当两个或多个“VP+以+O”并列出现时，由于“以”后“O”的不同，“以+O”又进一步被强调突出出来。所以“以+O”出现在“VP”之后时，是出于语用的需要，有这种需要时就会后置。这是“以+O”置于“VP”之后的最基本的规律。

当“以+O”出现在“VP”前时，是作句子的状语的；而由于语用的需要置于“VP”之后时，就成了句子的补语了。同时句子的语序也发生了变化。

从语义结构的角度讲，“以+O”不管放在“VP”后还是放在“VP”

前，其语义关系并没有变化。例如当“以”引介工具时，不管前后，“以”后的宾语都是表示动作行为赖以进行的工具。

介词“以”的宾语在一定的条件下是可以省略的。何乐士（2004）谈到了《左传》一书中介词“以”宾语省略的条件，一共有三条：

一、在理解文义时确实可以而且应该补出“以”的宾语，否则句意就不通顺；同时确定有对象可补，并非任意猜测；

二、“以”是典型的介词，不是位于前后两个动词（或动词结构）中的连词；“以”前的成分可有用作主语的名词、用作状语的副词或助动词、用作连接成分的连词，但除“请”、“使”极少数动词外，没有其他动词；

三、应有没有省略宾语的原型句。

何乐士的上述意见大抵是可信的。

我们要补充三点：

第一，介词“以”的宾语都是承前省略的，也就是说，只有当有关词语在上文业已出现时，才可以省略。例如：

（199）邵行之大夫盘𠕋夸执仆之倌邓虩、邓期、邓仆、邓壄而无古（故），仆㠯（以）告君王。（《包山楚简》15）

（200）王子曰：𧬈可（何）㠯（以）为？（《上博楚简六·平王与王子木》）“何以为”是“以为何”的意思。

上引例（199）“仆㠯（以）告君王”中“以”的宾语指前小句讲的那件事，而例（200）中“以”的宾语是前面提到的“𧬈”。由于上文业已出现，所以在“以”后就省略了。

第二，“以+O”必须出现在“VP”之前，其宾语才可以省略；“以+O”出现在“VP”之后，其宾语是没有省略的。例如：

（201）壬申会癸酉，天以坏高山，不可取妇。（《睡虎地秦简·日书甲种》）

（202）三弋（伐）之軙（陈）皆廌（存），或㠯（以）克，或㠯（以）亡。（《上博楚简四·曹沫之阵》）

第三，省去宾语，是为了避免重复，追求简洁。以上引四个例子为例，如果把前面已经出现过的词语，在“以”字之后再重复一遍，那会显得啰嗦。由于上文业已出现，即使省去，也不会影响意义的表达，表义还是清晰的。按理说，“以”所介引的词语在上文已出现，那么应在“以”后用一个“之”复指一下。可是在出土战国文献中，基本上见不到这样用法的“之”。偶尔有用“此”的，也不多见。例如：

（203）冬三月毋起北鄉（向）室，以此起室，大凶。（《睡虎地秦简·日书甲种》）

（204）廿五日以到卅日，復倍之，以此见人及战斗，皆可。（《周家台秦简·日书》）

由于很少用代词，只好省略，用语法空位表示。

前面说过，“以”可以作受事介词、当事介词、共事介词、工具介词、材料介词、方式介词、依据介词、时间介词、原因介词。除当事介词外，其它种类的介词“以”，其宾语都可以省略。

受事介词“以”的宾语省略的例子如：

（205）季逗（桓）子叓（使）中（仲）弓为㓨（宰），中弓㠯（以）告孔子。（《上博楚简三·中弓》）

（206）陵尹、赘尹皆絧（志）丌（其）言，㠯（以）告大㓨（宰）。（《上博楚简四·柬大王泊旱》）

（207）君王尚（当）㠯（以）餌（问）大㓨（宰）晋侯。（《上博楚简四·柬大王泊旱》）

（208）有秩吏捕闌亡者，以畀乙。（《睡虎地秦简·法律答问》）

（209）復以紿（詒）假它人，取☐。（《龙岗秦简》213）

（210）上且有以赏之。（《睡虎地秦简·秦律十八种》）

动词“告”前的介词“以”的宾语，有不省略的。例如“幾（豈）敢不㠯（以）亓先人之遖（传）等告?”（《上博楚简五·季庚子问於孔子》）而上引例（205）、（206）中“告”前介词“以”的宾语都承前省略了。例（210）中“有以”的“以”，何乐士（2004）认为是连词。但从“故用兵之法，无恃其不来，恃吾有［　］以待也；无恃其不攻，恃吾有所不可攻也”（《孙子兵法·九变》）来看，“有”和“以”之间可以补出“所”，或者说可以加“所”。既然如此，“以赏之”就是作“有”的宾语的，“以”就应看成介词。

共事介词“以”的宾语省略的例子如：

（211）王戒（诫）邦大夫㠯（以）饮。（《上博楚简四·昭王毁室》）

（212）不得除其故官佐、吏，以之新官。（《睡虎地秦简·秦律十八种》）之：到。

例（211）中“以”的宾语省略了。这类“以”的宾语不省的例子如“王迡（徙）凥（居）於坪（平）澫（漫），𠦪（卒）㠯（以）大夫饮酒於坪澫。”（《上博楚简四·昭王毁室》）

工具介词“以”的宾语省略的例子如：

（213）楚王酓（熊）肯钕（作）铸金簠，以共（供）岁棠（尝）。（《楚王酓肯簠铭》，《集成》9·4550）

（214）坪夜君之两騑駝（牝），朱夜宴君㠯（以）乘逿（復）尹之畋车。（《曾侯乙墓竹简》160）

（215）於（猗）嗟曰：四矢叀（反），㠯（以）御䜌（乱），虐（吾）憙（喜）之。（《上博楚简一·诗序》）

（216）夫時（诗）也者，㠯（以）箬（誌）君子之志；夫义也者，㠯（以）斤（谨）君子之行也。（《上博楚简五·季庚子问於孔子》）

（217）甲盗钱，以买丝，寄乙。（《睡虎地秦简·法律答问》）

（218）其丝布贵，徒［以］钱来，黑夫自以布此。（《睡虎地秦牍》M4：11号）

工具介词还可以出现在固定结构“有以”、“亡以”、“所以”当中，这时它一般都不带宾语。例如：

（219）丌（其）㥯（隐）志必又（有）㠯（以）俞（抒）也。（《上博楚简一·诗序》）

（220）而亡㠯（以）啚者，㲋（?）矣。（《上博楚简六·孔子见季趄子》）

（221）季（教），所㠯（以）生悳（德）於中者也。（《上博楚简一·性情论》）

（222）其所以埱者类旁凿。（《睡虎地秦简·封诊式》）埱：挖洞。

依据王克仲（1982），在“有/亡”和“以”之间可以添上一个“所”，所以这种“以”应看成介词。

材料介词“以”的宾语省略的例子如：

（223）择其吉金，台（以）作厥元配季姜之祥器。（《陈逆簠铭》，《集成》9·4629）

方式介词“以”的宾语省略的例子如：

（224）陞（登）丘毋訶（歌），所㠯（以）为天豊（礼）。（《上博楚简五·三德》）

（225）戠（察）者（诸）出所以智（知）㠯（己），智㠯所以智（知）人，智人所以智（知）命。（《郭店楚简·尊德义》）

这些方式介词“以”都出现在固定结构“所以”之中，“以”后一般都不出现介词。

依据介词“以”的宾语省略的例子如：

（226）善者，果而已，不以取𢎗（强）。（《郭店楚简·老子甲本》）

（227）辄移其稟县，稟县以减其稟。（《睡虎地秦简·秦律十八种》）

（228）习也者，又（有）㠯（以）习丌（其）眚（性）也。（《上博楚简一·性情论》）

（229）君子不湲（宽）则亡㠯（以）颂（容）百眚；不共（恭）则亡㠯敘（除）辱；不惠则亡㠯聚民；不急（仁）则亡㠯行正（政）。（《上博楚简二·从政甲》）

（230）毋上（尚）获而上（尚）闻命，所㠯为毋退；銜（率）车㠯车，銜徒㠯徒，所㠯同死。（《上博楚简四·曹沫之阵》）

（231）此三者所㠯（以）战。（《上博楚简四·曹沫之阵》）

这种“以”也可以出现在“有以”、“亡以”、“所以”这样的固定结构中，“以”的宾语省略。

时间介词“以”的宾语省略的例子如：

（232）冬三月丙丁，勿以筑室。以之，大主死。（《睡虎地秦简·日书甲种》）

（233）达日，利以行帅（师）、出正（征），见人；以祭，上下皆吉。（《睡虎地秦简·日书甲种》）

（234）衝日，可以攻军、入城及行。（《睡虎地秦简·日书乙种》）此例的“可”与“利”同义。

（235）刑夷、八月、献马，岁在东方，以北，大羊（祥）。（《睡虎地秦简·日书甲种》）北：动词，北行。

（236）凡五卯，不可目（以）垡大事，帝目命嗌淒墨之火，午不可目樹（树）木。凡五亥，不可目畜六牲膒，帝之所目翏六膒（扰）之日。（《九店楚简》40下）

（237）春三月甲乙，不可以杀，天所以张生时。（《睡虎地秦简·日书甲种》）

这种“以”，也可以出现在“所以”这种固定格式中，宾语不出现。值得注意的是，上引各例中的“可以”，均不是助动词，不是一个词，而是“助动词+介词”。

原因介词“以”的宾语省略的例子如：

（238）必三匍（军）又（有）大事，邦家目（以）杌陧，社禝（稷）目（以）危與（欤）?（《上博楚简四·柬大王泊旱》）

（239）一人不能詞（治）正（政），而百眚（姓）目（以）𢇍（绝）。（《上博楚简四·柬大王泊旱》）

（240）三者聿（尽）甬（用）不皆（弃），邦豦（家）目忲（宏）。（《上博楚简四·曹沫之阵》）

（241）人奴妾治（笞）子，子以贴死，黥颜頯，畀主。（《睡虎地秦简·法律答问》）

（242）王曰：不穀（穀）目（以）芺（笑）繙（申）公，氏（是）言弃之。（《上博楚简六·申公臣灵王》）

（243）虐（吾）未有目（以）𢝊（忧）。（《上博楚简四·昭王与龚之脽》）

（244）虐（吾）所以又（有）大患者，为虐又（有）身。（《郭店楚简·老子乙本》）

（245）丹所以得復生者，吾犀武舍人，犀武论其舍人□命者，以丹未当死，因告司命史公孙强。（《放马滩秦简·墓主记》）

上引例（242）中的“以”前，可以加上“所”，所以这个“以”是介词。例（243）中的“未有以”，相当于“亡以”。“亡以”常见，“未有以”不常见。例（244）、（245）中的原因介词“以”都出现在“所以”这种固定结构之中，宾语不出现。

在出土战国文献中，介词“以”共出现1475次，宾语不省略的（包括“以+O+VP”、“O+以+VP”、“VP+以+O”等）有857次，占总次数的58.1%；宾语省略的（“以+VP”）有618次，占总次数的41.9%。可见介词“以”宾语省略的现象是很常见的。

介词“以”所在的小句，其“VP”可以省去。需要指出的是，“VP”既然省去，那么“以”的宾语就不能省；反之亦然。

省略“VP”，也以承前省略为常，也就是说“VP”一般在前面已经出现了，就不必重复了。

“VP”省略的例子，可以按介词“以”的不同加以分类。

第一，工具介词“以”所在句子中“VP”省略的例子如：

（246）大祠，以大生（牲），大凶；以小生（牲），小凶；以腊古（胋），吉。（《睡虎地秦简·日书甲种》）

（247）审（中）正之羿（旗）㠯（以）熊，北方之羿（旗）㠯鸟。（《上博楚简二·容成氏》）

第二，方式介词“以”所在句子中“VP”省略的例子如：

（248）有事请殹，必以书，毋口请。（《睡虎地秦简·秦律十八种》）

第三，依据介词“以”所在句子中“VP”省略的例子如：

（249）可（何）以论之？以通钱。（《睡虎地秦简·法律答问》）

（250）皆以匿租者，诈毋少多，各以其☒。（《龙岗秦简》142）

第四，受事介词“以”所在句子中“VP”省略的例子如：

（251）句（苟）以丌（其）青（情），唯（虽）怂（过）不亚（恶）；不以丌青，唯（虽）难不贵。（《郭店楚简·性自命出》）

第五，时间介词“以”所在句子中“VP”省略的例子如：

（252）圂忌日，己丑为圂厕，长死之；以癸丑，少者死之。（《睡虎地秦简·日书乙种》）

（253）凡初寇〈冠〉，必以五月庚午，吉。（《睡虎地秦简·日书乙种》）

“VP”省略的现象，一般发生在“以+O+VP”这种句式中，在其它句式中很少见。

介词“以”的语用功能，主要有凸显焦点功能和篇章功能。

介词“以”的凸显焦点功能，主要表现在“以+O”移到“VP”之后。我们知道，汉语中的自然焦点一般处于句子末尾的词语上，遵守尾焦原则。也就是说，句子尾部是被强调和凸显的成分，是焦点，而其他部分是背景。这样，当“以+O”出现在“VP”前时，它们不是句子常规焦点，而当它们在“VP”后出现时，则是句子的常规焦点。例如：

（254）▨□□龕戠习之目（以）黄靁。（《望山楚简》1·91）

（255）子曰：倀（长）民者香（教）之以悳（德），齐之以豊（礼），䙵（则）民又（有）懽（劝）心。香之以正（政），齐之以刑，䙵（则）民又（有）孞（免）心。（《郭店楚简·缁衣》）

（256）得之於肉，从东方来，裹以桼（漆）器。（《睡虎地秦简·日书甲种》）

（257）絆以婚姻，袗以斋盟。（《诅楚文·大沈厥湫文》）

（258）租者且出以律。（《龙岗秦简》150）

（259）赎台（以）金半钧。（《子禾子釜铭》，《集成》16·10374）

试把上引例（254）与下例相比较：“▨痼目（以）黄靁习之，尚祱。”（《望山楚简》1·88）很明显，后者中的“习之”是句子的句末焦点所在，而前者的“以黄靁”是句子的常规焦点，是被强调和凸显的成分。其余几例类此。

介词“以”的篇章功能，主要有衔接功能，分类列举排比功能和对比功能。

介词“以”的衔接功能主要表现在两点上，一是介引回指上文的“是”、“此”，以承上启下（前后两部分一般都是因果关系）。例如：

（260）有（又）能自端殹，而恶与人辨治，是以不争书。（《睡虎地秦简·语书》）

（261）古者，民各有乡俗，其所利及好恶不同，或不便於民，害於邦。是以圣人作为法度，以矫端民心，去其邪避（僻），除其恶俗。（《睡虎地秦简·语书》）

（262）賙愿从士大夫，以靖郾疆，氏（是）以身蒙幸（皋）胄。（《中山王譽方壶铭》，《集成》15·9735）

（263）法（乏）勿（物）慈（滋）章（彰），覜（盗）恻（贼）多又

（有）。是㠯（以）圣人之言曰：我无事而民自禧（富）。（《郭店楚简·老子甲本》）

（264）大人不睪（亲）丌（其）所贤，而信丌所贱，斈（教）此㠯（以）遊（失），民此㠯（以）緮（变）。（《上博楚简一·缁衣》）

（265）古（故）君子之春（友）也又（有）晢（向），丌（其）恶也又（有）方。此㠯（以）迩者不惑，而远者不㝵（疑）。（《上博楚简一·缁衣》）

上引各例的“是以”、“此以”可以分为两类，一是衔接复句的，如上引例（260）、（262）、（264）；一是衔接句群的，如上引例（261）、（263）、（265）。

二是介词“以”连用，构成同形重复，以显示篇章的脉络，起到篇章衔接的作用。例如：

（266）斈（教）以豊（礼），则民果以坙（劲）。斈（教）以乐，则民㕙（淑）悳（德）清𨟻（壮）。斈（教）以支（辩）兑（说），则民埶（势）陞（陵）倀（长）贵以忘。斈（教）以䢭（艺），则民埜（野）以静（争）。斈（教）以只（技），则民少（小）以叟（吝）。斈（教）以言，则民訐（訏）以㝠（寡）訐（信）。斈以事，则民力㟪（啬）以𣈭（晗）利。斈（教）以憺（权）悬（谋），则民汤（淫）惃（昏），远豊（礼）亡新（亲）息（仁）。（《郭店楚简·尊德义》）

（267）慈㠯（以）忎（爱）之，则民又（有）睪（亲）；信㠯（以）结之，则民伓=（不伓）；龙（恭）㠯（以）立（涖）之，则民又（有）恙=（逊心）。（《上博楚简一·缁衣》）

（268）共（恭）㠯（以）为豊（礼），會（俭）莫㚒（偏）羊（干）；信㠯（以）为言，莫㚒（偏）羊（干）；弖㠯庚志。（《上博楚简六·慎子曰恭俭》）

上引例（266）中连用了8个“以”字短语，分别说明了“教”的内容。连用的“以”字短语把这个句群的议论层次清楚地显示出来。

介词“以”连用，可以起到一种自然的分类和列举叙述作用。例如：

（269）［凡］天子聿（建）之㠯（以）州，邦君聿之㠯坉（都），大夫聿之㠯里，士聿之㠯室。（《上博楚简六·天子建州甲》）

(270) 以正之（治）邦，以敧（奇）甬（用）兵，以亡事取天下。(《郭店楚简·老子甲本》)

(271) 毋以少（小）悔（谋）败大愭（图），毋以卑（嬖）御憩（塞）妝（庄）句（后），毋以卑（嬖）士憩（塞）大夫、卿、事（士）。(《郭店楚简·缁衣》)

上引例（269），分别说明了天子、邦君、大夫、士各自建什么。其余各例类此。

介词“以”连用，可以构成修辞上的排比格。一般是“以”字短语在小句之中作状语或补语，几个小句之间构成排比格。例如：

(272)［以豪观］豪（家），以向（乡）观向，以邦观邦，以天下观天下。(《郭店楚简·老子乙本》)

(273) 夫是，则獸（守）之㠯（以）信，季（教）之㠯义，行之㠯豊（礼）也。(《上博楚简二·从政甲》)

(274) 天子坐㠯（以）巨（矩），飤（食）㠯义，立㠯县，行㠯［璧］。(《上博楚简六·天子建州甲》)

上引例（272）中，“以”字短语用在“VP”之前，帮助这个复句构成了排比格，“以”是这个排比格中的一个提示语。其余各例类此。

“以”字介词短语用在“VP”前或“VP”之后，连续出现两次，可以构成对比项。例如：

(275) 圣人之才（在）民前也，以身后之；亓（其）才（在）民上也，以言下之。(《郭店楚简·老子甲本》)

(276) 一日㠯（以）善立（涖），所孥（教）皆终；一日㠯不善立（涖），所孥皆崩。(《上博楚简三·中弓》)

(277) 古（故）杀［人众］，则以忞（哀）悲位（莅）之，戰（战）勳（胜）则以毚（丧）豊（礼）居之。(《郭店楚简·老子丙本》)

(278) 民以君为心，君以民为体。(《郭店楚简·缁衣》)

(279) 视之㠯（以）康乐，慝之台（以）兇（凶）埅（型）。(《上博楚简六·用曰》)

(280) 大辠（罪）则夜（处）之㠯型（刑），壓（臧）辠（罪）则夜（处）之㠯罚。(《上博楚简五·季庚子问於孔子》)

由上述看来，介词“以”的篇章功能是较为突出的，其它方面的语用功能则不很突出。

三、“以”作语素

“以”常常单独使用，作动词、介词、连词。它有时出现在固定格式当中，如“何以”、“所以”、“有以”、“无以”等，这时它也是一个词。

但在出土战国文献当中，有些“以”出现在复合词当中，这时“以”应看成是一个语素，已不再是一个词了。

以“以”为语素的词，有些是方位名词，有些是助动词，有些是介词，有些则是连词。

（一）以“以”为语素的方位名词

在出土战国文献中，这种词有“以上”、“以下”、“以西”、“以东”、“以南”、“以北”、“以来”、“以逾”等。

1. 以上、以下

“以上”的用法有二：

一是用在数词或数量短语的后边，表示数目多于某一点。这种“以”有24次。例如：

（281）凡兴士被甲，用兵五十人以上，必会王符，乃敢行之。（《新郪虎符铭》，《集成》18·12108）

（282）租笄索不平一尺以上，赀一甲。（《龙岗秦简》140）

（283）已禀衣，有馀褐十以上，输大内，与计偕。（《睡虎地秦简·秦律十八种》）

（284）百石以上到千石，赀官啬夫一甲。（《睡虎地秦简·秦律十八种》）

（285）直（值）一钱，治（笞）十；直二十钱以上，孰（熟）治之，出其器。（《睡虎地秦简·秦律十八种》）

（286）都官佐、史不盈十五人者，七人以上鼠车牛、仆；不盈七人者，三人以上鼠养一人。（《睡虎地秦简·秦律十八种》）

二是用在级别名词的后边，表示级别高于某一层次。这种“以”有7次。例如：

（287）其有爵者，自官士大夫以上，爵食之。（《睡虎地秦简·秦律十八种》）

（288）故罪当完城旦舂以上者，驾（加）其□。（《龙岗秦简》42）

（289）葆子以上居赎刑以上到赎死，居於官府。（《睡虎地秦简·秦律十八种》）

（290）刍自黄穌及蘑束以上皆受之。（《睡虎地秦简·秦律十八种》）

方位名词“以上”，当是由下面这种“以上”演化而来。例如：

（291）戠（载）之塼（传）车目（以）走（上）虖（乎）？（《上博楚简六·庄王既成》）

例（291）中的“以”前是动词语“载之传车”，“以”后的“上”也是用作动词的，是上行的意思。“以”为用于两个动词语之间的连词。连词“以”+动词“上”，正是方位名词的源头。由例（291）这种“以上”向方位名词“以上”的变化，是一个语法化的过程。在这个过程中，“上”不再表示具体的动作行为了，“以”和“上”逐渐融合为一个整体，用在数量词或名词之后，表示数目多于某一点或级别高于某一层次。

所以，考察“以上”到底是不是一个词，要注意两点：一是“以上”中的“上”是不是表示具体的动作行为“上行”之义，“以上”是否已融合为一个整体；二是“以上”是不是具有方位名词的上述用法。方位名词“以上”只出现在出土秦文献之中。依据我们的统计，在《睡虎地秦简》中，共出现24次；在《龙岗秦简》中共出现5次；在秦虎符铭文中，共出现2次。在其它出土战国文献中，方位名词“以上”一个也见不到。这说明，“以上”一词，很可能是在秦地首先形成的。

出土战国文献中的方位名词“以下”有如下的用法：

一是用在指物体的名词后边，表示位置低于某一点。这种用法的“以下”只见到1次：

（292）大山又（有）赐，八月，已吾复（腹）心目（以）下至于足骭之病。（《秦骃玉版铭》）

二是用在数词或数量短语后边，表示数目少于某一点。这种“以下”共见到7次：

（293）度禾、刍稾而不备十分一以下，令復其故数。（《睡虎地秦简·

秦律十八种》）

（294）其老当免老、小高五尺以下及隶妾欲以丁粼者一人赎，许之。（《睡虎地秦简·秦律十八种》）

（295）其不可食者不盈万石以下，谇官啬夫。（《睡虎地秦简·秦律十八种》）

（296）卒岁，十牛以上而三分一死；不［盈］十牛以下，及受服牛者卒岁死牛三以上，吏主者，徒食牛者及令丞皆有罪。（《睡虎地秦简·秦律十八种》）

三是用在指级别的名词后边，表示级别低于某一层次。这种“以下”共出现4次：

（297）自从令、丞以下智（知）而弗举论。（《睡虎地秦简·语书》）

（298）上造以下到官佐、史毋（无）爵者及卜、史、司御、寺、府，糲（粝）米一斗。（《睡虎地秦简·秦律十八种》）

（299）公士以下居赎刑罪、死罪者，居於城旦舂。（《睡虎地秦简·秦律十八种》）

（300）不更以下到谋人，粺米一斗。（《睡虎地秦简·秦律十八种》）不更：秦爵第四级。

“以下”这个方位名词的来源，应该跟“以上”是一样的，即连词“以”+动词“下”。当“下”不再表示具体的动作、“以”和“下”融合为一个整体，而且具有方位名词的上述用法时，“以下”这个方位名词就产生了。

“以下”这个方位名词在出土战国文献中共出现了12次，其中11次出现于《睡虎地秦简》之中，有1次出现于《秦骃玉版铭》中。可见，“以下”一词也只出现在出土秦文献之中。

“以上”、“以下”在传世战国文献中可以见到。例如“年自七十以上，无不馈诒也”（《左传·文公十六年》）、“自郐以下无讥焉”（《左传·襄公二十八年》）。

2. “以东”、“以西”、“以南”、“以北”

方位名词“以东”、“以西”、“以南”、“以北”，在出土战国文献中都各出现1次，例如：

（301）自古（姑）、蚤（尤）𠂤（以）西，翏（聊）、犽（摄）𠂤东，丌人婁（数）多已。（《上博楚简六·竞公瘧》）

（302）𡉚（禹）乃从灘（汉）以南为名浴（谷）五百，从灘（汉）以北为名浴（谷）五百。（《上博楚简二·容成氏》）

它们都用在处所名词的后边，表示方位的。

这几个方位名词的源头，应是连词“以”+动词“东/西/南/北”。在出土战国文献中，“东、西、南、北”这几个词都是可以用作动词的，分别表示往东行、往西行、往南行、往北行，例如：

（303）刑夷、八月献马，岁在东方，以北大羊（祥）。Ｉ岁在南方，以东大羊。Ｉ岁在西方，以南大羊。Ｉ岁在北方，以西大羊。（《睡虎地秦简·日书甲种》）

（304）子以东，吉。（《睡虎地秦简·日书乙种》）

在出土战国文献中，“以”可用于介宾短语和动词语之间，例如：

（305）君王之瘙从今日以瘥（瘥）。（《上博楚简四·柬大王泊旱》）

方位名词“以东/以西/以南/以北”所由产生的句法环境应是：

自/从+处所名词+以+东/西/南/北

最初，“东/西/南/北”都用作动词，“以”只是用在介宾状语和动词之间的连词。后来，“东/西/南/北”不再表示动作意义了，含义虚化了，这些单音方位名词和前面的“以”逐渐融合为一个整体，具有了方位名词的用法，于是这些合成方位词就产生了。

在传世战国文献中，这种合成方位词也可以见到，例如“自洮以南、东傅于济，尽曹地也”（《左传·僖公三十一年》）、“自济以西，禚、媚、杏以南，书社五百”（《左传·哀公十五年》）。

3. 以来、以逾

“以来”这个方位名词，在出土战国文献中见到3次：

（306）自今以来，叚（假）门逆吕（旅），赘壻后父，勿令为户。（《睡虎地秦简·为吏之道》）

（307）廿四年正月甲寅以来，吏行田赢律诈□。（《龙岗秦简》116）

（308）廿五年四月乙亥以来，□□马牛羊□□□□。（《龙岗秦简》98）

这种“以来”，都是用在时间名词语之后，表示从过去某时到说话的一段时间。它的源头，也应该是连词“以”+动词“来”。最初，“以”前是介宾状语或时间名词状语（这两种状语都可以出现在“以+VP”前，例已见前，此处从略），“以”后的“来”是核心动词。后来，动词“来”不再表示具体动作，含义虚化，“以”和“来”融合为一个整体，具备了方位名词的用法，于是方位名词“以来”就产生了。

方位名词“以来”，都见于出土秦文献之中，未见于其它出土战国文献。方位名词“以来”，在传世战国文献中也可以见到，例如“自古以来，未之或失也”（《左传·昭公十三年》）、“自襄以来，未之改也”（《左传·哀公十三年》）。

在出土战国文献中，还可以见到“以逾”，共出现2次。例如：

（309）☑□祟𡨦（赛）祷於𨟻（荆）王㠯（以）逾，訓（顺）至文王㠯（以）逾。（《新蔡楚简》甲三：5）

何琳仪（2003）认为“以逾，犹以降”，可从。“荆王以逾”是说荆王以下的先王，“文王以逾”类此。

“以逾”的源头应跟“以来”类似，请看下例：

（310）戴（载）之塼（传）车㠯（以）走（上）虖（乎）？殹四舿（軻）㠯逾虖？（《上博楚简六·庄王既成》）

例（310）中的“以上”和“以逾”相对，可见“逾”应是下、降之义。在上例的“四舿”之前应是承前省去了“载之”两字。“［载之］四舿以逾”，其中的“以”是连词，而“逾”是动词。

“以逾”原是两个词，后来“逾”不再表示具体动作，表义虚化，“逾”和前边的“以”融合为一个整体，具有了方位名词的用法，“以逾”这个方位名词就产生了。“以逾”这个方位名词，未见于传世战国文献之中。

（二）以“以”为语素的助动词

在出土战国文献中，可以见到助动词“可以”、“足以”。例如：

（311）隶臣有巧可以为工者，勿以为人仆、养。（《睡虎地秦简·秦律十八种》）

（312）粪其有物不可以须时，求先买（卖），以书时谒其状内史。（《睡虎地秦简·秦律十八种》）

（313）凡粪其不可买（卖）而可以为薪及盖蘙者，用之。（《睡虎地秦简·秦律十八种》）

（314）既痤，目（以）心瘻肰（然），不可以动思罌身。（《望山楚简》1—13）

（315）弗大芺（笑），不足以为道矣。（《郭店楚简·老子乙本》）

刘利（2000）、何乐士（2004）认为在先秦汉语中存在“可以”、“足以”两个助动词，他们主要依据的是传世文献。从出土战国文献来看，也可以认为战国时代已有“可以”、“足以”两个助动词。

“可以”的源头应是助动词“可”+介词“以”（省宾）。在出土战国文献中，有些“可以”明显不能看成是一个词，例如：

（316）［外］阳日，利以建野外，可以田猎。以亡，不得。丨外害日，不可以行、作。（《睡虎地秦简·日书甲种》）

（317）建日，良日也。可以为啬夫，可以祠。丨收日，可以入人民。（《睡虎地秦简·日书甲种》）

上引例（316）中的“可”跟“利”义近，其后的“以”都是时间介词，其宾语“外阳日”承前省略。“可以”不是一个词，而是助动词“可”+时间介词“以”。例（317）中的“可以”类此。

后来，“可”后的“以”不再起介引时间词语的作用，跟前面的“可”融合为一个整体，起到助动词的作用，这时“可以”这个助动词就产生了。

“可以”产生的另一条途径可能是助动词“可”+连词“以”。前面说过，连词“以”可以用于助动词和“VP”之间。当“以”不再起连接作用、与“可”融合为一个整体、共同起助动词作用时，“可以”这个词就产生了。

“足以”产生途径与“可以”相同。

（三）以“以”为语素的介词、连词

这类词有“以至”、“以到”、“以就”、“以起”等。

1. 以至、以到

介词“以至”有时间介词和处所介词两种用法。时间介词“以至”与前面的“自”前后呼应，构成“自……以至……”这样的格式，引进时间名词语，表示时间的终点，可译为“到”、“一直到”。例如：

（318）自顕（夏）栾之月㠯（以）至埅（来）戠（岁）顕（夏）栾，尚毋又（有）大咎。（《新蔡楚简》乙一：19）

（319）自顕（夏）栾之月㠯（以）至冬栾之月，聿（尽）七月尚毋又（有）大［咎］。（《新蔡楚简》乙一：31、25）

（320）☐栾之月㠯（以）至埅（来）戠（岁）之顕（夏）栾，尚毋又（有）大咎。（《新蔡楚简》甲三：117、120）

（321）☐以至十月，三☐。（《新蔡楚简》甲三：191）

处所介词“以至”与前面的“从”前后呼应，构成“从……以至……”这样的格式，引进处所词语，表示处所的终点，可译为“到”、“一直到”，例如：

（322）从内宫以至中宫卅步。（《兆域图铜版》，《集成》16·10478）

（323）从丘欧（坎）以至内宫六步。（《兆域图铜版》，《集成》16·10478）

这种“以至”的源头应是连词“以”+动词“至”。从上面所举的例子来看，“以”最初是用于介宾短语和动词“至”之间的连词，“以”后的“至”表示实在的动作。后来，“至”不再表示实在的动作，意义虚化了，“至”和前面的“以”融合为一个整体，拥有了跟“至于”一样的用法，这时“以至”这个介词产生了。处所介词“以至”先产生，时间介词“以至”后产生。

时间介词“以至”只见于新蔡楚简之中，未见于其它出土战国文献里。处所介词“以至”只见于中山国金文当中。

在出土战国文献中，还可以见到“以到”，例如：

（324）过二百廿钱以到二千二百钱，赀一盾。（《睡虎地秦简·效律》）

（325）廿二钱以到六百六十钱，赀官啬夫一盾。（《睡虎地秦简·效律》）

（326）直（值）百一十钱以到二百廿钱。｜过二百廿钱以到千一百钱。｜过千一百钱以到二千二百钱。（《睡虎地秦简·效律》）

（327）十分一以到不盈五分一，直过二百廿钱以到千一百钱。｜过千一百钱以到二千二百钱。｜百分一以到不盈十分一，直过千一百钱以到二千二百钱。（《睡虎地秦简·效律》）

（328）已入月，数朔日以到六日，倍之；七日以到十二日，左之；十三日以到十八日，向之；十九日以到廿四日，右之；廿五日以到卅日，復倍之。（《周家台秦简·日书》）

从上面所举的例子来看，“以到”共有两种用法，一是用于两个表示钱数的词语中间；二是用于表示时间数量的词语中间。但这两种“以到”都有共性，即“以到”前面的数要少于“以到”后面的数量。

这种“以到”是什么词性呢？我们认为它与现代汉语中的“以至”用法一样：

（329）表面温度高达摄氏八百度以至八百五十度。

（330）半年不能完成，就干七个月、八个月以至一年。

这种“以至”，研究现代汉语的学者们认为是连词。既然如此，秦简中的“以到”也可以看作连词。

“以到”的产生，很可能是“以上到”的省略、紧缩，请看下例：

（331）其不可食者不盈万石以下，谇官啬夫；百石以上到千石，赀官啬夫一甲；过千石以上，赀官啬夫二甲。（《睡虎地秦简·秦律十八种》）

如果把上例中的“以上到”紧缩成“以到”，则“百石以上到千石”即可说成“百石以到千石”。这种“以到”和前边引过的“以到”完全相同。

“以到”只出现在秦简当中，未见于其它出土战国文献。

2. 以就

在出土战国文献中，“就”有“至、到”义，所以“以就”跟前边讲过的“以至”意义相近，用法和词性也相同。“以就”的用法有二：

一是引介有次序的与事，表示动作行为所涉及的与事的终点，可译为“到”、“一直到”。与“自”前后呼应，构成“自……以就……”这种格式。这种“以就”出现了3次：

（332）舉祷荆王，自熊丽㠯就武王五牛五豕。（《包山楚简》246）

（333）册告自吝（文）王㠯（以）豪（就）圣超王，各束絵（锦）珈璧。（《新蔡楚简》甲三：137）

（334）册告自吝（文）王㠯（以）還（就）圣超［王］☐。（《新蔡楚简》甲三：267）

二是引介时间，表示动作行为的时间终点，可译为“到、一直到”。与“自”前后呼应，构成“自……以就……”这样的格式。这种“以就”共出现12次。例如：

(335) 盬吉㠯宝家为左尹𧻓贞：出内侍王，自夏𡰪之月㠯（以）就集岁之夏𡰪之月，尽集岁，躳身尚毋有咎。(《包山楚简》213)

(336) 大司马悼滑逄楚邦之师徒㠯（以）救郙之岁，荆𡰪之月，己卯之日，鄦吉㠯驳需为左尹𧻓贞：出入侍王，自荆𡰪之月㠯就集岁之荆𡰪之月，尽集岁，躳身尚毋有咎。(《包山楚简》234)

(337) 乙未之日，盬吉㠯（以）保家为左尹𧻓贞：自荆𡰪之月㠯就荆𡰪之月，出入事王。(《包山楚简》197)

(338) 自𦚔［𡰪］㠯（以）逾集戠（岁）之𦚔□。(《望山楚简》1—29、30)

对于例(338)中的“㠯逾”，望山楚简的整理者认为：“以”下一字似当作“至”或“经”解(P93)。而张光裕、袁国华(2004)则认为此字就是“就”字，可从。

“以就”这个介词的源头，应是连词“以”+动词“就”。所由虚化的具体环境即是“自”字介宾短语+以+动词“就”。前面说过，连词“以”可用于介宾短语和VP之间。“就”可以作动词，如《鄂君启节铭》中就有这样的例子。后来，当“就”后出现时间名词语时，“就”就不再表示具体的动作，意义虚化了。“就”和前边的“以”逐渐融合为一个整体，共同起到一个介词的作用，跟“至于”类似。这时介词“以就”就产生了。“以就”都与“自”前后呼应，构成“自……以就……”这样的格式，这更显示出了它的词性。

“以就”共出现15次，都出现在楚简里，不见于其他出土战国文献里，也许它是楚地的一个方言词。它在传世战国文献当中没有见到。

3. 以起、以会

在楚简中，有“以起”一语，用于两个时间名词语之间，例如：

(339) 庚申之昏㠯（以）起辛酉之日祷之。(《新蔡楚简》甲三：109)

(340) □甲戌之昏㠯起乙亥之日廌（荐）之。(《新蔡楚简》甲三：119)

（341）☐戊申目起己酉祷之。（《新蔡楚简》乙二：6、31）

（342）☐［目］起己酉祷之。（《新蔡楚简》甲三：144）

（343）☐戊申之夕目起己［酉］☐。（《新蔡楚简》甲三：126）

这种“以起”从来不与“自”前后呼应，不构成“自……以起……”这样的格式。与“以起”用法相同的还有“以会”：

（344）凡是戊唇（辰）目（以）敓（会）己巳祷之。（《新蔡楚简》甲一：10）

前引例（339）中的“庚申”和“辛酉”，是紧紧相连的两个干支，这就是说“庚申”的第二天即“辛酉”。从“庚申之昏”到“辛酉之日”时间很短。“庚申之昏以起辛酉之日”很可能是指“庚申之昏”和“辛酉之日”交界之时，也就是指“庚申之昏”结束而“辛酉之日”开始（起）之时。如果是这样，那么“庚申之昏以起辛酉之日”是指一个时间点，而不是很长的时间段。上引例（340）至（343）中的“以起”同此。

例（344）中的“以会”更说明问题。“以会”前后的“戊辰”和“己巳”也是紧相连接的两个干支，“戊辰”的第二天即是“己巳”。“戊辰以会己巳”很可能是指“戊辰”和“己巳”相会之时，即这两天的交界之时，也是指某一个时点，而不是指一个很长的时间段。

这种“以起/以会”，如果看作虚词，那么应归到连词这一种类，它用于两个时间名词语之间，起连接作用。

“以起”这个虚词的源头应是连词“以”+动词“起”。所由虚化的具体语法环境应是“时间名词语+以+动词起”。前面说过，连词“以”可用于时间名词状语和VP之间，例如“日月以冀”（《左传·昭公七年》）。当“起”后出现时间名词语时，“起”已不再表示具体的动作，意义虚化了；同时“起”与前边的“以”融合为一个整体，共同起到一个连词的作用。这时连词“以起”就产生了。“以会”的产生机制与“以起”相同。

“以起”、“以会”这两个词，都只见于楚简之中，未见于其它出土战国文献。

在出土战国文献中还有“以逾至”，它可用在两个与事词语之间，像是一个连词，例如：

（345）择日於八月，瓹祭竸坪（平）王目（以）逾至吝（文）君。

（《新蔡楚简》甲三：201）

（346）☑競坪（平）王目逾至☑。（《新蔡楚简》甲三：280）

（347）☑ 䚺（荆）王、文王目逾至文君□□☑。（《新蔡楚简》零：301、150）

“以逾至”前后都是先王名，前边的先王辈份高于后边的先王。所以它应是以降的意思。

但是，把“以逾至”跟下引各例中的“以下到”相比较，应明白“以逾至”可能不是一个词，例如：

（348）不更以下到谋人，粺米一斗。（《睡虎地秦简·秦律十八种》）

（349）上造以下到官佐、史毋（无）爵者及卜、史、司御、寺、府，糲（粝）米一斗。（《睡虎地秦简·秦律十八种》）

上两例中的“以下到”是两个词，“以下”是方位名词，“到”可以看成介词或动词。同样，前引例（345）至（347）中的“以逾至”，也是两个词，“以逾”是方位名词，而“至”应看成介词或动词。

连词“以”以及连词“是以”“此以”见第三章第一节。

参考文献

郭锡良：《介词“以”字的起源和发展》，《古汉语研究》1998 年第 1 期。

何乐士：《〈左传〉的介词“以”》，《左传虚词研究》（修订本），商务印书馆 2004 年版。

何乐士：《〈左传〉中介词“以”宾语的省略》，《左传虚词研究》（修订本），商务印书馆 2004 年版。

何乐士：《〈左传〉中介词“以”的前置宾语》，《左传虚词研究》（修订本），商务印书馆 2004 年版。

何乐士：《〈左传〉的连词“以”》，《左传虚词研究》（修订本），商务印书馆 2004 年版。

胡安顺：《“以”的“率领”、“执拿”意义及其动词性质》，《陕西师范大学学报》1991 年第 1 期。

胡安顺：《“以”、“帅”的带领意义异同辩》，《陕西师范大学学报》2001 年第 4 期。

胡力文：《“以”和它的宾语倒置问题》，《语文教学》1958 年第 6 期.

夏延章：《〈左传〉中介词“以”的前置宾语》，《中国语文》1983 年第 5 期。

解惠全、蓝鹰：《“以”字虚词用法源流考》，《南开学报》1987 年第 6 期。

于智荣：《上古古籍中表“率领”诸义的“以”字不是介词》，《语文研究》2002 年第 2 期。

张光裕、袁国华：《望山楚简校录》，［台湾］艺文出版社 2004 年版。

赵大明：《〈左传〉中率领义“以”的语法化程度》，《中国语文》2005 年第 3 期。

周守晋：《战国简帛中介引时间的“以”》，《古汉语研究》2004 年第 4 期。

第七节 出土战国文献中的介词“用”

“用”本为动词，是使用、运用的意思。例如“于以用之？公侯之事”（《诗经·召南·采蘩》）、“然则一羽之不举，为不用力焉；舆薪之不见，为不用明焉”（《孟子·梁惠王上》）。

由动词“用”虚化为介词“用”，虚化的机制跟“以”相同，详见拙文《出土战国文献中的虚词“以”》。

由动词“用”首先虚化为工具介词和材料介词“用”，由工具介词和材料介词“用”再虚化为依据介词，由依据介词再进一步虚化为原因介词。由工具介词还发展出时间介词的用法。

在出土战国文献中，“用”可以作凭事介词、境事介词和因事介词。

凭事介词“用”可以有工具介词、材料介词和依据介词三种用法。用作工具介词的例子如：

（1）隶妾及女子用箴（针）为緡綉它物，女子一人当男子一人。（《睡虎地秦简·秦律十八种》）

（2）邳伯夏子自作尊罍，用祈眉寿无疆。（《邳伯缶铭》，《集成》16·10007）

（3）丧史賓自作鈚（鉼），用征用行，用祈眉寿。（《丧史賓瓶铭》，《集成》16·9982）

（4）作兹宝簋，用追孝於我皇毁（舅）。（《陈肪簋盖铭》，《集成》8·4190）

（5）悍（忓）乍（作）距末，用差（佐）商国。（《悍距末铭》，《集成》18·11915）

这种“用”在传世文献中可以见到，例如“齐氏用戈击公孟”（《左传·昭公二十年》）、“是直用管窥天，用锥指地也”（《庄子·秋水》）。

用作材料介词的例子如：

（6）县、都官用贞（桢）、栽为傰（棚）牏。（《睡虎地秦简·秦律十八种》）

（7）者（诸）侯享（献）台（以）吉金，用乍（作）平寿适器敦。（《十年陈侯午敦铭》，《集成》9·4648）

（8）者（诸）侯寷（贪）荐吉金，用作孝武超（桓）公祭器敦。（《陈侯因資敦铭》，《集成》9·4649）

用作依据介词的例子如：

（9）今余其念讟，乃有斋休祝成，用爯（偁）剌（烈）壯（壮）。（《者沪钟铭》，《集成》1·25）后一小句的意思是据此发扬壮烈。

这种例子在传世文献中可以见到，例如“卫青、霍去病亦以外戚贵，然颇用材能自进”（《史记·佞幸列传》）

境事介词“用”有时间介词这种用法，例如：

（10）虚日……用得，必復出。（《睡虎地秦简·日书乙种》）

此例中的“用得，必復出”，是说在（虚日）得到，一定会再出去。这个“用”跟“以”有相同的用法，都可用作时间介词。

因事介词“用”有原因介词这种用法，例如：

（11）蒿（告）閖（简）之无駜（匹），甬（用）乍宗彝尊壶。（《曾姬无卹壶铭》，《集成》15·9710）

（12）百姓不当老，至老时不用请。（《睡虎地秦简·秦律杂抄》）

（13）以施及子孙，用唯朕所放（倣）。（《中山王嚳方壶铭》，《集成》15·9735）

介词“用”的宾语常常承前省略，如上引例（2）、（3）、（4）、（5）等。介词“用”的宾语也可以不省略。它的宾语可以由名词语充当，如前引例（1）、（6）；也可以由代词充当，例如：

（14）甬（用）乍宗彝尊壶，后嗣甬（用）之职在王室。（《曾姬无卹壶铭》，《集成》15·9710）

连词“用”见第三章第二节。

参考文献

何乐士：《古代汉语虚词词典》，语文出版社2006年版。

张光裕：《上海博物馆藏战国楚竹书（六）·“用曰”释文考释》，上海古籍出版社2007年版。

张玉金：《西周汉语代词研究》，商务印书馆2004年版。

第八节 出土战国文献中的介词“因”

在出土战国文献中，虚词“因”有介词、连词两种用法，虚词“因而”只有连词一种用法。

介词“因”可以用作依据介词、方式介词和原因介词。

依据介词“因”和它的宾语一起表示动作行为的依据、凭借，可译为“根据”、“按照”、“随着”、“凭借”等。这种“因”在出土战国文献中共出现11次。例如：

（1）堂（当）事因方而裚（制）之。（《上博楚简一·性情论》）此句在《郭店楚简·性自命出》中作“尚（当）事因方而折之。”

（2）豊（礼）因人情而为之即（节）度（文）者也。（《郭店楚简·语丛一》）

（3）售（雍）也憧愚，忑（恐）怠（贻）虗（吾）子愳（羞），忎（愿）囙（因）虗（吾）子而訇（辞）。（《上博楚简三·中弓》）

（4）墨（禹）乃因山陵（陵）坪（平）㦿（隰）之可坓（封）邑者而緐（繁）实之，乃因迩目（以）智（知）远，迲（去）蠠（苛）而行柬（简），因民之欲，会天地之利。（《上博楚简二·容成氏》）

方式介词“因”和它的宾语一起表示动作行为的方法和形式，可译为“通过”。这种“因”出现1次。例如：

(5)《木瓜》……因木苽之保（报），㠯（以）俞（抒）丌（其）意（愿）者也。(《上博楚简一·诗序》)

原因介词“因”和它的宾语一起表示动作行为的原因，可译为“因为”、“由于”。这种“因”出现3次。例如：

(6) 反此道也，民必因此厔（重）也以復（报）之。(《郭店楚简·成之闻之》)

(7) 虗（吾）亡能絧（治）也，而㘣（因）㠯（以）害君。(《上博楚简五·姑成家父》)

介词“因”的宾语一般都由名词语充当，具体说来有名词、定中短语。由名词充当的例子如前引例（1），又如：

(8) 因悳（德）而为之折。(《上博楚简六·天子建州甲》)

由定中短语充当的例子如前引例（2）、(4)、(5)、(6)。又如：

(9) 因邦之所臤（贤）而𦥯（兴）之。(《上博楚简五·季庚子问於孔子》)

(10) 因古箅（典）豊（礼）而章之。(《上博楚简五·季庚子问於孔子》)

“因”的宾语也可以由形容词充当，如前引例（6）中的“因迩㠯（以）智（知）远”。“因”的宾语都放在介词“因”之后，没有前置的。“因”的宾语可以省略，如前引例（7），又如：

(11) 同出而异生（性），因生亓（其）所慾（欲）。(《上博楚简三·恒先》)

(12) [古（故）] 虗（吾）因加（嘉）？(《上博楚简五·鬼神之明》)

“因+宾”都出现在“VP”之前作状语，没有例外。

在“因+宾”和“VP”之间，可以出现连词“而”，从而构成“因……而……”这样的介词框架，如前引例（1）、（2）、（3）、（4）（第一个“因”）、(7)、(8)、(9)、(10)。

在“因+宾”和“VP”之间，也可以出现连词“以”，从而构成“因……以……”这样的介词框架，如前引例（4）（第二个“因”）、(5)、(6)。例（7）中的“因”的宾语省略了，这样“因”和“以”连在了一起。这种“因+宾”之后，可以出现句中语气词“也”，如前引（6）。

介词“因”都出现于楚简之中，未见于秦简，这是很有意思的现象。

连词“因”和“因而”见第三章第三节。

第九节　出土战国文献中的介词“与”

在出土战国文献中，虚词“与”有介词、连词和语气词等用法。

语气词“与”的来源有待探讨，而介词和连词“与”则来源于动词“与”。周生亚（1989）指出，“与”原来是一个意义为给予的动词，由此虚化为虚词。虚词“与”产生的路线应为动词→介词→连词。于江（1996）也认为虚词“与”来源于给予义的动词。这种动词后面通常带上动作的对象。后来逐渐虚化，而成为表示“为”、“替”、“和”等意义的介词、连词。

意义为“替”、“为”的介词“与”在出土战国文献中见不到，在传世文献中也极为少见。在出土战国文献中，“与”一般作共事介词和比事介词，意义是“跟”、“同”、“和”。这样的意义跟“给予”的意义相距较远，我们难以说清楚“与”是如何从“给予”义的动词变为意义是“跟”、“同”、“和”的介词的。所以这种看法不可取。

我们认为，介词“与”确实是来源于动词“与”，但不是来源于“给予”义的动词，而是来源于“跟随”、“在一起”义的动词。这种意义的动词“与”在古汉语中是存在的，例如：

桓公知天下诸侯多与己也，故又大施忠焉。（《国语·齐语》）

日月逝矣，岁不我与。（《论语·阳货》）

王力等（2000）认为，前例中的“与”为“跟随”、“亲附”义，后例中的“与”为“在一起”的意思。

介词“与”所由虚化的具体语法环境应为“NP_1+与+NP_2+VP”这样的连动式，“NP_1”和“NP_2”一般是表示人名词语。上述连动式表示，“NP_1”跟随“NP_2”或者“NP_1”跟“NP_2”在一起，然后“VP”。当这种句式的使用频率大幅度增加以后，它就成了诱发“与”虚化的语法环境。

“与”虚化为介词的类推源动力为一种此前业已存在的常见的句法格式，即“主语+介词+宾语+VP”式。例如：

甲辰卜：大乙眔上甲酒，王受有祐？/弜眔？（《屯南》2265）

镛鼓其罘熹鼓尊？/弜罘？（《合集》31017）

走其罘厥子子孙孙万年永宝用。（《走簋铭》）

面相诬蒙，及尔颠覆。（《逸周书·芮良夫》）

在“主+介+宾+VP”这种句式的影响下，“NP_1+与+NP_2+VP”中的“与”最终发生了变化，由动词变为介词，相应地句式也发生了变化，由连动式变为以介宾为状语的单动式，句式也被重新分析：

NP_1+与　+　NP_2+VP

|主‖　　谓　　|

　　|　状　］中|

　　|介宾　|

介词“与”产生之后，又进一步向连词发展。在“NP_1+与+NP_2+VP”中，介词引介的“NP_2”为“与”的宾语，表示共事。所谓共事，是主事所发出的动作行为的协同参与者，跟主事在许多方面有共同性。正因为如此，共事的地位就可以上升，跟前边的主事一起作动作行为的主事，这时又发生了重新分析：

NP_1+与+NP_2+VP

|　主　‖　谓|

|联　合|

介词“与”和连词“与”常常不容易区分，有时搞不清楚它到底是介词还是连词，这正说明这种介词“与”与连词“与”的密切关系，以及连词来源于这种介词的可能性。

所以说，用作主语的连词结构“NP_1+与+NP_2”是最早产生的。后来“NP_1+与+NP_2”就不但可以作主语，也可以作宾语、定语了。

在出土战国文献中，介词“与”共出现158次，其中作共事介词134次，作比事介词22次，出现在“……之与……”这种句式中有2次。

一、共事介词

介词“与”最常见的用法是作共事介词，可译为“跟”、“和”、“同”。这种“与”和它的宾语常出现在互向动词之前。所谓互向动词是指需要两个参与者协同动作才能完成某种动作行为的动词。“与”所引进的，就是除主语所表示的施事者之外的动作行为参与者。例如：

（1）九月戊申之日，俈（造）大戲六敂（令）周霰之人周雁讼付墨之关人周瑤、周敚，谓葬於丌（其）土。瑤、敚凷（与）雁成，唯周鱖之妻葬焉。（《包山楚简》91）成：和解。

（2）以丌（其）审（中）心与人交，兑（悦）也。（《郭店楚简·五行》）交：交往。

（3）或与人斗，缚而尽拔其须麋（眉）。（《睡虎地秦简·法律答问》）

（4）甲往盗丙，毚到，乙亦往盗丙，与甲言。（《睡虎地秦简·法律答问》）言：交谈。

（5）客未布吏而与贾，赀一甲。（《睡虎地秦简·法律答问》）贾：交易。

（6）古（故）君不与少（小）悔（谋）大，𠟭（则）大臣不惰（怨）。（《郭店楚简·缁衣》）谋：商议。

除上引诸例之外，共事介词"与"还可出现在下述互向动词之前："战"、"争"、"奸"（通奸）、"结"（结交）、"处"（相处）、"遊"（交往）、"和"（和谋）、"界"（交界）、"分"（分担）、"辨治"（分治）。

有时，一个动宾短语相当于一个互向动词，这时"与"字介宾短语也可以出现在它的前面。例如：

（7）王所舍新大厩㠯（以）啻苴之田，南与郯君执疆，东与菱君执疆，北与鄝君执疆，西与鄱君执疆。（《包山楚简》154）执疆：交界。

（8）与民有期。（《睡虎地秦简·为吏之道》）有期：有约定。

有时，动词本身并不是互向动词，但在动词前加上"相"、"更"一类副词，则相当于互向动词了，这时，"与"字介宾短语也可以出现在它们的前面，例如：

（9）甲怀子六月矣，自昼与同里大女子丙斗，甲与丙相捽。（《睡虎地秦简·封诊式》）相捽：相互揪住对方头发。

（10）与里人更守之，侍（待）令。（《睡虎地秦简·封诊式》）更：轮流。

前边所引各例中的互向动词，其所表示的动作行为，必须依赖两个参与者方能完成，缺少任何一方都不行。如"贾"（交易）这种行为，单独一个人无法完成。

而下引各例中的互向动词则不是如此，它只表示双方共同进行某种动作行为，但缺少其中的一方也可以，单独一方也可以进行。例如：

（11）男子丁与偕。（《睡虎地秦简·封诊式》）“与”的宾语“甲”省略。偕：同来。

（12）耤（藉）秦人使，它邦耐吏、行旞与偕者，命官吏曰“匧”，行旞曰“面”。（《睡虎地秦简·法律答问》）偕：同行。

（13）信察闻知舒庆之杀佢卯，逌、旌与庆皆。（《包山楚简》137）皆：同为。

（14）都官有秩吏及离官啬夫，养各一人，其佐、吏与共养。（《睡虎地秦简·秦律十八种》）共：共用。

（15）兼陵宫大夫司败察兼陵之州里人阳锗之不与亓（其）父阳年同室。（《包山楚简》128）同：同居。

（16）亓（其）子脽既與虐（吾）同车。（《上博楚简四·昭王与龚之脽》）同：同乘。

有时，一个动宾短语相当于“偕”类互向动词，这时“与”字介宾短语也可以出现在它们的前面，例如：

（17）君子不贵庶勿（物），而贵与民又（有）同也。（《郭店楚简·成之闻之》）

（18）是是哀鬼，毋（无）家，与人为徒。（《睡虎地秦简·日书甲种》）

有时，在非互向动词前出现“同”、“共”一类的副词，这时它们相当于一个互向动词，“与”字介宾短语也可以出现在它们的前面。例如：

（19）士五（伍）甲毋（无）子，其弟子以为后，与同居，而擅杀之。（《睡虎地秦简·法律答问》）

（20）夫盗三百钱，告妻，妻与共饮食之。（《睡虎地秦简·法律答问》）

（21）有（又）与主廥者共赏（偿）不备。（《睡虎地秦简·秦律十八种》）

（22）县啬夫令人復度及杂出之。（《睡虎地秦简·秦律十八种》）杂：皆、共。

(23) 居赀赎责（债）者，或欲籍（藉）人与并居之，许之。(《睡虎地秦简·秦律十八种》)

(24) 将与吾君並立於世。(《中山王礨方壶铭》,《集成》15·9735)

有时，在非互向动词前隐含“同”、“共”一类的副词，这时这个非互向动词即相当于一个互向动词，“与”字介宾短语也可以出现在它的前面。例如：

(25) 出之未索（索）而已备者，言县廷，廷令长吏杂封其廥，与出之。(《睡虎地秦简·秦律十八种》) 此例中“与”后的“杂”承前省略。《睡虎地秦简》中常见“与杂出之”之语。

(26) 削（宵）盗，臧（脏）直（值）百一十，其妻、子智（知），与食肉，当同罪。(《睡虎地秦简·法律答问》) 此例“与”后省略了“共”一类副词，可参照下例：削（宵）盗，臧（脏）直（值）百五十，告，甲与其妻、子智（知），共食肉，甲妻、子与甲同罪。(《睡虎地秦简·法律答问》)

(27) 度攻必令司空与匠度之，毋独令匠。(《睡虎地秦简·秦律十八种》)

(28) 以五月晦与同里士五（伍）丙盗某里士五丁千钱。(《睡虎地秦简·封诊式》)

(29) 令史己爰书：与牢隶臣某执丙。(《睡虎地秦简·封诊式》)

(30) 与从军，与黑夫居，皆毋恙也。(《睡虎地秦牍》M4：6 号)

上引各例中“与”的宾语，都是表人名词语，都是动作行为的协同参与者。而下引两例中“与”的宾语，则都是表事物的，但也都是共事。例如：

(31) [君] 子之为善也，又（有）与司（始），又（有）与冬（终）也。(《郭店楚简·五行》) 与始：与善相始。与终：与善相终。

(32) 晶（三）者，君子所生牙（与）之立、死牙（与）之遳（敝）也。(《郭店楚简·六德》) 三者：夫妇、父子、君臣之道。君子生与三者共存，死与三者同败。

这种句子中的动词“始”、“终”、“立”、“敝”，可用于人，也可用于事物，所以这种句式是成立的。“与+事物名词”用于这种动作之前，表示人的发展变化跟“与”后名词所表示的事物的发展变化相协同。所以这种“与”也是共事介词，不过与通常的共事介词有点不同。

“成”（和解）类互向动词前的“与”，王克仲（1984）认为是表示对待的；“偕”（同来）类互向动词前的“与”，王克仲认为是表示偕同的；而例（31）、（32）中引介事物的“与”，王克仲认为是表示因随。但据我们的分析，它们都是引介共事的，不应一分为三。

前引各例中的主语，都是施事主语。当主语是受事时，“与”后的名词所表示的就不是“协同”发出动作行为的人或事物，而是表示共同接受动作行为的人或事物。例如：

（33）县上食者籍及它费大（太）仓，与计偕。（《睡虎地秦简·秦律十八种》）

（34）已稟衣，有馀褐十以上，输大内，与计偕。（《睡虎地秦简·秦律十八种》）

（35）即斩豚耳，与腏以并涂困廥下。（《周家台秦简·病方及其它》）

（36）今书節（即）到，母视安陆丝布贱，可以为禅裙襦者，母必为之，令与钱偕来。（《睡虎地简牍》M4：11号）

例（33）中“与计偕”是说与每年的账簿同时缴送。“食者籍及它费”是“偕”的受事主语，承前省略。“计”是同时接受动作行为的，算是一种比较特殊的“共事”。例（34）类此。例（35）后一小句的主语是“豚耳”，承前省略，“腏”（祭饭）也是同时接受动作行为的，也算是一种特殊的“共事”。例（36）类此。

二、比事介词

“与”有时介引比事，表示主事跟比事在某方面相同、相类。这种“与”构成异同类比较句，属于平比。可以译为“跟”、“同”、“和”。例如：

（37）城旦之垣及它事而劳与垣等者，旦半夕参。（《睡虎地秦简·秦律十八种》）

（38）新工初工事，一岁半红（功），其后岁赋红（功）与故等。（《睡虎地秦简·秦律十八种》）

（39）府中公金钱私貣用之，与盗同法。（《睡虎地秦简·法律答问》）

（40）其所受臧（贓），亦与盗同法。（《龙岗秦简》148）

（41）诈伪、假人符玺传及让人符传者，皆与阑入门同罪。（《龙岗秦简》4）

（42）吏弗劾论，皆与同罪。（《龙岗秦简》45）

在出土战国文献中，比事介词“与”后的主要动词是“等”（相等）、“同”。“主事+与+比事+等/同”，表示“主事”跟“比事”相等或相同。

值得注意的是，共事介词“与”和比事介词“与”后都可有“同”。但前者的“同”是同时的意思，后者的“同”是相同的意思。前者重在陈述，主事跟共事同时做什么；后者重在比较，主事跟比事相同、相类。

“与”可以跟“之”构成“（甲）之与（乙）”这样的惯用格式，例如：

（43）卑（譬）道之才（在）天下也，猷（犹）少（小）浴（谷）之舁（与）江海。（《郭店楚简·老子甲本》）

（44）古者埜（尧）之舁（与）叁（舜）也：昏（闻）叁孝，智丌能𢁼（养）天下之孝也。（《郭店楚简·唐虞之道》）

何乐士（2006）认为，“（甲）之与（乙）”这种格式，从甲和乙的关系来看，可以分为两大类。一类甲和乙是并列关系，其中的“与”可译为“和”，是连词。另一类甲和乙是主从关系，又分为两种。一种是“甲之与乙”可译为甲跟乙相比；一种是可译为甲对于乙。这两种“与”都是介词。

运用这个方法来看，上两列中的“与”都是介词，都不是简单的“和”的意思。例（43）中的“小谷之与江海”可译为小谷跟江海相比。例（44）中的“尧之与舜”可译为尧对于舜。例（43）中的“与”介引比事，而例（44）中的“与”介引对象，这种用法的“与”可能是受到介词“於”的类化而产生的。介词“於”有这样的用法，例如“君子之于禽兽也，见其生，不忍见其死；闻其声，不忍食其肉。”（《孟子·梁惠王上》）、“鲁之於晋也，职贡不乏，玩好时至。”（《左传·襄公十九年》）

出土战国文献中介词“与”的语义功能如下表所示：

9－1：出土战国文献中介词“与”语义功能统计表

用法＼文献		战国金文	战国简牍			战国帛书	战国玉石文字	合计
			楚简	曾简	秦简			
介词	共事介词	2	59		73			134
	比事介词				22			22
	之与		2					2
总计		2	61		95			178

介词“与”的宾语，可由名词语充当，也可由动词语充当。

能充当介词“与”宾语的名词语有名词、代词。定中短语、联合短语、同位短语、者字短语。

“与”字的宾语由名词充当的例子如：

（45）即取车辖，毋令人见之，及毋与人言。（《周家台秦简·病方及其它》）

（46）虐（吾）欲与齐战。（《上博楚简四·曹沫之阵》）

（47）赎罪不直，史不与啬夫和，问史可（何）论？（《睡虎地秦简·法律答问》）

（48）与君言，言叓（使）臣。与臣言，言事君。与父言，言畜子。与子言，言孝父。与伬（兄）言，言㤙（慈）俤（弟）。与俤（弟）言，言丞（承）伬。（《上博楚简四·内豊》）

（49）度攻必令司空与匠度之，毋独令匠。（《睡虎地秦简·秦律十八种》）

（50）古（故）君不与少（小）悔（谋）大，𠬝（则）大臣不惰（怨）。（《郭店楚简·缁衣》）

最后一例中的“小”，是形容词用作名词，指小臣的意思。介词“与”的宾语也可以由代词充当。例如：

（51）能（一）牙（与）之齐，终身弗改之亖（矣）。（《郭店楚简·六德》）

（52）亓（其）子脽既与虐（吾）同车。（《上博楚简四·昭王与龚之脽》）

“与”的宾语由定中短语充当的例子如：

（53）甲怀子六月矣，白昼与同里大女子丙斗。（《睡虎地秦简·封诊式》）

（54）令其故吏与新吏杂先索出之。（《睡虎地秦简·秦律十八种》）

（55）越里中之与它里界者，垣为“完（院）”不为？（《睡虎地秦简·法律答问》）

（56）将与吾君並立於世。（《中山王譽方壶铭》，《集成》15·9735）

（57）令与其稗官分，如其事。（《睡虎地秦简·秦律十八种》）

（58）虽有母而与其母冗居公者，亦稟之，禾月半石。（《睡虎地秦简·秦律十八种》）

“与”的宾语由名词性联合短语充当的例子如：

（59）视百正，募（顾）还肎（膂），与卿、大夫同耻厇（度）。（《上博楚简六·天子建州甲》）

（60）丙与里人及甲等会饮食，皆莫肯与丙共桮（杯）器。（《睡虎地秦简·封诊式》）

“与”的宾语由同位短语充当的例子如：

（61）甲、乙交与女子丙奸。（《睡虎地秦简·法律答问》）

（62）乙独与妻丙晦卧堂上。（《睡虎地秦简·封诊式》）

（63）令史某爰书：与牢隶臣某即甲诊。（《睡虎地秦简·封诊式》）

（64）兼陵宫大夫司败察兼陵之州里人阳锗之不与亓（其）父阳年同室。（《包山楚简》128）

“与”字的宾语由“者”字短语充当的例子如：

（65）实官佐、史被免、徙，官啬夫必与去者效代者。（《睡虎地秦简·秦律十八种》）

（66）牙（与）为悉（义）者遊，嗌（益）。牙（与）牂（庄）者凥（处），嗌。（《郭店楚简·语丛三》）

“与”字的宾语也可以由动词语充当，例如：

（67）言吏入者，坐臧（赃）与盗同［法］。（《龙岗秦简》201）盗：动词，偷盗。

（68）免隶臣妾、隶臣妾垣及为它事与垣等者，食男子旦半夕参，女子参。(《睡虎地秦简·秦律十八种》) 垣：动词，筑墙。

(69) 人冢，与盗田同法。(《龙岗秦简》124)

(70) 诈伪、假人符玺传及让人符传者，皆与阑入门同罪。(《龙岗秦简》4)

只有比事介词“与”，它的宾语才可以由动词语充当，没有例外。如果动词语出现在共事介词“与”之后，则要用作名词，表示事物。

“与”字介宾短语后的“VP”有时省去，例如：

(71) 姑（苦）或（成）豪（家）父尃（捕）长鱼翯，梏者（诸）廷，与亓妻，与亓母。(《上博楚简五·姑成家父》)

此例中“与”字介宾短语前的主语应是“长鱼翯”，是受事主语。其后省略的动词应是“捕”，是被捕的意思。

介词“与”的宾语基本都用在“与”的后面，可下引一例中的“与”的宾语似是前置的：

(72) 慁（易）叴（牙）人之与偖（揞）而飤（食）人，亓（其）为不悬（仁）厚矣。(《上博楚简五·鲍叔牙与隰朋之谏》)

此例中的“易牙人之与揞”可能就是易牙与人揞的意思，“与”的宾语前置，用代词“之”复指。

介词“与”宾语省略的例子很常见。在出土战国文献中，介词“与”共出现158次，其中32次宾语是省略的。例如：

(73) 夫盗三百钱，告妻，妻与共饮食之。(《睡虎地秦简·法律答问》)

(74) 鬼恒从人女，与居，曰：“上帝子下游。”(《睡虎地秦简·日书甲种》)

(75) 都官有秩吏及离官啬夫，养各一人，其佐、史与共养；……不盈十人者，各与其官长共养、车牛。(《睡虎地秦简·秦律十八种》)

(76) 士五（伍）甲毋（无）子，其弟子以为后，与同居，而擅杀之。(《睡虎地秦简·法律答问》)

(77) 居赀赎责（债）者，或欲籍（藉）人与并居之，许。(《睡虎地秦简·秦律十八种》)

(78) ［君］子之为善也，又（有）与司（始），又（有）与冬（终）也。(《郭店楚简·五行》)

介词“与”的宾语一般都是承前省略的。如例（73）中的“与”后省略的是“夫”，例（74）中的“与”后省略的是“人女”。其余诸例类此。由于在前文业已出现，即使不在“与”后出现，也不影响意义的表达，所以省去了。

“与”字介宾短语（不管介词“与”的宾语是否省略）都出现在谓词语前作状语，没有例外。

介词“与”的语用功能主要有篇章功能，具体说来有衔接功能、分类列举排比功能。

介词“与”可以连用，构成同形重复，以显示篇章的脉络，也起到篇章衔接的作用。例如：

（79）与君言，言㚟（使）臣。与臣言，言事君。与父言，言畜子。与子言，言孝父。与伩（兄）言，言㣇（慈）俤（弟）。与俤（弟）言，言丞（承）伩。（《上博楚简四·内豊》）

这个例子里，连用了6个“与”字介宾短语，分别说明对“君”、“臣”、“父”、“子”、“兄”、“弟”各应说什么。连用的“与”字介宾短语把上个例子的议论层次较为清楚地显示出来了。

介词“与”连用，可以对某一范围的人或事物起到一种自然的分类和列举叙述作用：

（80）啻苴之田，南与郙君佢（歫）疆，东与菱君佢疆，北与鄝君佢疆，西与鄱君佢疆。（《包山楚简》153）

这里连用了四个“与”字介宾短语，分别叙述“啻苴之田”各与谁的田交界。

“与”字连用，还可以构成修辞上的排比格，“与”在其中起到“提示语”的作用。一般是“与”字介宾短语在小句中作状语，几个小句之间构成排比格。例如：

（81）与之言正（政），敚（悦）柬目（以）行；与之言乐，敚（悦）和目长；与之言豊（礼），敚（悦）敀目不逆。（《上博楚简二·容成氏》）

由出土战国文献来看，介词“与”可能具有地域性。介词“与”在秦简、楚简中都常见，分别出现95次、61次，在中山国金文中也可以见到（2次），但在曾简中一次也见不到。这是由于介词“与”没机会出现呢，还是由于当地人不用介词“与”呢?

在出土战国文献中，虚词“与”可以作介词、连词和语气词，介词源于动词，连词源于介词，语气词则另有来源。介词、连词用法常见，语气词用法不常见。介词“与”在秦简、楚简中都常见，但在曾简中见不到；连词“与”在楚简、曾简中都常见，在秦简中十分罕见；语气词“与”只见于楚简中。

连词“与”见第三章第四节，语气词“与”见第五章第一节。

参考文献

范晓、张豫峰:《语法理论纲要》，上海译文出版社 2003 年版。

郭锡良:《先秦语气词新探（一）》,《古汉语研究》1988 年第 1 期。

郭锡良:《先秦语气词新探（二）》,《古汉语研究》1989 年第 1 期。

何乐士:《古代汉语虚词典》，语文出版社 2006 年版。

华建光:《战国传世文献语气词研究》，中国人民大学汉语言文字学专业博士学位论文 2008 年。

季旭昇:《〈上海博物馆藏战国楚竹书（三）〉读本》,［台湾］万卷楼图书股份有限公司 2005 年版。

季旭昇:《〈上海博物馆藏战国楚竹书（四）〉读本》,［台湾］万卷楼图书股份有限公司 2007 年版。

李佐丰:《古代汉语语法学》，商务印书馆 2004 年版。

蓝鹰、洪波:《上古汉语虚词研究》，四川人民出版社 2001 年版。

林祥楣:《现代汉语》，语文出版社 1991 年版。

吕叔湘:《疑问·否定·肯定》,《中国语文》1985 年第 4 期。

齐沪扬:《语气词与语气系统》，安徽教育出版社 2002 年版。

王克仲:《先秦虚词“与”字的调查报告》,《古汉语研究论文集》（二），北京出版社 1984 年版。

王力:《王力古汉语字典》，中华书局 2000 年版。

王力:《古代汉语》，中华书局 1962 年版。

徐杰:《普遍语法原则与汉语语法现象》，北京大学出版社 2001 年版。

徐萧斧:《古汉语中的“与”和“及”》,《中国语文》1991 年第 5 期。

杨永龙：《先秦汉语语气词同现的结构层次》，《古汉语研究》2000 年第 4 期。

于江：《虚词“与、及、并、和”的历史发展》，《上海大学学报》1996 年第 1 期。

周生亚：《并列连词“与、及”用法辨析》，《中国语文》1989 年第 2 期。

朱承平：《先秦汉语句尾语气词的组合及组合层次》，《中国语文》1998 年第 4 期。

第十节　出土战国文献中的介词“及”

在出土战国文献中，虚词“及”有介词和连词的用法，这些用法是从哪里来的呢?

于江（1996）认为，“及”原是个动词，表示“追及”、“涉及”的意思。由这种意义的“及”虚化为“和”、“同”义的介词“及”。这种说法大抵是不错的，但是把复杂的问题简单化了。

在殷商时代，“及”常作动词，是赶上的意思。例如：（a）令王族追召方，及于☐?（《合集》33017）（b）犬追亘，又（有）及?（《合》302）由这种动词“及”虚化为意义为“赶在”、“趁着”的条件介词“及”，例如：（a）戊辰卜：及今夕雨?/弗及今夕雨?（《屯南》1062）（b）及兹月出采，受年?/于生月出采，受年?（《屯南》345）

由动词“及”虚化为介词“及”的基本前提是“及”和它的宾语出现在“VP”之前。由于句子结构信息的安排，往往是旧信息或已知信息在前，新信息或焦点在后，这样，“主语+及+O+VP”中的“及+O”是表示旧信息或已知信息的，其本身是表示伴随意义的，后一个动词才是句子的中心。特别是当作为连动式前一个动词“及”的宾语是时间名词时，“及”更是处于非中心位置，因为时间条件成分是修饰和附加、补充成分，不是句子句法结构的主干成分，只是语义结构中的可有成分。因此，随着这种句式的经常使用，动词“及”的意义发生了泛化以至弱化、虚化的变化。在由动词“及”向介词“及”语法化的过程中，殷商时代早已存在的“NP+P+NP+VP”这种句式成了类推的源动力，这种句式的例子如“贞：王自余入?”（《合集》

3458)、“于祖乙用羌?”(《合集》32122)受这种源动力的推动，“及”逐渐虚化为介词，其意义趋于抽象，搭配对象扩大，凡可以表示条件的词语都可以出现在“及”之后。与“及”虚化为介词相伴随，人们对这种句式进行了重新分析，“NP+VP_1+VP_2”被分析为“NP+PP+VP”。

到了西周春秋时代，“及”仍有条件介词的用法，例如“我惟显服，及德之方明。”(《逸周书·度邑》)

这时，介词“及”又有了时间介词(表示所到)、对象介词、共事介词等用法。用作时间介词的例子如“及期，百夫荐素质之旗于王前。”(《逸周书·克殷》)“及将致政，乃作大邑成周于土中。”(《逸周书·作雒》)用作对象介词的例子如“内奰于中国，覃及鬼方。”(《诗经·大雅·荡》)“之纲之纪，燕及朋友。”(《诗经·大雅·假乐》)用作共事介词的例子如“女及戎大敦搏。”(《不其簋铭》)“我虽同事，及尔同僚。”(《诗经·大雅·板》)

“及”此时已有了并列连词的用法，例如“周公立，相天子，三叔及殷东徐、奄及熊盈以略。”(《逸周书·作雒》)“侵镐及方，至于泾阳。”(《诗经·小雅·六月》)

表示所到的时间介词“及”应该是由“及到”、“达到”意义的动词“及”虚化而来。动词“及”的“及到”、“达到”义是由“赶上”、“追上”这种意义的“及”引申而来，详见王力等(2000)。这种介词“及”所由虚化的具体句法环境也应是“主语+及+时间名词语+VP”，其语法化的机制与条件介词“及”相同。

对象介词“及”也是由意义为“及到”、“达到”的动词“及”虚化而来。这种介词“及”虚化的基本前提，是出现在“NP_1+VP+及+NP_2”这样的句法环境之中。由于“及”出现在“VP”之后，语音弱化，也由于“及”后出现的是表示关涉对象这种非基本、非核心、非中心成分，“及”开始虚化。“及”在由动词向介词虚化的过程中，受到了在殷商时已十分常见的“NP+VP+P+NP”这种句式的影响，这种句式是类推的源动力。例如“庚戌卜：侑岁于下乙?”(《合集》22044)“辛酉卜，尹贞：王步自商，亡灾?”(《合集》24228)介词“及”产生后，词义抽象化，搭配对象扩大化，凡是表时间的词语都可以出现在“及”之后。与介词“及”产生相伴随，人们对“及”所在的句式进行了重新分析，“$NP+VP_1+VP_2$”被分析为“$NP_1+VP+P+NP_2$”。

共事介词“及”也是源于动词“及”。作为共事介词“及”源头的动词“及”，应是“跟”的意思。“及”的本义是“追上”、“赶上”，追赶者原是在后面跟着，后来追上了也是在后面，所以“及”应有“跟”的意思。由“跟”这种意义的“及”虚化为表示共事的介词“及”，跟共事介词“与”的来源一样。共事介词“及”所由虚化的具体语法环境应是“主语+及+NP+VP”，其语法化的机制应与条件介词、时间介词“及”一样。共事介词“及”产生之后，受“于”、“自”等介词影响，就和它的宾语一起不但可以出现在“VP”之前，也可以出现在“VP”之后。

并列连词“及”的来源如何？对此学者们大都认为是源于动词“及”。周生亚（1989）认为，连词“及”和介词“及”可能是同时由动词“及”引申而成，它不一定非得走动词→介词→连词的路线。于江（1996）认为，表示“和”、“同”义的连词“及”是由“追及”、“涉及”义的动词“及”虚化而成的。蓝鹰等（2001）也认为，上古汉语“及”的动词义有“追赶”、“赶上”、“到达”等，表并列的连词“及”是由动词虚化而成的。

我们认为，上述三家的说法可以商榷。连词“及”可能跟连词“与”一样，也是经历了动词→介词→连词这样的发展过程。我们知道，并列连词“与”是由共事介词“与”发展而来的，所由虚化的语法环境是“NP_1+与$+NP_2+VP$”。并列连词“及”的来源应该跟并列连词“与”是一样的。在殷商时代，“及”还没有共事介词的用法，因而也没有并列连词的用法。张玉金（1994）认为，甲骨文中有并列连词“及”，并举了下面这个例子：“甲戌卜，㱿贞：雀及子商徒基方，克？”（《合集》6573）但是，裘锡圭认为此例中的“及”可能是“尸”字[①]，还有人释为“人”。除了这个有争议的例子之外，卜辞中的“及”还没有发现当作连词用的。到了西周时代，“及”有共事介词的用法了，同时也有并列连词的用法。在汉语语法发展史上，存在着“平行虚化”现象，这是洪波（1997）指出来的。如动词“使”虚化为假设连词，与它同义的“令”也虚化为假设连词；动词“见”在表示“遭受”意义上虚化为表示被动的助动词，动词“被”在表示“遭受”意义上也有相同的虚化。既然如此，那么我们认为，并列连词“与”是由

“跟”、“同”义的共事介词虚化而来；并列连词“及”也应该是由“跟”、“同”义的共事介词虚化而来。两者之间应是平行虚化。现代汉语中的并列连词“和”，刘坚等（1992）认为是由“连带”、“连同”义的动词虚化而成的。我们则认为，并列连词“和”可能也是由“跟”、“同”义的共事介词“和”（例如“我和他商量”）发展而来（至少是其来源之一）。

到了出土战国文献里，继承了西周春秋文献中虚词“及”的所有用法，又多出了一个用作方面介词的用法。这种用法的“及”在传世文献中可以见到，例如“不通经术知古今之大体，不可以为三公；及左右近臣少见之人，如从管中窥天也。”（《史记·梁孝王世家》）

这种介词“及”可能是由意义为“说到”、“提及”义的动词“及”发展而来。在上古汉语中，有些“及”是这样的意义，例如“群君终日，言不及义。”（《论语·卫灵公》）方面介词“及”所由虚化的具体句法环境应是“及+宾语+VP”（“宾语”是后面“VP”的话题），其语法化的机制与共事介词“及”等类似。

在出土战国文献中，“及”主要是用作连词，用作介词的比较少见，两者的比例是324：21。介词“及”可以作共事介词、时间介词、对象介词、方面介词、条件介词等。

一、共事介词

介词“及”可以作共事介词、意义是“跟”、“与”、“同”，例如：

（1）大夫寡，当伍及人不当？（《睡虎地秦简·法律答问》）

此例中的“伍”为动词，意思是合编为伍。“伍及人”是指跟其他人合编为伍。“及”字介宾短语放在动词之后。这种“及”在传世战国文献中也可以见到，但“及”字介宾短语多是作状语的，例如“秦大夫不询于我寡君，擅及郑盟。”（《左传·成公十三年》）

二、时间介词

“及”作时间介词，一般是表示终点时间的，和它的宾语一起作状语，是“到”、“等到”的意思。例如：

（2）隹（虽）丌（其）於善道也亦非又（有）译（择）娄（数）以

多也，及丌（其）尃（博）长而𠦪（厚）大也，则圣人不可由（猶）与（豫）墠（惮）之。（《郭店楚简·成之闻之》）

（3）憙（喜）惹（怒）忞（哀）悲之槩（气），眚（性）也。及丌（其）见於外，㝵（则）勿（物）取之也。（《郭店楚简·性自命出》）

（4）方才（在）下立（位），不以匹夫为坙（轻）；及丌（其）又（有）天下也，不以天下为重。（《郭店楚简·唐虞之道》）

（5）及丌（其）为埜（尧）臣也，甚忠。（《郭店楚简·唐虞之道》）

（6）隹（虽）有死辠（罪），及参世，亡不若。（《中山王䂞鼎铭》，《集成》5·2840）

（7）不赁（任）其人，及官之敃岂可悔？（《睡虎地秦简·为吏之道》）敃：乱。

在传世文献中，"及"还可以作处所介词，表示事物运动的终点，可译为"到"、"到达"。例如："若阙地及泉，隧而相见，其谁曰不然？"（《左传·隐公元年》）"费人攻之，弗克，入及公侧。"（《史记·孔子世家》）

在出土战国文献中，未见到"及"用作处所介词的典型例子，下引一例似可归入处所介词，但"及"和它的宾语是表示动作行为所达到的程度的：

（8）宦及智（知）於王，及六百石吏以上，皆为显大夫。（《睡虎地秦简·法律答问》）

"宦及知於王"是说做官达到为王所知。例中的第二个"及"是并列连词。

三、条件介词

"及"作条件介词，和它的宾语一起作状语，可译为"趁"、"趁着"。例如：

（9）邦必㠯（亡），我及含（今）可（何）若？（《上博楚简六·平王问郑寿》）

"及今何若"是说趁现在怎么办。

四、对象介词

“及”作对象介词，表示动作行为涉及的对象，和它的宾语一起作补语，可译为“到”。例如：

(10) 是又（有）纯德遗训，以施及子孙。(《中山王讐方壶铭》,《集成》15·9735)

(11) 亡圣（声）之乐，它（施）汲（及）孙子。(《上博楚简五·民之父母》)

(12) 陀（施）及五帝，莫能禁止。(《峄山刻石》)

(13) 举劾不从令者，致以律，论及令、丞。(《睡虎地秦简·语书》)

(14) 《甘［棠］》［思］及亓（其）人，敬蜒（爱）亓（其）查（树）。(《上博楚简一·诗序》)

五、方面介词

“及”作方面介词，常表示话题转移，可译为“至于”。例如：

(15) 昔者尧叁（舜）墨（禹）汤，息（仁）义圣智，天下法之。此目（以）贵为天子，賻（富）又（有）天下，长年又（有）舉（举），后殜（世）遂之。则䰟（鬼）神之赏，此明矣。汲（及）桀受學（幽）萬（厲），焚圣人，杀讦者，恻（贼）百眚（姓），亂（乱）邦豪（家）。［此目（以）桀折於鬲山，而受首於只（岐）袿（社），］身不叟（没）为天下芺（笑）。则䰟（鬼）［神之罚，此明］矣。汲（及）五（伍）子疋（胥）者，天下之圣人也，鴟层（夷）而死。遳（荣）夷（夷）公者，天下之亂（乱）人也，长年而叟（没）。(《上博楚简五·鬼神之明》)

这种“及”，何乐士（2006）认为是转折连词，不可信。我们认为，这种“及”跟“至于钱的问题，我们也没有好的办法”中的“至于”词性相同，都是介词。

10－1：出土战国文献中介词“及”统计表

文献 用法		战国金文	战国简牍		战国帛书	战国玉石文字	合计
			楚简	秦简			
介词	共事介词			1			1
	时间介词	1	10	1			12
	对象介词	1	3	1		1	6
	方面介词		1				1
	条件介词		1				1
总计		2	14	3		1	21

介词“及”的宾语，可以由名词语构成，也可以由动词语构成。

能充当“及”宾语的名词语，包括名词、联合短语、定中短语、者字短语。由名词充当的例子如前引例（1）、例（9）。由定中短语充当的例子如前引例（6）、例（7）、例（12）、例（14）。又如：

（16）亡備（服）喪（丧），它（施）返（及）四国。（《上博楚简二·民之父母》）

由联合短语充当的例子如例（13）、例（15）中的前一个“及”。由“者”字短语充当的例子如前引例（15）中后一个“及”，“及”后的“者”字词组是由“NP+者”构成的。

能够充当“及”的宾语的动词语，包括中补短语、主谓短语。由中补短语充当的例子如前引例（8）。由主谓短语充当的例子如前引例（2）至例（5）。又如：

（17）谍人毋怠，毋思（使）民矣（疑），返（及）尔龟簭（筮），皆曰勳（胜）之。（《上博楚简四·曹沫之阵》）

（18）返（及）虐（吾）亡身，或（有）可（何）［害安（焉）］？（《郭店楚简·老子乙本》）

介词“及”的宾语没有省略的，也没有放到介词“及”之前的。

“及”字介宾短语，可以放在“VP”之前，也可以放在“VP”之后。时间介词“及”及其宾语都放在动词语之前，没有例外。如前引例（2）至例（7）。又如：

（19）返（及）亓（其）葬也，皆为亓容。（《上博楚简五·鲍叔牙与隰朋之谏》）

（20）返（及）尔龟箸（筮），皆曰勳（胜）之。（《上博楚简四·曹沫之阵》）

此外，条件介词“及”、方面介词“及”和它的宾语也都放在动词语之前，如前引例（9）、例（15）。对象介词“及”及其宾语一般都要放在“VP”之后，如前引例（10）至例（14）。又如：

（21）亡備（服）㛍（丧），它（施）返（及）四国。（《上博楚简二·民之父母》）

共事介词“及”及其宾语也可以放到“VP”之后，如前引例（1）。但在传世文献中，这种“及”字结构可以放到“VP”之前，例如：

（22）秦大夫不询于我寡君，擅及郑盟。（《左传·成公十三年》）

介词“及”的语用功能主要有话题标记功能、篇章功能。

就出土文献而言，“及”的话题标记功能主要体现在它的方面介词、时间介词等用法上。前引例（15）中的“及”都是用作方面介词的，它的主要功能是在话语中引进另提的话题，使这个话题跟前面的话题并列。前引例（2）至例（5）中的“及”都是时间介词，“及”及其宾语处于句首，为句子的话题，正因为如此，在“及”及其宾语之后出现了句中语气词“也”。

从传世文献来看，条件介词“及”也具有话题标记功能，例如：

（23）及其未既济也，请击之。（《左传·僖公三十二年》）

“及”的篇章功能主要有衔接功能、管界功能。“及”的衔接功能首先体现在它的方面介词的用法上。这种“及”引出新的话题以承启下文。“及”的衔接功能还表现在它介引某个“回指”上文的词语上，如前引例（2）至例（5），其中的“及”后都有“其”，“其”回指上文，“及”介引“其”及其后面的词语，有承上启下的作用。

“及”的管界功能主要体现在它的用作句首修饰语的用法上。作为一个小句的句首修饰语，“及”字介宾短语可以在时间、方面、条件等方面对小句进行限定，如前引例（2）至例（5）、例（23）；也可以居于几个小句的前面，在时间、方面、条件等方面对几个小句进行限定，如前引例（15）。

连词“及”见第三章第五节。

附　　注

① 参见沈培：《读甲骨文虚词词典》，《书品》1994 年第 3 期，第 42—50 页。

参考文献

大西克也：《并列连词“及”“与”在出土文献中的分布及上古汉语方言语法》，郭锡良主编：《古汉语语法论集》，语文出版社 1998 年版。

何乐士：《古代汉语虚词词典》，语文出版社 2006 年版。

蓝鹰、洪波：《上古汉语虚词研究》，四川人民出版社 2001 年版。

徐萧斧：《古汉语中的“与”和“及”》，《中国语文》1981 年第 5 期。

于江：《虚词“与、及、并、和”的历史发展》，《上海大学学报》1996 年第 1 期。

周生亚：《并列连词“与、及”用法辨析》，《中国语文》1989 年第 2 期。

周守晋：《出土战国文献语法研究》，北京大学出版社 2005 年版。

第十一节　出土战国文献中的介词“为”

“为”最常见的虚词用法是用作介词，这种“为”在出土战国文献中共出现了 226 次。

这种介词“为”是怎么来的呢？

我们认为，介词“为”是由动词“为”虚化而来的。在上古汉语里，“为”常作动词。依据何乐士（2004），在《左传》中，“为”共出现 1537 次，其中作动词的就有 1291 次，作介词的才 243 次。动词“为”常出现在这样的格式里：

S+为+$名_1$/代+$名_2$/动

动词“为”前有主语，也可以省略。紧挨着“为”后出现的是“$名_1$/代”，即名词语或者代词；然后是“$名_2$/动”，即名词或动词（若是动词，它一般是用作名词的）。“$名_1$/代”和“$名_2$/动”之间可以是定中关系，也可以共作“为”的双宾语。例如：

（1）隶臣有巧可以为工者，勿以为人仆、养。（《睡虎地秦简·秦律十

八种》)

（2）姜氏何厌之有，不如早为之所。(《左传·隐公元年》)

（3）夫司寇行戮，君为之不举。(《左传·庄公二十年》)

（4）民疾而叛，为之聚也。(《左传·昭公三年》)

上引例（1）中的“仆”是指驾车的人，“养”是任炊烹的人，都是名词，例中的“为”是动词。后三例中的“为”，陈克炯（1983）也都认为是动词，他认为“之”后面的动词语，都是指行为或动作有关的事件。由“为”构成的上述句式很常见。这种句法环境里的动词“为”，正是介词“为”的直接来源。

我们知道，在上古汉语里，名词可以用作动词，动词也可以用作名词。以前引例（1）的“仆”为例，它可以作名词，指驾车的人，如“屡顾尔仆”(《诗经·小雅·正月》)，也可以作动词，指驾车或作驾车人，例如“子适卫，冉有仆”(《论语·子路》)。如果把例（1）中的“仆、养”看作名词，那么“为”就是动词；如果把它们看作动词，那么“为”就应该是介词。再以前引例（4）为例，“聚”可以指聚民这个动作（这时它是动词），也可以指聚民这件事（这时它是名词），陈克炯（1983）认为是后者，所以他认为前边的“为”是动词；但若把“聚”看作动词，则前面的“为”应看成介词。

我们认为，介词“为”的产生，正是由于上述句式的重新分析。原来，在“S+为+名1/代+名2”中，“为”是谓语的中心，“名2”是宾语或宾语中心。但是重新分析发生后，“名2”用作动词，作谓语中心，而前面的“为”虚化为介词了。在“S+为+名1/代+动”中，“为”本来是谓语中心，而“动”是用作名词的，作宾语或宾语中心。但重新分析发生后，谓语中心后移，由“为”移到了后边的“动”。后边的“动”又由名词变为动词。这样一来，介词“为”产生了。请看下面的例子：

（5）謠生目（以）衢篁为君贞。(《新蔡楚简》乙一：26)

（6）彭定目（以）驳靇为君举（卒）戢（岁）贞。(《新蔡楚简》乙四：46)

（7）郏輓目（以）衢韦（篁）为君举（卒）戢（岁）之贞。(《新蔡楚简》乙四：102)

上引例（5）中的“为君贞”，是替君贞问，其中的“为”应为介词，例（6）中的“为君卒岁贞”是说为君的一整年贞问（“卒岁”是时间名词），其中的“为”也是介词。例（7）中的“为君卒岁之贞”，我们也分析为状中结构，“为+君卒岁”是介宾短语作状语，“之”用于状中之间，“贞”是谓语中心。

例（7）的“贞”前为什么用“之”，其来源如何？我们认为“为+名1+之+动”这种句式很可能最初是以“为”为谓语中心的，“名+之+动”是定中短语。但是重新分析发生之后，谓语中心移到后面的“动”上，前面的“为”成了介词，而“之”成了用于状中之间的助词了。

重新分析之所以发生，是由于受到了“S+介+O+VP”这种句式的类推。这种句式在很早就已经产生了。例如：

（8）走敢拜稽首，对扬王休，用自乍宝尊簋，走其眔厥子子孙孙万年永宝用。（《走簋铭》）

（9）面相诬蒙，及尔颠覆。（《逸周书・芮良夫》）

（10）我有好爵，吾与尔靡之。（《周易・中孚》）

这种句式是类推的原动力。在这类句式的影响下，“S+为+名1/代+名2/动”被重新分析，“为”这种介词产生了。

介词“为”的语义功能，主要是作主事介词、与事介词、因事介词和关事介词。

一、主事介词

主事介词“为”具体有两种用法，一是作施事介词；二是作经事介词。

“为”用作施事介词，引进动词动作行为的发出者，可译为“被”。一般构成“为+施事+V”这样的句式。例如：

（11）为天下殍（僇）。（《中山王嚳鼎铭》，《集成》5・2840）僇：辱。

（12）身不叟（没），为天下芺（笑）。（《上博楚简五・鬼神之明》）

（13）斗，为人殴殹。（《睡虎地秦简・法律答问》）

（14）生子，老为人治（笞）也。（《睡虎地秦简・日书甲种》）

（15）今马为人败，食人稼一石。（《睡虎地秦简・法律答问》）

“为”用作经事介词，引进心理活动的发出者，可译为“被”。也构成

“为+经事+V”这样的句式。例如：

（16）古（故）为天下贵。（《郭店楚简·老子甲本》）贵：尊重。

何乐士（2004）指出，在《左传》中没有发现“为……所……”式的被动句式。我们进一步指出，在出土战国文献中也见不到这种句式。由于这种句式多见于《史记》，所以很可能是在西汉时代才产生的。

二、与事介词

与事介词“为”有一种用法，即作当事介词。这种“为”引进动作行为所为之而发的对象，往往是动作行为受益的对象，可译为“为”、“替”、“给”。例如：

（17）哀公胃（谓）孔=（孔子）：子不为我圖（图）之？（《上博楚简二·鲁邦大旱》）

（18）䛬（许）定㠯（以）陵尹懌之大保（宝）豥为君贞☑。（《新蔡楚简》乙二：27）

（19）攻尹之攻执事人夏嬰、卫痎为子左尹舵嬰祷於亲王父、司马子音戠（特）牛。（《包山楚简》224）

（20）陈𦸗、宋献为王煮盐於海。（《包山楚简》147）

（21）安陵莫敖繎献为鄝貣越异之黄金七益，㠯（以）雑种。（《包山楚简》106）

（22）为黑夫、惊多问婴记事可（何）如？定不定？（《睡虎地秦牍》M4：11号）

（23）铸客为王后甲府为之。（《铸客为王后甲府鼎铭》，《集成》4·2394）

（24）大攻（工）尹脽台（以）王命命集尹悳（悃）楮、裁（织）尹逆、裁（织）𢦒（令）阢，为鄂君启之府賦（就）铸金节。（《鄂君启车节铭》，《集成》18·12110）

这种“为”最为常见，共出现188次，占介词“为”总次数（226）的83.2%。

三、因事介词

因事介词“为”有两种用法，一是作原因介词，二是作目的介词。

原因介词“为”引进动作行为发生的原因，可译为“因为”。例如：

（25）夫为丌君之古（故）杀丌身者，尝又（有）之矣。丨夫为丌君之古（故）杀丌身者，交（效）录（禄）雀（爵）者也。（《郭店楚简·鲁穆公问子思》）

（26）善取，人能从之，上也。为古（故）衒（率）民向方者，唯悳（德）可。（《郭店楚简·尊德义》）

（27）☐戔（践）迖，为民之古（故），急（仁）之至。（《上博楚简六·慎子曰恭俭》）

（28）故腾为是而脩法律令、田令及为閒私方而下之。（《睡虎地秦简·语书》）

目的介词“为”引进动作行为的目的，可译为“为”、“为了”。例如：

（29）为父𢇍（绝）君，不为君𢇍（绝）父。为昆弟𢇍妻，不为妻𢇍昆弟。为宗族𠛬（杀）倗（朋）晋（友），不为倗晋𠛬宗族。（《郭店楚简·六德》）

（30）士为大夫之立身不字，大夫为邦君之立身不字，邦君为夫子之［立］身不字。（《上博楚简六·天子建州甲》）

（31）童（动）非为达也，古（故）穿（穷）而不□□□为名也。（《郭店楚简·穷达以时》）

（32）善於死者为生者。（《上博楚简四·曹沫之阵》）

（33）卿（向）为厶（私）謏（便），人䣵（将）芙（笑）君。（《上博楚简四·柬大王泊旱》）

（34）为利桂（枉）［道则贪］。（《上博楚简二·从政甲》）

四、关事介词

关事介词“为”主要有一种用法，即用作对象介词，引进动作行为旁及的对象，可译为“对”、“向”。例如：

（35）☐䣵（将）为客告。（《上博楚简四·柬大王泊旱》）为客告：向客人通报。

(36) 让命（令）尹不为之告。(《上博楚简四·昭王毁室》) 为之告：向楚王通报。

“为”的介词用法源于动词用法。前面说过，介词“为”所由虚化的具体语法环境是“S+为+名1/代+名2/动”。当“为”后的两项作“为”的双宾语时，“名1/代”这一项就是“为”的当事。当“为”虚化为介词后，“名1/代”就成了其后动词的当事。所以当事介词这一用法是直接由动词来的，是最基本的用法，频率也最高。由当事介词用法发展出对象介词的用法，这两种用法很相近，语义也十分类似，有时甚至很难区分。由当事介词用法又发展出目的介词的用法，当事介词是介引动作行为为之而发的对象，目的介词是介引动作行为的目的，两者相通，有时甚至都可译为“为”、“为了”。由目的介词又发展出原因介词，因为目的和原因是相通，为了什么而“V”和因为什么而“V”是类似的。至于施事介词，可能也是直接源于动词“为”的。前面说过，“S+为+名/代+动”是“为”所由虚化的具体语法环境之一。当“为”是动词时，其后的“动”是动词用作名词，是“所动”之义。从语义上看，“为”后的“名/动”是“动”的施事。但当“为”虚化为介词后，“动”又变回动词，这时“为”后的“名/代”成了“为”的宾语，在语义上“名/代”仍是“动”的施事。例如“兔不可复得而身为宋国笑”(《韩非子·五蠹》) 中的施事介词“为”就是这样产生的。

介词“为”的语义功能及其频率如下表所示：

11－1：出土战国文献中介词“为”语义功能统计表

文献 语义功能		战国金文	战国简牍		战国帛书	战国玉石文字	合计
			楚简	秦简			
主事介词：施事介词		1	3	3	1		8
与事介词：当事介词		12	157	19			188
因事介词	原因介词		7	1			8
	目的介词		20				20

续表

语义功能＼文献	战国金文	战国简牍		战国帛书	战国玉石文字	合计
		楚简	秦简			
关事介词：对象介词		2				2
总计	13	189	23	1	0	226

介词“为”的宾语一般都是由名词性词语充当的。具体说来，有名词、代词、定中短语、名词性联合短语、同位短语和“者”字短语。

介词“为”的宾语由名词充当的例子如：

（37）陈𦏴、宋献为王煮盐於海，受屯二儋之飤金𨰻二𨰻。（《包山楚简》147）

（38）𨟻（许）定㠯（以）陵尹𢓭之大保（宝）豙为君贞☐。（《新蔡楚简》乙二：27）

（39）某行毋咎，先为禹除道。（《睡虎地秦简·日书甲种》）

（40）生子，老为人治（笞）也。（《睡虎地秦简·日书甲种》）

（41）子左尹𧨎（属）之新𢓜（造）让尹丹，命为仆至（致）典。（《包山楚简》15—16）

（42）为利桂（枉）[道则贪]。（《上博楚简二·从政甲》）

介词“为”的宾语由代词充当的例子如：

（43）哀公胃（谓）孔=（孔子）：子不为我圙（图）之？（《上博楚简二·鲁邦大旱》）

（44）丌祝吏（史）之为丌（其）君祝敓也。（《上博楚简六·竞公瘧》）

（45）今会之𢿐客不为丌（其）𣂔（断）而倚执仆之兄綎。（《包山楚简》134—135）

（46）故腾为是而脩法律令、田令及为閒私方而下之。（《睡虎地秦简·语书》）

（47）忎（仁）者为此进☐如此也。（《郭店楚简·唐虞之道》）

（48）目之好色，耳之乐圣（声），𩞆（郁）舀（陶）之𢢃（气）也，

人不难为之死。(《郭店楚简·性自命出》)

介词“为”的宾语由定中短语充当的例子如:

(49) 大攻(工)尹脽台(以)王命命集尹悪(怊)糌(楮)、裁(织)尹逆、裁(织)敆(令)阢,为鄂君启之府賦(就)铸金节。(《鄂君启车节铭》,《集成》18·12110)

(50) 铸客为大后脰官为之。(《铸客大后脰官鼎铭》,《集成》4·2395)

(51) 夫为丌君之古(故)杀丌身者,尝又(有)之矣。(《郭店楚简·鲁穆公问子思》)

(52) 为此殜(世)也从事。(《上博楚简五·姑成家父》)

介词“为”的宾语由名词性联合短语充当的例子如:

(53) 为黑夫、惊多问夕阳吕婴匽里阎诤丈人得毋恙□矣。(《睡虎地秦牍》M4:11号)

(54) 铸客为集腏、伸腏、睘腋腏为之。(《铸客为集腏鼎铭》,《集成》4·2480)

介词“为”的宾语由同位短语充当的例子如:

(55) 苛光目(以)长惻为左尹卲胣贞。(《包山楚简》220)

(56) 左尹目(以)王命告子郙公,命邌上之识狱为郐人舒握盟。(《包山楚简》139)

(57) �大敓(令)悆目(以)为剁敓(令)图隓剁人。(《包山楚简》5)

(58) 目(以)丌(其)为丌兄蔡癠剸(断)不法。(《包山楚简》102)

介词“为”的宾语由“者”字短语充当的例子如:

(59) 善於死者为生者。(《上博楚简四·曹沬之阵》)

在“为”字介宾短语和“VP”之间可以出现连词“而”,如前引例(28),还可以出现结构助词“之”,例如:

(60) �松輓目(以)衜韦(篹)为君妥(卒)戢(岁)之贞。(《新蔡楚简》乙四:102)卒岁:时间名词,一整年。

(61) 大夫为邦君之立身不字。(《上博楚简六·天子建州甲》)

有时出现句中语气词“也”，例如：“为此殜（世）也从事。”（《上博楚简五·姑成家父》）

介词“为”的宾语有时可以省去，例如：

（62）郐之戡客或执仆之兄脭，而旧（久）不为剸（断）君命速为之剸。（《包山楚简》135）

（63）〼目（以）陵尹懌之大保（宝）彖为君贞。丨既为贞，而敚亓祱（祟）。（《新蔡楚简》甲三：219）

（64）智（知）人通钱而为臧（藏）。（《睡虎地秦简·法律答问》）

（65）工隶臣斩首及人为斩首以免者，皆令为工。（《睡虎地秦简·秦律十八种》）

（66）将司人而亡，能自捕及亲所智（知）为捕，除毋罪。（《睡虎地秦简·法律答问》）

（67）甲徙居，徙数谒吏，吏环，弗为更籍。（《睡虎地秦简·法律答问》）

关于出土战国文献中介词“为”宾语的省略，可以归纳为以下几点：

第一，“为”宾语省略的共有 12 次，占介词“为”出现总次数（226 次）的 5.3%。

第二，一般是承前省略，即介词“为”的宾语在上文业已出现，而在“为”后省去。有时，“为”的宾语人所共知，也可以省去不说。

第三，“为”必须出现在“VP”之前作状语，“为”的宾语才可以省略。

第四，只见到当事介词“为”宾语省略的例子，未见到其它介词“为”宾语省略的例子。

第五，介词“为”宾语省略的例子，在楚简中有 3 次，在秦简中有 9 次。

介词“为”的宾语一般都处于“为”字之后，未见到出现在“为”前的例子。

“为”字介宾短语一般都出现在“VP”之前，只见到一个出现在“VP”之后的例子：

（68）善於死者为生者。（《上博楚简四·曹沫之阵》）

“为”字介宾短语之后的“VP”有时可以省去，例如：

(69) 铸器客为集糌七府。(《铸器客甗铭》,《集成》3·914)

(70) 卿（向）为厶（私）諚（便），人牆（将）芺（笑）君。(《上博楚简四·柬大王泊旱》)

(71) 紝（疏）斩帣（布），实（絰）、丈（杖），为父也，为君亦然。紝衰齐，戊（牡）林（麻）实（絰），为昆弟也，为妻亦然。曩（袒）字（免），为宗族也，为倗（朋）晉（友）亦肰（然）。(《郭店楚简·六德》)

(72) 童（动）非为达也，古（故）穿（穷）而不□□□为名也。(《郭店楚简·穷达以时》)

上引例（69）“七府”之后，省去了“为之”。例（70）中的“向为私便”是说之前你们也为了我私人的便利（改动正常程序迅速占卜），很显然，“私便”后也省去了“VP”。例（71）、(72) 同此。

介词“以”的宾语情况如下表所示：

11－2：出土战国文献中介词“以”宾语统计表

结构＼文献	战国金文	战国简牍		战国帛书	战国玉石文字	合计
		楚简	秦简			
名词	7	109	8	1		125
定中短语	5	18				23
联合短语	1		4			5
同位短语		28				28
者字短语		1				1
代词		20	2			22
宾语省略		3	9			12
残辞		10				10
总计	13	189	23	1	0	226

介词“为”的语用功能有话题标记功能、凸显焦点功能、篇章功能。

介词“为”的话题标记功能表现在它有时可以介引话题。例如：

(73) 为此殜（世）也从事。(《上博楚简五·姑成家父》)

此例中的“为”，介引的话题是“此世”，在话题之后出现了句中语气词“也”。这种“为”很少见。

介词“为”的凸显焦点的功能，主要体现在主事介词的身上。前面说过，“为”可作主事介词中的施事介词和经事介词，例如：

（74）身不叟（没），为天下芺（笑）。（《上博楚简五·鬼神之明》）

（75）古（故）为天下贵。（《郭店楚简·老子甲本》）

在这类句式中，受事或感事话题化，移到句首，成为句子的话题，在句法上成了句子的主语（在上两例中，句子主语承前省去了）。施事、经事由介词“为”引导位于句子中间，成了述题的一部分，句子的句末焦点变成了述语（动词）。由此看来这种“为”具有凸显 VP、使 VP 焦点化作用。

“为”字介宾短语，有时由“VP”前移到后面，这样“为”字介宾短语就处于句末焦点的位置上：

（76）善於死者为生者。（《上博楚简四·曹沫之阵》）

介词“为”的篇章功能，主要有衔接功能、分类列举和排比功能。

其衔接功能表现在介词“为”有时介引某个回指上文的词语，以承上启下，例如：

（77）今法律已具矣，而吏民莫用，乡俗淫失（泆）之民不止，是即法（废）主之明法殹，而长邪避（僻）淫失（佚）之民，甚害於邦，不便於民，故腾为是而脩法律令、田令及为閒私方而下之。（《睡虎地秦简·语书》）

此例中的“是”回指上文，由“为”引介，“为是”具有衔接上下文的功能。

“为”连用构成同形重复，能显示出篇章的脉络，起到篇章衔接的作用，例如：

（78）綐（疏）斩帇（布），实（絰）、丈（杖），为父也，为君亦然。綐衰齐，戉（牡）林（麻）实（絰），为昆弟也，为妻亦然。袒（袒）字（免），为宗族也，为倗（朋）沓（友）亦肰（然）。（《郭店楚简·六德》）

上段文字，连用了 6 个“为”字介宾短语，分别说明了为“父”和“君”、“昆弟”和“妻”、“宗族”和“朋友”服丧的丧服。连用的介宾短语，把上述意思层次较为清楚地显示出来了。

“为”的分类、列举功能，也要由“为”连用来体现。当它连用时，可以对讲述的内容起到一种自然的分类和列举作用。例如：

（79）为父繼（绝）君，不为君繼（绝）父。为昆弟繼妻，不为妻繼昆弟。为宗族𠇁（杀）倗（朋）晉（友），不为倗晉𠇁宗族。（《郭店楚简·六德》）

这段文字连用了6个“为”字介宾短语，分三类说明为了谁的丧事可以放弃谁的丧事。

从修辞上看，介词“以”连用，可以构成排比格。一般是“为”字介宾短语在小句中作状语，几个小句之间构成排比格，例如：

（80）士为大夫之立身不字，大夫为邦君之立身不字，邦君为天子之［立］身不字。（《上博楚简六·天子建州甲》）

何乐士（2006）认为，在传世文献中，“为”可用作语气词，表示疑问、反问、感叹等语气。那么在出土战国文献中有没有这种用法呢？

在出土战国文献中可以见到下面的用例：

（81）曰：“目（以）穜（种）林（麻）。”王曰：“可（何）目（以）林（麻）为？”酓（答）曰：“目（以）为衣。”（《上博楚简六·平王与王子平》）

（82）王子翻（问）城（成）公：“此可（何）？”城（成）公酓（答）曰：“筹。”王子曰：筹可（何）目（以）为？”（《上博楚简六·平王与王子平》）

上引例（81）中的“何以麻为”，属于“何以……为”这样的句式。对于这种句式，朱运申（1979）认为，其中的“为”做动词用，当做讲。“何”是疑问代词，作“为”的宾语。在古代汉语中，疑问代词作动词的宾语，总要用在动词的前边，有的甚至要远远离开这个动词。“何以文为”，即是“以文为何”，可译为用文采做什么。徐福汀（1980）对这种句式也曾做过分析。他的结论是：一、“何以……为”这个格式中的“以”是主要动词；二、其中的“何”作动词的状语；三、其中的“为”是一个疑问语气词。

我们赞同前一种说法，即“为”是动词，“何”是“为”的宾语，这一点从上引例（81）、（82）中可以清楚地看出来。例（81）中的问是“何以麻为？”答是“以为衣”。“以为衣”中的“以”是介词，介引材料，其宾语承前省略；“为”为动词，它的宾语是“衣”。从这个答话来看前边的问话，“何以麻为”应是“以麻为何”之义，“以”仍为介词，“为”仍为动词。所不同的是，介词“以”的宾语未省，而“为”的宾语“何”前置到“以+O+V”之前。这是因为“以+O”和“V”之间关系密切，不容“何”置于其间。再说“何”前置不必紧放在动词的前边。例（82）中的“筹何以为”有省略，“以”后应有一个代词“之”，回指前边的“筹”，说全了应是“筹何以之为”，意即“筹以之为何”，是说“筹，用它来干什么”。这样看来，“何以为”中的“以”也是介词，“为”仍是动词，“何”还是动词“为”的前置宾语。

“为”是否有句末语气词的用法尚需研讨，但是我们认为，从出土战国文献来看，在战国时代，“何以……为”、“何以为”中的“为”还不能看成语气词。

总之，在出土战国文献中，只见到虚词“为”有介词、连词用法，未见到有语气词的用法。介词“为”常见，共出现226次，而连词“为”很少见，只出现了3次，其中2次作原因连词，1次做假设连词。

连词“为”见第三章第六节。

参考文献

陈克炯：《论〈左传〉的“为”字句》，《华中师院学报》1983年第1期。

何乐士：《〈左传〉的介词“为”》，《左传虚词研究》，商务印书馆2004年版。

何乐士：《古代汉语虚词词典》，语文出版社2006年版。

洪成玉、廖祖桂：《句末的“为”应该是语气词》，《中国语文》1980年第5期。

廖振佑：《也谈疑问句尾“为”》，《中国语文》1980年第5期。

王克仲：《略说疑问句尾“为”字的词性》，《中国语文》1980年第5期。

徐福汀：《“何以……为”试析》，《中国语文》1980年第5期。

严志君：《〈荀子〉“为”字句研究》，《西南师范大学学报》1992年专刊。

颜景常：《〈诗经〉〈论语〉中的“为”字用法初探》，《淮阴师专学报》1981年第1期。

张儒：《也说疑问句尾“为”》，《中国语文》2000年第2期。

朱运申：《关于疑问句尾的“为”》，《中国语文》1979年第6期。

第　三　章

出土战国文献中的连词

连词是在语法结构中起连接作用的词。

连词的语法特征主要有二：一是连词只起连接作用，不能成为句子成分或句子成分中实质性结构部分。二是连词具有双向性。只要有连词出现，不管是单个儿出现，还是配对照应使用，都一定有它所关涉到的两个或几个单位出现。如果关涉到两个单位，便是双向的；如果关涉到三个或更多的单位，便是多向的。

连词与副词不同，连词具有双向性，能表明两个语法单位之间的关系；而副词具有单向性，能单独充当状语。连词与介词不同，如果是介词，前边已经出现或可以出现副词等状语性成分；如果是连词，组合单位后边已经出现或可以出现范围副词。介词和句间连词有不同的语义关系，句间连词表示“句”与“句”的关系，而介词只是表示“句内”的关系。

对连词的分类可以分两个层次进行。第一层根据连词所表示的关系意义来分类，如并列连词、顺承连词等等。第二层着眼于连接单位的不同，可把连词分为词语连词和句间连词两大类。词语连词指用在词或短语之间起连接作用的词。句间连词是指经常用在分句和分句或者句子和句子之间起连接作用的词。当然，有些连词兼属于词语连词和句间连词两类。

依据上述理论，可以把出土战国文献中的连词系统描述如下：

（一）并列连词

1. 词语连词（只用来连接词或短语的连词，下同）：以（20）、与

（130）。

2. 句间连词（只用来连接分句与分句、句子与句子，包括用来构成紧缩复句的连词，不用来连接词语的连词）：既（20）。

3. 兼属连词（既是词语连词，又是句间连词）：而（107）、且（24）、及（324）。

作为词语连词，“与”一般用来连接名词语，“而”和“且”一般用来连接谓词语，而“及”既可用来连接名词语，也可以用来连接谓词语。

作为句间连词，“既”可用于前一分句，也可用于后一分句，而“而”、“且”、“及”一般只用于后一分句。

（二）顺承连词

1. 词语连词：有（39）、如（1）、以起（5）、以会（1）、以到（15）。

2. 句间连词：斯（1）、用（27）、因（11）、因而（2）、然而（1）、然则（9）、然后（23）、是（1）、焉（23）。

3. 兼属连词：而（233）、而后（27）、以（99）、则（14）、即（2）。

作为句间连词的顺承连词，一般都出现在后一分句之中。

（三）选择连词

1. 词语连词：将（1）。

2. 句间连词：且（13）、抑（殹、伊、罷、意）（6）、宁（1）。

3. 兼属连词：与（3）、若（41）。

作为句间连词，“与”出现在选择复句的前一分句中，而“且”、“若”、“抑”、“宁”则出现在后一分句里。

（四）递进连词

1. 句间连词：且（20）、而况（2）。

2. 兼属连词：而（46）。

作为句间连词，“而”、“而况”、“且”都用于后一分句之中。

（五）让步转折连词

1. 词语连词：以（4）。

2. 句间连词：且（1）、虽（66）、然（1）、然而（3）、既（3）、纵（1）。

3. 兼属连词：而（387）。

作为句间连词，让步转折连词可以分为两大类，用于前一分句的是让步连词（包括事实让步和假设让步），有“虽”、“既”、“且”、“纵”；用于后一分句中的是转折连词，有“而”、“然”、“然而”。

（六）条件结果连词

1. 句间连词：无（毋）（4）。

2. 兼属连词：而（14）。

“而”作句间连词时（5次），用于后一分句，表结果。“无（毋）”出现在前一分句，表示条件。

（七）假设结果连词

1. 句间连词：而$_1$（4）（表假设）、则（388）、为（1）、故（4）、斯（32）、此（12）、若$_1$（15）（表假设）、若$_2$（2）（表结果）、如（32）、如夫（4）、苟（28）、藉（2）、即（17）、党（当、尚）（6）、将（1）、其（62）、所（3）、有（8）、或（5）、今（69）。

2. 兼属连词：而$_2$（35）（表结果）。

作为句间连词，假设结果连词可以分为两类，一类是用于假设分句表示假设的，有“而$_1$、为、若$_1$、如、如夫、苟、藉、即、党（当、尚）、将、其、所、有、或、今”。另一类是用于结果分句表示结果的，有“而$_2$、则、故、斯、此、若$_2$”。

作为表示结果的连词，“而$_2$”既是句间连词，也是词语连词。作为句间连词的“而$_2$”出现了15次。

（八）原因结果连词

1. 句间连词：而（21）、以$_1$（23）（表原因）、为（2）、故（96）、是故（33）、是以（50）、此以（14）、唯（3）。

2. 兼属连词：以$_2$（20）（表结果）。

作为句间连词，原因结果连词可以分为两类，一类是用于原因分句表示原因的，有“以$_1$、为、唯”；二类是用于结果分句表示结果的，有“而、以$_2$、故、是故、是以、此以”。

作为表示结果的连词，“以$_2$”既是句间连词，也是词语连词。

（九）目的连词

兼属连词：而（11）、以（120）。

作为词语连词，“而”和“以”都用来连接两个谓词语；作为句间连词，“而”和“以”都出现在后一分句之中。

（十）结果连词

词语连词：而（20）、以（15）。

作为词语连词，“而”和“以”都用来连接两个谓词语，前一个谓词语表示动作行为，后一个谓词语表示动作行为的结果。这种结果不同于条件的结果、假设的结果，也不同于原因的结果，所以另立一类。

（十一）方式连词

词语连词：而（39）、以（111）。

作为词语连词，“而”、“以”是用来连接两个谓词语，前一个谓词语表示后一个谓词语的方式、状态。

（十二）时间连词

词语连词：而（22）

作为词语连词，“而”用来连接两个谓词语，前一个谓词语表示后一个谓词语的时间。

（十三）修饰连词

词语连词：而（70）、以（34）。

作为词语连词，“而”、“以”是用来连接状语和中心词的，状语对其后谓词语起修饰作用。

第一节　出土战国文献中的连词“以”及相关复音连词

解惠全等（1987）谈到了连词“以”的用法及其来源。连词“以”的十一种用法和来源是：

一是所连接的后项是前项的目的，可译为“来”、“以便”。这种用法源自“凭借”义的介词“以”，其途径有二：一条是介词“以”的宾语因经常省略而脱落；另一条是由于“以”字带前置谓词性宾语，而使它固定在两个谓词性成分之间。

二是所连接的后一项是前一项的结果，可译为“以致”、“因而”。这种用法是由“因为”义的介词“以”虚化而来，其途径同“一”。

三是连接因果复句，用于原因分句，这个分句可以在前，也可以在后，可译为“因为”、“由于”。这种用法也是源于“因为”义的介词“以”，其途径有二：一条是“以”引进的是复杂的动词词组或句子形式时，整个句子变长，中间出现语音停顿，从而引起句子的重新切分，原来较长的介词宾语上升为分句，“以”的词性也随之变化；另一条是汉语的句子一般比较简洁，如果一个较复杂的介词结构插在主语和谓语之间，就显得拗口，改变句式，说成复句，更符合汉语习惯。

四是所连接的两项有先后相承的关系，用法同“而”。这是一、二两项连词用法受连词“而”影响类化而来。

五是所连接的前一项是后一项的方式、状态或程度。可分为两类：A、连接动词、形容词和动词，这种用法的来源与“四”相同；B、连接时间词与动词，这种用法的来源可能有二：一是由于“在”义的时间介词“以”及“按照”义的介词“以”带前置宾语，从而使“以”固定在时间词与谓词语之间；二是受连词“而”的影响类化而来。

六是所连接的两项是并列关系，可分为两类：A、连接名词或名词性词组，这种用法来源于“及”义的动词“以”，与动词“及”向连词“及”虚化平行发展。B、连接动词、形容词或动词、形容词词组，这是前项（A）用法的扩展，即由连接名词扩展为连接动词和形容词。

七是所连接的两项有递进关系，可译为“并且”、“而且”，这种用法与“六B”的作用相同，也可能与受“而”类化有关。

八是所连的两项有转折关系，可译为“但”、“却”，这种用法的来源也是受“而”影响类化而成。

九是“以”放在“上”、“下”、“往”、“来”等前面，共同表示空间、时间、数量等，这种用法是由“及”义的动词“以”虚化而来。

十是连接形容词、助动词与动词，这种用法是由“用”、“凭”义的介词“以”虚化而来，其途径是由于“以”的宾语省略而失落。

十一是连接动词和名词，两者之间是述宾关系。这种用法是由“用”、“凭”义的介词“以”虚化而来，其途径是“以”前宾语的省略。

解惠全等的观点可用下图表示：

↗ 连词“以”一
1. “凭借、用”义的介词“以” → 连词“以”十
↘ 连词“以”十一
2. “因为”义的介词“以” → 连词“以”二
↘ 连词“以”三
3. “在”义时间介词“以” ↘
4. “按照”义介词“以” → 连词“以”五 B
↗
5. 受到连词“而”类化 → 连词“以”四、连词“以”五 A
↘ 连词“以”八
6. “及”义动词“以” → 连词“以”六 A → 连词“以”六 B
↘ 连词“以”九 ‖
连词“以”七

郭锡良（1988）认为，“以”先由动词虚化为介词，再由介词虚化成连词。由于介词“以”的宾语既可以前置，又可以省略，加上也可以用谓词充当，因而使它具备了进一步虚化为连词的条件。以“隐居以求其志，行义以达其道”（《论语·季氏》）为例，其中的“以”处于两个谓词结构之间，不是典型的介词语境，进一步虚化，由介词语法化成为连词，连接的两部分，后一部分表示动作行为的目的。这种连接目的语的连词“以”产生以后，类推扩展，又可以连接两个并列的谓词性成分，意义更虚，作用跟连词“而”有些相似。

很明显，解惠全等（1987）等的论述比较具体，而郭锡良（1988）的论述比较简略。但两位先生的基本观点差不多。

我们认为，解惠全等（1987）所列出的连词“九”和连词“十一”，都不是连词。连词“九”出现在“以上”、“以下”、“以北”、“以来”、“以往”等词语里，这些词语在上古汉语中大都已凝固成词（方位词），已不必再认为其中的“以”是连词。少数“以”后词语意义实在的（仍表动词义），“以”应看作连词，是用于状中之间的（状语一般由介词短语充当）。最初“以”后的词意义都比较实在，如“上”、“下”、“北”跟“来”、“往”一样，表示实在动作，是往上、往下、往北行的意思。随着“以”后

词语词义的虚化、不表示实在动作，“以×”就凝固为一个词了。连词“十一”并不是连词，而是介词，引介受事等词语，看成连词是不妥的。

解惠全等（1987）认为表示先后相承关系的连词“以”，是受连词“而”影响类化而来，这是我们不能同意的。这种顺承连词“以”是来源于结果连词“以”的，这两者在意义上相通：总是先做某种动作然后产生结果。方式状态连词“以”A很可能也不是受连词“而”影响类化而来，而是由方式介词“以”虚化而来，其途径跟依据介词“以”变为目的连词“以”是一样的。表示并列关系的“以”，解惠全等（1987）认为源于“及”义的动词“以”，可是表示转折关系的“以”却认为是源自“而”的类化。这不太可信。动词“以”是否有“及”义，这还待深入研究。即使有，也未必是连词“以”的源头，因为太不常用了。我们认为并列连词“以”、转折连词“以”很可能是目的连词、结果连词、顺承连词、方式连词“以”语法意义的泛化（generalization），当然在这个过程中可能受到“而”的影响。

连词“以”根据其表达的语法关系意义的不同，可以分为目的连词、结果连词、顺承连词（表示先后关系）、方式状态连词、修饰连词（用于状语和中心语之间）、并列连词、转折连词、原因连词等用法。

根据解惠全等（1987）的观点，再加上我们的修正，又使用我们的术语，可把连词“以”的来源图示如下：

依据介词　→　目的连词

原因介词　→　结果连词　→　顺承连词

　　　　　↘　原因连词

方式介词　→　方式状态连词　→　修饰连词

※目的连词、结果连词、顺承连词、方式状态连词、修饰连词 —泛化且受“而”类化→ 并列连词、转折连词

一、连词“以”

连词“以”和介词“以”该如何加以区别呢？何乐士（2006）做过论述。她认为主要从以下两点加以区别：

一、介词“以”带宾语组成介宾短语修饰动词，其基本句式是“主语+以+宾+动”。连词“以”连接前后两项，其基本句式是“A+以+B”。

二、介词“以”若宾语省略变成“（主语）+以+动”，或者宾语前置变成“（主语）+宾语+以+动”，就要注意与连词的基本句式“A+以+B”的区别。如果是介词“以”的宾语省略，可以把宾语补出而意义仍与原文吻合，而连词“以”后补不出什么宾语。如果是介词“以”的宾语前置，可以把宾语送回原处，而连词“以”不能这样做。不能把“A+以+B”中的“A”当作前置宾语，如果这样做，不仅句子的结构面目全非，而且意义也与原义相异甚至无法理解。

何乐士（2006）还谈到如何区别原因介词“以”和因果连词“以”的问题。主要有三点：

一、原因介词“以”用在单句中，原因连词“以”用在复句之中。

二、原因介词“以”后面带的是宾语，“以”和它的宾语组成介宾短语再去修饰谓语动词，而因果连词“以”不和后面的部分发生结构关系，只起连接作用。

三、因果连词“以”在“以……（故）……”这样的框架中起连词作用，这是它的特点。

何乐士（2006）上述论述，基本上是可信的。我们想补充三点：

第一，当介词“以”宾语省略时，易和连词“以”相混，但是宾语往往是承前省略的，仔细阅读上文，是可以补出省略的宾语的。

第二，当介词“以”的宾语是名词时，即使前置，也不容易和连词“以”相混。只有当它是谓词时，才容易相混。这时还原一下看看，若不可还原，则是连词。可以还原，则是介词，这种“以”是连词“以”的源头。

第三，如果表示原因的“以”后面是谓词语，而且“以”小句在结构上不再从属于其后面或前面的小句，则“以”是连词；“以”后是名词语，“以”字介宾短语作状语或补语，一般是介词。

如前所述，从所表示的语法关系意义的角度，可以把连词“以”分为八类，下面分类叙述。

（一）目的连词

用来连接两个动词语或分句，前项表示动作行为，后项表示动作行为的目的，可以译为“来”、“以便”等。例如：

（1）是以圣王作为法度，以矫端民心，去其邪避（僻），除其恶俗。（《睡虎地秦简·语书》）

（2）墨（禹）肰（然）句（後）訂（始）为之唐（号）羿（旗），目（以）支（辨）亓左右，思民毋惑（惑）。（《上博楚简二·容成氏》）

（3）有秦嗣王敢用吉玉、宣璧，使其宗祝邵鼛布檄告於丕显大神厥湫，以底楚王熊相之多罪。（《诅楚文·大沈厥湫文》）

（4）欲归爵二级以免亲父母为隶臣妾者一人。（《睡虎地秦简·秦律十八种》）

（5）兼陵攻尹快与乔尹黄驈为兼陵貣越异之黄金三十益二益目（以）糴种。（《包山楚简》107）

（6）今吾老賙（贾）亲率参军之众，以征不宜（义）之邦。（《中山王𰯼鼎铭》，《集成》5·2840）

（二）结果连词

用来连接两个动词语或分句，前项表示某一种动作行为或原因，后项表示前项的结果。可译为“以至于”、“从而”等。例如：

（7）誉适（敌）以恐众心者，翏（戮）。（《睡虎地秦简·法律答问》）

（8）分甲以为二甲蒐者，耐。（《睡虎地秦简·秦律杂抄》）

（9）告曰战国以折亡，叚（假）者耐。（《睡虎地秦简·秦律杂抄》）

（10）妻有罪以收。（《睡虎地秦简·法律答问》）

（11）女子不狂痴，歌以生商。（《睡虎地秦简·日书甲种》）

（12）追念乱世，分土建邦，以开争理。（《峄山刻石》）

（三）顺承连词

连接两个动词语或分句，表示前后两项时间上或顺序上的先后关系，可译为“就”、“才”或不译。例如：

（13）臧（庄）王既成亡鏤（敌），目（以）昏（问）酟尹子桱。（《上博楚简六·庄王既成》）

（14）既又（有）夫六（位）也，以貢（任）此［六戠（职）］也。六戠既分，以衮（裕）六悳（德）。（《郭店楚简·性自命出》）

（15）贞：既心㤨（闷）、瘽（肨）痮（胀），目（以）百膌體疾。

（《新蔡楚简》甲三：189）

（16）天陞相盒（合）也，以逾（降）甘零（露）。（《郭店楚简·老子甲本》）

（17）铍、戟、矛有室者，拔以斗，未有伤殴，论比剑。（《睡虎地秦简·法律答问》）

（18）即取臌以归，到囷下。（《周家台秦简·病方及其它》）

（四）方式状态连词

连接两个动词语或分句，前项表示动作行为的方式状态，后项表示动作行为，可译为“地”、“去”，或不译。例如：

（19）邑之紤（近）皂及它禁苑者，麛时毋敢将犬以之田。（《睡虎地秦简·秦律十八种》）

（20）人行而鬼当道以立，解发奋以过之，以若（箬）便（鞭）毄（击）之。（《睡虎地秦简·日书甲种》）

（21）奠（郑）寿出，居（据）逄（路）目（以）须。（《上博楚简六·平王问郑寿》）

（22）墨（禹）亲执枌〈枋〉（耒）耜（相），目（以）波（陂）明者（都）之泽，決九河之滐（阻）。（《上博楚简二·容成氏》）

（23）九月己酉之日不遲李兼目（以）廷。（《包山楚简》40）

（24）女（如）载马、牛、羊，台（以）出内（入）閩（关），则征（徵）於大府。（《鄂君启舟节铭》，《集成》18·12113）

（五）修饰连词

这种连词“以”用在状语和中心语之间。充当状语的可以是介宾短语、名词状语、助动词、形容词、副词；充当中心语的一般是动词语。状语是用来修饰中心语的，所以把这种“以”称为修饰连词。例如：

（25）以棘椎桃秉（柄）以悳（敲）其心，则不来。（《睡虎地秦简·日书甲种》）

（26）君王之瘱从今日以瘦（瘥）。（《上博楚简四·柬大王泊旱》）

（27）乃因迩目（以）瞀（智）远，迲（去）蝨（苛）而行柬（简）。（《上博楚简二·容成氏》）

（28）盍（盖）东南之遇（寓），日以尻（居）。（《九店楚简》55）

(29) 戉（越）王者旨於睗择厥吉金，自祝（铸）禾（龢）亟（联）翟（鑃），台（以）乐可康，嘉而（尔）宾客，甸甸以鼓之。（《越王者旨於睗钟铭》，《集成》1·144）

(30) 君子道人以言，而巠（恒）以行。（《郭店楚简·缁衣》）

（六）并列连词

连接两个谓词语（主要是形容词语，有时是动词语），表示前后两项的并列关系，可译为“而”、“又”等。例如：

(31) 丙寅生子，武以圣。（《睡虎地秦简·日书甲种》）

(32) ［天不足］於西北，丌（其）下高以弜（强）。（《郭店楚简·太一生水》）

(33) 思民之初生，多譣（险）㠯（以）难成。（《上博楚简六·用曰》）

(34) 孝养（养）父母，㠯善亓新（亲），乃及邦子。（《上博楚简二·容成氏》）

（七）转折连词

连接两个谓词语（包括形容词语、动词语），表示前后两项在意义上互相转折，可译为“但”、“却”、“而”。例如：

(35) 翠（卒）谷（欲）少㠯多。（《上博楚简四·曹沫之阵》）少㠯多：少而精。

(36) 戳（战）又（有）㬎（显）道，勿兵㠯克。（《上博楚简四·曹沫之阵》）勿兵㠯克：不战而屈人之兵。

(37) 九月甲辰之日，不贞周惪之奴㠯（以）至（致）命。（《包山楚简》20）

(38) 唯（虽）不堂（当）殜（世），台（以）义毋售（旧），立死可（何）敡（伤）才（哉）！（《上博楚简五·姑成家父》）

（八）原因连词

用于因果复句中的原因分句之首（原因分句可以在结果分句之前，也可以在其后），连接表示原因和结果的分句，可译为“因为”、“由于”等。例如：

(39) 贞：走趣（趋）事王、大夫，㠯（以）亓（其）未有籊（爵）

立（位），尚速㝵（得）事。（《望山楚简》1·22）

（40）以某数更言，毋解辞，治（笞）讯某。（《睡虎地秦简·封诊式》）

（41）以一曹事不足独治殹，故有公心。（《睡虎地秦简·语书》）

（42）九月戊申之日，郿陈午之里人蓝讼邓令尹之里人苛鷃，目（以）亓（其）丧亓（其）子丹、而得之於鷃之室。（《包山楚简》92）

在出土战国文献中，各种连词“以”出现频率如下：

1-1：出土战国文献中连词“以”统计表

文献 用法	战国金文	战国简牍		战国帛书	战国玉石文字	合计
		楚简	秦简			
目的连词	10	68	35	1	6	120
结果连词	1	14	17	2	1	35
先后关系连词	2	74	20	3		99
方式状态连词	8	85	17		1	111
并列连词		15	5			20
转折连词		4				4
原因连词		20	3			23
修饰连词	1	20	12		1	34
总计	22	300	109	6	9	446

连词“以”所连接的成分，有以下几种情况：

（一）用来连接两个分句

这类“以”可以分为两类，一类“以”是原因连词；另一类是非原因连词。

原因连词“以”所在的原因分句，一般是出现在结果分句之前的，例如：

（43）目（以）僕（仆）之不㝵（德），并僕之父母之骨厶（私）自塼（敷），让命（令）尹不为之告。（《上博楚简四·昭王毁室》）

（44）以丌（其）不静（争）也，古（故）天下莫能与之静（争）。（《郭店楚简·老子甲本》）

“以”所在的原因分句有时出现在结果分句之后，例如：

(45) 冬栾之月、癸丑之日，周赐讼鄢之兵甲执事人宫司马竞丁，㠯(以) 亓(其) 政(正) 亓(其) 田。(《包山楚简》81)

(46) 十月戊戌之日，中昜(阳) □盘邑人郃繁㠯(以) 讼坪(平) 昜(阳) 之枸里人文适，㠯(以) 亓(其) 敚妻。(《包山楚简》97)

这里随便谈一个问题，即下引句子难以看成是原因分句后置的因果复句，例如：

(47) 吾所以为此者，以先国家之急而后私仇也。(《史记·廉颇蔺相如列传》)

(48) 彊秦之所以不敢加兵于赵者，徒以吾两人在也。(《史记·廉颇蔺相如列传》)

上引两例中的“所以……者”，都是名词性的“所者”短语，这个短语前都出现了定语，所以整个语言片断是定中短语，这个定中短语难以看成结果分句。对这种句式到底应该怎样分析？其中的“以”到底是连词、介词，还是动词？

我们认为，像(47)、(48) 这样的句式是下例这类句式的省略。例如：

(49) 江海所以为百浴(谷) 王，以丌(其) 能为百浴(谷) 下，是以能为百浴(谷) 王。(《郭店楚简·老子甲本》)

(50) 江海所以能为百谷王者，以其善下之，故能为百谷王。(《老子》六十六章)

对这种句式该如何分析呢？我们认为，“以”前的“江海所以为百浴王”、“江海所以能为百谷王者”，都是名词性的定中短语。从语用的角度来看，它是句子的主题，其后的部分是述题。从语法的角度来讲，它应是句子的主语，其后的部分(复句形式) 作判断句谓语。现代汉语有“之所以……是因为……”这样的复句格式，可以支持上述的分析。

仔细分析例(49)、(50) 这样的例句就会看到，复句形式中的结果复句部分与前面的主题在意义这方面基本上是重复的，所以这种表达显得不够简洁。正因为如此，才会有前引例(47)、(48) 那样的省略句式。如果这样的分析是正确的，那么就必须承认，其中的“以”，既不是介词，也不是动词，而仍是连词。

但是到了后来，这种省略句式经常使用，人们就不感到它是省略句式了，整个句子发生重新分析，前面原来是主题的部分被看成了结果分句，同时“所以/之所以”变成了关联词；其后的部分变成了原因分句，整个句子被看成了原因分句后置的因果复句，例如：（a）船期所以更改，是因为有台风到来。（b）他之所以不参加，是因为对这件事不感兴趣。

非原因连词“以”，一般都是用在复句的后一分句之首，而且“以”一般都紧接动词；这个动词与前一分句中的主要动词往往是同一个主语（或同一施事）。例如：

（51）汤乃尃（辅）为正（征）复（籍），㠯（以）正（征）闗（关）市。（《上博楚简二·容成氏》）

（52）陞（降）自鸣攸（條）之述（遂），㠯（以）伐高神之门。（《上博楚简二·容成氏》）

（53）支（辨）为五音，㠯定男女之聖（声）。（《上博楚简二·容成氏》）

（54）君毋憚（惮）自袋（劳），㠯观上下之青（情）愚（伪）。（《上博楚简四·曹沫之阵》）

（55）克轍戎事，台（以）異（翼）四夌（践）。（《上博楚简六·用曰》）

（56）君子新（慎）六立（位），以巳（祀）天祟（常）。（《郭店楚简·成之闻之》）

（二）用来连接两个动词语

“以”可以用来连接两个动词语（动词和动词性词组）中间没有语气停顿，不用在“以”前加标点符号。例如：

（57）敬城（成）亓（其）悳（德）㠯（以）临民。（《上博楚简五·季庚子问於孔子》）

（58）萬勿（物）方（旁）复（作），居以须遉（復）也。（《郭店楚简·老子甲本》）

（59）古（故）倀（长）民者，章（彰）志以邵（昭）百眚（姓），㫗（则）民至（致）行异（己）以敚（悦）上。（《郭店楚简·缁衣》）

（60）君子之立（莅）民也，身備（服）善以先之，敬新（慎）以寸

（守）之。（《郭店楚简·成之闻之》）

（61）其前谋，当并臧（脏）以论。（《睡虎地秦简·法律答问》）

（62）其吏主者坐以貲、誶，如官嗇夫。（《睡虎地秦简·效律》）

（三）用来连接两个形容词语

“以”可用于两个形容词语（形容词和形容词词组）中间，“以”前不可加逗号。这种“以”一般是表示并列关系的。例如：

（63）斈（教）以豊（礼），则民果以叀（劲）。丨斈（教）以只（技），则民少（小）以哭（吝）。（《郭店楚简·尊德义》）

（64）吏有五失：一曰誇以泄，二曰贵以大（泰）。（《睡虎地秦简·为吏之道》）

（65）乙丑生子，武以攻（工）巧。（《睡虎地秦简·日书甲种》）

“以”偶尔用来连接两个名词，表示两者的联合关系。这种例子在出土战国文献中只见到一个：

（66）室人皆毋（无）气以息。（《睡虎地秦简·日书甲种》）

（四）用来连接名词语和动词语

“以”可用于名词语和动词语之间。例如：

（67）盍（盖）东南之遇（寓），日以尻（居）。（《九店楚简》55）

（68）武王素甲㠯申（陈）壂（殷）蒿（效）。（《上博楚简二·容成氏》）

（69）武王於是虖（乎）素完（冠）弁（冕）㠯告吝（閔）于天。（《上博楚简二·容成氏》）

（70）毋凶備（服）以亯祀。（《上博楚简五·三德》）

例（67）中的“日”作状语，“以”用于状中之间。在上古汉语中，“形容词+服饰名词”可以作谓语，例如“太保、太史、太宗皆麻冕彤裳”（《尚书·顾命》）、“二人雀弁”（《尚书·顾命》）。由此看来，例（68）中的“素甲”是作谓语的，“㠯”用在名词谓语和动词语之间。例（69）、（70）类此。

（五）用于形容词语和动词语之间

这种“以”前的形容词语一般是作状语的，其后的动词语一般是作中心语的，例如：

（71）含（今）之君子，孚（愎）怸（过）攼（捍）析，戁（难）以内（纳）谏。（《上博楚简三·中弓》）

（72）害（静）㠯（以）寺（待），寺（待）寺（时）出。（《上博楚简四·相邦之道》）

（73）戚（戚）肰（然）㠯（以）冬（终）。（《上博楚简一·性情论》）

（74）丌（其）剌（烈）昊（则）流女（如）也以悲，條（悠）肰（然）以思。（《郭店楚简·性自命出》）

（六）用于助动词和动词语之间

这种“以”前的助动词，一般认为是作状语的。例如：

（75）其日踐以收责之。（《睡虎地秦简·秦律十八种》）踐：足。

（76）终岁衣食不踐以稍赏（偿）。（《睡虎地秦简·秦律十八种》）

这种“以”后来跟前面的助动词融合为一体，成了一个助动词，“足以”就是这样产生的。

（七）用于副词和动词语之间

这种“以”前的副词，一般是作状语的。例如：

（77）古（故）牆（将）㠯（以）告悬（仁）人之道。（《上博楚简六·孔子见季𧻚子》）

（78）过十分以上，先索以稟人，而以律论其不备。（《睡虎地秦简·秦律十八种》）

（79）入禾，发屚（漏）仓，必令长吏相杂以见之。（《睡虎地秦简·秦律十八种》）

（80）县啬夫若丞及仓、乡相杂以印之。（《睡虎地秦简·秦律十八种》）

依据魏德胜（2000），睡虎地秦简中的“索”为范围副词，“杂”也是范围副词，“相杂”联系紧密，用法上相当于一个副词，表示“共同”、“一起”的意思。

（八）用于介宾短语和动词语之间

这种“以”前的介宾短语作状语。例如：

（81）小子駟敢㠯（以）芥（玠）圭、吉璧、吉叉（琡），以告于华大

山。(《秦骃玉版铭》)

(82) 君王之疠(病)牆(将)从今日目(以)已。(《上博楚简四·柬大王泊旱》)

(83) 反此道也,民必因此至(重)也以逿(报)之,可不新(慎)唇(乎)!(《郭店楚简·成之闻之》)

(84) 即斩豚耳,与腏以并涂囷廥下。(《周家台秦简·病方及其它》)

1-2:出土战国文献中连词“以”连接成分统计表

所连接的成分	频率
连接两个分句的原因连词	23
连接两个分句的非原因连词	149
连接两个动词语	204
连接两个形容词	15
连接名词语和动词语	5
连接助动词和动词语	2
连接形容词和动词语	22
连接副词和动词语	8
连接介宾短语和动词语	18

二、“是以”和“此以”

以“以”为语素的连词有“是以”、“此以”等。

1. 是以

一般都认为,“是以”是个连词,用来表示原因的结果,可以译为“因此”、“所以”。

连词“是以”明显可以分为两类。一是用于因果复句之中,用来连接分句,表示因果关系。这种“是以”在出土战国文献中共见到 33 次。例如:

(85) 寡人庸其德,嘉其力,氏(是)以赐之厥命。(《中山王譽鼎铭》,《集成》5·2840)

(86) 当(倘)者(诸)侯不治骚马,骚马虫皆丽衡厄(軛)鞅韅辕

鞫，是以炎之。(《睡虎地秦简·法律答问》)

(87) 君子媺（美）丌（其）青（情），贵［丌（其）宜（义）］，善丌即（节），好丌颂（容），乐丌衍（道），兑（悦）丌斈（教），是以敬安（焉）。(《郭店楚简·性自命出》)

(88) 天陛（地）［復（復）相補（辅）］也，是以成神明。神明復（復）相補也，是以成侌（阴）昜（阳）。(《郭店楚简·太一生水》)

(89) 大一生水，水反補（辅）大一，是以成天。天反補（辅）大一，是以成陛（地）。(《郭店楚简·太一生水》)

二是用于因果句群之中，用来连接句子，表示因果关系。这种“是以”共出现 17 次。例如：

(90) 古者，民各有乡俗，其所利及好恶不同，或不便於民，害於邦。是以圣王作为法度，以矫端民心，去其邪避（僻），除其恶俗。(《睡虎地秦简·语书》)

(91) 丌糗（荡）也固悗（矣），民簹（孰）弗訐（信）？是以上之亙（恒）柔（务），才（在）訐（信）於众。(《郭店楚简·成之闻之》)

(92) 法（乏）勿（物）慈（滋）章（彰），䟡（盗）恻（贼）多又（有）。是以圣人之言曰：我无事而民自福（富）。(《郭店楚简·老子甲本》)

(93) 上不以丌（其）道，民之从之也难。是以民可敬道（导）也，而不可穿（掩）也；可馯（御）也，而不可擥（牵）也。(《郭店楚简·成之闻之》)

(94) 人之败也，亙（恒）於丌虘（且）成也败之。是以［圣］人欲不欲，不贵戁（难）导（得）之货；学不学，復（復）众之所逃（货）。(《郭店楚简·老子丙本》)

(95) 夫乐［杀，不可］以导（得）志於天下。古（故）吉事上（尚）左，喪（丧）事上右。是以支（偏）牆（将）军居左，上牆军居右。(《郭店楚简·老子丙本》)

“是以”这个连词通常是单独使用的，如上引各例。但有时候与表原因的连词“以”、关联副词“唯”前后呼应，构成“以……是以……”、“唯……是以……”这样的句式，共同表示原因和结果的关系。例如：

（96）江海所以为百浴（谷）王，以其能为百浴（谷）下，是以能为百浴王。（《郭店楚简·老子甲本》）

（97）夫唯啬，是以㬎（早）備。（《郭店楚简·老子乙本》）

（98）天〈夫〉唯弗居也，是以弗去也。（《郭店楚简·老子甲本》）

这种与原因连词、关联副词联用的“是以”，都是用于复句中的，也就是说，“以……是以……”、“唯……是以……”都是用来关联复句的，没有用于句群之中的。

用于复句中的“是以”所在的分句，其主语常省去，这是因为它与前面分句的主语常常是相同的，可承前省去。例如：

（99）余知其忠信旃，而专任之邦，氏（是）以遊夕饮飤。（《中山王譽方壶铭》，《集成》15·9735）

用于复句中的“是以”所在的分句，主语不省的，只有6次。“是以”一般出现在主语之前。例如：

（100）恐陨社稷之光，氏（是）以寡人许之。（《中山王譽鼎铭》，《集成》5·2840）

（101）人道为近，是以君子人道之取先。（《郭店楚简·尊德义》）

（102）为民之古（故），悬（仁）之至，氏（是）目（以）君子向方。（《上博楚简六·慎子曰恭俭》）

“是以”出现在主语之后的，只见到下引一个例子：

（103）虐（吾）新（亲）䎽（闻）言於夫子，欲行之不能，欲迲（去）之而不可，虐（吾）是以膢（惰）也。（《上博楚简五·君子为礼》）

用于句群中的“是以”所在的句子，其主语与前面句子的主语一般是不同的，因此，主语省略的情况就不多。用于句群中的“是以”有17次，主语不省的就有13次。这种“是以”都出现在主语之前，没有出现在主语之后的：

（104）为之者败之，执之者失之。是以圣人亡为古（故）亡败，亡执古（故）亡遊（失）。（《郭店楚简·老子甲本》）

（105）大少（小）之多，惕（易）必多难。是以圣人犹难之，古（故）终亡难。（《郭店楚简·老子甲本》）

（106）善者民必众，众未必訇（治），不訇（治）不川（顺），不川不

坪（平）。是以为正（政）者𠭯（教）道（导）之取先。（《郭店楚简·尊德义》）

（107）“槁木三年，不必为邦（封）羿（旗）”害？言𡩞（陈）之也。是以君子贵成之。（《郭店楚简·成之闻之》）

用于句群中的“是以”前，可以出现语气词“夫”，例如：

（108）禹乃因山陵平隰之可邦邑者而繁实之，乃因迩以知远，去苛而行简，因民之欲，去天地之利。夫是以逮（近）者敓（悦）紿（治）而远者自至。（《上博楚简二·容成氏》）

“是以”在出土战国文献中共见到50次。其中，郭店楚简中有28次，上博楚简中有10次，新蔡楚简中有2次，睡虎地秦简中有4次，中山国金文中有6次。可见，这个词在当时没有地域性，不过，在楚简中出现的次数，明显多于秦简。

“是以”最初见于西周时代的语料中，例如：

（109）丕显子白，壮武于戎工（功），经维四方，搏伐猃狁于洛之阳，折首五十，执讯五十，是以先行。（《虢季子白盘铭》，《集成》16·10173）

（110）维其有之，是以似之。（《诗经·小雅·裳裳者华》）

“是”是指示代词，它不管是作动词的宾语还是作介词的宾语，一般都要放在前面。当时除了“是以”之外，还有“是用”，例如“王赐乘马，是用左（佐）王”（《虢季子白盘铭》，《集成》16·10173）。“以”和“用”都是介词，“是”作它们的宾语都要前置。在西周时代的语料中，“是以”还不多见，当时很可能还是介宾短语。

“是以”中的“是”，是话语复指代词，回指前面的分句；而“以”又是原因介词。正因为如此，“是以”前后的小句，事实上存在因果关系，整个复句可视为因果复句。“是”所指代的内容，就在它前面的小句里，因此，“是”很容易虚化，“是”虚化，“以”的介词性也不鲜明了。随着“是以”使用频率的增大，“是以”逐渐融合为一体，它们在自身意义的基础上吸收了语境中的因果关系意义，变成了表示结果的连词。

“是以”变成连词之后，就具有了连词的性能。当它还是介宾短语时，一般只出现在主语之后，在小句中作状语。但是当它变成连词之后，它就经常出现在主语之前了。不但可用于复句之中，还经常用于句群里，用来连接句子。这后一种用法，是在西周时代见不到的。在西周时代，见不到“以……是以……”这样的格式，而在战国时代的语料中可以见到了，这是“是以”已经变为连词的明证。

2. 此以

在出土战国文献中还可以见到“此以”，用法与“是以”很类似。

“此以”可用于因果复句之中，用来连接两个分句，表示因果关系。这种“此以”出现了5次。例如：

（111）求之於中，此㠯不惑。（《上博楚简六・孔子见季趄子》）

（112）大人不㪟（亲）丌所贤，而信丌所贱，𡥈（教）此㠯（以）遊（失），民此㠯𢘅（变）。（《上博楚简一・缁衣》）《郭店楚简・缁衣》中有一段文字与此同文。

后一个例子里的“此以”出现在主语之后，前一个例子里的“此㠯”出现在谓词语前，主语未出现。

“此以”也可用于因果句群中，用来连接句子，表示因果关系。这种“此以”共出现了9次。例如：

（113）昔者尧𡉟（舜）𡘇（禹）汤，𢝊（仁）义圣智，天下灋之。此㠯贵为天子，𩡫（富）又（有）天下，长年又（有）舉（举），后𣦼（世）遂之。（《上博楚简五・鬼神之明》）

（114）亖（四）枳（肢）胅（倦）陸（惰），耳目聪明衰，𧜣（禅）天下而受（授）𦣻（贤），退而𦍌（养）丌（其）生（性）。此㠯智丌弗利也。（《郭店楚简・唐虞之道》）

（115）君子言又（有）勿（物），行又（有）𨻰（格）。此㠯（以）生不可敓（夺）志，死不可敓（夺）名。（《上博楚简一・缁衣》）

上引三个例子中的“此㠯”所在的句子，其主语都省去了。下引三个例子中的主语都出现了，“此㠯”均用于主语之前。用于句群中的“此㠯”，未有出现在主语之后的例子。例如：

（116）古（故）君子之䶵（友）也又（有）𨚶（向），丌（其）恶也又（有）方。此㠯（以）迩者不惑，而远者不𢝊（疑）。（《上博楚简一・缁衣》）

（117）邦豪（家）之不𡨦（宁）也，𠟭（则）大臣不台（治）而執

(褻) 臣恉（托）也。此𠂤大臣不可不敬，民之蕝（蕝）也。（《郭店楚简·缁衣》）

(118) 唯（虽）亓（其）於善道也亦非又（有）譯（择）娄（数）以多也，及亓（其）尃（博）长而𠳿（厚）大也，则圣人不可由（犹）与（豫）墠（惮）之。此𠂤民皆又（有）眚（性）而圣人不可莫（慕）也。（《郭店楚简·成之闻之》）

“此以”未有与原因连词“以”、关联副词“唯”联用的例子，也就是说，在出土战国文献中，未见到“以……此以……”、“唯……此以……”这样的格式。

在出土战国文献中，“此𠂤”共见到 14 次，其中郭店楚简中共有 7 次，上博楚简中共有 7 次。未见于其它出土战国文献中。

“此以”的性质如何，是一个词，还是一个短语？在出土战国文献中，还可以见到“以此”，例如：

(119) 女（汝）𠂤（以）此诰之。（《上博楚简五·鬼神之明》）

(120) 枼（世）万子孙，𠂤此为尚（常）。（《秦骃玉版铭》）

(121) 冬三月毋起北乡（向）室。以此起室，大凶。（《睡虎地秦简·日书甲种》）

(122) 君子𠂤此皇（横）于天下。（《上博楚简二·民之父母》）

看到这些例子，可能让人觉得“此以”又可以说“以此”，“此以”的形式不固定，因而应看成短语。但是，上引的例子中的“以此”多数不是“因此”的意思。只有最后一个例子是这个意思。在全部出土战国文献中，也只找到这一个例子。所以，就“因此”这个意义来说，绝大多数（14 次）说成“此以”，个别（1 次）说成“以此”。这样可以说它的形式基本上是固定的。其意义也具有整体性，是因此的意思。所以还是看成一个词好，至少应看成连接性短语词。

“此”这个代词见于西周传世文献之中，不见于西周出土文献。在西周时代的语料中，见不到“此以”。之所以产生“此以”，是因为受到了“是以”的类化。在战国时代，“此”跟“是”是同义词，尽管它们是有区别的。由于“是”可以跟“以”构成“是以”一词，受此影响“此”也跟“以”构成“此以”一词，也用来表示结果。

但是，“是以”和“此以”还是不同的：

一、“是以”常见，共出现50次；“此以”较不常见，出现14次。

二、“是以”在楚简、秦简、战国金文中都可见到，“此以”只出现在楚简之中。

三、“是以”已完全是一个词了，结构形式固定，未见到有表示原因的“以是”；“此以”虽可看作一个词，但结构形式尚未完全固定，可以见到表示原因的“以此”。

四、“是以”在西周时代已经出现了，由一个介宾短语逐渐凝固为一个结果连词；“此以”在西周时代见不到，它是受“是以”类化而产生的。

五、“是以”用于复句中和用于句群中的比例是33∶17，多用于复句中；“此以”用于复句中和用于句群中的比例是5∶9，多用于句群中。

六、“是以”可以跟“以”、“唯”构成“以……是以……”、“唯……是以……”这样的格式，“此以”没有这样的用法。

七、用于句群中的“是以”前可以出现语气词“夫”，“此以”前不用“夫”。

第二节　出土战国文献中的连词“用”

在出土战国文献中，“用”有顺承连词的用法，这种用法是怎么来的呢?

要回答这个问题，可以参照“以”。“以”也有顺承连词的用法，这种用法的来源如下：原因介词→结果连词→顺承连词

顺承连词“用”也应是这样来的。“用”作原因介词的例子前面已举过。“用”也可以用作结果连词，例如“思辑用光”（《诗经·大雅·公刘》）、“譬彼坏木，疾用无枝”（《诗经·小雅·小弁》）。顺承连词“用”直接来自这种结果连词“用”。

“用”作顺承连词的例子如：

（1）不可慉，用曰婁（迩）君婁（迩）戾。（《上博楚简六·用曰》）

（2）亦不可婁（迩）於恻（贼），用曰：远君远戾。（《上博楚简六·用曰》）

（3）〼难之，而亦弗能弃，用曰：盍事虩（赫）虩（赫）。（《上博楚简六·用曰》）

（4）则方繇而弗可矣，用曰咎群言之弃。（《上博楚简六·用曰》）

对于这种“用”，张光裕（2007：287）说：“‘用’可训为‘乃’，如《诗经·大雅·江汉》：‘肇敏戎公，用锡尔祉。’‘用曰’犹言‘乃曰’。”此说可从。依据何乐士（2006：525），“用”可作顺承连词，连接前后分句，表示前后两项的顺承关系，可译为“于是”、“来”等。她举的例子有“假寐永叹，维忧用老”（《诗经·小雅·小弁》）、“谨尔侯度，用戒不虞”（《诗经·大雅·抑》）。“用曰”的“用”，就属于这种用法。

根据我们的考察，介词“用”出现在战国金文和秦简之中，而不见于楚简。而连词“用”只出现在楚简中，不见于战国金文和秦简。

第三节　出土战国文献中的连词“因”和“因而”

一、连词“因”

常用于顺承复句后一分句之首（后一分句都不出现语句主语），表示前后两个分句的顺承关系，即前后两个分句在时间顺序或事理上先后相承接。可译为“于是”、“就”或“因此”。这种“因”共出现11次。例如：

（1）王遅（徙）凥（居）於坪（平）澫（漫），𠦪（卒）以大夫饮酒於坪澫（漫），因令至俑毁室。（《上博楚简四·昭王毁室》）

（2）邦家大旱（旱），痌（因）㾐（资）智於邦。（《上博楚简四·柬大王泊旱》）

（3）争书，因恙（佯）瞋目扼捾（腕）以视（示）力。（《睡虎地秦简·语书》）

（4）犀武论其舍人□命者，以丹未当死，因告司命史公孙强。（《放马滩秦简·墓主记》）

（5）严敬不敢怠荒，因载所美，邵跋皇工（功）。（《中山王嚳方壶铭》，《集成》15·9735）

（6）臣请具刻诏书金石刻，因明白矣。（《峄山刻石》）

连词“因”应是源自介词“因”。前面说过，介词“因”的宾语可以承前省去，这时“因”处于“VP”之前。当“因+VP”之前有语音停顿，而前一分句和后一分句有顺承关系时，连词“因”就产生了。

连词“因”的产生和连词“以”的产生有类似之处，介词“以”后宾语省略，是连词“以”产生的途径之一。详见本书第三章第一节《出土战国文献中的连词“以”及相关复音连词》。

连词“因”跟介词“因”不同，介词“因”只见于楚简之中，没有例外。而连词“因”在楚简、秦简（包括秦刻石）、中山国金文中都可以见到，出现的次数依次是3、7、1，在秦出土文献中最常见。

二、连词“因而”

“因而”是复音虚词，它用于后一分句的谓语之前，表示前后两个分句的承接关系，可译为“于是”、“就”。这种“因而”出现了2次。例如：

（7）大材埶（艺）者大官，少（小）材埶者少官，因而它（施）录（禄）安（焉）。（《郭店楚简·六德》）

（8）听其有矢，从而贼（则）之，因而徵之。（《睡虎地秦简·为吏之道》）

前面说过，介词“因”常与“而”构成“因……而……”这样的介词框架。当介词“因”的宾语省略之后，“因”和“而”就可以连在一起。当介词“因”的宾语省略之后，而“因”又处于顺承复句的后一分句之首，“因”转化为连词。由于“因”后可以出现“而”，就产生了“因而”这个连词，它产生的方式是邻词粘合。

连词“因而”在楚简、秦简中都可以见到，这跟连词“因”的情形是一致的。

连词“因”、“因而”源自介词“因”，而介词“因”源自动词“因”。动词“因”作动词有依靠的意思，如“因谁之力？因宋人、蔡人、卫人之力也。”（《公羊传·隐公十年》）这种“因”出现在“因+名词语+VP”这样的连谓结构之中，再经常使用，就可以虚化为介词。由动词“因”首先虚化为依据介词，再由依据介词“因”发展为方式介词“因”和原因介词“因”。“因”的发展过程是十分清楚的。

第四节 出土战国文献中的连词“与”

前面讲过，连词“与”源自介词“与”。那么，两者之间应该如何区别呢?

王克仲（1984）认为，用介词“与”构成的句式，有三种基本类型，即：“［与+介词宾语］+动词”、“主语+［与+介宾短语］+动词”、“［与+［ ］］+动词”。第一种和第三种句式中的“与”都容易跟连词“与”区别开来。只有第二种句式中的“与”，容易跟连词“与”相混。第二种句式可以表达为“X+与+Y+动词”。他认为，可以从三个角度来分析。第一，从这类结构的上文来看，当“与”是介词时，主语是X，X和Y之间并非并列关系而是进层关系。第二，从这类结构的下文来看，当“与”是介词时，其后小句的主语应是X，而不是X与Y。第三，当“与”是介词时，在“与”之前可以加进其它句子成分。

何乐士（2006：556—557）也谈到介词“与”和连词“与”的区别。她认为有以下几点：一、“与”作介词，它前面的主语常可承上省略，而“与”作连词，所连接的前后两项都不能省略；二、介词“与”前面可有各种修饰成分，而连词“与”前不能有任何修饰成分；三、介词“与”前面的主语和后面的宾语绝不能共同充当句中的一个成分，而连词“与”和它所连接的前后两项必须共同充当句中的一个成分，绝不能把它们拆分开来；四、连词“与”所连接的前后两项是平等并列关系，词序可以互换而不影响上下文义，而介词“与”前的主语和后面的宾语则不是平等并列的关系，词序不可任意变换；五、在多个并列成分中，连词“与”一般都位于最后两个并列成分之间，介词“与”一般位于并列成分的前面。

上述两家的说法很有启发性，对于正确区别介词“与”和连词“与”会起一定的作用。我们认为，也可以借鉴现代汉语语法学中区别单纯并列连词和介词的方法来区别介词“与”和连词“与”。

介词“与”和连词“与”一般是容易区别开来的，特别是当“与”前的主语省略或“与”后的宾语省略或“与”前出现状语的时候，“与”都应视为介词。只有当“与”前有主语、其后有名词语、“与”前没有修饰语时（即“X+与+Y+VP”这种句式中的“与”），才容易相混。我们认为，在充分理解上下文意义的条件下，可以使用下列区别的方法：

一、替换法。用表示复数的代词来替换“X与Y”，替换后语义不发生变化的是连词，否则是介词。二、互换法。就是把“X”和“Y”的位置前后互相调换，调换后意思基本不变的是连词，否则是介词。这一点王克仲、何乐士两先生都谈过。三、分解法。就是把“X”和“Y”分解开来，再分别同后面的“VP”组合，重新组合后意思基本不变的，是连词，否则是介词。四、插入法。就是在“X”和“与+Y”之间插入状语，凡可以插入的是介词，否则是连词。这一点王克仲、何乐士也已谈过了。五、题化法。就是在X之后略作停顿，加上句中语气词，凡是可以题化的，是介词，否则是连词。六、转换法。就是把“X”移到“与+Y+VP”之后，重新与其它词语组合，凡是可以转换的，是介词，否则是连词。如果这样做，我们是能够把介词“与”和连词“与”区别开来的。

在出土战国文献中，连词“与”共出现133次，其中作并列连词130次，作选择连词3次。

一、并列连词

并列连词“与”，一般是用来连接名词性词语的，表示它们之间的并列关系。并列连词“与”的连接功能可以细分为三种，即并连、合连和分连。

具有并连性功能的“与”可以构成并连式。在并连式“X+与+Y+VP”中蕴含了两个独立的命题，可以表述为X+与+Y+VP→X+VP，Y+VP；反过来，“X+VP”、“Y+VP”这两个命题由于“VP”相同而合并为“X+与+Y+VP”这样的复合命题。“X与Y”也可以作动词的宾语，这时构成“S+V+X+与+Y”式，它也可以表达为S+V+X+与+Y→S+V+X，S+V+Y；反之亦然。例如：

（1）伋（隰）倗（朋）舁（与）鞄（鲍）舌（叔）酉（牙）皆拜。（《上博楚简五·竞建内之》）

（2）埶（势）牙（与）聖（声）为可察（察）也。（《郭店楚简·语丛一》）

（3）乐与饵，怂（过）客歨（止）。（《郭店楚简·老子丙本》）

(4) 身虘(且)有疟(病),亚(恶)盉(菜)与飤(食)。(《上博楚简五·三德》)

(5) 墨(禹)乃迵(通)经(泾)与渭,北豉(注)之河。(《上博楚简二·容成氏》)

(6) 凡不吉日,秎(利)目(以)见公王与贵人。(《九店楚简》41、42)

这种句式中的“X 与 Y”和“VP”之间可以插入范围副词“皆”等,如前引例(1)。

具有合连性功能的“与”可以构成合连式。这种句式“X+与+Y+VP”表达一个独立的命题,句式不能分开表达,即“X+与+Y+VP”≠X+VP,Y+VP。这种句式中的核心动词一般是互向动词。“X+与+Y”也可以作定语,但是X+与+Y+中心语≠X+中心语,Y+中心语,例如:

(7) 醠(绝)学亡悳(忧),唯与可(呵),相去几可(何)?光(美)牙(与)亚(恶),相去可(何)若?(《郭店楚简·老子乙本》)

(8) 昔者而弗殜(世)也,善与善相受(授)也。(《上博楚简二·子羔》)

(9) 命牙(与)度(文)牙(与),虖(呼)勿(物)。(《郭店楚简·语丛三》)第二个“与”是相等的意思。

(10) 圣牙(与)智豪(就)壴(矣),急牙(与)宜(义)豪壴,宪(忠)牙訐(信)豪壴。(《郭店楚简·六德》)

(11) 名与身簹(孰)新(亲)?身与货簹多?貴(得)与亡(亡)簹疠(病)?(《郭店楚简·老子甲本》)

(12) 昔尧尻(处)於丹府与藿陵之间。(《上博楚简二·容成氏》)

(13) 一襦紫鱼与录(绿)鱼之箙。(《曾侯乙墓竹简》39)

在这种句式的“X+与+Y”和“VP”之间可以加上“相”类副词,如上引例(7)、(8),但不可加“皆”类副词。

具有分连性功能的“与”可以构成分连式。在分连式“X+与+Y+VP”中蕴含了两个独立的命题,其中的“VP”是两个不同的概念,常见的形式是 $V+NP_1+与+NP_2$。所以这种句式可以具体化为“$X+与+Y+V+NP_1+与+NP_2$”,其中 X 指向 NP_1,Y 指向 NP_2。所以这种句式也可以分开表述为

$X+与+Y+V+NP_1+与+NP_2 \rightarrow X+V+NP_1，Y+V+NP_2$。例如：

（14）赏与坓（刑），祡（祸）福之羿（基）也。（《郭店楚简·尊德义》）

（15）天地与人，若经与纬，若纕（表）与里。（《上博楚简三·彭祖》）

以例（14）为例，可以说成“赏，祸之基也；刑，福之基也”，例（15）类此。

连词“与”所连接的并列项一般是两个，这种用例占绝大多数。只有下引几例是例外：

（16）☐於父夊与新（新）父与不殆（辜）与累禮与□☐。（《望山楚简》1·78）

（17）左尹与鄴公赐、正娄宨、正令翌、王私司败逿、少里乔与尹翠、郯路尹虗、发尹利之命胃（谓）：兼陵宦大夫司败察兼陵之州里人阳锗之不与亓（其）父阳年同室。（《包山楚简》128）

（18）舒（佘）人违（御）君子陲（陈）旦、陲龙、陲无正、陲䙷与亓（其）戴客百（百）宜君、大亶连中、左闢（关）尹黄惖（惕）、酟差（佐）鄒（蔡）惑、坪（平）旇（射）公鄗冒、大賰尹连虡、大脰（厨）尹公佩必与戣三十。（《包山楚简》139）

（19）相徙、中余与五连少（小）子及龙（宠）臣皆逗（属），母（毋）敢變篥籔。（《上博楚简四·柬大王泊旱》）

这种“与”共出现9次，只占并列连词总次数（130）的6.9%。例（16）至少是五项并列（都是神灵名），每两项间都用连词“与”。例（17）是9项并列，但只在第一、二项之间和六、七项之间用了“与”。例（18）是12项并列，但只在第四、五项之间和第十一、十二项之间用了“与”。例（19）是4项并列，但在第二、三项之间用了“与”，第三、四项间用了“及”。例（16）中的各个并列项，彼此之间的地位应是平等的，都是神灵名。但例（17）、（18）、（19）中的各个并列项之间的关系可能很复杂，用不用“与”可能表达不同的关系。

下引两例中的并列项表面看来是3项，但仔细分析仍应看作是两项并列：

（20）癸巳之日不遥（将）弡（橐）㕣（皋）君之司马驾与弡（橐）㕣（皋）君之人南輊、邓敢以廷。（《包山楚简》38）

（21）十月辛巳之日不遥（将）顗宫大夫鈇（胡）公旅期、莿昜（阳）公穆痀与周惃之分察以廷。（《包山楚简》49）

例（20）的两个并列项是"橐皋君之司马驾"、"橐皋君之人南輊、邓敢"。前一项是同位短语，后一项也是同位短语，由"橐皋君之人"和"南輊、邓敢"两部分构成。例（21）"与"所连接的两项应是"顗宫大夫胡公旅期、莿易（阳）公穆痀"和"周惃之分察"。前一项是同位短语，由"顗宫大夫"和"胡公旅期、莿阳公穆痀"构成。据此分析，这两例中的"与"不是例外，也是连接两个并列项的。

93.1%的并列连词"与"是用来连接两个并列项的。"与"所连接的并列项，可以是名词语，也可以是谓词语。前者很常见，后者少见。

"与"所连接的两个并列项可以都是名词，例如：

（22）天型（刑）成，人弆（与）勿（物）斨（斯）里（理）。（《郭店楚简·语丛三》）

（23）埶（势）与聖（声）为可詧（察）也。（《郭店楚简·语丛一》）

（24）身虘（且）有痞（病），亚（恶）盉（菜）与飤（食）。（《上博楚简五·三德》）

（25）命牙（与）度（文）牙（与），虖（呼）勿（物）。（《郭店楚简·语丛三》）

（26）垦（禹）乃迵（通）经（泾）与渭，北豉（注）之河。（《上博楚简二·容成氏》）

（27）今与古亦肰（然）。（《上博楚简四·曹沫之阵》）

"与"所连接的两个并列项，可以都是定中短语，例如：

（28）圣人之眚（性）与中人之眚，丌（其）生而未又（有）非之。（《郭店楚简·成之闻之》）

（29）一襁鼬与录（绿）鱼之箙。（《曾侯乙墓竹简》86）

（30）襁鼬（貂）与录（绿）鱼之韔（䩨），紫黔之里。（《曾侯乙墓竹简》106）

（31）一素緙纊，有玉钩，黄金与白金之䖒。（《信阳楚简》2—07）

（32）长肠人与杙人之马，丽，崎（跨）马。（《曾侯乙墓竹简》164）

（33）乘畋车人两骡与其车。（《曾侯乙墓竹简》205）

“与”所连接的两个并列项，都是同位短语，例如：

（34）罼䐢尹酉糬与蔡君之司马奉为皆告成。（《包山楚简》140 反）

（35）羕陵攻尹快与乔尹黄驈为羕陵貣越异之黄金三十益二益，目（以）糴种。（《包山楚简》107）

“与”所连接的两个并列项，其中一个是名词，另一个是名词性短语。例如：

（36）緅与素锦之紴（鞶）囊二十又一，緅与青锦之紴囊七。（《信阳楚简》2—012）

（37）王内（入），目（以）告安君与陵尹子高。（《上博楚简四·柬大王泊旱》）

（38）襡紫鱼与䵷（豻）之箙，屯狐白之聶。（《曾侯乙墓竹简》67）

（39）见于绝无后者与渐木立，目（以）亓（其）古（故）敚之。（《包山楚简》249）

“与”所连接的两个并列项，也可以都是谓词语（动词、形容词、叹词、数词等）。例如：

（40）貴（得）与貢（亡）篙（孰）疠（病）？（《郭店楚简·老子甲本》）

（41）赏与坓（刑），祡（祸）福之羿（基）也。（《郭店楚简·尊德义》）

（42）女（汝）能新（慎）紿（始）与冬（终）。（《上博楚简五·弟子问》）

（43）战与型（刑）人，君子之述（坠）悳（德）也。（《郭店楚简·成之闻之》）

（44）㒉（美）牙（与）亚（恶），相去可（何）若？（《郭店楚简·老子乙本》）

（45）圣牙（与）智稾（就）壴（矣）。（《郭店楚简·六德》）

（46）顛（履）地戠（戴）天，竺（笃）义与信。（《上博楚简二·容成氏》）

(47) 非信与忠，其隹（谁）能之？（《中山王譽鼎铭》，《集成》5·2840）

(48) 唯与可（呵），相去几可（何）？（《郭店楚简·老子乙本》）

(49) 四与五之閖（间）虖（乎）？（《上博楚简六·庄子既成》）

“与”连接两个谓词语是有条件的，即“谓词语$_1$+与+谓词语$_2$”只能作主语、宾语、定语和判断句谓语，而不能作一般谓语。

由“与”构成的并列短语，在句子中可以作主语、宾语、定语和名词谓语。

作主语的例子如：

(50) 仲屖（尼）与虗（吾）子产筥（孰）臤（贤）？（《上博楚简五·君子为礼》）

(51) 伋（隰）倗（朋）舁（与）鞄（鲍）弔（叔）萏（牙）皆从。（《上博楚简五·竞建内之》）

(52) 割疾（瘥）与梨（梁）丘虡（据）言於公。（《上博楚简六·竞公瘧》）

(53) 昔者而弗殜（世）也，善与善相受（授）也。（《上博楚简二·子羔》）

(54) 恷（决）牙（与）訐（信），器也。（《郭店楚简·语丛一》）

(55) 急（仁）牙（与）宜（义）豪（就）壴（矣）。（《郭店楚简·六德》）

作宾语的并列短语有两种。一种是作动词的宾语，例如：

(56) 王目（以）告棍（相）徙与中余。（《上博楚简四·柬大王泊旱》）

(57) 乙亥祷楚先与五山。（《新蔡楚简》甲三：134、108）

(58) 凡不吉日，秎（利）目（以）见公王与贵人。（《九店楚简》41、42）

(59) 见丁与此首人而捕之。（《睡虎地秦简·封诊式》）

(60) 身虘（且）有痞（病），亚（恶）盉（菜）与飤（食）。（《上博楚简五·三德》）

(61) 女（如）夫政坓（刑）与悳（德），目（以）事上天，此是才

（哉）。（《上博楚简二·鲁邦大旱》）

二是作介词的宾语，例如：

（62）占之，恒贞吉，少又（有）悚於躳身与宫室。（《包山楚简》210）

（63）囟（思）攻解於祖与兵死。（《包山楚简》241）

（64）见於绝无后者与渐木立，𠃉亓古敓之。（《包山楚简》249）

（65）秦大夫怠之州里公周瘢言於左尹与鄴公赐。（《包山楚简》141）

（66）孔子𠓗（答）曰：邦大旱，毋乃遊（失）者（诸）型（刑）与悳（德）虐（乎）？（《上博楚简二·鲁邦大旱》）

（67）古之叓（事）君者，𠃉（以）忠与敬。（《上博楚简三·中弓》）

例（66）中的“诸”是“之于”的合音，“刑与德”作“于”的宾语。例（67）“以忠与敬”后省去了谓语中心词。

作兼语的例子如：

（68）或𠃉（以）豎（竖）逜（刁）㝵（与）㦸（易）啚（牙）为相。（《上博楚简五·竞建内之》）

此例的“以”是“使”、“让”、“任用”的意思，“以……为……”构成兼语式。

作定语的例子如：

（69）襮㔃（貂）与录（绿）鱼之韔（䘲），紫裣之裏。（《曾侯乙墓竹简》106）

（70）二襮㔃（貂）与录（绿）鱼之箙。（《曾侯乙墓竹简》14）

（71）长肠人与杙人之马，丽，踦（踦）马。（《曾侯乙墓竹简》164）

（72）鞄（鲍）寔（叔）啚（牙）与级（隰）倗（朋）之谏。（《上博楚简五·鲍叔牙与隰朋之谏》）

（73）昔尧凥（处）於丹府与藋陵之间。（《上博楚简二·容成氏》）

（74）曰：“四与五之閒（间）虖（乎）？”（《上博楚简六·庄王既成》）

作名词谓语的并列结构有两种，一种是作判断句谓语，例如：

（75）非信与忠，其隹（谁）能之。（《中山王嚳鼎铭》，《集成》5·2840）

二是作描写句谓语，例如：

（76）一箙，䄕鼬与紫鱼，屯虓韔之聶。（《曾侯乙墓竹简》99）试比较：一䄕鼬（貂）与紫鱼之箙，□韔之聶。（《曾侯乙墓竹简》106）

（77）二悬箙，䄕紫鱼与录（绿）鱼。（《曾侯乙墓竹简》2）

（78）二箙，䄕鼬与录（绿）鱼。（《曾侯乙墓竹简》99）试比较：二䄕鼬与录鱼之箙。（《曾侯乙墓竹简》14）

下例中的“与”，《龙岗秦简》一书译为“并”：

（79）坐其所匿税臧（赃），与法没入其匿田之稼〼。（《龙岗秦简》147）

若此说正确，则这个例子里的“与”是用来连接两个分句的，表示并列关系。但是，这种例子仅此一见，而且句子后面还有残缺，其可靠性值得怀疑。

二、选择连词

这种“与”有两种。一种是用于单句中，用来连接两个谓词性成分（前项是肯定的，后项是否定的），表示选择关系，可译为“还是”、“或者”。例如：

（80）子左尹命漾陵之宫大夫察州里人阳锗与亓（其）父阳年同室与不同室。（《包山楚简》127）

（81）甬（庸）又（有）果与不果。（《上博楚简三·恒先》）

这种例子在传世文献中可以见到，例如：“古者国君诸侯之闻见善与不善也，皆驰驱以告天子。”（《墨子·尚同中》）、“臣不知其思与不思。”（《战国策·秦策二》）

这种“与”应该是由表示并列关系的“与”发展而来的，并列关系与选择关系都是联合关系，比较相近。

另一种是用于复句之中，用来连接两个分句，表示选择关系。例如：

（82）蒦（与）其汋（溺）於人旃（也），宁汋於渊。（《中山王嚳鼎铭》，《集成》5·2840）

“与其……宁……”所表示的选择关系是比较性的，要在两者当中选择一个，一般都是舍弃前者而选择后者。这种例子在传世文献中可以见到，例

如“礼，与其奢也，宁俭。”（《论语·八佾》）

蓝鹰（2001：248）认为这种“与”是意义为赞许、赞同的动词“与”虚化而成的。由“赞同”义在“赞同（选择）甲，不如赞同（选择）乙”这样的模式中虚化。如“与为人妻，宁为人妾”（《庄子·德充符》）、“吾与富贵而诎于人，宁贫贱而轻世肆志焉”（《史记·鲁仲连列传》）。

王克仲（1984）认为，“与其……宁……”这种句式是按照下面的简缩方式演化而来的：

［俭］与其奢也，宁俭→与其奢也，宁俭

上面箭头左边的“［俭］”是语义上所应出现的句子成分，“与”字在句中起着表示比较的作用。就上例而言，是“俭”和“奢”相比较。在相互比较中，说话人肯定了其中的一方“俭”。这种句式经过简缩，前面的“俭”略而不用，则变成了箭头右边的句式。在上引两说中，王克仲先生的说法更为可信。

4－1：出土战国文献中连词“与”统计表

文献＼用法		战国金文	战国简牍			战国帛书	战国玉石文字	合计
			楚简	曾简	秦简			
连词	并列连词	1	97	28	4			130
	选择连词	1	2					3
总计		2	99	28	4			133

总之，连词“与”在楚简、曾简中都常见，分别出现了99次、28次（曾简中的虚词“与”都是作连词用的），在中山国金文中也可以见到（2次）。在秦简中介词“与”出现了95次，可是连词“与”只出现4次，下面把它们都列举出来：

（83）告曰：丁与此首人强攻群盗人，……见丁与此首人而捕之。（《睡虎地秦简·封诊式》）

（84）戌兴〈与〉亥是胃（谓）分离日，不可取妻。（《睡虎地秦简·日书甲种》）

（85）□与枳（支）刺艮山之胃（谓）离日。（《睡虎地秦简·日书甲

种》)

(86) 坐其所匿税臧(赃),与法没入其匿田之稼☐。(《龙岗秦简》147)

例(83)中的第一个“与”可以看做介词,第一句是说丁跟这个被斩首的人结伙抢劫;第二个“与”可以看做连词,第二句是说发现了丁和这个被斩首的人即行逮捕。但是第二句中“丁与此首人”之后也有可能是省略了“VP”—“强攻群盗人”,若如此,则也可以分析为介词。例(84)、(85)中两个“与”可能都是连词,但是它们都出现在睡虎地秦简《日书》中,这种语料比较特殊。它与楚地《日书》有渊源关系,有不少篇幅直接来自楚地的《日书》,又有一些内容是对楚地《日书》进行改造而成的。既然如此,在楚地常见的并列连词“与”被带进秦简《日书》当中是可以理解的。例(86)一例,《龙岗秦简》(中国文物研究所、湖北省文物考古研究所编,中华书局,2001 年 8 月)一书译为“按其所隐瞒租税获赃数额定罪,並依法没收其隐瞒的田地上的庄稼。”若按此翻译,“与”是用来联结两个有并列关系的分句的,但是除此之外,在出土秦文献中再也找不到类似的用例,再加上此例前后都有残缺,因此这个用例是可疑的。所以我们可以这样讲,在秦简中虚词“与”基本上都是做介词用的。

第五节 出土战国文献中的连词“及”

依据所连接成分的不同,可以把“及”分为三类,一是连接名词语的,二是连接谓词语或分句的,三是连接名词语和谓词语的。

一、连接名词语

根据连接项数的不同,这又可以分为两类,一是连接两个名词语的,二是连接三个以上(含三个)名词语的。

1. 连接两个名词语的

这种“及”在出土战国文献中共见到 116 次。它所表示的,绝大多数都是并连关系(即在“NP_1+及+NP_2+VP”、“V+NP_1+及+NP_2”中蕴涵了两个独立的命题,可以表述为“NP_1+及+NP_2+VP→NP_1+VP,+NP_2+VP”、

“$V+NP_1+$及$+NP_2 \rightarrow V+NP_1$，$V+NP_2$”）。例如：

（1）《尹茣（诰）》员（云）：“隹（惟）尹（伊）夋（尹）及汤，咸有一悳（德）。”（《郭店楚简·缁衣》）

（2）故啬夫及丞皆不得除。（《睡虎地秦简·效律》）

（3）四海（海）之内𨑳（及）四海（海）之外皆青（请）社（贡）。（《上博楚简二·容成氏》）

（4）咸阳及它县发弗智者当皆赀。（《睡虎地秦简·法律答问》）

（5）隶妾及女子用箴（针）为缗绣它物，女子一人当男子一人。（《睡虎地秦简·秦律十八种》）

（6）寄及客，是谓“旅人”。（《睡虎地秦简·法律答问》）

以上6例为“NP_1+及$+NP_2+VP$”的例子，以下6例为“$S+V+NP_1+$及$+NP_2$”的例子：

（7）直（值）其所失臧（赃）及所受臧，皆与盗同☐。（《龙岗秦简》137）

（8）它垣属焉者，独高其置刍廥及仓茅盖者。（《睡虎地秦简·秦律十八种》）

（9）行命书及书署急者，辄行之。（《睡虎地秦简·秦律十八种》）

（10）县尉时循视其攻（功）及所为。（《睡虎地秦简·秦律杂抄》）

（11）不可取妇、家（嫁）女、出入货及生（牲）。（《睡虎地秦简·日书甲种》）

（12）县上食者籍及它费大（太）仓。（《睡虎地秦简·秦律十八种》）

少数“及”是用来表示合连关系的（即“NP_1+及$+NP_2+VP$”和“$S+V+NP_1+$及$+NP_2$”表达一个独立的命题，句式不能够分开来表述）。例如：

（13）古者，民各有乡俗，其所利及好恶不同。（《睡虎地秦简·语书》）

（14）吏已收臧（藏），官啬夫及吏夜更行官。（《睡虎地秦简·秦律十八种》）

（15）若我先君穆公及楚成王，是缪力同心，两邦若壹。（《诅楚文·大沈厥湫文》）

（16）丙与里人及甲等会饮食，皆莫肯与丙共桮（杯）器。（《睡虎地秦简·封诊式》）

（17）三军出，君自率，必竧（约）邦之贵人及邦之可（奇）士。（《上博楚简四·曹沫之阵》）

（18）已论，啬夫即以其直（值）钱分负其官长及冗吏。（《睡虎地秦简·秦律十八种》）

在出土战国文献中，未见到表示分连关系的“及”（所谓分连是指“NP_1＋及＋NP_2＋VP”中蕴涵了两个独立的命题，即可表述为 NP_1＋及＋NP_2＋VP→NP_1＋V＋NP_a，NP_2＋V＋NP_b）。

“及”所连接的两个部分，有些是两个名词，有些是名词性词组，还有一些是名词和名词性词组。“及”连接两个名词的例子如：

（19）问甲及吏可（何）论？（《睡虎地秦简·法律答问》）

（20）省殿，赀工师一甲，丞及曹长一盾。（《睡虎地秦简·秦律杂抄》）

（21）凡製车及寇（冠）。（《睡虎地秦简·日书甲种》）

（22）不可取妇、家（嫁）女、出入货及生（牲）。（《睡虎地秦简·日书甲种》）

（23）啬夫免而效，效者见其封及隄（题）。（《睡虎地秦简·秦律十八种》）

（24）五种忌，丙及寅禾，甲及子麦，乙巳及丑黍，辰麻，卯及戌叔（菽），亥稻。（《睡虎地秦简·日书甲种》）

“及”连接两个名词性词组的例子如：

（25）都官有秩吏及离官啬夫，养各一人。（《睡虎地秦简·秦律十八种》）

（26）县上食者籍及它费大（太）仓。（《睡虎地秦简·秦律十八种》）

（27）取白茅及黄土而西（洒）之。（《睡虎地秦简·日书甲种》）

（28）小堂下及垣外地坚，不可迹。（《睡虎地秦简·封诊式》）

（29）某里士五（伍）甲缚诣男子丙及斩首一。（《睡虎地秦简·封诊式》）

（30）人若鸟兽及六畜恒行人宫。（《睡虎地秦简·日书甲种》）

“及”连接名词和名词性词组的例子如：

（31）令县及都官取柳及木楘（柔）可用书者，方之以书。（《睡虎地秦简·秦律十八种》）

（32）邑之紤（近）皂及它禁苑者，麛时毋敢将犬以之田。（《睡虎地秦简·秦律十八种》）

（33）水减二百斗以上，赀工及吏将者各二甲。（《睡虎地秦简·效律》）

（34）鸟兽恒鸣人之室，燔鬈（鬌）及六畜毛邋（鬣）其止所，则止矣。（《睡虎地秦简·日书甲种》）

（35）当以布及其它所买畀甲。（《睡虎地秦简·法律答问》）

（36）甲乙梦被黑裘衣寇〈冠〉，喜，人〈入〉水中及谷，得也。（《睡虎地秦简·日书甲种》）

由“及”字构成的联合短语“NP_1＋及＋NP_2”可以作主语、宾语、兼语、定语、中心语。作主语的例子如前引例（1）至例（6）。作动词宾语的例子如前引例（7）至例（12）。作介词宾语的例子如：

（37）丙与里人及甲等会饮食，皆莫肯与丙共桮（杯）器。（《睡虎地秦简·封诊式》）

（38）捕赀罪，即端以剑及兵刃刺杀之。（《睡虎地秦简·法律答问》）

（39）刍自黄穌（穌）及蘑束以上皆受之。（《睡虎地秦简·秦律十八种》）

作兼语的例子如：

（40）令县及都官取柳及木桊（柔）可用书者，方之以书。（《睡虎地秦简·秦律十八种》）

（41）百姓有母及同牲（生）为隶妾，非適（谪）罪殹（也），而欲为冗边五岁。（《睡虎地秦简·秦律十八种》）

作定语的例子如：

（42）不畏皇天上帝及大沈厥湫之光烈威神。（《诅楚文·大沈厥湫文》）

（43）此弩矢丁及首人弩矢殹（也）。（《睡虎地秦简·封诊式》）

（44）为都官及县效律。（《睡虎地秦简·效律》）

作中心语的例子如：

（45）▨以孤虚循求盗所道入者及臧（藏）处。（《周家台秦简·日书》）

（46）诸取禁苑中柞、棫、橎、楢产叶及皮☐。（《龙岗秦简》38）

（47）亡、不仁其主及官者，衣如隶臣妾。（《睡虎地秦简·秦律十八种》）

2. 连接三个以上（含三个）名词语的

这种“及”共出现40次。在三个并列的名词语中，“及”出现的位置有三种情况，一是用于“$NP_1+NP_2+NP_3$”中的“NP_2”和“NP_3”中间；二是用于“NP_1”和“NP_2”之间；三是在“NP_1”和“NP_2”之间、“NP_2”和“NP_3”之间都用。用于“$NP_1+NP_2+NP_3$”中的“NP_2”和“NP_3”之间的“及”最为常见，共出现30次，占总次数（40）的75%；用于“NP_1”和“NP_2”之间的有6次，占总次数的15%；在“NP_1”和“NP_2”之间、“NP_2”和“NP_3”之间都用的有2次，占5%。

用于“$NP_1+NP_2+NP_3$”中“NP_2”和“NP_3”之间的“及”一般是表示并连关系的，例如：

（48）禁苑吏、苑人及黔首有事禁中，或取其□□□☐。（《龙岗秦简》6）

（49）县啬夫、尉及士吏行戍不以律，赀二甲。（《睡虎地秦简·秦律杂抄》）

（50）大啬夫、丞及官啬夫有罪。（《睡虎地秦简·秦律十八种》）

（51）心、目返言，是善败之经。（《上博楚简六·用曰》）

（52）故腾为是而脩法律令、田令及为间私方而下之。（《睡虎地秦简·语书》）

（53）虚四徹不可入客、寓人及臣妾，必代居室。（《睡虎地秦简·日书甲种》）

用于“$NP_1+NP_2+NP_3$”中“NP_1”和“NP_2”之间的“及”有的是表示合连关系，例如：

（54）县啬夫若丞及仓、乡相杂以封印之。（《睡虎地秦简·秦律十八种》）

用于“$NP_1+NP_2+NP_3$”中“NP_1”和“NP_2”之间的“及”大多数都是表示并连关系的。例如：

（55）其主车牛者及吏、官长皆有罪。（《睡虎地秦简·秦律十八种》）

（56）县、都官、十二郡免除吏及佐、群官属。（《睡虎地秦简·秦律十八种》）

在“NP_1”和“NP_2”之间、“NP_2”和“NP_3”之间都用“及”，这种“及”也是表示并连关系的，例如：

（57）甲等及里人弟兄及它人智（知）丙者，皆难与丙饮食。（《睡虎地秦简·封诊式》）

同连接两个名词语的“及”一样，“及”所连接的成分，可以都是名词，也可以都是名词性短语，还可以是名词和名词性短语。

用“及”来连接的由三项构成的联合短语，也可以作主语、宾语等句子成分。

在四个并列的名词语中，“及”的位置有三种：一是在“$NP_1+NP_2+NP_3+NP_4$”中的“NP_1”之后；二是在和“NP_2”之后；三是在“NP_3”之后。这种“及”出现4次。例如：

（58）遂取吾边城新郢及邲、长、敘。（《诅楚文·大沈厥湫文》）

（59）吏主者、徒食牛者及令、丞皆有罪。（《睡虎地秦简·秦律十八种》）

（60）某里士五（伍）甲、乙缚诣男子丙、丁及新钱百一十钱、容（镕）二合。（《睡虎地秦简·封诊式》）

（61）相徙、中余与五连少（小）子及龙（宠）臣皆逗（属）。（《上博楚简四·柬大王泊旱》）｜县啬夫若丞及仓、乡相杂以封印之，而遗仓啬夫及离邑仓佐主稟者各一户。（《睡虎地秦简·秦律十八种》）

例（61）中的第一个例子，在“NP_2”和“NP_3”之间还出现了连词“与”，“与”和“及”交互使用；第二个例子，在“NP_1”和“NP_2”之间还出现了连词“若”，“若”和“及”交互使用。

上引各例中的“及”都是表示并连关系的。并列项有的由名词构成，有的由名词短语构成。联合短语可以作主语，也可以作宾语。

在五个并列的名词语之中，“及”只有一种位置，即出现在“$NP_1+NP_2+NP_3+NP_4+NP_5$”中的“NP_1”之后。这种“及”出现3次。例如：

（62）早（旱）及暴风雨、水潦、蚤（螽）蚰、群它物伤稼者，亦辄言其顷数。（《睡虎地秦简·秦律十八种》）

（63）凡入月七日及夏丑、秋辰、冬未、春戌，不可坏垣、起之。（《睡虎地秦简·日书甲种》）

（64）入月七日及冬未、春戌、夏丑、秋辰，是胃（谓）四敫，不可初穿门。（《睡虎地秦简·日书甲种》）

上引三例中的“及”表示并连关系。“及”所连接的项可由名词构成，也可由名词性短语构成。由“及”构成的并列短语都作主语。

在六个并列的名词语之中，“及”可以出现在“$NP_1+NP_2+NP_3+NP_4+NP_5+NP_6$”中的“$NP_1$”之后，也可以出现在“$NP_2$”之后。这种“及”共出现2次。例如：

（65）上造以下到官佐、史毋（无）爵者及卜、史、司御、寺、府，糲（粝）米一斗。（《睡虎地秦简·秦律十八种》）

（66）土忌日：戊、己及癸酉、癸未、庚申、丁未，凡有土事弗果居。（《睡虎地秦简·日书甲种》）

上引两例中的“及”也是表示并连关系的。

在八个并列的名词语中，“及”出现在“NP_5”之后，表示并连关系。这种“及”只出现1次。例如：

（67）取妻龙日：丁巳、癸丑、辛酉、辛亥、乙酉及春之未戌、秋丑辰、冬戌亥。（《睡虎地秦简·日书甲种》）

从前面所引的许多例句可以看出，“及”除了表示联合关系（具体说来有并连关系、合连关系）之外，还有下述几种作用（参见周生亚1989）：

一是表分类。“及”字具有区分多个并列项种类的作用，它居于两类之间。这种例子很常见，例如前引例（53）、例（55）。

二是表示未尽。“及”字之后的内容往往带有举例性质，而不是把所有的并列项都列出来。例如：

（68）盗及者（诸）它罪，同居所当坐。（《睡虎地秦简·法律答问》）

（69）祠固用心、肾及它支（肢）物，皆各为一具。（《睡虎地秦简·法律答问》）

（70）丙与里人及甲等会饮食，皆莫肯与丙共桮（杯）器。（《睡虎地秦简·封诊式》）

上引前两例，在“及”后的一项中有“它”，后一例在“及”后的一项中有“等”。

三是表示主从。“及”前一项所表示的内容比后一项所表示的内容更为重要，所以“及”前后的两项一般不可颠倒。例如：

（71）亦应受皇天上帝及大沈厥湫之几灵德赐。（《诅楚文·大沈厥湫文》）

（72）百姓有母及同牲（生）为隶妾，非適（谪）罪殹（也），而欲为冗边五岁。（《睡虎地秦简·秦律十八种》）

（73）入室取妻及它物。（《睡虎地秦简·日书甲种》）

二、连接谓词语

在出土战国文献中，“及”常被用来连接动词语、分句。这时“及”都用来表示并列关系的，可译为“和”、“与”或“并”。这种“及”有160次，占并列连词总次数（324）的49.4%。

（74）诸马、牛到所，毋敢穿穽及置它机。（《龙岗秦简》103）

（75）窦出入及毋（无）符传而阑入门者，斩其男子左趾。（《龙岗秦简》2）

（76）禁苑啬夫、吏数循行，垣有坏决兽道出，及见兽出在外，亟告县。（《龙岗秦简》39）

（77）即取车辖，毋令人见之，及毋与人言。（《周家台秦简·病方及其它》）

“及”最常见的用法是用在两个动词语或分句之间。这种“及”共有137次，占连接动词语或分句的“及”的总数（160）的85.6%。例如：

（78）冬三月之日，勿以筑室及波（破）地。（《睡虎地秦简·日书甲种》）

（79）以此见人及战斗皆可。（《周家台秦简·日书》）

（80）有失伍及菌（迟）不来者，遣来识戏次。（《睡虎地秦简·封诊式》）

（81）侵食道、千（阡）、邵（陌），及斩人畴企（畦），赀一甲。（《龙岗秦简》120）

（82）使其弟子赢律，及治（笞）之，赀一甲。（《睡虎地秦简·秦律杂

抄》)

(83)乃解索,视口鼻渭(喟)然不毆(也),及视索迹郁之迹。(《睡虎地秦简·封诊式》)

“及”用于连接三个并列项也较常见,共有20次。在“$VP_1+VP_2+VP_3$”中,“及”可用于“VP_1”与“VP_2”之间,也可以用于“VP_2”和VP_3”之间,还可以在“VP_1”和“VP_2”之间、“VP_2”和VP_3”之间都用“及”。

“及”可用于“VP_1”与“VP_2”之间,有7次。例如:

(84)斗,利祠及行贾、贾市,吉。(《睡虎地秦简·日书甲种》)

(85)氐,祠及行、出入[货],吉。(《睡虎地秦简·日书乙种》)

(86)隶臣妾之老及小、不能自衣者,如舂衣。(《睡虎地秦简·秦律十八种》)

(87)有责(债)於公及赀、赎者,居它县,辄移居县责之。(《睡虎地秦简·秦律十八种》)

“及”可用于“VP_2”和VP_3”之间,有8次。例如:

(88)以秋八月脩封捋(埒)、正疆畔及癹千(阡)百(陌)之大草。(《青川秦牍》)

(89)衝日,可以攻军、入城及行。(《睡虎地秦简·日书乙种》)

(90)离日,不可以家(嫁)女、取妇及入人民畜生。(《睡虎地秦简·日书甲种》)

(91)诈伪、假人符传及让人符传者,皆与阑入门同罪。(《龙岗秦简》4)

在“VP_1”和“VP_2”之间、“VP_2”和VP_3”之间都用“及”,有4次,例如:

(92)计脱实及出实多於律程及不当出而出之,直(值)其贾(价),不盈廿二钱,除。(《睡虎地秦简·效律》)

(93)关合符及以传书阅入之及□佩(佩)入司马门久(?)☑。(《龙岗秦简》5)

有时在“VP_1”和“VP_2”之间用“及”、在“VP_2”和VP_3”之间用“若”,表示前两项之间是并列关系,后两项之间是选择关系。例如:

(94)已阅及敦(屯)车食若行到繇所乃亡。(《睡虎地秦简·法律答

问》)

“及”也可以用于有四个并列项的联合短语中，共出现2次。例如：

(95) 危日可以责（债）人及执人、系人、外政（征）。(《放马滩秦简·日书甲·建除书》)

(96) 房，取妇、家（嫁）女、出入货及祠，吉。(《睡虎地秦简·日书甲种》)

上引前例中的“及”出现在“VP_1”和“VP_2”之间，后例中的“及”则出现在“VP_3”和VP_4”之间。

“及”还可以用在有7个并列项的联合短语中，只出现1次，例如：

(97) 是胃（谓）四敫，不可初穿门、为户牖、伐木、坏垣、起垣、彻屋及杀，大凶。(《睡虎地秦简·日书甲种》)

此例中的“及”用于“VP_6”和“VP_7”之间。

“及”可以用来连接分句，也可以用来连接谓词语。用来连接分句的“及”较常见，如：

(98) 所不当除而敢先见事，及相听以遣之，以律论之。(《睡虎地秦简·秦律十八种》) 所：如果。

(99) 即入其筋、革、角，及索（索）入其贾（价）钱。(《睡虎地秦简·秦律十八种》)

(100) 膚（胪）吏乘马，笃、辈（𤼂），及不会膚期，赀各一盾。(《睡虎地秦简·秦律杂抄》)

(101) 除士吏、发弩啬夫不如律，及发弩射不中，尉赀二甲。(《睡虎地秦简·秦律杂抄》)

(102) 仓扁（漏）死（朽）禾粟，及积禾粟而败之，其不可食者不盈万石以下，谇官啬夫。(《睡虎地秦简·秦律十八种》)

(103) 或私用公车牛，及叚（假）人食牛不善，牛訾（𤼂）；不攻间车，车空失，大车轱紱（盭），及不芥（介）车，车蕃（藩）盖强折列（裂），其主车牛者及吏、官长皆有罪。(《睡虎地秦简·秦律十八种》)

用来连接谓词语的“及”很常见。这可细分为三种情况，一是几个并列项都是谓词的，二是几个并列项都是谓词性词组的；三是几个并列项有的是谓词，有的是谓词性短语的。

用来连接谓词（主要是动词，有时是形容词）的“及”的例子如：

（104）辛卯生子，吉及榖（穀）。（《睡虎地秦简·日书甲种》）穀：善良。

（105）舆鬼，祠及行，吉。（《睡虎地秦简·日书甲种》）

（106）从军当以劳论及赐，未拜而死。（《睡虎地秦简·秦律十八种》）

（107）行传书、受书，必书其起及到日月夙莫（暮）。（《睡虎地秦简·秦律十八种》）

（108）叚（假）器者，其事已及免，官辄收其叚。（《睡虎地秦简·秦律十八种》）

（109）有买（卖）及买殹（也），各嬰其贾（价）。（《睡虎地秦简·秦律十八种》）

用来连接谓词性短语的“及”的例子。如：

（110）春二月，毋敢伐材木山林及雍（壅）隄水。（《睡虎地秦简·秦律十八种》）

（111）不可种之及初获出入之。（《睡虎地秦简·日书甲种》）

（112）将司人而亡，能自捕及亲所智（知）为捕，除毋（无）罪。（《睡虎地秦简·法律答问》）

（113）以乞鞫及为人乞鞫者，狱已断乃听。（《睡虎地秦简·法律答问》）

（114）入叚而而毋（无）久及非其官之久也，皆没入公。（《睡虎地秦简·秦律十八种》）

（115）隃（逾）岁而弗入及不如令者，皆以律论之。（《睡虎地秦简·秦律十八种》）

用来连接谓词和谓词性短语的“及”的例子。如：

（116）不当论及尝（偿）稼。（《睡虎地秦简·法律答问》）

（117）把其叚（假）以亡，得及自出，当为盗不当？（《睡虎地秦简·法律答问》）

（118）戍者城及补城，令姑（嫴）堵一岁。（《睡虎地秦简·秦律杂抄》）城：筑城。

（119）长吏相杂以入禾仓及发，见屡之粟积，义积之。（《睡虎地秦

简·秦律十八种》)

两个或几个分句由“及”字连接形成一个整体之后，一般不独立成句，往往是一个大复句的一部分。如：

（120）匿敖童，及占瘙不审，典、老赎耐。（《睡虎地秦简·秦律杂抄》)

（121）当论而端弗论，及傷其狱，端令不致，论出之，是谓纵囚。（《睡虎地秦简·法律答问》)

（122）县、都官用贞（桢）、栽为傰（棚）牏，及载县（悬）钟虡〈虞〉用輻（膈），皆不胜任而折；及大车辕不胜任，折轱上，皆为用而出之。(《睡虎地秦简·秦律十八种》)

（123）百姓叚（假）公器及有责（债）未赏（偿），其日踐以收责之，而弗收责，其人死亡；及隶臣妾有亡公器、畜生者，以其日月减其衣食，毋过三分取一，其所亡众，计之，终岁衣食不踐以稍赏（偿），令居之，其弗令居之，其人［死］亡，令其官啬夫及吏主者代赏（偿）之。(《睡虎地秦简·秦律十八种》)

两个或几个谓词语由“及”字连接构成一个整体后，可以单独作谓语，也可以单独构成一个小句（这时可视为主语省略）。例如：

（124）戍者城及补城，令姑（嫴）堵一岁。（《睡虎地秦简·秦律杂抄》)

（125）叚器者，其事已及免，官辄收其叚。(《睡虎地秦简·秦律十八种》)

（126）舆鬼，祠及行，吉。(《睡虎地秦简·日书甲种》)

（127）女子甲为人妻，去亡，得及自出，小未盈六尺，当论不当?（《睡虎地秦简·法律答问》)

（128）入禾及发扇（漏）仓，必令长吏相杂以见之。(《睡虎地秦简·效律》)

（129）赋岁红（功），未取省而亡之及弗备，赀其曹长一盾。(《睡虎地秦简·秦律杂抄》)

两个或几个谓词语由“及”字连接构成一个整体后，可以作谓语的中心（一般是作中心语，前有状语）。例如：

（130）月中旬，毋起北南陈垣及矰（增）之，大凶。（《睡虎地秦简·日书甲种》）

（131）春、城旦出繇（徭）者，毋敢之市及留舍阓外。（《睡虎地秦简·秦律十八种》）

（132）田忌，丁亥、戊戌，不可初田及兴土攻（功）。（《睡虎地秦简·日书甲种》）

（133）冬三月之日，勿以筑室及波（破）地。（《睡虎地秦简·日书甲种》）

（134）从军当以劳论及赐，未拜而死。（《睡虎地秦简·秦律十八种》）

（135）以赍律论及赏（偿）。（《睡虎地秦简·秦律十八种》）

两个或几个谓词语由"及"字连接构成一个整体后，再与"者"字构成"者"字短语。例如：

（136）甲旅札赢其籍及不备者，入其赢旅衣札。（《睡虎地秦简·效律》）

（137）百姓或之县就（僦）及移输者，以律论之。（《睡虎地秦简·效律》）或：有。

（138）有失伍及菌（迟）不来者，遣来识戏次。（《睡虎地秦简·封诊式》）

（139）擅强质及受质者，皆赀二甲。（《睡虎地秦简·法律答问》）

（140）盗出朱（珠）玉邦关及买（卖）於客者，上朱（珠）玉内史。（《睡虎地秦简·法律答问》）

（141）未置及不直（置）者不为具。（《睡虎地秦简·法律答问》）

两个或几个谓词语由"及"连接而成为一个整体后，作转折短语（指前后谓词语之间是转折关系的多谓结构）的一部分。例如：

（142）入叚（假）而而（衍文）毋（无）久及非其官之久也，皆没入公。（《睡虎地秦简·秦律十八种》）

（143）未赏（偿）及居之未备而死，皆出之。（《睡虎地秦简·秦律十八种》）

（144）其子新生而有怪物其身及不全，而杀之，勿罪。（《睡虎地秦简·法律答问》）

（145）百姓犬入禁苑中而不追兽及捕兽者，勿敢杀。（《睡虎地秦简·秦律十八种》）

两个或几个谓词语由“及”字连接而成为一个整体后，作定语。例如：

（146）行传书、受书，必书其起及到日月夙莫（暮）。（《睡虎地秦简·秦律十八种》）

（147）诊甲前血出及痈状，有（又）讯甲室人甲到室居处及復（腹）痛子出状。（《睡虎地秦简·封诊式》）

两个或几个谓词语由“及”连接而成为一个整体后，作主语的中心。例如：

（148）咸阳二万一积，其出入、增积及效如禾。（《睡虎地秦简·秦律十八种》）

（149）以此见人及战斗皆可。（《周家台秦简·日书》）

例（148）的谓语中心“如”是关系动词，例（149）的谓语中心是能愿动词。这两种动词的主语皆可由谓词语充当。

两个或几个谓词语由“及”连接为一个整体后，也可以作宾语。例如：

（150）有买（卖）及买殹（也），各嬰其贾（价）。（《睡虎地秦简·秦律十八种》）

（151）胃，利入禾粟及为囷仓，吉。（《睡虎地秦简·日书甲种》）

（152）利见人及畜畜生。（《睡虎地秦简·日书甲种》）

（153）宦及智（知）於王，及六百石吏以上，皆为显大夫。（《睡虎地秦简·法律答问》）

“有”为名谓宾动词，“利”是对动用法的动词，其宾语都可由谓词语充当。例（153）中的“及”为介词。

三、连接名词语和谓词语

“及”所连接的两项，有一项是名词语，另一项是谓词语。这种“及”共出现8次。例如：

（154）邦中之繇（徭）及公事官（馆）舍，其叚（假）公，叚而有死亡者，亦令其徒、舍人任其叚。（《睡虎地秦简·秦律十八种》）馆：动词，居。

（155）月食者已致稟而公使有传食及告归尽月不来者，止其后朔食。（《睡虎地秦简·秦律十八种》）

（156）不智（知）盗者可（何）人及蚤（早）莫（暮），毋（无）意殹。（《睡虎地秦简·封诊式》）

（157）马牛误職（识）耳，及物之不能相易者，赀官啬夫一盾。（《睡虎地秦简·效律》）

（158）敢行驰道中者，皆迁之；其骑及以乘车、轺车、牛、牛车、輓车行之，又（有）没入其车、马、牛县、道［官］。（《龙岗秦简》54）

5－1：出土战国文献连词“及”统计表

文献 / 用法		战国金文	战国简牍		战国帛书	战国玉石文字	合计
			楚简	秦简			
连词	并列连词		6	313		5	324

四、虚词“及”和“与”的区别

在出土战国文献中，虚词“及”和“与”都常见，“与”有句末语气词的用法，共出现22次，而“及”无此用法。此外，“及”和“与”都有介词、连词用法。那么它们的区别何在？

最早谈到这个问题的应该是马建忠（1898）。他说：“凡记事之文，概以‘及’为连，古《左传》《史》《汉》辄用之；而论事之文，概与‘与’字。”（P110）周法高按云：“案《左传》《国语》用‘及’不用‘与’，《论语》《孟子》用‘与’不用‘及’，所以马氏有此言。”（见吕叔湘、王海棻《〈马氏文通〉读本》，上海教育出版社，1986年）

徐萧斧（1981）认为，就“与”、“及”两字的用法而论，《诗》《书》以后的先秦文献大抵可分四类：其一是连介都用“与”，不用“及”，如《易系辞》《论语》《孟子》《庄子》《屈原赋》；其二是连介都用“及”，不用“与”，如《春秋》；其三是连词“与、及”互用，介词止用“与”，如《吕氏春秋》《国策》；其四是连介“与、及”互用，如《左传》。瑞典高本汉（1936）曾指出《国语》和《左传》同属于一种方言。徐萧斧认为如果高本汉的说法确实可信，那么《左传》中“及”用作介词这一点必须解释为：a、《左传》是为传述经文而作，书中的“及”字的用法是受经文影响；或者 b、《左传》是一种独立的《左氏春秋》，后人割裂而配经文时曾将某些“与”字篡夺改为“及”字。所以他认为《诗经》以后文献中“与、及”连介互用的第四类，可能是并不存在的。这是认为“及”和“与”的不同是方言因素造成的。大西克也（1998）曾研究过秦简和楚简中的并列连词，他得出的结论是秦简用“及”，而楚简用“与”，例外极少。

周生亚（1989）曾比较过先秦两汉时代并列连词“与”和“及”的用法，他认为是有同有异。相同之处有两点：第一，“与”“及”都能连接词或词组；第二，由“与”“及”构成的并列词组都可以充当主语、宾语、兼语或定语。不同之处有六点：第一，连词“与”主要连接名词或名词性词组，而连词“及”除上述用法外，还可以连接动词性词组或主谓词组；第二，由“与”“及”构成的并列词组，其语法功能不尽一致；第三，“与”“及”所连接的词或词组，彼此关系不同；第四，“与”“及”所连接的并列项的数目不同；第五，“与”“及”在并列项中的位置不同：“及”可以连接多个并列项，在多个并列项中除去表连接这一基本职能外，还有表主从、表未尽、表分类三种作用；第六，在选择比较句中，连接两个表示选择比较范围的并列项，用“与”不用“及”。周生亚指出，“与”和“及”的不同，与它们各自的词义演变有极为密切的关系。“与”源自“给予”义的动词，其并列连词的产生路线是动词→介词→连词。“及”源自“追及”义的动词，其连词、介词用法是同时由动词产生的。很显然，这是认为“及”和“与”的不同，是词义演变和实词虚化造成的。

周守晋（2005）讨论了楚简、秦简和汉简中“与”、“及”使用的异同，他认为这应是时代变迁以及“与”、“及”功能发展的结果。“与”和“及”都是由动词虚化、发展为介词和连词的。由于动词的意义并不相同，所以在不同时代、地域的文献里，“与”和“及”在动词上的用法并行不悖。“与”首先开始语法化的过程，所以时代较早的文献里，“与”的动词、介词和连词用法都可以见到。到了战国晚期，“及”的虚化已经完成，这期间“及”和“与”的竞争不可避免，这就形成了有些文献“与”、“及”表面上的不分工。由于“与”负担过多的功能，所以“及”得以在连词用法上占据优势，形成介词用“与”和连词用“及”的局面。

上述各家的说法可以概括为四种：一是“与”和“及”的不同是由语体造成的，如马建忠（1898）、周法高（1986）；二是由方言因素造成的，如徐萧斧（1981）、大西克也（1998）；三是由词义演变和实词虚化造成的，如周生亚（1989）；四是由时代变迁及功能发展造成的，如周守晋（2005）。那么该如何回答这个问题呢？

在回答这个问题之前，我们先具体地谈谈在出土战国文献中“与”和“及”有怎样的不同。在出土战国文献里，“与”和“及”都可以作介词、连词，我们先比较用作介词的“与”和“及”的区别，再比较用作连词的“与”和“及”的区别。用作介词的“与”和“及”至少有以下几点明显的差别：

第一，两者出现的频率不同。在现有的出土战国文献中，介词“与”共出现了158次，而介词“及”才出现21次，前者出现的次数是后者出现次数的7.5倍。

第二，两者的语义功能不同。除了出现在“之与”这种固定格式中的之外，介词“与”主要有两种用法，一是用作共事介词（134次），二是用作比事介词（22次）。例如：

（159）以亓（其）审（中）心与人交，兑（悦）也。（《郭店楚简·五行》）

（160）诈伪、假人符玺传及让人符传者，皆与阑入门同罪。（《龙岗秦简》4）

而介词“及”只有一例用作共事介词，此外是用作时间介词（12次）、对象介词（6次）、方面介词（1次）、条件介词（1次），这些用法都是介词“与”所没有的（“之与”中的“与”，有的似是对象介词）：

（161）大夫寡，当伍及人不当？（《睡虎地秦简·法律答问》）共事介词。

（162）及亓（其）为尧（尧）臣也，甚忠。（《郭店楚简·唐虞之道》）时间介词。

（163）是又（有）纯德遗训，以施及子孙。（《中山王譽方壶铭》，《集成》15·9735）对象介词。

（164）返（及）五（伍）子疋（胥）者，天下之圣人也，鸱巨（夷）

而死。(《上博楚简五·鬼神之明》) 方面介词。

(165) 邦必芒(亡),我及含(今)可(何)若?(《上博楚简六·平王问郑寿》) 条件介词。

第三,两者的语法功能有不同。介词“与”的宾语省略的例子很常见,在出土战国文献中,介词“与”共出现158次,其中有32次是宾语省略的。例如:

(166) 夫盗三百钱,告妻,妻与共饮食之。(《睡虎地秦简·法律答问》)

但是介词“及”的宾语没有省略的。介词“与”和它的宾语都出现在“VP”之前作状语,没有例外,但介词“及”其宾语则可以出现在“VP”之前,也可以放在“VP”之后。

第四,两者的语用功能不同。介词“及”有话题标记功能,而介词“与”没有。另外,虽然两者都有篇章功能(如两者都有衔接功能),但介词“与”有分类列举排比功能,而介词“及”没有;介词“及”有管界功能,而介词“与”没有。

第五,两者所出现的文献的地域性有不同。共事介词“与”在楚简、秦简中都可见到,出现的次数分别是59:73,可共事介词“及”只在秦简中见到一次。比事介词“与”只在秦简中出现了22次。共事介词“及”只在秦简中出现1次,方面介词“及”、条件介词“及”只在楚简中各出现1次。时间介词“及”、对象介词“及”在楚简、秦简中都可见到,但都是多见于楚简中。

用作连词的“与”和“及”至少有以下几点区别:

第一,两者所表示的关系不同。连词“与”可以用来表示选择关系,而连词“及”没有这样的用法。如周生亚(1989)所说,“及”在表示并列关系的同时可起表主从、表未尽、表分类等三种作用,而“与”没有这三种作用,或者说这三种作用不明显。并列连词“与”具体说来有并连、合连和分连的作用,而并列连词“及”没有分连的作用,合连的用例也很少见。

第二,两者所连接的并列项的数目不同。以连接名词语的“与”和“及”为例。所连接的并列项为两个的“与”占并列连词“与”总次数的

93.1%，并列项为多个的“与”只占并列连词“与”总次数的6.9%。而用来连接两个并列项的“及”有116次，用来连接三个以上（含三个）并列项的“及”有40次，后者占连接名词语“及”总次数的25.6%。用来连接动词语的“及”，也常用来连接三个以上的并列项。

第三，两者所连接的并列项的词性不同。“与”所连接的并列项，大多数都是名词性词语，少数是谓词性词语。“与”用来连接谓词语是有条件的，即“谓词语$_1$+与+谓词语$_2$”只能作主语、宾语、定语和判断句谓语，而不能作一般谓语。“及”所连接的并列项，可以是名词性词语，也可以是谓词性词语，甚至可以是分句，用来连接谓词性词语和分句的“及”占并列连词总次数的49.4%，跟用来连接名词性词语的“及”在数量上基本持平。而且“及”用来连接谓词性词语时，并没有像“与”那样的条件限制，即“谓词语$_1$+及+谓词语$_2$”可以作谓语或谓语中心。

第四，由两者构成的联合短语的句法功能不同。“名词语$_1$+与+名词语$_2$”和“名词语$_1$+及+名词语$_2$”都可以作主语、宾语、兼语、定语，但前者可以作名词谓语，而后者不能，例如：

（167）非信与忠，其隹（谁）能之。（《中山王嚳鼎铭》，《集成》5·2840）判断句谓语

（168）二悬箙，襮紫鱼与录（绿）鱼。（《曾侯乙墓竹简》2）描写句谓语

“谓词语$_1$+与+谓词语$_2$”和“谓词语$_1$+及+谓词语$_2$”虽然都可以作主语、宾语、定语，但后者仍保留其谓词性，或者说后者的谓词性比前者鲜明。“谓词语$_1$+与+谓词语$_2$”可以作判断句谓语，“谓词语$_1$+及+谓词语$_2$”不这样用。“谓词语$_1$+及+谓词语$_2$”可以单独成句、单独作谓语、作谓语中心、与“者”构成“者”字短语、作转折短语的一部分，而“谓词语$_1$+与+谓词语$_2$”无此用法。

第五，两者所於出现的文献的地域不同。在出土战国文献中，并列连词“与”主要出现在楚简和曾简之中，在楚简中有97次，在曾简中有28次，在秦简和战国金文中各出现4次、1次。并列连词“及”主要出现在秦简中，有313次，在楚简中只出现了6次。在战国玉石文字中并列连词“及”出现5次，这些文献也都属于秦文献。曾国靠近楚国，所以基本上可以说在

南方用并列连词“与”，而在西方用并列连词“及”。

上面我们讨论了介词“与”和“及”、连词“与”和“及”的不同，那么这种不同是由什么原因造成的呢?

马建忠（1898）、周法高（1986）认为是由语体特征造成的，这明显不可信。从出土文献来看，楚地出土文献中的法律文书、日书、遣册等，都是“记事之文”，其中都用“与”，而不用“及”。从传世文献来看，《吕氏春秋》、《墨子》、《国语》等都是“记事之文”，其中却经常用“及”，而《春秋三传》为“记事之文”，却常用并列连词“与”。

像周守晋（1989）那样，用时代变迁的因素来解释，也难以让人信服。从时代来说，曾简早于楚简，楚简早於秦简，但曾简与楚简相同，而曾简和楚简却跟秦简不同。曾简与楚简地域很近，却与秦简地域不近。前面说过，楚简与秦简差别较大，从楚简到秦简，时代相隔并不远，楚简大约在战国中期之后，而秦简大约是战国晚期到秦代。很难想象，在这么短时间里会有如此大的变化，尤其是像介词、连词这样的虚词。

我们认为，虚词“与”、“及”的不同，应是地域因素和实词虚化双重因素造成的。从出土战国文献来看，南方人选择了“与”，在该地的方言中“与”由实词虚化为介词、连词；西方人选择了“及”，在该地的方言中“及”由实词虚化为连词。这样看来，应该是不错的。

从出土战国文献来看，除了极少数的例外，楚简（曾简）中共事介词用“与”（59 次），并列连词也用“与”（125 次）；而在秦简中共事介词用“与”（73 次），并列连词却用“及”（313 次）。

徐萧斧（1981）谈到《诗》《书》以后，“与”“及”的用法有四类，但他认为第四类“实际上或者是并不存在的”，第二类只见于《春秋》。既然如此，那么常见的只有两类。很明显，楚简中“与”、“及”的用法跟他所说的第一类相同，即共事介词、并列连词都用“与”，不用“及”。徐萧斧认为《易系辞》《论语》《孟子》《庄子》《屈原赋》都属于这一类。《公羊》、《谷梁》也属于这一类。《墨子》的前半部分亦然。屈原为楚国人，《屈原赋》当然同于楚简。墨子、庄子为宋国人，孔子、孟子都是鲁国人。照此看来，很可能从楚国到宋国、再到鲁国齐国，这一区域人都是共事介词和并列连词都用“与”。秦简中“与”、“及”的用法接近第三类。徐萧斧认为第三类是连词“与”“及”互用，介词用“与”，代表文献是《吕氏春秋》、《国语》，《墨子》的后半部分与《吕氏春秋》接近。从秦简来看，并列连词并不是“与”“及”互用，绝大多数情况下是用“及”的。所以应该修正的是，秦语是并列连词用“及”，共事介词用“与”。西汉人的语言在这一点上继承了秦语，《吕氏春秋》应该是用秦语写的，若果真如此，而且在流传过程中保持了原貌，应该与秦简一致。问题是《国语》的作者是谁？《墨子》后半部分作者是谁？这都是疑问。就“与”“及”用法而言，我们大体知道了楚、宋、鲁、齐的情况，也知道了秦的情况，即南部、东部、西部的情况清楚，但是中部、北部情况还不清楚。如想解决这样的问题，要等待新材料的发现和研究的深入了。

第六节　出土战国文献中的连词“为”

连词“为”主要有两种用法，都很少见。一是作原因连词，二是作假设连词。

一、原因连词

原因连词源于原因介词。当“为”的宾语由名词语变为分句，而且“为”所在的分句与后边的分句有因果关系时，“为”就由介词变为连词。例如：

（1）为左（佐）大族，台（以）寺（持）民巴（选），宗词客敬为陲（禋）壶九。（《陈喜壶铭》，《集成》15・9700）

（2）虐（吾）所以又（有）大患者，为虐（吾）又（有）身。（《郭店楚简・老子乙本》）

例（2）可与下例比较：“江海所以为百浴（谷）王，以亓（其）能为百浴（谷）下，是以能为百浴王。”（《郭店楚简・老子甲本》）上例中的第二个“以”是连词，“以”与“是以”构成因果复句形式。但由于“是以”句所讲的内容和前面“所以”句讲的内容一样，所以“是以”句可以省去。尽管省去，第二个“以”仍是连词。由此看来，例（2）有省略，在“为”字句后可能省去了“是以又（有）大患”这样的分句。例（2）中的“为”

应跟前面讲过的“以”一样应视为原因连词。

二、假设连词

“为”还可以作假设连词，例如：

（3）为车不劳，称议脂之。（《睡虎地秦简·秦律十八种》）劳：佻，疾。

此例是说，如果车运行不快，可酌量加油。这种“为”在传世文献也可以见到。例如：“王甚喜人之掩口也。为近王，必掩口。”（《韩非子·内储说下》）“臣之御庶子鞅，愿王以听之也。为不能听，勿使出境。”（《吕氏春秋·长见》）“孙叔敖疾将死，戒其子曰：‘为我死，王则封女，女必无受利地！’”（《列子·说符》）

这种“为”可能源于动词“为”。我们知道，上古汉语中动词“为”十分常见，有一些意义比较虚。当这种动词“为”出现在假设分句句首时，发生了语境吸收（absorption of context）的现象，“为”吸收了所在分句的假设意义，变成了假设连词。

6-1：出土战国文献中连词“为”统计表

文献		战国金文	战国简牍		战国帛书	战国玉石文字	合计
			楚简	秦简			
连词	原因连词	1	1				2
	假设连词			1			1
总计		1	1	1			3

第七节　出土战国文献中的连词“而”

连词“而”的来源如何？对此洪波、蓝鹰（2001）做过探讨。他们认为，“而”最初是中指代词，其连词用法是由指代词虚化而来的。汉语最初是顺行结构，又叫左行结构。在这样的语序中，指代词一般可以出现在三个位置上，即句首、句中、句尾，其中在句首和句中的指代词有可能虚化为连词。

作为指代词，“而”可以在句首作主语，复指前面分句的内容。上古汉语的指代词具有下述三个特点：即近指和远指具有模糊性，而中指代词更是如此；指示代名词和指示形容词不分；具有虚指性。这些特点对于“而”的虚化有重要意义。出现在句首的指代词，如果没有实在的指代意味，它就起连接作用。“而”由指代词虚化为连词，最基本的用法是表示承接，可译为“那么”、“于是”。

句中的“而”，主要是指主谓之间和状中之间的“而”，也是由代词“而”演变而来的。原始汉语为左行结构，其名词短语的左行残留在上古汉语中还可以看到。如果分句中的每次有包括指代词在内的两个以上的修饰成分时，指代词总是在这个短语的最后。这样，指代词实际上可以出现在下面的句法位置：指代词$_1$处在主谓之间，指代词$_2$处在连谓或状中之间，指代词$_3$在句尾。如果它们无所谓指代，就可以分别虚化为主谓之间、连谓之间和状中之间的连接成分，句尾的则可以虚化为语气词。从壮侗语族的中指代词“那”来看，主谓之间的“而”正是在左行结构向右行结构的过渡中形成的。“而”虚化为连词，基本作用是承接，可译为“那么”、“于是”。

方有国（2002）基本同意洪波、蓝鹰（2001）的观点，但认为句首的“而”是否是左行结构现象，还可斟酌。这种“而”无后定修饰作用而是起复指作用。复指有结构和语用的需要。结构上当句子主语很长时，往往用代词复指，以求和谓语平衡；语用上需要主要是对复指成分的强调。所以这种“而”的虚化，不仅跟右行结构有关，跟它所处的位置和复指淡化也很有关系。

上述关于连词“而”来源的说法，可备一说，但是有可疑之处。首先，根据我们对出土战国文献的研究，尚未见到“而”用来连接主语和谓语的。其次，用于谓词语之间的“而”，最多的不是表示承接关系的，而是表示转折关系的。还有远古汉语是否为左行结构/顺行结构，尚待研究。因为从甲骨文来看，殷商汉语的语序跟后世汉语的语序并没有太大的区别。

“而”可以跟别的词构成复合虚词或惯用词组，如“而况”、“而后”、“而已”、“从而”、“因而”等，这些已是语素或具有语素性质的语言成分，不是独立的词，因而我们在研究连词“而”时把它们排除在外，统计连词

“而”时不算在内，而是把它们放在文章的后面来讨论。

我们首先把连词“而”分成两大类，第一类用于单句之中，用来连接两个谓词语或状语与中心词的；第二类是用于复句中，用来连接两个分句的。那么如何区分这两种“而”呢？

用来连接状语和中心词的“而”很容易跟用来连接分句的“而”区别开来。容易混淆的是用来连接两个谓词语的“而”和用来连接两个分句的“而”。前者是用来连接单句中的两个谓词性成分；后者是用来连接复句中的两个分句。

用来连接两个分句的“而”首先是用于复句中的。所谓复句，是由两个或两个以上意义上相关、结构上互不包含的分句组成。复句中的各个分句之间一般有停顿。构成复句的分句，可以是主谓结构，也可以是非主谓结构；各分句的主语可以相同，也可以不同；可以省略，也可以不省略。复句中分句之间的关系可以用关联词语表达，也可以不用。用来连接分句的“而”，不但是用于复句中的，而且必须是用来表示分句之间的关系的。有没有停顿，是区别复句与单句的重要标志。如果两个分句，主语不同（主语可省），而且有语音停顿，那么肯定是复句；如果两个分句，主语相同（主语可省），有语音停顿，那也是复句。两个主谓短语用“而”连接，主语不相同（主语可省），但没有语音停顿，这应视为紧缩复句。两个谓词语用“而”连接，主语相同（主语只在前面出现），中间没有语音停顿，这应视为单句。

在出土战国文献中并没有标点，所以在一个地方该不该标点，有没有语音停顿，有时是见仁见智的事。这就一定要反复研读上下文，以求正确断句。依据我们的研究经验，在“而”的一千多个用例中，真正难以断句的很少，绝大多数可以断定某处是否有语音停顿。

单句中的“而”也可以分为两种，一是用于谓词语之间，二是用于状中之间的。这里的谓词语，是指用作谓语的词语，可以是动词性词语、形容词性词语，也可以是谓词化的名词性词语、代词性词语。“而”前的状语，可以是介宾短语、副词，也可以是助动词、形容词、时间名词。“形容词+谓词语”可有两种，一是形容词作后边谓词语的状语，一种是形容词跟谓词性词语地位平列。

在出土战国文献中，可以见到“而”出现在主语和谓语之间的例子，但我们认为它并不是用来连接主语和谓语的，而都是用来连接分句的。关于这一点，下文还要详加论述。

一、单句中的连词“而”

这种“而”可以分为两种，一种是用来连接谓词语的，另一种是用来连接状语和中心词的。

（一）连接谓词语的“而”

这种“而”一般是用在两个谓词语中间的，单独使用。但有时是三个谓词语连用，每两个谓词语之间都用“而”。例如：

（1）息而画（划）於怀（背）而生。（《上博楚简二·子羔》）

（2）王卬（仰）而啕而泣。（《上博楚简四·柬大王泊旱》）

除了这两个“而”连用的例子之外，“而”一般都单用，连接两个谓词语。

“而”所连接的两个谓词语之间，可以是下述诸种语法关系之一：并列关系、顺承关系、递进关系、转折关系、结果关系、目的关系、方式关系、时间关系。

“而”所连接的两个谓词语之间是并列关系的例子如：

（3）民新（慎）於言而懂（谨）於行。（《郭店楚简·缁衣》）

（4）古（故）上不可吕（以）㙯（亵）型（刑）而翌（轻）牮（爵）。（《上博楚简一·缁衣》）

（5）凡民俾敝者，季（教）而恚（诲）之，歆而飤（食）之。（《上博楚简二·容成氏》）

（6）舉（兴）而记（起）之。（《上博楚简五·三德》）

（7）丌（其）乐安而屖，丌诃（歌）绅（伸）而葛（逖），丌思深而远，至矣。（《上博楚简一·诗序》）

（8）乙亥生子，榖（谷）而富。｜辛巳生子，吉而富。（《睡虎地秦简·日书甲种》）

（9）皇天之所弃而句（后）帝之所憎。（《上博楚简五·三德》）

（10）𤔔（乱）节而悀（哀）聖（声）。（《上博楚简五·弟子问》）

（11）中仉（处）而不茷（颇）。（《上博楚简六·慎子曰恭俭》）

（12）凡身谷（欲）青（静）而毋遣（动）。（《上博楚简一·性情论》）

上引例（3）至例（6），“而”所连接的两个谓词语之间都是并列关系。例（7）、（8），“而”所连接的都是两个形容词，构成“$形_1$+而+$形_2$”这样的结构，$形_1$和$形_2$之间一般都是并列关系。例（9），“而”所连接的是两个名词语，但这两个名词语都作判断句谓语，两者之间是并列关系。例（10），“而”所连接的也是两个名词语，但这两个名词语都作描写句谓语，两者之间也是并列关系。例（11）、（12），“而”所连接的两项，后一项都有否定词，但前后项不是转折关系。“中处”就是“不颇”、“欲静”就是“毋动”，前后两项之间在语法意义上仍是并列关系。

“而”所连接的两个谓词语之间是顺承关系的例子如：

（13）既謐（蔽）而卜之，孚。（《上博楚简四·柬大王泊旱》）

（14）稼已生后而雨，亦辄言雨少多。（《睡虎地秦简·秦律十八种》）

（15）君内（入）而语仆之言於君王。（《上博楚简四·柬大王泊旱》）

（16）又（有）鷃（燕）监（衔）卵而階（错）者（诸）丌（其）前，取而軟（吞）之，寍（娠）。（《上博楚简二·子羔》）

（17）士帀（师）鄒（易）庆吉启漾陵（陵）之厽（参）鈢（玺）而才（在）之。（《包山楚简》13）在：察。

（18）生而能言，是悫（禹）也。（《上博楚简二·子羔》）

上引例（13），“而”和前面的“既”构成“既……而……”这样的格式，表示两个动作行为的先后关系。例（14）“而”前还有“后”，表示某件事发生后再发生另一件事。其余诸例，“而”前后两项之间也是先后关系。

“而”所连接的两个谓词语之间是递进关系的例子如：

（19）其罪当刑城旦，耐以为鬼薪而鋈足。（《睡虎地秦简·法律答问》）

（20）鬃园三岁比殿，赀啬夫二甲而法（废），令、丞各一甲。（《睡虎地秦简·秦律杂抄》）

（21）有行而急，不得须良日。（《周家台秦简·病方及其它》）

(22) 一室井血而星（腥）臭，地虫斗于下。(《睡虎地秦简·日书甲种》)

(23) 聋（闻）而智（知）之，圣也。圣人智（知）而〈天〉道也。智（知）而行之，义也。(《郭店楚简·五行》)

(24) 五行皆型（形）於内而时行之，胃（谓）之君［子］。(《郭店楚简·五行》)

“而”所连接的两个谓词语之间是转折关系的例子。如：

(25) 隹（虽）多䎽（问）而不春（友）臤（贤）。(《上博楚简五·弟子问》)

(26) 唯（虽）難（难）之而弗亚（恶），必聿（尽）丌古（故）。(《郭店楚简·语丛四》)

(27) 虽有母而与其母冗居公者，亦稟之。(《睡虎地秦简·秦律十八种》)

(28) 虽不养主而入量（粮）者，不收，畀其主。(《睡虎地秦简·法律答问》)

上引四例中的“而”与前面的“虽”构成“虽……而……”这样的格式，表达前后两项的转折关系。有时，“而”所连接的两个谓词语，其中心语或修饰语为反义词，这时前后两项也是转折关系，例如：

(29) 贱士而贵货贝。(《睡虎地秦简·为吏之道》)

(30) 此不贫於散（美）而福（富）於悳（德）与（欤）？(《上博楚简四·曹沫之阵》) 此例中的“不”修饰的是“贫於美而富於德”。

(31) 君子难得而愓（易）叓（使）也。(《上博楚简二·从政甲》)

(32) 民不能大丌（其）䁈（美）而少（小）丌（其）亚（恶）。(《上博楚简一·缁衣》) 此例中的“不”修饰的是“大其美而小其恶”。

(33) 又（有）克正（政）而亡克戦（阵）。(《上博楚简四·曹沫之阵》)

(34) 同出而异生（性），因生亓（其）所慾（欲）。(《上博楚简三·恒先》)

有时，“而”所连接的两个谓词语，其中心语相同，但其中一个谓词语前加了否定词；或者两个谓词语应为顺接关系，但在后一个谓词语前加了否定词，这时前后两项也构成转折关系。例如：

（35）是故君子訢（慎）言而不訢事。（《上博楚简二·从政甲》）

（36）訮（忌）而不訮，天乃墜（降）材（灾）；已而不已，天乃墜（降）祭（异）（《上博楚简五·三德》）

（37）皆不受（授）亓（其）子而受（授）臤（贤）。（《上博楚简二·容成氏》）

（38）賏（富）贵而不喬（骄）者，虗（吾）餌（闻）而未之见也。（《上博楚简五·弟子问》）

（39）口惠而不係。（《上博楚简二·从政乙》）

（40）可言而不可行，君子不言；可行而不可言，君子不行。（《上博楚简二·从政甲》）

“而”所连接的两个谓词语之间是结果关系的例子。如：

（41）可（何）谓“亡券而害”？亡校券右为害。（《睡虎地秦简·法律答问》）

（42）羕（咏）思而動（动）心，膚（喟）女（如）也。（《郭店楚简·性自命出》）

这两例，“而”前的谓词语表示动作行为，后面的谓词语表示前面的动作行为所造成的结果。有时，“而”前的谓词语表示原因，后面的谓词语表示结果，例如：

（43）敝而粪者，靡蚩其久。（《睡虎地秦简·秦律十八种》）

（44）龟尹智（知）王之庶（炙）於日而病（病）。（《上博楚简四·柬大王泊旱》）

（45）作务及贾而负责（债）者，不得代。（《睡虎地秦简·秦律十八种》）

（46）臣邦人不安其主长而欲去夏者，勿许。（《睡虎地秦简·法律答问》）

（47）犹粯（迷）惑於子之而亡（亡）其邦，而皇（况）才（在）於少君虖（乎）？（《中山王譽鼎铭》，《集成》5·2840）

（48）毋能而易之。（《上博楚简五·三德》）

有时，“而”前的谓词语表示假设，后面的谓词语表示假设实现后所产生的结果。例如：

（49）智（知）既（既）而巟（荒）思不实（殄）。（《上博楚简三·恒先》）

（50）凡復日，不吉，无为而可。（《九店楚简》22）

（51）十二岁更，弗而耐乃刑。（《睡虎地秦简·日书甲种》）

（52）未型（刑）而民愄（畏），又（有）心愄（畏）者也。（《上博楚简一·性情论》）

（53）行險（险）至（致）命，饑（饥）滄而毋敓（忤）。（《上博楚简二·从政甲》）

（54）丌（其）言尔（爾）訐（信），古（故）徂（转）而可受也。（《郭店楚简·忠信之道》）

有时，“而”前的谓词语表示条件，后面的谓词语表示在满足条件下所产生的结果。例如：

（55）君子曰：唯又（有）丌（其）亙（恒）而可，能终之为难。（《郭店楚简·成之闻之》）

（56）市人以白茅为富，其鬼受於它而富。（《放马滩秦简·墓主记》）

“而”所连接的两个谓词语之间是目的关系的例子。如：

（57）目（以）求臤（贤）者而壤（让）焉。（《上博楚简二·容成氏》）

（58）祝曰：呼！垣止（址），笱令某齲已，予若叔（菽）子而徼之齲已。（《周家台秦简·病方及其它》）

（59）及隶臣折首为公士，谒归公士而免故妻隶妾一人者，许之。（《睡虎地秦简·秦律十八种》）

（60）憍（化）而雒（欲）复（作），牆（将）貞（镇）之以亡名之敼（樸）。（《郭店楚简·老子甲本》）

（61）文王乃起师以向丰、镐，三鼓而进之。（《上博楚简二·容成氏》）

（62）虐（吾）伐而弋（代）之。（《上博楚简二·容成氏》）

这种“而”前的谓词语表示动作行为，如前引例（57）中的“求贤者”；后面的谓词语表示动作行为的目的，如例（57）中的“让焉”。余例类此。

“而”所连接的两个谓词语之间是方式状态的关系。例如：

（63）王若（诺），𨟻（将）鼓而涉之。（《上博楚简四·柬大王泊旱》）

（64）丁酉裚衣常（裳），……以坐而饮酒，矢兵不入于身，身不伤。（《睡虎地秦简·日书甲种》）

（65）从皇帝而行及舍禁苑中者皆□□□□□☒。（《龙岗秦简》15）

（66）大剶（宰）迟（起）而胃（谓）之：“君皆楚邦之𨟻（将）匍（军），复（作）色而言於廷。”（《上博楚简四·柬大王泊旱》）

（67）凡人有恶梦，觉而择（释）之，西北鄉（向）择（释）发而駟（呬）。（《睡虎地秦简·日书乙种》）

（68）君衰𦃃（絰）而凥（处）立（位），一宫之人不勳（胜）亓（其）哀。（《郭店楚简·成之闻之》）

这种“而”前的谓词语表示方式或状态，如前引例（63）中的“鼓”；后面的谓词语表示动作行为，如前引例（63）中的“涉之”。“将鼓而涉之”是说将要打着鼓涉过河。余例类此。例（68）中的“衰絰而处位”是说穿着丧服站在正位上。余例类此。

“而”所连接的两个谓词语之间是时间关系的例子。如：

（69）不盈十斗以下及稟鬃县中而负者，负之如故。（《睡虎地秦简·效律》）

（70）节（即）官啬夫免而效，不备，代者［与］居吏坐之。（《睡虎地秦简·秦律十八种》）

（71）圣人之眚（性）与中人之眚，亓（其）生而未又（有）非之。（《郭店楚简·成之闻之》）

（72）有大繇（徭）而曹斗相趣，是谓“逵卒”。（《睡虎地秦简·法律答问》）

（73）赋岁红（功），未取省而亡之。（《睡虎地秦简·秦律杂抄》）

（74）人生子未能行而死。（《睡虎地秦简·日书甲种》）

这种“而”前的谓词语是表示时间的，如前引例（69）中的“稟鬃县中”；后面的谓词语是表示动作行为的，如例（69）中的“负”。“稟鬃县中而负”是说从该县领漆时亏欠。例（70）中的“免而效”，是说免职时进行核验。其余诸例类此。

如前所述，“而”一般是用来连接两个谓词语的。所谓的谓词语是指下述词语中的一种：

一是动词性词语：包括动词和动词性短语。例如“亓（其）言尔（爾）訐（信），古（故）徂（转）而可受也。”（《郭店楚简·忠信之道》）、“即五画地，掓其画中央土而怀之。”（《睡虎地秦简·日书甲种》）

二是形容词性词语：包括形容词和形容词性短语。例如“宇最邦之下，富而瘩。”（《睡虎地秦简·日书甲种》）“［悬（仁）］而不智则奉（逢）烖（灾）害。”（《上博楚简二·从政甲》）。上引两例中的形容词仍为形容词，而下引两例中的形容词则用作动词，仍可由“而”连接：“可（何）谓‘纵囚’？罪当重而端轻之，当轻而端重之，是谓不直。”（《睡虎地秦简·法律答问》）、“天之所败，多亓蒼（喜）而募（寡）亓惪（忧）。”（《上博楚简五·三德》）

三是用作谓语的名词性词语：包括名词和名词性短语。这有三种情况：一为名词性词语用为动词，例如“君衰絰而凥（处）立（位），一宫之人不勳亓哀。”（《郭店楚简·成之闻之》）二为名词性词语用作判断句谓语，例如“奠（郑）躗（卫）之乐，昊（则）非亓（其）声而从之。”（《郭店楚简·性自命出》）三为名词性词语作描写句谓语，例如“大辟（臂）臑而偻。”（《睡虎地秦简·日书甲种》）

四是代词性词语。这有二种情况：一是谓词性代词，这种词本来就是用作谓语的，可以由“而”连接，例如“敢䎽（问）可（何）女（如）而可胃（谓）民之父母？”（《上博楚简二·民之父母》）、“秦人欲战，秦伯谓士会曰：‘若何而战？’”（《左传·文公十二年》）二是名词性代词而作判断句谓语，例如“主晋祀者，非君而谁？”（《左传·僖公二十四年》）、“国胜君亡，非祸而何？”（《左传·哀公一年》）

从“而”所连接的两个成分来看，可以分为两种：一种是同类连接，即“而”所连接的两项都是动词性词语，或者都是形容词性词语，或者都是名词性词语，或者都是代词性词语；二是异类连接，即“而”所连接的两项不是同一词性的，例如或者是动词性词语和形容词性词语，或者是动词性词语和名词性词语等等。

同类连接有三种，即动+动、形+形、名+名。前者最常见，中者次之，后者最少见。用于两个动词性词语之间的“而”最为常见（动+而+动）。例如：

（75）罷痒（癃）守官府，亡而得。（《睡虎地秦简·法律答问》）

（76）虚而不屈，遑（动）而愈出。（《郭店楚简·老子甲本》）后一个“而”。

（77）弗言而葬，当赀一甲。（《睡虎地秦简·法律答问》）

（78）鬼来而击之。（《睡虎地秦简·日书甲种》）

（79）猬言胃（谓）郑偻窃马於下蔡而儥於阳城。（《包山楚简》120）儥：卖。

（80）臣䎽（闻）之：又（有）固悬（谋）而亡固城。（《上博楚简四·曹沫之阵》）

用于两个形容词性词语之间的“而”（形+而+形）较少见。例如：

（81）盗者长而黑。（《睡虎地秦简·日书甲种》）

（82）丌（其）思深而远，至矣。（《上博楚简一·诗序》）

（83）辛巳生子，吉而富。（《睡虎地秦简·日书甲种》）

（84）贫戔（贱）而不约者，虗（吾）见之壴（矣）；賏（富）贵而不喬（骄）者，虗（吾）䎽（闻）而未之见也。（《上博楚简五·弟子问》）

（85）此不贫於散（美）而福（富）於悳（德）与（欤）？（《上博楚简四·曹沫之阵》）

（86）民訢（慎）於言而慬（谨）於行。（《郭店楚简·缁衣》）

“而”所连接的两个形容词，有时是用作动词的。例如：

（87）贱士而贵货贝。（《睡虎地秦简·为吏之道》）

（88）民不能大其媺（美）而少（小）其亚（恶）。（《郭店楚简·缁衣》）

用于两个名词性词语之间的“而”（名+而+名）很少见。例如：

（89）皇天之所弃而句（后）帝之所憎。（《上博楚简五·三德》）

（90）𤔔（乱）节而懐（哀）聖（声）。（《上博楚简五·弟子问》）

上引例（89）中的两个“名”都作判断句谓语，而例（90）中的两个“名”都作描写句谓语，这种“而”在传世文献中也可以见到，例如：“夫君，神之主而民之望也。”（《左传·襄公十四年》）、“白狄及君同州，君之仇雠而我之昏姻也。”（《左传·成公十三年》）、“且是人也，蜂目而豺声，忍人也。”（《左传·文公一年》）、“是子也，熊虎之状而豺狼之声。”（《左传·宣公四年》）

异类连接有“动+而+形”、“形+而+动”、“名+而+动”、“代+而+动”、“动+而+代”等。“而”的前项为动词性词语、其后项为形容词性词语（即动+而+形）的例子。如：

（91）丙辰生子，有疵於體（體）而恿（勇）。（《睡虎地秦简·日书甲种》）

（92）庚寅生子，女为贾，男好衣佩而贵。（《睡虎地秦简·日书甲种》）

（93）有行而急，不得须良日。（《周家台秦简·病方及其它》）

（94）中凥（处）而不茇（颇）。（《上博楚简六·慎子曰恭俭》）

（95）今尚血出而少。（《睡虎地秦简·封诊式》）

（96）尧䎽（闻）之而散（美）亓行。（《上博楚简二·容成氏》）

最后一例中的“美”，原为形容词，这里已用作动词，应是形容词的意动用法。

“而”的前项为形容词性词语、其后项为动词性词语（即形+而+动）的例子。如：

（97）戔（贱）而民贵之，又（有）悳（德）者也；贫而民聚安（焉），又（有）道者也。（《上博楚简一·性情论》）后一个“而”。

（98）悳（直）而述（遂）之，遙（肆）也。（《郭店楚简·五行》）

（99）甬（勇）而行之不果，丌恷（疑）也弗桂（往）恷（矣）。（《郭店楚简·成之闻之》）

（100）孝而不谏，不成［孝］。（《上博楚简四·内豊》）

（101）壬辰生子，武而好衣剑。（《睡虎地秦简·日书甲种》）

（102）智而［有］信，斯人欲其［愈智也］。（《上博楚简五·君子为礼》）

值得注意的是，上引各例中的形容词虽然都出现在动词性词语之前，但都不是修饰其后的动词语的，都不是作状语的。

“而”的前项为名词性词语、其后项为动词性词语（即名+而+动）的例子如：

(103) 返(及)五(伍)子疋(胥)者，天下之圣人也，鴟层(夷)而死。(《上博楚简五·鬼神之明》)

(104) 君衰絰而尻(处)立(位)，一宫之人不勑(胜)丌哀。(《郭店楚简·成之闻之》)

(105) 口者，关；舌者，符玺也。玺而不发，身亦毋薛(辥)。(《睡虎地秦简·为吏之道》)

(106) 非豊(礼)而民兑(悦)，忎(在)此小人矣。(《郭店楚简·尊德义》)

(107) 长耳而操蔡。(《睡虎地秦简·日书甲种》)

(108) 箮(孰)天子而可反?(《上博楚简二·容成氏》)

上引例(103)、(104)中的“鸱夷”、“衰绖”，均为名词用作动词，指被装进革囊、穿着丧服。例(105)、(106)中的“玺”、“礼”均为判断句谓语；例(107)、(108)中的“长耳”、“孰天子”均为描写句谓语。总之，这些例子里的“名”虽用于动词语之前，但不是作状语的。

“而”前可以出现谓词性代词语，其后也可以，例如：

(109) 鲁穆公昏(问)於子思曰：“可(何)女(如)而可胃(谓)忠臣?”(《郭店楚简·鲁穆公问子思》)

(110) 众人弗智(知)，余亦弗智(知)，而靡又(有)鼎(贞)休。吾穷而无奈之何。(《秦骃玉版铭》)

如前所述，“而”所连接的两个谓词语之间可以是并列关系、顺承关系、递进关系、转折关系、结果关系、目的关系、方式关系、时间关系。那么究竟这些关系是由连词“而”本身表达出来的呢，还是不是这样呢?

对这个问题，目前主要有两种看法：

一是认为“而”本身可以表达多种语法关系。如谢质彬(1980)认为连词“而”可以表示平列、承接、递进、取舍、对待、转折、让步、假设、条件、因果等语法意义。何乐士(2006)也说，“而”可以配合文义表示前后两项的多种关系，如并列、转折、顺承、递进等。

二是认为“而”本身并不表达多种语法关系，它有其基本作用。如马建忠(1898)说：“‘而’字之为连字，不惟用以承接，而用为推转者，亦习见焉。然此皆上下文义为之，不知‘而’字不变之例，惟用以为动静诸字之过递耳。”（P282）王力（1980）说：“‘而’字所连接的两个行为或两种性质之间有着种种不同的关系……这些不同的关系都是上下文所决定的，不是‘而’字所决定的。”（P337）郭锡良（1992）等也说：“‘而’的基本作用是连接谓词（动词、形容词）、谓词性词语或分句，表示两种行为、性质或事件的联系。从连接的前后两项的意义来看，情况很复杂，概括起来，可分为顺接和逆接两类。当然顺接和逆接只是语义关系问题，不是‘而’字的语法作用有什么不同。”（P736）

我们认为，第一种看法的困难之处在于难以回答下述问题：如果“而”可以表示多种语法关系，那么它的原始意义是什么，由其原始意义怎样发展出那么多的语法意义？洪波、蓝鹰（2001）认为“而”源自中指代词，最基本的用法是表承接。但是“而”果真有中指代词的用法吗？它真的源自代词吗？这还需要深入研究。如果“而”原始用法是表承接，那么它又怎么发展出表示逆接（转折）以及其它用法的？用法再复杂的虚词，如介词“于（於）”，我们都可以找到它的最原始用法，并能由此排出它用法的发展谱系。但是对于“而”难以做到这一点，因为有些用法是对立的，如转折和顺承；而有些用法之间的联系难以确立。

因此，我们倾向于第一种看法。“而”的语法功能，就是把两个谓词性词语连接起来，构成多谓短语（谓词性联合短语、连谓短语、转折短语等；由此发展出用于状中之间的用法）；就是把两个分句连接起来，构成复句。“而”的语法意义，其实就是表示两种行为、性质、事件的联系。至于“而”所连接的两个行为、性质、事件之间有多种不同的意义，那是由上下文决定的，而不是由“而”表达出来的。正因为“而”不能具体地表示某种语法关系，所以对“而”所连接的两个谓词性词语的语义关系不能一目了然，有时会产生歧解。如“任重而道远”，到底是并列关系还是递进关系？正因为“而”字本身不能具体表达某种语法关系，所以“而”又与其它词组合成复合词或固定词组，如“而况”、“而又”、“而遂”、“而亦”、“而后”、“而且”、“而乃”、“而或”等，来具体地表达某种语法关系。

“谓词语$_1$+而+谓词语$_2$”的句法功能是，可以作谓语或谓语中心、单句或分句、者字词组成分、主语、宾语等。

“谓词语$_1$+而+谓词语$_2$”作谓语或谓语中心的例子。如：

（111）君内（入）而语仆之言於君王。(《上博楚简四·柬大王泊旱》)

（112）甲有罪，吏智（知）而端重若轻之。(《睡虎地秦简·法律答问》)

（113）甲、乙捕索其室而得此钱、容（镕），来诣之。(《睡虎地秦简·封诊式》)

（114）古（故）上不可㠯（以）㦿（亵）型（刑）而翟（轻）雀（爵）。(《上博楚简一·缁衣》)

（115）民不能大其娧（美）而少（小）其亚（恶）。(《郭店楚简·缁衣》)

（116）凡是日赤啻（帝）恒以开临下民而降其英（殃）。(《睡虎地秦简·日书甲种》)

"谓词语$_1$+而+谓词语$_2$"可以作单句或分句。例如：

（117）又（有）克正（政）而亡克戦（陈）。(《上博楚简四·曹沫之阵》)

（118）杀舍罘於竞不害之官而相卡（播）弃於大路。(《包山楚简》121)

（119）复（作）而輮（乘）之，则邦又（有）稷。(《上博楚简五·季庚子问於孔子》)

（120）已而不已，天乃墜（降）異（异）。(《上博楚简五·三德》)

（121）智而比即（次），则民谷（欲）丌智之述（遂）也。(《郭店楚简·成之闻之》)

（122）命攻解於渐木立，虡（且）徙丌凥而树之。(《包山楚简》250)

"谓词语$_1$+而+谓词语$_2$"可以作兼语式中的后一个动词语，例如：

（123）乃命毁钟型而聖（听）邦政。(《上博楚简四·曹沫之阵》)

（124）又（有）一人植其槈而诃（歌）安（焉）。(《上博楚简五·弟子问》)

"谓词语$_1$+而+谓词语$_2$"可以跟"者"一起构成"者"字短语。例如：

（125）贫戔（贱）而不约者，虗（吾）见之壴（矣）；賲（富）贵而不喬（骄）者，虗（吾）餌（闻）而未之见也。(《上博楚简五·弟子问》)

（126）此能从善而迲（去）祣（祸）者。(《上博楚简五·竞建内之》)

（127）䎽（闻）道而兑（悦）者，好㤅（仁）者也。（《郭店楚简·五行》）

（128）亚（恶）之而不可非者，达於义者也。（《郭店楚简·性自命出》）

（129）又（有）智（知）豊（礼）而不智（知）乐者，亡智乐而不智豊者。（《郭店楚简·尊德义》）

（130）百姓犬入禁苑中而不追兽及捕兽者，勿敢杀。（《睡虎地秦简·秦律十八种》）

"谓词语$_1$+而+谓词语$_2$"可以作主语。这时它的谓语一般都是表示判断的，或者是"谓"、"犹"一类非动作动词。例如：

（131）非之而不可亚（恶）者，篙（笃）於㤅（仁）者也。行之而不怂（过），智（知）道者也。（《上博楚简一·性情论》）

（132）障（尊）而不乔（骄），共（恭）也。共（恭）而専（博）交，豊（礼）也。（《郭店楚简·五行》）

（133）见而智（知）之，智也。䎽（闻）而智（知）之，圣也。（《郭店楚简·五行》）

（134）佢（居）草茅之中而不悳，智（知）命也。升为天子而不乔，不流也。（《郭店楚简·唐虞之道》）

（135）目而智（知）之胃（谓）之进之，喻而智（知）之胃之进之，譬而智之胃之进之，機而智之，天也。（《郭店楚简·五行》）

（136）为邦而不以豊（礼），猷（犹）人之亡所适也。（《郭店楚简·尊德义》）

"谓词语$_1$+而+谓词语$_2$"可以作宾语。这种宾语前的动词一般为"谓"、"曰"、"言"、"问"等言说类动词。例如：

（137）果而弗登（伐），果而弗乔（骄），果而弗稐（矜），是胃（谓）果而不弜（强）。（《郭店楚简·老子甲本》）

（138）可（何）谓亡券而害？亡校券右为害。（《睡虎地秦简·法律答问》）

（139）鲁穆公昏（问）於子思曰："可（何）女（如）而可胃（谓）忠臣"？（《郭店楚简·鲁穆公问子思》）

（140）十曰口惠而不係。（《上博楚简二・从政乙》）

（141）此言也，言余（舍）之此而厇（度）於天心也。（《郭店楚简・成之闻之》）

（142）敢䎽（问）可（何）女（如）而可胃（谓）民之父母？（《上博楚简二・民之父母》）

由上述看来，“谓词语$_1$+而+谓词语$_2$”虽可以作主语、宾语，仍是谓词性的，因为它们出现的句法环境都是谓词性词语能够出现的。

（二）用于状语和中心词之间的“而”

连词“而”还可以出现在“状语”和“中心语”之间。“而”前的状语可以是介宾短语、助动词、形容词，也可以是时间名词语、数词、副词。

这种“而”是从“谓词语$_1$+而+谓词语$_2$”，特别是具有偏正关系的“谓词语$_1$+而+谓词语$_2$”中发展而来的。在上述状语中，助动词、形容词、数词是谓词，而介词源自动词，副词有不少也是从谓词发展而来的。

用于状中之间的“而”，其前后两项是修饰和被修饰的关系。

“而”前的介宾短语，有以下几种：“以”字介宾短语、“向”字介宾短语、“为”字介宾短语、“至”字介宾短语、“到”字介宾短语、“尽”字介宾短语、“当”字介宾短语、“因”字介宾短语等。

“而”前的状语是“以”字介宾短语的例子如：

（143）人毋故而䝿（怒）也，以戊日日中而食黍於道。（《睡虎地秦简・日书甲种》）

（144）以望日日始出而食之。（《睡虎地秦简・日书甲种》）

（145）即以所操瓦而盖□。（《周家台秦简・病方及其它》）

（146）治痿（瘘）病：以羊矢（屎）三斗、乌头二七、牛脂大如手而三温煮之。（《周家台秦简・病方及其它》）

上引例（143）、（144）中的“以”为时间介词，例（145）中的“以”为工具介词，例（146）中的“以”为受事介词。

“而”前的状语为“向”字介宾短语，例如：

（147）王向日而立，王沧（汗）至带。（《上博楚简四・柬大王泊旱》）

此例中的“向”为处所介词中的方向介词。

“而”前的状语为“为”字介宾短语的例子，如：

（148）故腾为是而修法律令、田令及为间私方而下之。（《睡虎地秦简·语书》）

此例中的“为”是原因介词。

“而”前的状语为“至”字介宾短语的例子如：

（149）至秋毋（无）雨时而以䌛为之。（《睡虎地秦简·秦律十八种》）

（150）亓（其）馀执，将至时而剸之。（《包山楚简》137）

（151）至计而上廥籍内史。（《睡虎地秦简·秦律十八种》）

上引各例中的“至”均为时间介词。

“而”前的状语为“到”字介宾短语的例子如：

（152）到七月而縱之。（《睡虎地秦简·秦律十八种》）

（153）到九月尽而止其半石。（《睡虎地秦简·秦律十八种》）

上引两例中的“到”也是时间介词。

“而”前的状语为“尽”字介宾短语的例子如：

（154）尽九月而告其计所官。（《睡虎地秦简·秦律十八种》）

（155）尽七月而觱（毕）。（《睡虎地秦简·秦律十八种》）

（156）尽三月而止之。（《睡虎地秦简·秦律十八种》）

（157）赦期已尽六月而得。（《睡虎地秦简·法律答问》）

上引四例中的“尽”都是时间介词，表示到某一时间结束时。

“而”前的状语，也可以是“当”字介宾短语，它是表示时间的。例如：

（158）正（当）丌（其）虗（然）而行，怠（治）安（焉）尔（爾）也。（《郭店楚简·语丛一》）

“而”前的状语，可以是“因”字介宾短语，例如：

（159）堣（禹）乃因山陵（陵）坪（平）𨻰（隰）之可垟（封）邑者而敏（繁）实之。（《上博楚简二·容成氏》）

（160）忎（愿）囙（因）虐（吾）子而訇（辞）。（《上博楚简三·中弓》）

（161）豊（礼）因人情而为之即（节）度（文）者也。（《郭店楚简·语丛一》）

（162）因古荕（典）豊（礼）而章之。《上博楚简五·季庚子问於孔

子》)

这些例子中的“以”都是依据介词。

有时“而”前的状语是由“当”字介宾短语和“因”字介宾短语联合充当的。例如:

(163)豊(礼)复(作)於青(情),或畀(兴)之也,尝(当)事圅(因)方而折(制)之。(《郭店楚简·性自命出》)

“而”前的状语可以是助动词(能愿动词)。在汉语中,助动词出现在谓词语前,都是作状语的。例如:

(164)䗁则晋䢵(邦)之社禝(稷)可旻(得)而事也,不䗁则旻(得)字(免)而出。(《上博楚简五·姑成家父》)

(165)[犹有五起焉。][子夏曰]:“□可旻(得)而䎽(闻)异(欤)?”(《上博楚简二·民之父母》)

(166)古(故)不可旻(得)天〈而〉亲,亦不可旻而疋(疏);不可旻而利,亦不可旻而禼(害);不可旻而贵,亦不可旻而戔(贱)。(《郭店楚简·老子甲本》)

(167)奚(繫)耳而聖(听)之,不可旻(得)而䎽(闻)也;明目而见之,不可旻而见也。(《上博楚简二·民之父母》)

“而”前的状语可以是时间名词、“者”字短语,例如:

(168)旦而最(撮)之。(《睡虎地秦简·日书甲种》)

(169)男子矣亡,作不得亡,莫(暮)而得。(《放马滩秦简·日书甲·亡盗章》)

(170)生子,旬而死。(《睡虎地秦简·日书甲种》)

(171)卒岁而或陕(决)坏。(《睡虎地秦简·秦律十八种》)

(172)终岁而为出凡。(《睡虎地秦简·秦律十八种》)

(173)孔子曰:昔者而弗殜(世)也,善与善相受(授)也。(《上博楚简二·子羔》)

最后一个例子,是“昔”与“者”构成表示时间的“者”字短语(有人认为这种“者”是语气词,不可从),共同作状语。

“而”前的状语可以是“数词+时间名词”,也可以仅是数词(但仍表示时间)。例如:

(174) 三年而天下之人亡讼狱者。(《上博楚简二·容成氏》)

(175) 工师善教之，故工一岁而成，新工二岁而成。(《睡虎地秦简·秦律十八种》)

(176) 十月而徒杒(梁)城，一之日而车杒(梁)城。(《上博楚简五·鲍叔牙与隰朋之谏》)

(177) [牛]犙生者，食其母日粟一斗，旬五日而止之。(《睡虎地秦简·秦律十八种》)

(178) 一日而得，论皆可(何)殹?(《睡虎地秦简·法律答问》)

(179) 古者晢(圣)人廿(二十)而冒(帽)，卅(三十)而又(有)家，五十而纟司(治)天下，七十而至(致)正(政)。(《郭店楚简·唐虞之道》)

最后这个例子中的“二十”、“三十”、“五十”、“七十”都是指岁数，所以相当于在这些数词后省去了一个时间名词。

“而”前的状语可以是副词，例如：

(180) 害?曰童(终)而皆臤(贤)於丌(其)初者也。(《上博楚简一·诗序》)

这种例子很少见。

“而”前的状语可以是形容词。应该注意的是，这里的形容词是出现在谓词语前作状语的，是对其后的谓词语起修饰作用。作状语的形容词和其后谓词语的地位是不平等的。这种“而”和前引例(97)至(102)中的“而”外观相似，要注意区别。例如：

(181) 古(故)君子多餌(闻)，齐而獸(守)之，多志，齐而斳(亲)之；精智(知)，逹(略)而行之。(《郭店楚简·缁衣》)

(182) 可明而智(知)与(欤)?(《上博楚简六·孔子见季趄子》)

(183) 察察天地，焚焚(纷纷)而逿亓所欲。(《上博楚简三·恒先》)

(184) 大旧(久)而不俞(渝)，忠之至也。(《郭店楚简·忠信之道》)

上引例(181)中的“齐而守之”是说恭敬地守护它，“齐而亲之”是说恭敬地亲近它，“略而行之”是说大略地施行它。余例类此。

不少论著都认为，“而”可以用来连接主语和谓语，如何乐士(2004)、方有国（2002）、谢质彬（1980）等。这种看法是否可信呢？

从出土战国文献来看，这种说法值得怀疑。

由上述可见，连词“而”前后的两项一般都具有谓词性。“而”前有时是状语，但状语仍具有谓词性或者是由谓词性词语发展而来，或具有经常作状语的特点。而主语一般都是由名词性词语充当，主语和状语又是两种不同的句法成分，“而”是如何能连接主语和谓词这两个成分呢？跟“而”相近的连词“以”，一般是连接两个谓词性成分，有时用来连接状语和中心语。连词“以”未见到用来连接主语和谓语的例子。可见，所谓“而”可以连接主语和谓语，是值得怀疑的。

我们穷尽性地考察了出土战国文献中的连词“而”，见不到用来连接主语和谓语的。有些“而”表面看来，像是连接前面的“主语”和后面的“谓语”的，但实际上是前面的“主语”是名词用作谓词语。例如：

（185）勿（物）而未者（著）也，非为媺（媺）玉肴生（牲）也。（《上博楚简六·競公瘧》）

（186）口者，关；舌者，符玺也。玺而不发，身亦毋薛（辥）。（《睡虎地秦简·为吏之道》）

上引例（185）中的“而”应是连接“物”和“未著”的，但是“物”已不再是名词，而是用为谓词了；“物而未著”也不是主谓短语，而是“谓词语$_1$+而+谓词语$_2$”结构。例（186）中的“玺而不发”类此，是说是玺却不打开。“玺”在前一小句是作判断句谓语的（与“符”一起）；在“玺而不发”中亦然。

这种看法其实源自马建忠（1898）。他说：“若‘而’字之前若后惟有名字者，则其名必假为动静字矣。不然，则含有动静之字者也。不然，则用若状字者也。”（P288）根据这种看法，马建忠把有些“主而谓”中的“主”分析为谓词性成分。《左传·宣公十二年》有“君而逃臣，如社稷何？”一句，对其中的“君而逃臣”，马建忠解释为“为一国之君而逃臣”。

马建忠之后，有一些学者赞同此说。例如《论语·为政》中有“人而无信，不知其可也”，对于“人而无信”，陈宝勤（1994）认为，其中的“而”连接的不是主语和谓语，而是两个谓语成分。

何乐士（2004）也有相同的看法，她举了下引一些例子：“国君而雠匹夫，惧者甚众矣。”（《左传·僖公二十四年》）“且君而逃臣，若社稷何?”（《左传·宣公十二年》）“臣而不臣，行将焉入。”（《左传·僖公十五年》）她把上引各例与下引两例相比较：“孙子必亡，为臣而君，过而不悛，亡之本也。”（《左传·襄公七年》）“为盟主而犯此二者，无乃不可乎?”（《左传·昭公五年》）比较的结果是认为“国君而雠匹夫”中的“国君”是作为国君的意思，“君而逃臣”中的“君”是作为君的意思，“臣而不臣”中的“臣”是作为臣的意思。总之，认为“主而谓”中的“主”是作为“主”的意思，名词用为谓词。

这种“主而谓”的“主”和“谓”之间都有转折关系，“而”可译为“却”。

有些“而”表面上来看是连接主语和谓语的，但实际上是用来连接两个分句的。最常见的是，“而”出现在主语和谓语之间，可以译为“如果”。例如：

（187）宋人又（有）言曰：“人而亡𢠸（恒），不可为卜𥮾（筮）也。”（《郭店楚简·缁衣》）

（188）言而狗（苟），牆（墙）又（有）耳。（《郭店楚简·语丛四》）

（189）疵而在耳，乃折齿。（《睡虎地秦简·日书乙种》）

（190）蓳（万）轗（乘）之邦而贵尹，亓为忞（灾）也深矣。（《上博楚简五·鲍叔牙与隰朋之谏》）

这种“而”前也可以没有主语，直接出现在小句之首，例如：

（191）是谓“非公室告”，勿听。而行告，告者罪。（《睡虎地秦简·法律答问》）

（192）顷半（畔）“封”殹，且非是?而盗徙之，赎耐，可（何）重也?（《睡虎地秦简·法律答问》）

“而”可以用作假设连词，是因为“而”与假设连词“如”、“若”音近义通。王引之《经传释词》说：“‘而’犹‘若’也，‘若’与‘而’古同声，故‘而’训‘如’，又训‘若’。”王引之之所以这样说，是基于下述两个理由：一是语音上相近。“而”字在上古为日母之部，“若”字为日母铎部，“如”字为日母鱼部，三者上古音相近。二是三者形成互文异文关系。如《说苑·奉使》：“意而安之，愿假冠以见；意如不安，愿不变国俗。”句中“如”“而”互文。《左传·襄公二十九年》:“且先君而有知也”与其上文“先君若有知也”同义,“若”“而”互文。《左传·昭公二十六年》“晏子曰:“后世若小惰,陈氏而不亡,则国其国也已。”“若”“而”互文。又《左传·襄公三十年》“子产而死”,《吕氏春秋·乐成》“而”作“若”,“若”“而”异文。

连词“如”可以出现在句首,也可以出现在语句主语之后,例如:“如孔子知津,不当更问……如不知而问之,是不能先知。”(《论衡·知实》)、“王如知此,则无望民之多於邻国也。”(《孟子·梁惠王》)

“而”和“如”很类似,作为假设连词,它可以出现在假设分句之首,如前引例(191)、(192),也可以出现在假设分句的主语之后,如前引例(187)至例(190)。如果认为前引例(191)、(192)中的“而”不是连接主语和谓语的(如果是用来连接主语和谓语的,那么“而”前的主语是不能省去的),而是用来连接前后两个分句构成假设复句的,那么对于前引例(187)至(190)中的“而”也要这样看。把这四个例子中的“而”看作是连接主语和谓语的,这是不可信的。

在传世文献中也常见到这种用作假设连词的“而”,它可用在假设分句的主语和谓语之间,也可用在假设分句的句首,例如:“子产而死,谁其嗣之?”(《左传·襄公三十年》)“周公而圣人,岂为之哉!”(恽敬《周公居东辩二》)“孟子所去之王,岂前所不朝之王哉?而是,何其前轻之疾而后重之甚也?如非是,前王者不去,而于后去之,是后王不肖甚于前。”(《论衡·刺孟》)“客,卫人也。卫之去齐不远,君不若使人问之,而固贤者,用之未晚也。”(《吕氏春秋·举难》)

由于“而”经常用作连接,连接两个谓词性词语,所以它在表示假设这种语法关系时,并不是很明确。所以,当“而”出现在假设分句主语之后时,有时在假设分句的主语前再加上其它假设连词,例如:“假令晏子而在,余虽为之执鞭,所欣慕焉。”(《史记·管晏列传》)“使造父而不能御,虽尽力劳身助之推车,马犹不肯行也。”(《韩非子·外储说左下》)

方有国(2002)以这种例子为根据,认为“而”不是假设连词,这是不可从的。这种例子其实正好证明“而”跟“如”、“若”一样可以作假设连词。同一种语法意义,同时用两个虚词表达,这种现象在古代汉语中并不罕见。

有些“主而谓”作复合句的后一分句，这种“而”也不是用来连接主语和谓语的，而是用来连接前后两个分句的。例如：

（193）公内（入），安（晏）子而告之。（《上博楚简六·競公瘧》）

（194）［丁、戊］自昼居某山，甲等而捕丁、戊。（《睡虎地秦简·封诊式》）

（195）甲等及里人弟兄及它人智（知）丙者，皆难与丙饮食，丙而不把毒，毋它坐。（《睡虎地秦简·封诊式》）

例（193）是个顺承复句，例中的“而”虽然是用在后一分句的主语和谓语之间，但并不是用来连接主语和谓语的，而是用来连接前后两个分句的。例（193）中的“而”其实与下引顺承复句中的“而”是一样的；“乃出文王於垦（夏）壵（台）之下，而䎽（问）焉。”（《上博楚简二·容成氏》）这个例子中的“而”用于顺承复句的后一分句之首，连接的是前后两个分句，“而”前没有出现主语，所以不会是连接主语和谓语的。例（194）中的“而”与例（193）中的“而”相同。例（195）是个转折复句，其中的“而”虽然是用于后一个分句的主语和谓语之间，但并不是用来连接主语和谓语的，而是用来连接前后两个分句的。例中的“而”其实与下引一例中的“而”相同：“舜人子也，而厽（三）天子事之。”（《上博楚简二·子羔》）这个例子里的“而”用于后一分句的主语之前，连接的是前后两个分句，不会连接主语和谓语。这个例子里的“而”和例（195）中的“而”功用相同，只不过是前者用于主语的前边，而后者用于主语的后边。作为连词，是可以出现在主语前，也可以出现在主语之后的。

有些“主而谓”前边没有其它分句，只有句首状语，这种“而”也不是用来连接主语和谓语的，例如：

（196）三年，丹而復生。（《放马滩秦简·墓主记》）

例中的“三年”是过了三年的意思。“而”其实是用来连接“三年”和“丹復生”的，是说过了三年，丹这个人就复活了。这种“而”其实和下引一例中的“廼”相同：“壬王廼田，不雨？”（《合集》28617）。

总而言之，在出土战国文献中，见不到用来连接主语和谓语的“而”。其实在传世文献中，也见不到这样的确证。以往学者们举出的连接主语和谓语的“而”的例证，往往是出于误解。

二、复句中的连词“而”

有时候，用于复句中的连词“而”可以连用，例如：

（197）臣可（何）埶（艺）可（何）行，而遷（迁）於身，而謐于帝棠（常）？（《上博楚简三·彭祖》）

（198）皆不受（授）亓子而受（授）臤（贤）。亓悳（德）酋清，而上悉（爱）下，而一丌志，而寝丌兵，而官丌才（材）。（《上博楚简二·容成氏》）

在上引例（197）中，两个“而”连用；在例（198）中，是四个“而”连用。但这样的例子很少见，通常的情况是连词“而”单用，用于复合句的两个分句之间，起连接作用。

用“而”来连接的复句，可以是并列复句、顺承复句、递进复句、按断复句，也可以是转折复句、条件复句、假设复句、因果复句、目的复句。

（一）并列复句

由“而”来连接的复句，前后两个分句之间是并列关系。这种复句又可以分为两种：

一是并举关系，即各分句表示的几件事情或几个方面并存，可以用关联词语“亦”。例如：

（199）競之不骨（滑），而庶之亦不能韓（违）。（《上博楚简六·用曰》）

（200）邇者不賊（惑），而远者不悏（疑）。（《郭店楚简·缁衣》）

（201）夫是目（以）逮（近）者敓（悦）絧（治），而远者自至。（《上博楚简二·容成氏》）

（202）此目（以）桀折於鬲山，而受首於只（岐）袿（社）。（《上博楚简五·鬼神之明》）

（203）必共（恭）奢（俭）目（以）旻（得）之，而喬（骄）大（泰）目遊（失）之。（《上博楚简四·曹沫之阵》）

（204）是即明避主之明法殹，而养匿邪避（僻）之民。（《睡虎地秦简·语书》）

二是对举关系，即前后分句的意义相反相对，也就是用肯定和否定两个方面对照来说明情况或表达所要肯定的意思。例如：

（205）下之事上也，不从丌（其）所以命，而从丌所行。（《郭店楚简·缁衣》）

（206）大人不新（亲）丌所臤（贤），而訐（信）丌（其）所戋（贱）。（《郭店楚简·缁衣》）

（二）顺承复句

用“而”来连接的复句，前后分句按时间的顺序说出连续的动作或相关情况，两个分句之间有先后相承的关系。例如：

（207）既为贞，而敓亓（其）祱（祟）。（《新蔡楚简》甲三：219）

（208）先索以稟人，而以律论其不备。（《睡虎地秦简·秦律十八种》）

（209）先之㠯（以）一璧，迈（乃）而逿（归）之。（《新蔡楚简》甲三：99）

（210）用贰羲（牺）、羊、豢、壹璧先之，而复（覆）华大山之阴阳。（《秦骃玉版铭》）

（211）乃出文王於虽（夏）臺（台）之下，而䎽（问）焉。（《上博楚简二·容成氏》）

（212）氏（是）以寡人医（委）赁（任）之邦，而去之遊。（《中山王礨鼎铭》，《集成》5·2840）

（213）（丙）直以剑伐痍丁，夺此首，而捕来诣。（《睡虎地秦简·封诊式》）

（214）公内（入），安（晏）子而告之。（《上博楚简六·競公瘧》）

前引例（207）中的“而”跟“既”构成“既……而……”这样的固定格式，例（208）中的“而”跟“先”构成“先……而……”这样的固定格式。这表明前后分句之间是顺承关系。例（209）中的“而”之前出现了“乃”，“乃”是表示顺承关系的。例（214）中的“而”用于后一分句的主语之后，但它是连接前后分句的。

“而”可以跟“后”一起构成“而后”这一复合词语，表达前后两个分句的顺承关系，例如：

（215）又（有）生又智（知），而句（后）好亚（恶）生。（《郭店楚

简·语丛一》)

(216) 又(有)迒(地)又型(形)又聿(尽),而句(后)又厚。(《郭店楚简·语丛一》)

(三) 递进复句

只由“而”来连接的复句,前后分句之间可以是一般递进关系,即都表示肯定,层层推进。例如:

(217) 过六百六十钱以上,赀官啬夫一甲,而復责其出殹。(《睡虎地秦简·效律》)

(218) 告罪人,其所告且不审,又以它事告之。勿听,而论其不审。(《睡虎地秦简·法律答问》)

(219) 凡法律令者,以教道(导)民,去其淫避(僻),除其恶俗,而使之之於为善殹。(《睡虎地秦简·语书》)

(220) 是即法(废)主之明法殹,而长邪避(僻)淫失(泆)之民。(《睡虎地秦简·语书》)

“而”有时候与“况”构成“而况”这一复合词,可以用来表示前后分句间的衬托递进关系,即前面分句是后面分句的衬托,后面分句的意思推进一层。例如:

(221) 龟筮猷(猶)弗智(知),而皇(况)於人虐(乎)?(《郭店楚简·缁衣》)

(222) 昔者,郾(燕)君子徻,叡(睿)弇夫牾(悟),𧧻(长)为人宗,閈於天下之勿(物)矣,猶粯(迷)惑於子之而迮(亡)其邦,为天下殍,而皇(况)才(在)於少君虖(乎)?(《中山王礨鼎铭》,《集成》5·2840)

(四) 按断复句

由“而”来连接的复句,前后分句之间是按断关系。前面的分句叙述情况,叫做“按”;后面的分句对前面的叙述作出评断,叫做“断”。例如:

(223) 臣邦父母产子及产它邦,而是谓“真”。(《睡虎地秦简·法律答问》)

(224) 虐(吾)言氏(是)不(否),而毋或(惑)者(诸)少(小)道与(欤)?(《上博楚简四·曹沫之阵》)

（五）转折复句

由“而”来连接的复句，前后分句的意思相反或相对，后面的分句是说话人要表达的正意。例如：

（225）今法律令已具矣，而吏民莫用。（《睡虎地秦简·语书》）

（226）令曰勿为，而为之。（《睡虎地秦简·法律答问》）

（227）民可叀（使）道之，而不可叀（使）智（知）之。民可道也，而不可弜（强）也。（《郭店楚简·尊德义》）

（228）舜，人子也，而厽（三）天子事之。（《上博楚简二·子羔》）

（229）是古（故）圣人能尃（辅）万勿（物）之自肰（然），而弗敢为。（《郭店楚简·老子甲本》）

（230）惴惴小子，欲事天地、四亟（极）、三光、山川、神示（祇）、五祀、先祖，而不得氒（厥）方。（《秦骃玉版铭》）

（231）昔尧之鄉（饗）埀（舜）也，饭於土輜（埱），欲〈歠〉於土型（鉶），而攺（抚）有天下。（《上博楚简四·曹沫之阵》）

（232）君子才（在）民之上，褺（执）民之中，絁（施）斈（教）於百眚（姓），而民不備（服）安（焉）。（《上博楚简五·季庚子问於孔子》）

（六）条件复句

由“而”连接的复句，有时是条件关系，即偏句提出条件，正句表示在满足条件下所产生的结果。

偏句所表示的条件，有的是必要条件，有的是无条件，前者的例子如：

（233）夫天［下］多异（忌）韋（讳），而民尔（弥）畔（叛）。民多利器，而邦慈（滋）昏。人多智，天〈而〉哦（奇）勿（物）慈（滋）记（起）。（《郭店楚简·老子甲本》）

后者的例子如：

（234）舉（举）天下之为也，无夜（舍）也，无与也，而能自为也。（《上博楚简三·恒先》）

（七）假设复句

由“而”连接的复句，偏句提出假设，正句表示假设实现后所产生的结果。连词“而”有时用在假设分句中，跟“如”、“若”用法相同，这时假设与结果都是一致的。例如：

（235）凿宇，葬，吉。而遇（寓）人，人必夺其室。（《睡虎地秦简·日书乙种》）

（236）是谓“非公室告”，勿听。而行告，告其罪。（《睡虎地秦简·法律答问》）

（237）顷半（畔）“封”殴，且非是？而盗徙之，赎耐。（《睡虎地秦简·法律答问》）

（238）宋人又（有）言曰：人而亡𢜳（恒），不可为卜簭（筮）也。（《郭店楚简·缁衣》）

（239）疵而在耳，乃折齿。（《睡虎地秦简·日书乙种》）

（240）言而狗（苟），牆（牆）又（有）耳。（《郭店楚简·语丛四》）

上引前三个例子，“而”前没有主语，直接出现在句首；后三个例子，“而”前有主语，出现在主谓之间。这种“而”都是表示前后分句的关系的，而不是连接主语和谓语的。

连词“而”有时出现在假设分句之后的结果分句之前，这时假设与结果也是一致的，例如：

（241）厌（侯）王能守之，而万勿（物）牆（将）自𢡺（化）。（《郭店楚简·老子甲本》）

（242）君子道人以言，而𢜳（恒）以行。（《郭店楚简·缁衣》）

（243）詨（察）天人之分，而智（知）所行矣。（《郭店楚简·穷达以时》）

（244）𣂼（慎）求之於吕（己），而可以至川（顺）天棠（常）㦒（矣）。（《郭店楚简·成之闻之》）

（八）因果复句

由“而”连接的复句，可以是因果关系，即偏句说出原因，正句表示结果。例如：

（245）虗（吾）亡能綱（治）也，而囙（因）㠯（以）害君。（《上博楚简五·姑成家父》）

（246）一人不能詞（治）正（政），而百眚（姓）㠯（以）𢇍（绝）。（《上博楚简四·柬大王泊旱》）

（247）余智（知）其忠謟（信）旃，而专任之邦。（《中山王嚳方壶

铭》，《集成》15·9735）

（248）君贵我，而受（授）我众。（《上博楚简五·姑成家父》）

（249）会才（在）天地之间，而橐（包）才（在）四海（海）之内，選（毕）能亓事，而立为天子。（《上博楚简二·容成氏》）

（九）目的复句

由“而”连接的复句是目的关系，即偏句表行为，正句表示行为的目的。这种例子很少见：

（250）欲目（以）长聿（建）宔（主）君，而往（御）［邦］难。（《上博楚简五·姑成家父》）

“而”还可以用于紧缩复句之中，用来连接前后的分句。由“而”连接的紧缩复句有时是并列关系的。例如：

（251）古（故）悳（德）可易而攺（施）可逿（转）也。（《郭店楚简·尊德义》）

（252）託之为衍（道）也，群勿（物）皆成而百善膚（皆）立。（《郭店楚简·忠信之道》）

由“而”连接的紧缩复句有时是顺承关系，例如：

（253）肰（然）则邦坪（平）而民腘矣。（《上博楚简五·季庚子问於孔子》）

（254）人行而鬼当道以立。（《睡虎地秦简·日书甲种》）

由“而”连接的紧缩复句有时是转折关系，例如：

（255）此以民皆又（有）眚（性）而圣人不可莫（慕）也。（《郭店楚简·成之闻之》）

（256）今袭号而金石刻辞不称始皇帝。（《峄山刻石》）

由“而”连接的紧缩复句有时是条件关系，例如：

（257）今邦慁（弥）少（小）而钟愈大。（《上博楚简四·曹沫之阵》）

由“而”连接的紧缩复句有时是假设关系，例如：

（258）我无事而民自福（富），我亡为而民自蟲（化），我好青（静）而民自正，我欲不欲而民自樸。（《郭店楚简·老子甲本》）

在出土战国文献中，用来连接复句的连词“而”共有231次（包括紧缩复句），占连词“而”总次数（1031次）的22.4%。在由“而”来连接的复句中，转折复句最多，有 82 次，其次是顺承复句（55 次）、并列复句（22 次）、因果复句（21 次），其余的都比较少。由“而”来连接的紧缩复句，有下列几种关系：并列关系、顺承关系、转折关系、条件关系、假设关系。

何乐士（2004）认为，“而”在复句中的特点有二：一是标志分句主语的转换，二是配合文义表示分句之间的关系。

我们认为，连词“而”并没有标志分句主语转换的作用。通过前面我们举过的大量的例子可以看到，由“而”来连接的复句，后一分句的主语可以与前一分句的主语不同，也可以相同；后一分句的主语可以出现，也可以省略。面对这样的事实，说连词“而”有标志分句主语转换的作用就缺乏根据。如果认为当后一分句主语与前一分句主语不同而且出现时“而”有标志分句主语转换的作用，其他情况下没有这种作用，那么这也难以令人信从。同样是用于连接复句的“而”怎么会有这样不同的作用呢？

认为“而”配合文义表示分句间的关系，这话说得比较含糊。如果认为复句中的“而”可以连接两个分句，表示两件事情的联系，那么这大体是不错的。如果认为“而”可以表示各种具体的关系，那就值得怀疑了。

复句中的“而”明显可以分为两种，可以称之为而$_1$和而$_2$。而$_1$是一般情况下的连词“而”，而$_2$是用于假设分句中意义是“假设”、“如果”的连词“而”。而$_2$可以表达具体的假设意义，它之所以有这样的意义，是因为与“如”、“若”等假设连词音近义通。而$_1$的意义如何呢？它所连接的复句，可以是多种关系的：假设复句（指用于后一分句中的）、顺承复句、转折复句、因果复句、目的复句、并列复句、按断复句、条件复句、递进复句。这些关系都是由连词“而”具体地表达出来的吗？我们认为不是这样。复句中的连词“而$_1$”，其基本作用是连接分句表示两种事件的联系。由“而$_1$”连接的复句有多种关系，那是前后分句的意义决定的，而不是由“而$_1$”具体表达的。这就跟单句中的“而”一样，“而”所连接的两个谓词语之间可有多种语义关系，那是由上下文决定的，而不是由“而”具体表示的。如果不这样看，我们就没法解释下述问题：一个连词“而$_1$”为什么会表示那么多的语法关系？什么是其基本用法，由这个基本用法是怎么发展出那么多用法的？

在出土战国文献中各种用法的连词“而”出现频率见下表：

7－1：出土战国文献中连词“而”统计表

用法＼文献			战国金文	战国简牍		战国帛书	战国玉石文字	总计
				楚简	秦简			
单句中	用于谓词语之间	转折关系	2	184	112		1	299
		顺承关系	4	103	67			174
		并列关系		57	19			76
		递进关系		30	11			41
		结果关系	1	46	22			69
		目的关系		6	4			10
		方式关系		29	9		1	39
		时间关系		2	20			22
	状中之间（修饰关系）	介宾+VP		15	15			30
		助动词+VP		11				11
		形容词+VP		9				9
		时间名词+VP		8	11			19
		副词+VP		1				1
复句中	假设复句			10	5			15
	顺承复句		3	23	28		1	55
	转折复句			57	23		2	82
	因果复句		2	17			2	21
	目的复句			1				1
	并列复句		1	21	2			24
	按断复句			1	1			2
	条件复句			3				3
	递进复句				5			5
	紧缩复句			19	3		1	23
总计			13	653	357		8	1031

三、复音虚词语中的“而”

所谓复音虚词语包括复音虚词和惯用词组，这两者有时难以区别，但却有共性，即形式的固定性和意义的整体性。

由“而”作成分构成的复音虚词语较多，大体可以分为两类，一类是以“而”作为第一个构成成分的，如“而后”、“而况”、“而已”；另一类是以“而”作为后一个构成成分的，如“因而”、“从而”、“然而”。本文只谈第一类由“而”构成的复音虚词语，另一类分别放到作为其第一个构成成分的虚词中去谈（例如把“因而”放到“因”中来谈）。

在出土战国文献中，以“而”作为第一个构成成分的复音虚词语只见到下述三个，即“而后”、“而况”、“而已”。

（一）而后

何乐士（2006）认为“而后”还不是一个复音虚词，只是个惯用词组。

在出土战国文献中，“而后”共出现27次，其中26次出现在楚简当中，只有一次出现在睡虎地秦简的《日书》当中。睡虎地秦简《日书》在不少方面受到楚《日书》的影响。在秦简《日书》中出现“而后”，也是可以理解的。“而后”表示前后两项的顺承关系，可译为“以后”、“然后”，或仍作“而后”。“而后”通常是用于单句中的，用来连接两个谓词语，表示两者的顺承关系。这种“而后”共有22次，占总次数（27）的81.5%。例如：

（259）智（知）忌（己）而句（後）智（知）人，智人而句智豊（礼），智豊而句智行。（《郭店楚简·语丛一》）

（260）凡惪（忧）思而句（後）悲，凡乐思而句忻。（《郭店楚简·性自命出》）

（261）寺（待）勿（物）而句（後）乍（作），寺（待）兑（悦）而句行，寺习而句奠。（《上博楚简一·性情论》）

（262）侏（桀）不易墨（禹）民而句（後）嬰（乱）之，汤不易侏（桀）民而句訂（治）之。（《郭店楚简·尊德义》）

（263）卉木须旹（时）而句（后）奋（奋）。（《上博楚简五·三德》）

（264）阴，是胃（谓）乍阴乍阳，先辱而后又（有）庆。（《睡虎地秦

简·日书甲种》)

“而后”也可以用于复句中，构成顺承复句，表示前后两项的顺承关系，可译为“以后”、“然后”，或仍作“而后”。这种“而后”有5次，占总次数的18.5%。例如：

(265) 又(有)生又(有)智(知)，而句(後)好亚(恶)生。(《郭店楚简·语丛一》)

(266) 又(有)迱(地)又(有)坓(形)又(有)聿(尽)，而后(後)又(有)厚。(《郭店楚简·语丛一》)

(267) 又命又厇(文)又名，而句又緐(伦)。(《郭店楚简·语丛一》)

(268) 民五之，方各(格)；十之，方静(争)；百之，而句着(服)。(《郭店楚简·尊德义》)

(二) 而况

何乐士(2006)认为“而况”是复音虚词，用作递进连词。

这种“而况”在出土战国文献中只见到2次，一次出现在楚简中，一次出现在中山国金文中。“而况”用于递进复句中的后一分句里，表示语义上更进一层。句末一般有“乎”与之配合呼应。可译为“何况”，或仍作“而况”。例如：

(269) 龟筮猷(猶)弗智(知)，而皇(况)於人虐(乎)?(《郭店楚简·缁衣》)

(270) 昔者，郾(燕)君子徻，叡(睿)弇夫猂(悟)，猆(长)为人主，閈於天下之勿(物)矣，猶粯(迷)惑於子之而亡(亡)其邦，为天下殄，而皇(况)才(在)於少君虖(乎)?(《中山王嚳鼎铭》，《集成》5·2840)

“而况”都用来连接复句，没有用来连接单句的。

(三) 而已

何乐士(2006)认为“而已”为惯用词组，但不少学者认为它已是一个句末语气词。

“而已”在出土战国文献中共见到5次，都出现在楚简当中，没有例外。“而已”表示限止语气(意谓仅限于它前面的谓语所描述的范围)，有往小里说的意思。"而已"有两种用法：一是用于语句之末（主要是单句的句末），例如：

(271) 丌（其）晶（三）述（術）者，衍（道）之而巳（已）。(《郭店楚简·性自命出》)

(272) 君子不帝（啻）明虐（乎）民敚（微）而巳（已）。(《郭店楚简·六德》)

二是用于复句前一分句之末，例如：

(273) 善者果而巳（已），不以取弝（强）。(《郭店楚简·老子甲本》)

(274) 訂（治）民非還（怀）生而巳（已）也，不以旨（嗜）谷（欲）禼（害）丌义。(《郭店楚简·尊德义》)

例（273）出现在复句中的前一分句之末，表示的仍是限止语气，例（274）中的"而已"亦然。但在例（274）中，语气词"而已"之后又出现了句末语气词"也"。这是两个语气词连用，它们各自表达了它们的语气（"也"表示判断语气），但语气的重点落在最后一个语气词之上。

参考文献

陈宝勤：《先秦连词"而"语法语义考察》，《古汉语研究》1994 年第 1 期。

方有国：《古汉语主谓间"而"字研究》，《西南大学学报》2002 年第 4 期。

何乐士：《〈左传〉的连词"而"》，《〈左传〉虚词研究》（修订本），商务印书馆 2004 年版。

何乐士：《古代汉语虚词词典》，语文出版社 2006 年版。

蓝鹰、洪波：《上古汉语虚词研究》，四川人民出版社 2001 年版。

谢质彬：《从〈论语〉一书看上古汉语连词"而"的用法》，《河北大学学报》1980 年第 2 期。

张钰：《〈郭店楚墓竹简〉虚词研究》，首都师范大学汉语言文字学专业硕士毕业论文 2004 年。

第八节　出土战国文献中的连词"则"

在出土战国文献中，虚词"则"主要有连词用法，这种"则"是从哪里来的？对这个问题主要有两种说法：

一是认为源自动词。李杰群（2001）持此看法。他认为“则”的本义是“划分”，词性是动词。划分肉食、划分土地都有等级，按等级划分是一种法则，于是引申成法则、效法。连词“则”就是由动词义“效法”再虚化而成的。一事在前，一事在后，中间用“则”来连接，表示顺承关系，有前者必有后者。前者效法后者，本来是有后者才有前者，反过来也就成了有前者必有后者。再进一步虚化为表示抽象的事理上的承接。由于划分出来的物体多在两个以上，因此句式上有时又呈现为对待性的。

二是认为源自代词。蓝鹰、洪波（2001：220—222）认为“则”本是一个指代词，一般是在句首作主语、复指前一分句的，如“楚失华夏，则析公之为也。”（《左传·襄公二十六年》）也可以用在主谓之间，如“大寇则至，使之持危城，则必畔。”（《荀子·议兵》）“则”在句首复指前一分句的情况，有承上启下的作用，逐渐虚化为承接连词，可译为“那么”、“这样”、“于是”，例如“躬身君子，则吾未之有得”（《论语·述而》）。“则”的其他连词用法（如表假设、表转折）是在承接的基础上由上下文意造成的。

从上古汉语中“斯”用法的发展来看，上引后一种说法似是可信的。依据张玉金（2006：261—268），代词“斯”在西周时代业已出现，为近指代词，可以作主语、宾语、定语、状语。后来“斯”有了连词用法，可以表示两件事情的先后关系，也可以表示假设的结果，例如“我欲仁，斯仁至矣”（《论语·述而》）、“王无罪岁，斯天下之民至焉”（《孟子·梁惠王上》）。很明显，“斯”的连词用法是从其代词用法发展出来的，其条件应是在句首复指前一小句的时候。“则”在上古汉语文献中很难找到其作代词的用例，蓝鹰、洪波（2001）举出过一些“则”作代词的例子，一般都不可靠（多数应看成副词）。不过，“则”作连词的用法跟“斯”作连词时的用法相同，所以可以推测连词“则”和“斯”有相同的来源。

在出土战国文献中，“则”有连词、语气词的用法。不过，“则”作语气词的用法，只出现在《诗经》的引文中。

连词“则”从其所表达的关系来看，可以分为两类，一是表示假设的结果的，二是表示时间的先后的。

一、假设结果连词

这种“则”一般用于假设复句中的结果分句之前，表示假设实现后所产生的结果，可译为“那”、“就”、“使”。“则”一般都是单用，即在一个假设复句中用一个连词“则”，但也有连用和对用两种情况。单用的“则”也有两种情况，一种是在前面的假设分句中有假设连词的，另一种是在前面的假设分句中没有假设连词的。

“则”前面的假设分句中的假设连词常是“如”、“苟”，构成“如……则……”、“苟……则……”这样的固定格式，表示假设和结果的关系。例如：

（1）女（如）载马、牛、羊，台（以）出入闗（关），则政（徵）於大府，毋政於闗。（《鄂君启节舟铭》，《集成》18·12113）

（2）子羔曰：女（如）叁（舜）才（在）含（今）之殜（世），则可（何）若？（《上博楚简二·子羔》）

（3）女（如）目（以）此詰之，则善者或不赏，而暴［者或不罚］。（《上博楚简五·鬼神之明》）

（4）女（如）川（顺）言弇亚（恶）虐（乎），则忑（恐）后豉（诛）於吏（史）者。（《上博楚简六·競公瘧》）

（5）走（上）句（苟）昌（倡）之，则民鲜不从俟（矣）。（《郭店楚简·成之闻之》）

（6）是古（故）走（上）句（苟）身備（服）之，则民必有甚安（焉）者。（《郭店楚简·成之闻之》）

常见的是，在“则”前面的假设分句中不用假设连词，只在结果分句中用“则”。例如：

（7）以灰濆之，则不来矣。（《睡虎地秦简·日书甲种》）

（8）如此，则为人臣亦不忠矣。（《睡虎地秦简·语书》）

（9）新（慎）终若詞（始），则无败事壴（矣）。（《郭店楚简·老子丙本》）

（10）古（故）君不与少（小）悔（谋）大，昗（则）大臣不惰（怨）。（《郭店楚简·缁衣》）

（11）瞾（邻）邦之君明，则不可㠯（以）不攸（修）政而善於民。（《上博楚简四·曹沫之阵》）

（12）上𡚸（好）𢘅（仁），则下之为𢘅（仁）也静（争）先。（《上博楚简一·缁衣》）

连用的“则”是指在一个假设复句中，假设分句之后有两个结果分句，每个结果分句之前都用了“则”。这种用法的“则”很少见，只见到下引两例：

（13）民人弗智（知）岁，则无䌛祭，祀则述（遂）。（《楚帛书·乙篇》）

（14）曰：非九天，则大欰（逼），则母（毋）敢叡天霝（灵）。（《楚帛书·甲篇》）

对用的“则”是指两个或几个“假设分句+则+结果分句”构成多层并列复句或并列句群，其中的“则”处于相对的位置。例如：

（15）君又（有）悬（谋）臣，则壤隍（地）不鈔（削）；士又（有）悬（谋）友，则言谈不勺（弱）。（《郭店楚简·语丛四》）

（16）谷（欲）人之悉（爱）吕（己）也，则必先悉人；谷人之敬吕也，则必先敬人。（《郭店楚简·成之闻之》）

（17）古（故）杀［人众］，则以态（哀）悲位（莅）之；戰（戰）勳（胜），则以𣎆（丧）豊（礼）居之。（《郭店楚简·老子丙本》）

（18）亓（其）聖（声）覍（变），则心从（从）之矣。亓心覍，则亓聖亦肰。（《上博楚简一·性情论》）

（19）长民者𦫵（教）之㠯（以）悳（德），齐之㠯豊（礼），则民又（有）𧙏（耻）心。𦫵（教）之㠯正（政），齐之㠯型（刑），则民又（有）免心。（《上博楚简一·缁衣》）

（20）雚（观）𧶠（賚）、武，昗（则）齐（斋）女（如）也异（斯）复（作）。雚（观）邵（韶）、𩒨（夏），昗（则）免（靦）女（如）也异會（敛）。（《郭店楚简·性自命出》）

以上是两个“假设分句+则+结果分句”并列，前三例为多层并列复句，后三例为并列句群。下面各例则是三个以上“假设分句+则+结果分句”并列，例如：

（21）古（故）孳（孳）以悉（爱）之，昊（则）民又（有）新（亲）；訐（信）以结之，昊（则）民不伓（倍）；共（恭）以位（莅）之，昊（则）民又（有）㥫心。（《郭店楚简·缁衣》）

（22）故辞礼敬，则贤人至；陟爱深，则贤人亲；作敛中，则庶民附。（《中山王𰯼方壶铭》，《集成》15·9735）

（23）智而比即（次），则民谷（欲）丌（其）智之述（遂）也。福（富）而贫（分）贱，则民谷（欲）丌福（富）之大也。贵而罷（能）壤（让），则民谷（欲）丌贵之上也。（《郭店楚简·成之闻之》）

（24）䎽（闻）芺（笑）圣（声），昊（则）羴（鲜）女（如）也斨（斯）憙（喜）。昏（闻）訶（歌）謠（謠），昊（则）舀（陶）女（如）也斨奮（奋）。圣（听）琴（琴）开（瑟）之圣（声），昊（则）誖（悸）女（如）也斨戁（叹）。（《郭店楚简·性自命出》）

（25）昏（闻）訶（歌）要（謠），则舀（陶）女（如）也斯奋。圣（听）琴（琴）瑟（瑟）之圣（声），则悸女（如）也斯難（戁）。奮（观）《李（賚）》、《武》，则懠（懠）女（如）也斯复（作）。奮（观）《邵（韶）》、《頣（夏）》，则免（勉）女（如）也斯僉。（《上博楚简一·性情论》）

（26）季（教）以豊（礼），则民果以巠（劲）。季以乐，则民𠕇（淑）悳（德）清𤖶（壮）。季以支（辩）兑（说），则民埶（势）陵（陵）倀（长）贵以忘（妄）。季以埶（艺），则民埜（野）以静（争）。季（教）以只（技），则民少（小）以嬰（吝）。季（教）以言，则民詞（訏）以夏（寡）訐（信）。季以事，则民力𦞦（啬）以𦥑（谄）利。季以㥪（权）𢘓（谋），则民汤（淫）惃（昏），远豊（礼）亡新（亲）㤅（仁）。（《郭店楚简·尊德义》）

“则”一般出现在结果分句的主语之前，如上引例（26）。主语省略时，出现在语句谓语之前（仍居句首）。但有时候它也可以出现在结果分句的主语之后，例如：

（27）隹天乍福，神则各（格）之。隹天乍宎，神则惠之。（《楚帛书·乙篇》）

（28）故常不利，邦失干常，少（小）邦则𢦏（剗），大邦迦（过）䮷

（伤）。（《上博楚简五·三德》）

“则”的前后，通常都是一个分句，即“则”前的假设分句是一个分句，“则”后的结果分句也是一个分句。例如：

（29）以良剑刺其颈，则不来矣。（《睡虎地秦简·日书甲种》）

（30）君必不已，则繇（由）丌杲（本）虖（乎）？（《上博楚简四·曹沫之阵》）

（31）哭（邻）邦之君亡道，则亦不可不攸（修）政而善於民。（《上博楚简四·曹沫之阵》）

（32）母（毋）忘姑姊妹而远敬之，则民又（有）豊（礼）。（《上博楚简四·内豊》）

（33）上下相復（復）目忠，则民懽（欢）丞（承）孚（教）。（《上博楚简三·中弓》）

（34）古（故）长民者章志目（以）卲（昭）百眚（姓），则民至（致）行㠯（己）目（以）兑（悦）上。（《上博楚简一·缁衣》）

有时候，“则”前是两个或三个分句，而“则”后是一个分句，例如：

（35）受（授）又（有）智（知），畬（予）又（有）能，则民宜之。（《上博楚简四·曹沫之阵》）

（36）又（有）郕（国）者章好章亚（恶），以视（示）民厇（厚），鼎（则）民青（情）不紅（忒）。（《郭店楚简·缁衣》）

（37）毋辟（嬖）於便俾（嬖），毋依（长）於父跓（兄），赏均（均）圣（听）中，则民和之。（《上博楚简四·曹沫之阵》）

（38）臣事君，言丌所不能，不訂（辞）丌所能，鼎（则）君不裻（劳）。（《郭店楚简·缁衣》）

有时候，“则”前是一个分句，而“则”后是两个分句，例如：

（39）从允怿（释）怂（过），则先者余（除），迷（來）者訐（信）。（《郭店楚简·成之闻之》）

（40）☐舀（扰）事皆旻（得）亓（其）嚾（劝）而弜（强）之，则邦又（有）榑（姦）童（动），百眚（姓）送之目（以）☐。（《上博楚简五·季庚子问於孔子》）

有时候，“则”的前后都是两个或两个以上的分句，例如：

（41）为上可𧡊（望）而智（知）也，为下可䊸（類）而𥬔（等）也，𣅀（则）君不𠋫（疑）臣，臣不惑於君。（《郭店楚简·缁衣》）

（42）可言不可行，君子弗言；可行不可言，君子弗行，𣅀（则）民言不𡐓（危）行，不𡐓（危）言。（《郭店楚简·缁衣》）

如果“则”的前后都只是一个分句，这时构成单层复句，如前引例（29）至（34）；如果“则”之前或之后或者前后不止一个分句，则构成多层复句，如前引例（35）至例（40）。仅以例（41）、（42）为例，看看这两个多层复句的层次：

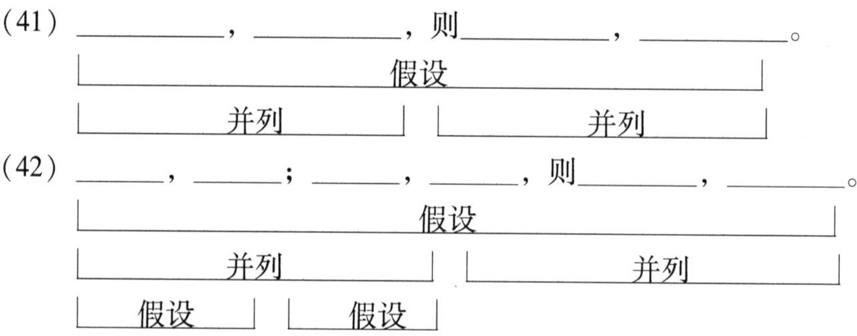

“假设分句+则+结果分句”（假设分句可以由一个分句构成，也可以由几个分句构成；结果分句亦然）的功能有二；一是构成一个独立的复句，例如前引例（29）至（42）；二是作多层并列复句的一个并列项，如前引例（15）、（16）、（17）、（21）、（22）。

“则”还可以构成具有假设关系的紧缩分句。所谓紧缩复句是由复句紧缩而成的，前后两个分句间没有语音停顿，假设分句中也不用假设连词。由“则”构成的假设紧缩复句可以分为两种：一种是前后两个分句的主语不同（主语可以省略）；二是前后两个分句的主语相同（主语可以省略）。前者如“君𡡉（好）则民㕣（欲）之”（《上博楚简一·缁衣》），后者如“蜀（独）居则习父兄之所乐”（《上博楚简一·性情论》）。把前一种句子看成紧缩复句，人们不会有异议，但对后一种可能会有不同看法：可否把“独居则习父兄之所乐”看成是一个包含两个动词语的短语？我们认为这种看法有难处：首先，考察一下两者的功能，发现它们并没有什么不同，都可自成一个句子或作复句中的分句（详见下文），其中的“则”亦然；其次，如果把后者看成短语，那么是什么短语呢？实在叫不出名字来，现代汉语中的复杂谓语中没有这一种。最后，现代汉语中的这类语言片断（如“不睡觉也要做完作业”）是被看成为假设紧缩复句的。

“则”可以单用，也可以对用，但未见到在一个紧缩复句中连用“则”的。单用的“则”用来连接假设紧缩复句，这个紧缩复句一般自成一句，有时也作复句的一个分句。例如：

(43) 君𡥈（好）则民𫝀（欲）之。(《上博楚简一·缁衣》)

(44) 君子不愋（宽）则亡㠯（以）颂（容）百眚（姓）。(《上博楚简二·从政甲》)

(45) 言及则明舉（举）之而毋憍（伪）。(《上博楚简一·性情论》)

(46) 战则录（禄）䈞（爵）又（有）祟（常）。(《上博楚简四·曹沫之阵》)

(47) 又（有）𨑨（过）则咎。(《上博楚简一·性情论》)

(48) 君子不可㠯（以）不强，不强则不立。(《上博楚简五·季庚子问於孔子》)

对用的“则”是，两个由“则”构成的假设紧缩复句，构成并列复句，这个复句中前后两个“则”对待使用。例如：

(49) 子曰：民以君为心，君以民为体。心好𠟭（则）体安之，君好𠟭（则）民𢘓（欲）之。(《郭店楚简·缁衣》)

(50) 子曰：上人忨（疑）𠟭（则）百眚（姓）惑（惑），下难智（知）𠟭（则）君伥（长）袋（劳）。(《郭店楚简·缁衣》)

(51) 行不訐（信）则命不从，訐（信）不惹（著）则言不乐。(《郭店楚简·成之闻之》)

(52) 善则𨑳（從）之，不善则𣥠（止）之。(《上博楚简四·内豊》)

(53) 君子居则贵左，甬（用）兵则贵右。(《郭店楚简·老子丙本》)

(54) 宜曲则曲，宜植（直）则植（直）。(《鸟书箴铭带钩铭》，《集成》16·10407)

多个（两个以上）由“则”构成的紧缩复句组合成一个并列复句，例如：

(55) 吏（使）人，不亲则不𫄨（庸），不和则不見（辑），不悉（义）则不備（服）。(《上博楚简四·曹沫之阵》)

(56) 不共（恭）则亡目（以）敘（除）辱，不惠则亡目聚民，不急（仁）则亡目行正（政）。（《上博楚简二·从政甲》）

(57) 以此为人君则鬼（怀），为人臣则忠，为人父则兹（慈），为人子则孝。（《睡虎地秦简·为吏之道》）

(58) 因亙（恒）则古（固），嵗（察）匚（匚）则亡避（僻），不党则亡悁（怨），让（上）思则□□。（《郭店楚简·尊德义》）

(59) 少（小）人藥（乐）则悆（疑），惪（忧）则䎽（问），惹（怒）则勑（胜），愳（懼）则伓（背），耻则軺（犯）。（《上博楚简二·从政乙》）

(60) 不忢（爱）则不新（亲），不□则弗𦉪（怀），不䵼（勑）则亡畏，不宖（忠）则不訐（信），弗勇则亡復（覆）。（《郭店楚简·尊德义》）

两个由"则"构成的假设紧缩复句也可以构成顺承复句，例如：

(61) 和则同，同则善。（《郭店楚简·五行》）

(62) [重积悳则亡]不克，[亡]不克旦（则）莫智（知）丌（其）亙（恒）。（《郭店楚简·老子乙本》）

多个（两个以上）由"则"构成的假设紧缩复句也可以构成顺承复句，例如：

(63) 和则謍（乐），謍则又（有）悳（德），又（有）悳（德）则邦家舉（举）。（《郭店楚简·五行》）

(64) 君子亡中心之惪（忧）则亡审（中）心之智，亡审心之智则亡审心[之悦]，亡审心[之悦则]不安，不安则不樂（乐），不樂则亡悳。（《郭店楚简·五行》）

(65) 智之思也倀（长），倀（长）则导（得），导（得）则不亡（忘），不亡则明，明则见臤（贤）人，见臤（贤）人则玉色，玉色则型（形），型则智。（《郭店楚简·五行》）

(66) 圣之思也翜（轻），翜则型（形），型则不亡（忘），不亡则聣（聪），聣则𦖞（闻）君子道，𦖞君子道则玉音，玉音则型（形），型则圣。（《郭店楚简·五行》）

(67) 行氣（气），実（吞）则適，適则神（申），神则下，下则定，定则固，固则明（萌），明则㫗（长），㫗则復（復），復则天。（《行气玉

铭》)

(68) 悬(仁)之思也清(精),清则詧(察),詧则安,安则悃(温),悃则兑(悦),兑则豪(戚),豪则新(亲),新则悉(爱),悉则玉色,玉色则型(形),型则悬(仁)。(《郭店楚简·五行》)

用于假设紧缩复句中的"则"其实是用来连接分句的,但"假设分句+则+结果分句"被紧缩为一个紧缩复句,像一个句子一样。

这种"则"的前后,可以是主谓短语(被紧缩之前就是一个分句),也可以是省略了主语的谓词性词语(被紧缩之前也是作分句的),诸如动词性短语、形容词性短语、名词性短语(作谓语)等。"则"的前后都是主谓短语的例子如前引例(43)、(49)、(50)、(51)。"则"前为主谓短语,其后是动词性短语的例子如前引例(44)。"则"前为动词性短语,其后是主谓短语的例子如前引例(46)、(62)、(63)。"则"前为主谓短语,其后为形容词性词语的例子如:

(69) 勿(物)壓(壮)昃(则)老,是胃(谓)不道。(《郭店楚简·老子甲本》)

(70) 乐蘩(繁)豊(礼)靈(灵)则訏(慢)。(《郭店楚简·语丛一》)此例"则"前是两个主谓短语并列。

"则"前为形容词性词语,其后为主谓短语的例子如:

(71) 恭则民不惰(怨)。(《郭店楚简·尊德义》)

(72) □[而]不武则志不遼(匿)。(《上博楚简二·从政乙》)

"则"的前后都是动词性词语的例子如前引例(47)、(53)。"则"的前后都是形容词性词语的例子如前引例(61)、(54)。"则"前为动词性词语,其后是形容词性词语的例子如前引例(57)、例(64)中的"亡中心之悦则不安"。"则"前为形容词性词语,其后是动词性词语的例子如(48)、(52)、(56)。

出现在"则"前后的名词性词语有三种,一种是作判断句谓语的,例如:

(73) 大辠(罪)则夜(处)之目(以)型(刑)。(《上博楚简五·季庚子问於孔子》)大罪:是大罪。

另一种是作描写句的谓语,例如:

（74）聋（闻）君子道则玉音，玉音则型（形）。（《郭店楚简·五行》）

（75）见臤（贤）人则玉色，玉色则型（形）。（《郭店楚简·五行》）

再一种是名词用作谓词，例如：

（76）其上旱则淳，水则乾。（《睡虎地秦简·日书甲种》）

（77）其居所水则乾，旱则淳。（《睡虎地秦简·日书甲种》）

上引两例中的“水”都与“旱”前后为文，应是涝的意思。

由“则”构成的一个紧缩复句的功能主要有二：一是作复合句中的一个分句，这种情况最常见，例如前引例（48）至（68）；二是自成一句，例如前引例（43）至（47）。下引一例，则是“则”字紧缩复句作宾语，不过这种例子仅此一见：

（78）丘也昏（闻）君子田肥民则安。（《上博楚简五·季庚子问於孔子》）

二、顺承连词

“则”还可以用于顺承复句的后一分句之首，表示前后两件事的先后相承的关系，可译为“就”、“便”。这有两种情况，一种情况是前一分句中有“既”，“既”和“则”构成“既……则……”这样的固定格式，例如：

（79）既出於口，则弗可悔。（《上博楚简六·用曰》）

（80）诗云：“亦既见㞢（之），亦既詢（覯）㞢（之），我心则［兑（悦）］。”（《郭店楚简·五行》）

另一种是只在后一分句之首用“则”，例如：

（81）昔三弋（伐）之明王之又（有）天下者，莫之畬（予）也，而□取之，民皆以为义。夫是，则獸（守）之㠯信，斊（教）之㠯义，行之㠯豊（礼）也。（《上博楚简二·从政甲》）是：用作谓词，意为这样以后。

（82）号令於军中曰：“缮甲利兵，明日㮚（将）戰（战）”，则戠（厮）烇（徒）剔（伤）亡。（《上博楚简四·曹沫之阵》）

这种用“则”的顺承复句，未见到被紧缩为紧缩复句的例子。

有时，顺承连词“则”不是出现在两个分句之间，而是出现在句首状语和句子主干之间，表示到了什么时间之后就会做什么或有什么事。例如：

（83）及丌（其）専（博）长而垕（厚）大也，则圣人不可由（犹）

与（豫）㗊（惮）之。（《郭店楚简·成之闻之》）

（84）憙（喜）惹（怒）忞（哀）悲之熨（气），眚（性）也。及丌（其）见於外，県（则）勿（物）取之也。（《郭店楚简·性自命出》）

从出土战国文献来看，“则”主要表示两种关系，一是假设条件下的结果；二是时间上的承接。这两种关系是有密切联系的，是有同源关系的，如李佐丰（2004）所说：“则所连接的前后两件事，或是在时间上相距很近，或是前事出现后就会导致后事的发生。前一部分如果是事实，则是现实中的紧接；前一部分所表现的内容如果是未曾发生的，便有假设的意思。”（P212）

有人认为“无事则国富，有事则兵强”（《韩非子·五蠹》）中的“则”可以表示对比，这也不可信。这类句子前边已经举过了，如前引例（49）至（54）。这类例子里的“则”是用于假设紧缩复句之中的，它是表示假设条件下的结果的。这种“VP 则 VP”可以单独成句，如前引例（43）至（47）；也可以两个或多个并列成句，如前引例（49）至（60）。不管是单独成句，还是并列成句，其中的“则”并没有什么不同，都是连词，表示假设条件下的结果。并列成句时，整个句子确实有并列或对比关系，但那是句式表达出来的，并不是由“则”表达出来的。

有些学者认为“则”可以表示转折关系。所举的例子主要有两类。前一类例子如：“公使阳处父追之，及诸河，则在舟中矣。”（《左传·僖公三十三年》）后一类例子如：“欲速则不达，见小利则大事不成。”（《论语·子路》）对前一类例子中的“则”，有的学者认为可以译为“反而”、“却”。但是，如李杰群（2001）所说“这样的‘则’仍然是表示时间承接的。第二件事虽然发生较早，但是被发现的时间却在第一件事之后，所以说还是用第二件来承接第一件的。”后一类例子也值得考虑，以上举《论语·子路》中的一例为例，“见小利则大事不成”是紧缩复句，其中的“则”是表示假设条件下的结果的。由此看“欲速则不达”也是一样，这是说，如果“欲速”，那么就会“不达”。“不达”是假设条件“欲速”的结果。这样分析一点障碍也没有，为什么一定要译为“反而”、“却”呢？

在出土战国文献中，未见到“则”表示转折关系的用例，这是值得思考的。用来连接有转折关系的“VP”，这是“而”的职能，也是“而”和

“则”的重要区别之一。至少在先秦汉语中，见不到“则”表示转折的确切例证。

有些学者认为“则”可以表示原因的结果，所举的例子如：“任功则民少言，任善则民多言。”（《商君书·靳令》）很明显，这类句子中的“则”是用于假设紧缩复句中的，仍是表示假设的结果，而不是原因的结果。

总之，在上古汉语中，至少在出土战国文献里，并没有“则”作并列连词、转折连词、因果连词的确证。如果我们承认“则”有上述用法，不但与事实不符，也无法解释上述用法跟“则”的顺承连词、假设结果连词等用法的关系。

连词“则”与连词“而”的异同如何？

对此郭锡良等（1992）、何乐士（2006）等做过论述。郭锡良等（1992）认为两者有相通之处，两者都可以连接两个动词性词语，表示两事在时间上紧相承接；又经常连接两个分句，表示前者是后者的条件，有时甚至可以互换。但两者有明显的区别：一、“则”相当于现代汉语的“就”，“而”却没有与它相当的词语；二、“则”重在表示连接项的先后相承，连接项之间有顿挫意味，“而”重在过递，连接项之间是连贯的；三、“而”连接项之间的关系可以是平行的，也可以是相反的，“则”连接项之间的关系却只能是前后相承的，不能相反。何乐士（2006）认为“则”与“而”的区别如下：一、“则”主要作用是表示顺承，大多位于偏正复句的正分句中，表示前后两项之间的顺承或因果关系，“而”可用在单句、复句中，主要表示前后两项的连动或并列关系；二、“则”用在表对待的句中时，大多是并列的两句中各用一个“则”在主谓之间，这类句子若换用“而”，则只用一个“而”于两句之间；三、“则”表转折的用法占的比例很少，“而”的转折用法远多于“则”。

我们认为，上述两家对“则”和“而”的区别的论述，多有可取之处，下面我们在上述两家论述的基础上，根据出土战国文献，谈谈两者的区别：

第一，连词“则”一般用于复句中（一般复句、紧缩复句），这种“则”占连词“则”总次数（402）的98%；而连词“而”常用于单句中，这种“而”占连词“而”总次数的77.6%。“则”有时也用于单句中（只占2%），它只用于句首状语和语句主干之间；“而”也用于复句之中，但只占总次数的 22.4%。两者的区别如下表所示：

8－1：出土战国文献连词“则”和“而”用法对比表

用法		则	而
一、单句中	谓词性联合短语	×	○
	连谓短语	×	○
	转折短语	×	○
	句首状语和句子主干之间	○	○
	其它状语和中心语之间	×	○
二、复句中	一般复句	○	○
	紧缩复句	○	○

第二，从表示的语法关系来看，连词“则”主要表示假设条件下的结果，也可以表示时间先后关系，而“而”的基本功能是连接两个谓词性词语或分句，表示两种行为、性质、事件之间的联系。“而”所连接的两项之间，可以是转折、并列、顺承、递进、条件、结果、目的、方式、时间等多种关系，这种具体的关系不是由“而”表达出来的，而是由“而”的上下文所决定的。“而”所连接的两项之间的具体关系很丰富，包容“则”所表示的关系。

第三，“连接项$_1$+则+连接项$_2$”除少数例子（连接项$_1$为句首状语，连接项$_2$为句子主干）之外，都构成复句（一般复句、紧缩复句），而“连接项$_1$+而+连接项$_2$”除了构成复句之外，还可以构成多谓短语、状中短语。“连接项$_1$+则+连接项$_2$”的句法功能也与“而”不同。如果“连接项$_1$+则+连接项$_2$”是复句形式，那么它的功能有二：一是构成一个独立的复句；二是作多层并列复句的一个并列项；如果“连接项$_1$+则+连接项$_2$”是紧缩复句形式，那么它的功能也有二：一是自成一个单句；二是作复合句中的一个分句。而“连接项$_1$+而+连接项$_2$”的功能则比较复杂，如果它构成一个多谓短语，那么它可以作一个单句或分句，也可以作谓语或谓语中心、主语、宾语，还可与“者”构成“者”字短语。如果它是一个复句形式，它除了自成一个复句或作多层复句中的一部分外，还可以跟“者”组成“者”

字词组：

(85) 勿（物）又（有）里（理）而陞（地）能贪（含）之生之者，才（在）㬻（造）。(《郭店楚简·语丛三》)

(86) 又（有）是攺（施），少（小）又（有）利，辿（转）而大又（有）害者，又（有）之。又是攺，少（小）又（有）害，辿（转）而大又（有）利者，又（有）之。(《郭店楚简·尊德义》)

例（85）为紧缩复句形式后加“者”，例（86）为一般复句形式后加“者”，这种用例，都是“则”所没有的。“谓词语$_1$+则+谓词语$_2$”不管主语是否相同，如果中间没有语音停顿，都认为是紧缩复句，除了上面讲到的原因之外，还有它的功能：都单独成句或作分句，具有紧缩复句的特点。而“谓词语$_1$+而+谓词语$_2$”如果主语相同、中间又没有语音停顿，我们则把它视为多谓短语，则是着眼于它的功能：具有谓词性联合短语、连谓短语的功能。

第四，“而”只有连词用法，“则”除了连词用法外，还有副词用法。

副词“则”属于实词，但由于跟它的连词用法关系密切，所以下面也谈谈。

副词“则”用在语句谓语之前作状语，表示对谓语部分的确认和强调，可译为“就”、“确实”。最常见的是用在判断句谓语之前。判断句谓语可由名词性词语充当，例如：

(87)《折（杕）杜》则情，憙（喜）丌（其）至也。(《上博楚简一·诗序》)

(88) 今君王或命（令）膞母（毋）见，此则仆之辠（罪）也。(《上博楚简四·昭王与龚之膞》)

(89) 古（故）子㠯（以）此言为奚女（如）？孔子曰：繇（由）丘簉（观）之，则敚（微）言也已。(《上博楚简五·季庚子问於孔子》)

例（89）中的“则微言也已”前，承前省去了主语“此言”。这种“则”还可以和“不”相呼应，构成“不……则……”这样的固定格式，意思是“不是……就是……”。这种“则”，何乐士（2006：582）认为是副词，可从。例如：

(90) 赐某大畐（富），不钱则布，不蠒（茧）则絮。(《睡虎地秦简·

日书乙种》)

判断句谓语也可以由谓词语充当。一般认为判断句谓语应由名词性词语充当，但李佐丰（2004：379）则认为谓词性词语也可以作判断句谓语，他举的例子是“不闻命而擅进退，犯政也；快意而丧君，犯刑也”（《国语·晋语三》)，李佐丰此说可从。在出土战国文献中可以见到这种例子：

（91）《棠=（棠棠）者芋》则贵也。（《上博楚简一·诗序》）贵：富贵。

（92）丌（其）四章则俞（喻）矣。(《上博楚简一·诗序》喻：比喻。

（93）古（故）人昊（则）为［人也，胃之］悬（仁）。悬（仁）者，子悳（德）也。(《郭店楚简·六德》)

（94）䴕（将）大车之嚣也，则目（以）为不可女（如）可（何）也。(《上博楚简一·诗序》)

（95）奠（郑）衛（卫）之乐，昊（则）非丌（其）声而从之也。(《郭店楚简·性自命出》)

（96）《黄鳥（鸟)》则困而谷（欲）反丌（其）古（故）也。(《上博楚简一·诗序》)

李佐丰（2004：379）认为介宾短语加“也”可以构成判断句谓语。这种例子在出土战国文献中也可以见到，例如：

（97）后稷之见贵也，则目（以）文武之悳（德）也。（《上博楚简一·诗序》)

（98）今夫魂（鬼）神又（有）所明又（有）所不明，则目（以）丌（其）赏善罚暴也。(《上博楚简五·鬼神之明》)

（99）夫葛之见诃（歌）也，则以叶萋之故也。（《上博楚简一·诗序》)

（100）《梂（樛）木》之旹（时)，则目（以）丌（其）录（禄）也。(《上博楚简一·诗序》)

李佐丰（2004：379）认为主谓短语也可以作判断句的谓语，这种例子在出土战国文献中也可以见到，例如：

（101）《闢（关）疋（雎)》之攺（改)，则丌（其）思賹（益）矣。《鵲（鹊）椱（巢)》之逿（归)，则离者［远矣］。(《上博楚简一·诗

序》)

(102)《兔虘(罝)》丌甬人则虐(吾)取。(《上博楚简一·诗序》)

(103) 为人臣而反臣其主，不祥莫大焉。将与吾君並立於世，齿长於会同，则臣不忍见也。(《中山王嚳方壶铭》,《集成》15·9735)

在出土战国文献中，还可以见到复句形式后加“也”作判断句谓语的例子：

(104) 正(政)之不行，季(教)之不成也，奡(则)埑(刑)罚不足耻，而雀(爵)不足懽(劝)也。(《郭店楚简·缁衣》)

(105) 翟(轻)㡭(绝)贫戔(贱)，而至(重)㡭(绝)賲(富)贵，奡(则)好悬(仁)不臔(坚)，而亚(恶)亚(恶)不紙(著)也。(《郭店楚简·缁衣》)

(106) 以内绝召公之业，乏其先王之祭祀，外之则将使上勤於天子之庿，而退与诸侯齿长於会同，则上逆於天，下不顺於人也，寡人非之。(《中山王嚳方壶铭》,《集成》15·9735)

(107) 大臣之不新(亲)也，奡(则)忠敬不足，而賲(富)贵巳(已)逃(过)也。邦豪(家)之不寍(宁)也，奡(则)大臣不台(治)，而埶(亵)臣怋(託)也。(《郭店楚简·缁衣》)

李佐丰(2004：381)认为“东道之不通，则是康公绝我好也”(《左传·成公十三年》)是判断句，“则”前是判断句主语，“则”后为判断句谓语，可从。由此看来，前引例(104)至(107)也应看成是判断句，以“则”为界，“则”前为判断句主语，“则”后为判断句谓语。所不同的，“东道之不通，则是康公绝我好也”中“则”的前后都可视为主谓短语，而前引例(104)至(107)中“则”的后面都是复句形式，其前面可以是主谓短语，也可以是复句形式。例(104)至(107)的句子形式是判断句，但其功用是解释原因的，“则”前的部分述说结果，“则”后的部分说明原因。“则”是“就是因为”的意思。

副词“则”有时用在描写句谓语之前，其作用仍然是表示对谓语部分的确认与强调。例如：

(108) 尧之旻(得)叁(舜)也，叁之悳(德)则城(诚)善与？抑尧之德则甚明与？(《上博楚简二·子羔》)

副词“则”有时则用在叙述句谓语之前例如：

（109）魂（鬼）神不明，则必又（有）古（故）。（《上博楚简五·鬼神不明》）

（110）名则可畏（畏），步者可矛（柔）。（《上博楚简五·融师有成氏》）

古代汉语研究室（1999）、何乐士（2006）都认为“则”有范围副词的用法，举的例子都是：“小人之学也，入乎耳，出乎口，口耳之间则四寸耳，曷足以美七尺之躯哉？”（《荀子·劝学》）“月出初，大如车盖；及日中，则如盘盂。”（《列子·汤问》）我们则认为，这种“则”仍应看成是表示对谓语部分确认与强调的，如“口耳之间则四寸耳”，“则”确认强调的是“四寸”，至于限制语气，那是由“耳”表示出来的，而不是由“则”表示出来的。“则如盘盂”中的“则”也是表示对谓语部分的确认强调的。

副词“则”常常被误解为连词“则”。例如前边引过的“东道之不通，则是康公绝我好也。”（《左传·成公十三年》）其中的“则”，本是表示确认、强调的副词，而古代汉语研究室（1999）则认为是表示顺承关系的连词。

下引四例中的“则”，何乐士（2006）认为是连词，出现在并列复句中，表示有关对象之间相互对待的关系，有列举语气：“天地则已易矣，四时则已变矣”（《礼记·三年问》）、“蝉则千转不穷，猿则百叫无绝”（吴均《与朱元思书》）、“诸越则桃李冬实，朔漠则桃李夏荣”（《梦溪笔谈·采草药》）、“其南则大夏，西则安息，北则康居”（《史记·大宛列传》）。我们认为这种“则”都是用于主谓之间的副词，是表示对其后谓语部分的确认与强调。上引四个例子，都是由两个或三个分句组成的并列复句，复句中各个分句之间确实是并列关系，但这种关系的表达不是由“则”完成的，而是由句式体现出来的。不能把句式体现出来的意义归到“则”字的身上。要知道汉语并列关系通常并不需要连词来表达。古代汉语研究室（1999）认为下引两例中的“则”为副词，表示的是对动作行为的强调：“子则祥矣，父则不祥”（《庄子·徐无鬼》）、“水则载舟，水则覆舟”（《荀子·哀公》）。古代汉语研究室（1999）的看法是可信的。把这两例与前引四例相比较，应知都是同样的句式，同样用法的“则”；由这两例来看前四例，也应把前四例中的“则”看成副词。

古代汉语研究室（1999）、何乐士（2006）都认为“则”有假设连词的用法，可译为“如果”。所举的例子如“心则不竞，何惮于病?”（《左传·僖公七年》）、“大寇则至，使之持危城，则必畔。”（《荀子·议兵》）、“我决起而飞，抢榆枋。时则不至，而控于地而已矣。”（《庄子·逍遥游》）这些例子中的“则”，我们仍然认为是副词，是用于谓语前表示确认与强调的。特殊的是，“则”所在的小句是假设分句，整个复句是假设复句。但我们认为，假设关系并不是由“则”表示出来的，仍是由句式表现出来的。

古代汉语研究室（1999）、何乐士（2006）都认为“则”可作让步连词，所举的例子主要有两类：一是用在让步偏句中，位于前后两个相同的形容词或动词之间，例如“多则多矣，抑君似鼠”（《左传·襄公二十三年》）、“治则治矣，非书意也”（《韩非子·外储说左上》）；二是位于让步偏句的主语和谓语之间，例如“子则贤矣，抑晋国之举也，不失其次，吾惧政之未及子也”（《国语·周语》）、“瘠则甚矣，而血气未动”（《左传·襄公二十一年》）。我们认为，这种“则”并非让步连词，仍是副词。前面引的两类例子，“则”虽然都用在前面的让步分句中，但是它并不是表示让步关系的，这种关系是由句式表达出来的；它仍是副词，表示对其后谓语部分的强调和确认。何乐士（2006：580）认为上引前一种“则”是确实、是的意思；后一种“则”是确实、原本的意思，她对这两种“则”词性和作用的认识虽有问题，但对这两种“则”意义的理解是大致不错的。

“则”的副词用法和前边讲过的连词用法是有十分密切的关系的，正因如此，学者们常把副词“则”看作是连词“则”。“则”一般认为可译为“就”，现代汉语中的“就”跟古代汉语中的“则”十分类似。“就”可以表示时间的承接，例如“刚进办公室，就知道情况不妙”；可以表示假设条件的结果，如“如果敌人追上来了，我们就跟他拼命”；也可以表示确认语气，如“他就是我们的班主任”。

“则”的连词用法、副词用法在西周金文中其实已经出现了，表示时间先后关系的连词“则”如“隹武王既克大邑商，则廷告于天”（《何尊铭》），表示假设条件的结果连词的“则”如“来岁弗赏，则付四十秭”（《曶鼎铭》），表示确认和强调的副词“则”如“不显文武受命，则乃且奠周邦”（《询簋铭》）、“旺则卑我赏马，效父则卑復氒丝于旺”（《曶鼎铭》）。

本节对出土战国文献中的“则”进行了穷尽性的研究，认为它主要有连词、副词两种用法，连词“则”常见，共出现402次；副词“则”少见，共出现41次。

连词“则”可以用于假设复句、顺承复句、紧缩复句之中，也可以出现在状中之间，可以表示时间先后关系，也可以表示假设条件下的结果。对“则”前后的成分以及“连接项$_1$+则+连接项$_2$”的句法功能也进行了探讨。

在出土战国文献中，没有表示并列关系、转折关系、假设关系、让步关系、因果关系的“则”。同时认为，传世文献中的“则”可能也不表达上述关系。

对连词“则”和“而”的区别，也在前人研究的基础上有新的论述。

副词“则”主要用于判断句谓语前，判断句谓语可由名词语充当，也可由谓词性词语、主谓短语甚至复句形式充当，判断句谓语后可以用语气词“也”，也可以用“矣”。副词“则”也可以用在描写句谓语、叙述句谓语前。副词“则”都是表示确认、强调语气的，未见到其用作范围副词的用法。

语气词“则”见第五章第七节。

8－2：出土战国文献中连词“则”统计表

用法＼文献		战国金文	战国简牍		战国帛书	战国玉石文字	合计
			楚简	秦简			
连词	假设复句	5	112	63	6		186
	顺承复句		4		2		6
	紧缩假设复句	6	171	14		11	202
	状中之间（顺承）	1	3		2	2	8
总计		12	290	77	10	13	402

参考文献

郭锡良等：《古代汉语》（下），语文出版社1992年版。

何乐士：《古代汉语虚词词典》，语文出版社2006年版。

蓝鹰、洪波：《上古汉语虚词研究》，四川人民出版社 2001 年版。

李杰群：《连词“则”的起源和发展》，《中国语文》2001 年第 6 期。

李佐丰：《古代汉语语法学》，商务印书馆 2004 年版。

林密：《“则”字在〈吕氏春秋〉中的特殊用法》，《河池师专学报》1984 年第 2 期。

田中侠：《释“则”》，《齐齐哈尔师范学院学报》1991 年第 3 期。

张玉金：《西周汉语代词研究》，中华书局 2006 年版。

中国社会科学院语言研究所古代汉语研究室编：《古代汉语虚词词典》，商务印书馆 1999 年版。

周建成：《“则”表示并列关系质疑》，《赣南师范学院学报》1994 年第 1 期。

第九节　出土战国文献中的连词“既”

“既”本为动词，是“尽”的意思。例如“辛巳贞：雨不既，其燎于亳土？”（《屯南》1105）“庚寅雨，中日既？”（《合集》21302）这种“既”可以用动词语作宾语，例如：“贞：于既父丁升岁酒？”（《合集》23224）这个例子是说到结束了父丁“升岁”祭的时候进行酒祭。很明显，例中“既父丁升岁”的“既”是动词，而“父丁升岁”是其宾语。

副词“既”的直接来源，就是这种以“VP”为宾语的动宾结构。“既+VP”的重点本来是“既”，随着重点后移，动宾结构就会转向状中结构，同时“既”也就由动词渐渐地变为副词了。

副词“既”可以归为实词，但由于它与连词“与”关系密切，所以先谈谈。

最为典型的副词“既”，是用于单句的谓语动词前，表示动作行为已经发生或已经完成、结束的。可译为“已”、“已经”。例如：

（1）今天下之君子既可暂（知）已。（《上博楚简四·曹沫之阵》）

（2）子卺（夏）曰：“‘五至’既窜（闻）之矣。”（《上博楚简二·民之父母》）

（3）子左尹譌（属）之新造让尹丹，命为仆至（致）典。既皆至

（致）典。（《包山楚简》16）

（4）既鳶（荐）之於东陵。（《新蔡楚简》零：303）

有些“既”出现在复合句的后一分句中，这种“既”的作用也比较单纯，表示“已”、“已经”的意思。例如：

（5）鲁臧（庄）公牆（将）为大钟，型既城（成）矣。（《上博楚简四·曹沫之阵》）

（6）春秋还逋（转），而謡既返（及）。（《上博楚简六·用曰》）

（7）若夫老老慈幼，既昏（闻）命壴（矣）。（《上博楚简三·中弓》）

（8）若此三者，既昏（闻）命壴（矣）。（《上博楚简三·中弓》）

“既”常用于顺承复句的前一分句之中，这时它主要是表示前一动作行为或状况已经出现或已经完结，可译为“已”、“已经”；同时也起关联作用，表示做完某事之后再做另一件事。这种“既”跟单句中或复句后一分句中的“既”意思相同，其主要作用仍然是用于谓语动词前表已然，所以本文把这种“既”也看作副词。例如：

（9）既謐（蔽）而卜，孚。（《上博楚简四·柬大王泊旱》）

（10）既戰（战）復（復）豫，虖（号）命（令）於军中。（《上博楚简四·曹沫之阵》）

（11）质既受命，复（作）为六頪（律）六郘（吕）。（《上博楚简二·容成氏》）

（12）室既成，牆（将）袼（格）之。（《上博楚简三·昭王毁室》）

（13）既言之，謯（属）之左尹。（《包山楚简》155）

（14）既㝵（得）昏（闻）道，忑（恐）弗能守。（《上博楚简三·彭祖》）

这种“既”字分句之后，有时是问句，例如：

（15）毁成畜（教）矣，出帀（师）又（有）幾（忌）虖？（《上博楚简四·曹沫之阵》）

（16）既戰（战），又（有）幾（忌）虖（乎）？（《上博楚简四·曹沫之阵》）

“既”出现在顺承复句的前一分句里，后一分句有关联词语与它相呼应，构成“既……乃……”、“既……安……”、“既……而……”、“既……

以……”这样的固定格式，都可译为“既已……就……”、“既已……于是……”。例如：

（17）参（三）垰（郤）既亡，公家乃溺（弱）。（《上博楚简五·姑成家父》）

（18）既献泰成，乃降専惠。（《峄山刻石》）

（19）心肙之既权，征民乃贵。（《上博楚简六·用曰》）

（20）女（如）日月既乱，乃又（有）兄（荒）祆。（《楚帛书·乙篇》）

（21）尔古须（稀），既袼（格），安从事。（《上博楚简四·昭王毁室》）

（22）昔先君祭，既祭，安命行先王之灋（法）。（《上博楚简五·竞建内之》）

（23）既戳（战），而又（有）殆心。（《上博楚简四·曹沫之阵》）

（24）既为贞，而敚（说）亓（其）祱（祟）。（《新蔡楚简》甲三：219）

（25）既又（有）夫六立（位）也，以壬（任）此［六戠（职）］也。六戠既分，以裕六悳（德）。（《郭店楚简·六德》）

（26）臧（庄）王既成亡鏌（敌），吕（以）昏（问）䀀尹子尹。（《上博楚简六·庄王既成》）

（27）既心宒（闷）、瘔（胖）痮（胀），吕（以）百胳（体）疾。（《新蔡楚简》甲三：189）

（28）既痤，吕（以）孩（骇）心。（《望山楚简》1—9）

对这种“既”该如何看呢，其词性如何？何乐士（2006：233）曾谈到副词“既”和连词“既”的区别。她认为，“既”作连词主要表示并列或让步。表示并列时，“既”与后面分句的虚词“且”、“又”、“亦”等配合，强调两种情况的同时存在。表让步时，“既”表示先承认某一事实以引出下文的推论，“既”则主要表示“既然”之意，后分句常有“则”、“亦”、“何”、“恶”等虚词与之配合。“既”作副词主要表示时间，强调动作行为已经完成，或前后两事间隔不久。

若此说可信，那么上引例（17）至（28）中的“既”都不应看作连词，而应看作副词。因为例（17）至（28）中的“既”既不是表并列的，也不是表让步的，而都是表示时间的，“已经”的意思仍很鲜明。

我们认为，何乐士的看法是可信的。这种“既”明显有关联作用，它与“乃/安/而/以”相配合，构成固定格式，表示两事的先后关系。据此看来，“既”像连词。但是这种“既”还是已经的意思，还表时间上的已然，仍是作状语的。由这种“既”构成的“既”小句，在结构上不具有粘附性，仍具有独立性，如前引例（1）至（4）。从这一点看来，这种“既”的副词性仍然鲜明，还是看成副词好。侯学超（1998：307）曾谈到现代汉语中的虚词“既”。他认为现代汉语的连词“既”有两种，一种是跟“既然”相同，另一种表示并存，构成“既……又……”、“既……且/而且……”、“既……也……”这样的固定格式。而把“已经”意思的“既”看作副词。

“已经”意义的“既”可以和“则”构成固定格式“既……则……”，如“既见君子，我心则降”（《诗经・小雅・出车》）。对于这种“既”，古代汉语研究室（1999：275）看成是副词。这种“既”明显和上引例（17）至（28）中的“既”相同。

古代汉语中有复音虚词“既已”，学术界一般把它看成是时间副词，这种“既已”可以和“乃”构成“既已……乃……”这样的固定格式。这种“既已”既然是副词，那么“既……乃……”中的“既”也应看成副词。

我们同意传统的说法，即认为表示并列、表示让步的“既”是连词，这主要是基于以下的理由：第一、这两种用法的“既”，意义上已不再是已经的意思或这种意义已不明显，失去了表示时间上已然的作用；第二、这种“既”必须与“且/又/亦”前后呼应，一般不能单用，这种“既”字句已失去了独立性，而有了明显的粘附性。

一、表示并列

这种“既”可以连用，构成“既……既……”这样的固定格式，也可以跟“且/又/亦”前后呼应，构成“既……且……”、“既……又……”、“既……亦……”这样的固定格式。

前面讲过“既……以……”这种固定格式，例如“既痤，目（以）孩（骇）心”（《望山楚简》1—9）。对于这个例子，竹简的整理者说：“疑此类句式中的‘以’均应训为‘而’，‘既瘗，以□心’是说长了疮以后，又得了心疾。”（P89）若此说可信，那么这种“既”也应看作连词。但是这种“以”似不应视为表并列关系的，因为表并列关系的“以”一般是连接两个形容词的，如“夫夷以近，则游者众”（王安石《游褒禅山记》）。这种“以”其实是表示先后关系的，可译为“就”。这样把这种“既”看成副词是合适的。

“既……既……”这个固定格式，古代汉语研究室（1999：277）认为是由两个连词“既”组成的，表示并列关系，可译为“既……又……”、“又……又……”。例如：

（29）羲（牺）豭既美，玉疋（糈）既精。（《秦骃玉版铭》）

（30）百事既成，民心既宁。（《睡虎地秦简·为吏之道》）

“既……且……”这个固定格式，是由连词“既”和“且”组成，表示并列关系，可译为“既……又……”。例如：

（31）以生子，既美且长，有贤等。（《睡虎地秦简·日书甲种》）

（32）☐既瞖（皆）告，虘（且）祷也。（《新蔡楚简》甲三：138）

“既……又……”这个固定格式，是由连词“既”和副词“又”组成，关联两个分句，表示两件事情同时发生或两种情况同时存在。例如：

（33）既只（躋）於天，或（又）椎（坠）於囦（渊）。（《上博楚简三·彭祖》）

（34）既为金桎，或（又）为酉（酒）池。（《上博楚简二·容成氏》）

（35）既生畜之，或（又）从而季（教）忞（诲）之。（《郭店楚简·六德》）

（36）亓子脽既与虐（吾）同车，或（又）□衣由。（《上博楚简四·昭王与龚之脽》）

这种用例在传世文献中可以见到，例如“既立之监，或佐之史。”（《诗经·小雅·宾之初筵》）

“既”和“亦”可以构成“既……亦……”这样的固定格式，表示并列关系；也可以构成“亦既……亦……”、“亦既……亦既……”这样的固定格式，仍然表示并列关系。例如：

（37）民之既教，上亦毋骄。（《睡虎地秦简·为吏之道》）

（38）名亦既又（有），夫亦牆（将）智（知）𣥠（止）。（《郭店楚简·老子甲本》）

（39）亦既见𣥠（之），亦既訽（觏）𣥠（之）。（《郭店楚简·五行》）

二、表示让步

这种“既”是既然的意思，用于偏正复句的前一分句中，表示承认某一事实，以引出后面的推论。可与“则”构成“既……则……”这样的固定格式。

（40）既出於口，则弗可悔。（《上博楚简六·用曰》）

（41）既㝵（得）丌（其）级（急），言必又（有）及之。（《郭店楚简·语丛四》）

（42）［《柏舟》］强志，既曰天也，猷又（有）悥（怨）言。（《上博楚简一·诗序》）

洪波、蓝鹰（2001：196）认为，“既”的这种用法源于“已经”义，即在肯定一个已然情况的前提下，推论相关的情况。句中“既”还有一点词汇意义，有的“已经”意味还依稀可感，正好暴露了它的来源。那么它是不是副词呢？马建忠的一段话不无道理：“‘既’字所附者，辞气未完，皆读也，故列入连词。不则何以异于状字？”（吕叔湘、王海棻：《〈马氏文通〉读本》，上海教育出版社，1986年）的确，副词“已经”义无论如何不能讲成“既然”。其次，副词“既”在单句中使用，绝无“辞气未完”的感觉，而连词“既”不能用在单句中。“既然”意义的“既”字句不能单说，“既”的作用显然是跨句的。

表示并列的“既”也是由副词“既”虚化而来的。

在传世战国文献中常见“既已”。对于这个语言片断，学者们大都认为它是一个复合词或复音词。“既已”的形式比较固定，比如都说成“既已”，不说成“已既”；它的意义也具有整体性，相当于“既”，所以看成是一个词应该没有问题。

在出土战国文献中，“既已”都用作副词。有些“既已”用在单句之中，表示动作行为已经发生，可译为“已经”。例如：

（43）𢿣客百宜君既已至（致）命於子郙公。（《包山楚简》134）

（44）丌（其）察戠言市既㠯（已）返郢。（《包山楚简》128）

有些“既已”用在顺承复句的前一分句里，与后一分句里的“乃”构成“既已……乃……”这样的固定格式，表示两件事情的前后相承。这种“既已”主要还是表示动作行为已经完成的，同时也有关联作用，表示两件事情的一先一后。

传世战国文献中可以见到这种“既已”，例如“既已无可奈何，乃遂收盛樊於期之首，函封之”（《战国策·燕策三》）、“今既已知之矣，乃辍围卫也”（《说苑·权谋》）。对于这种“既已”，何乐士（2006：223）、古代汉语研究室（1999：279）都认为是副词，这是可信的。出土战国文献中这种“既已”的用例，如：

（45）禹既已受命，乃卉服箁箬。（《上博楚简二·容成氏》）

（46）句（后）褉既已受命，用飤（食）於埜（野），佰（宿）於埜。（《上博楚简二·容成氏》）

（47）咎（皋）壴（陶）既已受命，乃𠬝（辨）侌（阴）昜（阳）之䍃（气），而圣（听）亓讼狱。（《上博楚简二·容成氏》）

（48）泗（伊）尹既已受命，乃执兵钦（禁）暴，羕（永）㝵（得）于民。（《上博楚简二·容成氏》）

在传世战国文献中，“既已”还有连词的用法，例如“君子其未得也则乐其意。既已得之，又乐其治”（《荀子·子道》）、“千变万化，不可穷极。既已变形之物，又且易人之虑”（《列子·周穆王》）。这种用法的“既已”，在出土战国文献中还没有见到。

9－1：出土战国文献中连词“既”统计表

用法＼文献		战国金文	战国简牍		战国帛书	战国玉石文字	合计
			楚简	秦简			
连词	并列连词		13		5	2	20
	让步连词		3				3
合计			16		5	2	23

总之，“既”本为动词，后来变为副词，又由副词虚化为连词。连词

"既"主要见于出土楚文献之中。

副词"既"属于实词，可用于单句的谓语动词之前，也可以用在复句的后一分句中，这时它的作用比较单纯，都表示动作行为的"已然"。"既"还可以用于顺承复句的前一分句中，这时它可与"乃"、"安"、"而"、"以"构成"既……乃……"、"既……安……"、"既……而……"、"既……以……"这样的固定格式。这种"既"的主要作用仍是表示动作行为的"已然"，但同时起关联作用，表示两件事情的先后关系。

连词"既"可以表示并列，也可以表示让步。表示并列的"既"可与其它关联词语构成"既……且……"、"既……或（又）……"、"既……亦……"这样的固定格式，也可以连用构成"既……既……"这样的固定格式。表示让步的"既"是"既然"的意思，可与"则"构成"既……则……"这样的固定格式。

"既已"在出土战国文献中都用作副词，可以用于单句中，也可以用于顺承复句的前一分句里，构成"既已……乃……"这样的固定格式，表示两件事情的先后关系。"既已"是由"既"和"已"这两者以并列的方式复合而成的复音虚词。

参考文献

何乐士：《古代汉语虚词词典》，语文出版社 2006 年版。

侯学超：《现代汉语虚词词典》，北京大学出版社 1998 年版。

蓝鹰、洪波：《上古汉语虚词研究》，四川人民出版社 2001 年版。

中国社会科学院语言研究所古代汉语研究室：《古代汉语虚词词典》，商务印书馆 1999 年版。

第十节　出土战国文献中的连词"虽"

连词"虽"的来源如何？对此蓝鹰、洪波（2001：249—252）做过论述。他们认为表让步关系的"虽"是由副词虚化而成的。"虽"和"唯"存在着通假现象，"唯"假为"虽"。"唯"最常见的副词用法是表示对事物或动作范围的限定，可译为"只"、"仅"等。例如"鸡鸣而驾，塞井夷灶，唯余马首是瞻”（《左传·襄公十四年》）、“唯天为大，唯尧则之”（《论语·泰伯》）。由这个义项引申出表示已然，可译为“已经”，例如“如鸟之覆卵，无形无声，而唯见其成”（《管子·禁藏》）、“回之家贫，唯不饮酒不茹荤者数日矣”（《庄子·人间世》）。表示让步关系的连词“唯”的形成，与上面两个副词义项都有关系。不过由于来源不同，让步连词“唯”也出现两种对应形式。表范围限定的副词“唯”虚化为连词后一般在句首，其限定范围的意味还可体会，相当于口语“就连……也……”，“唯”后的名词往往是限定范围的。如“惟信亦为大王不如也”（《史记·淮阴侯列传》）。表已然的副词“唯”虚化为连词后往往在主语后，已然的意味有时还能体会。如“天下之人唯各特意哉，然而有所共予也”（《荀子·大略》）。“虽”因为与“唯”有语音上的关系而有了“唯”的让步连词用法，并且也有两种形式。如“虽小道，必有可观者焉”（《论语·述而》）、“汤虽文深意忌不专平，然得此声誉”（《史记·张汤传》）。后来“唯”渐渐移交了让步连词的用法，“虽”成了专司此职的连词。

蓝鹰、洪波的上段论述中，存在着两个明显的问题。一是认为“唯”可表已然没有根据。“唯”这个词在殷墟甲骨文中即已存在了，写作“隹”，在传世文献中有“唯”、“惟”、“维”三种写法。研究古代汉语的学者大都不认为“唯”可表已然。从“唯”字用法的源流来看，它不应有此义项。二是没有谈到表示范围限定的用法的源头，而这种源头可能也是连词“虽”的源头之一。

依据张玉金（2001：35），殷墟甲骨文中有“唯”，也有“惠”，它们的基本语气都是表示提示强调。西周以后，“惠”消亡了，都用“唯”了。“唯”由表示提示强调，发展出表示范围限定的用法，因为对某一事物加以提示强调和指出事物的单一性，这很有相近之处。谢纪锋（1984）说：“被强调的事物很容易使人产生‘只有这个’的印象，久而久之，‘只有’就被认为是‘维’的一个义项了。”此说甚是。

不论是表示提示强调的“唯”，还是表示范围限定的“唯”，其含义都比较空虚。这样，当这种“唯”经常出现在让步分句之中时，就会发生语境吸收（absorption of context）的现象，这种句式义也就附着到“唯”上面了，“唯”也就成了让步连词了。这个让步连词最初也写作“唯”，后来为了区别，就借用“虽”来书写了。比起表示范围限定的“唯”，表示提示强调的“唯”更容易发展为连词。

表示限定范围的“唯”常用于句首，但表示提示强调的“唯”则可用于句首，也可用于句中。所以由副词“唯”虚化而来的连词“虽”既可以用于句首，也可以用于句中。另外，连词“虽”一旦形成，它的语法位置就遵从连词的一般规律：既可以出现在句首，也可以出现在句中。所以蓝鹰、洪波认为表范围限定的副词“唯”虚化为连词后一般在句首，表已然的副词“唯”虚化为连词后往往在主语后，这种观点也值得商榷。

吕叔湘（1982）曾把让步句分为纵予句和容认句，其中容认句所承认的是实在的事实，纵予句所承认的是假设的事实。通过考察发现，古代汉语中的“虽”可以用于纵予句，也可以用于容认句。用于纵予句中的“虽”是表示假设让步的，可译为“即使”，例如“虽我之死，有子存焉”（《列子·汤问》）。用于容认句中的“虽”是表示事实让步，可译为“虽然”，例如“楚虽有富大之名，而实空虚；其卒虽多，然而轻走易北”（《史记·张仪列传》）。区别这两种“虽”的办法，主要是根据上下文，看“虽”小句所表达的究竟是假设还是事实，看“虽”是翻译成“即使”、“纵然”好，还是译成“虽然”好。

一、表示事实让步

出土战国文献中的连词“虽”可用于转折复句中，也可以用于紧缩复句里。用于转折复句的让步分句中时，“虽”可以出现让步分句的主语之前，例如：

（1）唯（虽）世不识，必或智（知）之。（《上博楚简二·从政甲》）

（2）唯（虽）丌於善道也，亦非又（有）译（择）娄（数）以多也。（《郭店楚简·成之闻之》）

“虽”也可以出现在让步分句的主语之后，例如：

（3）典、老虽不存，当论。（《睡虎地秦简·法律答问》）

（4）凡人唯（虽）又（有）眚（性），心亡奠（定）志。（《郭店楚简·性自命出》）

（5）臣唯（虽）欲試（试），或不㝵（得）见公。（《上博楚简五·鲍

叔牙与隰朋之谏》)

(6)僕(樸)唯(虽)妻(细),天陸(地)弗敢臣。(《郭店楚简·老子甲本》)

当让步分句的主语未出现时,“虽”就置于让步分句之首、分句谓语之前。例如:

(7)虽有高山,鼓而乘之。(《睡虎地秦简·为吏之道》)

(8)唯(虽)又(有)眚(性),心弗取不出。(《郭店楚简·性自命出》)

(9)唯(虽)能丌事,不能丌心,不贵。(《郭店楚简·性自命出》)

(10)唯(虽)尋(得)字(免)而出,目(以)不能事君,天下为君者,隹(惟)欲畜女(汝)者才(哉)!(《上博楚简五·姑成家父》)

(11)舍公官(馆),旞火燔其舍,虽有公器,勿责。(《睡虎地秦简·法律答问》)

(12)售(雍)也不悬(敏),唯(虽)又(有)毆(贤)才,弗智(知)舉(举)也。(《上博楚简三·中弓》)

这种“虽”可以和“然”构成“虽然”这样的惯用词组。“虽”是让步连词,“然”是谓词性代词。“虽然”是“虽然如此”、“虽然这样”的意思,例如:

(13)赀一盾应律,虽然,廷行事以不审论,赀二甲。(《睡虎地秦简·法律答问》)

上引各例中的“虽”都是单用的,而下引两例不同,第一例“虽”和“而”前后呼应,构成“虽……而……”这样的固定格式;第二例“虽”和“苟”前后呼应,构成“虽……苟……,……”这样的固定格式。

(14)鲜多,雖(虽)非除道之时,而有陷败不可行。(《青川秦牍》)

(15)唯(虽)才(在)屮(草)茆(茅)之审(中),句(苟)毆(贤)……赏庆安(焉)。(《郭店楚简·六德》)

对于例(14),有人做出如下释文:“鲜草离,非除道之时,有陷败不可行”。若按这种释文,这句话中就没有让步连词“虽”。然从上下文意来看,前一种释文似可取。

用于紧缩复句之中时,“虽”一般都与“而”前后呼应,构成“虽……

而……”这样的格式。这跟用于转折复句中不同，在转折复句里，“虽”很少与“而”前后呼应。

有“虽”出现的紧缩复句主要有两种用法，一是作复句中的分句或分句的一部分，二是跟“者”构成“者”字短语。前者的例子如：

（16）禾粟虽败而尚可食毆，程之，以其秏（耗）石数论负之。（《睡虎地秦简·秦律十八种》）

（17）唯（虽）戁（难）之而弗亚（恶），必聿（尽）丌故。（《郭店楚简·语丛四》）

（18）隹（虽）多眔（问）而不沓（友）臤（贤），其……（《上博楚简五·弟子问》）

（19）彼（破）日毋可以有为矣，虽利彼（破）水。（《放马滩秦简·日书甲·建除书》）

（20）三堵以下及虽未盈卒岁而或盗陕（决）道出入，令苑辄自补缮之。（《睡虎地秦简·秦律十八种》）

这种“虽”可出现在主语之后，如前引例（16）；如果分句中无主语，“虽”就出现在句首，如前引（17）至（19）。

跟“者”构成“者”字短语的例子如：

（21）虽不养主而入量（粮）者，不收。（《睡虎地秦简·法律答问》）

（22）虽有母而与其母冗居公者，亦稟之，禾月半石。（《睡虎地秦简·秦律十八种》）

二、表示假设让步

这种“虽”也有两种情况，一是出现在转折复句中，二是出现在有让步关系的紧缩复句里。当“虽”出现在转折复句的让步分句中时，它可以出现在语句主语的前面，例如：

（23）文王眔（闻）之曰：唯（虽）君亡道，臣敢勿事虖（乎）？唯（虽）父亡道，子敢勿事虖（乎）？（《上博楚简二·容成氏》）

（24）唯（虽）戭（勇）力眔（闻）於邦，不女（如）材。（《郭店楚简·语丛四》）

“虽”也可以出现在让步分句的主语之后，例如：

（25）夫子唯（虽）又（有）與（举），女（汝）蜀（独）正之。（《上博楚简三·中弓附简》）

（26）人唯（虽）曰不利，虐（吾）弗訐（信）之矣。（《郭店楚简·缁衣》）

（27）它日虽有不吉之名，毋所大害。（《睡虎地秦简·日书甲种》）

例（27）中的“它日”，如果不看作主语，则应是由时间名词语充当的状语。

如果让步分句的主语省略，那么“虽”一般用于分句之首、谓语之前，例如：

（28）甲寅之旬，不可取妻，毋（无）子。虽有，毋（无）男。（《睡虎地秦简·日书甲种》）

（29）隹（虽）又（有）死辠，及参世，亡不若（赦）。（《中山王礨鼎铭》，《集成》5·2840）

（30）唯（虽）乇（厚）丌命（令），民弗从之悕（矣）。（《郭店楚简·成之闻之》）

（31）唯（虽）至於死，从之。（《上博楚简四·内豊》）

（32）虽雨，见日。（《睡虎地秦简·日书甲种》）

（33）燔隧事，虽母（毋）会符，行殹（也）。（《新郪虎符铭》，《集成》18·12108）

例（33）中的“燔隧事”是假设，意思是如果是这种事，那么即使不会符，也是可以做的。很明显，这个例子里的“虽”是表示假设让步的。

这种“虽”也可以跟“然”构成“虽然”这样的惯用词组。“虽”表示假设让步，“然”为谓词性代词，“虽然”是即使如此的意思。例如：

（34）唯（虽）然，丌（其）膚（存）也不乇（厚），丌重也弗多悕（矣）。（《郭店楚简·成之闻之》）

这种“虽”前可以出现句首语气词“夫”，例如：

（35）夫唯（虽）母（毋）澲（旱），而百眚（姓）迻目（以）迲（去）邦家。（《上博楚简四·柬大王泊旱》）

例（35）中的“虽”跟后面的“而”前后呼应，构成“虽……而……”这样的固定格式。

这种“虽”还可以跟“苟”构成“苟……虽……，……”这样的固定格式。“苟”表示假设，“虽”表示假设让步。例如：

（36）句（苟）不从丌（其）繇（由），不反丌沓（本），唯（虽）弜（强）之，弗内（入）悗（矣）。（《郭店楚简·成之闻之》）

（37）［句（苟）不］繇（由）丌衍（道），唯（虽）尭（尧）求之，弗导（得）也。（《郭店楚简·六德》）

（38）句（苟）又（有）丌（其）青（情），唯（虽）未之为，异（斯）人訐（信）之壴（矣）。（《郭店楚简·性自命出》）

“虽”还可以用于紧缩复句之中。这个紧缩复句可以单独成句，也可以作复合句中的一个分句。单独成句的例子如：

（39）戊子以有求也，必得之。虽求額（告）帝必得。（《睡虎地秦简·日书甲种》）

作复合句中一个分句的例子如：

（40）五絽（纪）必（毕）周，唯（虽）贫必攸（修）。五絽（纪）不工，唯（虽）福（富）必遊（失）。（《上博楚简三·彭祖》）

（41）邦四益，是胃（谓）方芋，唯（虽）盪（盈）必虚。宫室迯（过）厇（度），皇天之所亚（恶），唯（虽）成弗居。（《上博楚简五·三德》）

（42）又（有）丌（其）人，亡丌殜（世），唯（虽）臤（贤）弗行矣。（《郭店楚简·穷达以时》）

（43）上毋间陆，下虽善欲独可（何）急？（《睡虎地秦简·为吏之道》）

这种“虽”所在的小句的主语一般都省去了，如前引例（39）至（42）。如果主语出现，则“虽”出现在主语之后，例如（43）。

这种“虽”常与“必”构成“虽……必……”这样的固定格式，如前引例（39）至（41），表示即使如何，也一定会怎样。这种“虽”也可以跟“苟”构成“苟……虽……”这样的固定格式。例如：

（44）句（苟）目（以）丌（其）情，唯（虽）怸（过）不亚（恶）；不目（以）丌（其）情，唯（虽）难不遗。（《上博楚简一·性情论》）

就连词“虽”的书写形式而言，因地域而异。在出土秦文献中写作

“雖”，但在出土楚文献、出土中山文献中写作“隹”或“唯”，没有例外。“虽”在出土楚文献、出土中山文献中的写法，透露出了连词“虽”的来源：它应源自语气副词“唯”。

10－1：出土战国文献中连词“虽”统计表

文献 \ 用法	战国金文	战国简牍		战国帛书	战国玉石文字	合计
		楚简	秦简			
表示事实让步		17	16			33
表示假设让步	3	22	8			33
合计	3	39	24			66

由上表看来，两种“虽”在楚简、秦简中都可以见到，只不过是在楚简中表示假设让步的“虽”多一些，而在秦简中表示事实让步的“虽”多一些。

总之，“唯”最早的用法是表示提示强调，由此发展出表示范围限定的用法。这两种“唯”，都是连词“虽”的源头。在出土楚文献中，“虽”仍写作“唯”；而在出土秦文献中，“虽”已写作“雖”。连词“虽”有表示事实让步和假设让步两种用法，在出土战国文献中两种用法的“虽”都比较常见。区分这两种“虽”主要是根据上下文，看“虽”小句所表示的究竟是事实还是假设。另外，表示事实让步的“虽”可以跟“苟”构成“虽……苟……，……”这样的固定格式（少见）；而表示假设让步的“虽”可以跟“苟”构成“苟……虽……，……”这样的固定格式（较多见）。

参考文献

何乐士：《古代汉语虚词词典》，语文出版社2006年版。

蓝鹰、洪波：《上古汉语虚词研究》，四川人民出版社2001年版。

吕叔湘：《中国文法要略》，商务印书馆1982年版。

谢纪锋：《诗经“维”字的意义和用法》，《中国语文》1984年第3期。

张玉金：《先秦汉语“唯”字研究》，辽宁师范大学汉语言文字学专业硕士学位论文 1984 年。

张玉金：《甲骨文语法学》，学林出版社 2001 年版。

中国社会科学院语言研究所古代汉语研究室：《古代汉语虚词词典》，商务印书馆 1999 年版。

第十一节 出土战国文献中的连词“且”

在出土战国文献中，“且”有两种常见的用法，一是用作副词，二是用作连词，后者是源于前者的。

副词“且”是表示时间的。它用在谓词语前作状语，表示动作行为即将发生，可译为“将”、“将要”、“将会”等。这种“且”常单独用于谓语之前，例如：

（1）身虘（且）有瘩（病），亚（恶）盉（菜）与飤（食）；邦虘（且）亡，亚（恶）圣人之毋（谋）。（《上博楚简五·三德》）

（2）高门，宜豕，五岁弗更，其主且为巫。（《睡虎地秦简·日书甲种》）

（3）甲谋遣乙盗，一日，乙且往盗。（《睡虎地秦简·法律答问》）

（4）人之败也，亙（恒）於丌（其）叡（且）成也败之。（《郭店楚简·老子丙本》）

（5）甲党（倘）有［它］当封守而某等脱弗占书，且有罪。（《睡虎地秦简·封诊式》）

（6）或率民不作，不治室屋，寡人弗欲。且杀之，不忍宗族昆弟。（《睡虎地秦简·为吏之道》）

时间副词“且”可与其它副词或时间名词共同出现在谓词语之前，这时“且”都出现在其它副词或时间名词之后。例如：

（7）命书时会，事不且须。（《睡虎地秦简·为吏之道》）

（8）有（又）且课县官。（《睡虎地秦简·语书》）

（9）凡且有为也，必先计月中间曰□□□。（《睡虎地秦简·日书乙种》）

（10）今且令人案行之。（《睡虎地秦简·语书》）

（11）占之曰：吉，荆层虘（且）见王。（《包山楚简》208）

例（7）、（8）、（9）中的“且”前分别有副词“不”、“有（又）”、“凡”，例（10）、（11）中的“且”前分别有时间名词“今”“荆层”。

说连词“且”来源于副词“且”，只是笼统的说法，具体的情形又如何呢？洪波、蓝鹰（2001：247）曾谈到选择连词“且”的来源，他们认为，选择连词“且”跟“抑”、“意”、“将”、“其”等一样，都是从副词虚化而来的。这些词无一例外都有“将要”、“大概”、“恐怕”的含意。表示未然是它们共同的语义特征之一。它们表示选择，一般都是出现在疑问句中，而且是两项以上可供选择的疑问句中。可以这样认为：两个以上可供选择的句子并举是选择关系的内核；表示未然，出现在疑问句中，是先秦选择连词形成的决定性条件。洪波、蓝鹰（2001：243）也曾谈到并列连词“且”的来源，认为它是由副词虚化来的，它通常在“且……且……”的格式中表并列。

按着洪波、蓝鹰的说法，选择连词“且”、并列连词“且”都是直接从副词“且”虚化过来的。他们没有谈到递进连词“且”和让步连词“且”的源流。

我们认为递进连词“且”可能源自并列连词“且”，因为两者都属于联合关系，都是两项联合，只不过有递进关系的两项，后一项比前一项在意思上更进一层罢了。从意义上来说，表示并列关系的“且”可以译为“而且”，表递进关系的“且”，也可译为“而且”，详见何乐士（2006：312—314）。两者关系如此密切，可以认为递进连词“且”源自并列连词“且”。跟“且”相近的有“而”，它可以作并列连词，也可以作递进连词。

让步连词“且”可能是直接从副词“且”来的，这种“且”还是用于语句谓语之前，跟副词“且”所处的语法位置一致。副词“且”有“姑且”、“暂且”的意思，让步连词“且”有“尚且”的意思，两种意思是有密切关系的。

下面谈谈“且”的各种连词用法。

一、并列连词

这种“且”可以分为两种，一种是在单句内用来连接两个谓词语的；

二是用在复句中用来连接两个分句的。

在单句内用来连接两个谓词语的“且”也可分为两种，一种是用来连接两个形容词语的，另一种是用来连接两个动词语的。用来连接两个形容词语的“且”，表示前后两种性质状态同时存在，可译为“又”、“和”、“而且”。例如：

（12）以生子，既美且长，有贤等。（《睡虎地秦简·日书甲种》）

（13）《寺（诗）》員（云）：虗（吾）大夫共（恭）虘（且）韹（俭），林（靡）人不敛。（《郭店楚简·缁衣》）

（14）昊天又（有）城（成）命，二后受之，贵叡（且）㬎（显）矣。（《上博楚简一·诗序》）

（15）上下和虘（且）咠（辑）。（《上博楚简四·曹沫之阵》）

上引第一个例子，“且”与“既”构成“既……且……”这样的固定格式。后三个例子，都是“且”字单用。

用来连接两个动词语的“且”，表示前后两个动作同时进行，可译为“（一）边……（一）边……”、“而且”，例如：

（16）瞽（皆）告虘（且）祷之。（《新蔡楚简》零：452）

（17）□巳之昏廌（荐）虘（且）祷之。（《新蔡楚简》乙三：60）

（18）齐竸（景）公瘧（疥）虘（且）瘖（痁），逾戢（岁）不已。（《上博楚简六·竸公瘧》）

（19）牛攸（掣）丌人，天叡（且）劓，亡初，又（有）冬（终），九。（《香港中大竹简》2）

这些例子中的“且”都是单用的。上引诸例中的动词，一般是主动态的，如前三例；有的是被动态的，如后一例。

在复句内用来连接两个分句的“且”，表示前后分句之间的并列关系，可译为“一面……一面……”、“同时又”。例如：

（20）君圣人，且良倀（长）子。（《上博楚简四·柬大王泊旱》）

（21）☑既瞽（皆）告，虘（且）祷也。（《新蔡楚简》甲三：138）

（22）☑［既］［心］宊（闷），虘（且）疥（疥）不出，目（以）又（有）痞，尚遬（速）出，毋为忧。（《新蔡楚简》甲三：198）

（23）☑既心宊（闷），目（以）疾，虘（且）痮（胀），疥不☑。

（《新蔡楚简》甲三：291）

（24）贞：既心疾，目（以）合於伓（背），虘（且）心痵（闷）☐。（《新蔡楚简》甲三：233）

上引第一个例子，“且”字单用。后四例，“且”与“既”构成“既……且……”这样的固定格式。后两例构成“既……以……且……”这样的固定格式，“既”和“以”之间是顺承关系，是第二层关系；“既”和“且”之间是并列关系，是第一层关系。

二、递进连词

这种“且”可以分为两种，一是在复句中用来连接两个分句的；二是在句群中用来连接两个句子的。

在复句中用来连接两个分句的“且”，表示后一分句在意义上比上文所说的更进一层，可译为“况且”、“而且”、“并且”等。例如：

（25）伍人相告，且以辟罪。（《睡虎地秦简·法律答问》）

（26）克剂楚师，且复略我边城。（《诅楚文·大沈厥湫文》）

（27）圣（听）亓縈（营），百事不述（遂），虘（且）事不成。（《上博楚简五·三德》）

（28）占之：恒贞吉，少有恶於王事，虘（且）又（有）悚於躳身。（《包山楚简》213）

（29）命攻解於渐木立，虘（且）徙亓（其）凥而树之。（《包山楚简》250）

（30）甲辰生子，彀（穀），且武而利弟。（《睡虎地秦简·日书甲种》）

在句群中用来连接两个句子的“且”，表示后一句子在意义上比上文所说更进一层，可译为“而且”、“并列”。例如：

（31）倉（答）曰：“紳（陈）攻（功）走（尚）臤（贤）。能治百人，事（使）倀（长）百人；能治三军，思（使）[illegible]（帥）。受（授）又（有）智，舍（予）又（有）能，则民宜（义）之。叡（且）臣䎽（闻）之：‘卒（卒）又（有）倀（长）、三军又（有）衛（帅）、邦又（有）君，此三者所以戰（战）’。”（《上博楚简四·曹沫之阵》）

（32）臣䎽（闻）之：“又（有）固悬（谋）而亡固城，又（有）克正

（政）而亡克戦（阵）”。三弋（代）之戦（阵）皆廌（存），或目（以）克，或目（以）亡。且臣䎽（闻）之：“少（小）邦凥（居）大邦之间，啻（敌）邦交陞（地），不可目（以）先复（作）悁（怨）……所目（以）为倀（长）也。”叡（且）臣之䎽（闻）之：“不和於邦，不可目（以）出豫。不和於豫（舍），不可目（以）出戦（阵）。不和於戦（阵），不可目（以）戥（战）。”（《上博楚简四·曹沫之阵》）

（33）悳（德）目（以）临民，民望亓（其）道而備（服）安（焉），此之胃（谓）急（仁）之目（以）悳（德）。虘（且）筦（管）中（仲）又（有）言曰：“君子巽（恭）则述（遂），乔（骄）则汓（侮）。”（《上博楚简五·季庚子问於孔子》）

这种“且”可以和“夫”一起构成“且夫”这样的固定词组，用于一句话的开头，既表示承接上文，又表示要进一步申述或引出另一层意思。可译为“而且”、“况且”、“再说”。例如：

（34）孔子曰：“繇（由）丘观之，则敚（微）言也已。虘（且）夫戱（狈）含（今）之先人，丧三代之連（传）叓（史）。”（《上博楚简五·季庚子问於孔子》）

三、选择连词

这种“且”有两种，一是用于选择问句中，二是用于正反问句中。用于选择问句中的“且”，用在后一分句之首，表示前后两项之间是选择关系，可译为“还是”。例如：

（35）问杀人者为贼杀人，且鬬杀？（《睡虎地秦简·法律答问》）

（36）问乙为诬人，且为告不审？（《睡虎地秦简·法律答问》）

（37）当以告不审论，且以所辟？（《睡虎地秦简·法律答问》）

（38）今当独咸阳坐以赀，且它县当尽赀？（《睡虎地秦简·法律答问》）

（39）妻有罪以收，妻賸（媵）臣妾、衣器当收，且畀夫？畀夫。（《睡虎地秦简·法律答问》）

（40）部佐为匿田，且可（何）为？（《睡虎地秦简·法律答问》）

上引各例中的“且”，都用于复句之中。这种“且”也可以用在紧缩复句里，例如：

(41) 或捕告人奴妾盗百一十钱，问主购之且公购？(《睡虎地秦简·法律答问》)

这个紧缩复句形式，并不单独成句，而是作动词“问”的宾语。

用在正反问句中的“且”，用在后一分句之首，表示前后两个问句之间是选择关系，可译为“还是”。例如：

(42) 顷半（畔）封殹，且非是？(《睡虎地秦简·法律答问》)

(43) “宎署”，即去殹，且非是？(《睡虎地秦简·法律答问》)

(44) 人奴妾盗其主之父母，为盗主，且不为？(《睡虎地秦简·法律答问》)

(45) 狱已断乃听，且未断犹听殹？(《睡虎地秦简·法律答问》)

(46) 抉钥者已抉启之乃为抉，且未启亦为抉？(《睡虎地秦简·法律答问》)

四、让步连词

何乐士（2006：314）认为，古代汉语中的“且”可用于复句的前一分句中，表示退让，以衬托并加强后一分句的推论，可译为“尚且”。

这种“且”在出土战国文献中可以见到，例如：

(47) “州告”者，告罪人，其所告且不审，有（又）以它事告之。(《睡虎地秦简·法律答问》)

11-1：出土战国文献中虚词“且”统计表

用法＼文献		战国金文	战国简牍		战国帛书	战国玉石文字	合计
			楚简	秦简			
连词	并列连词		23	1			24
	递进连词		16	3		1	20
	选择连词			13			13
	让步连词			1			1
合计			39	18		1	58

本节首次探讨了出土战国文献中连词“且”的来源、意义和用法，这个问题以往没有人探讨过。

连词“且”来源于副词“且”。副词“且”表示时间，是“将”的意思。由此发展出选择连词、并列连词、让步连词的用法。而递进连词用法是从并列连词用法中发展出来的。

并列连词“且”可以用来连接两个谓词语以构成复杂谓语，也可以用来连接两个分句以构成复句。这种“且”可以跟“既”构成“既……且……”这样的固定格式。

递进连词“且”可以用来连接两个分句以构成复句，也可以用来连接两个句子以构成句群。这种“且”可以和“夫”构成“且夫”这样的固定词组。

选择连词“且”可以用于选择问句之中，也可以用于正反问句之中，都用于后一分句之首。

让步连词“且”是“尚且”的意思，用于前一分句之中。

本节对出土战国文献中连词“且”的用法，进行了穷尽性的数量统计，并列连词的用法最常见，其次是递进连词用法，再次是选择连词用法，让步连词用法只出现了 1 次。

“且”的递进连词用法，在楚简、秦简中都可见到。这种“且”在《诅楚文》中见到一次，《诅楚文》为秦文献。

“且”的选择连词用法、让步连词用法都只见于秦简之中，未见于其它出土战国文献。

“且”的并列连词用法，主要出现在楚简之中，在秦简中只出现 1 次。这 1 次出现在《睡虎地秦简 · 日书》之中。据学者们的研究，《睡虎地秦简 · 日书》与楚地《日书》有渊源关系，它的不少篇幅直接来自楚地《日书》，又有一些内容是对楚地《日书》加以改造而成的。这样看来，秦简中“且”的并列用法可能来自楚地《日书》，“且”的上述连词用法都出现在出土楚文献之中。

参考文献

冯春田：《秦墓竹简选择问句分析》，《语文研究》1987 年第 1 期。

高一勇：《秦简“法律答问”问句类别》，《古汉语研究》1993 年第 1 期。

何乐士：《古代汉语虚词词典》，语文出版社 2006 年版。

洪波、蓝鹰：《上古汉语虚词研究》，四川人民出版社 2001 年版。

魏德胜：《〈睡虎地秦墓竹简〉语法研究》，首都师范大学出版社 2000 年版。

第十二节 出土战国文献中的连词“斯”“此”

一、斯

连词“斯”是从哪里来的呢？洪波、蓝鹰（2001）认为是从代词“斯”虚化过来的。作为代词，“斯”在上古汉语中可以用作主语、宾语、定语等。连词“斯”的直接来源是用作主语的代词“斯”。上古汉语指示代词的特点是近指远指模糊、指示代名词和指示形容词同形。因此，“斯”可以表“这（这样）”，也可以表“那（那样）”。随着指代作用的虚化，“斯”成了句子里比较游离的成分，具有承接上下文的作用了。

洪波、蓝鹰（2001）认为连词“斯”来源于代词“斯”，这种说法是可信的。

对于起连接作用的“斯”的词性，学术界有不同的看法。古代汉语研究室（1999）把这种“斯”看作代词，而《古代汉语虚词通释》则看作副词（P531），何乐士（2006）则看作连词。

我们认为，这种起连接作用的“斯”虽然仍有一定的对上文的复指作用，但其主要作用是表示承接，所以还是看成连词好一些。“斯”和“则”可以构成异文关系，《荀子·哀公》中的“敢问何如斯可谓庸人矣?”，在《大戴礼记·哀公问五义》中则作“敢问何如则可谓庸人矣?”其中的“斯”作“则”，可见，“斯”应跟“则”一样视为连词。

把这种“斯”看作是副词亦不可从。我们知道，关联副词和连词的一个区别是，关联副词一般用在主语之后（如果有主语的话），而连词则可以出现在主语之后，也可以出现在主语之前。由此看来，“斯”应为连词，因为它可以出现在语句主语之前，例如：“王无罪岁，斯天下之民至焉”（《孟子·梁惠王》)、“我欲仁，斯仁至矣”（《论语·述而》)。洪波、蓝鹰(2001）也不同意把这种“斯”看成副词，他们说：“指代词虚化为连词并非必经一个副词阶段。它从虚化之始就起着承上启下的作用，而不是修饰谓词的（这是副词的功能)。特别是当它出现在主谓完整的分句前时，恐怕不好说它是修饰分句。”(P224)

就“斯”所表示的关系来说，主要有两种，一是表示假设条件的结果，二是表示时间先后关系。

表示假设结果的“斯”比较常见。这种“斯”主要有两种用法，一是用于假设复句的结果分句中，二是用于假设关系的紧缩复句之中。

用于假设复句结果分句中的“斯”，可译为“那么”、“就”。例如：

(1）女（汝）能新（慎）幻（始）与冬（终)，斯善欤（矣)。(《上博楚简五·弟子问》)

(2）智而［有］信，斯人欲其［愈智也]。(《上博楚简五·君子为礼》)

(3）贵而能让［贤]，斯人欲亓［愈］贵也。(《上博楚简五·君子为礼》)

(4）天型（刑）成，人异（与）勿（物）斯（斯）里（理)。(《郭店楚简·语丛三》)

(5）☐为，斯人信之矣。(《上博楚简一·附一》)

(6）句（苟）又（有）丌青（情)，唯（虽）未之为，异（斯）人訐(信）之壴（矣)。(《郭店楚简·性自命出》)

这种“斯”都是用来连接分句的。它出现在结果分句里，这个结果分句的主语可以出现，如例（2)、(3)、(4)、(5)、(6)；也可以省略，如例(1)。“斯”可以出现在主语前，如前引例（2)、(3)、(5)、(6)；也可以出现在主语之后，如例（4)。

“斯”可以单独使用，在前一个分句，即假设分句中没有表示假设的连词与它相呼应，如例（1)、(2)、(3)、(4)；也可以与前面假设分句中的假设连词“苟”相呼应，构成“苟……斯……”这样的固定格式，如例(6)。

由“斯”连接分句构成的整体，都是单独成句的，即构成一个独立使用的复句。这样的复句一般是单层复句，如例（1）、（2）、（3）、（4）；也可以是多层复句，如例（6）。

用于假设关系的紧缩复句中的“则”可以译为“就”、“于是”。例如：

（7）人不𣂼（慎）旹（斯）又（有）怂（过），信壴（矣）。（《郭店楚简·性自命出》）

（8）凡人㤖（伪）为可亚（恶）也。㤖（伪）旹（斯）叟（吝）壴（矣），叟旹虑壴，虑旹莫牙（与）之结壴。（《郭店楚简·性自命出》）

（9）憙（喜）旹（斯）慆（陶），慆旹奋（奋），奋旹羕（咏），羕（咏）旹猷（摇），猷旹迮（舞）。（《郭店楚简·性自命出》）

（10）恩（愠）旹（斯）悥（忧），悥旹慼（戚），慼旹㦓（叹），㦓旹𨃷（辟），𨃷旹通（踊）。（《郭店楚简·性自命出》）

由“斯”构成的紧缩复句，其功能相当于一个主谓短语，主要有两种用法，一是用作判断句的主语，如例（7），这种句式应视为判断句，详见李佐丰（2004）；二是用作复句的一个分句，如前例（8）、（9）、（10）。这种复句都是由三个以上紧缩复句所构成的，各个分句之间应是顺承关系。

下引两例中也有“斯”，但语句如何断句值得考虑：

（11）䎽（闻）芺（笑）圣（声），𣅀（则）𩢕（鲜）女（如）也𣂑（斯）憙（喜）。昏（闻）诃（歌）謠（谣），𣅀（则）舀（陶）女（如）也𣂑（斯）奋（奋）。圣（听）䜌（琴）𤦲（瑟）之圣（声）𣅀（则）誖（悸）女（如）也𣂑㦓（叹）。（《郭店楚简·性自命出》）

（12）雚（观）𠀠（賚）、武，𣅀（则）齐（斋）女（如）也旹（斯）𢓊（作）。雚（观）卲（韶）、𩑋（夏），𣅀（则）免（靦）女（如）也旹（斯）𣪊（敛）。羕（咏）思而𢿢（动）心，𣎆（喟）女（如）也。（《郭店楚简·性自命出》）

上引两例在“斯”前是否断句？《郭店楚简》的整理者和研究者，一般都不在“斯”前标点。这不一定可靠。从例（12）最后一句“咏思而动心，喟如也”来看，“X 如也”是可以单独作谓语的。这样看来，上引两例中的“斯”前是可以标点。这样标点，能对“斯”的作用有一个正确的分析。

在传世文献中，可以见到这样的用例，即在假设分句之后，出现了两个结果分句，一个分句中用“则”，一个分句中用“斯”，例如“受赏者耻，则立功者怠，国斯弱矣”（柳宗元《非〈国语〉下》）。由此看来，例（11）中的“闻笑声，则鲜如也斯喜”可以断句为“闻笑声，则鲜如也，斯喜”，也认为它是假设分句之后有两个结果分句，一个结果分句中用“则”，一个结果分句中用“斯”。这样一来，这两例中的“斯”仍应看作是表示假设结果的。其余诸例中的“斯”同此。

但是“受赏者耻，则立功者怠，国斯弱矣”跟“闻笑声，则鲜如也，斯喜”两者的构造层次可能不同。

前者似可分析为：

假设　　　　假设

受赏者耻，｜｜则立功者怠，｜国斯弱矣。

后者可以分析为：

假设　　　　并列

闻笑声，｜则鲜如也，｜｜斯喜。

表示时间先后关系的“斯”很少见，在出土战国文献中见到一个用例：

（13）生民鼾（斯）必又（有）夫妇、父子、君臣。（《郭店楚简·六德》）

此例是说，有生民以后，就必然有夫妇、父子、君臣。例（13）应视为一个紧缩复句。

除了连词用法之外，有的“斯”可能是用作副词的：

（14）《梂（樛）木》之时，曷？曰：《梂（樛）木》福鼾（斯）才君子，不［亦有时乎］？《梂木》之时，则以其禄也。（《上博楚简一·诗序》）

对于此例中的“《樛木》福斯在君子，不［亦有时乎］”，黄怀信（2004：33）译为：“《樛木》篇的福禄在君子，不是靠时运吧？”这样的译文应是可靠的。这个“斯”用于主谓之间，应视为副词，是表示对谓语部分的确认与强调。

“斯”之所以会有这种用法，应是受“则”的类化所致。“则”有这种副词用法，例如“岂人主之子孙则必不善哉”（《战国策·赵策四》）。“斯”跟“则”一样，都可作假设结果连词、顺承连词，“则”又有副词用法，在这样的前提下，“斯”发展出副词用法。对于这种现象，蒋绍愚（1994）称之为“相因生义”，即 A 词原来只和 B 词的一个义位 B_1 相通，由于类推作用，A 词又取得了 B 词的另一个义位的意义 B_2。例如“旧”和“曾”都有曾经义，而“曾”还有语气词意义，由于“相因生义”，“旧”也有了语气词的意义。

“斯”有跟“则”一样的副词用法，这在以前无人谈过，是我们首次得出的观点。我们认为，无论从实际用例来看，还是从理论依据来看，都是说得通的，是可以成立的。

二、此

“此”有代词用法，也有跟“则”、“斯”一样的连词用法，前者如“此匹夫之勇，敌一人者也”（《孟子·梁惠王下》）、“此为何若人?”（《墨子·公输》）后者如“有德此有人，有人此有土，有土此有财，有财此有用。”（《礼记·大学》）

既然如此，可否认为连词“此”是由代词“此”虚化过来的呢？如果联系到“斯”，可能会让人感觉到这样的看法是可信的。

但是，这样的看法会遇到困难，即连词“此”在甲骨文中已较常见，而代词“此”在殷墟甲骨文、西周甲骨文、西周金文甚至《周易》（卦爻辞）中都见不到，这说明，“此”先有连词用法，后有代词用法。“此”在甲骨文中的连词用例如（关于下引各例中“此”的词性，详见张玉金 2010）：

（15）惠辛巳酒，此有大雨？（《合集》41413）

（16）于岳祷年，此雨？

其祷年于河，此雨？（《合集》28258）

（17）勿酒，此王受又（祐）？（《合集》30831）

（18）王其侑母戊一䍜，此受又？

惠牛，王此受又？（《合集》27040）

（19）惠犬，此雨？

二犬，此雨？（《合集》31191）

（20）二宰，王此受又？

三宰，王此受又？（《合集》31190）

对于上引各例中的“此”，陈年福（2007：255—260）认为是代词。他说，在《摹释总集》收录的6部甲骨文著录书中，“此”有25个用例，都用为指示代词。可有三种形式：第一是“此+（有）+（大）+雨”，这类“此”充当主语；第二是“（王）+此+受（有）祐”，这类“此”前若有“王”，则充当小主语，若无“王”，则充当主语；第三是其他，“此”用做谓语或充当宾语。

陈年福（2007）所举的第三类“此”只有三个例子，即：（a）☐酒此，王受祐？（H30831）（b）弜隹此？叀此，有祐？（H31189）（c）甲申卜：既㳙此？毋㳙延？甲申卜：呼爵延此？（H22264）

很明显，（a）例就是上引例（17），应在“酒”后标点：“☐酒，此王受祐？”卜辞中既有“王此受祐”，也有“此王受祐”，“此”可以出现在主语“王”前，也可以出现在其后。（b）是个残骨，“弜隹此”后有残缺，可以释为：“弜隹，此［有祐］？叀，此有祐？”也就是在“弜隹”和“叀”之后省去了谓语中心词，这种例子在甲骨文中是可以见到的。跟（b）例同一组类的卜辞，多有“此”作连词的用例。（c）例最后一条卜辞中的最后一个字，肯定不是“此”，这已经有一些学者指出过了。第一条卜辞中“此”的后面还有残缺。总之，认“此”有用做谓语或充当宾语的例子，这是不可信的。这就是说，只有陈年福（2007）所举的第一类和第二类例子是可靠的。如果把甲骨文中的“此”看作是连词，那么就要承认“此”在甲骨文中基本上都是做主语的。

这样，把甲骨文中的“此”看作是连词至少会遇到以下两点困难：第一、如果在甲骨文中“此”已经用做代词了，那么为什么在西周出土文献中却见不到代词“此”？第二、在西周传世文献中可以见到代词“此”，它是经常做定语的，为什么在甲骨文中的“此”从不做定语？

但是如果把“此”看作连词，就没有问题了。作为连词，“此”可以出现在语句主语之前，也可以出现在语句主语之后；如果没有主语，它就出现在语句之首上。“此”所在的语句，一般是假设复句，“此”表示假设条件下的结果。

代词用法“此”的最早用例见于西周传世文献，如《尚书》14篇（3次）、《逸周书》9篇（2次）、《诗经》雅、颂（64次），详见张玉金（2006：270）

在实词词义的引申发展中，存在“相向引申”这种现象，即甲词由A义引申出B义，乙词由B义引申出A义，两者互相朝着对方的方向引申。例如：“果”由果实义引申为充实，“实”由充实义引申为果实；“居”由居住引申为止息、停留，“住”则由停留引申为居住；“寤”由睡醒引申为醒悟、觉悟，而“觉”由觉醒引申为睡醒等等。

古汉语虚词发展也存在这种“相向发展”的现象，前面说过，“斯”是由代词发展为连词；“此”则是由连词发展为代词。这样解释代词“此”的来源是比较恰当的。

“斯”用例的时代性与“此”相反，是代词用例先出现，连词用例后出现。依据张玉金（2006：261—269），“斯”的代词用例在西周传世文献中已较常见，但其连词用例到战国初年的传世文献中才可见到。

“此”在出土战国文献中作连词的用例如：

（21）临事之纪，慎终如始，此无败事矣。（《郭店楚简·老子甲本》）

（22）天下皆知美之为美也，恶已；皆知善，此其不善已。（《郭店楚简·老子甲本》）

（23）知足之为足，此恒足矣。（《郭店楚简·老子甲本》）

（24）非伦而民服，世此乱矣。（《郭店楚简·尊德义》）

（25）德者，且莫大乎礼乐，故为政者，或论之，或养之，或由中出，或设之外，论隶其类焉。治乐和哀，民不可惑也。反之，此枉矣。（《郭店楚简·尊德义》）

（26）𦘔（进）飤（食）之衍（道），此飤（食）乍（作）安（焉）。行𦘔（尽），此友矣（矣）。（《郭店楚简·语丛三》）

（27）为孝，此非孝也；为弟（悌），此非弟（悌）也。不可为也，而不可不为也。为之，此非也；弗为，此非也。（《郭店楚简·语丛一》）

（28）古（故）䣜（将）目（以）告𢚩（仁）人之道，衣備此中。（《上博楚简六·孔子见季趄子》）

上引例（21）中的“慎终如始，此无败事矣”，在《郭店楚简·老子丙本》中作“慎终如始，则无败事矣”，其中的“此”作“则”。很明显，这种“此”跟“则”的用法相同。例（22）中的“此”，在汉帛《老子》乙本和今本《老子》中均作“斯”，可见“此”跟连词“斯”的用法也相同。

例（23）是说若以知道满足为满足，那么就会永远满足了。例（24）、（25）、（26）、（27）类此。例（28）中的“将”，应看作连词，是表示假设的，可译为“如果”，这种“将”在传世文献中可以见到，例如“令尹将必来辱，为惠已甚”（《左传·昭公二十七年》）、“将听吾计，用之必胜，留之；将不听吾计，用之必败，去之”（《孙子·计》）。例（28）“将”与后句中的“此”前后呼应，构成“将……则……”这样的固定格式，表示假设和结果。

“此”一般都用在假设复句的结果分句中，可以出现在结果分句之首，如例（21）、（22）、（23）、（25）、（26）、（27）；也可以出现在结果分句的主语之后，如例（24）、（28）。

“此”所在的结果分句，一般都是单句形式；而“此”前的假设分句，则可以是单句形式，也可以是复句形式，前者如例（22）、（23）、（24）、（25）、（26）、（27）、（28），后者如（21）。如果是前者，构成的是单层复句；如果是后者，构成的是多层复句。

“假设分句+此+结果分句”可以单独成句（一个复句），如前引（21）、（23）、（24）、（25）、（26）、（28），也可以作多层复句的组成部分（这时一般构成多层并列复句），例如（22）、（27）。

关于这种起承接作用的“此”的词性，古代汉语研究室（1999），何乐士（2006）都认为是代词。古代汉语研究室（1999）认为这种“此”是用来承接上文，表示在上文所述的情况下将会引发出某种结果，可译为“这就（会）”，所举的例子是“有德此有人，有人此有土，有土此有财，有财此有用”（《礼记·大学》）。何乐士（2006）认为这种“此”有指称兼承接作用，用在两个动词语之间，承接上文，强调在上述这种情况下就会如何，可译为“这就会”、“这样……就会”等。所举的例子除《礼记·大学》中的那个例子之外，还有“自生民以来，善政少而乱俗多；必待尧、舜之君，此为志士终无时矣”（《后汉书·黄琼传》）。

上述两家都承认这种“此”有指称和承接两种作用，但指称作用为主，所以把这种“此”叫作代词。但这种看法未必可靠，理由如下：

首先在殷商时代，“此”只有连词用法，没有代词用法。“此”的代词用法是后来才产生的，那时的“此”很难说有指称作用，只能说它有连接作用。

其次，前面说过，这种“此”跟“则”、“斯”都有互文关系，“则”是典型的连词，“斯”也应视为连词，这样把这种“此”视为连词，应该是没有问题的。

再次，跟连词“则”、“斯”一样，这种“此”可以出现在结果分句主语之前，也可以出现在主语之后，这是连词的特点。

最后，“此”可以跟表示假设的“将”前后呼应，构成“将……此……”这样的固定格式，表示假设和结果，这更能显示出这种“此”的连词词性。

三、“此”“斯”“则”的区别

在出土战国文献中，还有跟“此”、“斯”同义的连词“则”（关于“则”的用法，详见本书第三章第八节《出土战国文献中的连词“则”》），那么作为连词的“此”、“斯”、“则”有何区别呢？

第一，是出现的频率不同。在出土战国文献中，连词“则”共出现402次，而连词“斯”共出现33次，连词“此”共出现12次。

第二，三者所出现的语料的地域不同。连词“则”在战国金文、楚简、秦简、战国帛书、战国玉石文字中都可见到，无地域限制，应该说它是当时共同语中的一个连词。但是连词“斯”只出现在楚简中，在其它出土战国文献中是见不到的。“此”跟“斯”一样，也只出现在楚简之中。所以可以说，从出土战国文献来看，秦地是不用连词“斯”、“此”的，而只用连词“则”。“斯”和“此”在楚简中都可见到，但“此”可以出现在道家文献中，也可以出现在儒家文献中，而“斯”不见于道家文献里。有人认为代词“斯”为鲁方言的代词，若如此，那么源自代词“斯”的连词“斯”也应视为鲁方言词。但是，此说可能站不住脚，因为在西周传世文献《尚书》、《逸周书》、《诗经》、《周易》中都可见到代词“斯”，这些文献都是西方周族人的文献。“斯”可能是儒者愿意用的一个词。

第三，作为连词，“则”可以表示假设的结果，也可以表示时间先后关系，“斯”亦然，但表示时间先后关系的很少见，“此”则没有表示时间先后关系的用法。

第四，作为连词，“则”可以用于假设复句、假设紧缩复句、顺承复句中，也可以用于状语和中心词之间，而“斯”和“此”都没有用于状语和中心词之间的例子。“则”最常用于假设紧缩复句中，而“斯”则常用于假设复句中，“此”则未见到用于假设紧缩复句中的例子。由“则”构成的两个或几个紧缩复句，可以构成并列复句，也可以构成承接复句，而由“斯”构成的两个或几个紧缩复句，只用来构成承接复句。

第五，连词“则”同时还有副词用法，比较常见，表示对谓语的确认和强调；“斯”只见到一个副词用例，是受到“则”类化产生的，而“此”无副词用法。

第六，“斯”先有代词用法，后有连词用法；“此”相反，先有连词用法，后有代词用法，而“则”未见到用作代词的确证。

参考文献

方有国：《〈论语〉“斯”字的词性和用法——与宗传璧先生商榷》，《上古汉语语法研究》，巴蜀书社 2002 年版。

何乐士：《古代汉语虚词词典》，语文出版社 2006 年版。

洪波、蓝鹰：《上古汉语虚词研究》，四川人民出版社 2001 年版。

黄怀信：《上海博物馆藏战国楚竹书〈诗论〉解义》，社会科学文献出版社 2004 年版。

蒋绍愚：《论词的“相因生义”》，《蒋绍愚自选集》，河南教育出版社 1994 年版。

李佐丰：《古代汉语语法学》，商务印书馆 2004 年版。

张钰：《〈郭店楚墓竹简〉虚词研究》，首都师范大学汉语言文字学专业硕士学位论文 2004 年。

张玉金：《甲骨文虚词词典》，商务印书馆 1994 年版。

张玉金：《西周汉语代词研究》，中华书局 2006 年版。

张玉金：《也谈甲骨文中的“何”和“此”》，《中国语文》2010 年第 3 期。

中国社会科学院语言研究所古代汉语研究室编：《古代汉语虚词词典》，商务印书馆 1999 年版。

第十三节　出土战国文献中的连词“故”“是故”

在出土战国文献之中，“故”和“是故”都可以出现在因果复句或句群中的结果分句或句子前，表示结果，所以把它们放在一起来谈。

结果连词“故”是从哪里来的呢？吕叔湘（1982）说过：“文言用‘故’字，是否也是从名词变化而来的，还不能说定，就句中用法而论，已经是一个纯粹的关系词。”洪波、蓝鹰（2001：239—242）则认为连词“故”应是由意义为“缘故”、“原因”等义的名词“故”虚化而来的。他们认为，由名词“故”到连词“故”的演变途径可能有三种：

第一，“故”在句中原是单独成句的，总括前面的原因，是谓词性的，意为“由于这样的缘故……”例如“吾少也贱，故，多能鄙事。”（《论语·子罕》）、“乐岁终身饱，凶年免於死亡，然后驱而之善。故，民从之也轻。”（《孟子·梁惠王上》）。后来这个单独成句的“故”发展为属于后一分句。

第二，在“以故”、“是故”的结构中，“以”、“是”失落，于是“故”担负整个结构的功能。吕叔湘（1982）也有类似的看法：“‘是故’和‘以故’大概是名词，但也未尝不可说‘如是，故’‘以此，故’的简省。这两个词的作用都和单用的‘故’字相同，但如前面的原因小句头上已有‘以’‘为’等字，当然以单用‘故’字为宜。”

第三，是“以/为……故”这样的格式经过重新切分，变为“以/为……，故……”，由此改变了“故”的词性。“以……故”的例子如：“齐以我服故，归济西之田。”（《左传·宣公一年》）例中“以……故”间是谓词性短语，可以重新切分为“齐侯以我服，故归济西之田”。特别是“以”后是复杂的谓词性成分时，这种切分似乎更为必要：“（张挚）以不能取容于世，故终身不仕。”（《史记·张释之列传》）

他们认为，三种设想中以第一种可能性为最大。

但是，“故”可否单独成句，是值得怀疑的。即以他们所举的两个例子来看，在“故”后也可以不加标点，这时“故”就是个结果连词。对“吾少也贱，故，多能鄙事”一例，杨伯峻（1980）就不在“故”后加标点。

对“乐岁终身饱，凶年免於死亡，然后驱而之善。故，民从之也轻。”（《孟子·梁惠王上》）杨伯峻（1984）也不在“故”后加标点。所以“故”可以单独成句这个前提值得怀疑，那么认为连词“故”源于这种单独成句的“故”就不太可靠了。洪波、蓝鹰（2001）认为这种可能性最大，这种看法不容易被人接受。

第二种设想可能性也不大。这种设想成立的前提是，先有“以故”、“是故”，而后有“故”；古汉语中有省略介词“以”、定语“是”的机制。但是，依据张玉金（2004），早在西周时代，已有连词“故”，比较常用，但是在西周时代却见不到“是故”、“以故”。很明显，是先有“故”，而后有“是故”、“以故”。可见这种设想的前提不成立。洪波、蓝鹰（2001）也说：“我们试图通过统计来考察‘是故’，‘以故’和‘故’从春秋到汉代的使用情况，但统计数据不能说明先有‘是故’、‘以故’，而后有‘故’，因为比例差别不大。”（P240）

第三种设想也不太可能成立。这种设想成立的前提是，先有“以/为……故，……”，后有“以/为……，故……”；而且最早的由“故”构成的格式是“以/为……，故……”。但是依据张玉金（2004），在西周时代，连词“故”已较常见，但它从不构成“以/为……，故……”；而且在西周汉语中见不到“以/为……故，……”这样的格式。所以这种说法也难以成立。

我们认为，“故”确实是从意义为“原故”、“原因”的名词用法的“故”虚化过来的。这种“故”在上古汉语的文献中可以见到：“惠王问诸内史过曰：‘是何故也?’”（《左传·庄公三十二年》）

连词“故”所由虚化的具体句法环境应为“原因分句+故+结果分句”，名词“故”用在结果分句前作状语。名词作状语这种现象在上古汉语中很常见，由于“故”本身的意义及其所处的环境，作状语的“故”就是“以故”的意思。

“故”由名词变为连词，业已存在的因果复句形式成了其类推的原动力。在西周时代，因果复句已经存在，而且在结果分句前可用结果连词，例如“昔在尔考公式，克弼文王，肆文王受兹大命”（《何尊铭》）、“诞淫厥泆，罔顾于天显民祗，惟时上帝不保，降若兹大丧”（《尚书·多士》）。

由于经常使用，处于因果复句中间的“故”吸收了语境中的语法意义，有了“以故”、“因此”等意义。与此相伴随，发生了重新分析，“故”由作状语的名词被分析为表示结果的连词，这样结果连词“故”就产生了。

“是故”不见于西周汉语语料，所以它应是在“故”之后产生的。“是”原来是指示代词，加在“故”之前是作定语。“是”回指原因分句所表示的内容，是这样的意思。“是故”最初应是名词性短语作状语，后来虚化为连词。它的虚化机制应与“故”是一样的。

一、故

（一）原因结果连词

1. 用于复句中

“故”作为结果连词，常用在因果复句的结果分句里，表示原因的结果，可译为“因此”、“所以”。当结果分句有主语时，“故”一般用在主语之前，有时也可以在主语之后。例如：

（1）腹中攷（巧）叓（变），古（故）父母安。（《上博楚简四·内豊》）

（2）归𣎆不言䜌（乱）、不言㛮（寝）、不言威（灭）、不言犮（拔）、不言耑（短），古（故）龟又（有）五昪（忌）。（《上博楚简六·天子建州甲》）

（3）郾故君子哙，新君子之，不用礼仪，不顾逆顺，故邦亡身死。（《中山王𰯌方壶铭》，《集成》15·9735）

（4）以道从事者，必厇（托）丌（其）名，古（故）事成而身长。（《郭店楚简·太一生水》）

（5）唯（虽）献（勇）力䎽（闻）於邦不女（如）材，金玉浧（盈）室不女（如）悬（谋），众弜（强）甚多不女（如）旹（时），古（故）悬（谋）为可贵。（《郭店楚简·语丛四》）

（6）此两者枳（歧），虐（吾）古（故）［曰䰟（鬼）神又（有）］所明又（有）所不明。（《上博楚简五·鬼神之明》）

上引前5例，“故”都出现在语句主语之前；后1例，出现在语句主语之后，这种情况少见。当结果分句主语不出现时，“故”就用于谓语之前，

例如：

(7) 尧之见叁（舜）之悳（德）臤（贤），古（故）让之。（《上博楚简二・子羔》）

(8) 昔者而弗殜（世）也，善与善相受（授）也，古（故）能紿（治）天下，坪（平）万邦。（《上博楚简二・子羔》）

(9) 虐（吾）子勿餌（闻），古（故）牆（将）目（以）告息（仁）人之道。（《上博楚简六・孔子见季𧻚子》）

(10) 圣人无为，古（故）无败也；无执，古（故）[无遊（失）也]。（《郭店楚简・老子丙本》）

(11) 不纆（强）其志，古（故）曰佢（居）首之首。（《上博楚简六・慎子曰恭俭》）

(12) 天陛（地）名志（字）並立，古（故）怂（过）丌方，不由（思）相尚（当）。（《郭店楚简・太一生水》）

以上都是只在结果分句中用连词“故”的例子。有时不但在结果分句中用“故”，还在原因分句中用连词“以”或关联副词“唯”，构成“以……，故……”和“唯……，故……”这样的格式，表示原因和结果。例如：

(13) 以丌（其）不静（争）也，古（故）天下莫能与之静（争）。（《郭店楚简・老子甲本》）

(14) 以一曹事不足独治殹，故有公心。（《睡虎地秦简・语书》）

(15) 夫唯是，古（故）悳（德）可易而攺（施）可逭（转）也。（《郭店楚简・尊德义》）

例(13)、(14)中的“以”，用于原因分句之前，是原因连词。例(15)中的“夫”一般视为发语词或句首语气词，表示要发议论。“唯”，何乐士（2006：412）认为是关联副词，是“只因为”、“就是因为”的意思。“是”是这样、如此的意思。

“故”有时与“是以”连用，例如：

(16) 大少（小）之多，惕（易）必多难。是以圣人猶难之，古（故）终亡难。（《郭店楚简・老子甲本》）

在上例中，“是以”是句群连词，用来连接两个句子；而“故”是复句连词，用来连接前后两个分句。两个词连接域的大小不同。

“故”有时跟“夫”构成惯用词组“故夫”，用于原因复句的结果分句之首，表示就原因的结果发议论，可译为“所以”、“因此”。例如：

（17）为楚邦之魂（鬼）神宔（主），不敢目（以）君王之身，叓（变）𤔔（乱）魂（鬼）神之祟（常），古（故）夫上帝魂（鬼）神高明。（《上博楚简四·柬大王泊旱》）

“故”有时又跟“此”构成惯用词组，用于原因复句的结果分句之首，表示原因的结果，可译为“所以”、“因此”。例如：

（18）青（静）目（以）寺（待），寺=（待时）出，古（故）此事使出政。（《上博楚简四·相邦之道》）

2. 用于紧缩复句中

出现结果连词“故”的原因复句，有时被压缩为紧缩复句。这时，在原因分句和结果分句之间不再有标点，没有语气停顿。这种例子不多见：

（19）为之者败之，执之者远之。是以圣人亡为古（故）亡败，亡执古（故）亡遊（失）。（《郭店楚简·老子甲本》）

（20）悉（爱）睪（亲）古（故）孝，尊（尊）𦣻（贤）古（故）𦸼（禅）。（《郭店楚简·唐虞之道》）

例（19）也是“是以”和“故”连用，“是以”的连接域大于“故”。

3. 用于句群中

所谓句群，是由前后连贯共同表示一个中心意思的几个句子组成。“故”可用于因果句群的结果句子之前，表示原因的结果，可译为“所以”、“因此”。例如：

（21）民以君为心，君以民为体。心好𠟭（则）体安之，君好𠟭（则）民𡡗（欲）之。古（故）心以体法（废），君以民芒（亡）。（《郭店楚简·缁衣》）

（22）上好此勿（物）也，下必又（有）甚安（焉）者矣。古（故）上之好亚（恶），不可不新（慎）也，民之表也。（《郭店楚简·缁衣》）

（23）父圣，子𢙇（仁），妇訐（信），君宜（义），臣宜〈忠〉。圣生𢙇（仁），智衔（率）訐（信），宜（义）叓（使）宨（忠）。古（故）夫夫、妇妇、父父、子子、君君、臣臣，此六者各行丌戠（职），而𡋥（讪）

夸（誇）靡由乍（作）也。（《郭店楚简·六德》）

（24）隹（惟）君子能㺯（好）丌匹，少（小）人豉（岂）能㺯丌匹。古（故）君子之㕛（友）也又（有）䁗（向），丌恶也又（有）方。（《上博楚简一·缁衣》）

（25）才（在）少（小）不静（争），才（在）大不䜌（乱）。古（故）为尐（少）必圣（听）长之命，为戋（贱）必圣（听）贵之命。（《上博楚简四·内豊》）

（26）今法律令已具矣，而吏民莫用，乡俗淫失（泆）之民不止，是即法（废）主之明法殹（也），而长邪避（僻）淫失（泆）之民，甚害於邦，不便於民。故腾为是而修法律令、田令及为间私方而下之，令吏明布，令吏民皆明智（知）之，毋巨（歫）於罪。（《睡虎地秦简·语书》）

“故”有时与其它结果连词连用，例如：

（27）君子言又（有）勿（物），行又（有）格，此目（以）生不可敓（夺）志，死不可敓（夺）名。古（故）君子多䎽（闻），齐而守之；多旹（志），齐而罙（亲）之；青（精）知，略而行之。（《上博楚简一·缁衣》）

此例中先出现“此以”，后出现“故”。“此目”用于复句中，关联分句；“故”用于句群，关联句子。“故”的连接域大于“此目”。

以上各例，都是只用一个“故”。有时，几个“故”连用，例如：

（28）闭丌（其）逸（兑），赛（塞）丌（其）门，和丌（其）光，迵（通）丌（其）新（尘），抽丌颖，解丌纷，是胃（谓）玄同。古（故）不可导（得）天〈而〉新（亲），亦不可导（得）而疋（疏）；不可导（得）而利，亦不可导而禼（害）；不可导而贵，亦｛可｝不可导而戋（贱）。古（故）为天下贵。（《郭店楚简·老子甲本》）

（29）君子之立孝，㤅（爱）是甬（用），豊（礼）是贵。古（故）为人君者，言人之君之不能㣈（使）丌（其）臣者，不与言人之臣不能事丌（其）君者。古（故）为人臣者，言人之臣之不能事丌君者，不与言人之君之不能㣈（使）丌臣者。古（故）为人父者，言人之父之不能畜子者，不与言人之子之不孝者。古（故）为人子者，言人之子之不孝者，不与言人之父之不能畜子者。古（故）为人侃（兄）者，言人之侃（兄）之不能慈俤（弟）者，不与言人之俤（弟）之不能汞（承）侃（兄）者。古（故）

为人俤（弟）者，言人之俤之不能豕（承）侃（兄）［者，不与言人之兄之不能慈其弟者。故］曰：与君言，言叓（使）臣；与臣言，言事君。与父言，言畜子；与子言，言孝父。与侃（兄）言，言慈俤（弟）；与俤（弟）言，言豕（承）侃（兄）。（《上博楚简四·内豊》）

例（28）这个句群，共有三个句子，即A句、B句、C句。A句是B句的原因，B句是C句的原因。故在B句、C句前都用了结果连词“故”。这两个“故”应是相承关系。例（29）更为复杂。这个句群共含8个句子（第8个句子“曰”后的成分作“曰”的宾语，“曰”的宾语仍是一个句群）。第1个句子是原因，第2、3、4、5、6、7句都是结果，在每个句子之首都用了结果连词“故”。而第2、3、4、5、6、7句又是原因，第8个句子为结果，故在第8个句子前加“故”（残去了，这是根据有关材料补出来的）。所以第1、2、3、4、5、6个“故”之间是并列关系，而这些“故”跟第8个“故”之间是顺承关系。

（二）假设结果连词

“故”还可以用在假设复句的结果分句之前，表示假设的结果，可译为“那么”、“就”。这种“故”很少见。它应是由原因结果连词发展来的。这两种“故”关系很密切，都是用在结果分句之前。只不过在原因复句中，“故”字句前是原因分句（一般是事实）；而在假设复句中，“故”字句前是一种假设（往往是假设的原因）。这种“故”在传世文献中可以见到：“宫无拘女，故天下无寡夫”（《墨子·辞过》）、“能独断者，故可以为天下主”（《韩非子·外储说右上》）。

在出土战国文献中可以见到这种例子：

（30）句（苟）令小子骃之病日复，故告大□大将军，人壹家，□王室相如。（《秦骃玉版铭》）

（31）君子其它（施）也忠，古（故）䜌（蛮）罙（亲）尃（傅）也。丌言尔（爾）訐（信），古（故）徂（转）而可受也。（《郭店楚简·忠信之道》）

（32）忠人亡譌（诡），訐（信）人不伓（倍）。君子女（如）此，古（故）不皇（诳）生，不伓（倍）死也。（《郭店楚简·忠信之道》）

例（30）中的“句”读为“苟”，表示假设，是如果的意思。而

“故”，李家浩（2001）认为是“则”的意思，李说可从。例（30）中的“故”与“苟”构成“苟……故……”这样的固定格式，表示假设和结果。例（31）中的第2句可译为：君子的言语如果诚信，那么即使需要翻译也会让对方接受。很明显，其中的“故”可译为“那么”。例（32）类此。

13－1：出土战国文献中连词“故”统计表

用法＼文献		战国金文	战国简牍		战国帛书	战国玉石文字	合计
			楚简	秦简			
原因结果连词	复句	2	25	2			29
	紧缩复句		4				4
	句群		61	2			63
假设结果连词复句			3			1	4
合计		2	93	4		1	100

二、是故

“是故”在出土战国文献中共出现33次，都出现在楚简当中，没有例外。“是故”一般都认为它已是一个复音虚词，这是可信的。它可以用于因果复句的结果分句中，表示原因的结果，可以译为“因此”、“所以”。例如：

（33）忞（哀）、乐，丌（其）眚（性）相近也，是古（故）丌心不远。（《郭店楚简·性自命出》）

（34）遊（失）掔（贤）一人，方（防）亦坂（反）是，是故君子新（慎）言而不新（慎）事。（《上博楚简二·从政甲》）

（35）☐又（有）城（成），是古（故）又（有）司不可不先也。（《上博楚简三·中弓》）

（36）今与古亦列（间）不同矣，臣是古（故）不敢目（以）古貪（答）。（《上博楚简四·曹沫之阵》）

上引前三例，“是故”都用在语句主语之前，例（36）中的“是故”则用在语句主语之后。

在“是故”的全部用例中，竹简的整理者只在上引 4 个例子中的“是故”前标逗号。上引例（33）亦见于《上博楚简一・性情论》，上博楚简的整理者是在“是故”前标句号的。那么，就是不把它看成因果复句，而是看成因果句群了。照此看来，例（33）“是故”前标句号也没有问题。

除了上引四个例子之外，在出土战国文献中，“是故”都是用于因果句群里的，出现在表结果的句子前，表示原因的结果。

在《郭店楚简》中，“是故”共出现 18 次，除前引例（33）外，竹简整理者都在“是故”前标句号。在《上博楚简》中，“是故”共出现 13 次，除了上引 3 个例子之外，竹简整理者都在“是故”前标句号。在《九店楚简》中，“是故”共出现 2 次，竹简整理者也都在“是故”前标句号。我们认真分析每个用例，觉得上述的标点是可信的。既然如此，“是故”主要是用于因果句群中连接原因和结果句子的。

用于因果句群中的“是故”常用于结果句子的主语之前，例如：

（37）圣人谷（欲）不谷，不贵难得之货；教不教，逿（復）众之所𨍏（过）。是故圣人能尃（辅）万勿（物）之自肰（然），而弗能为。（《郭店楚简・老子甲本》）

（38）天陊（地）者，大一之所生也。是古（故）大一贜（藏）於水，行於时。（《郭店楚简・太一生水》）

（39）丘也昏（闻）君子田肥民则安，𦞠（邪）民不鼓。氏（是）古（故）臤（贤）人大於邦，而又（有）劬心。（《上博楚简五・季庚子问於孔子》）

（40）唯（虽）肰（然），丌鷹（存）也不𡊄（厚），丌重也弗多悗。是古（故）君子之求者（诸）㠯（己）也深。（《郭店楚简・成之闻之》）

（41）亓（其）𠫭（去）之不速，亓遼（就）之不尃（迫），亓𡋲（启）节不疾，此戰（战）之幾（忌）。是古（故）矣（疑）軙（阵）败，矣（疑）戰（战）死。（《上博楚简四・曹沫之阵》）

（42）且臣䎽（闻）之：不和於邦，不可㠯出豫。不和於豫，不可㠯出戦（阵）。不和於戦（阵），不可㠯战。是古（故）夫戦（阵）者，三教之末。（《上博楚简四・曹沫之阵》）

因果句群中结果分句的主语可以省去，这时“是故”就出现在谓语之前，例如：

(43) 君子所復（报）之不多，所求之不远，戠（察）反者（诸）呂（己）而可以智（知）人。是古（故）谷（欲）人之悉（爱）呂（己）也，则必先悉（爱）人；谷（欲）人之敬呂（己）也，则必先敬人。（《郭店楚简·成之闻之》）

(44) 丌（其）道（导）民也不寖（浸），则丌（其）淳也弗深悏（矣）。是古（故）亡虐（乎）丌身而廌（存）虐（乎）丌（其）訽（辞）。（《郭店楚简·成之闻之》）

(45) 是胃（谓）外害日，不物（利）目行复（作）。迈（蹠）四方埜（野）外，必无堣（遇）寇（寇）逃（盗），必兵。是古（故）胃（谓）不物（利）於行复、埜事，不吉。（《九店楚简》32）

(46) 目（以）远行，旧（久）。是古（故）不物（利）目行□。（《九店楚简》33）

三、"故"和"是故"的区别

"故"和"是故"虽然都可以作结果连词，但两者还是有明显的区别：

第一、两个词的内部结构不同。"故"是个单音节单纯词，而"是故"是双音节合成词。"是故"中的"是"原是指示代词，有回指上文的作用。所以"是故"其实是因为这样的缘故的意思。而"故"中不包含回指上文的语素。

第二、两者出现的时代不同。依据张玉金（2004：172—174），在西周时代结果连词"故"业已出现，而"是故"没有出现。"是故"是在春秋战国时代出现的，是在"故"之后出现的。

第三、两者出现的频率不同。在现有的出土战国文献的语料中，连词"故"出现了100次，其中结果连词"故"出现96次。而结果连词"是故"总共才出现33次。"故"的出现频率是"是故"的3倍。

第四、所出现的文献的地域性不同。连词"故"在楚简、秦简、战国金文、战国玉石文字中都可以见到。而"是故"都出现在楚简之中，未见于其它出土战国文献。

第五、两者的意义和用法也不完全相同。"故"有时用作假设结果连词，可译为“那么”、“就”，可与“苟”构成“苟……故……”这样的固定格式，而“是故”无此用法。作为原因结果连词，“故”可用于紧缩复句之中，而“是故”无此用法。“故”、“是故”都可以用在因果复句、因果句群之中，但“故”的比例是29：63，用于因果复句中的占30.2%；而“是故”的比例是4：29，用于因果复句中的占12.6%。很明显，“是故”多用于因果句群之中。结果连词“故”可与“以”、“唯”构成“以……故……”、“唯……故……”这样的固定格式；“是故”无此用法。“故”可与“夫”、“此”构成“故夫”、“故此”这样的惯用词组，“是故”无此用法。

参考文献

楚永安：《文言复式虚词》，中国人民大学出版社1986年版。

何乐士：《古代汉语虚词词典》，语文出版社2006年版。

洪波、蓝鹰：《上古汉语虚词研究》，四川人民出版社2001年版。

李家浩：《秦骃玉版铭文研究》，《北京大学中国古文献研究中心集刊》(2)，北京燕山出版社2001年版。

吕叔湘：《中国文法要略》，商务印书馆1982年版。

杨伯峻：《论语译注》，中华书局1980年版。

杨伯峻：《孟子译注》(上、下)，中华书局1984年版。

张玉金：《西周汉语语法研究》，商务印书馆2004年版。

中国社会科学院语言研究所古代汉语研究室编：《古代汉语虚词词典》，商务印书馆1999年版。

第十四节　出土战国文献中的连词“然”及有关复音连词

“然”本是一个谓词性的近指代词，一般作谓语或谓语的一部分，可译为“如此”、“这样”。例如“何必高宗，古之人皆然”(《论语·宪问》)、“木直中绳，輮以为轮，其曲中规。虽有槁暴，不复挺者，輮使之然也”。(《荀子·劝学》)

由这种代词“然”虚化为连词“然”。依据蓝鹰、洪波（2001：225—227），“然”虚化为连词后通常有两种用法，一是表承接，二是表转折。表承接的“然”可以译为“这样”、“于是”。如“人人皆以我为越逾好士，然，故士至”（《荀子·尧问》）。代词“然”原本复指上文，它最初应该是单独成句的，意为在这样的情况下，进行某种行为或出现某种情况。虚化为连词后，有时还能感觉到指代的意味。表示转折是连词“然”的主要用法，可译为“但是”、“不过”、“然而”等。如“夫子则勇矣，然我往，必不敢启门”（《左传·定公十年》）。对于转折连词的来源，吕叔湘（1982）曾提出过两种看法：“‘然’字的开始盛行在‘然而’之后，我们也可以说是‘然而’之省，以‘然’摄‘而’，我们也可以说是‘虽然’之省，那就本来不一定要随从‘而’字”。但蓝鹰、洪波认为，从指代词虚化为连词的一般规律看，其基本用法是承接，而后受语境影响而有其他用法，“然”也应该如此。所以“然”不必组成“然而”后才获得转意，也不必是“虽然”之省。

我们认为，连词“然”确实由代词“然”虚化而来的。代词“然”可用于上下两个分句之间，复指上一个分句。如果上下两个分句之间的关系是“顺的”，那么其间的“然”即虚化为表承接的连词。这种连词“然”还可以翻译为“这样”，能说明这一点。如果上下两个分句之间的关系是“逆”的，那么其间的“然”就虚化为表示转折的连词“然”。

“然”还有助词用法，这时它跟“如”或“若”构成“如……然……”、“若……然……”这样的固定格式。这种“然”也是由谓词性代词的用法虚化过来的。例如“人之视己，如见其肺肝然”（《礼记·大学》）、“其视杀人若艾草然”（《汉书·贾谊传》）。“如/若+O+然”这个结构的中心最初是在“然”上，“如/若+O”是作状语的（或者说与“然”构成连谓短语）。后来，中心前移，“然”字虚化，变成助词了。

“然”还可以用作副词或形容词的后缀，这种“然”可能是由助词“然”进一步虚化而来的。

一、然

在出土战国文献中，“然”主要有两种用法（“然”还可以作谓词性代词，此处从略），一是作连词，表转折，二是用作助词。

用作连词的“然”很少见，只见到一个例子，是表示转折的。例如：

(1) 孔=（孔子）曰：“言则媺（孅）矣。然亚（恶）勿叀（变），先人之所灋勿记（起）。”（《上博楚简五·季庚子问於孔子》）

这个例子里的“孅”，是善的意思。“所灋”是指所遵奉的典法。“起”指发生、兴起。

二、然而

何乐士（2006：332）认为在传世战国文献中，“然而”已是一个复音虚词，作连词用。此说可从。谢质彬（1994）、李先耕（1994）、史佩信（1994）、朱城（1994）都认为，“然而”在上古汉语里表转折是通例，但也有表顺接的用法，他们还论述了之所以有这种用法的原因。此说亦可从。“然而”表转折的例子如“乐以天下，忧以天下，然而不王者，未之有也”（《孟子·梁惠王下》）。表示顺接的例子如“士大夫务节死制，然而兵劲；百吏畏法循绳，然后国常不乱”（《荀子·王霸》）。

在出土战国文献中，两种“然而”都可以见到。表示转折的例子如：

(2) 臣是古（故）不敢目（以）古倉（答），肰（然）而古亦有大道安（焉）。（《上博楚简四·曹沫之阵》）

(3) 以锦缦履不为，然而行事比焉。（《睡虎地秦简·法律答问》）

表顺接的例子如：

(4) 斳（慎），悬（仁）之方也，肰（然）而丌（其）怂（过）不亚（恶）。（《郭店楚简·性自命出》）

连词“然而”在楚简和秦简中都可以见到。

三、然则

依据何乐士（2006：332），“然则”也是一个复音虚词，用作连词。跟“然而”不同的是，“然则”表顺承是通例，但也有表示转折的用法。前者的例子如“今取人则不然，不问可否，不论曲直，非秦者去，为客者逐。然则是所重者在乎色、乐、珠、玉，而所轻者在乎人民也”（李斯《谏逐客书》）。后者的例子如“夫贵为天子，富有天下，是人情之所同欲也，然则从人之欲，则势不能容，物不能赡也”（《荀子·荣辱》）。

在出土战国文献中，只见到表示顺承的“然则”，有“（既然）如此，那么”、“（既是）这样，那么”这样的意思。这些“然则”有一些可用于复合句之中，也可用于句群里。用于复句中的例子如：

（5）从人觀（劝），肰（然）则孪（免）於戾。（《上博楚简四·内豊》）

（6）夫子網（治）十室之邑亦乐，網（治）蔓（万）室之邦亦乐，肰（然）则篙（孰）臤（贤）？（《上博楚简五·君子为礼》）

（7）然亚（恶）勿叟（变），先人之所法勿记（起），肰（然）则民逘（坐）不善，赇（迷）父兄子俤（弟）而爯赇。（《上博楚简五·季庚子问於孔子》）

（8）□非以异（己）名，肰（然）则臤（贤）於壘（禹）也。（《上博楚简五·君子为礼》）

用于句群中的例子如：

（9）堂（当）亓（其）曲目（以）城（成）之。肰（然）则邦坪（平）而民順矣。（《上博楚简五·季庚子问於孔子》）

（10）“……公弗憎（堵），必害其身。”公曰：“肰（然）慰（则）奚女（如）？”（《上博楚简五·鲍叔牙与隰朋之谏》）

（11）“……又（有）悳（忧）於公身。”公曰：“肰（然）则可敓（夺）舁（与）？”（《上博楚简五·竞建内之》）

“然则”所在的小句如果有主语，“然则”就出现在主语之前；如果没有主语，就出现在谓语之前、句子之首。

四、然后

何乐士（2006：332）认为，“然后”是个复音虚词，用作连词，表示顺承。一般用来表示前后两事在时间上的顺承关系，可仍译为“然后”，或者译为“之后”。在出土战国文献中，连词“然后”比较常见。它可以用于顺承复句的后一分句中，例如：

（12）能为罷（一），肰（然）句（后）能为君子。（《郭店楚简·五行》）

（13）女（如）是而不可，肰（然）句（后）从而攻之。（《上博楚简

二·容成氏》）

（14）唯又（有）悳（德）者，肰（然）句（後）能金声而玉晨（振）之。（《郭店楚简·五行》）

（15）君子明虐（乎）此六者，肰（然）句（后）可以斱（断）峹（讪）。（《郭店楚简·六德》）

（16）思（使）亓（其）志记（起），戟（勇）者思（使）憙（喜），纣（才）者思（使）畁（谋），肰（然）句（后）改飼（始）。（《上博楚简四·曹沫之阵》）

（17）凡圣（声），丌（其）出於情也訐（信），肰（然）句（后）丌（其）内（入）皋（拔）人之心也敂（厚）。（《郭店楚简·性自命出》）

"然后"所在的分句，当主语不出现时，"然后"就用于分句之首、谓语之前；当主语出现时，"然后"则用于语句之首、主语之前。

"然后"还可以用于有顺承关系的紧缩复句之中，这个紧缩复句可以单独成句，也可以作复合句中的一个分句。例如：

（18）智（知）豊（礼）虡（然）句（后）智（知）型（刑）。（《郭店楚简·语丛一》）

（19）智（知）天所为，智（知）人所为虡（然）句（后）智道，智道虡（然）句（后）智命。（《郭店楚简·语丛一》）

"然后"还可以用在句群之中，这时它出现在语句主语之后，例如：

（20）四海（海）之内昱（及）四海之外皆青（请）社（贡）。垦（禹）肰（然）句（后）飼（始）为之虐（号）羿（旗），㠯（以）支（辨）丌左右，思民毋惑（惑）。（《上博楚简二·容成氏》）

（21）东方之羿（旗）㠯（以）日，西方之羿（旗）㠯月，南方之羿（旗）㠯（以）它（蛇），审（中）正之羿（旗）以澳（熊），北方之羿（旗）以鸟。垦（禹）肰（然）句（后）飼（始）行㠯畬（俭）。（《上博楚简二·容成氏》）

"然"及以"然"为语素的复合词所出现的文献带有地域性："然"的助词用法共出现 8 次，都出现在秦简当中；其词缀的用法也出现 8 次，都出现在楚简当中。连词"然而"共出现 4 次，在楚简、秦简中都可见到。连词"然则"共出现 9 次，都出现在楚简中。连词"然后"共出现 23 次，也都出现在楚简之中。

总之，在出土战国文献中，“然”除了用作谓词性代词之外，还可以用作连词、助词和词缀。用作连词时表示转折。用作助词时，跟现代汉语中的“一样”用法相同，都出现在秦简里。用作词缀时，表示动作行为的状态，都出现在楚简之中。

以“然”为语素构成的复合词有“然而”、“然则”、“然后”。“然而”都用于复句之中，可以表示转折，也可以表示顺接，在楚简、秦简中都可以见到。“然则”只表示顺接，可用于复句之中，也可以用在句群里，只见于楚简中。“然后”只表顺承关系，可用于复句、紧缩复句里，也可用于句群中，都出现在楚简里。

用作助词的“然”见第四章第一节。

参考文献

何乐士：《古代汉语虚词词典》，语文出版社 2006 年版。

侯学超：《现代汉语虚词词典》，北京大学出版社 1998 年版。

蓝鹰、洪波：《上古汉语虚词研究》，四川人民出版社 2001 年版。

吕叔湘：《中国文法要略》，商务印书馆 1982 年版。

魏德胜：《〈睡虎地秦墓竹简〉语法研究》，首都师范大学出版社 2000 年版。

谢质彬、李先耕、史佩信、朱城：《关于古汉语中“然而”表顺接问题的讨论》，《中国语文》1994 年第 3 期。

中国社会科学院语言研究所古代汉语研究室：《古代汉语虚词词典》，商务印书馆 1999 年版。

第十五节　出土战国文献中的假设连词

韩陈其（1986）从古音韵出发，把古汉语中的单音假设连词分为十组。一是“若”组，包括“如”、“而”、“乃”；二是“苟”组，包括“假”、“果”、“为”；三是“藉”组，包括“借”、“自”、“即”、“则”；四是“倘”组，包括“傥”、“党”、“当”、“尚”；五是“其”组，包括“讵”、

“且”；六是“使”组，只有“使”和“所”两个；七是“有”组，包括“或”、“犹”、“设”；八是“诚”组，包括“令”；九是“第”组，只有“第”和“弟”两个；十是“向”组，只有“向”和“乡”两个。

在出土战国文献中，可以见到如下几个单音假设连词，即“若”、“如”、“而”、“苟”、“为”、“藉”、“即”、“倘”、“将”、“其”、“所”、“有”、“或”等。很明显，这些假设连词可以分为七组。见不到第八、九、十这三组单音假设连词。在出土战国文献中，还可以见到“将”，可以归入“倘”组。

下面分组讨论出土战国文献中的单音假设连词。

一、“若”组

在出土战国文献中，“若”组单音假设连词有“若”、“如”、“而”等。

（一）若

在出土战国文献中，“若”作假设连词，用于假设复句的假设分句中，表示假设，可译为“如果”、“假设”。这种“若”共15次。例如：

（1）壬亡其盗可得矣。若得，必有死者，男子矣。（《放马滩秦简·日书甲·亡盗章》）

（2）若以是月殹（也）东徙，毄，东南刺离。（《睡虎地秦简·日书甲种》）

（3）若弗智（知），是即不勝任、不智殹（也）。（《睡虎地秦简·语书》）

（4）若弗得，乃弃其屦於中道，则亡恙矣。（《睡虎地秦简·日书甲种》）

（5）若不酢，烦居南方，岁在南方。（《睡虎地秦简·日书甲种》）酢：报祭。

（6）表若不正，民心将移乃难亲。（《睡虎地秦简·为吏之道》）

上引例（1）、（2）、（3）、（5），都是在假设分句中用连词“若”，而在结果分句中不用连词或关联副词。例（6）的结果分句中用“乃”，但它不是用来跟前句中的“若”相呼应的，不构成“若……乃……”这样的固定格式；而是用来表示“民心将移”与“难亲”之间的顺承关系的。例（4）

中“若”，应是与后面的“则”相呼应，构成“若……则……”这样的固定格式，表示假设和结果。例中的“乃弃其屦於中道”，可以是属于假设分句的，“乃”表示“弗得”和“弃其屦於中道”的顺承关系。

周守晋（2005：120—122）认为，在《睡虎地秦简》中表示“如果”之义是用“若”，而在《郭店楚简》中表示“如果”之义则用“如”。

我们考察了目前所能见到的出土战国文献，发现假设连词“若”确实都出现在出土秦文献之中。前面说过，假设连词“若”共出现15次，其中在《睡虎地秦简》中出现13次；在《放马滩秦简》出现1次；在《秦骃玉版铭》中出现1次。魏德胜（2000：221）认为假设连词“若”在《睡虎地秦简》中有16例，与我们的统计不同。我们认为，魏德胜可能是把选择连词“若”混到了假设连词里。如他认为下例中的“若”是假设连词：“斗以箴（针）、鉥、锥，若箴（针）、鉥、锥伤人，各可（何）论？”（《睡虎地秦简·法律答问》）但此例中的“若”，《睡虎地秦简》的整理者译为“或”。从其后“各可论”中的“各”来看，这种翻译是可靠的。“各”分指“斗以箴、鉥、锥”和“箴、鉥、锥伤人”。

在《上博楚简》中有下引两例：

（7）中弓曰：“若夫老老慈幼，既昏（闻）命壴（矣）”。（《上博楚简三·中弓》）

（8）若丌（其）告高子☐。（《上博楚简六·競公瘧》）

何乐士（2006：346）认为在上古汉语中，“若夫”可以作假设连词，例如“若夫豪杰之士，虽无文王犹兴。”（《孟子·尽心上》）若如此，例（7）中的“若夫”似乎也可以这样看。但是季旭升（2005：180）却把这句译为“仲弓说：像老老慈幼的事，已经听闻夫子教诲而有所理解了。”明显不看成假设连词。例（8）为残辞，更不能肯定其中“若”或“若其”为假设连词。

在楚简中，有些“若”不是表示假设，而是表示假设的结果。用于假设复句中的结果分句，可译为“就”、“那么”。例如：

（9）［古（故）贵以身］为天下，若可以厇（托）天下矣。悉（爱）以身为天，若可以迲（寄）天下矣。（《郭店楚简·老子乙本》）

何乐士（2006）不认为“若”有这种用法，但认为“如”有这种连词用法。她认为有些“如”用在前后两项间表顺承，可译为“就”，例如“挟不信之心，怀不测之诈，见利如前，乘便而起。”（《盐铁论·世务》）“见利如前”是说见到利益就抢前。“如”既然有这样的用法，“若”也应该有，两者音近义通。

“若”在出土战国文献中最常见的连词用法则是作选择连词。选择连词“若”可以分为两大类，一是由“若”连接前后的成分构成选择关系的联合短语；二是由“若”连接前后成分构成选择复句。

用来构成联合短语的“若”也可以分成两种，一种是用来连接名词性成分的；二是用来连接谓词性成分的。用来连接名词性成分、构成联合短语的“若”可以单用，也可以连用，表选择关系，可译为“若”、“或者”。连用的例子如：

（10）或斗，啮断人鼻若耳若指若唇，论各可（何）殹？（《睡虎地秦简·法律答问》）

这个例子是三个“若”连用，连接四个选择项。但这种用法的“若”少见，一般是“若”用于两个选择项之间。例如：

（11）人妻妾若朋友死，其鬼归之者。（《睡虎地秦简·日书甲种》）

（12）取车前草实，以三指竄（撮），入酒若粥中，饮之，下气。（《周家台秦简·病方及其它》）

“若”用于前后两项之间，构成“NP_1+若+NP_2”。这个短语可以作主语、宾语、兼语、定语、中心语等成分。“NP_1+若+NP_2”用作主语的例子：

（13）野兽若六畜逢人而言，是票（飘）风之气。（《睡虎地秦简·日书甲种》）

有时“NP_1+若+NP_2”作联合短语的一部分，这个联合短语作主语，例如：

（14）县啬夫若丞及仓、乡相杂以封印之。（《睡虎地秦简·秦律十八种》）

“NP_1+若+NP_2”作宾语的例子如：

（15）实官户关不致，容指若抉。（《睡虎地秦简·法律答问》）

（16）百姓有赀赎责（债）而有一臣若一妾，有一马若一牛，而欲居者，许。（《睡虎地秦简·秦律十八种》）

（17）以丹若鬃书之。（《睡虎地秦简·秦律十八种》）

（18）将军材以钱若金赏，毋（无）恒数。（《睡虎地秦简·法律答问》）

上引前两例，“若”字短语作动词的宾语；后两例则作介词的宾语。

“NP_1+若+NP_2”作兼语的例子如：

（19）令君子毋（无）害者若令史守官。（《睡虎地秦简·秦律十八种》）

“NP_1+若+NP_2”作定语的例子如：

（20）叚（瘕）者，燔剑若有方之端，卒（淬）之醇酒中。（《周家台秦简·病方及其它》）有方：古代一种兵器。

（21）夬（决）裂男若女耳，皆当耐。（《睡虎地秦简·法律答问》）

“NP_1+若+NP_2”作中心语的例子如：

（22）或斗，啮人頯若颜。（《睡虎地秦简·法律答问》）

（23）其女若母为巫。（《睡虎地秦简·日书乙种》）

“若”所连接的还可以是动词语，例如：

（24）已阅及敦（屯）车食若行到繇所乃亡。（《睡虎地秦简·法律答问》）

用来连接动词语的“若”，构成“VP_1+若+VP_2”这样的短语，可以自成一小句，也可以作谓语中心、谓语一部分、宾语及“者”字短语前部分。“VP_1+若+VP_2”自成一小句的例子如：

（25）不出三岁，弃若亡。| 取妻，不终，死若弃。（《睡虎地秦简·日书甲种》）

（26）节（即）亡玉若人贸傷（易）之，视检智（知）小大以论及以賫负之。（《睡虎地秦简·法律答问》）

“VP_1+若+VP_2”作谓语中心的例子如：

（27）若不，三月食之若傅之，而非人也，必枯骨也。（《睡虎地秦简·日书甲种》）

（28）鬼恒夜鼓人门，以歌若哭。（《睡虎地秦简·日书甲种》）

（29）惊远家故，衷教诏婴，令毋敢远就若取新（薪）。（《睡虎地秦牍》M4：6号）

（30）甲有罪，吏智（知），而端重若轻之。（《睡虎地秦简·法律答问》）

“VP_1+若+VP_2”也可以作谓语的一部分，例如：

（31）未行而死若亡。（《睡虎地秦简·法律答问》）

（32）葆子以上，未狱而死若已葬。（《睡虎地秦简·法律答问》）

“VP_1+若+VP_2”也可以与“者”构成“者”字短语，例如：

（33）斗乘轸，门有客，所言者宦御若行者也。（《周家台秦简·日书》）

“VP_1+若+VP_2”可以作“有”的宾语，例如：

（34）五酉、甲辰、丙寅，不可以盖，必有火起若或死焉。（《睡虎地秦简·日书甲种》）

（35）凡且有大行、远行若饮食歌乐、聚畜生及夫妻同衣。（《睡虎地秦简·日书甲种》）

（36）甲告乙盗牛若贼伤人。（《睡虎地秦简·法律答问》）

（37）为惊视祠若大发（废）毁，以惊居反城中故。（《睡虎地秦牍》M4：6号）

以上各例，是用“若”连接前后两项，构成短语。而下引三例子中的“若”是连接前后两个分句的，构成选择复句，例如：

（38）妻悍，夫殴治之，夬（决）其耳，若折支（肢）、胅體（體）。问夫可（何）论？当耐。（《睡虎地秦简·法律答问》）

（39）抉之且欲有盗，弗能启即去，若未启而得，当赎黥。（《睡虎地秦简·法律答问》）

（40）斗以箴（针）、鉥、锥，若箴（针）、鉥、锥伤人，各可（何）论？（《睡虎地秦简·法律答问》）

选择连词“若”，都出现在出土秦文献中，包括《睡虎地秦简》、《睡虎地秦牍》、《周家台秦简》、《龙岗秦简》，在其它出土战国文献中都见不到。

在出土战国文献中，还可以见到副词用法的“若”，用在谓语动词前作状语，表示对情况不确定的推测或大致的估计，可译为“似乎”、“好像”。例如：

（41）中士昏（闻）道，若昏（闻）若亡。（《郭店楚简·老子乙本》）

总之，在出土战国文献中，“若”可作假设连词，是如果的意思；可作顺承连词，是那么、就的意思；可作选择连词，是或者、或的意思；也可以作副词，是似乎、好像的意思。

假设连词“若”的来源如何？洪波、蓝鹰（2001：252）认为是源于动词的。作为动词，“若”有“像”义，“像”就不是真的，由此引申为假借。当它表示“若……的话”时，词汇意义开始虚化，不表示具体的“像”，而表假定的情况。周守晋（2005）也认为，根据汉语实词虚化的一般规律，由表比况（表“如同”）发展为表假设，这是“若”功能延伸的基本途径。我们认为，上述两家的看法是可取的，假设连词“若”应是源自“如同”义的动词“若”。

结果连词“若”应是来源于代词用法的“若”。“若”可作近指代词，表示“这”、“此”、“如此”等义。由这种“若”即虚化为结果连词“若”。跟“若”类同的是“斯”，它本来也是个近指代词，后来虚化为结果连词，有“就”、“那么”的意思。

副词用法的“若”肯定是由动词“若”虚化过来的，这种副词“若”和动词“若”两者的意义还是相通的，当动词“若”出现在其它动词前、谓语的中心由“若”转向其后的动词时，副词“若”也就产生了。

选择连词的“若”自何而来，没有人谈过。但是洪波、蓝鹰（2001：247）曾谈到“抑”、“意”、“将”、“且”、“其”等选择连词的来源。他们认为这些选择连词都是从副词虚化而来的，都无一例外地有“将要”、“大概”、“恐怕”等含意。“若”也有副词用法，它作副词时是“似乎”、“好像”的意思，这种意思与“将要”、“大概”、“恐怕”相通，都是不太肯定的意思。所以，选择连词“若”可能也是源自副词用法“若”。

15－1：出土战国文献中连词“若”统计表

文献／用法	战国金文	战国简牍		战国帛书	战国玉石文字	合计
		楚简	秦简			
假设连词			14		1	15
结果连词		2				2
选择连词			41			41
总计	0	2	55	0	1	58

（二）如

在出土战国文献中，“如”作假设连词，用于假设复句中的假设分句中，表示假设，可译为“如果”、“假如”。这种“如”共有32次。这种“如”可与“则”前后呼应，构成“如……则……”这样的固定格式，表示假设和结果。例如：

（42）女（如）载马、牛、羊台（以）出内（入）闗（关），则政（徵）於大府，毋政（徵）於闗。（《鄂君启节铭》，《集成》18·12113）

（43）女（如）川（顺）言弇亚（恶）虖（乎），则忑（恐）后豉（诛）於吏（史）者。（《上博楚简六·競公瘧》）

（44）子羔曰：女（如）叁（舜）才（在）含（今）之殜（世），则可（何）若？（《上博楚简二·子羔》）

（45）女（如）子辠（罪）息（仁），行圣人之道，则膚㘝。（《上博楚简六·孔子见季趄子》）

这种“如”有时与“乃”前后呼应，构成“如……乃……”这样的固定格式，例如：

（46）女（如）耈伽（加）之㠯（以）敬，乃命又（有）嗣（司）箸集（祚）。（《上博楚简五·鲍叔牙与隰朋之谏》）

（47）女（如）日月既乱，乃又（有）兄（荒）祅。（《楚帛书·乙篇》）

“如”还可与限定助词“者”（可译为“的话”）前后呼应，构成“如……者”这样的固定格式。例如：

（48）其於久远也，如后嗣为之者，不称成功盛德。（《峄山刻石》）

“如”多是单用。它出现在假设分句中，在结果分句里没有用其它关联词语。当假设分句的主语出现时，连词“如”可以出现在主语之前，也可以出现在主语之后，例如：

（49）女（如）天不雨，水牆（将）沽（涸），鱼牆（将）死。（《上博楚简二·鲁邦大旱》）

（50）女（如）君王攸（修）郢高，方若肰（然）里，君王母（毋）敢栽大盖。（《上博楚简四·柬大王泊旱》）

（51）女（如）我㝵（得）孪（免），逡（后）之人可（何）若？

（《上博楚简六·平王问郑寿》）

（52）繡（申）公曰：臣不智（知）君王之牆（将）为君，女（如）臣智（知）君王之为君，臣牆或至（致）安（焉）。（《上博楚简六·申公臣灵王》）

（53）医（侯）王女（如）能兽（守）之，万勿（物）牆（将）自宾。（《郭店楚简·老子甲本》）

（54）君女（如）亲衛（率），必聚群有司而告之。（《上博楚简四·曹沫之阵》）

例（49）至（52），连词"如"出现在假设分句的主语之前；例（53）、（54），"如"则出现在假设分句的主语之后。如果假设分句的主语不出现，那么"如"就出现在假设分句的句首。例如：

（55）女（如）虞（乎），牆（将）祭之。（《上博楚简四·柬大王泊旱》）

（56）女（如）反之，必禺（遇）凶央（殃）。（《上博楚简五·三德》）

（57）奠（郑）寿：女（如）不能，君王与楚邦懼戁（难）。（《上博楚简六·平王问郑寿》）

（58）生子，无俤（弟）；女（如）又（有）俤（弟），必死。（《九店楚简》25）

（59）女（如）远行，剉。（《九店楚简》35）剉：通"侳"，有，得。

（60）车五十乘，岁赢返，毋载金、革、黾、箭，女（如）马、女（如）牛、女（如）犆，屯十台（以）堂（当）一车；女（如）檐（擔）徒，屯廿檐（担）台（以）堂（当）一车。（《鄂君启节铭》，《集成》18·12110）

例（60），三个假设分句连用（每个假设分句都是判断句，主语承前省，剩下判断句谓语），每个假设分句都用了假设连词"如"。这种例子是比较少见的。

在出土战国文献中，还可以见到表示假设的"如夫"。例如：

（61）女（如）夫见人不唷（狡），餌（闻）豊（礼）不券（倦），则☐。（《上博楚简六·孔子见季趄子》）

（62）女（如）夫政坓（刑）与悳（德），目（以）事上天，此是才

(哉)。(《上博楚简二·鲁邦大旱》)

(63) 女(如)夫毋悉(爱)珪璧帀(幣)帛於山川,毋乃不可。(《上博楚简二·鲁邦大旱》)

(64) 趄子曰:女(如)夫悬(仁)人之未凿(对)亓□▨。(《上博楚简六·孔子见季趄子》)

何乐士(2006)中,未收复音虚词"如夫",却收了复音虚词"若夫"(P346)。她认为"若夫"是假设连词,常用于说完一事之后,承接上文另提一事,在表假设的同时兼表他转,有进一步论述的意思。可译为"至若",或根据文义灵活译为"如果"。所举的例子如"待文王而后兴者,凡民也。若夫豪杰之士,虽无文王犹兴"(《孟子·尽心上》)、"若夫贤贞信之行者,必将贵不欺之士"(《韩非子·五蠹》)。何乐士把后一例中的"若夫"译为"如果"。

"如"和"若"音近义通,既然"若夫"可视为假设连词,那么"如夫"也可以这样看。在前引例(61)中,"如夫"与其后的"则"前后呼应,构成"如夫……则……"这样的固定格式,表示假设和结果。例(62)至(64),"如夫"单用,也是复音虚词。

周守晋(2001:123)认为,在表示"如果"时,楚文献只用"如",而秦地文献只用"若"。这大抵是不错的。前面我们说过,假设连词"若",都出现在出土秦文献之中。这里我们要说,假设连词"如"、"如夫",基本上都是出现在出土楚文献之中。

根据我们的统计,假设连词"如"在《上博楚简》中出现17次,在《郭店楚简》中出现3次,在《九店楚简》中出现4次,在《楚帛书》中出现2次,在《鄂君启节铭》中出现5次,在《峄山刻石》中出现1次。"鄂"是楚国封君的封邑,在今湖北鄂城。那么除了《峄山刻石》中的1例之外,假设连词"如"确实都出现在出土楚文献之中的。"如夫"共出现4次,都出现在《上博楚简》之中。

在出土战国文献中,可以见到"如"作顺承连词的用法。例如:

(65) 为民不羊(祥),告如诘之。(《睡虎地秦简·日书甲种》)

这个例子里的"如"可训为"而"、"就"。

在出土战国文献中,"如"还常用作形容词、动词的词尾,可译为

“……的样子”。“谓词+如”一般作谓语，例如：

（66）羕（咏）思而𢾗（动）心，𦧅（喟）女（如）也。（《郭店楚简·性自命出》）

（67）子惇惇如也。（《上博楚简五·弟子问》）

（68）又（有）亓为人之㥪=（㥪㥪）女（如）也，不又（有）夫柬=（柬柬）之心则悉。又（有）亓为人之柬=（柬柬）女（如）也，不又（有）夫恒㤁（忻）之志则曼。（《上博楚简一·性情论》）

（69）又（有）亓为人之快女（如）也，弗𢦏（养）不可。又（有）亓为人之𣶒（渊）女（如）也，弗杈（补）不足。（《郭店楚简·性自命出》）

（70）亓臬（拔）累累女（如）也，戚（戚）肰（然）㠯（以）冬（终）。（《上博楚简一·性情论》）

（71）䎽（闻）芺（笑）聖（声），则羴（馨）女（如）也斯憙（喜）。（《上博楚简一·性情论》）

洪波、蓝鹰（2001：252—253）认为，假设连词“如”源自动词“如”。“如”作动词时意义是“像”。“像”就不是真的，由此引申为假设。在此基础上，当“如”表示“如……的话”时，词汇意义开始虚化，不表具体的“像”，而表假定的情况。洪波、蓝鹰的说法是可信的。

“如”有顺承连词用法，应是受到了“若”的影响。“若”本是代词，有“这”、“此”、“如此”的意思。由此发展出承接连词的用法，可译为“就”、“那么”。“如”和“若”音近义通，“若”有顺承连词的用法，“如”受到“若”的类化，也有此用法。

用作词缀的“如”，可能也是由动词“如”虚化过来的。

15－2：出土战国文献中连词“如”统计表

文献 用法	战国金文	战国简牍		战国帛书	战国玉石文字	合计
		楚简	秦简			
假设连词	5	24		2	1	32
顺承连词			1			1
总计	5	24	1	2	1	33

何乐士（2006：338）认为“如”有介词用法。一是用作条件介词，二是用作对象介词。用作条件介词的“如”引进动作行为的依据，可译为“按照”、“依照”。例如“如实论之，殆虚言也”（《论衡·书虚》）、“幸甚，如太尉请”（柳宗元《段太尉逸事状》）。这样用法的“如”，在出土战国文献中比较常见。例如：

（72）其与城旦舂作者，衣食之如城旦舂。（《睡虎地秦简·秦律十八种》）

（73）亡、不仁其主及官者，衣如隶臣妾。（《睡虎地秦简·秦律十八种》）

（74）田不从令者，论之如律。（《龙岗秦简》117）

（75）及稟鬃县中而负者，负之如故。（《睡虎地秦简·效律》）

（76）擎布入公如赀布，入赍钱如律。（《睡虎地秦简·法律答问》）

何乐士把这种介词命名为条件介词，但我们认为叫做依据介词更好一些。

何乐士所谓的对象介词“如”，是引进比较对象的，可译为“胜过”、“比”、“于”，例如“善气迎人，亲如兄弟，恶气迎人，害于戈兵”（《管子·心术》）、“人之困穷，甚如饥寒，故贤主必怜人之困也，必哀人之穷也”（《吕氏春秋·爱士》）。这种“如”在出土战国文献中也比较常见。例如：

（77）爰母处其室，大如杵，赤白。（《睡虎地秦简·日书甲种》）

（78）以枲索大如大指，旋通系颈。（《睡虎地秦简·封诊式》）

（79）处如资（斋），言如盟。（《睡虎地秦简·为吏之道》）

（80）君子敬如始。（《睡虎地秦简·为吏之道》）

但是，这两种“如”也可视为动词，因为“如+宾语”是可以单独作谓语的，例如：

（81）勿收，皆如家罪。（《睡虎地秦简·法律答问》）

（82）苑啬夫不存，县为置守，如厩律。（《睡虎地秦简·秦律十八种》）

（三）而

在出土战国文献中，可以见到表示假设的连词“而”，例如：

（83）是谓“非公室告”，勿听。而行告，告者罪。（《睡虎地秦简·法

律答问》)

(84) 顷半(畔)"封"殹,且非是?而盗徙之,赎耐,可(何)重也?(《睡虎地秦简·法律答问》)

(85) 人而亡亙(恒),不可为卜筮(筮)也。(《郭店楚简·缁衣》)

(86) 言而狗(苟),牆(墙)又(有)耳。(《郭店楚简·语丛四》)

详见本书第三章第七节《出土战国文献中的连词"而"》。

二、"苟"组

在出土战国文献中,"苟"组单音假设连词有"苟"和"为"。

(一) 苟

"苟"用于假设复句的假设分句中,表示假设,可译为"如果"、"假如"、"假使"。这种假设连词"苟"可以和"则"前后呼应,构成"苟……则……"这样的固定格式,表示假设和结果,例如:

(87) 走(上)句(苟)昌(倡)之,则民鲜不从俟(矣)。(《郭店楚简·成之闻之》)

(88) 是古(故)走(上)句(苟)身備(服)之,则民必有甚安(焉)者。(《郭店楚简·成之闻之》)

"苟"所出现的假设分句,其主语可以出现。这时"苟"都出现在主语之后,如上引例(87)、(88),又如:

(89) 人句(苟)又(有)言,必䎽(闻)其圣(声)。(《郭店楚简·缁衣》)

(90) 先农苟令某禾多一邑,先农恒先泰父食。(《周家台秦简·病方及其它》)

当"苟"所在的假设分句的主语不出现时,"苟"就出现在句首,例如:

(91) 句(苟)又(有)车,必见其敀(盖)。(《郭店楚简·缁衣》)

(92) 句(苟)又(有)殜(世),可(何)慬(难)之又(有)才(哉)。(《郭店楚简·穷达以时》)

(93) 句(苟)毋(无)大害,少枉(枉)内(入)之可也。(《郭店楚简·性自命出》)

(94) 句(苟)能固战,𢧵(灭)速毋死(恒)。(《上博楚简五·季庚子问於孔子》)

(95) 句(苟)不从丌(其)繇(由),不反丌杳(本),未有可㝵(得)也者。(《郭店楚简·成之闻之》)

(96) 笱(苟)能令某齲已,令若毋见风雨。(《周家台秦简·病方及其它》)

“苟”有时与“虽”、“斯”配合,构成“苟……虽……斯……”这样的固定格式,这是在假设和结果之间有转折。例如:

(97) 句(苟)又(有)丌青(情),唯(虽)未之为,㪿(斯)人訐(信)之壴(矣)。(《郭店楚简·性自命出》)

结果分句中的“斯”也可以不用,这时构成“苟……虽……,……”这样的固定格式。例如:

(98) 句(苟)毋(无)直赤啻(帝)临日,它日虽有不吉之名,毋所大害。(《睡虎地秦简·日书甲种》)

(99) 句(苟)不从丌繇(由),不反丌杳(本),唯(虽)弝(强)之,弗内(入)悮(矣)。(《郭店楚简·成之闻之》)

(100) 句(苟)目(以)丌(其)情,唯(虽)怹(过)不亚(恶)。(《上博楚简一·性情论》)

最后一个例子中的“虽过不恶”应为紧缩复句。照此看来,“苟……虽……,……”这个多层复句的第一层应切在“虽”小句之前,“虽”小句属于结果分句的一部分。

有时候,“苟”和“虽”调换位置,构成“虽……苟……,……”这样的固定格式,例如:

(101) 唯(虽)才(在)屮(草)茆(茅)之审(中),句(苟)臤(贤)……赏庆安(焉)。(《郭店楚简·六德》)

这两个字位置调换,复句的性质也变了。“苟……虽……,……”是多层假设复句;而“虽……苟……,……”则是多层转折复句,两者是不同的。

15-3：出土战国文献中连词"苟"统计表

文献 / 用法	战国金文	战国简牍		战国帛书	战国玉石文字	合计
		楚简	秦简			
假设连词		20	7		1	28

（二）为

在传世文献中，"为"可用作假设连词，用于假设复句的假设分句中，表示假设，可译为"如果"。例如"王甚喜人之掩口也。为近王，必掩口"（《韩非子·内储说下》）、"臣之御庶子鞅，愿王以国听之也。为不能听，勿使出境"（《吕氏春秋·长见》）、"为有政如此，则国必乱，主必危矣"（《韩非子·五蠹》）、"为我死，王则封女，女必无受利地"（《列子·说符篇》）。这种"为"在出土战国文献中只见到一个例子：

（102）为车不劳，称议脂之。（《睡虎地秦简·秦律十八种》）劳：佻，疾。

三、"藉"组

在出土战国文献中，"藉"组假设连词有"藉"、"即"两个。

（一）藉

"藉"可用于假设复句的假设分句中，表示假设，可译为"如果"、"假设"。在传世文献中可见到这样的例子，如"《诗》云：藉曰未知，亦既抱子"（《汉书·霍光传》）。在出土战国文献中也可以见到"藉"作假设连词的用例，但不多，只见到下引两个用例：

（103）耤（藉）牢有六署，囚道一署旞，所道旞者命曰署人。（《睡虎地秦简·法律答问》）

（104）耤（藉）秦人使，它邦耐吏、行旞与偕者，命客吏曰"匧"，行旞曰"面"。（《睡虎地秦简·法律答问》）

这两个例子中的"耤"通假为"藉"，都作假设连词。"藉"只见于秦简之中，未见于其他出土战国文献。

传世文献中有"藉第令"一语，例如"藉第令毋斩，而戍死者固十六七”（《史记·陈涉世家》）。张志达（1993）认为“藉第令”是属于假设义类词同义连用，是三个词的同义连用。可见“藉”确实可作假设连词。

洪波、蓝鹰（2001：252—253）认为假设连词“借”来自动词。凡“借”者，必定非真为己有，由“非真”引申为假借。在此基础上，当它表示“假借……的话”时，词汇意义开始虚化，不表具体的“借”，而表假定的情况。洪波、蓝鹰对假设连词“借”来源的论述，基本是可信的。“借”是这样，“藉”也应如此。

（二）即

“即”可用于假设复句的假设分句中，表示假定的情况或条件，可译为“如果”、“假如”。

“即”所在的假设分句，其主语可以出现，也可以不出现。当主语出现时，“即”一般用于主语之后，但也可以出现在主语之前。例如：

（105）節（即）官啬夫免而效，不备，代者［与］居吏坐之。（《睡虎地秦简·秦律十八种》）

（106）官啬夫節（即）不存，令君子毋（无）害者若令史守官。（《睡虎地秦简·秦律十八种》）

（107）吏隶妾节（即）有急事，总冗，以律禀食。（《睡虎地秦简·秦律十八种》）

（108）尉计及尉官吏节（即）有劾，其令、丞坐之。（《睡虎地秦简·效律》）

（109）者（诸）候（侯）客节（即）来使入秦，当以玉问王之谓殹。（《睡虎地秦简·法律答问》）

（110）令书节（即）到，母视安陸丝布贱，可以为禅裙襦者，母必为之，令与钱偕来。（《睡虎地秦牍》M4：11号）

当主语不出现时，“即”就出现在假设分句的句首，例如：

（111）节（即）死久，口鼻或不能渭（喟）然者。（《睡虎地秦简·封诊式》）

（112）节（即）新为吏舍，毋依臧（藏）府、书府。（《睡虎地秦简·秦律十八种》）

（113）节（即）以有为也，其央（殃）不出岁，小大必致（至）。

(《睡虎地秦简·日书乙种》)

(114) 节(即)有为也，其央出岁中，小大必治(殆)。(《睡虎地秦简·日书甲种》)

(115) 节(即)亡玉若人贸傷(易)之，视检智(知)小大以论及以齎负之。(《睡虎地秦简·法律答问》)

(116) 春三月庚辰可以筑羊卷(圈)，即入之，羊必千。(《睡虎地秦简·日书甲种》)

假设连词“即”未见到有与结果连词“则”之类词连用的例子，都是单用的。这种“即”共出现17次，都出现在出土秦文献之中，有16次出现在《睡虎地秦简》之中，有1次出现在《睡虎地秦牍》之中。未见于其他出土战国文献。

洪波、蓝鹰(2001：252)认为假设连词“即”来源于副词“即”。“即”作副词，本身有表示不定的意思，都是表示未然的，很容易引申为未然情况下出现某种结果(假设……，就……)。他们的说法可供参考。

除了用作假设连词之外，“即”还可以用作顺承连词，表示前后两项时间上或事理上的承接关系，可译为“就”。例如：

(117) 乃鬻(煮)奉(贲)屦以纸(抵)，即止矣。(《睡虎地秦简·日书甲种》)

(118) 夫子曰：言即至矣。(《上博楚简六·孔子见季趄子》)

“即”有时用作副词，用于判断句的主、谓之间，表示对谓语的确认和强调，可译为“就”、“就是”。例如：

(119) 若弗智(知)，是即不胜任、不智殹。(《睡虎地秦简·语书》)

(120) 智而弗敢论，是即不廉殹。(《睡虎地秦简·语书》)

上引两例，判断句的谓语是由谓词语充当，“即”用于谓语之前，表示的是对动作行为、性质状态的确认。

四、“倘”组

在出土战国文献中，“倘”组单音假设连词有“党”、“当”、“尚”，而“将”也可以归入这一组。

（一）党、当、尚

用于假设复句的假设分句之首，表示假设、可译为“倘若”、“如果”、“假设”。在传世文献中可以见到这种用法的“党”，例如“党皆法其君，奚若?”（《墨子·法仪》）这种用例在出土战国文献中也可以见到：

（121）甲党有［它］当封守而某等脱弗占书，且有罪。（《睡虎地秦简·封诊式》）

（122）终所党有通迹，乃视其适出不出。（《睡虎地秦简·封诊式》）

这种用法的“党”仅此两见，都出现在出土秦文献中，未见于其它文献里。

“党”是端纽、阳部，“倘”是透纽、阳部，两者韵部为叠韵关系，声母为旁纽关系。《睡虎地秦简》的整理者即把“党”读为“倘”。

“当”用法同“党”。在传世文献中可以见到这种用法的“当”，例如“虎豹之所以能胜人，执百兽者，以其爪牙也。当使虎豹失其爪牙，则人必制之矣”（《韩非子·人主》）。这种例子在出土战国文献中可以见到：

（123）炎之可（何）？当者（诸）侯不治骚马，骚马虫皆丽衡厄（轭）鞅韅辕靷，是以炎之。（《睡虎地秦简·法律答问》）

（124）当除弟子籍不得，置任不审，皆耐为侯（候）。（《睡虎地秦简·秦律杂抄》）

这种用法的“当”也仅此两见，都出现在《睡虎地秦简》中。

“当”是端母、阳部，与“党”有双声、叠韵关系，但两者字不同，记录的应是同一个词，也应读为“倘”。

洪波、蓝鹰（2001：252）认为假设连词“当”是源自副词“当”。“当”作副词，有表不定、未然的意思，很容易引申为未然情况下出现某些结果（假设……，就……）。这种说法可供参考。

“尚”用法同“党”、“当”。传世文献中可以见到这种用法的“尚”，例如“尚欲祖述尧舜禹汤之道，将不可以不尚贤。”（《墨子·尚贤》）这种例子在出土战国文献中也可以见到：

（125）尚有栖未到战所，告曰战围以折亡，叚（假）者耐。（《睡虎地秦简·秦律杂抄》）

（126）公与页酓（答）之尚（倘）肰（然），是虐（吾）所寛（望）

於女（汝）也。（《上博楚简六·競公瘧》）

“尚”是禅母、阳部，与“当”韵部相同，声母相近，两者可以通用，也可以读为“倘”。

（二）将

何乐士（2006：233）认为“将”可以用作假设连词。用于假设复句的假设分句中，表示假设，可译为“如果”。“将”可与“则”构成“将……则……”这样的固定格式。例如“鸟有翢翢者，重首而屈尾，将欲饮于河，则必颠”（《韩非子·说林下》）、“将从先君之命，则国宜立季子也；如不从先君之命而与子，我宜当立者也”（《新序·节士》）。

“将”是精纽、阳部，“党”是端纽、阳部，两者韵部有叠韵关系，其声母为准双声关系。所以可以把“将”归入“倘”组。

在出土战国文献中，“将”与“如”连用，构成“如将”这样的惯用词组，共同表示假设，例如：

（127）女（如）牆（将）又（有）败，鴆（雄）是为割（害）。（《郭店楚简·语丛四》）

“将”跟“若”类似，都是既可以做假设连词，又可作选择连词，但“将”很少见，“若”常见。“将”作选择连词的例子如：

（128）卯，会众。其后必有子将弟也死。（《睡虎地秦简·日书甲种》）

五、“其”组

这组假设连词只有一个“其”。

何乐士（2006：299）认为“其”有假设连词的用法，用于假设复句中的假设分句中，表示假设，有“如果”、“假如”之义。这种看法我们认为是可信的。

首先，“其”可与其它假设连词构成同义连用形式。“如”、“若”、“设”、“脱”都有假设连词用法，“其”可分别与它们构成“如其”、“若其”、“设其”、“脱其”等同义连用格式，表示假设。例如“如其粮竭兵微，亦宜早悟天命”（《晋书·索綝传》）、“战而捷，必得诸侯；若其不捷，表里山河，必无害也”（《左传·僖公二十八年》）、“设其必尔，民何望乎？”（《三国志·吴书·孙策传》注引《吴录》）、“脱其不胜，取笑于诸候，失权于天下矣”（《吴子·励士》）。在古代汉语里，常见两个假设连词连用的现象，例如“若苟”、“假设”：“若苟有以藉口而复于寡君，君之惠也”（《左传·成公二年》）、“假设陛下居齐桓之处，将不合诸侯而匡天下乎?”（《荀子·正名》）。由“若苟”、“假设”来看，“如其”、“若其”、“设其”、“脱其”都是假设连词同义连用，“其”当为假设连词。

其次，“其”可与其它假设连词出现在相同的语境之中。例如假设连词“如”和“所”都可以跟限定助词“者”前后呼应，构成“如……者”、“所……者”这样的固定格式，是“假如……的话”的意思，例如“其於久远也，如后嗣为之者，不称成功盛德”（《峄山刻石》）、“予所否者，天厌之！天厌之！”（《论语·雍也》）。“其”也可以跟“者”构成“其……者”这样的固定格式，可译为“假如……的话”，例如“其不备，出者负之；其赢者，入之”（《睡虎地秦简·秦律十八种》）。又如“苟”可与“虽”构成“苟……虽……，……”这样的固定格式，例如“句（苟）又（有）丌青（情），唯（虽）未为为，异（斯）人訏（信）之壴（矣）”（《郭店楚简·性自命出》）。“其”也有这样的用法，如“其盈，虽弗效，新吏与居吏坐之”（《睡虎地秦简·秦律十八种》）。

最后，“其”跟一些假设连词有共同的来源。依据洪波、蓝鹰（2001：252），假设连词“诚、果、苟、即、既、当、意、抑、其、将、为”等都来源于它们的副词用法，其中“即、既、其、为、意、抑、当、将”，本身有表示不定的意思，如将要、想来等等，这些义素是表未然的，它们很容易引申为未然情况下出现某些结果（假设……就……）。这可以看出，副词“其”转化为假设连词，并不是孤立的现象，而是一组词都有了这种变化，也就是说发生了平行虚化的现象。既然“苟、即、当、为”等可由副词转为假设连词，有同样意义的副词“其”当然也可以这样变化。“苟”、“即”、“当”等是公认的假设连词，与其有同样来源的“其”也应如此。

假设连词“其”可与限定助词“者”构成“其……者”这样的固定格式，共同表示假借，可译为“如果……的话”。例如：

（129）时来鸟，黔首其欲弋射耎兽者，勿禁。（《龙岗秦简》30）

（130）其弗亟而令败者，令以其未败直（值）赏（偿）之。（《睡虎地秦简·秦律十八种》）

(131) 其故吏弗欲，勿强。其毋（无）故吏者，令有秩之吏、令史主。(《睡虎地秦简·秦律十八种》)

(132) 利田畴，其有不尽此数者，可殴。其有本者，称议种之。(《睡虎地秦简·秦律十八种》)

(133) 其入赢者，亦官与辨券，入之。(《睡虎地秦简·秦律十八种》)

(134) 其不完者，以为隐官工。(《睡虎地秦简·秦律十八种》)

假设分句的主语出现时，“其”可以出现在主语之前，也可以出现在主语之后。例如：

(135) 其叚者死亡、有罪毋（无）责也，吏代赏（偿）。(《睡虎地秦简·秦律十八种》)

(136) 隶臣妾其从事公，隶臣月禾二石，隶妾一石半，其不从事，勿禀。(《睡虎地秦简·秦律十八种》)

(137) 八月、九月中其有输，计其输所远近。(《睡虎地秦简·秦律十八种》)

最后一例，主语未出现，句首是时间名词状语，“其”用于其后。如果假设分句的主语不出现，“其”一般出现在假设分句之首。例如：

(138) 其叚百姓甲兵，必书其久，受之以久。(《睡虎地秦简·秦律十八种》)

(139) 其有欲坏更殴，必灋之。(《睡虎地秦简·秦律十八种》)

(140) 其以牛田，牛减絜，治（笞）主者寸一。(《睡虎地秦简·秦律十八种》)

(141) 其见智（知）之而弗捕，当赀一盾。(《睡虎地秦简·法律答问》)

(142) 其有赢、不备，物直（值）之，以其贾（价）多者罪之。(《睡虎地秦简·效律》)

(143) 其得，坐臧（赃）为盗。(《睡虎地秦简·法律答问》)

有时，“其”与“虽”前后呼应，构成“其……，虽……，……”这样的固定格式：

(144) 其盈岁，虽弗效，新吏与居吏坐之。(《睡虎地秦简·秦律十八种》)

假设连词“其”都出现在出土秦文献中，共有62次。其中《睡虎地秦简》里出现了58次，在《龙岗秦简》中出现了4次。未见於其它出土战国文献。

15－4：出土战国文献中虚词“其”统计表

文献 / 用法	战国金文	战国简牍		战国帛书	战国玉石文字	合计
		楚简	秦简			
假设连词			62			62

在出土战国文献中，“其”还有不少用作副词的例子。何乐士（2006：297—299）认为，在古代汉语里，副词“其”可有推度副词、判断副词、疑问副词、劝令副词等用法。这种用法的用例，在出土战国文献中都可以见到。除此之外，“其”还有用作时间副词的用法。

用作推度副词的“其”表示不十分肯定的估计或推测，常与“乎”、“欤”前后呼应，构成“其……乎”、“其……欤”这样的固定格式，可译为“大概/可能/也许/大约……吧”。例如：

（145）社稷其庶虖（乎）。（《中山王礨鼎铭》，《集成》5·2840）

（146）前（延）陵季子，其天民也喜（乎）。（《上博楚简五·弟子问》）

（147）曹之丧，其必此喜（乎）。（《上博楚简五·弟子问》）

（148）喜（吾）告女（汝），其緅（阻）纖（绝）喜（乎）。（《上博楚简五·弟子问》）

以上各例，是“其”和“乎”相呼应的用例，下引各例是“其”和“欤”相呼应的用例：

（149）诗丌（其）犹坪（平）與（欤）？（《上博楚简一·诗序》）

（150）審（湛）霎（露）之賹也，丌（其）犹軞与（欤）。（《上博楚简一·诗序》）

（151）天陞（地）之间，丌（其）犹囯（橐）籊（籥）与（欤）？（《郭店楚简·老子甲本》）

（152）人而亡恒，不可为卜簭（筮）也，丌（其）古之遗言与（欤）。

（《郭店楚简·缁衣》）

判断副词“其”表达说话人的一种肯定的判断、愿望或决心，可与“也”、“矣”相呼应，构成“其……也”、“其……矣”这样的固定格式；也可不与句末语气词呼应，单独使用。例如：

（153）孔子曰：叁（舜）丌（其）可胃（谓）受命之民矣。（《上博楚简二·子羔》）

（154）悬（仁）亓（其）女（如）此也。（《上博楚简六·孔子见季趄子》）

（155）今余其念卫。（《者汈钟铭》，《集成》1·125）卫：嘉，善。

（156）其惟因資（齐）扬皇考，绍緟高祖黄帝，迩嗣超文，朝问诸侯，合（答）扬厥德。（《陈侯因資敦铭》，《集成》9·4649）

后两例语句的主语，或是第一人称代词，或是用来自称的名称，“其”用于句中，表示说话人的决心、愿望。

疑问副词“其”表示疑问或反问语气，可与“乎”相呼应，构成“其……乎”这样的固定格式；也可以单独使用。“其”可译为“难道”、“大概”、“将会”等。例如：

（157）九邦者亓（其）可来虖（乎）?（《上博楚简二·容成氏》）

（158）子惇惇女（如）也，其圣（听）子逄（路）往虐（乎）?（《上博楚简五·弟子问》）

（159）行此者丌（其）又（有）不王虐（乎）?（《上博楚简一·诗序》）

（160）非信与忠，其谁能之，其谁能之?（《中山王礨鼎铭》，《集成》5·2840）

（161）一人为亡道，百眚（姓）亓（其）可（何）辠?（《上博楚简二·容成氏》）

（162）舉（举）而（尔）所知，而所不智（知），人丌（其）餘（舍）之者?（《上博楚简三·中弓》）

劝令副词“其”所在句子的主语多为第二人称，“其”表示劝戒、命令或请求的语气，可译为“务请”、“一定要”、“切”、“千万”等。例如：

（163）女（汝）其用兹，妥（绥）安乃寿。（《者汈钟铭》，《集成》

1 · 125)

（164）今邦蟨（弥）少（小）而钟愈大，君亓（其）惪（图）之。（《上博楚简四 · 曹沫之阵》）

（165）曹沫曰：君亓（其）毋员（愪）。（《上博楚简四 · 曹沫之阵》）

（166）后人其庸庸之。（《中山王嚳鼎铭》，《集成》5 · 2840）

（167）子之子、孙之孙，其永用之。（《令狐君嗣子壶铭》，《集成》15 · 9720）

（168）嘉仲者比用其吉金，自乍（作）盉，子子孙孙，其永用之。（《嘉仲盉铭》，《集成》15 · 9446）

上引前三例，其中的“其”表达的是说话者对听话者的劝令语气；而后三例，其中的“其”表达的是说话者对其后人的劝令语气。

时间副词“其”表示的是将然的意思，可译为“将要”。“其”的这种用法最为古老，在殷墟甲骨文中副词“其”基本上都是这种意义。这种“其”在出土战国文献中也可以见到：

（169）《君奭》员（云）：昔才（在）上帝，戟（割）绅（申）观文王悳（德）？其集大命于氒（厥）身。（《郭店楚简 · 缁衣》）

（170）山陵丌（其）登（发）。（《楚帛书 · 乙篇》）

（171）涉秦（溱）丌（其）幽（绝）。（《上博楚简一 · 诗序》）

（172）莫（暮）其砧。（《上官豆铭》，《集成》9 · 4688）

时间副词“其”（将然）是各种副词用法的“其”的源头。“将然”是对未来的推测，事情可能发生，也可能不发生，并不十分肯定。由此引申出推度副词的用法，表示不十分肯定的估计与推测。由推度副词又发展出疑问副词用法，因为两者相通，语气都不肯定，都可译为“大概”等，都可与“乎”一起构成“其……乎”这样的固定格式。“将要”就是事情还未发生，既然事情并未发生，也就可以施加人的影响。就说话者自己而言，可以希望事情如何或者决心让事情如何，这样“其”就变成了判断副词；对听话者而言，可以劝对方去做什么事情或者不要做什么事情，这样“其”就成了劝令副词了。可见由时间副词“其”确实可以发展出其它用法的“其”。

如前所述，“其”有假设连词用法，这种用法的“其”源自副词

“其”。副词“其”有几种用法，但跟假设连词“其”关系最密切的，可能是推度副词，这种副词表达不定、未然的意思。跟“其”类似的还有以下几个词：

傥：有推度副词用法，也有假设连词用法；

将：有推度副词用法，也有假设连词用法；

或：有推度副词用法，也有假设连词用法；

如：有推度副词用法，也有假设连词用法；

若：有推度副词用法，也有假设连词用法。

值得注意的是，“若”作副词时，只有推度副词用法，如果假设连词“若”也是由副词发展过来的，那么只能由推度副词发展而来。

六、“使”组

在出土战国文献中，属于这一组的单音假设连词只有一个“所”，而且出现次数也不多，只见到下引三例：

（173）所不当除而敢先见事，及相听以遣之，以律论之。（《睡虎地秦简·秦律十八种》）

（174）所弗问而久毄（繫）之，大啬夫、丞及官啬夫有罪。（《睡虎地秦简·秦律十八种》）

（175）人所恒炊（吹）者，上橐莫以丸礜，大如扁（蝙）蝠矢而乾之。（《周家台秦简·病方及其它》）

这种“所”用于假设复句的假设分句中，表示假设，可译为“如果”、“假如”。例（173）、（174）两例，“所”字单用。这种用例在传世文献中可以见到，例如“献子怒，出而誓曰：所不此报，无能涉河!”（《左传·宣公十七年》）例（175）中，“所”与“者”前后呼应，构成“所……者”这样的固定格式，可译为“假如……的话”。这种例子在传世文献中也可以见到：“所不与舅氏同心者，有如白水。”（《左传·僖公二十四年》）

假设连词“所”，只见于出土秦文献中，其中有2次见于《睡虎地秦简》，有1次见于《周家台秦简》。在传世文献中，“所”常见于《左传》、《国语》等书，而且多用于表誓言一类的句子里。但在出土文献中，“所”都没有用于表誓言的句子中。

七、“有”组

在出土战国文献中，属于这一组的单音假设连词有“有”和“或”，但都不多见。

（一）有

“有”可用于假设复句的假设分句中，表示假设，可译为“如果”、“要么”。在传世文献中可以见到这样的用例：“有弗学，学之弗能，弗措也”（《礼记·中庸》）、“当今之世，世暗甚矣。人主有能明其德者，天下之士，其归之也，若蝉之走明火也。”（《吕氏春秋·期贤》）。这种“有”在出土战国文献中可以见到。

“有”可与“则”前后呼应，构成“有……则……”这样的固定格式，表示假设和结果，可译为“如果……那么……”。例如：

（176）又（有）丌为人之佤=（佤佤）女（如）也，不又（有）夫柬=（柬柬）之心，则悉。又（有）丌为人柬=（柬柬）女（如）也，不又（有）夫恒悊（忻）之志，则曼。（《上博楚简一·性情论》）

（177）又（有）丌（其）为人之迦（节）迦女（如）也，不又（有）夫柬（简）柬之心，㝵（则）采。又（有）丌为人之柬柬女（如）也，不又（有）夫亙（恒）忿（殆）之志，㝵（则）缦。（《郭店楚简·性自命出》）

“有”也可以单独用于假设分句，例如：

（178）又（有）丌（其）为人之慧女（如）也，弗牧不可。又（有）丌为人之慕女（如）也，弗杈不足。（《上博楚简一·性情论》）

（179）又（有）丌（其）为人之快女（如）也，弗羖（养）不可。又（有）丌为人之慕（渊）女（如）也，弗杈（补）不足。（《郭店楚简·性自命出》）

“有”最常见的连词用法是作顺承连词，这时读为“yòu”，可以写作“有”，也可以写作“又”（常见）。一般用于整数和余数之间，表示整数之上又有余数。

“有”最常见的是用于两个数词语之间，构成“数词语$_1$+有+数词语$_2$”这样的短语，相对说来，数词语$_1$为整数，数词语$_2$为零数。数词语$_1$和数词语$_2$之间是加的关系，不会是乘的关系，例如：

（180）梁廿又七年，大梁司寇肖（赵）亡智铸为量，庴（容）料齋。（《廿七年大梁司寇鼎铭》，《集成》5·2610）

（181）汤王天下三十又一傑（世）而受复（作）。（《上博楚简二·容成氏》）

（182）千又百岁，日月夋（允）生。（《楚帛书·甲篇》）

（183）乐人之器：一槃桯首钟，小大十又三。（《信阳楚简》2—18）

“数词语$_1$+有+数词语$_2$”常用于名词或量词之前，构成数名短语或数量短语，例如：

（184）唯十又（有）四年，陈侯午台（以）群者（诸）侯献金，乍（作）皇妣孝大妃祭器鍨敦。（《十四年陈侯午敦铭》，《集成》9·4646）

（185）廿有六年，上荐高号，孝道显明。（《峄山刻石》）

（186）唯廿又再祀，鳳羌乍（作）戎。（《鳳羌钟铭》，《集成》1·157）

（187）唯王五十又六祀，返自西旟。（《楚王酓章钟铭》，《集成》1·83）

（188）隹十又二月，隹孛悳匿。（《楚帛书·乙篇》）

（189）尧於是虖（乎）为车十又五輮（乘），目三從埶（舜）於甸（畎）畱（畝）之中。（《上博楚简二·容成氏》）

“数词语$_1$+有+数词语$_2$”可以直接作谓语，或自成一小句，例如：

（190）緅与素锦之紱（鞶）囊二十又一。（《信阳楚简》2—12）

（191）小囊糗四十又八。（《信阳楚简》2—22）

（192）箬（席）十又二。（《望山楚简》2·49）

（193）丌（其）贯十又二。（《郭店楚简·六德》）

（194）□□□□筽四十又四，少（小）筽十又二。（《信阳楚简》2—6）筽：箕的俗字，竹筥。

（195）旬又五，公乃出见折。（《上博楚简六·競公瘧》）

“数词语$_1$+有+数词语$_2$”前加代词“其”，作语句的主语，例如：

（196）亓（其）百又八十长於畢地郙中。（《包山楚简》140反）

“有”所连接的两项还可以是“数+量/名”结构，构成“数量/名$_1$+

有+数量/名$_2$”这样的短语。“有”前后的“量/名”可以相同，也可以不同。例如：

（197）大凡四十乘又三乘。（《曾侯乙墓竹简》121）

（198）凡[illegible]车十乘又二乘。（《曾侯乙墓竹简》120）

（199）□所賠十真又五真。（《曾侯乙墓竹简》140）真：领。

（200）小人𠂤（以）八月甲戌之日舍肉𡨦之𨋢人□□賯客之□金十两又一两。（《包山楚简》145）

（201）舊十檐（担）又三檐三赤三篙。（《九店楚简》4）

（202）大凡八十马甲又六马之甲。（《曾侯乙墓竹简》141）

以上是“有”前后的“量/名”相同的例子。“有”前后的“量/名”不同的例子如：

（203）宋良志受四匿又一赤。（《新蔡楚简》甲三：220）

（204）孙达受一匿又三赤。（《新蔡楚简》甲三：206）

（205）舊二[illegible]又五来，敔𦓤之五檐（担）。（《九店楚简》1）

（206）舊五𥟭又五来，敔𦓤之十檐（担）一檐（担）。（《九店楚简》3）

由于省略的关系，“数量/名$_1$+有+数量/名$_2$”可以有一些变式，例如：

（207）一鄰弓，矢二秉又六。（《曾侯乙墓竹简》43）

（208）㦄軻、驭昃受九匿又肕。（《新蔡楚简》甲三：292）

（209）宭人黽䣝受二又杓。（《新蔡楚简》甲三：244）

（210）以桂长尺有尊（寸）而中折。（《睡虎地秦简·日书甲种》）

例（207）中的“六”后应是省去了一个量词。例（208）中的“肕”（量词）前应是省去了数词（可能是“一”）。例（209）中的“二”后省去了量词、“杓”前省去了数词。例（210）中的“尺”和“寸”前都省去了数词（应是“一”）。

以上各例中的“有”，都是单独使用的。“有”也有连用的例子，例如：

（211）☐八十匿又三匿又一肕、杓、颜首☐。（《新蔡楚简》甲三：90）

（212）☐受二匿又二赤又肕又杓。（《新蔡楚简》甲三：211）

（213）☐吴殹无受一赤又杓又弇□又颜首。（《新蔡楚简》甲三：203）

上引各例中的“匿”、“赤”、“肕”、“杓”、“颜首”等可能都是量词，但具体含义不太清楚。

“有”、“又”作副词，都有“又”的意思。承接连词“有”可能就是由这种副词用法的“有”演变过来的。这种副词用法“有”的用例如：

（214）午，马矣，盗从南方入，有（又）从之出。（《放马滩秦简·日书甲·亡盗章》）

（215）除其罪，有（又）赏之，如它人告☒。（《龙岗秦简》146）

（216）行之，有（又）没入其车、马、牛县、道［官］。（《龙岗秦简》58）

（217）盗同法，有（又）驾（加）其罪，如守县□金钱☒。（《龙岗秦简》44）

（218）遂取吾边城新郢及邲、长、敍，吾不敢曰可。今又悉兴其众。（《诅楚文·大沈厥湫文》）

（二）或

魏德胜（2000：218）认为，在《睡虎地秦简》中“或”可以作假设连词用，应是可信的。“或”用于假设复句中的假设分句里，表示假设，可译为“如果”。例如：

（219）百姓或之县就（僦）及移输者，以律论之。（《睡虎地秦简·效律》）

（220）吏为失刑罪，或端为，为不直。（《睡虎地秦简·法律答问》）

上引例（219）可与下引诸例比较：“其於久远也，如后嗣为之者，不称成功盛德”（《论语·雍也》）、“予所否者，天厌之！天厌之”（《论语·雍也》）、“时来鸟，黔首其欲弋射耎兽者，勿禁”（《龙岗秦简》30）。可见例（219）中的“或”跟上引各例中的“如”、“所”、“其”相当，它们都跟“者”构成“假设连词……者”这样的固定格式，可译为“如果……的话”。例（220）可译为：吏以用刑不当论罪，如果系故意这样做的，以不公论罪。其中的“或”译为“如果”。

如果“或”在《睡虎地秦简》中确有假设连词用法，那么下引两例中的“其或”似可以看成两个同义假设连词的连用，而“其或”连用的用例在传世文献中是见不到的：

（221）其或叚公器，归之，久必乃受之。（《睡虎地秦简·秦律十八

种》)

(222) 其或亡之，有罪。(《睡虎地秦简·秦律十八种》)

魏德胜（2000）认为“或”作假设连词，在《睡虎地秦简》中共出现5次。这种用法的“或”在其它出土战国文献中见不到。

“或”在出土战国文献中较常见的用法是作副词。一是作推度副词，二是作频率副词。推度副词“或”用在谓语前作状语，表示说话人的推测、估计，可译为“或许”、“大概”等。例如：

(223) 亓（其）欲雨或甚於我。(《上博楚简二·鲁邦大旱》)

(224) 高子、国子倉（答）曰：身为新（薪），或可忮（祰）安（焉）。(《上博楚简六·競公瘧》)

(225) 女（如）臣智（知）君王之为君，臣牺（将）或至（致）安（焉）。(《上博楚简六·申公臣灵王》)

频率副词“或”可译为“又”，表示做了一件事，又做了另一件事。例如：

(226) 舉祷各一備（佩）璧，或舉祷於盛武君、命（令）尹之子璥各大牢。(《新蔡楚简》乙一：13)

(227) 可定名事里，所坐论云可（何），可（何）罪赦，或覆问毋（无）有。(《睡虎地秦简·封诊式》)

(228) 郐之鄱客或执仆之兄旌，而旧（久）不为剸（断）。(《包山楚简》135)

(229) 或得贤佐司马賙，而冢（重）赁（任）之邦。(《盗豺壶铭》，《集成》15·9734)

(230) ☐쭈（卒）戢（岁）或至来戢（岁）之顕（夏）柰☐。(《新蔡楚简》甲三：248)

最后谈一谈“今”。

在《睡虎地秦简》中，有些“今”用于假设复句的假设分句中，竹简的整理者常常译为“如”、“如果”。例如“今叚（假）父盗叚子，可（何）论?”(《睡虎地秦简·法律答问》)

魏德胜（2000）在谈到假设连词时，没有提到“今”，显然他不认为《睡虎地秦简》中的“今”是假设连词。何乐士（2006：241）认为，有些

"今"有时兼有假设之意，可译为"现在如果"、"如果现在"、"如果"。这种"今"用于假设复句的假设分句之首，配合文义兼表假设，下句提出推论或结果。但她认为这种"今"是时间副词。

我们认为，这种"今"可以视为假设连词。理由如下：

第一，有些"今"明显是"如果"的意思，不是"假如现在"、"现在"的意思。

例如前边引过的"今叚（假）父盗叚子，可（何）论?"（《睡虎地秦简·法律答问》）这句话可译为"假如义父盗窃义子，应如何论处?"又如"今有搭木钻燧于夏后世之世者，必为鲧、禹笑矣"（《韩非子·五蠹》），这句话可译为"如果在夏后氏的时代还有人构木为巢、钻木取火，一定会被鲧和禹笑话了"。这两例子中的"今"只能译为"如果"，第一例译为"假如现在"还勉强可通，第二例的"今"则不能译为"假如现在"，只能译为"如果"。

第二，许多迹象表明，这种"今"应为假设连词。"今"可与"则"、"必"前后呼应，构成"今……则……"、"今……必……"这样的固定格式。例如"今王与百姓同乐，则王矣"（《孟子·尽心下》）、"今有搭木钻燧于夏后世之世者，必为鲧、禹笑矣"（《韩非子·五蠹》）。试把上两例依次与下两例比较，应知"今"应为假设连词："如载马、牛、羊以出内（入）关，则徵於大府"（《鄂君启节铭》）、"君如亲率，必聚群有司而告之"（《上博楚简四·曹沫之阵》）。"今"还可与假设连词"即"互用、与假设连词"或"连用，例如："今能入关破秦，大善；即不能，诸侯虏吾属而东，秦必尽诛吾父母妻子"（《史记·项羽本纪》）、"今或益〈盗〉一肾，益〈盗〉一肾臧（脏）不盈一钱，可（何）论?"（《睡虎地秦简·法律答问》）。前一例中"今"和"即"互用，都是假设连词，后一例"今"和"或"连用，也都是假设连词。

第三，能够说清楚"今"由副词到假设连词的演化过程。洪波、蓝鹰（2001：252）在谈到假设连词"将"的来源时说："将"等是表未然的，它们很容易引申为未然情况下出现某些结果（假设……，就……）。"将"，何乐士（2006：233）认为有假设连词用法，如"鸟有翢翢者，重首而屈尾，将欲饮于河，则必颠"（《韩非子·说林下》）。"将"由"将要"这种意义的副词用法发展出假设连词用法。而“今”也有将要的意义，当然也可以发展出假设连词用法。“今”可以用在谓语之前，表示动作行为即将发生，可译为“即将”、“很快”、“马上”，例如“十日之内，数万之众今涉魏境”（《战国策·韩策一》）、“夺项王天下者，必沛公也。吾属今为之虏矣”（《史记·项羽本纪》）。“今”和“将”都有将要的意义，又都常用于假设复句中的假设分句，当然两者会有相同的变化。“将”既然可转化为假设连词，“今”也应如此。

“今”用作假设连词的例子都出现在《睡虎地秦简》之中，共找到25例。

如果假设分句有主语，“今”都出现在主语之前，例如：

（231）今甲有耐、赀罪，问吏可（何）论？（《睡虎地秦简·法律答问》）

（232）今甲曰伍人乙贼杀人，即执乙，问不杀人，甲言不审，当以告不审论，且以所辟？（《睡虎地秦简·法律答问》）

（233）今士五（伍）甲不会，治（笞）五十。（《睡虎地秦简·法律答问》）

（234）今甲从事，有（又）去亡，一月得，可（何）论？（《睡虎地秦简·法律答问》）

（235）今初任者有罪，令当免不当？（《睡虎地秦简·法律答问》）

（236）今盗盗甲衣，賣（卖），以买布衣而得，当以衣及布畀不当？（《睡虎地秦简·法律答问》）

如果假设分句没有主语，“今”就出现在谓语之前，但仍居句首。例如：

（237）今殴高大父母，可（何）论？比大父母。（《睡虎地秦简·法律答问》）

（238）今夬（决）耳故不穿，所夬（决）非珥所入殹，可（何）论？（《睡虎地秦简·法律答问》）

（239）今内（纳）人，人未蚀奸而得，可（何）论？（《睡虎地秦简·法律答问》）

（240）今得，问安置其子？（《睡虎地秦简·法律答问》）

（241）今舍公官（馆），旞火燔其叚（假）乘车马，当负不当?（《睡虎地秦简·法律答问》）

总之，在出土战国文献中，共有七组假设连词。

第一组为“若”组，有假设连词“若”、“如”、“而”三个。“若”除了作假设连词外，还可作顺承连词、选择连词、推度副词。“如”除了作假设连词之外，还可以作顺承连词、词缀、介词。“如”和“夫”组成“如夫”，也可以表示假设。“而”除了作假设连词外，还可作并列连词、顺承连词、转折连词等。假设连词“若”出现15次，都出现在出土秦文献之中，它一般单用，也可以构成“若……则……”这样的固定格式。假设连词“如”共出现32次，基本上都出现在出土楚文献之中，可以单用，也可以构成“如……则……”、“如……乃……”、“如……者”这样的固定格式。假设连词“而”共出现4次，2次见于出土秦文献，2次见于出土楚文献，都是单用。

第二组为“苟”组，有假设连词“苟”、“为”。假设连词“苟”共出现28次，在出土楚文献、出土秦文献中都可见到。“苟”可以单用，也可以构成“苟……则……”、“苟……虽……，……”、“苟……虽……斯……”、“虽……苟……，……”这样的固定格式。假设连词“为”只出现1次，见于出土秦文献中，单用。

第三组为“藉”组，有“藉”、“即”两个。“藉”只出现2次，见于出土秦文献之中，都单用。“即”共出现17次，都出现在出土秦文献之中，都单用。除了假设连词用法外，“即”还可以作顺承连词、副词。

第四组为“倘”组，有“党”（“当”、“尚”）、“将”两个。“党”（当、尚）基本出现在秦简之中，有6次，都单用。“将”只出现1次，见于楚简之中，单用。此外，“将”还有选择连词的用法。

第五组为“其”组，只有一个“其”。假设连词“其”共出现62次，都见于出土秦文献之中，可以单用，也可以构成“其……者”、“其……虽……，……”这样的固定格式。除此之外，“其”也可以用作结构助词，用于定中、状中、主谓之间；还可以用作推度副词、判断副词、劝令副词、时间副词，构成“其……乎”、“其……欤”、“其……也”、“其……矣”这样的固定格式。

第六组为“使”组，只有一个“所”。假设连词“所”共出现3次，都出现在出土秦文献之中，可以单用，也可以构成“所……者”这样的固定格式。在出土战国文献中，“所”的最常见的用法是用作结构助词。

第七组为“有”组，有假设连词“有”、“或”。假设连词“有”共出现8次，都出现在出土楚文献之中。可以单用，也可以构成“有……则……”这样的固定格式。除此之外，“有”还可以用作顺承连词，可以单用，也可以连用。单用的“有”可以构成“数词语$_1$+有+数词语$_2$”这样的短语，也可以构成“数量/名$_1$+有+数量/名$_2$”这样的短语，后者还有一些变式。“有”还有副词用法，意思是“是”。假设连词“或”共出现5次，都出现在秦简之中。可以单用，也可以与“其”连用（构成“其或”这样的形式），还可以构成“或……者”这样的固定格式。此外“或”还可以用作推度副词、频率副词。用作推度副词时，可译为“或许”、“大概”；用作频率副词时，可译为“又”。

有假设含义的“今”都出现在《睡虎地秦简》之中，这种“今”可以看作假设连词，一般都是单用的。

洪波、蓝鹰（2001：252—254）认为，假设连词的来源主要有两大类，一是来源于副词的，有“诚、果、苟、即、既、当、意、抑、其、将、为”等；二是来源于动词的，有“如、若、假、借、使、令”等。此外，一些指代词虚化的连词在语境中有此用法。源于副词的，又可分为几组。“微”是一组，它完全是语境的假设意义附着而成。另一组是“即、既、其、为、意、抑、当、将”，本身表示“将要”、“想来”等不定的意思，都是表未然的，很容易引申为未然情况下出现某些结果。另一组是“诚、果”，意义是确实、果然，在假定承认的情况下会虚化为假设连词。“苟”单为一组，它是在姑且承认某种情况应会产生某种结果的语境中实现演变的。源于动词的可分为三组。“如、若”为一组，其动词义是像，像就不是真的，由此引申为假设。“假、借”为一组，意义是借，借就不是真为己有，由“非真”再引申为假借。在此基础上，当它们表示“如（若）……的话”、“假（借）……的话”时，词汇意义开始虚化，表假定的情况。“使”、“令”为一组，意义是让，由具体地让干什么事，虚化为“让”某种情况出现的话就会产生相应的结果。也是在假定的语境中形成的。

在出土战国文献中，未见到假设连词“假、借、使、令”（没有“借”而有“藉”）。而“如”和“若”，如前所述，我们认为它的假设连词用法并不是源自动词，而是源自副词。这样，就出土战国文献中的假设连词而言，它们基本上都是源自副词的（也许“藉”是例外）。

参考文献

方有国：《上古汉语语法研究》，巴蜀书社 2002 年版。

郭锡良：《试论上古汉语指示代词的体系》，《语言文字学论集》，知识出版社 1989 年版。

韩陈其：《古汉语单音假设连词之间的音韵关系》，《中国语文》1986 年第 5 期。

何乐士：《古代汉语虚词词典》，语文出版社 2006 年版。

洪波、蓝鹰：《上古汉语虚词研究》，四川人民出版社 2001 年版。

季旭昇：《〈上海博物馆藏战国楚竹书〉（三）读本》，[台湾] 万卷楼图书股份有限公司 2005 年版。

王力等：《古代汉语》（共四册），中华书局 1962 年版。

王力：《汉语史稿》，中华书局 1958 年版。

魏德胜：《〈睡虎地秦墓竹简〉语法研究》，首都师范大学出版社 2000 年版。

张敏：《从类型学看上古汉语定语标记“之”语法化的来源》，《语法化与语法研究》（一），商务印书馆 2003 年版。

张玉金：《西周汉语语法研究》，商务印书馆 2004 年版。

张玉金：《甲骨文中的“之”和助词“之”的来源》，《殷都学刊》2005 年第 2 期。

张志达：《假设义类词同义连用举隅》，《古汉语研究》1993 年第 2 期。

周守晋：《出土战国文献语法研究》，北京大学出版社 2005 年版。

第十六节 出土战国文献中的连词“焉”

在出土战国文献中，“焉（安）”还可以用作连词。连词“焉（安）”

常用在后一分句之首，有时用在后一分句的主谓之间，表示前后两件事的先后关系，可以译为“于是”、“就”、“才”等。例如：

(1) 古（故）大道登（废），安（焉）又（有）悬（仁）义。六亲不和，安又（有）孝𡥈（慈）。邦豕（家）緍（昏）𠭁（乱），安又（有）正臣。(《郭店楚简·老子甲本》)

(2) 又（有）惑安（焉）又（有）㷄（气），又（有）㷄安又（有）又（有），又又安又（有）䛴（始），又䛴安又（有）迬（往）者。(《上博楚简三·恒先》)

(3) 复（作）安（焉）又（有）事，不复（作）无事。(《上博楚简三·恒先》)

(4) 天下之兵大起，於是虐（乎）䍜（亡）宗鹿（戮）族戔（残）群安（焉）備（服）。(《上博楚简二·容成氏》)

由于“焉（安）”是表示时间先后关系的，所以它可以跟“先”构成“先……焉……”这样的固定格式；也可以跟“既”构成“既……焉……”这样的固定格式。例如：

(5) 先又（有）囩（圆），安（焉）又（有）枋（方）。先又晦（晦），安又明。先又耑（短），安又长。(《上博楚简三·恒先》)

(6) 先又（有）审（中），安（焉）又（有）外。先又少（小），安又大。先又矛（柔），安又刚。(《上博楚简三·恒先》)

(7) 尔古须（稀），既祒（格），安（焉）从事。(《上博楚简四·昭王毁室》)

(8) 昔先君祭，既祭，安（焉）命行先王之灋（法）。(《上博楚简五·竞建内之》)

最后一个例子，上博楚简的整理者在“安”后标点，认为“安（焉）”属上句。从例（7）来看，这样的标点是错误的。例（8）中的“焉（安）”是顺承连词，而不是兼词。

顺承连词“焉（安）”也是由兼词“焉（安）”虚化过来的。依据何乐士（1988），意义是“於是”的兼词“焉（安）”不但可以出现在谓语中心词之后，也可以出现在谓语中心词之前，例如：

(9) 先王居檮杌于四裔，以禦螭魅，故允姓之奸居于瓜州。伯父惠公

归自秦，而诱以来，使逼我诸姬，入我郊甸，则戎焉取之。戎有中国，谁之咎也？（《左传·昭公九年》）

何乐士认为这个例子里的“焉（安）”是兼词，是“在这里”的意思。

我们认为顺承连词“焉（安）”就是从这种“焉”虚化过来的。前面说过，兼词“焉（安）”相当于“於/于+代词”，“焉”所包含的代词在上文有先行词，这样“焉”小句和前面的小句就会有某种关联性。由于“焉”所指代的内容已在前小句中出现了，“焉”小句中“焉”的意义很容易虚化。在这种情况下，前后两个小句的关系意义就会落到业已虚化的“焉”的身上。这时“焉”就会被重新分析为表示某种关系的连词。兼词“焉（安）”跟惯用词组“於是”同义，所以两者发生了平行虚化：兼词“焉（安）”虚化为表示时间先后关系的顺承连词；惯用词组“於是”也是如此，例如：

（10）杀舟之侨以徇于国，民於是大服。（《左传·僖公二十八年》）

由两者发生平行虚化这个事实来看，把“焉（安）”看成是介代兼词、意义跟“於是”相近，是可信的。

第十七节　出土战国文献中的其他连词

在出土战国文献中，还有其它一些连词，出现次数比较少，所以放在一起讨论。这些连词有：顺承连词“是”、选择连词“抑”和“宁”、条件连词“无”（毋）、让步连词“纵”、原因连词“唯”。

一、顺承连词“是”

何乐士（2006：363）认为“是”有顺承连词的用法，用于复句的后面分句里，表示前后两项是顺承关系，可译为“因此”、“因而”、“就”。例如“舜不穷其民，造父不穷其马，是舜不失民，造父无失马也”（《荀子·哀公》）、“刑罚罕用，罪人是希”（《史记·吕太后本纪》）。这种“是”字在出土战国文献中可以见到，例如：

（1）臣弟褜（丧），凾（谦）龚（恭）埱（淑）悳（德），民是覵（观）朢（望）。（《上博楚简六·平王问郑寿》）

对于这个例子中的“是”，陈佩芬（2007：263）引《尔雅·释言》训为“则”，可从。

二、选择连词“抑”

（一）抑

这个选择连词，在出土战国文献中共出现6次，都出现在楚简之中。这个词在出土战国文献中有“殹”、“伊”、“翟”、“意”四种写法，没有写成“抑”的。

“抑”的上古音为影纽、质部、入声，拟音为ĭet④。“殹”的读音为“于计切”，“翳”以“殹”为声符，也读“于计切”。“翳”的上古音为影纽、脂部、去声，拟音为iei③。“抑”和“殹”声母为双声，韵部为对转关系，两者读音很相近。“伊”的上古音为影纽、脂部、平声，拟音为ĭei①。“殹”与“伊”为双声叠韵的关系，与“抑”读音也很相近。“翟”当读为“一”，《诗经·曹风·鸤鸠》有“淑人君子，其仪一也”，在《郭店楚简·五行》中作“要（淑）人君子，其义（仪）翟（一）也”。“一”的上古音为影纽、质部、入声，拟音为ĭet④。“一”的“抑”同音，所以可相通假。

“意”的上古音为影纽、之部、去声，拟音为iei③。“意”与“抑”的声母相同。王引之《经传释词》则说“抑，词之转也……字或作意。”《论语·学而》：“求之与（欤）？抑与之与（欤）？”其中的“抑”，汉石经作“意”。《墨子·明鬼》：“岂女（汝）为之与（欤）？意鲍为之与（欤）？”孙诒让间诂也认为“意”与“抑”同。王海根（2006：306）认为“意”可通“抑”，有“抑或”、“还是”的意思。冯其庸、邓安生（2006：613）也认为“意”可通“抑”，作表选择的连词。

正因如此，我们认为在出土战国文献中有假设连词“抑”，这个词有“殹”、“伊”、“翟”、“意”四种写法。何乐士（2006）认为既有选择连词“抑”，也有选择连词“意”，分立了两个词条，也没有谈到两者的关系，似乎认为这是两个不同的词，这不可从。

“抑”用在选择复句的后一分句之中，表示在两种或几种情况中选择一种，可译为“还是”、“或者”。“抑”前后的两个分句之末可以不用语气词，例如：

（2）肥从又（有）司之逡（后），翟（抑）不智（知）民秀（务）之安（焉）才（在）？（《上博楚简五·季庚子问於孔子》）

（3）公剴（豈）不飤（饱）杒（粱）飤肉才（哉）？殹（抑）亡女（如）庶民可（何）？（《上博楚简二·鲁邦大旱》）

例（3）前一分句之末用了句末语气词"哉"，但这个词的使用，是由于此分句是反问语气，使用"哉"是为了表达这种语气，而不是为了表达选择问的。

"抑"前后的分句可以都用"乎"，也可以都用"与（欤）"，还可以都用"也与（欤）"（这是两个语气词连用），构成"……乎，抑……乎"，"……与，抑……与"、"……也与，抑……也与"这样的固定格式，例如：

（4）女（如）四与五之閒（间），截（载）之塼（传）车目（以）走（上）虖（乎）？殹（抑）四艕（舸）目逾虖（乎）？（《上博楚简六·庄王既成》）

（5）尧之得舜也，舜之德则诚善嬰（与）？伊（抑）尧之悳（德）则甚明嬰（与）？（《上博楚简二·子羔》）

（6）丌（其）父戔（贱）而不足偁也与？殹（抑）亦城（诚）天子也与？（《上博楚简二·子羔》）

上引各例，选择复句的两个分句紧相连接，中间并无其它成分。但下引一例不同，在选择复句的两个分句之间，被加进了一个句子，是插话的性质。例如：

（7）亓（其）力能至安（焉）而弗为唬（乎）？虐（吾）弗智（知）也。意（抑）亓力古不能至安（焉）唬（乎）？（《上博楚简五·鬼神之明》）

（二）宁

这种"宁"用于选择复句的后一分句中，跟"与其"构成"与其……宁……"这样的固定格式，表示先舍后取。例如：

（8）蒦（与）其汋（溺）於人旃，宁汋於渊。（《中山王嚳鼎铭》，《集成》5·2840）

"宁"是兼类词，出现在关联场合是连词，出现在非关联场合是副词。

三、条件连词“无”

在传世文献中，有些“无”用在条件复句的前一分句之中，表示排除一切条件（后面的分句表示在任何条件下都会产生同样的结果），可译为“无论”、“不论”。例如“人君无愚智贤不肖，莫不欲求忠以自为，举贤以自佐”（《史记·屈原列传》）、“今天下无大小国，皆天之邑也；人无幼长贵贱，皆天之臣也”（《墨子·法仪》）。这种“无”，何乐士（2006：425）认为是介词，不可信。这种“无”显然与“以”、“与”、“为”、“於”等介词不同，很难说何为“无”的宾语、“无+宾语”作什么成分等。这种“无”跟现代汉语中的“无论”相比，无论是意义，还是语法位置、功能，都基本是一致的，所以我们把这种“无”视为连词。

在出土战国文献中可以见到这种用法的“无”，例如：

（9）无豤（垦）不豤，顷入刍三石、稾三石。（《睡虎地秦简·秦律十八种》）

（10）无贵贱，以田少多出人。（《睡虎地秦简·秦律十八种》）

“无”还可以借用“毋”字，例如：

（11）皆以匿租者，诈毋多少，各以其〼。（《龙岗秦简》142）

（12）它毋小大尽吉。（《睡虎地秦简·日书甲种》）

上引例（9）至例（11），“无”都用在条件复句的前一分句（无条件分句）中；例（12）“无”用于条件紧缩复句之中。

条件连词“无”，都出现在秦简里，没有例外。

四、让步连词“纵”

依据何乐士（2006：637），在传世文献中，“纵”让步连词的用法，在让步中含有假设，常用于前一分句，提出一个假定或已有的事实，表示对某种情况的姑且承认，作为让步，以引出下文的推论。可译为“即使”、“即便”、“纵使”。例如：“纵江东父兄怜而王我，我何面目见之？纵彼不言，籍独不愧于心乎？”（《史记·项羽本纪》）

在出土战国文献中可以见到这种用法的“纵”，可译为“纵然”、“纵使”。例如：

（13）从（纵）忎（仁）、圣可牙（与），旹（时）弗可及歖（矣）。（《郭店楚简·唐虞之道》）

这个例子是说，纵然仁和圣可以为助，但是时机赶不上了。

五、原因连词“唯”

在传世文献中，“唯（惟、维）”可用于因果复句的原因分句中，表示对原因的限定（后面的分句表示结果），可译为“就是因为”、“只因为”。例如“卫懿公唯不去其旗，是以败于荧”（《左传·成公十六年》）、“维其有之，是以似之”（《诗经·小雅·裳裳者华》）。

对这种“唯”的性质，学术界有不同的看法，何乐士（2006：412—415）把它看成是关联副词，而古代汉语研究室（1999：597）则把它看成连词。我们认为连词说可从，理由如下：

第一、这种“唯”所在的小句不能单说，要有后续话语与之呼应，结构形式上具有粘附性，不能单独成立，必须以另一段话语为依存。例如在“夫唯不居，是以不去”（《老子·第二章》）中，“夫唯不居”和“是以不去”都不能单说，二者互为关联，互为依存。

第二、这种“唯”本身的语义是确定的，是“就是因为”、“只因为”的意思。前后分句的句法语义关系虽然一般要由两个关联连词来显现（如“唯……是以……”、“唯……故……”），但是如果去掉一个关联连词，前后分句的句法语义关系保持原貌，例如“唯子之故，使我不能息兮”（《诗经·郑风·狡童》）。

第三、由语气副词“唯”发展出来的“虽”（原写作“唯”）大家都公认为连词；同样由语气副词“唯”发展而来的表原因的“唯”（不如“虽”常见），也应视为连词。

在出土战国文献中可以见到这种连词“唯”，例如：

（14）天〈夫〉唯弗居也，是以弗去也。（《郭店楚简·老子甲本》）

（15）夫唯啬，是以㬫（早）备。（《郭店楚简·老子乙本》）

（16）夫唯是，古（故）悳（德）可易而攺（施）可迌（转）也。（《郭店楚简·尊德义》）

这种“唯”都出现在楚简之中，没有例外。

参考文献

陈佩芬：《上海博物馆藏战国楚竹书六·平王问郑寿释文》，上海古籍出版社 2007 年版。

冯其庸、邓安生：《通假字汇释》，北京大学出版社 2006 年版。

何乐士：《古代汉语虚词词典》，语文出版社 2006 年版。

王海根：《古代汉语通假字大字典》，福建人民出版社 2006 年版。

中国社会科学院语言研究所古代汉语研究室编：《古代汉语虚词词典》，商务印书馆 1999 年版。

第 四 章

出土战国文献中的助词

助词是在语法结构中起助加作用的词。它的主要语法作用有二：

一是它附着于某个语法单位，帮助某个语法单位附加上某种语法意义。助词附着于某一个语法单位，被附着的语法单位，或者是一个词，或者是一个短语，或者是一个小句。在语法结构中助词是一种助加的单位，它仍然是词，但不能成为句子成分。

二是绝大多数的助词居于后位。典型的结构助词尽管用在定中之间、状中之间、中补之间，但也倾向于后附。少量助词居于前位，如“所”。

现代汉语的助词可以分为七类，即：

时态助词：着、了、过。

时制助词：的$_2$、来着。

结构助词：的$_1$、地、得。

比况助词：似的、似地、一样、一般。

表数助词：第、来、多、把。

列举助词：等、等等。

限定助词：们、连、给、被、的话。

在出土战国文献中，见不到时态助词和时制助词，另外五种助词则都可以见到。出土战国文献中的助词系统如下：

（一）结构助词

有四个，之（3432）、所（321）、者$_1$（1182）、其（10）。

“之”用于定中之间、状中之间、中补之间，还可以用于主谓之间和主语与介宾之间。

“所”用于“动”或“介+动”之前，是名词性的标记。

“者”用于名词性词语或谓词性词语之后，是名词性的标记。

“其”用于定中之间、状中之间，还可以用于主谓之间。

（二）比况助词

有一个，然（8）。

“然”跟“如”构成“如……然”这样的固定格式，跟现代汉语中的“一样”、“似的”相同。

（三）表数助词

有一个，馀（2）。

“馀”用在表示整数的数词之后表示零数。

（四）列举助词

有两个，等（6）、云（1）。

“等”用在虚指代词或名词之后，表示列举未尽，“云”用在转述类话语的后面，表示确认上述话语为传闻。

（五）限定助词

有一个，者$_2$（3）。

“者$_2$”用于假设分句之末，表示假设，类似于现代汉语中的“的话”。

第一节 出土战国文献中的助词“然”

这种“然”都出现在秦简之中，没有例外。它跟“如”一起构成“如……然……”这样的固定格式，表示比较，可译为“像……一样”、“像……似的”。

对于这种“然”，魏德胜（2000：235）、何乐士（2006：330—331）都认为是助词，可从。在现代汉语中有“一样”这个词，可以跟“如/像/好似”构成“如……一样”、“像……一样”、“好似……一样”这样的固定格式。例如“如睡在摇篮里一样”，“像苍蝇见了血一样”、“好似下棋一样”。对于这种“一样”，侯学超（1998：646）认为是助词。很明显，古代汉语中的“然”和现代汉语中的“一样”在这一用法上是相同的，都应视为助词。

“如……然”这个固定格式当中，可以嵌入名词语，也可以嵌入动词语。嵌入名词语的例子如：

（1）凡不能自衣者，公衣之，令居其衣如律然。（《睡虎地秦简·秦律十八种》）

（2）上之所兴，其程攻（功）而不当者，如县然。（《睡虎地秦简·秦律十八种》）

（3）尉计及尉官吏节（即）有劾，其令、丞坐之，如它官然。（《睡虎地秦简·效律》）

嵌入动词语的例子如：

（4）其出禾，有（又）书其出者，如入禾然。（《睡虎地秦简·秦律十八种》）

（5）叚而有死亡者，亦令其徒、舍人任其叚，如从兴戍然。（《睡虎地秦简·秦律十八种》）

（6）司马令史掾苑计，计有劾，司马令史坐之，如令史坐官计劾然。（《睡虎地秦简·效律》）

用作词缀的“然”只出现在楚简之中，没有例外。“然”可以作形容词或副词词缀，表示动作行为的状态，可译为“地”、“的样子”。

“X+然”一般是用作状语的。在这种状语和谓词语之间，可以出现连词“而”、“以”，也可以不出现。不出现连词的例子如：

（7）人之逸（悦）肰（然）可与和安者，不又（有）夫憍（奋）猝（作）之青（情）昊（则）柔（瞀）。（《郭店楚简·性自命出》）

（8）湹（洒）肰（然）牆（将）薨（亡）。（《上博楚简五·鲍叔牙与隰朋之谏》）

在“X然”和“VP”之间，也可以出现连词“而”或“以”。例如：

（9）审（中）心誝（辩）肰（然）而正行之，臬（直）也。（《郭店楚简·五行》）

（10）哭之歔（动）心也，濈（浸）潑（杀），亓（其）剌（烈）䜌（恋）䜌（恋）女（如）也，慼（戚）肰（然）以终。（《郭店楚简·性自

命出》)

(11) 乐之皶(动)心也，濬(濬)深鬱(郁)舀(陶)，丌(其)剌(烈)昊(则)流女(如)也以悲，條(悠)肰(然)以思。(《郭店楚简·性自命出》)

第二节 出土战国文献中的助词“之”

“之”有动词、代词和助词等用法，本文只讨论出土战国文献中“之”的助词用法，[①]不涉及其动词、代词的用法。

助词“之”可用于定中之间、状中之间、中补之间、主谓之间以及主语与介宾之间。

对于定中之间的“之”，学术界有不同的称谓。有些学者称为介词，如马建忠(1898)、陈承泽(1922)、王力(1943)；有的学者称为连词，如杨树达(1930)；有的学者称为关系词，如吕叔湘(1942)；有的学者称为小品词，如杨伯峻(1956)；有的学者称为间词，如史存直(1986)；有的学者则称为助词，如赵廷琛(1986)。

目前在教育界、学术界影响较大的有介词说、连词说和助词说。王力主编的《古代汉语》(中华书局出版)主张介词说，郭锡良主编的《古代汉语》(语文出版社出版)主张连词说，其他许多学者则主张助词说。主张助词说的学者，除前面提到的赵廷琛(1986)外，还有何乐士(2006)、李佐丰(2004)、赵世举(2000)、朱有明(1987)等等。除少数学者外(如赵廷琛把定中之间的“之”看作是语气助词)，主张助词说的学者一般都把定中之间的“之”视为结构助词。

我们认为，把定中之间的“之”称为助词、结构助词是可信的。

首先，定中之间的“之”既不跟“于”、“以”、“为”等介词相同，也不与“而”、“则”、“与”等连词相类。把这种“之”称为介词或连词都不合适。而“关系词”、“小品词”，“间词”等术语，今人已经基本不用了。

其次，定中之间的“之”同现代汉语定中之间的“的”十分相类。定中之间的“的”是定语的标志，是用在定中短语中修饰语和中心语之间的辅助性连接成分，是公认的结构助词。定中之间的“之”虽然与现代汉语定中之间的“的”有所不同（如“的”后的中心语可省略，而“之”后的中心语不可省略），但“之”也是用于修饰语和中心语之间的辅助性连接成分，也应视为结构助词。

再次，定中之间的“之”，在现代汉语中并未消失，而是遗留下来了。如“三口之家”、“兽中之王”、“血肉之躯”等等。这种“之”，研究现代汉语语法的学者们一般都把它看作是结构助词。这样，把古代汉语定中之间的“之”也视为结构助词，应该是没有问题的。

最后，古代汉语中的助词“之”是现代汉语定中之间“的”的来源之一。依据袁宾（2000），近代汉语的助词“的”主要作用是联系定语和中心语，有时候“的”字后面不出现中心语，这两种用法的“的”来源于古代汉语的“之”、“者”。章太炎的《新方言》也说：“今凡言‘之’者，音变如丁兹切，俗作‘的’，之宵音转也（作‘底’者亦双声相转）。”

总之，把古代汉语定中之间的“之”称为结构助词应该是没有问题的。

古代汉语中的“之”，不但可以用在定中之间，也可以出现在主谓之间。对主谓之间的“之”，目前主要有两种看法，一是认为它与定中之间的“之”是一样性质的，这是大多数学者的看法；二是认为主谓之间的“之”和定中之间的“之”是两种不同性质的词，这是何乐士（2006）的看法。

何乐士（2006）认为，定中之间的“之”和主谓之间的“之”是不同的，她把前者称为结构助词，而后者称为顺承连词。结构助词“之”组成名词性偏正短语，有了它结构的性质改变了。不管“之”前的修饰语是什么词性、什么结构，都变成了名词性的短语。而顺承连承“之”起的是连接作用，在结构内部连接前后两项，并把这些结构与更大的语言单位连接起来。有了它，结构的性质并没有实质性变化。（P611）

我们认为，何乐士（2006）的看法并不可从。定中之间的“之”和主谓之间的“之”都应视为结构助词。

首先，定中之间用“之”有时可以改变整个短语的结构性质，有些则不能；而主谓之间用“之”则一定改变了整个短语的结构性质（详见下文）。所以，何乐士立论的根据站不住脚。

其次，定中之间的“之”有些是把定中关系突显出来，有些是把非定中关系变为定中关系。主谓之间的“之”属于后一种情况，是把主谓关系变为定中关系。也就是说，一个主谓短语，中间加“之”之前是主谓短语，加“之”之后变为定中短语，这已是目前学术界较为一致的看法。由于主谓之间“之”的作用是如此，所以也应跟定中之间的“之”一样，视为结构助词。

其次，现代汉语中结构助词“之”是古代汉语结构助词“之”的遗留。现代汉语中的“之”可用于定中之间，也可用于主谓之间。这两种“之”，研究现代汉语语法的学者们一般都把它看作是结构助词，一视同仁，而并不一分为二。

最后，现代汉语中的“的”，不但可以出现在定中之间，也可以用在主谓短语之中。这两种“的”，研究现代汉语语法的学者们也都同样看待，称为“结构助词”。

所以主谓之间的“之”也应看作是结构助词。

在前置宾语和动词之间，也可以出现“之”。对于这种“之”，有些学者认为跟定中之间的“之”一样是结构助词，如何乐士（2006）、朱有明（1987）等。

这种看法有待商榷。这种“之”，我们认为它是代词，而不是结构助词。这需要先从“是”谈起。代词“是”也可以用于前置宾语和动词之间。例如：

亹亹申伯，王缵之事。于邑于谢，南国是式。王命召伯，定申伯之宅，登是南邦，世执其功。王命申伯，式是南邦。因是谢人，以作尔庸。（《诗经·大雅·崧高》）

嗟尔君子，无恒安处。靖共尔位，正直是与。……嗟尔君子，无恒安息。靖共尔位，好是正直。（《诗经·小雅·小明》）

上引前例中的“南国是式”是“O+是+V”式句，这个句子中的“是”是复指前面的“O”的，起指别兼替代作用，与“O”构成同位短语。前例中的“式是南邦”则是“V+是+O”式句，这个例子中的“是”仍是代词，起指别兼替代作用，只不过这个“是”由话语回指变为话语后置罢了。“南国是式”和“式是南邦”是同一个意思的两种不同说法，（词汇上把“邦”变成了“国”），两种句式之间有变换关系，由“V+是+O”式变换为“O+是+V”式，语义上虽没多大变化，但语用上有别。由于“南国是式”

和“式是南邦”关系是如此密切，所以我们说两句中的“是”词性是相同的。后一个例子中的“正直是与”和“好是正直”也是如此。详见张玉金（2006）。

“O+之+V”中的“之”，可以跟“O+是+V”中的“是”一样看待，也是代词。在上古汉语的文献中，我们不但可以见到“O+之+V”式，也可以见到“V+之+O”式，其中的“之”跟“O”构成同位短语，例如：

子子孙孙永宝用之匜。（《蔡叔季之孙𧶘匜铭》，《集成》16·10284）

余剌为之尊器，为之浴缶。（《郑臧公之孙缶铭》，《集录》1042）

楚叔之孙途为之盉。（《楚叔之孙途盉铭》，《集成》15·9426）

取膚上子商铸盘，用媵之丽奴，子子孙孙永宝用。（《取膚盘铭》，《集成》16·10126）

上引第一个例子可与下例相比较：“子子孙孙永宝用之。”（《戴伯匜铭》，《集成》16·10246）。可见上引第一个例子中的“之”并不是作“匜”的定语的，而是由“之”和“匜”构成同位短语，共同作“用”的宾语的。这种句式中的“之”肯定是代词，那么与之有变换关系的“O+之+V”中的“之”也应该是代词。

古代汉语中的“之”还可用于状中之间、中补之间，这种“之”也是结构助词。在现代汉语中，“之”仍可用于状中之间，如“非常之多”。这种“之”，研究现代汉语语法的学者们一般都看成是结构助词。在现代汉语的书面语中，有“的”、“地”、“得”三个结构助词，“的”用在定中之间，“地”用在状中之间，“得”用在中补之间。在口语中，“的”、“地”、“得”三者读音基本相同，都读轻声“de”。所以说在口语中只是一个结构助词“de”。古代汉语中的“之”跟现代口语中的结构助词“de”类似，都是可以用在定中之间、状中之间和中补之间的。这样看来，把状中之间、中补之间的“之”也看成结构助词应该是没有问题的。

古代汉语中的“之”还可以用在主语和介宾结构之间，这种“之”，跟主谓之间的“之”十分类似，也可以看作是结构助词。

所以，我们说古代汉语中的结构助词“之”可用于定中之间、状中之间、中补之间、主谓之间、主语和介宾结构之间。

运用上述理论，研究出土战国文献中的结构助词“之”，得出如下结论：

2－1：出土战国文献中结构助词“之”统计表

文献 用法	战国金文	战国简牍			战国帛书	战国玉石文字	合计
		楚简	曾简	秦简			
定中之间	560	1860	600	139	5	11	3175
状中之间		13					13
中补之间		11					11
主谓之间	4	191		4	2	3	204
主语和介宾之间	21	7		1			29
总计	585	2082	600	144	7	14	3432

一、用在定中之间的“之”

这种“之”在现有的出土战国文献语料中共出现了3175次，占总次数（3432）的92.5%。可见结构助词“之”主要是用于定中之间的。

定中之间的“之”是用来连接定语和中心语的。“之”前的定语，可以是体词性词语，也可以是谓词性词语。“之”前的定语是体词性词语的例子如：

（1）攻（功）述（遂）身退，天之道也。（《郭店楚简·老子甲本》）

（2）丙辰之日不察长陵邑之死。（《包山楚简》54）

（3）紫鱼之韔，䴏（貍）㲈之聶。（《曾侯乙墓竹简》45）

（4）䄠𨟻（貂）与紫鱼之箙，䴏（貍）㲈之聶。（《曾侯乙墓竹简》70）

（5）此所胃（谓）之𣽈（旱）母。（《上博楚简四·柬大王泊旱》）

（6）改（戒）忌（惎）勑（胜），为人上者之孞（务）也。（《郭店楚简·尊德义》）

上引例（1）、例（2）“之”前的定语“天”、“丙辰”都是名词，例（3）中的定语“紫鱼”、“䴏（貍）㲈”是定中短语，例（4）中的“䄠𨟻（貂）与紫鱼”是名词性联合短语，例（5）中的“所胃（谓）”是所字短语，例（6）中的“为人上者”是者字短语。

“之”前的定语是谓词性词语的例子如：

（7）唯戉（越）王丌（其）北古，自乍（作）元之用之佥（剑）。（《越王其北古剑铭》，《集成》18·11703）

（8）不出三月，必有死亡之志至。（《睡虎地秦简·日书甲种》）

（9）君子执志必又（有）夫生（皇）生（皇）之心，出言必又（有）夫柬（简）柬（简）之訐（信）。（《郭店楚简·性自命出》）

（10）是以圣人居亡为之事，行不言之教。（《郭店楚简·老子甲本》）

（11）凡娶妻、出女之日，冬三月奎、娄吉。（《睡虎地秦简·日书甲种》）

（12）临事之纪：慎冬（终）女（如）始，此亡败事矣。（《郭店楚简·老子甲本》）

（13）齐客陈异至（致）福於王之岁。（《新蔡楚简》甲三：27）

（14）大司马悼滑救郙之岁，享月，丙戌之日。（《包山楚简》牍1）

上引例（7）中作定语的“用”是动词，例（8）中的“死亡”也是动词，例（9）的“生生”、“柬柬”都是形容词，例（10）中的“亡为”是动宾短语，“不言”是状中短语，例（11）中的“娶妻、出女”是动词性联合短语，例（12）中的“临事”是动宾短语，例（13）、例（14）中的定语都是主谓短语。

出现在“之”字之后作中心语的一般都是体词性词语。例如：

（15）文王之型（刑）莫至（重）安（焉）。（《郭店楚简·成之闻之》）

（16）鄐牧之晶（参）匹驹驸，戎逄。（《曾侯乙墓竹简》179）

（17）復（復）尹之一骐一黄，目（以）乘鲁旞（阳）公之䧅车。（《曾侯乙墓竹简》162）

（18）虽（独）尻（处）昊（则）习父兄之所乐。（《郭店楚简·性自命出》）

（19）古之叀（事）君者，目忠与敬。（《上博楚简三·中弓》）

上引例（15）是名词作中心语，例（16）是定中短语作中心语，例（17）是名词性联合短语作中心语，例（18）是所字短语作中心语，例

(19) 是者字短语作中心语。

当兼类词出现在"之"字之后作中心语时，它一般是以名词的身份充当的。例如：

(20) 是以圣人之言曰：我无事而民自福（富）。(《郭店楚简·老子甲本》)

(21) 古（故）为孚（少）必圣（听）长之命，为戋（贱）必圣（听）贵之命。(《上博楚简四·内豊》)

(22) 子思曰："恒爯（称）丌君之亚（恶）者，可胃（谓）忠臣矣。"(《郭店楚简·鲁穆公问子思》)

有些词通常是作动词或形容词用的，但当它作中心语出现在"之"字之后时，就活用为名词。例如：

(23) 王八年，内史操左之造，咸昜（阳）工帀（师）屯。(《王八年内史操戈铭》,《汇编》1904)

(24) 四年，右库冶气之封（铸）。(《四年右库戈铭》,《集成》17·11266)

(25) 蔡侯子从之用。(《蔡公子从剑铭》,《集成》18·11605)

(26) 畇公之駴为左服，鄱牧之黄为右服。朱逄。(《曾侯乙墓竹简》182)

(27) 司马之白为右飞（騑）。乘马之六马。鱼轩。(《曾侯乙墓竹简》174)

上引例（23）中的"造"，已发生转指化，已不表动作，而表动作的受事，是"所造"的意思。"所造"一语，在战国金文中已经可以见到，例如"献鼎之岁，羕（养）陵公伺之睘（县）所造，冶已女。"(《羕陵公戈铭》,《集成》17·11358) 例（24)、(25）中的"封"、"用"均类此。有人认为这类例子中的"之"可训为"所"，这当然是不可信的，但是其对文句意义的理解还是不错的。例（26）中的"黄"也已发生转指化，不再表示颜色，而是表示具有这种颜色的系事，是"黄者"的意思，即黄颜色的马。例（27）中的"白"类此。

就出土战国文献来看，其中定语和中心语之间的语义关系多种多样。"之"可以用在四种语义类型的定中短语之间，即领属关系、修饰关系、限制关系、同一关系。

首先，“之”可以用在领属性定语和中心语之间。例如：

（28）君王尚（当）目（以）餌（问）大剳（宰）晋侯，皮（彼）圣人之子孙。（《上博楚简四·柬大王泊旱》）

（29）民之父母新（亲）民易。（《郭店楚简·六德》）

（30）瑶、敚嬰雁成，唯周瞏之妻葬焉。（《包山楚简》91）

（31）丌（其）内（入）臬（拔）人之心也敂（厚）（《郭店楚简·性自命出》）

（32）鯉之身，沁吝惠武。（《上博楚简六·用曰》）

（33）圣人之眚（性）与中人之眚（性），丌生而未又（有）非之。（《郭店楚简·成之闻之》）

（34）夫峕（诗）也者，目（以）箬（誌）君子之志。（《上博楚简五·季庚子问於孔子》）

上引各例可以分为三类，例（28）至例（30）中的定语和中心语之间是领有和从属的关系；例（31）、（32）中的定语和中心语之间是整体和部分的关系；例（33）、（34）中的定语和中心语之间是本体和属性的关系。

其次，“之”可以用在修饰性定语和中心语之间。例如：

（35）鼾（豻）殉之箙，鼆（貍）貘（貘）之聶。（《曾侯乙墓竹简》2）

（36）紫羊须之總（紕），紫翌（羽）之常，二黄金之戚。（《曾侯乙墓竹简》6）

（37）以牡棘之剑刺之。（《睡虎地秦简·日书甲种》）

（38）二戈，屯一翼之翻。（《曾侯乙墓竹简》28）

（39）屯（纯）青黄之缘。（《信阳楚简》2—01）

（40）二酱白之縠，皆彫。（《包山楚简》253）

（41）毋（无）公端之心。（《睡虎地秦简·语书》）

（42）是即明避主之明法殹，而养匿邪避（僻）之民。（《睡虎地秦简·语书》）

（43）凡五卯，不可目（以）復（作）大事，帝目（以）命嗌湊垔（禹）之火。（《九店楚简》40下）

（44）蔡遗受铸剑之官宋强，宋强法丌（其）官事。（《包山楚简》18）

（45）二薦之鼎。（《包山楚简》265）

上引例（35）至（37）中的定语是表示质料的；例（38）中的定语是表示形状的；例（39）、（40）中的是表示颜色的，例（41）、（42）中的是表示性质的；例（43）中的是表示来源的；例（44）、（45）是表示功用的。

再次，“之”可以用在限制性定语和中心语之间。例如：

（46）昔之明王之迟（起）於天下者，各目亓殜（世）目及亓身。（《上博楚简四·曹沫之阵》）

（47）古之善为士者，必非（微）溺（妙）玄达，深不可志（识）。（《郭店楚简·老子甲本》）

（48）今之弋（式）於直（德）者，未年不弋（忒）。（《郭店楚简·唐虞之道》）

（49）禹以取梌山之女日也。（《睡虎地秦简·日书甲种》）

（50）夫季是（氏），河东之城（盛）豙（家）也。（《上博楚简三·中弓》）

（51）九成之台乍（作）[於累土]。（《郭店楚简·老子甲本》）九成：九层。

（52）百輮（乘）之家，十室之俉。（《上博楚简五·三德》）

上引例（46）、（47）、（48）中的定语是表示时间的；例（49）、（50）中的定语是表示处所的；例（51）、（52）中的定语是表示数量的。

最后，“之”可以用在同一性定语和中心语之间。例如：

（53）夏柰之月、癸亥之日执事人为之盟誓，凡二百人十一人。（《包山楚简》137）

（54）凡大徹之日，利以远行。（《周家台秦简·日书》）

（55）祭祀之豊（礼）必又（有）夫齐齐之敬。（《郭店楚简·性自命出》）

（56）十一葉，右使车啬夫齐瘁、工角。冢（重）一石八十二刀之冢。（《十一年壶铭》，《集成》15·9684）

（57）王遝（徙）於鄩郢之戢（岁），頣（夏）柰之月，癸嬛（亥）之日。（《新蔡楚简》甲三：204）

(58) 目（以）亓（其）不良恚瘳之古（故），尚毋又（有）米。(《新蔡楚简》甲三：184、185)

(59) 以职（识）耳（佴）不当之律论之。(《睡虎地秦简·效律》)

上引例（53）至（56）中的定语是复指式的，而例（57）至（90）中的定语是说明式的。

定中之间的“之”，主要有三种功用：

一是凸显定中关系。“之”是定语的标志。如果一个定中短语不用“之”定中关系就不显明，就要加上“之”。例如“赏与坓（刑），祡（祸）福之羿（基）也。”(《郭店楚简·尊德义》) 此例中的“之”如果去掉，定中关系就不能一眼看出来。

二是分化潜在歧义。一个短语，原来隐含有两种结构关系。使用“之”之后，可使这个短语定格为只有一种结构关系。例如“黄金之戭”，如果中间没有“之”，则可有并列和定中关系两种解释；用“之”之后，就只能是定中关系了。

三是改变结构关系。这是说，“之”的使用，可以使非定中短语变成定中短语。例如“蔡侯产之用剑”(《蔡侯产剑铭》,《集成》18·11604)，如果中间不用“之”，是主谓短语；用了“之”之后，就只能是定中短语了。

二、用在状中之间的“之”

现代汉语口语中的结构助词“de”(可以写作“的”、“地”、“得”）不但可以用在定中之间，也可以用在状中之间。古代汉语中的“之”亦然，也可用于状中之间，充当状语的标志。例如“哀我人斯，亦孔之将。”(《诗经·豳风·破斧》)、“齐王何若是之贤也？则将必王乎？”(《韩非子·外储说右下》)。现代汉语里的“之”也可以用在状中之间，如“非常之浪漫”。

出土战国文献中可以见到这种用法的“之”。共有 13 次，占总次数（3432）的 0.38%。例如：

(60) 士为大夫之立身不字，大夫为邦君之立身不字，邦君为天子之［立］身不字。(《上博楚简六·天子建州甲》)

(61) 丁畏（亥）之日，郳輓目（以）鄐韋（箽）为君卒（卒）戠（岁）之贞。(《新蔡楚简》乙四·102)

（62）含（今）内之不旻（得）百生（姓），外之为者（诸）侯煔（笑），募（寡）人之不剸也。（《上博楚简五·竞建内之》）

上引例（60）中的“士为大夫之立身不字”，是说士为了大夫虽已树立己身却不字。其中的“之”用在“为”字介宾状语和谓词语之间。上引例（61）可与下例相比较：“己卯之日，鄘（应）嘉吕（以）卫侯之筮为坪夜君贞。”（《新蔡楚简》甲三：114）后者中的“为坪夜君”是状语，“贞”是动词，作谓语中心词。准此，例（61）中的“为君舝戢”（为了国君的一整年）是状语，“贞”（贞问）是谓语中心，而“之”是用于状中之间的。“之”是可以用于“为”字介宾状语和谓语中心词之间的，例如“为色声香味之所惑乱。”（《百喻经·奴守门喻》）这个例子里的“所”已经虚化，不是名词化的标志，谓语中心词是“惑乱”。“之”用在介宾状语和谓语中心语之间。上引例（62）中的“之”用于方位名词状语之后，用来标志状语凸显状中关系。对这类“之”，有人认为是语缀助词，表示对范围的强调。这种看法是没有根据的。方位名词出现在谓词语之前，通常都是做状语的。这种状语后也是可以出现状语标志“之”的。类似的例子在传世文献中可以见到。例如“内之不能善事其亲戚，外之不能善事其君长。”（《墨子·非攻中》）

三、用在中补之间的“之”

现代汉语中的结构助词“的”，不但可以用在定中之间、状中之间，也可以用在中补之间。古代汉语中的“之”亦然，也可充当补语的标志。“之”用于中补之间的例子如“古人之观于天地、山川、草木、虫鱼、鸟兽，往往有得，以其求思之深而无不在也。”（王安石《游褒禅山记》）“求思之深”里的“深”是补语，“之”用在补语之前，“之”的前面是动宾结构。

这样的例子在出土战国文献中也可以见到。这种“之”共出现 11 次，占总次数（3432）的 0.32%。例如：

（63）凡甬（用）心之喿（躁）者，思为甚。甬（用）智之疾者，患为甚。甬（用）青（情）之至者，忞（哀）乐为甚。甬（用）身之貟（弁）者，兑（悦）为甚。甬（用）力之聿（尽）者，利为甚。（《郭店楚

简·性自命出》）

（64）酓（含）悳（德）之𦚢（厚）者，比於赤子。（《郭店楚简·老子甲本》）

上引例（63）中的“甬心之喿”是动补结构，跟前引“求思之深”是一样的结构。“甬心”是动宾结构，“喿”是补语，“之”用在“喿”之前。“甬心之喿”可以译为现代汉语中的拷贝结构：用心用得很急躁。其余的例子类此。

四、用在主谓之间的“之”

主谓之间的“之”是什么性质的词呢？王力（1943）等认为是介词，杨树达（1930）认为是连词，杨伯峻（1956）等认为是助词。“之”既不跟“於”“以”“为”等介词相同，也不与“而”“则”“与”等连词相类。所以把这种“之”称为介词或连词都不太合适。目前学术界对这个问题主要有两种看法，一是认为它与定中之间的“之”是一样性质的词，这是大多数学者的看法；二是认为主谓之间的“之”和定中之间的“之”是两种不同性质的词，这是何乐士（2006）的看法。

何乐士（2006：611）认为，定中之间的“之”和主谓之间的“之”是不同的，她把前者可称为结构助词，而后者要称为顺承连词。结构助词“之”组成名词性偏正短语，有了它结构的性质改变了。不管“之”前的修饰语是什么词性、什么结构，都变成了名词性的短语。而顺承连词“之”起的是连接作用，在结构内部连接前后两项，并把这些结构与更大的语言单位连接起来。有了它，结构的性质并没有实质性变化。

我们认为，何乐士（2006）的看法并不可从。定中之间的“之”和主谓之间的“之”都应视为结构助词。

首先，定中之间用“之”有时可以改变整个短语的结构性质，有时则不能；而主谓之间用“之”则一定改变了整个短语的结构性质，详见下文。所以，何乐士立论的根据站不住脚。

其次，定中之间的“之”有时是把定中关系突显出来，有时则是把非定中关系变为定中关系。主谓之间的“之”属于后一种情况，是把主谓关系变为定中关系。也就是说，一个主谓短语，中间加“之”之前是主谓短语，加“之”之后则变为定中短语，这已是目前学术界较为一致的看法。由于主谓之间“之”的作用是如此，所以也应跟定中之间的“之”一样，视为结构助词。

最后，现代汉语中结构助词“之”是古代汉语结构助词“之”的遗留。现代汉语中的“之”可用于定中之间，也可用于主谓之间。这两种“之”，研究现代汉语语法的学者们一般都把它看作是结构助词，一视同仁，而并不一分为二。

所以主谓之间的“之”也应看作是结构助词。

“主之谓”是一种什么结构呢？这在学术界也有不同的看法。黎锦熙（1954）、王力（1943）、吕叔湘（1942）等认为是偏正词组，中学语文教材等认为是主谓词组，张世禄（1984）等认为是偏正化主谓词组。

我们认为，“主之谓”是一种定中短语，而不再是主谓短语。

首先，“之”是结构助词，它的基本功用是充当定语的标志。当“之”出现在“主”之后时，“主”已不再是主语，而变成了定语；相应地，“谓”变成了中心语。这样“主之谓”就是定中短语了。

其次，现代汉语中的“的”也可以用在主谓之间，如“他们的反对”、“朋友的死亡”、“西湖的美丽”、“狐狸的狡猾”等等。研究现代汉语语法的学者们大都认为，这种“的”改变了整个短语的结构，把主谓短语变成了定中短语。主谓之间的“之”与此相类。

最后，在现代汉语里，结构助词“之”仍然存在，它也可用在主谓之间，如“敌之狠毒”、“彼之愚昧”、“味道之醇正”、“回味之久远”等。对这种“之”，研究现代汉语语法的学者们也都认为它改变了其所在短语的结构性质，把主谓结构变为定中结构了。

“主之谓”既然已是定中短语，那么它就不再是谓词性的，而是名词性的了。

对上古汉语“主之谓”结构的性质主要有两种意见：一种意见认为“主之谓”结构是名词性的（王力 1980；朱德熙 1983；蒲立本 2006 等）；另一种意见认为“主之谓”结构是谓词性的（如何乐士 1989；张雁 2001 等）。之所以把“主之谓”结构仍看成是谓词性的，以往大体有三种论证：

一是“主之谓”结构可作分句或者独立成句，这说明其为谓词性的，并且“主之谓”结构作主语、宾语也不能说明其已经名词化了。对这种论证，我们不能同意。作主语、宾语的成分，通常都是名词性成分；名词性成分也可以作分句或者独立成句，“主之谓”结构是以名词性结构的身份作上述成分的，详见下文。

二是在先秦文献中“主之谓”和“主谓”两类结构共存，在汉代注释中两类结构互释，这种现象证明“主之谓”结构具有谓词性。对这种论证，我们也不能同意。“主之谓”结构和“主谓”结构只是意义接近，所以可以相互训释，两种结构的性质并不相同。如果它们都是谓词性的，为什么要在中间加上“之”？

三是“主之谓”结构的核心是“谓”，“谓”的范畴归属应与结构整体一致。可以从与“谓”相关的形式特征来判定整个结构的范畴归属。如“主之谓”结构中“谓”前允许出现“已、既、即、方、将、始”等表示时、体意义的副词；“主之谓”结构中存在着“不、未、弗、莫、勿、毋”等否定副词；情态动词“可、可以、能”可以出现在“主之谓”结构中；“主之谓”结构的“谓”如是及物的，其宾语仍旧在“谓”后，理解上也接近宾语。这说明“谓”是谓词性的。既然如此，那么整个“主之谓”也是谓词性的。对这种论证，我们仍不能同意。就一个结构体而言，其整个结构体的性质和核心成分的性质在具体的语言环境中并不总是一致的。如“见贤思齐，见不贤而内自省”（《论语·里仁》）中的“不贤”，其整个结构体已经发生句法化转指的变化（见郭锐 2002），是名词性的，但其中的“贤”仍然是谓词性的。我们不能这样论证：“贤”受“不”修饰，是谓词性的，因此上引例中的“不贤”也是谓词性的，这是与事实不符的。同样，不能因为“主之谓”中的“谓”是谓词性的，就说“主之谓”也是谓词性的。

“主之谓”中“之”的基本功用是充当定语的标志（郭锐 2002 把古代汉语中的“之”看作修饰化标记，与我们的观点类似），它把主语变为定语，同时也把主谓短语变为定中短语。但是“之”不能改变其中心语的句法功能。例如“圣人之訂（治）民，民之道也。”（《郭店楚简·尊德义》）例中“之”后的“訂（治）”仍然是动词，仍可以带宾语。

“主之谓”中“之”的作用如何？关于这个问题，最有代表性的说法是这种“之”取消了句子的独立性。这种说法虽无大错，但不是很准确，没有抓住“之”的基本作用。

这种“之”用在主谓之间，把主谓短语这种自由短语变为定中短语这种粘着类短语。自由短语在成句这一点上是自由的，而粘着类短语在成句这一点上是粘着的。从这一点来看，所谓“取消句子的独立性”，虽然不太准确，却也无大错。

但是主谓之间的“之”的基本作用并不在于取消句子的独立性，而仍然是充当定语的标志。所谓“取消句子的独立性”（说法不太准确）只是其派生作用，并不是其基本作用。

朱德熙（1983）认为这种“之”是“名词化标记”，名词化标记仍然是其派生作用，而不是基本作用。“之”首先用在“主”后，把“主”标志为定语，这是最基本的。“主”变为定语之后，“主之谓”变成了定中短语，这个短语名词化了，这是“之”的派生作用。这样看来，“主之谓”和“主谓”是同义结构，但前者是名词性的，而后者是谓词性的。

“主之谓”中的“之”是作定语的标志，“定之中”中的“之”亦然。两种“之”在“基本功用”这一点取得了统一。“定之中”中的“之”有时即使不用，整个短语也是名词性的，用不着加“之”来标志。所以不能把“定之中”中的“之”看成名词化标记，同样，也不能把“主之谓”中的“之”看成名词化标记。‘主之谓”整体名词化，这是其派生作用，或者说是客观效果。

所以我们说，“主之谓”和“定之中”的“之”都是结构助词，其基本功用也是相同的。如果把“主之谓”中“之”的基本作用看作是“取消句子的独立性”、“名词化标记”，那么就看不到两种“之”之间的一致性了。

“主之谓”和“主谓”结构的异同如何？这可以从句法、语义、语用、认知四个角度加以分析。

从句法结构的角度来看，“主谓”是主谓短语，“主之谓”是定中短语，前者为自由短语，后者为粘着类短语。从语义关系的角度来看，“主谓”中的“主”为施事，“谓”中的动词表动作；“主之谓”亦然，跟“主谓”没有太大区别。从语用的角度来看，“主谓”表示陈述，“主之谓”则表示指称。从认知的角度来看，“主谓”若独立成句，则其中的“主”为图形，而“主之谓”中的“主”不能再作图形。如果“主之谓”作主语，则“主之谓”整体作图形；若作宾语，则整体作背景。

我们认为，由指称到陈述，呈现为一个连续统。在这个连续统中，“定中”居左，“主谓”居右，“主之谓”应在其间：

指称——指称——陈述

定中　主之谓　主谓

从指称性角度来看，“主之谓”弱于“定中”。这是因为“主之谓”中的“谓”虽为中心语，但不是名词性的，而仍然是谓词性的。

“主之谓”可以作主语，例如“天之弃商久矣”（《左传·僖公二十二年》）；可以作动词或介词的宾语，例如“陈辕宣仲怨郑申侯之反己于召陵”（《左传·僖公五年》）、“逮吴之未定，君其取分焉。”（《左传·定公四年》）；可以作判断句谓语，例如“民之多幸，国之不幸也。”（《左传·宣公十六年》）；可以作分句，例如“虽鞭之长，不及马腹。”（《左传·宣公十五年》）也可以在一个语段中单独成句，例如“胜闻之，曰‘令尹之狂也！得死，乃非我！’”（《左传·哀公十六年》）

前面说过，“主之谓”是名词性的定中短语，是表示指称的。“主之谓”作主语、宾语，正是其性质的反映。在古代汉语中，判断句谓语是由名词性词语充当的，“主之谓”当然也可以作判断句谓语。

但是，“主之谓”又可以作分句，在一个语段中甚至可以单独成句，这又该如何解释呢?

我们认为，对这种现象可以用指称和陈述相互转化的理论来解释。陈述可以转化为指称，指称也可以转化为陈述。

最密切相关的是定中短语，它是名词性短语，是表示指称的。但是在一定的条件下，定中短语的语用功能会发生变化，由指称转化为陈述。这种功能发生转化了的定中短语，可以单独作谓语，例如“壮者散而之四方者，几千人矣。”（《孟子·梁惠王下》）；也可以充当复句的分句，例如“虽千万人，吾必往矣。”（《孟子·公孙丑上》）、“虽大国，必畏之矣。”（《孟子·公孙丑上》）

明白了这一点，我们就可以对上述问题做出解释了，“主之谓”是名词性的，是表示指称的。但当它作分句、单独成句时，其语用功能发生了转化，由指称变成了陈述。“主之谓”作分句、单独成句，是有条件的，这跟“主谓”不同，“主谓”作分句、单独成句则是自由的。“主之谓”作分句，是以名词性短语的身份作的；“主之谓”单独成句，也是以名词性短语的身份作的。“主之谓”作分句或单独成句，都有名词性短语陈述化所带来的语用效果。

2－2：出土战国文献中“主之谓”统计表

文献 / 用法		战国金文	战国简牍		战国帛书	战国玉石文字	合计
			楚简	秦简			
主语			57				57
宾语	动词宾语	4	43	1	1	2	51
	介词宾语		3				3
定语			1				1
判断句谓语			4				4
分句	假设分句		17				17
	因果分句		20				20
	时间分句		20				20
	并列分句		11	1			12
	转折分句		5				5
	顺承分句		4				4
	按断分句		1				1
	解说分句		1				1
	条件分句			1			1
单独成句			4	1	1	1	7

“主之谓”作句子主语的例子如：

（65）文王之见也女（如）此。（《郭店楚简·五行》）

（66）民之从之也难。（《郭店楚简·成之闻之》）

（67）君子之求者（诸）吕（己）也深。（《郭店楚简·成之闻之》）

（68）圣人之訂（治）民，民之道也。墨（禹）之行水，水之道也。戚

（造）父之馭（御）马，马之道也。句（后）禝（稷）之䡅（艺）陛（地），陛（地）之道也。（《郭店楚简·尊德义》）

“主之谓”作宾语的例子如：

（69）臣不䛐（知）君王之牆（将）为君。（《上博楚简六·申公臣灵公》）

（70）子左尹命漾陵之宫大夫察州里人阳锗之与其父阳年同室与不同室。（《包山楚简》127）

（71）天下皆智（知）散之为媺（美）也。（《郭店楚简·老子甲本》）

（72）不量亓（其）力之不足，迈（起）师㠯伐昏（岷）山是（氏）。（《上博楚简二·容成氏》）

（73）善事丌上者，若齿之事肙（舌）。（《郭店楚简·语丛四》）

（74）㠯（以）仆之不㝵（德），并仆之父母之骨厶（私）自塼（敷）。（《上博楚简四·昭王毁室》）

上引前五个例子，“主之谓”作动词的宾语，第六个例子，“主之谓”作介词的宾语。

“主之谓”作定语和判断句谓语的例子如：

（75）八月，己未之夕，㠯（以）君之疠（病）之［古（故）］☐。（《新蔡楚简》乙四·5）例中的“病”是生病的意思，动词。

（76）耳官（目）鼻口手足六者，心之役也。（《郭店楚简·五行》）役：是役使的意思，动词。

上引诸例，“主之谓”都是作句子成分，而下引各例中的“主之谓”则是作分句或单句。

“主之谓”可以作并列复句中的分句，例如：

（77）又（有）亡之相生也，难惕（易）之相成也，长耑（短）之相型（形）也，高下之相浧（盈）也，音圣（声）之相和也，先遂（后）之相墮（随）也。（《郭店楚简·老子甲本》）

（78）君子所復（报）之不多，所求之不远。（《郭店楚简·成之闻之》）

“主之谓”可以作顺承复句中的前一分句，例如：

（79）心䐀之既权，征民乃贵。（《上博楚简六·用曰》）

（80）亙（恒）燹（气）之生，因復亓所慾。（《上博楚简三·恒先》）

“主之谓”可以作解说复句中的前一分句，例如：

（81）昔周室之邦鲁，东西七百，南北五百。（《上博楚简四·曹沬之阵》）

“主之谓”可以作按断复句中的前一分句，例如：

（82）智（知）足之为足，此亙（恒）足矣。（《郭店楚简·老子甲本》）

以上各例中的“主之谓”都是作联合复句中的分句，以下各例中的，则是作偏正复句中的分句。“主之谓”可以作转折复句中的前一分句，例如：

（83）金石之又（有）圣（声）也，弗钩（扣）不鸣。（《上博楚简一·性情论》）

（84）人之怨子，立（泣）不［敢言］。（《上博楚简一·诗序》）

“主之谓”可以作条件复句中的偏句，例如：

（85）县所葆苑之傅山远山，其土恶不能雨，夏有坏者，勿稍补缮，至秋毋雨时而以繇（徭）为之。（《睡虎地秦简·秦律十八种》）

“主之谓”可作假设复句中的偏句，例如：

（86）又（有）亓（其）为人之佷佷女（如）也，不又（有）夫柬柬之心，则悉。又（有）亓为人之柬柬女（如）也，不又（有）夫恒怸（忻）之志，则曼。（《上博楚简一·性情论》37）

（87）又（有）亓为人之快女（如）也，弗𢾊（养）不可。又（有）亓（其）为人之㝗（渊）女（如）也，弗杈（补）不足。（《郭店楚简·性自命出》）

“主之谓”可以作因果复句中的分句，既可以作偏句，也可以作正句。例如：

（88）夫葛之见訶（歌）也，则以叶萋之故也。（《上博楚简一·诗序》）

（89）正（政）之不行，季（教）之不成也，𣅀（则）埜（刑）罚不足耻，而雀（爵）不足鬳（劝）也。（《郭店楚简·缁衣》）此例中的“则”是“是因为”的意思。

（90）畏（威）備（服）型（刑）罚之娄（屡）行也，繇（由）走（上）之弗身也。（《郭店楚简·成之闻之》）

（91）车歇（盖）之荃（蔽）酭（翳），不见江沽（湖）之水。（《郭店楚简·语丛四》）

“主之谓”可以作时间复句中的偏句，例如：

（92）圣人之才（在）民前也，以身逡（后）之。亓（其）才（在）民上也，以言下之。（《郭店楚简·老子甲本》）

（93）汤是之又（有）天下，厚悉（施）而泊（薄）畬（歛）。（《上博楚简二·容成氏》）

（94）君子之立（莅）民也，身備（服）善以先之。（《郭店楚简·成之闻之》）

（95）臤（贤）人之居邦豪（家）也，娶（夙）舉（兴）夜寤（寐）。（《上博楚简五·季庚子问於孔子》）

五、用在“主语+介宾”之间的“之”

“介词”源于动词，而且介词或多或少还保留动词性，所以“主语之介宾”中的“之”和“主之谓”中的“之”应看作同一性质的词，而前者即源自于后者。这种“之”的基本功用仍是作定语的标志，“主语+之+介宾”也是名词性的结构。

根据介词的不同，可以把“主语之介宾”分成三类：

一是“主语+之+於宾”。例如：

（96）是［古（故）］君子之於言也，非从末澅（流）者之贵，窮濠（源）反沓（本）之贵。（《郭店楚简·成之闻之》）

（97）君子之於叄（教）也，丌（其）道（导）民也不寖（浸），则丌淳也弗深悓（矣）。（《郭店楚简·成之闻之》）

（98）豊（礼）者，义之跬（兄）也。豊（礼）之於层（尸）窗（庙）也，不腈（精）为腈（精）。（《上博楚简六·天子建州甲》）

例（96）中主语与介词“於”的宾语之间是对待关系，介词的宾语是主语所对待的对象，谓语是说明主语是如何对待宾语的。其余两例类此。

二是“主语+之+与宾”例如：

(99) 古者埜(尧)之舁(与)叁(舜)也,昏(闻)叁孝,智(知)丌(其)能敍(养)天下之孝也;昏叁弟(悌),智(知)丌(其)能幻(事)天下之长也。(《郭店楚简·唐虞之道》)

(100) 越里中之与它里界者,垣为完(院)不为?(《睡虎地秦简·法律答问》)

(101) 卑(譬)道之才(在)天下也,猷(猶)少(小)浴(谷)之舁(与)江海。(《郭店楚简·老子甲本》)

例(99)中的主语与"与"后的宾语之间是对待关系,例中的"与"跟例(96)中的"於"类似。例(100)中的"界"是动词,是交界的意思。例中主语与介词的宾语是偕同关系,谓语说明的是两个对象间的密切联系,可译为"跟"、"同"。例(101)中的主语与介词的宾语之间是对比关系,可以译为"与……(相比)"。

三是"主语+之+在宾"。例如:

(102) 妥宾之在楚也为坪皇,其在申也为遅(夷)则。(《曾侯乙钟铭》,《集成》2·327)

(103) 大(太)族(簇)之在周也为剌(厉)音,其在晋也为槃钟。(《曾侯乙钟铭》,《集成》2·322)

(104) 宣钟之在晋也为六墉。(《曾侯乙钟铭》,《集成》2·293)

(105) 穆音之在楚为穆钟,其在周为剌(厉)音。(《曾侯乙钟铭》,《集成》2·738)

在上引例(102)中,"妥宾"为起事,"楚"为处所,"在"为介词(这种"在"不应视为动词,而应视为介词。因为"在"所在的句子是关系句,"为"是关系动词,"在+宾"表示的是关系得以成立的处所条件,所以"在"并不表示实在的动作)。"之"用于起事主语和表处所的介宾短语之间,起连接作用。其余诸例类此。在例(102)至(104)中,"主语+之+在宾"后都有句中语气词"也",而例(105)则没有"也"。

"主语"和"介宾"之间加"之"和不加"之"是有区别的。这种区别可以从句法、语义、语用和认知四个角度来加以分析。

从句法角度来看,如果不加"之",则"主语"为句子的主语,而"介宾"为句子的状语。加"之"后,则"主语+之+介宾"成了句子的主语。

正因如此，句中语气词可以出现在“主语+之+介宾”之后。这种“也”是用在主语之后表示语音停顿，同时有提示作用，以待下文对所提示的对象进行陈述或说明。

从语义的角度来看，加不加“之”，句子的语义结构并无明显变化。但是在“主语”和“介宾”之间加“之”，却凸显了主语与介词宾语所代表对象之间的对待或比较等的关系。

从语用角度来看，如果不加“之”，则“主语”部分是表指称的，而谓语部分（包括介宾）是表陈述的；若加了“之”，则“主语+之+介宾”是表指称的，而谓语部分是表陈述的。

从认知的角度来看，如果不加“之”，“主语”部分是图形；如果加了“之”，则“主语+之+介宾”整体成了图形，动词后的宾语为背景。

可见，加不加“之”，是有很大的不同的。

总之，出土战国文献中的结构助词“之”，可用于定中之间、状中之间、中补之间、主谓之间以及主语与介宾之间。定中之间的“之”最常见，其次是主谓之间的“之”，其余用法的“之”都很少见。用于定中之间、主谓之间、主语与介宾之间的“之”都是充当定语的标志，用于状中之间的“之”是充当状语标志，用于中补之间的则是充当补语标志。

参考文献

陈承泽：《国文法草创》，商务印书馆 1922 年版。

何乐士：《古代汉语虚词词典》，语文出版社 2006 年版。

黎锦熙：《新著国语文法》，商务印书馆 1954 年版。

李佐丰：《古代汉语语法学》，商务印书馆 2004 年版。

吕叔湘：《中国文法要略》，商务印书馆 1942 年版。

马建忠：《马氏文通》，商务印书馆 1898 年版。

史存直：《汉语语法史纲要》，华东师范大学出版社 1986 年版。

王力：《中国现代语法》（上），中华书局 1943 年版。

王力：《中国现代语法》（下），中华书局 1944 年版。

杨伯峻：《文言语法》，北京出版社 1956 年版。

杨树达：《高等国文法》，商务印书馆 1930 年版。

袁宾：《近代汉语概论》，上海教育出版社 2000 年版。

张世禄：《张世禄语言学论文集》，学林出版社 1984 年版。

张玉金：《西周汉语代词研究》，中华书局 2006 年版。

赵世举：《〈孟子〉定中结构三平面研究》，中国青年出版社 2000 年版。

赵廷琛：《文言“之”和口语“的”的区别》，《齐鲁学刊》1986 年第 2 期。

朱德熙：《自指和转指——汉语名词化标记“的、者、所、之”的语法功能和语义功能》，《方言》1983 年第 1 期。

朱有明：《〈论语〉“之”字用法研究》，《新疆大学学报》1987 年第 2 期。

第三节 出土战国文献中的助词“者”

一、结构助词“者”

文言文中的“者”主要有两种用法，一是用在谓词性词语（包括动词语、形容词语、数词语以及主谓短语等）之后；二是用在名词词语之后。这两种用法“者”的词性如何？

王力主编的《古代汉语》（见该书上册第一分册，第 333—337 页，中华书局，1962 年 11 月）认为，谓词性词语后的“者”是特别的指示代词，名词性词语后的“者”是语气词。这种说法的影响非常大。

而南开大学中文系语言教研组编的《古代汉语读本》（见该书第 146—148 页，人民教育出版社，1960 年 9 月）则认为谓词性词语后的“者”是助词，而不是特别的指示代词。

朱德熙（1983）认为两种“者”都是名词化标记。他把“者”字的功能分为语法功能和语义功能两种，认为语法功能是使前面的谓词性成分名词化，语义功能是自指和转指，其中名词性词语后的“者”是自指，而谓词性词语后的“者”是转指。

袁毓林（1997）则指出，朱德熙（1983）认为“名+者”结构中的“者”是名词化标记的说法欠妥。袁毓林借助谓词隐含的观念，证明所谓自指的“者”和转指的“者”可以联系起来，用一种统一的理论来解释其语法功能和语义功能。他认为“名+者”如“仁者，人也”一类句子隐含“曰/谓”言说类动词，朱德熙所谓的自指“者”其实也属于转指。不过袁毓林同时指出，先秦汉语中找不到不省去言语类动词的指称形式，又说不能解释在时间名词“今”、“古”、“夜”、“始”、“往”、“向”等后面的“者”。

也许是受到了朱德熙（1983）的影响，郭锡良主编的《古代汉语》（见该书下册，第641—643页，语文出版社，1992年9月）虽然仍认为“者”是辅助性的代词，但认为“名+者”和“谓+者”中的“者”是同一词性的词。

由上述看来，关于“者”的词性问题学术界还没有定论。这主要涉及两个问题：“谓+者”中的“者”到底是代词还是助词？“名+者”中的“者”跟“谓+者”中的“者”词性是否相同？

先谈第一个问题，即“谓+者”中的“者”到底是代词还是助词？

应该承认，“者”确实有两个方面的作用，一是有替代作用，指代人或事物；二是有附着作用，附着在谓词性词语之后，不独立使用。如果认为“者”的作用主要是前者，就会把它看成指示代词；如果认为“者”的作用主要是后者，就会把它看成助词。把“者”看成代词的，主要有王力等（1962）、郭锡良等（1992）、方有国（2001）等；把“者”看成助词的，除《古代汉语读本》外，还有白兆麟（1980）、何乐士（2004）等。朱德熙（1983）虽未明确说“者”是助词（他认为是名词化标记），但他是把“者”与“的”、“之”、“所”相提并论，而现代汉语中的“的”、“之”、“所”学者们一般都认为是助词。

我们认为，应该把“谓+者”中的“者”看成是助词，归入结构助词这一小类。

汉语中的代词都是实词，能独立运用，可以单独作句子成分。但是“者”却不能独立运用，它必须附着在谓词性词语之后，共同构成“者”字词组才可以做句子成分。“者”的附着性非常突出，难以看作代词。“者”虽有替代作用，但是必须在和谓词性词语组成“者”字词组之后，才会有这种作用，单独的“者”是不能起这种作用的。朱德熙（1983）把这种“者”与“的”、“所”相提并列，都看作名词化的标记，这是很有见地的。

文言文中的“者”跟现代汉语中的“的”很相似。现代汉语里的“的”可以和谓词性词语构成“的”字结构，如“吃的”、“红的”、“非常干净的”、“我们看到的”，“的”字结构是名词性的，其中“的”的作用是附着兼替代。尽管“的”和“者”有一些不同之处，但是本质属性是相同的，可以据此归为一个词类。文言文中的“所”跟“者”是一对很相似的词，一般都认为两者词性相同。“所”在现代汉语书面语中还在使用，现代汉语中的“所”和文言文中的“所”，基本功用是相同的，词性也应是相同的。研究现代汉语语法的学者们，都把“所”看成结构助词。那么对文言文中“所”也应该这样看。“所”既然应这样看，“者”也应如此。

再谈第二个问题，即“名+者”中的“者”跟“谓+者”中的“者”词性是否相同？

对这个问题，学术界有两种回答。一是认为两种“者”词性不同，如王力等（1962）认为“谓+者”中的“者”是特别指示代词，“名+者”中的“者”是语气词，何乐士（2004）认为“谓+者”中的“者”是结构助词，而“名+者”中的“者”是语气词。二是认为两种词性相同，如朱德熙（1983）认为两者都是名词化的标志；袁毓林（1997）则认为，“名+者”一类句子前隐含“曰/谓”这种言说动词，这种“者”也是转指，“名+者”和“谓+者”中的“者”是统一的；郭锡良（1992）认为两者都是辅助性代词，“谓+者”中的“者”使谓词性成分名词化，而“名+者”中的“者”，则是复指这个名词性成分的；方有国（2001）认为两种“者”都是指示代词，它的基本功能在“名+者”中是隔语复指，在“谓+者”中是隔语转指。

我们也认为，这两种“者”的词性应该是相同的。

前面说过，“者”与现代汉语中的“的”词性相同。现代汉语中的“的”，不但可以用在谓词性词语之后，也可以用在名词性词语之后，都构成“的”字结构。前者的例子如“吃的”、“红的”，后者的例子如“我的”、“中国的”、“木头的”、“塑料的”。这两种“的”没有人认为其词性不同。对古代汉语中的“者”也要这样看，“谓+者”和“名+者”中的“者”词性是相同的。之所以这样说，是因为两种“者”具有统一性。那么统一在何处呢？朱德熙（1983）认为两种“者”都是名词化的标记，只不过“谓+者”中的“者”一般表示转指，而“名+者”中的“者”一般表示自指。袁毓林（1997）认为，“名+者”一类句子隐含“曰/谓”言说类动词，朱先生所谓的自指的“者”其实也属于转指。方有国（2001）不同意袁毓林（1997）说，他认为“名+者”中的“者”固然是自指（他把“自指”改为“复指”），就是“谓+者”中的“者”实际上也是自指，“谓+者”和“名+者”中的“者”功能相同。我们认为，方有国（2001）的说法可能更有说服力。在古代汉语中，有一些谓词语业已转成名词，表示人或事物，例如“寡君闻君亲举玉趾，将辱于敝邑，使下臣犒执事。”（《左传·僖公二十六年》）像“执事”这类词语，一般是不用“者”的。可是有些谓词语临时转成名词性词语，表示人或事物，这时可以在其后用“者”，也可以不用，例如：

（1）是故诚有功，则虽疏贱必赏；诚有过，则虽近爱必诛。疏贱必赏，近爱必诛，则疏贱者不怠，而近爱者不骄也。（《韩非子·主道》）丨班白不提挈。（《礼记·王制》）颁白者不负戴于道路矣。（《孟子·梁惠王上》）

（2）坓（刑）罚又（有）辠而赏簭（爵）又（有）悳。（《上博楚简四·曹沫之阵》）丨受（授）又（有）智（知），舍（予）又（有）能，则民宜之。（《上博楚简四·曹沫之阵》）

这就向我们提出一个问题，即“谓+者”中的“谓”是加“者”之后、靠着“者”才临时转成名词的呢，还是“谓+者”中的“谓”已临时转成了名词、加上“者”只是进一步标明“谓”的临时名词性呢？由于有些“谓”不加“者”已临时转成名词了，所以我们认为是后者。以例（1）为例，既然单独用的“疏贱”、“近爱”、“班白”已临时转成名词，那么“疏贱者”、“近爱者”、“颁（班）白者”中的“疏贱”、“近爱”、“班白”也应如此，“者”只是“疏贱”、“近爱”、“班白”的临时名词性的标志。

如果这样的分析是成立的，那么“谓+者”和“名+者”中的“者”确实具有一致性，都是它前面的名词性成分（包括本来就是名词性的成分和临时转成名词性的成分）的标志。这样，认为两种“者”具有一致性、词性相同，就更能让人接受了。

如果上述的观点是正确的，那么认为“者”是名词化标记就值得商榷了。“名+者”中的“名”本来就是名词性的成分（袁毓林 1997 认为，

“名+者”一类句子隐含“曰/谓”言说类动词是没有根据的），无所谓“名词化”；“谓+者”中的“谓”不用加“者”也可以名词化或者说加“者”之前业已名词化，也无所谓“名词化”。

如果着眼于这两种“者”，那么可以说“者”是名词性的标记，它的语法功能是标志其前的成分是名词性的，它的语义功能是自指或者复指。“者”前的成分本来就是名词性的，加上“者”之后，这一点就更明确了。当然，两种“者”还是有一些差别，“名+者”中的“名”离开了特定的语言环境仍然是名词性的，是语言层面的名词性；而“谓+者”中的“谓”是在具体的语言环境中临时获得名词性，离开了特定的语言环境则一般不再具有名词性，它是言语层面的名词性。不管是语言层面的名词性，还是言语层面的名词性，“者”都可以作其标记。

王力等（1962）认为判断句主语后的“者”表示提顿，方有国（2001）认为“者”有隔语功能。所谓提顿，是说提示、停顿；所谓“隔语”是说把后面的成分同前面的成分隔开。两种说法比较接近。但事实上，认为“者”有提顿或隔语功能，并没有根据。请看下例：“三子者出。曾皙后。曾皙曰：夫三子者之言何如?”（《论语·宪问》）“三子者之言”是定中短语，在定语和中心词之间，一般是不应有停顿的，定语和中心语也难以被隔开。

“谓+者”中“者”的使用是有条件限制的，即只有当“谓”转指主体格之后，才能在其后加“者”。主体格主要包括施事格、系事格、感事格和起事格。动作行为的发出者是施事、性质状态和数量的系属者是系事，感觉的主体是感事，关系双方中的起方是起事。在古代汉语中，动作行为动词、感知动词、形容词、数词都可以名词化，分别转指施事、感事、系事。这些词的后面都可以加“者”来标志。例如：

（3）弈者举棋不定，不能胜其偶。（《左传·襄公二十五年》）

（4）雔（雍），女（汝）智（知）者。（《上博楚简三·中弓》）

（5）吾闻君子务知大者、远者，小人务知小者、近者。（《左传·襄公三十一年》）

（6）夫发号布令而人乐闻；兴师动众而人乐战；交兵接刃而人乐死。此三者，人主之所恃也。（《吴子·励士》）

能做施事、感事、系事的，一般都是人、事物，所以“者”在复指时替代的一般是人、事物。“谓+者”中的“者”还可以复指原因，例如：

(7) 井蛙不可以语于海者，拘于虚也。(《庄子·秋水》)

“名+者”中的“者”的使用，也是有条件的，即其前的“名”一般应是表示人、事物的，是在句中能做主体格（即施事、感事、系事等）的。例如：

(8) 楚左尹项伯者，项羽季父也。(《史记·项羽本纪》)

(9) 有颜回者好学。(《论语·雍也》)

(10) 虎者戾虫，人者甘饵也。(《战国策·秦策二》)

(11) 此二物者，所以惩肆而去贪也。(《左传·昭公三十一年》)

所字词组是名词性的，有时表示原因，“者”可用于其后复指，例如：

(12) 人之所以生者，精气也；死而精气灭。(《论衡·论死》)

时间名词后也可以加“者”：

(13) 始者不如今，云不我可。(《诗经·小雅·何人斯》)

(14) 昔者吾舅死于虎，吾夫又死焉，今吾子又死焉。(《礼记·檀弓下》)。

总之，“名+者”中的“者”一般是复指人、事物、原因、时间的。“谓+者”中的“者”可以复指人、事物、原因。可见“名+者”和“谓+者”在指称类别方面也是具有一致性的。

“者”在出土战国文献中使用的情况如下表所示：

3-1：出土战国文献中助词“者”统计表

用法＼文献		战国金文	战国简牍		战国帛书	战国玉石文字	合计
			楚简	秦简			
结构助词	谓+者	14	389	646	0	2	1001
	名+者	5	74	50	0	0	129
	同“之”	0	2	0	0	0	2
限定助词		0	0	2	0	1	3
残辞		0	18	16	0	0	34
合计		19	483	714	0	3	1219

“谓+者”中的“谓”，是指谓词性词语，具有说来包括动词性词语、形容词性词语、数词以及其它可作谓语的词语。

动词性词语包括动词以及动词性的动宾短语、状中短语、中补短语、主谓短语、并列短语、连谓短语、转折短语、兼语短语和复句形式。

动词与“者”构成“动+者”式“者”字短语，这种例子很常见，例如：

(15) 凡孚（学）者隶〈求〉丌（其）心为难。(《郭店楚简·性自命出》)

(16) 从允怿（释）怂（过），则先者余（除），逨（来）者訐（信）。(《郭店楚简·成之闻之》)

(17) □者收之。剔（伤）者餌（问）之，善於死者为生者。(《上博楚简四·曹沫之阵》)

(18) 名则可畏（畏），步者可矛（柔）。(《上博楚简五·融师有成氏》)

(19) 毋以戊辰、己巳入（纳）寄者。(《睡虎地秦简·日书乙种》)

(20) 凡酉、午、巳、寅，以问病者，必代病。(《睡虎地秦简·日书乙种》)

“动宾短语”与“者”构成“者”字短语的例子

(21) 智（知）命者亡杙（必），又（有）悳（德）者不迻。(《郭店楚简·语丛二》)

(22) 敚（窃）鉤（钩）者戜（诛），敚（窃）邦者为者（诸）医（侯）。(《郭店楚简·语丛四》)

(23) 古（故）为人子者，言人之子之不孝者，不与言人之父之不能畜子者。(《上博楚简四·内豊》)

(24) 古之为邦者必目（以）此。(《上博楚简五·季庚子问於孔子》)

(25) 犯令者有罪。(《睡虎地秦简·秦律十八种》)

(26) 夹颈者贵，在奎者富。(《睡虎地秦简·日书甲种》)

“状中短语”与“者”构成“者”字短语的例子：

(27) 夫为丌（其）君之古（故）杀丌（其）身者，尝又（有）之矣。(《郭店楚简·鲁穆公问子思》)

（28）牙（与）不好教（学）者遊，员（损）。（《郭店楚简·语丛三》）

（29）能述（遂）者述（遂），不能述（遂）者内（入）而死。（《上博楚简二·容成氏》）

（30）登（废）迮（作）者死，弗行者死。（《上博楚简五·竞建内之》）

（31）有（又）令隶妾数字者，诊甲前血出及痈状。（《睡虎地秦简·封诊式》）

（32）壬癸死者，明鬼祟之。（《睡虎地秦简·日书乙本》）

"中补短语"与"者"构成"者"字词组的例子如：

（33）亚（恶）之而不可非者，达於义者也。（《郭店楚简·性自命出》）

（34）甬（用）身之覍（弁）者，兑（悦）为甚。甬（用）力之𦘦（尽）者，利为甚。（《郭店楚简·性自命出》）

（35）凡见者之胃（谓）勿（物），悥（囿）於其（己）者之胃兑（悦）。（《上博楚简一·性情论》）

（36）昔之明王之记（起）於天下者，各𠃊（以）亓（其）殜（世），𠃊（以）及亓（其）身。（《上博楚简四·曹沫之阵》）

（37）司寇不踐，免城旦劳三岁以上者，以为城旦司寇。（《睡虎地秦简·秦律十八种》）

"主谓短语"加上"者"字短语的例子如：

（38）未季（教）而民恒，眚（性）善者也。（《上博楚简一·性情论》）

（39）悳德至区者，乂（治）者至亡间。（《郭店楚简·语丛三》）

（40）其画最多者，尝居曹奏令、丞。（《睡虎地秦简·语书》）"画"读为"过"。

（41）官相紤（近）者，尽九月而告其计所官。（《睡虎地秦简·秦律十八种》）

（42）它垣属焉者，独高其置刍廥及仓茅盖者。（《睡虎地秦简·秦律十八种》）

动词性并列短语与“者”构成“者”字短语的例子如：

（43）含（今）女（汝）相夫子所，溁（竭）丌（其）青（情），𦘫（尽）丌（其）䜣（慎）者，三害近𢾊矣。（《上博楚简三·中弓》）

（44）又（有）眚（性）又（有）生者，亡非乐者。（《郭店楚简·语丛三》）

（45）隶臣有妻、妻更及有外妻者，责衣。（《睡虎地秦简·秦律十八种》）

（46）乐，或生或教者也。（《郭店楚简·语丛一》）

（47）有罪法耐䙴其后及法耐䙴者，皆不得受其爵及赐。（《睡虎地秦简·秦律十八种》）

连谓短语与“者”构成“者”字词组的例子如：

（48）为古（故）衒（率）民向方者，唯悳（德）可。（《郭店楚简·尊德义》）

（49）詟适（故）以恐众心者，翏（戮）。（《睡虎地秦简·法律答问》）

（50）𦖞（闻）道而兑（悦）者，好悬（仁）者也。𦖞（闻）道而畏者，好义者也。（《郭店楚简·五行》）

转折短语（由两个动词性词语所构成，两者之间是转折关系）与“者”构成“者”字短语的例子如：

（51）事而弗受者，虐（吾）䎽（闻）而未之见也。（《上博楚简五·弟子问》）

（52）不𤔲（禅）而能𧍞（化）民者，自生民未之又（有）也。（《郭店楚简·唐虞之道》）

（53）又（有）智（知）㠯（己）而不智（知）命者，亡智命而不智㠯者。（《郭店楚简·尊德义》）

兼语短语与“者”构成“者”字词组的例子如：

（54）求盗勿令送逆为它，令送逆为它事者，赀二甲。（《睡虎地秦简·秦律杂抄》）

（55）北乡（向），禹步三步，曰：“呼！我智（知）令某瘧，令某瘧者，某也。”（《周家台秦简·病方及其它》）

复句形式与“者”构成“者”字短语的例子较常见。这可分为两种，一是一般复句形式与“者”构成“者”字短语；二是紧缩复句形式与“者”构成“者”字短语。前者的例子如：

（56）民不从上之命，不訐（信）丌（其）言，而能念（含）悳（德）者，未之又（有）也。（《郭店楚简·成之闻之》）

（57）少（小）又（有）利，邅（转）而大又（有）憙（害）者，又（有）之。（《郭店楚简·尊德义》）

（58）广众心，声闻左右者，赏。（《睡虎地秦简·法律答问》）

（59）人奴妾毄（系）城旦舂，貣（贷）衣食公，日未备而死者，出其衣食。（《睡虎地秦简·秦律十八种》）

后者的例子如：

（60）虽不养主而入量（粮）者，不收，畀其主。（《睡虎地秦简·法律答问》）

（61）忠訐（信）厇（积）而民弗罣（亲）訐（信）者，未之又（有）也。（《郭店楚简·忠信之道》）

（62）勿（物）又（有）里（理）而陛（地）能贪（含）之生之者，才（在）曩（造）。（《郭店楚简·语丛三》）

形容词性词语包括形容词以及以形容词性的并列短语、状中短语、中补短语、连谓短语、转折短语等。

形容词与“者”构成“者”字词组的例子如：

（63）尧目（以）天下壤（让）於臤（贤）者，天下之臤者莫之能受也。（《上博楚简二·容成氏》）

（64）牙（与）曼（慢）者尻（处），员（损）。（《郭店楚简·语丛三》）|牙（与）牂（庄）者尻（处），嗌（益）。（《郭店楚简·语丛三》）

（65）敬者导（得）之，怠（怠）者遊（失）之。（《上博楚简五·三德》）

（66）此目（以）迩者不惑，而远者不恖（疑）。（《上博楚简一·缁衣》）

（67）王堂方二百尺，丘平者五十尺，丌（其）坡五十尺。（《兆域图铜版》，《集成》16·10478）

（68）迿迿者叓（使）逞（堋）亓所目（以）衰亡。（《上博楚简五·

鲍叔牙与隰朋之谏》)

形容词性并列短语与“者”构成“者”字短语的例子如：

(69) 古昔叓(贤)忎(仁)圣者女(如)此。(《郭店楚简·唐虞之道》)

(70) 大而晏(罕)者，能又(有)取安(焉)。少(小)而軫者，能又(有)取安(焉)。(《郭店楚简·五行》)

形容词性状中短语与“者”构成“者”字词组的例子如：

(71) 到明出种，即□(趣)邑最富者。(《周家台秦简·病方及其它》)

(72) 行命书及书署急者，辄行之；不急者，曰觱(毕)，勿敢留。(《睡虎地秦简·秦律十八种》)

形容词性中补短语与“者”构成“者”字短语，例如：

(73) 古(故)共是勿(物)也而又(有)深安(焉)者，可孛(教)而不可矣(疑)也。(《郭店楚简·尊德义》)

(74) 是古(故)走(上)句(苟)身備(服)之，则民必有甚安(焉)者。(《郭店楚简·成之闻之》)

(75) 非之而不可亚(恶)者，篙(笃)於悬(仁)者也。(《上博楚简一·性情论》)

形容词性连谓短语与“者”构成“者”字词组的例子如：

(76) 闻新地城多空不实者，且令故民有为不如令者实☐。(《睡虎地秦牍》M4：6号)

形容词性转折短语与“者”构成“者”字短语的例子如：

(77) 贫戔(贱)而不约者，虐(吾)见之壴(矣)；賘(富)贵而不喬(骄)者，虐(吾)䎽(闻)而未之见也。(《上博楚简五·弟子问》)

形容词语和动词语有时组合成一个短语，再与“者”组成“者”字短语。例如：

(78) 善事人而不返者，未又(有)㝵(譁)而忠者。(《郭店楚简·语丛二》)譁而忠者：譁众取宠却忠实的人。

(79) 敝而粪者，靡蚩其久。(《睡虎地秦简·秦律十八种》)粪：除。

数词与“者”构成“者”字短语的例子如：

（80）两者不灋（废）。（《上博楚简三·恒先》）

（81）晶（三）者迵（通），言行皆迵（通）。（《郭店楚简·六德》）

（82）卒（卒）又（有）倀（长），三军又（有）銜（帅），邦又（有）君，此三者所目（以）战。（《上博楚简四·曹沫之阵》）

（83）五者毕至，必有大赏。（《睡虎地秦简·为吏之道》）

（84）古（故）夫夫、妇妇、父父、子子、君君、臣臣，六者客（各）行丌（其）戠（职）。（《郭店楚简·六德》）

（85）凸（凡）此七者，正（政）之所𡰥（殆）也。（《上博楚简二·从政甲》）

“形+名”这种定中短语可以作谓语，例如“有豕白蹢（蹄），烝涉波矣”（《诗经·小雅·渐渐之石》），所以它也可以跟“者”构成“者”字短语，例如“卫侯为虎幄於藉田，成，求令名者而与之始食焉。”（《左传·哀公十七年》）出土战国文献中也可以见到这样的例子：

（86）大材埶（艺）者大官，少（小）材埶（艺）者少（小）官。（《郭店楚简·六德》）

两个“形+名”构成联合短语，再与“者”构成“者”字短语。例如：

（87）人之攷（巧）言利訂（词）者，不又（有）夫诎=（诎诎）之心则瀗（流）。（《上博楚简一·性情论》）

“名+者”中的“名”是指名词性词语，主要包括名词以及名词性的联合短语、定中短语、所字短语等。

名词与“者”构成“者”字短语的例子如：

（88）五（伍）子疋（胥）者，天下之圣人也。鎣（荣）㚔（夷）公者，天下之𤔔（乱）人也。（《上博楚简五·鬼神之明》）

（89）夫峕（诗）也者，目（以）箸（志）君子之志。（《上博楚简五·季庚子问於孔子》）

（90）琼者，玉检殴。（《睡虎地秦简·法律答问》）

（91）子也者，会𡎸（最）长材以事上，胃（谓）之宜（义）。（《郭店楚简·六德》）

（92）口者，关；舌者，符玺也。（《睡虎地秦简·为吏之道》）

以上是一般名词后加“者”的例子。时间名词也可以和“者”组成

“者”字短语。例如：

（93）古者，民各有乡俗。（《睡虎地秦简·语书》）

（94）古者埜（尧）之弆（与）叁（舜）也，昏（闻）叁（舜）孝，智（知）丌（其）能肴（养）天下之孝也。（《郭店楚简·唐虞之道》）

（95）昔者天地之差（佐）叁（舜）而佑善，如是状也。（《上博楚简二·容成氏》）

（96）昔者君子有言曰：战与型（刑）人，君子之述（坠）悳（德）也。（《郭店楚简·成之闻之》）

（97）向者虐（吾）昏（问）忠臣於子思。（《郭店楚简·鲁穆公问子思》）

这种时间名词后的“者”，王力等（1962）认为是语气词，何乐士（2006）认为是语缀助词，都不可从。这种“者”应跟一般名词后的“者”是一样的，用来复指前面的时间。

有些词本来是谓词，但用在判断句主语的位置上，业已名词化了，表示自指。“者”用在这样的词语之后，复指前面的名词化了的谓词。例如：

（98）急（仁）者，子悳（德）也。（《郭店楚简·六德》）

（99）智也者，夫悳（德）也。（《郭店楚简·六德》）

（100）訐（信）也者，妇悳（德）也。（《郭店楚简·六德》）

（101）宧（忠）者，臣悳（德）也。（《郭店楚简·六德》）

（102）圣也者，父悳（德）也。（《郭店楚简·六德》）

（103）返（反）也者，道［之］僮（动）也；溺（弱）也者，道之甬（用）也。（《郭店楚简·老子甲本》）

名词性的定中短语也可与“者”构成“者”字词组，例如：

（104）九邦者亓（其）可逨（来）虖（乎）？（《上博楚简二·容成氏》）

（105）厽（三）王者之乍（作）也女（如）是。（《上博楚简二·子羔》）

（106）君子道朝，肰（然）则夫二三子者〼。（《上博楚简五·弟子问》）

（107）二道者可旻（得）䎽（问）弆（欤）？（《上博楚简六·孔子见

季趄子》)

(108) 丌(其)晶(三)述(術)者衍(道)之而巳(已)。(《郭店楚简·性自命出》)

(109) 君子於此弌(一)戠(偏)者亡所法(废)。(《郭店楚简·六德》)

名词性联合短语与"者"构成"者"字短语的例子如:

(110) 侌(阴)昜(阳)者,神明之所生也。(《郭店楚简·太一生水》)

(111) 天陛者,大(太)一之所生也。(同上)

名词性的"所"字词组之后加"者",构成"者"字短语。例如:

(112) 斗乘角,门有客,所言者急事也。(《周家台秦简·日书》)

(113) 律所谓者,以丝杂织履,履有文,乃为"锦履"。(《睡虎地秦简·法律答问》)

(114) 辛巳之日不目(以)所死於亓(其)州者之居凥(处)名族至(致)命。(《包山楚简》32)

(115) 虐(吾)所以又(有)大患者,为虐(吾)又(有)身。(《郭店楚简·老子乙本》)

(116) 其所以埱者类旁凿。(《睡虎地秦简·封诊式》)埱:挖洞。

(117) 叠(教),所以生悳(德)於宙(中)者也。(《郭店楚简·性自命出》)

王力等(1962)认为,如果动词前面用了"所",那么动词后面的"者"字就指代行为的对象了。可见王力等把上引6个例子中的"者"仍看成特别指示代词。但是动词前面用"所",就成了"所"字结构,"所"字结构是名词性的,王力等(1962)又认为名词性词语后的"者"是语气词,这是矛盾的。所以白兆麟(1980)认为"所"字词组后的"者"应是语气词。我们则认为名词性"所"字词组后的"者"是结构助词,它是表示自指的,或者说它是复指前面"所"字词组所表示的事物。

"谓+者"和"名+者"中的"者"字之前,还可以用"也",例如:

(118) 夫時(诗)也者,目(以)箸(志)君子之志。(《上博楚简五·季庚子问於孔子》)

（119）子也者，会𡎺（最）长材以事上，胃之宜（义）。（《郭店楚简·六德》）

（120）智也者，夫悳（德）也。（《郭店楚简·六德》）

（121）訐（信）也者，妇悳（德）也。（《郭店楚简·六德》）

（122）又（有）为也者之胃（谓）古（故）。（《郭店楚简·性自命出》）

（123）凡勿（物）亡不异也者。（《郭店楚简·性自命出》）

（124）亡亡繇（由）也者。（《郭店楚简·语丛三》）

对于这种语法位置上的“也者”，学术界主要有三种看法：一是看作语气词。如何乐士（2006：478）说：“‘也者’用于主语之后，表示停顿，并有提示下文的作用；是被判断对象的标志。”二是把“也”看成语气词，而把“者”看成助词。如朱德熙（1983）说：“‘X也者’里的‘X也’应该看成是一个潜在的同一性主谓结构的谓语部分。这样不但可以对‘也’字的存在作出合理的解释，而且还可以说明为什么以‘X也者’为主语的句子总是包含着对上文已经提到的事情进行解释的意味。”三是把“也”看成无意义的虚词，而把“者”看成指示代词。如方有国（2001）说：“‘名+也+者’这个结构常用作主语位于句首，‘者’起隔语复指作用。复指是把‘名+也’作为一个整体语法单位来复指，‘也’是无义虚词。”“‘谓+也+者’多数用在句首作主语，少数用在句末作宾语。用在句首时‘者’起隔语转指作用，整体转指‘谓+也’；用在句末时，只有转指作用。”“‘也’作为无义虚词本可以不要，之所以用在其中，跟古人把‘也’和前边的成分视为一个整体语言单位相关。”

在文言文中，有“谓+者”，也有“谓+也+者”，我们没有理由认为两种“者”有不同，应该视为同一词性的词。所以何乐士（2006）的说法不可从。“谓也者”不是常作主语，而是常作宾语，所以“用于主语之后”云云，对于“谓也者”不具有解释性。前面我们已经论述过，“谓+者”和“名+者”中的“者”词性应是相同的。既然如此，“名+者”和“名+也+者”中的“者”词性也应是相同的，把后者中的“者”视为语气词不可从。朱德熙（1983）似是把“也者”中的“也”和判断句末尾的“也”看作同一词性的词，也可商榷。很明显，“谓+也者”和“名+也者”都是“者”

字短语，具有名词性，其中的“也”不处于句末，而是处于句中，所以它跟判断句末尾的“也”是不同的。方有国（2001）认为“者”是指示代词，这不可从，因为“者”有鲜明的附着性；同时他认为“也”是无义虚词，也不可信。文言文中的任何词，可以没有实在意义，但总会表达某种关系、抽象意义、语气，总会起某种作用。

要想弄清楚“也者”的作用，先要从分析“者”字短语的句法结构开始。赵世举（2000）把“谓+者”中的“者”看成是特殊指示代词。他认为“谓+者”中的“者”是充当中心语的。例如“饥者”、“弑其君者”中的“者”。说“者”可以作中心语，那就是承认“者”可单独作句子成分，这与“者”的附着性有矛盾。“者”字词组是助词短语，“者”是附着在它前面的成分之后的。但是也必须承认，“者”字短语与定中短语颇为类似，如“所食之粟”为定中短语，“所食者”为“者”字短语，“者”相当于“之粟”，只是定中短语的定中之间不如“者”字词组的前后两部分那样紧凑。文言文中的“也”作为句中语气词，可以出现在主语之后、状语之后，例如：

（125）女也不爽，士贰其行。士也罔极，二三其德。（《诗经·卫风·氓》）

（126）天不为人之恶寒也辍冬，地不为人之恶辽远也辍广。（《孟子·许行》）

其实，句中语气词“也”也可以出现在定中之间，例如：

（127）县料而不备者，钦书其县料殹之数。（《睡虎地秦简·效律》）∣没入其贩假殹钱财它物于县、道官☐。（《龙岗秦简》26）

例（127）前一例中的“县料殹之数”是定中短语，意思是称量出的数量，“县料”是定语，而“殹”用于其后。例（127）后例一般在“殹”后标点，但这样一来，后小句中没有动词了。正确的做法是不标点，把“贩假殹钱财它物”看成是定中短语，其中“贩假”为定语，“殹”用于定语之后。这例是说，由县、道官府没收其出卖或出借的钱财及其它物品。这两个例子十分珍贵，是在传世文献中所见不到的。

既然状中之间、定中之间都可以用句中语气词“也”，那么在“者”字短语中间用“者”就好理解了，因为“者”字短语的内部关系类似于定中短语的内部关系。句中语气词“也”用在主语、状语、定语之后，主要有两种作用：一是表示语音的停顿，起舒缓节奏的作用；二是对它前面的成分有提示、强调作用。“者”字短语中的“也”也起这样的作用。“者”跟它所附着的成分关系很紧凑，中间加上了“也”有了停顿，节奏舒缓了；由于有了停顿，“也”前的成分也得到了提示强调，更能引人注意了。

“者”字词组可分为“谓+者”和“名+者”，下面分别谈谈它们的句法功能。

“谓+者”可以作主语、宾语、兼语、判断句谓语、定语、中心语。

“谓+者”作主语的例子最为常见，例如：

（128）古（故）倀（长）民者章（彰）志以卲（昭）百眚（姓），昊（则）民至（致）行异（己）以敓（悦）上。（《郭店楚简·缁衣》）

（129）居赀赎责者归田农，种时、治苗时各二旬。（《睡虎地秦简·秦律十八种》）

（130）迩者不賊（惑），而远者不悀（疑）。（《郭店楚简·缁衣》）

（131）数（窃）鉤（钩）者戜（诛），数（窃）邦者为者（诸）戻（侯）。（《郭店楚简·语丛四》）

（132）善事丌（其）上者，若齿之事肙（舌），而终弗譗（慭）。（《郭店楚简·语丛四》）

（133）凡𢽴（动）眚（性）者，勿（物）也；逆眚（性）者，兑（悦）也；交眚者，古（故）也；万（砺）眚者，宜（义）也；出眚者，埶（势）也；羕（养）眚（性）者，习也；长眚者，衍（道）也。（《郭店楚简·性自命出》）

（134）亚（恶）之而不可非者，达於义者也。非之而不可亚（恶）者，篙（笃）於悬（仁）者也。（《郭店楚简·性自命出》）

在例（133）、（134）中，“谓+者”都作判断句的主语。例（133）中的“者”替代事物，而例（134）中的“者”替代原因，可译为“的原因”。例（134）是说，厌恶他却不能指责他的原因是由于他达到了义；批评他却不能厌恶他的原因，是由于他仁德厚重。像例（134）中这样的“者”在传世文献中可以见到，例如：（a）“攻而必取者，攻其所不守也”（《孙子兵法·虚实篇》）、（b）“井蛙不可以语于海者，拘于虚也”（《庄子·秋水》)、(c)"然亡国破家相随属，而圣君治国累世不见者，其所谓忠者不忠，而所谓贤者不贤也"(《史记·屈原贾生列传》)、(d)"人之所以生者，精气也；死而精气灭"(《论衡·论死》)。(a)例里的"者"，郭锡良(1992)等认为是辅助性代词，与"谓+者"中的"者"是一样的。(b)(c)(d)三个例子里的"者"，何乐士(2006)则认为是陈述语气词。她认为这三个句子都是复句，前面的分句陈述结果，后面的分句表明原因。"者"位于前一分句之末，表示句子语气停顿，并有引出下文的作用。我们认为，对这类句子，郭锡良(1992)等的分析有可取之处。"攻而必取者"是名词性短语，作判断句的主语，而"攻其所不守也"是判断句谓语。一般认为，判断句谓语应是由名词性词语充当的。但是，在文言文中，谓词性的词语是可以充当判断句谓语的。李佐丰(2004)认为，判断句的谓语，不但可由名词语充当，也可以由谓词语和主谓短语充当，如"不闻命而擅进退，犯政也；快意而丧君，犯刑也"(《国语·晋语三》)、"勍敌之人隘而不成列，天赞我也"(《左传·僖公二十二年》)。何乐士(2004)认为"是四国者，专足畏也"(《左传·昭公十二年》)这种句式中的谓语动词对主语有判断作用。所以应该承认谓词性词语是可以作判断句谓语的。只不过是作判断句谓语的谓词性词语业已名词化了，表示自指。明白了这一点，就会知道前引(b)例也是判断句，"者"字词组作主语，"拘于虚也"是谓语。前引(c)例仍是"者"字词组作判断句主语，但其谓语部分则是名词性的，例中的"忠者不忠"、"贤者不贤"之前，都有"所谓"一语，表明两者业已名词化。(d)例中的"者"用在"所"字短语之后，"所"字短语是名词性的，其后的"者"应属于"名+者"之类。这个例子也是判断句，只不过它的主语和谓语都是名词性的。可见何乐士(2006)把上引(b)(c)(d)三个例子看成复句不可从，把其中的"者"看成陈述语气词更没有根据。

"谓+者"作宾语的例子也比较常见：

(135)智(知)可为者，智(知)不可为者；智(知)行者，智(知)不行者，胃(谓)之夫。(《郭店楚简·六德》)

(136)又(有)衒(率)人者，又(有)从人者；又叓(使)人者，又事人[者]；[又]教(教)人者，又受者，此六戠(职)也。(《郭店楚

简·六德》)

(137)取不可葆缮者,乃粪之。(《睡虎地秦简·秦律十八种》)

(138)天道贵溺(弱),雀(削)成者以嗌(益)生者,伐於弜(强),责於□。(《郭店楚简·太一生水》)

(139)帝胃(谓)尔无事,命尔司兵死者。(《九店楚简》44)

(140)闻号寇者不殴?(《睡虎地秦简·封诊式》)

"者"字词组作宾语可以前置于动词,其后用"之"复指。例如:

(141)君子之於言也,非从末滢(流)者之贵,窮藻(源)反沓(本)之贵。(《郭店楚简·成之闻之》)

(142)凡见者之胃(谓)勿(物),快於吕(己)者之胃(谓)兑(悦)。(《郭店楚简·性自命出》)

"谓+者"也可以作介词的宾语:

(143)牙(与)为悉(义)者遊,嗌(益)。牙(与)牂(庄)者尻(处),嗌(益)。(《郭店楚简·语丛三》)

(144)牙(与)曼(慢)者尻(处),员(损)。牙(与)不好教(学)者遊,员(损)。(《郭店楚简·语丛三》)

(145)□者收之,剔(伤)者齩(问)之,善於死者为生者。(《上博楚简四·曹沫之阵》)

(146)尧目(以)天下壤(让)於臤(贤)者,天下之臤者莫之能受也。(《上博楚简二·容成氏》)

古文献中有"伪……者"式句,例如"晋荀吴伪会齐师者,假道於鲜虞,遂入昔阳"(《左传·昭公十二年》)、"阳虎伪不见冉猛者,曰:猛在此,必败"(《左传·定公八年》)。对于这种句式,何乐士(2004)认为可有两种分析,一是"伪"作副词,"者"的作用介于语气词与结构助词之间;二是"伪"是动词,"者"是结构助词,表示"……的人"或"……的样子"之意。何乐士(2004)倾向于前者,而方有国(2001)倾向于后者。我们也认为后者更为可信,因为"者"字词组可作宾语,把"谓+者"分析为"伪"的宾语,符合"者"的使用规律。

"谓+者"作兼语的例子比较少见:

(147)令戍者勉补缮城。(《睡虎地秦简·秦律杂抄》)

（148）令市者见其入，不从令者貲一甲。（《睡虎地秦简·秦律十八种》）

“谓+者”可以作判断句的谓语：

（149）豊（礼），因人情而为之即（节）度（文）者也。（《郭店楚简·语丛一》）

（150）聋（闻）道而兑（悦）者，好悬（仁）者也；聋道而畏者，好义者也；聋道而共（恭）者，好豊（礼）者也；聋道而嚳（乐）者，好悳（德）者也。（《郭店楚简·五行》）

（151）凡古乐龙心，嗌（益）乐龙指，皆斊（教）丌（其）人者也。（《郭店楚简·性自命出》）

（152）可（何）谓“宫狡士”、“外狡士”，皆主王犬者殹。（《睡虎地秦简·法律答问》）

上引几例，都是由“谓+者”作判断句谓语，其后都有句末语气词“也”或“殹”；其前可有副词“皆”。文言文中常见“者也”，其中“也”都是句末语气词，“也”前的“者”一般都是结构助词。与“者”构成“者”字词组的，可以是“谓”，如前引例（149）至（152）；也可以是“名”，例如“二者不可得兼，舍鱼而取熊掌者也”（《孟子·告子上》）。何乐士（2006）把“者也”分成两种，一种是“名+者+也”中的“者也”，她认为都是语气词，“者”表示陈述语气，“也”表示判断语气，二者连用为惯用词组，兼有两种语气而以判断语气为主，如“项王按剑而跽曰：‘客何为者?’张良曰：‘沛公之参乘樊哙者也’”（《史记·项羽本纪》）；另一种是“谓+者+也”，她认为其中的“者”是结构助词，它先与前面的动词或动词性短语构成名词性短语，然后由“也”表达判断语气，如“乐也者，情之不可变者也”（《礼记·乐记》）。我们则认为，何乐士所说的两种“者”都是结构助词，它先与前面的“谓”或“名”组合成“者”字短语，作判断句谓语，然后再加“也”表示判断语气。“谓+者”作判断句谓语时，其后也可以不加“也”，例如：

（153）售（雍），女（汝）智（智）者。（《上博楚简三·中弓》）

（154）此能从善而迲（去）[illegible]（祸）者。（《上博楚简五·竞建内之》）

（155）中（仲）尼：夫臤（贤）才不可穿（弇）也。舉（举）而

（爾）所智（知），而所不智（知），人丌（其）豫（舍）之者。（《上博楚简三·中弓》）

（156）竺（孰）能浊以朿（静）者，牆（将）舍（徐）清。竺（孰）能庀（安）以迬（动）者，牆（将）舍（徐）生。（《郭店楚简·老子甲本》）

上引四例，都是“谓+者”作判断句谓语，例（155）中“者”字短语判断句谓语前还出现了副词“其”。上引四例中的判断句主语，皆由代词充当。“女（汝）”为第二人称代词，“此”为近指代词，“人”为旁称代词，“孰”是疑问代词。在文言文中，有些“者”用在疑问句末尾，例如“赵简子曰：‘群臣谁敢盟卫君者？’涉佗、成何曰：‘我能盟之。’”（《左传·定公八年》）、“飘风不终朝，骤雨不终日。孰为此者？天地也”（《老子》二十三章）、“卢蒲姜告之，且止之。弗听，曰：‘谁敢者？’”（《左传·襄公二十八年》）对于这种“者”，何乐士（2006）认为是疑问语气词，用在疑问句或反问句之末，句中常有疑问词“谁”、“孰”、“何”、“安”与之呼应，可译为“吗”、“啊”等。方有国（2001）则不同意这种“者”是表示疑问的语气词，他认为是转指代词。在上述两种说法中，我们认为方有国（2001）的说法更为可信（但我们不同意他把“者”看成转指代词）。以“谁+谓者”这种句式为例，它可以变换为“谓者，谁也”，例如：“谁反天意而得罚者？”（《墨子·天志上》）、“反天之意得天之罚者，谁也？”（《墨子·天志中》）这两个例子很好地说明了“谁+谓者”的“谓者”是作同一性主谓结构的判断谓语部分。具体分析就是，“谁”作判断句主语，而“谓者”作判断句谓语，这种“者”与其它“谓+者”中的“者”并没有什么两样，它并不表达所谓疑问语气。这种句子的疑问语气是由句中的疑问代词和语调带来的。

“谓+者”可以作定语，例如：

（157）乐、備（服）悳（德）者之所乐也。（《郭店楚简·语丛三》）

（158）使者之从者，食糲（粝）米半斗。（《睡虎地秦简·秦律十八种》）

（159）滙（推）忿懣（懑），改（戒）惎（惎）勳（胜），为人上者之孞（務）也。（《郭店楚简·尊德义》）

（160）后入者独负之，而书入禾增积者之名事邑里於廥籍。（《睡虎地秦简·秦律十八种》）

（161）即两手搕病者腹。（《周家台秦简·病方及其它》）

（162）都官以计时雠食者籍。（《睡虎地秦简·秦律十八种》）

“谓+者”也可以作定语的中心语。“谓+者”前的定语可以分为两大类，一类是同一性定语，另一类是非同一性定语。非同一性定语的例子如：

（163）古之甬（用）民者，求之於吕（己）为亙（恒）。（《郭店楚简·成之闻之》）

（164）今之弋（式）於直（德）者，未年不弋（忒）。（《郭店楚简·唐虞之道》）

（165）夻（皋）秀（陶）乃五壤（让）目（以）天下之臤（贤）者。（《上博楚简二·容成氏》）

（166）生民斯（斯）必又（有）夫妇、父子、君臣。君子明虖（乎）此六者，肰（然）句（后）可以剸（断）夻（讪）。（《郭店楚简·六德》）

以上非同一性定语都用在“谓+者”之前。数量短语作定语时，则可以放在中心语之后：

（167）其老当免老，小高五尺以下及隶妾欲以丁粼者一人赎，许之。（《睡虎地秦简·秦律十八种》）

（168）丑，鼠也。其后必有病者三人。（《睡虎地秦简·日书甲种》）

“谓+者”前是同一性定语的例子如：

（169）啬夫之送（徙）见它官者，不得除其故官佐，吏以之新官。（《睡虎地秦简·秦律十八种》）

（170）婴儿之毋（无）母者各半石。（《睡虎地秦简·秦律十八种》）

（171）人之攷（巧）言利訂（词）者，不又（有）夫诎诎之心昗（则）澅（流）。（《郭店楚简·性自命出》）

（172）墨（禹）乃因山陞（陵）坪（平）湿（隰）之可坓（封）邑者而緐（繁）实之。（《上博楚简二·容成氏》）

（173）昔之明王之迡（起）於天下者，各目（以）亓（其）殜（世），目及亓身。（《上博楚简四·曹沫之阵》）

（174）古（故）为人父者，言人之父之不能畜子者，不与言人之子之

不孝者。古（故）为人子者，言人之子之不孝者，不与言人之父之不能畜子者。（《上博楚简四・内豊》）

以上是同一性定语与“谓+者”之间用“之”的例子，在同一性定语和“谓+者”之间也可以不用“之”，例如：

（175）下吏能书者，毋敢从史之事。（《睡虎地秦简・秦律十八种》）

（176）令君子毋（无）害者若令史守官。（《睡虎地秦简・秦律十八种》）

（177）木可以伐者为“梃”。（《睡虎地秦简・法律答问》）

（178）有（又）令隶妾数字者，诊甲前血出及痈状。（《睡虎地秦简・封诊式》）

（179）铍、戟、矛有室者，拔以斗，未有伤殴，论比剑。（《睡虎地秦简・法律答问》）

（180）亡人挟弓、弩、矢居禁中者，弃市。（《龙岗秦简》17）

对于“同一性定语+（之）+谓者”这种结构，学术界有不同的分析。马建忠（1898）把“名+（之）+谓者”分为两类，一类是“谓”的中心词为形容词，一类是“谓”的中心词为动词的。他认为前者“名”和“谓者”在语义上是母子关系，在语法上是定语和中心语的关系；后者在语义上是说明和被说明的关系，在语法上同位关系。而吕叔湘（1982）则倾向于认为“名+（之）+谓者”中的“谓者”是后置定语。马建忠（1898）的观点有值得商榷之处。不管是形容词，还是动词，都是属于谓词，没有必要采取不同的处理方式。“名+（之）+形者”和“名+（之）+动者”应该具有共同的语法关系。后世的学者，有些信从马建忠说，把“名+（之）+谓者”看成定中结构；有些信从吕叔湘说，把它看成是中定结构，认为“谓者”是后置定语。

赵世举（2000）同意吕叔湘的说法。他认为这是出于表达需要的“定语后置”，是语用性的定语后置。说话的人不采用定中模式，后把定语后置，采用的是凸显语序，把定语凸显出来，突出出来。有时定语过长，也采用这种语序，是因太长的定语放在中心语之前不方便。这类定语后置不但具有语用特征，也具有标记性。在中心语和后置定语之间加“之”，在后置定语之后加“者”。“之”是标记词，“者”也是标记词，还具有指示完形的作用。从语义的角度来看，“分母——分子”式的定中结构固然可以按照“……中的……”格式来理解，但显得烦琐、别扭。有些则不能按“……中的……”模式来理解。如“五大夫在彭城者”、“幼弱孤童之无父者”。远古汉语的体词性偏正结构，曾为“中——定”模式，这种模式在上古汉语中有遗留。目前在汉语的一些方言中以及兄弟民族的语言中都有“中——定”式的名词性偏正结构。赵世举的论述值得商榷。的确，在汉语中可以用语义成分的非常规配位来表现焦点，而焦点就是被突出强调的部分。但是要得出这个结论，首先需要证明“名+（之）+谓者”是语用性的中定结构。赵世举认为“之”、“者”是这种语用性后置定语的标记，但是我们通过对“之”、“者”用法的分析，知道难以把“之”、“者”看作是“中定”结构的标记。恰恰相反，这两个虚词的使用是定语后置说的反证。有些“名+（之）+谓者”不能按“……中的……”模式来理解，这说明其定中之间语义关系不同。远古汉语的语序问题只是一种拟测，事实上不一定如此。根据甲骨文，看不出远古汉语的体词性偏正结构是“中——定”模式。方言、民族语言只能作参照，不能替代对原始语料的实事求是的分析。

洪诚玉（1989）、何乐士（2004）都认为“名+（之）+谓者”（“名”和“谓者”之间具有同一性的关系）是定中结构。洪、何两先生的说法可从。下面依据我们自己的考察，再结合洪诚玉、何乐士的研究，来谈谈为什么要把这种结构看成定中结构。

首先，从语义上来看，不能把这种结构看成“定语后置”的结构。“名+（之）+谓者”中“名”和“谓者”之间的语义关系多种多样，可以分为同一性关系和非同一性关系两种。非同一性关系主要有两类：一是领属性的，如“晋之从政者”（《左传·定公一年》）、“国之贫约孤寡者”（《左传·昭公十年》），二是限定性的，如“古之治民者”（《左传·襄公二十六年》）、“天下之臤（贤）者”（《上博楚简二·容成氏》）。同一性关系也有两类，一是整体与部分的关系，如“人之能自曲直以赴礼者”（《左传·昭公二十五年》）、“戎人之前遇覆者”（《左传·隐公九年》），二是同位关系（等同关系），如“诸侯之宾问疾者”（《左传·昭公二十年》）、“五大夫在彭城者”（《左传·襄公元年》）我们认为，同样是“名+（之）+谓者”结构，不应该采取不同的处理方式，把同一性关系的看成“中定结构”，把

“非同一性关系”的看成“定中结构”，这样处理难以让人信服。如果把这种结构看成“中定结构”就没法解释非同一性关系的“名+（之）+谓者”。如“晋之从政者”不是“从政者之晋”的意思；“古之治民者”，也不能理解为“治民者之古”。即使是同一性关系的“名+（之）+谓者”，也有不能按“谓+之+名”这样的模式来理解。例如“五谷者，种之美者也”（《孟子·告子上》）中的“种之美者”不等于美种，“齐桓，五霸之盛者也”（《荀子·仲尼》）不能理解为：齐桓公是最强盛的五霸，“吕不韦取诸姬绝好善舞者与居”（《史记·吕不韦列传》）中的“诸姬绝好善舞者”不能说成“绝好善舞的诸姬”。如果把“名+（之）+谓者”都看成“定中短语”则在语义分析方面不会遇到障碍。非同一性的“名+（之）+谓者”自不必说，同一性的也都可以作出通顺的解释。如果是整体与部分的关系，则皆可以按“……中之……”模式来理解，例如“过之大者也”（《淮南子·泛论训》）是指“诸过中之大者”，“诸姬绝好善舞者”是指诸姬中之绝好善舞者，是诸姬中的一个。如果是同位关系，则可以按同位短语的模式来理解，如“诸侯之宾问疾者”，是说诸侯的宾客这些问疾的人，“五大夫在彭城者”，是说五大夫这些在彭城的人。把同一性关系的“名+（之）+谓者”看成是定中短语，符合汉语的语言结构规律，无论是在古代汉语，还是在现代汉语都有这样的定中短语，例如“心之官则思”（《孟子·告子上》）中的“心之官”，又如“共产主义者的鲁迅”、“人民战士的光荣称号”。

其次，从语法上来看，也不能把这种结构看成“定语后置”的结构。把“名+（之）+谓者”看成定中短语，符合汉语历来的语序：定语在前，中心语在后。这个结构中的“名+（之）”部分，可由代词“其”来替代，例如“于是军帅之欲战者众……其不欲战者三人而已”（《左传·成公六年》）、“百姓犬入禁苑中而不追兽及捕兽者，勿敢杀；其追兽及捕兽者，杀之”（《睡虎地秦简·秦律十八种》）、“城旦之垣及它事而劳与垣等者，旦半夕参；其守署及为它事者，参食之”（《睡虎地秦简·秦律十八种》）。王力等（1962）认为，文言文中的“其”只能作定语，它所代替的不是简单的一个名词，而是名词加“之”字。这种说法不一定可靠，但是“其”在文言文中常作定语却是事实，它没有作中心语的时候，所以我们不能把“其+谓者”分析为中定结构。如果这样分析，就与文言文中“其”的通常用法发生矛盾。“其+谓者”不能够变换为“谓+（之）+其”。“其+谓者”既然不能分析为中定短语，那么与它有对应关系的“名+（之）+谓者”（很明显，两者应为同样性质的结构）也不能这样分析。“名+（之）+谓者”中的“名+（之）”不但可由“其”来替代，而且还可以省去，例如“大人之忠俭者从而与之；泰侈者因而毙之”（《左传·襄公三十年》）、“其县山之多芔（菅）者，以芔緾书；毋（无）芔者以蒲、蔺以枲萷（絜）之”（《睡虎地秦简·秦律十八种》）、“官有金钱者自为买脂、膠，毋（无）金钱者乃目为言脂、膠”（《睡虎地秦简·秦律十八种》）、“婴儿之毋（无）母者各半石；虽有母而与其母冗居公者，亦稟之”（《睡虎地秦简·秦律十八种》）。对于这类句子，应分析为定语部分承前省略；若分析为中心语承前省略，则难以让人接受。要知道“名+（之）+谓者”、“其+谓者”、“ø+谓者”这三种句式是有极为密切的关系，既然“其+谓者”肯定是定中短语，那么“名+（之）+谓者”也是如此，而“ø+谓者”必然是定语承前省略。从“之”和“者”的使用规律来看，也应把“名+（之）+谓者”看成是定中短语。文言文中的“之”是定语的标志，它用在一个成分之后，即标明这个成分是定语，它具有后附性。如果我们把“名+（之）+谓者”看成中定短语，那就要把“之”看成是“谓者”这个定语的标志，就是前附的了，这与“之”的通常用法有矛盾，这种分析是不可取的。文言文中的“者”用在“谓”之后，构成“谓+者”，这个短语是助词短语，具有名词性。一个名词性短语出现在“名+（之）”之后，只能分析为中心语。如果把“名+（之）+谓者”分析为中定短语，那么就会认为这种“者”与通常的“者”不同。如赵世举（2000）认为，在后置定语后加“者”，不仅具有指示、完形的功能，而且具有标记词的作用。那就是说这种“者”与通常的“者”不同。可事实上，这种“者”也用在“谓”之后，而且“谓者”前的“名+（之）”有时可以省去，它与通常的“者”应该没有什么不同。文言文中，定中之间的“之”有时可以换成“有”，而“定”和“中”之间的语义关系不变，如“晋之从政者”，可以说成“晋有从政者”，把“之”换成“有”，“从政者”仍是属于“晋”所有。具有整体与部分关系的“名+（之）+谓者”，其中的“之”也可以换成“有”，然后“名”和“谓者”的语义关系仍然不变。这类例子如“古之君人有以千金求千里马者，三年不得”（《战国策·燕策一》）、“百姓或（有）之县就（僦）及移输者，以律论之”（《睡虎地秦简·效律》）、“隶臣妾有亡公器、畜生者，以其日月减其衣食”（《睡虎地秦简·秦律十八种》）、“是哀乳之鬼，其骨有在外者”（《睡虎地秦简·日书甲种》）、“节（即）死久，口鼻或（有）不能渭（喟）然者”（《睡虎地秦简·封诊式》）上引第三例中的“隶臣妾有亡公器、畜生者”若说成“隶臣妾之亡公器、畜生者”，把“有”换成“之”之后，前边的“名”和后边的“谓者”仍然是整体与部分的关系。从这一点来看，把“名+（之）+谓者”看成是定中短语也是正确的。

同一性关系的“名+（之）+谓者”中的“之”如果不出现，是否可以把它看成是同位短语呢？我们认为不能这样看。在文言文中，定中短语之间是可以加“之”，也可以不加“之”的。同样的构成成分，同样的语序，同样的语义关系，加了“之”就是定中短语，不加“之”就是同位短语，难以让人接受。重要的是“名+（之）+谓者”中的“名”和“谓者”的语法位置是不可以调换的，而同位短语的两个成分语法位置是可以互调的，如“总理周恩来”、“周恩来总理”。在文言文中，我们也可以见到“谓者+名”，例如“有为神农之言者许行，自楚之滕”（《孟子·滕文公上》）、“汉有善骑射者楼烦”（《史记·项羽本纪》）第一个例子里的“为神农之言者许行”，是由“许行（之）为神农之言者”变换过来的吗？若如此，则应该把“名+谓者”看成同位短语。但是这样的分析难以成立。在“名+（之）+谓者”中的“名”，不会是表示个体的专有名词，一般都是表示一类人或事物的。更为重要的是在“神农之言者”和“许行”之间、“善骑射者”和“楼烦”之间应是隐含或省略一个动词，下一个例子可以为证“客有新从山东来者曰蔡泽，其人辩士”（《史记·范睢蔡泽列传》）。可见在上引两例中的“许行”、“楼烦”之前均可加“曰”。既然不存在“谓者+名”这种同位短语，那么“名+谓者”还是看成定中短语为好。再看下例：

（181）耳官（目）鼻口手足六者，心之逯（役）也。（《郭店楚简·五行》）

从结构来说，上引（181）例中的“六者”是用在名词后作中心语；从语义关系，“名”和“谓者”具有同位关系。上引（181）例中下画横线的部分，应跟“诸侯之宾问疾者”、“五大夫在彭城者”一样看成定中短语。

试把例（181）跟下例加以比较，更可以看出这种分析是正确的：古（故）夫夫、妇妇、父父、子子、君君、臣臣，此六者客（各）行其戠（职）。（《郭店楚简·六德》）

“名+者”可以作主语、宾语、判断句谓语、状语、定语和中心语。

“名+者”可以作主语。这种例子在传世文献中常见，如“三子者出”（《论语·宪问》）、“北山愚公者，年且九十”（《列子·汤问》）、“楚左尹项伯者，项羽季父也”（《史记·项羽本纪》）。在出土战国文献中也很常见，例如：

（182）鶎（荣）𡗜（夷）公者，天下之𤔲（乱）人也。（《上博楚简五·鬼神之明》）

（183）二道者可㝵（得）䎽（闻）㝵（欤）?（《上博楚简六·孔子见季桓子》）

（184）夫時（诗）也者，目（以）等（志）君子之志。（《上博楚简五·季庚子问於孔子》）

（185）俍子吉，幽（幼）子者不吉。（《九店楚简》36）

（186）“臧人”者，甲把其衣钱匿臧（藏）乙室，即告亡，欲令乙为盗之，而实弗盗之谓殹。（《睡虎地秦简·法律答问》）

（187）门有客，所言者家室事，人中子也。（《周家台秦简·日书》）

上引各例中的“名+者”，都是作语句的主语。王力等（1999）认为，“者”用在判断句主语后，是语气词，表示提顿，而用在“所”字短语后仍为特别指示代词，指代前面动词的行为对象。但是白兆麟（1980）则认为“所”字词组后的“者”应为语气词。郭锡良等（1992）等认为判断句主语后的“者”也是辅助性代词，跟“谓+者”中的“者”一样。何乐士（2006）认为用在主语后的“者”（包括判断句主语、陈述句主语以及所字短语作主语）都是陈述语气词，常常带有陈述与介绍的意味。前面说过，我们认为这种“者”也是结构助词，自指或复指前面的“名”。

“名+者”作语句宾语的例子在出土战国文献中未见到，但是在传世文献中常见。例如“有颜回者好学，不迁怒，不贰过”（《论语·雍也》）、“有蒋氏者，专其利三世矣”（柳宗元《捕蛇者说》）、“孟子曰：‘鱼，我所欲也；熊掌，亦我所欲也，二者不可得兼，舍鱼而取熊掌者也。”（《孟子·

告子上》)、“恶紫之夺朱也，恶郑声之乱雅也。恶利口之覆邦家者”（《论语·阳货》)、“君曰告夫三子者”（《论语·宪问》)。对于“有”字宾语后的“者”，王力等（1999）都看成语气词，认为是表示提顿。何乐士（2006）认为“有”字宾语后的“者”是陈述语气词，表示句中语气停顿，并有引起下文的作用；对于“舍鱼而取熊掌者也”中的“者也”，何乐士都认为是语气词，“者”表示陈述语气，而“也”表示判断语气；对于“邦家者”中的“者”，何乐士认为是表示陈述句结句的肯定语气。这些说法都不可从，这种“者”仍是结构助词，自指或复指它前面的“名”。

“名+者”可以作判断句谓语，例如：

（188）善（教），所以生悳（德）於审（中）者也。（《郭店楚简·性自命出》)

此例“者”用在“所”字短语之后，“所”字短语是名词性的，“者”自指或复指其前的“所”字短语。

“名+者”可以作状语，一般都是作句首状语，例如：

（189）古者堯（尧）生於天子而又（有）天下。（《郭店楚简·唐虞之道》)

（190）古者民各有乡俗。（《睡虎地秦简·语书》)

（191）昔者吾先考成王早弃群臣。（《中山王礐鼎铭》，《集成》5·2840）

（192）昔者尧叁（舜）墨（禹）汤，悬（仁）义圣智，天下灋之。（《上博楚简五·鬼神之明》)

（193）孔子曰：昔者而弗殜（世）也，善与善相受（授）也。（《上博楚简二·子羔》)｜向者虐（吾）昏（问）忠臣於子思。（《郭店楚简·鲁穆公问子思》)

这种“者”，王力等（1962）认为是语气词，郭锡良等（1992）认为是辅助性代词，跟“谓+者”中的“者”一样，何乐士（2006）是语缀助词（同时认为“古”、“昔”、“向”等是时间副词）对副词用法起强化作用或凑足双音节作用。上引说法中，郭锡良（1992）的说法近是，这种“者”仍是结构助词，自指或复指它前面的时间名词。

“名+者”还可以作定语，例如：

（194）辛巳之日不以（以）所死於亓（其）州者之居凥（处）名族至（致）命。（《包山楚简》32）

（195）厽（三）王者之乍（作）也女（如）是。子羔曰：然则厽（三）王者筥（孰）为？（《上博楚简二·子羔》）

这种例子在传世文献中可以见到，例如“夫三子者之言何如”（《论语·宪问》）。方有国（2001）认为“者”有隔语功能，大概不可信。“名+者”作定语，后面是“之”和中心语，这中间没有停顿，“者”在这里很难说有隔语功能。这里的“者”如此，其它位置上的“者”也是这样。

“名+者”可以作中心语。例如：

（196）古之所以行虖（乎）闵（蛮）嘍（貉）者，女（如）此也。（《郭店楚简·忠信之道》）

（197）豊（礼）之所至者，乐亦至安（焉）。（《上博楚简二·民之父母》）

（198）丌（其）晶（三）述（術）者，衍（道）之而巳（已）。（《郭店楚简·性自命出》）

（199）虐（吾）所以又（有）大患者，为虐又（有）身。（《郭店楚简·老子乙本》）

（200）律所谓者，当繇，吏、典已令之，即亡弗会。（《睡虎地秦简·法律答问》）

（201）君子於此弌（一）骰（偏）者亡所法（废）。（《郭店楚简·六德》）

上引例（198）、（201）中的“者”，都附于名词性偏正短语之后，其前出现定语；而其余诸例，“者”都附于“所”字词组之后，其前出现定语。对于“名+（之）+所字短语+者”这样的结构，学术界有不同的切分方法。先看对“名+（之）+所字短语”的切分，主要有下述两种（以“仲子所食”为例）：

宋绍年（1996）认为应当采取后一种分析法，赵世举（2000）认为宋

说可信。我们也认为宋绍年说可从，详见“所”字研究部分。那么“名+（之）+所字短语+者”该如何切分呢？也可以有两种：

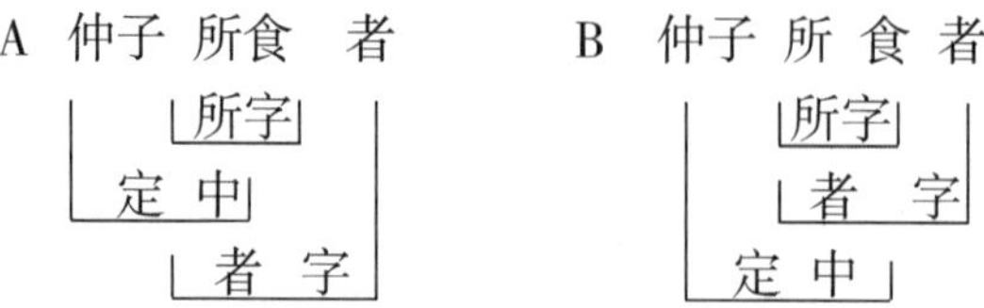

我们认为B种分析更为可靠。首先，在“名+（之）+所字短语+者”这种结构中，“名+（之）”常常是省去的。例如“所爱者，挠法活之”（《史记·酷吏列传》）、“所为见将军者，欲以助赵也”（《战国策·赵策三》）。这说明“所字短语+者”前的“名+（之）”只是定语，可以自由省去。如果“者”是附着在“名+（之）+所字短语”后的，那么“名+（之）”是不可随便省的，因为“者”字短语内部具有整体性、紧凑性。其次，前面屡次说过，“者”可附着在名词性的“所”字短语之后，自指这个“所”字短语所表达的对象。在“名+（之）+所字短语+者”中的“者”也不例外，只是众多的这类例子之一。“者”是个结构助词，有附着性，它与其所附着的“所”字短语的关系十分密切，是“所字短语+者”构成一个整体与前面的“名+（之）”发生句法关系的。所以当以B种分析为是。

出土战国文献中有些“者”似应训为“之”，是结构助词：

（202）《䔖=（菁菁）者莪》则㠯（以）人益也；《祟=（棠棠）者芓》则贵也。（《上博楚简一·诗序》）

这种用例在《诗经》中常见。例如“裳裳者华，其叶湑兮”（《诗经·小雅·裳裳者华》）、“有菀者柳，不尚息焉”（《诗经·小雅·菀柳》）。对于这种“者”，主要有两种看法，一是看作结构助词，如何乐士（2006）认为这种“者”用在修饰语与名词性中心成分之间，组成偏正型名词性短语，用法跟助词“之”相同，可译为“的”；二是看作状态词后缀，如袁毓林（1997）就是这样看的，他举了三个例子：“蓼蓼者莪，匪莪伊蒿”（《诗经·小雅·蓼莪》）、“丘何为是栖栖者与？”（《论语·宪问》）、“而佞人之心翦翦者，又奚足以语至道”（《庄子·在宥》）。袁毓林的说法值得重视。“翦翦者”、“栖栖者”显然是谓词性的，而不是名词性的，其中的“者”跟通常的结构助词用法的“者”是不同的。如果把结构助词“者”看作

“者$_1$”，那“蕑蕑者”这类“者”应视为“者$_2$”，看作是状态形容词后缀。但是《诗经》中的“XX者”（还有“有X者”）是否跟“蕑蕑者”中的“者”是同一个“者”，尚值得考虑。因为在《诗经》中，“XX者”、“有X者”从来也不作谓语，更不作状语，只作定语。有两个理由让我们信从何乐士的说法：其一，在《诗经》里，这种“者”可以换成“之”，例如“有杕之杜，其叶湑湑”（《诗经·小雅·杕杜》）、“有芃者狐，率彼幽草。有栈之车，行彼周道”（《诗经·小雅·何草不黄》）特别这后一个例子，在同样的语法位置上，前文用“者”，后文用“之”，应显示出两者具有相同的性质。有没有这样的可能，即认为“有芃者”、“裳裳者”都是“者”字短语作定语呢？这也有困难，因为在《诗经》中“有芃者”、“裳裳者”这类短语从来不作其它句子成分，如果这类短语真是“者”字短语，这是难以理解的。

这种可训为“之”的“者”只见于战国时代的人所引用的西周春秋文献中，而不见于战国时代形成的文献中，这说明这种“者”在战国时代已经不用了。

二、限定助词“者”

有些“者”字似应视为限定助词，例如：

（203）其於久远也，如后嗣为之者，不称成功盛德。（《峄山刻石》）

（204）人所恒炊（吹）者，上橐莫以丸礜，大如扁（蝙）蝠矢而乾之。（《周家台秦简·病方及其它》）

（205）伍人弗言者，与同法。（《龙岗秦简》21）

这种用法的“者”在传世文献中可以见到，例如“若不得者，则大忧以惧”（《庄子·至乐》）、“所不杀子者，有如陈宗”（《左传·哀公十四年》）、“范蠡乃击鼓进兵，曰：‘王已属政于执事，使者去！不者，且得罪。’”（《史记·赵世家》）、“伍奢有二子，不杀者，为楚国患”（《史记·楚世家》）。对于这种“者”，学术界主要有三种看法：一是看作语气词，如王力等（1962）认为是语气词，用在假设分句之后表示停顿；何乐士（2006）认为是假设语气词，用在假设复句中表假设的分句之末；二是看作辅助性代词，如郭锡良（1992）等认为这种“者”用于复杂的谓词性成分之后，其语法作用仍然是名词化，“者”字结构表示一种假设的情况；三是看作助词，如袁毓林（1994）认为这种“者”获得了表示假设的专门意义，已演变成助词，类似于现代汉语的“的话”。

这种“者”跟结构助词“者”（即“名+者”和“谓+者”中的“者”）有明显的不同，即结构助词“者”是名词性的标记，整个“者”字短语是名词性的。可是假设复句里的这种“者”不但意义更为虚化，而且也失去了作为名词性标记的作用，这种“者”已不能跟它前面的成分构成名词性结构了，试比较下引两例：

若不得者，则大忧以惧。（《庄子·至乐》）

如得其性，则哀矜而勿喜。（《论语·子张》）

后例是典型的假设复句，其中的“如”和“则”都是连词。前例中的“若”和“则”也是连词。前例的“不得者”不能分析为其后小句的主语，也不能分析为“者”字词组作分句，只能认为“不得”作分句，“者”已失去名词性标记功能。事实上前面所引的传世文献例句中的“不杀子者”、“不者”、“不杀者”，都不能看作是名词性的“谓+者”了。前引例（203）中的“如”、例（204）中的“所”都是假设连词，其后的“者”也不能看成结构助词，例（205）中的“者”亦然。试把文言文中的“者”与现代汉语中的“的话”相比较：

若不得者，则大忧以惧。（《庄子·至乐》）

假如何宝当时要能预见到未来的话，也许脚步会迟疑，不像这会儿兴冲冲地在马路上奔跑。（李国文《危楼记事》）

可见，袁毓林（1994）的说法确实有道理。文言文中的这种“者”跟现代汉语中的“的话”具有相同的性质和作用。这种“者”应看作是限定助词，是由结构助词“者”进一步虚化而来的。当“谓+者”充当假设复句的前一偏句时，不管它的前面有没有假设连词，这个“谓+者”就会发生语义偏移和歧解。以前引例（205）为例，其中“弗言者”的语义重心向前偏移，可有两种解释，一种是“弗言者”作“伍人”的中心语，一是“伍人弗言”是主谓短语，“者”是“的话”的意思。随着这种句式的一再使用和“者”意义的进一步虚化，“者”不断吸收假设分句的句式义，终于变成了一个限定助词。

前面说过，“者”有替代作用，可替代人、事物或现象。在发展过程中，“者”所指的对象逐渐模糊化、抽象化，与此同时，“者”的性质可能发生改变。“者”指代具体的人或事物时，其替代对象一般是明确的，具体的，这时“者”肯定是结构助词。有些“者”可以译为“……原因”、“……样子”，这时“者”替代的对象已是含糊的、抽象的了，但从句法结构分析，这种“者”还算是结构助词，仍是名词性的标志。有些“者”替代的对象进一步抽象化，可译为“的话”，而且已不具有名词性标记的功能，这时“者”就变为限定助词了。

总之，出土战国文献中的“者”，主要有结构助词和限定助词两种用法。结构助词“者”的最常见的用法是出现在谓词性词语之后，构成“者”字词组；其次是出现在名词性词语之后，构成“者”字词组。这种结构助词“者”是名词性的标记，兼有附着和称代两种作用。极少数“者”相当于“之”，这是西周春秋汉语语法现象的遗迹。用于假设复句前一分句末尾的“者”，是由结构助词“者”虚化而来的，是限定助词，表示假设。

参考文献

白兆麟：《“所”字词组后附之“者”字新探》，《安徽大学学报》1980年第3期。

方有国：《上古汉语“者”字词性与功能再研究》，第34届国际汉藏语会议论文2001年，中国昆明。收入《上古汉语语法研究》，巴蜀书社2002年版。

郭锡良：《古代汉语》（下），语文出版社1992年版。

何乐士：《〈左传〉的“者”》，《左传虚词研究》（修订本），商务印书馆2004年版。

何乐士：《关于“者”字结构作后置定语和受事主语的问题》，《左传虚词研究》（修订本），商务印书馆2004年版。

何乐士：《古代汉语虚词典》，语文出版社2006年版。

洪诚玉：《“N之P者”结构的语义关系和语法关系》，《古汉语研究》1989年第4期。

季旭升：《〈上海博物馆藏战国楚竹书（三）〉读本》，［台湾］万卷楼图书股份有限公司2005年版。

季旭升：《〈上海博物馆藏战国楚竹书（四）〉读本》，［台湾］万卷楼图书股份有限公司 2007 年版。

李佐丰：《古代汉语语法学》，商务印书馆 2004 年版。

刘钊：《郭店楚简校释》，福建人民出版社 2003 年版。

吕叔湘：《中国方法要略》（校订重排本），商务印书馆 1982 年版。

马建忠：《马氏文通》，商务印书馆 1989 年版。

南开大学中文系语言教研组：《古代汉语读本》，人民教育出版社 1960 年版。

苏建洲：《〈上海博物馆藏战国楚竹书（二）〉校释》，花木兰文化出版社 2006 年版。

王力：《古代汉语》（共四册），中华书局 1962 年版。

袁毓林：《“者”的语法功能及历史演变》，《中国社会科学》1997 年第 3 期。

赵世举：《〈孟子〉定中结构三平面研究》，中国青年出版社 2000 年版。

朱德熙：《自指和转指——汉语名词化标记“的、者、所、之”的语法功能和语义功能》，《方言》1983 年第 1 期。

邹濬智：《〈上海博物馆藏战国楚竹书（一）·缁衣〉研究》，［台湾］花木兰文化出版社 2006 年版。

第四节　出土战国文献中的助词“所”

一、结构助词“所”

文言文中“所”的词性如何？最早对这一问题提出说法的应该是马建忠（1898）。他认为“所”是接读代字。陈承泽（1922）首先向代词说发难，他认为“所”是“助字之含有指示作用者”。此后的学者，有些信从代词说，有些信从助词说。认为“所”是代词的学者如黎锦熙（1924）（他称为联接代名词）、何容（1942）（他称为“代词”）、王力等（1962）（他称为特别的指示代词）、郭锡良等（1992）（他称为“辅助性代词”）、方有国（2000）（他认为是指示代词）。认为“所”是助词的学者如金兆梓（1922）

（他认为有“所”字的词组是“静子句”）、吕叔湘（1942）（他认为“所”兼有指示和完形两种作用）、周法高（1959）（他认为“所”是代词性助词）、王克仲（1982）（他认为是结构助词）、张其昀（1990）（他也认为是结构助词）、郝维平（1996）（他认为是助词）、何乐士（2004）（她认为是结构助词）。朱德熙（1980）、姚振武（1998）都认为“所”是名词化标记，他们还把“的”、“者”、“之”也看成是名词化标记，这些词现代汉语语法学界一般都看作助词，所以名词化标记说其实等于助词说。

我们认为应该把“所”看作助词，属于结构助词这一小类；不认为它是代词。

为什么不把“所”看成代词呢？王克仲（1982）做过论述。他谈了三点理由：第一，马建忠认为“所”必居宾次。如果是这样，那么对于“所”字与动宾词组相结合这种形式就难于解释，例如“其北陵，文王之所避风雨也”（《左传·僖公三十二年》）、“吏者，民之所悬命也”（《管子·明法解》）。第二，如“所”必居宾次，那么“所”字就将跟它后面的动词或介词构成动宾关系，而这都与语言的实际情况不相符合。例如“此六子者，世之所高也”（《庄子·盗跖》），难以理解为：此六子者，世高六子。第三，如果把“所”看作代词，那么代词可以换上它所代的词语，而“所”不能。例如“子之所慎：齐、战、疾”（《论语·述而》）不能解释为：子之齐、战、疾慎：齐、战、疾。对王克仲（1982）的上述论述，我们基本同意。

“所”不能看成是代词，首先是因为它不是实词。从汉语来看，代词是属于实词的。代词不是一个独立的词类，而属于不同的词类。根据语法功能可以把代词分为以下几类：谓词性代词、名词性代词、数量词性代词、副词性代词。无论哪一类，都属于实词，都能做句子成分。所以可以说代词是能代替、指示实词性成分的词。既然如此，我们就不应把“所”看成代词，因为“所”不能独立运用，不能单独做句子成分，不属于实词。

“所”不能看成代词，还因为它不具备代词的基本功能。代词其实是从各类实词中把一些具有指示、区别、替代功能的词抽取出来而形成的一个类别，没有这种作用的词不能归为代词。“所”根本不具备指示、区别作用，把它归到指示代词一类显然是不合适的。“所”跟其它代词不同，不是独立发挥替代作用的，而是附着于其它词语，跟其它词语一起发挥这种作用的。

一些学者之所以这么执著地把“所”看作代词，最根本的理由恐怕就在于“所+动”、“所+介+动”中的“所”有替代作用。但是，有替代作用的并不一定就是代词，比如现代汉语中的“的”，学者们一般都认为它有替代作用，特别是“的”字词组中的“的”。可是研究现代汉语语法的学者们，都不把“的”看成代词或特别指示代词。文言文中的“者”，跟现代汉语中的“的”一样，也有替代作用。依据我们的研究，它也不是代词。“所”跟现代汉语“的”字短语中的“的”、文言文中的“者”应该是一样性质的词，都不应看作代词。“所”除了有替代作用外，还有附着性，是名词化的标记，这是其本质属性、基本功能。给一个词定性，要依据其本质属性、基本功能。

“所”不能看成代词，还因为它不具备代词的语法特征。不少学者都把“所”看成指示代词，指示代词的语法特征是在否定句中作宾语要前置（而“所”在任何时候都放在动词前），是出现在实词性成分之后加以复指，等等。这些特征“所”都不具备。所以“所”不应看成代词，而应视为结构助词。

“所”在现代汉语中还存在。它直接附着在及物动词的前面组成“所”字短语。“所”字短语是体词性的，可以作主语、宾语以及中心语，例如“所说未必正确”、“学非所学”、“各取所需”、“有所发展”、“人心之所向”等。这种“所”，研究现代汉语语法的学者一般都视为结构助词。前边说过，朱德熙（1980）把“的”、“者”、“之”跟“所”一样视为名词化标记，而“的”、“者”、“之”学界一般也都视为结构助词。

为什么要把“所”视为结构助词呢？这是因为它有“的”、“者”这类结构助词所具有的语法功能。

“所”具有附着作用。它不能独立使用，必须直接附着在动词性词语的前面（可见“所”是粘着、定位的）。“所”原是名词性的词，这时可以独立使用，但是虚化成结构助词之后，就失去了独立性，已不能单独作句子成分，必须附着在动词性词语之前组成“所”字词组之后才可以做句子成分。“所”字的这一作用十分突出，显示出了它的虚词性质。

“所”是名词化的标记。朱德熙（1980）、姚振武（1998）都说“所”是名词化标记。王克仲（1982）也说“所字在造句中起着把动词、动词性词组或主谓词组改变为名词性词组的作用”。何乐士（2004）也说“所在其中（指所字短语中）的作用是改变动词或动词结构的性质使它具有名词的功能”。

这里我们要提出一个问题：即动词性词语是必须加“所”才能名词化的呢，还是不加“所”也可以名词化呢？前述几位学者好像是倾向于前者。这里涉及另一个问题，即汉语的名词化是否都需要有标记，是否有零形式名词化。朱德熙（1980）的回答是否定的，他说：“凡是真正的名词化都有实在的标记，所谓‘零形式名词化’对于汉语来说，是人为的虚构。”

我们认为，朱先生的说法有待商榷。先请看下引几例：（a）胡能有定？（《诗经·邶风·日月》）（b）若不生得以戮于群众，犹未得请也。（《国语·齐语》）（c）子路有闻，未之能行。（《论语·公冶长》）

对于前引（a）例，郑玄笺云：“何能有所定乎？”；对于（b）例，韦昭注曰：“犹未得所请也”；对于（c）例，邢昺疏云：“前有所闻，未得及行”。可见，前引三例中的“定”、“请”、“闻”都在句中名词化了，意思分别是“所定”、“所请”、“所闻”，但都是无标记的。

这种例子在出土文献中就更常见了。例如：（a）陈子皮之造戈。（《陈子皮戈铭》，《集成》17·11126）（b）蔡侯产之用剑。（《蔡侯产剑铭》，《集成》18·11604）（c）曾侯乙之用戈。（《曾侯乙戈铭》，《集成》17·11169）（d）坪夜君成之用戈。（《平夜君成戈铭》，《汇编》575）（e）十三年，相邦义之造。（《十三年相邦义戈铭》，《集成》17·11394）（f）陈侯因脊之造。（《陈侯因脊戈铭》，《集成》17·11129）（g）玄翏夫吕之用。（《玄翏夫铝戈铭》，《汇编》1185）（h）坪夜君成之用。（《平夜君成戈铭》，《汇编》574）

上引例（a）中的“造戈”，是“所造戈”的意思；（b）、（c）、（d）例类此；例（e）中的“造”，是所造的意思，（f）、（g）、（h）类此。这些例子足以说明，汉语中确实存在所谓“零形式名词化”。从汉语史发展的角度来看，“所”、“者”、“之”这类所谓名词化标记，都产生的比较晚，在商代根本没有。那个时候的名词化，都是零形式的，是无标记的。只不过随着语言的发展，为了表义的明晰，才发展出这些“名词化标记”。

所以我们认为，即使没有“所”，动词性词语也可以名词化。动词性词语名词化后，易与表示陈述的动词性词语相混，加上“所”可以把它的名词性显出来。所以我们说“所”是名词化的标记。“所”跟同性质的“之”类似，“之”是定语的标志，在商代根本没有，但商代有大量的定中结构。

所以说不加“之”也是定中结构，加“之”只不过更明确地显示出这一点，不会让人误解。陈承泽（1922）说助词有添显作用，这话很有深意。从“所”、“之”来看，的确如此。

“所”有替代作用吗？对这个问题，学者们有不同的回答，如马汉麟（1962）认为有，而姚振武（1996）则认为没有。我们认为，单独一个“所”字，很难说有替代作用，因为它不独立运用；但是在“所”字短语中，“所”字具有替代作用。例如“非所取而取之谓之盗”（《穀梁传·哀公四年》）中的“所取”，从意义理解的角度，是所取之物的意思（从本质上说来，是“所”后的动词性词语转指了动作的有关方面，而“所”把这一点明确显示出来）。“所”字短语中的“所”能替代什么？我们认为有两种“所”，即“所+V”中的“所”和“所+介+V”中的“所”。

“所+V”中的“所”最常见的是表示受事，例如“智（知）天所为，智人所为，虗（然）句（后）智道”（《郭店楚简·语丛一》）、“此王者，明君之所疑也，而圣之所禁也”（《韩非子·说疑》）。

“所+V”中的“所”也可以表示施事。王克仲（1982）明确地说，“所+V”中的“所”可以表示施事。他在21部先秦典籍中找出129个“所”表示施事的例子。他共举出了5个例子：“二公命邦人，凡大木所偃，尽起而筑之”（《尚书·金縢》）、“五谷所生，非麦而豆”（《战国策·韩策一》）、“是故其兵不修而戒，不求而得，不约而亲，不令而信，禁祥去疑，至死无所之”（《孙子·九地》）、“夫所借衣车者，非亲友则兄弟也”（《战国策·赵策一》）、“人主之所惑者则不然，以其智强智，以其能强能，以其为强为”（《吕氏春秋·分职》）。王克仲（1982）认为第一个例子中的“大木所偃”可以理解为“大木所偃者”，“大木”与“所偃者”之间的关系是全体与部分的关系，“所偃者”对“偃”而言是施事者。其他各例亦如是。

在出土战国文献中也可以见到这类例子：（a）剁敂（令）亖围畲（命）之於王大子而目（以）陞剁人所幼未陞。（《包山楚简》2—3）（b）辛目之日不目（以）所死於亓（其）州者之居凥（处）名族至（致）命。（《包山楚简》32）（c）凡宫厩之马所入长坛之审五乘。（《曾侯乙墓竹简》208）

上引（a）例中的“陞”是登记的意思。“剁人所幼未陞”可训为“剁人之幼未陞者”，意即剁人中年幼而未登记的。（b）例可与下引一例相比较：“乙亥之日不目（以）死（死）於亓（其）州者之譏（察）告，阩门又（有）敗（败）”（《包山楚简》27）很明显，（b）例中的“所死於亓（其）州者”可训为“死於亓州者”，意即死在那个州的人。“所死於亓（其）州者”是“死”的施事。这种“所+V+者”词组与通常的“所+V+者”不同，是指施事而不是指受事。（c）例中的“宫厩之马所入长坛之审”可训为“宫厩之马之入长坛之审者”。

“所+V”中的“所”还可以表示处所、凭借、原因、时间等。表示处所的例子如“山林菹泽草莱者，薪蒸之所出，牺牲之所起也”（《管子·轻重甲》）、“冀北之土，马之所生，无兴国焉”（《左传·昭公四年》）。表示凭借的例子如：“大宫大邑，身之所庇也”（《左传·襄公三十一年》）、“夫祀，国之大节也；而节，政之所成也”（《国语·鲁语上》）。表示原因的例子如“政之所兴，在顺民心；政之所废，在逆民心”（《管子·牧民》）、“凡民之所疾战不避死者，以求爵禄也”（《商君书·君臣》）。表示时间的例子如“九月，辛丑，用效。用者何？用者，不宜用也。九月，非所用效也”。（《公羊传·成公十七年》）

在出土战国文献中也可以见到这类例子：下之事上也，不从丌（其）所命，而从丌所行。（《郭店楚简·尊德义》）试把此例与下例比较：“子曰：下之事上也，不从丌所以命，而从丌所行”（《郭店楚简·缁衣》）。很明显，上例中的“所命”，是所以命的意思。

当“所+V”表示处所、凭借、原因、时间时，可以把“所+V”理解为“所+介+V”，也就是说可以在“所”和“V”之间添加一个“介”来理解。但是，不能认为这种“所”后有省略，不是先有“所+介+V”而后省略为“所+V”，恰恰相反，是先有表示处所、凭借、原因、时间的“所+V”而后有“所+介+V”。原来，“所+V”不但可以表示受事（偶尔表示施事，是有条件的，表示施事常用“V+者”），还可以表示处所、凭借、原因、时间等。这样“所+V”就是一个歧义结构，出现于句中时容易引起误解。所以，后来当“所+V”在表示处所、凭借、原因、时间时，就在“所”和“V”之间加上相应的介词，构成“所+介+V”式。这样，由于介词的作用，不容易被误解了。从“攸”字结构也可以看出这一点。“攸”与“所”性质相同，比“所”古老。但是“攸”只有“攸+V”式，没有“攸+介+V”式，

“攸+V”除了表示受事之外，也可以表示原因、凭借等。由“攸”字结构来看，确实应先有表示原因、凭借的“所+V”，而后有表示原因、凭借的“所+介+V”。

“所+V”中的“所”可以表示受事，所以朱德熙（1980）认为“所”提取宾语，因为在“所+V”结构中，“V”的受事一般是不出现的。但是在出土战国文献中可以见到这样的例子：（a）虐（吾）所旻（得）地於膚（莒）中者，无有名山名溪。（《上博楚简四・柬大王泊旱》）（b）王所舍（予）新大厩目（以）啻苴之田：南与剥君执疆，东与菱君执疆，北与鄒君执疆，西与鄱君执疆。（《包山楚简》154）

前引（a）例中动词“得”的受事已经在动词后出现，可是在动词前仍然用“所”。“所旻地於膚中者”，可训为“所得於莒中之地”。（b）例“所舍（予）新大厩目（以）啻苴之田”可训为“所予新大厩之啻苴之田”，动词“舍”后受事、与事都出现，但动词前仍然用“所”。可见，如果“所”的作用是提取宾语，那么不该有（a）、（b）这类例子。所以，“所”的作用很可能仅是一个谓词性词语名词化的标记。当一个谓词性词语名词化之后，就需要一个标记来从形式上标明这一点。如果名词化后转指施事，一般用“者”（在一定的条件下可以用“所”）；如果名词化后转指受事以及处所、凭借、原因、时间等，则用“所”。在谓词性词语转指受事后，受事一般不再在“V”后出现；有时候也可以出现。即使出现，“所+V+O”中的“V+O”所表示的意义也跟表示陈述的“V+O”不同了。

文言文“所+介+V”中的“所”不能表示受事、施事，可以表示凭借、原因、处所、时间、目的、伴随等。

表示凭借的例子如“夫金鼓旌旗者，所以一人之耳目也”（《孙子・军争》）、“易一则强，易使则功，易知则明，是治之所由生也”（《荀子・正论》）。表示原因的例子如“桀、纣、幽、厉之所以失措其国家、倾覆其社稷者，已此故也”（《墨子・尚贤中》）、“所为贵驥者，为其一日千里也”（《吕氏春秋・贵卒》）。表示处所的例子如“楚人有涉江者，其剑自舟中坠于水。遽契其舟曰：是吾剑之所从坠”（《吕氏春秋・察今》）、“所由入者，隘；所从归者，迂”（《孙子・围攻》）。表示时间的例子如“兵所自来者久矣”（《吕氏春秋・荡兵》）、“音乐之所由来者远矣”（《吕氏春秋・大乐》）。

表示目的的例子如“孟尝君顾谓冯谖：先生所为文市义者，乃今日见之”（《战国策·齐策四》）、“今修兵而反以自攻，则失所为修之矣”（《吕氏春秋·本生》）。表示伴随的例子如“能以从击寡者，则吾之所与战者，约矣”（《孙子·虚实》）、“大臣廷吏，人主之所与度计也”（《韩非子·八奸》）

出土战国文献中的“所+介+V”中的“所”则可以表示工具、凭借、原因、处所、时间、伴随等。

表示工具的例子如：（a）其所以埱者类旁凿。（《睡虎地秦简·封诊式》）埱：挖洞。旁：宽。（b）柔（幣）帛，所以为訐（信）牙（与）諻（徵）也。（《郭店楚简·性自命出》）表示凭借的例子如：（c）诗，所以会合古含（今）之恃（寺）也。（《郭店楚简·语丛一》）（d）凡君子所以立身大法晶（三）。（《郭店楚简·六德》）表示原因的例子如：（e）丹所以得復生者，吾犀武舍人，犀武论其舍人□命者，以丹未当死，因告司命史公孙强。（《放马滩秦简·墓主记》）（f）江海所以为百浴（谷）王，以其能为百浴（谷）下。（《郭店楚简·老子甲本》）表示处所的例子如：（g）以孤虚循求盗所道入者及臧（藏）处。（《周家台秦简·日书》）（h）悬（仁）义，豊（礼）所由生也。（《郭店楚简·五行》）表示时间的例子如：（i）凡五亥，不可目（以）畜六牲腘（拢），帝之所目（以）翏（戮）六腘（拢）之日。（《九店楚简》40）表示伴随的例子如：（j）凡君子所以立身大法晶（三）……晶（三）者，君子所生牙（与）之立、死牙（与）之遳（敝）也。（《郭店楚简·六德》）

出土战国文献中“所+介+V”的总体情况见下表：

4－1：出土战国文献中“所+介+V”统计表

内容 \ 种类		所以	所由	所道	所与	合计
楚简	表示工具凭借	36				36
	表示原因	6				6
	表示处所		3			3
	表示时间	1				1
	表示伴随				1	1

续表

内容 \ 种类		所以	所由	所道	所与	合计
秦简	表示工具凭借	2				2
	表示原因	1				1
	表示处所			2		2
	表示时间					0
	表示伴随					0

对于“所+介+V”这种结构，我们也认为是有“所”这种标记的名词化结构。即使没有标记，“介+V”也可以名词化。在文言文中，存在着名词化了的“介+动”结构，例如：“悚者，亡又（有）[ ] 自耊（来）也”（《郭店楚简·语丛一》）、“此济上之所以败，齐国 [ ] 以虚也”（《吕氏春秋·行论》）、“狱之患，非在所以诛也，[ ] 以雠之众也”（《韩非子·难四》）、“故用兵之法，无恃其不来，恃吾有 [ ] 以待也；无恃其不攻，恃吾有所不可攻也”（《孙子兵法·九变》）、“其妻问所与饮食者，则尽富贵也……问其 [ ] 与饮食者，尽富贵也”（《孟子·离娄下》）。在上引各例中“[ ]”的位置上都可以加上“所”。如果说“所+介+动”是有标记的名词化；那么上引五例中的“介+动”则是无标记的名词化。

与“所”字词性有密切关系的问题是，在先秦时代有没有“为……所……”式被动句。先看以下两例：(a) 弊邑为大国所患。(《吕氏春秋·审应》) (b) 人为人之所欲，己为人之所恶。(《吕氏春秋·贵因》)

对于这种例子，学术界有不同的看法。《汉书·霍光传》有“卫太子为江充所败”一句，马建忠（1890）认为此句“犹云卫太子为江充所败之人”，这是把它看成陈述句，“为”是动词；杨树达（1955）却把它理解为“卫太子见败于江充”，看成被动句，“为”为介词。

王克仲（1982）认为，在先秦时代，“为……所……”还不是被动式，赞同马建忠的观点。张其昀（1990）用演化的观点看问题，他认为“为……所……”式早期是判断形式，后来变为表被动的句式。他列出下列公式：

为+［名+（所+动）］$\xrightarrow{\text{由表判断转为表被动}}$为+名+（所+动）

董秀芳（1998）认为，由语义因素诱发的重新分析在由表判断的句式向表被动的句式的转变过程中起了关键性作用。那么是什么时候发生了这种转变呢？董秀芬举了下引四例：（a）公孙敖出代郡，为胡所败七千有余。（《史记·匈奴传》）（b）骞曰：为汉使月氏而为匈奴所闭道。（《汉书·张骞传》）（c）食於道旁，乃为乌所盗肉。（《汉书·黄霸传》）（d）司徒九江朱伥以年老为司隶虞诩所奏耳目不聪明。（东汉应劭《风俗通·十反》）

她认为上面的例子已经完成了重新分析。“所 VP”由名词性成分变成了动词性成分，“所”已变为被动标记，“为”由动词（准系词）变成了介词，NP 由“所 VP”的定语变为介词“为”的宾语，“为 NP”成为“所 VP”的状语。由董秀芳所举的例子来看，完成转变的时间是西汉时代，特别是东汉时代。

方有国（2000）也有类似的观点。他认为“所+动”有的有被动性，“所+动”和“为”配合，构成“为+名+所+动”格式，意思是成为“名”的被“动”的人或事物，“所+动”仍是名词性的，大约在西汉，这种句式受“见+动”、“被+动”、“被+名+动”等被动式的类化，“为”变为被动词，“所”字失去作用，随之“所+动”变成动词性的结构，有的还带上宾语、补语。

上述学者的论述，大都是可取的。“为……所……”式被动句在先秦时代尚不存在，下引两例很说明问题：（a）臣为王之所得鱼也。（《战国策·魏策四》）（b）故乐之所由来者尚矣，非独为一世之所造也。（《吕氏春秋·古乐》）

在（a）例中“为+名+之+所+动”之后，还出现一个名词，“所得”作“鱼”的定语。（a）的意思是臣成了大王所获得的鱼。由此看来，其它“为+名+（之）+所+动”都可做类似的解释。（b）例后一小句的意思是不单是一个时代创造的，明显不能看成被动句。在先秦时代，“为……所……”这种句式很少，王克仲（1982）从先秦的 21 部代表性著作中仅仅找出了 11 例。

既然先秦时代还没有“为……所……”式被动句，那么当时就不存在作为被动标记的“所”。

结构助词的“所”是怎么来的呢？对此学术界也有不同的看法。

王克仲（1982）列出了一个“所”字演变图：（动+）所^{1}→所^{2}（+动）→所^{5}+动。也就是说，最初是动词加于名词“所”之前，如“死所”、“居所”，后来可移到“所^{2}”之后作“所^{2}（+动）”，最后直接加在“所^{2}”后边，形成所字结构“所^{5}+动”。

张其昀（1990）认为“所”字作为名词表示处所义是其最早用法，是作为结构助词“所”字最本源的用法。将表示处所义的“所”字参与构成的“居其所”之类结构变成“其所居”之类结构，就实现了由动词性结构向名词性结构的转换，“所”也就由名词转变为结构助词了。

郝维平（1996）认为“所”可以作介词，表示原因、凭恃，还可以表示对象。“所”可以和后边的成分构成介词结构。“所”字结构原本是由介词结构演变而来的，其表义重点原也在前边。介词“所”虚化的结果是“所”成了助词，同其后的动词结合日益紧密，“所”的表义重点也相应地移向后面，成了一个只表示动作指向的词，所字结构也就形成了带有指向性的动作这一意义。

方有国（2000）认为“所”是指示代词。根据黄盛璋先生的研究，上古汉语指示代词的来源，大半跟时间观念有关，一部分跟空间观念有关。名词“所”表示具体的空间，任何人或事物都是存在于一定空间的，由此“所”转而表示这一空间所存在的人或事物。当“所”由空间之处转而指空间里的人或事物之后，处所义转为指代人，从而名词转化为指示代词。他认为所字结构最初的形成可能是：所→所+动，即在独用“所”后面直接加动词而成的。

我们认为，下述的观点是正确的：结构助词“所”源于意义是处所的名词“所”。在文言文中，“所”有处所的意义，例如“襢裼暴虎，献于公所”（《诗经·郑风·叔于田》）、“公朝于王所”（《春秋·僖公二十八年》）、“譬如北辰，居其所而众星共之”（《论语·为政》）。这种“所”是如何演变成结构助词“所”的呢？

首先是语言的需要。在上古汉语前期的语言当中，已有一些动词语发生了名词化的转变。这时一般是无标记的，如“《旹（诗）》，又（有）为为之也。《箸（书）》，又（有）为言之也”（《上博楚简一·性情论》）。例中的“有为”，是有所为的意思。有时结构助词“攸”作名词化的标记，但不常用，例如“女不忧朕心之攸困”（《尚书·盘庚》）、“乃民攸训（顺），非天攸若”（《尚书·无逸》）。这样语言中就需要一个常用的名词化标记。

适宜“所”字虚化的具体句法环境应是：“无/有+所+VP”式句。例如：(a) 由（使）先王亡所逯（歸）。(《上博楚简六·平王问郑寿》) (b) 亡人不佞，失守社稷，越在草莽，吾子无所辱命。(《左传·昭公二十年》) (c) 齐国之政将有所归。(《左传·襄公二十九年》) (d) 智（知）丌以又（有）所逯（归）也。(《郭店楚简·六德》) (e) 而大王之计，有所失也。(《战国策·秦策三》)

例 (a) 中的“亡所归”可以有两种解释。一是把“所”看成意义是处所的名词，这时“所”是“亡”的宾语，“亡所”的意思是没有地方；“归”是运动动词，可以以“所”为处所宾语，“无所归”是说没有地方可以回去。二是把“所”看成结构助词，把“所归”看成所字短语，这个短语作宾语，“无所归”是没有可归去的地方。例 (b) 中“无所辱命”也有一个“所”是上属还是下属的问题。如果是上属，那么应切分为“无所/辱命”，意思是没有地方可以让您执行君王的命令；如果下属，那么应切分为“无/所辱（君）命”，意即不致辱君命。例 (c)、例 (d)、例 (e) 都可做两种分析。

认为“所”上属，“所”就是名词；认为“所”下属，“所”就是结构助词。这种可做可此可彼分析的例子，恰好可以证明结构助词“所”的来源以及“所”所由虚化的具体语法环境。如果历史地来看，可以认为“所”原是上属的，后来变为下属了。

俞敏先生有类似的看法，他在《经传释词札记》中举“无所不知”为例，认为所字结构是古人对这类句子分段理解有差错形成的：

第一阶段：无所不知=没地方不懂

第二阶段：无所不知=没不懂的地方。

可见，俞敏也认为“无+所+VP”是结构助词“所”所由产生的具体语法环境之一。

“无所VP”、“有所VP”这样的句法格式十分常见，以至于形成了“无所”、“有所”这样的固定格式。因为使用频率增加，所以可以成为诱发“所”语法化的环境。

跟“所”类似，结构助词“攸”其实也是由意义为处所的名词“攸”虚化而来。结构助词“攸”所由虚化的具体句法环境也应是“无/有+攸+VP”，例如“民有寝庙，兽有茂草，各有攸处”（《左传·襄公四年》）。

类推是“所”语法化的源动力。在结构助词“所”产生之前，已经有结构助词“攸”的存在。例如：(a）隹苟（敬）德，亡逌违。(《班簋铭》)(b）君子有攸往。(《周易·坤卦》)(c）乃民攸训，非天攸若。(《尚书·无逸》)

“攸”字结构中的“攸（逌)”附着于其后的“VP”、与“VP”构成名词性的短语。受“攸”和“攸”字结构的类化，“所”发生了语法化的变化。“攸”字结构可以表示动作的受事及有关方面，受此规定，“所”字结构也是如此。

受类推这种源动力的作用，“无/有+所+VP”发生了重新分析。原来，在“无/有+所+VP”中间，边界在“所”之后；重新分析发生之后，边界则处于“所”字之前，“所”与后面的“VP”密切地融合在一起，形成了“所”字结构。本来，“无/有”后边的VP就容易发生名词化的变化。当重新分析发生之后，“VP”成了“有/无”的宾语，名词化了，“VP”前的“所”自然变成名词化的标记。

能表示动作的受事及有关方面的名词性“所”字短语产生之后，用处扩大了，不仅可以作动词“有/无”的宾语，举凡名词性短语可以作的句子成分，“所”字短语都可以充当。

“所”可以跟动词性词语构成“所”字短语，根据“所”后动词语的不同，可以把“所”字短语分成两大类型，一是所+动+（者)，二是所+介+动+（者)。

“所+动+（者)”之后的“者”可以出现，也可以不出现；可以表示动作的受事，也可以表示动作的有关方面。

4-2：出土战国文献中助词“所”统计表

用法＼文献		战国金文	战国简牍			战国帛书	战国玉石文字	合计
			楚简	曾简	秦简			
所V		17	138	21	89	0	1	266
所+介+V	所以V	0	46	0	3	0	0	49
	所由V	0	3	0	0	0	0	3
	所与V	0	1	0	0	0	0	1
	所道V	0	0	0	2	0	0	2
合计		17	188	21	94	0	1	321

“所+动+（者）”中“动”的种类有：单个动词、状中短语、中补短语、动宾短语、并列短语、连谓短语和复句形式。

“动”是单个动词的例子最多，例如：

（1）凡孚（学）者隶〈求〉丌心为难，从丌所为，丘（近）㝵（得）之壴（矣）。（《郭店楚简·性自命出》）

（2）皇天之所弃，而句（后）帝之所憎。（《上博楚简五·三德》）

（3）律所谓者，以丝杂织履，履有文，乃为“锦履”。（《睡虎地秦简·法律答问》）

（4）门有客，所言者急相穷事也。（《周家台秦简·日书》）

（5）右敆（令）建所輮（乘）大輴。（《曾侯乙墓竹简》1）

（6）金石刻，尽始皇帝所为也。（《峄山刻石》）

（7）献鼎之岁，羕（养）陵公伺之睘（县）所造。（《羕陵公戈铭》，《集成》17·11358）

（8）十一年，库啬夫肖（赵）不绎、贮氏大令所为，空（容）二斗。（《十一年库啬夫鼎铭》，《集成》5·2608）

“动”是状中短语（以动词为中心语）的例子如：

（9）此天之所不能杀，陛（地）之所不能奎（埋），侌（阴）昜（阳）之所不能成。（《郭店楚简·太一生水》）

（10）王室所当祠固有矣，擅有鬼立（位）殹。（《睡虎地秦简·法律答问》）

（11）善攻者必目亓所又（有），目攻人之所亡又（有）。（《上博楚简四·曹沫之阵》）

（12）毄（举）而（爾）所智（知），而所不智（知），人丌（其）豫（舍）之者？（《上博楚简三·中弓》）

（13）臣事君，言丌所不能，不詞（辞）丌所能，昊（则）君不袋（劳）。（《郭店楚简·缁衣》）

（14）不韦（讳）所不季（教）於帀（师）者三：弜（强）行、忠謀（谋）、信言，此所不季（教）於帀（师）也。（《上博楚简六·天子建州甲》）

“动”是中补短语的例子如：

（15）辛巳之日不目（以）所死於亓（其）州者之居凥（处）名族至（致）命。（《包山楚简》32）

（16）所誼（属）於发尹利：荆层壬申，鄢人胡伹余、瘳野。（《包山楚简》171）

（17）左尹目王命告子郘公，命瀘上之识狱为郐人舒㡞盟，亓所命於此书之中目（以）为证。（《包山楚简》139）

（18）是虐（吾）所朢（望）於女（汝）也。（《上博楚简六·竞公瘧》）

（19）虐（吾）所旻（得）地於膚（莒）中者，无有名山名溪。（《上博楚简四·柬大王泊旱》）

（20）王所舍（予）新大厩目（以）啻苴之田，南与鄝君执疆，东与菱君执疆，北与鄝君执疆，西与鄱君执疆。（《包山楚简》154）

“动”是动宾短语的例子如：

（21）虐（吾）又（有）所䎽（闻）之。（《上博楚简四·曹沫之阵》）

（22）毋以戊辰、己巳入（纳）寄者，入（纳）之所寄之。（《睡虎地秦简·日书乙种》）

（23）古（故）君子所逷（报）之不多，所求之不远，戠（察）反者（诸）吕（己）而可以智（知）人。（《郭店楚简·成之闻之》）

（24）又（有）所又（有）畬（馀）而不敢孝（尽）之，又（有）所不足而不敢弗☐。（《上博楚简二·从政甲》）

（25）君子亡所不足，无所又（有）叅（馀）。（《上博楚简五·弟子问》）

（26）凡宫厩之马所入长坛之审五乘。（《曾侯乙墓竹简》208）

“动”为动词性的联合短语的例子如：

（27）此君子从事者之所适趋也。（《上博楚简五·季庚子问於孔子》）

（28）告众之所畏忌，请命之所䌤，而言𧥄（语）之所记（起）。（《上博楚简六·用曰》）

（29）可定名事里，所坐论云可（何）？可（何）罪赦。（《睡虎地秦简·封诊式》）

“动”为连谓短语的例子如：

（30）及臣邦君长所置为后大（太）子，皆为后子。（《睡虎地秦简·法律答问》）

（31）轻车、赽张、引强、中卒所载傅〈傳〉到军，县勿夺。（《睡虎地秦简·法律杂抄》）

（32）剁敵（令）喜围𠓗（命）之於王大子而㠯（以）陞剁人所幼未陞。（《包山楚简》2—3）

“动”为复句形式的例子如：

（33）所又（有）责於寢戲五师，而不交於新客者，豖㺹苛欯（㕣）利之金一益削益。（《包山楚简》146）

（34）所又责於剁寢戲、寢戲、繇戲五师，而不交於新客者，佶让六令李畣之金五益。（《包山楚简》146）

从内部结构来看，“所+动”是什么性质的结构呢？方有国（2000）认为，“所”是指示代词，而“所+动”结构是按照“中+定”语序组合起来的。方有国此说不可从。“所”在现代汉语中还存在。研究现代汉语的学者，基本上都认为“所”字结构是助词短语，是由助词“所”粘着在动词性词语上组成的。这种看法可取。我们认为文言文中的“所”字短语也可以这么看。以前引例（15）中的“所死於亓（其）州”为例，可以做如下的层次分析：

所 死 於 亓 州
|所| 字短语 |
|中〈 补 |
|介| 宾 |
|定）中|

“所+动”可独立使用，例如：

（35）忞（察）所智（知），忞（察）所不智（知）。（《郭店楚简·语丛一》）

（36）盗盗人，买（卖）所盗，以买它物，皆畀其主。（《睡虎地秦简·法律答问》）

“所+动”前可以出现名词性词语（或由名词性词语充当，或由名词性代词充当），在名词性词语和“所+动”之间可以用“之”，也可以不用“之”。例如：

（37）智（知）天所为，智人所为，𧇍（然）句（后）智道。（《郭店楚简·语丝一》）

（38）都寿之岁，襄城楚竟尹所戠。（《襄城楚境尹戈铭》，《汇编》1285）

（39）六年，相邦司工马，左库工帀申𡿨，冶肙明所为，𦃃事筂鬲执齐。（《六年相邦司空司铍铭》，《汇编》1632）

（40）蜀（独）智（知），人所亚（恶）也。蜀贵，人所亚也；蜀（独）賗（富），人所亚也。（《上博楚简五·君子为礼》）

（41）是虐（吾）所頁（望）於女（汝）也。（《上博楚简六·竞公瘧》）

（42）舉（举）而（爾）所䈜（知），而（爾）所不䈜（知），人丌（其）豫（舍）之者？（《上博楚简三·中弓》）

上面举的6个例子，为“名+所+动”式。前4例“所”前是名词语，后2例“所”前是名词性代词。下引6个例子，则为“名+之+所+动”式：

（43）众之所植，莫之能丞（升）也。（《上博楚简六·孔子见季趄子》）升：谷物成熟。

（44）☐蓂（异）於丘之所昏（闻）。（《上博楚简五·季庚子问於孔

子》）

（45）皇天之所弃，而句（后）帝之所憎。（《上博楚简五·三德》）

（46）人之所溾（畏），亦不可以不溾（畏）。（《郭店楚简·老子乙本》）

（47）天之所败，多亓赘（喜）而募（寡）其悬（忧）。（《上博楚简五·三德》）

（48）民之所欲，溾（鬼）神是有（祐）。（《上博楚简五·三德》）

对于“名+所+动”和“名+之+所+动”，马汉麟（1962）认为是两种不同的结构。他认为中间不用“之”，不能认为是“之”字的省略，而是“所”字直接放在主语和谓语动词之间，构成一个单一的语法单位。用“之”字，表明这是一个偏正词组，“之”前的成分是定语，“之”后的成分是中心语，这个中心语是由“所”字和动词结合而成的一个语法单位。对于马汉麟的观点，后来有人赞同，也有人反对。分歧的焦点是：“所”是嵌在主语和谓语之间的插入成分，即作A种分析，还是依附于动词的前附成分，即作B种切分：

A、名（代）+ 所 +` 动
主 | 谓
所字结构

B、名（代）+ 所 + 动
所字结构
定中结构

宋绍年（1996）、赵世举（2000）都认为应作B种分析，他们都阐述了之所以这样分析的根据，我们认为是可靠的，此处不重复。

“所+动”前的“名（代）”，一般表示“动”的施事。姚振武（1998）认为，“所+动”的提法是不正确的，这是一种只顾后（V）而不顾前（S）的说法，正确的提法应是“（S）所V”、“（S）”表示或直接出现，或虽未直接出现，但可以明确补出来。姚振武的这种说法是基本可信的。

“名+所+动”和“名+之+所+动”中的“名”、“名+之”若由代词“其”替换，则形成了“其+所+动”式（“其”后不再出现“之”）。这种格式的存在，能证明“所+动”前的“名”是定语，因为按照王力等（1962）的观点，文言文中的“其”只作定语。“其+所+动”的例子如：

（49）凡孷（学）者隶〈求〉亓心为难，从亓所为，丘（近）㝵（得）之壴（矣）。（《郭店楚简·性自命出》）

（50）臣事君，言丌（其）所不能，不詞（辞）丌所能，则君不褮（劳）。（《上博楚简一·缁衣》）

（51）昏昏不寍（宁），求亓所生。（《上博楚简三·恒先》）

（52）敓（悦）丌（其）人，必好丌所为。（《上博楚简一·诗序》）

（53）子曰：大人不睪（亲）丌所鉏（贤），而信丌所贱。（《上博楚简一·缁衣》）

（54）人各食其所耆（嗜），不踐以贫（分）人；各乐其所乐，而踐以贫（分）人。（《睡虎地秦简·为吏之道》）

“所+动”之后也可以出现名词性词语，构成“所+动+（之）+名”，“（之）”表示“之”可以出现，也可以不出现。“所+动”与“名”所表达的内容基本相同。例如：

（55）置垣瓦下，置牛上，乃以所操瓦盖之，坚貍（埋）之。（《周家台秦简·病方及其它》）

（56）此所胃（谓）艮山，禹之离日也。（《睡虎地秦简·日书甲种》）

（57）君子亡所脵（厌）人。（《上博楚简三·中弓》）

（58）所为衍（道）者四，唯人衍（道）为可衍（道）也。（《郭店楚简·性自命出》）

（59）所驭坪夜君之敏车。（《曾侯乙墓竹简》67）

（60）此所胃（谓）之滿（旱）母。（《上博楚简四·柬大王泊旱》）

前5例“所+动”后无“之”，后1例“所+动”后有“之”。文言文中的“之”可作定语的标记。方有国（2000）认为“所+动”与“名”构成定中关系，此说可从。这种定中之间是同一性的关系。

“所+动+（之）+名”中的“（之）+名”可以用“者”来替换，这时形成了“所+动+者”这样的格式。例如：

（61）斗乘冀，门有客，所言者，行事也。（《周家台秦简·日书》）

（62）所谓者，见书而投者不得，燔书，勿发。（《睡虎地秦简·法律答问》）

（63）所紃者目（以）迭（速）寋（赛）祷☑。（《新蔡楚简》零：12）

（64）不韦（讳）所不季（教）於帀（师）者三：弜（强）行、忠恳

(谋)、信言。(《上博楚简六・天子建州甲》)

对于“所+动+者”，学者们有不同的分析。南开大学（1960）认为“所”是指示代词，而“者”是助词。王力等（1962）把“所”和“者”都看成是特别的指示代词，认为如果动词前面用了“所”字，那么动词后面的“者”字就指代行为的对象了，这时“所”字起着指示行为的作用。方有国（2000）认为“所+动+者”是在“所+动”后边加上指示代词“者”形成的。“者”的作用，一是作所字结构结束的标志，二是复指“所”所指的内容。而张其昀（1990）认为这种“者”是语气词，只起调节话语韵流的作用。白兆麟（1998）、何乐士（2004）等也都把这种“者”看成语气词。

我们则认为“所”和“者”都是结构助词。“所”先与“动”组合，构成名词性的“所”字短语“所+动”。“所+动”这个名词性短语后再加结构助词“者”。结构助词“者”在文言文中可以用在名词性词语之后，也可以用在谓词性词语之后。“所+动+者”中的“者”是前一种“者”（详见本书第四章第三节《出土战国文献中的助词“者”》）。以“所言者”为例，可作如下层次分析：

所　　言　　者

|　者字　|短语　|

|所字短语|

在“所+动”前后都可以出现名词性词语，构成“名$_1$+（之）+所+动+（之）+名$_2$”这样的格式，一般说来，“名$_1$”为“动”的施事，“名$_2$”为“动”的受事。例如：

（65）右敆（令）建所乘（乘）大旆。(《曾侯乙墓竹简》1)

（66）邻连爨（敖）东臣所驭政车。(《曾侯乙墓竹简》12)

（67）十三葉，左使车啬夫孙固所勬（勒）翰（看）器。(《十三葉壶铭》,《集成》15・9675)

（68）卅二年，單父上官嗣憙所受坪安君石（硼）它（鍦）。(《卅二年坪安君鼎铭》,《集成》5・2764)

对于这种“名$_1$+（之）+所+动+（之）+名$_2$”的结构，马汉麟（1962）曾以《论衡・刺孟》中的“盗跖之所树粟”为例，认为它有四种可能的分析：

盗跖/之/（所树/粟）

盗跖/之/（所树—粟）（“所树”与“粟”同位）

（盗跖/之/所树）—粟（“盗跖之所树”与“粟”同位）

（盗跖/之/所树）/粟

马汉麟否定了最后一种分析，而对前三种分析未置可否。陈朋（1980）则认为这类结构不是以所字结构为中心语，而是以名词为中心语的偏正结构，恰恰应以最后一种分析为是。赵世举（2000）认为陈朋的观点大体上是可信的。

在文言文中，确有“名+（之）+所+动”和“所+动+（之）+名”两种结构，所以无论把第一层切在“盗跖”之后，还是“所树”之后，似乎都可以讲得通。但仔细想来，应以第一种切分为是：

首先，从语义关系来说，“所树”与“粟”所指相同，关系很密切。而“盗跖”是领有者，它与“所树”和“粟”的关系都比较疏远。既然如此，不应首先在“所树”之后切分。

其次，文言文“名$_1$+（之）+所+动+（之）+名$_2$”中的“（之）+名$_2$”可由“者”来替换，构成“名$_1$+（之）+所+动+者”这样的结构，例句详见下文。这种结构里的“者”作为结构助词，是附着在“所+动”之后，而不是附在“名+（之）+所+动”之后。这样分析的一个重要的根据是，“名$_1$+（之）+所+动+者”中的“名$_1$+（之）”可以省略，只剩下“所+动+者”，如前引例（61）至（64）。

再次，从省略的角度来看，“名$_1$+（之）+所+动+（之）+名$_2$”中的“名$_1$+（之）”可以省去，只剩下“所+动+（之）+名$_2$”，例子如前引（55）至（60）。定中短语的定语往往可以省去，如“仲子所居之室……所食之粟”（《孟子·滕文公下》）。上例中的“所食之粟”，“所食”后保留“之粟”，而其前省去“仲子”，这说明“所食”与“粟”关系更为密切，“仲子”应为定语。

我们认为，以前引（65）为例对这种结构可作如下的层次分析：

右攽（令）建所𩍂（乘）大𦆵（旃）

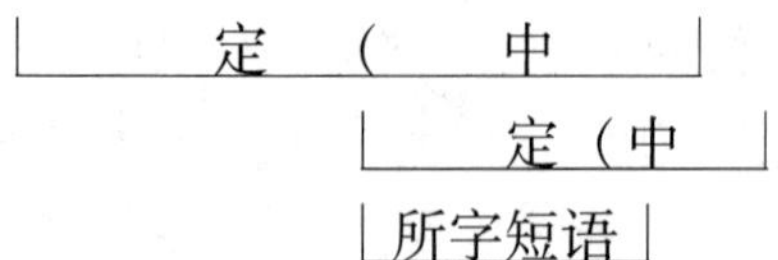

“名$_1$+（之）+所+动+（之）+名$_2$”中的“（之）+名$_2$”可以由“者”来替换，构成“名+（之）+所+动+者”这样的格式。例如：

（69）豊（礼）之所至者，乐亦至安（焉）。（《上博楚简二·民之父母》）

（70）“五至”虗（乎），勿（物）之所至者，志亦至安（焉）。（《上博楚简二·民之父母》）

（71）律所谓者，以丝杂织履，履有文，乃为“锦履”。（《睡虎地秦简·法律答问》）

（72）虗（吾）所旻（得）地於膚（莒）中者，无有名山名溪。（《上博楚简四·柬大王泊旱》）

这种格式中的“者”，只能认为是附着在“所+动”之上的，而不是附着在“名+（之）+所+动”之上，文言文中常见“所+动+者”格式，能证明这一点。“名+（之）”可以自由省略，说明它不是“者”字词组的一部分，而是“所+动+者”的定语。这种结构的存在，说明我们前面对“名$_1$+（之）+所+动+（之）+名$_2$”的分析是正确的。

对这种结构，以（69）中的“豊之所至者”为例，可作如下的层次分析：

豊（礼）之所至 者

|　定　）中　|

|者字短语|

|所字|

“名$_1$+（之）+所+动+（之）+名$_2$”中的“名$_1$+（之）”可用“其”替代，这样就构成了“其+所+动+（之）+名”这样的结构。例如：

（73）☐传者入门，必行其所当行之道。（《龙岗秦简》3）

（74）其所受臧（赃），亦与盗同法。（《龙岗秦简》148）

（75）直（值）其所失臧及所受臧，皆与盗同☐。（《龙岗秦简》137）

对这种结构，以“其所当行之道”为例，可作如下层次分析：

其 所 当 行 之 道

|定）　中|

|　定　）中|

|所字短语|

“名$_1$+（之）+所+动+（之）+名$_2$”中的“名$_1$+（之）”可用“其”替换，

“（之）+名$_2$”可用“者”替换，这样就构成了“其+所+动+者”结构。例如：

（76）古（故）君子之立（莅）民也，身備（服）善以先之，敬新（慎）以寸（守）之，丌（其）所才（存）者内（入）悬（矣）。（《郭店楚简·成之闻之》）

对这种结构，以“丌所才者”为例，可作如下的层次分析：

丌（其）所 才（存）者

|定 ）　　中|

|者 字短语|

|所字　|

“所+介+动”格式中的“介”，在出土战国文献中主要有“以”、“由”、“与”、“道”，“以”常见，后三者都不常见。例如：

（77）虛（吾）所以又（有）大患者，为虛（吾）又（有）身。（《郭店楚简·老子乙本》）

（78）圣智（知），豊（礼）巢（乐）之所由生也，五［行之所和］也。（《郭店楚简·五行》）

（79）晶（三）者，君子所生牙（与）之立，死牙（与）之遊（敝）也。（《郭店楚简·六德》）

（80）以孤虚循求盗所道入者及臧（藏）处。（《周家台秦简·日书》）

“所+介+动”中的“动”可以是单个动词，也可以是动词性的状中短语、中补短语、动宾短语和联合短语。

“动”为单个动词的例子如：

（81）此三者所㠯（以）战。（《上博楚简四·曹沫之阵》）

（82）夫不夫，妇不妇，父不父，子不子，君不君，臣不臣，緍（昏）所䌛（由）乍（作）也。（《郭店楚简·六德》）

（83）子曰：下之事上也，不从丌所以命，而从丌所行。（《郭店楚简·缁衣》）

（84）圣智（知），豊（礼）巢（乐）之所由生也，五［行之所和］也。（《郭店楚简·五行》）

（85）以孤虚循求盗所道入者及臧（藏）处。（《周家台秦简·日书》）

（86）箱徙之器所㠯行：一獬冠。（《包山楚简》）

“动”为状中短语的例子如：

（87）智（知）歨（止），所以不訂（殆）。（《郭店楚简·老子甲本》）

（88）丹所以得復生者，吾犀武舍人，犀武论其舍人□命者，以丹未当死，因告司命史公孙强。（《放马滩秦简·墓主记》）

“动”为中补短语的例子如：

（89）古之所以行虖（乎）闵（蛮）嘍（貉）者，女（如）此也。（《郭店楚简·忠信之道》）

（90）所以异於父，君臣不相才（存）也。（《郭店楚简·语丛三》）

（91）季（教），所以生悳（德）于审（中）者也。（《郭店楚简·性自命出》）

（92）此所㠯为和於邦。（《上博楚简四·曹沫之阵》）

“动”为动宾短语的例子如：

（93）江海所以为百浴（谷）王，以其能为百浴下。（《郭店楚简·老子甲本》）

（94）罊（殷）人之所㠯（以）弋（代）之，觀（观）亓容，圣（听）亓言。（《上博楚简五·鲍叔牙与隰朋之谏》）

（95）褢（鬼）神物武，非所㠯季（教）民，唯君其知之。（《上博楚简四·曹沫之阵》）

（96）凡君子所以立身大法晶（三）。（《郭店楚简·六德》）

（97）小邦处大邦之间，敌邦交陛（地）不可㠯先复（作）悁（怨），疆陛（地）毋先而必取口焉，所㠯佢（距）鄵（边）。（《上博楚简四·曹沫之阵》）

（98）陞（登）丘毋訶（歌），所㠯为天豊（礼）。（《上博楚简五·三德》）

“动”为联合短语的例子如：

（99）迿佝者貞（使）遅（堋）丌所㠯衰亡。（《上博楚简四·鲍叔牙与隰朋之谏》）

从内部构造来说，“所+介+动”是什么结构呢？方有国（2000）认为是中定结构，“所”是中心语，“介+动”是后置定语，共同限定“所”。我们认为，此说不可从。前面已经说过，“所”是结构助词，“所”与“介+动”组合后，构成的是助词短语。

对“所+介+动”该如何进行层次分析呢？这主要有两种看法。第一种看法是首先在介词后进行切分。如何乐士（2004）认为，“所·介”首先组成一个表示凭借、原因、工具、方法、目的、途径的介词结构，再和动词组织在一起，即“所+介/+动”。第二种看法是在“所”后切分，如王克仲（1982）认为“所+介+动”的内部结合关系应该是“所+［介+动］”，其中的介词附属于动词。

我们认为后说是可信的。理由如下：在文言文中，存在着名词化了的“介+动”结构，例如“恷者，亡又（有）［　］自丞（来）也”（《郭店楚简·语丛一》）、“此济上之所以败，齐国［　］以虚也”（《吕氏春秋·行论》）、“狱之患，非在所以诛也，［　］以雠之众也”（《韩非子·难四》）、“故用兵之法，无恃其不来，恃吾有［　］以待也；无恃其不攻，恃吾有所不可攻也”（《孙子兵法·九变》）、“其妻问所与饮食者，则尽富贵也……问其［　］与饮食者，尽富贵也”（《孟子·离娄下》）。在上引各例之中“［　］”的位置上都可以加上“所”。如果说“所+介+动”中的“介+动”是有标记的名词化；那么上引五例中的“介+动”则是无标记的名词化。

“所”用在“介+动”前，是“介+动”名词化的标记，可见，第一层必须在“所”后切分，才符合这种短语的构造规律。如果认为“所”先与“介”组合成介宾短语，再与后面的“动”组合，那样组合出来的短语只能是动词性的，而不会是名词性的。所以前一种看法是不可从的。以前引例（95）中的“所㠯（以）䎽（教）民”为例，这种短语可作如下层次分析：

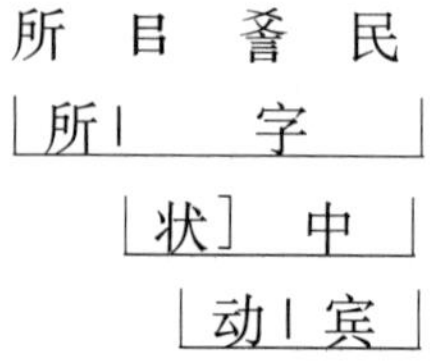

所　㠯　䎽　民
|所|　字　|
　|状]　中　|
　　|动|宾|

4－3：出土战国文献“所+介+动”中“动”统计表

种类 统计	单个动词	动宾短语	中补短语	状中短语	并列短语	合计
数量	15	27	6	3	1	52

“所+介+动”前边可以出现名词性词语，后边也可以出现名词性词语，构成“名$_1$+（之）+所+介+动+（之）+名$_2$”这种短语。例如：

（100）凡君子所以立身大法晶（三）。（《郭店楚简·六德》）

（101）凡五亥，不可目（以）畜六牲腘（扰），帝之所目翏（戮）六腘（扰）之日。（《九店楚简》40）

如果用“者”替换“名$_1$+（之）+所+介+动+（之）+名$_2$”中的“（之）+名$_2$”，则成为“名+（之）+所+介+动+者”这样的短语。例如：

（102）丹所以得復生者，吾犀武舍人，犀武论其舍人□命者，以丹未当死，因告司命史公孙强。（《放马滩秦简·墓主记》）

（103）古之所以行虖（乎）闵（蛮）喽（貉）者，女（如）此也。（《郭店楚简·忠信之道》）

（104）以孤虚循求盗所道入者及臧（藏）处。（《周家台秦简·日书》）

（105）虔（吾）所以又（有）大患者，为虔（吾）又（有）身。（《郭店楚简·老子甲本》）

前三例中的“名$_1$”为名词，其中（103）例中的“名$_1$”为时间名词，例（105）中的“名$_1$”为代词。在上引各例中，“者”是附着在前面的“所+介+动”之上的，这属于用于名词性词语后的“者”，而不是附着在“名$_1$+（之）+所+介+动”之上的，因为“名$_1$+（之）”可以省略，文言文中有“所+介+动+者”这样的短语。由此来看，“名$_1$+（之）+所+介+动+（之）+名$_2$”，首先应该在“所”前切分，以“君子所以立身大法”为例，这种短语可分析为：

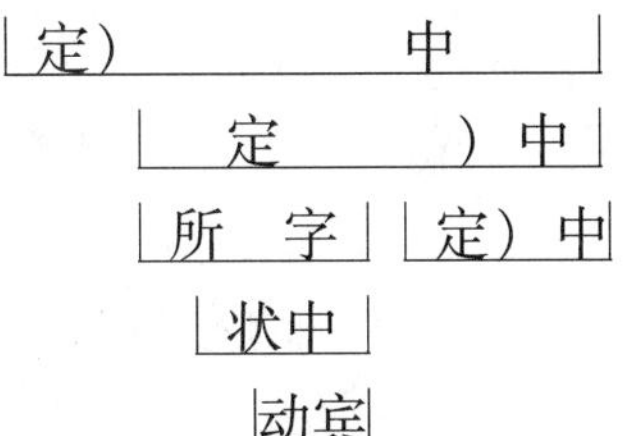

“所以立身”与“大法”所指相同，两者间关系更密切，而“君子”为领有者，与“所以立身”的关系稍远。

“名+（之）+所+介+动+者”这样的短语，以“丹所以得復生者”为例，可作如下分析：

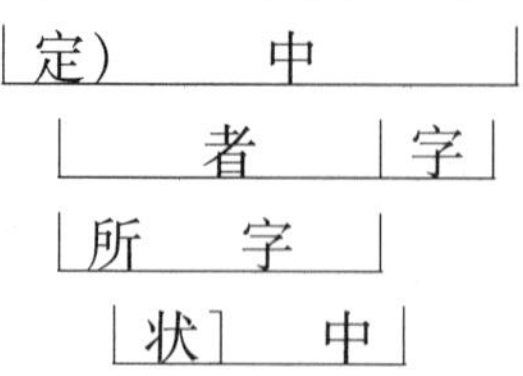

如果用“其”替换“名$_1$＋（之）＋所＋介＋动＋（之）＋名$_2$”中的“名$_1$＋（之）”，用“者”替换其中的“（之）＋名$_2$”，则成为“其＋所＋介＋动＋者”这样的结构。例如：

（106）其所以埱者类旁凿。（《睡虎地秦简·封诊式》）埱：挖洞。旁：宽。

如果把“名$_1$＋（之）＋所＋介＋动＋（之）＋名$_2$”中的“（之）＋名$_2$”省去，则成为“名＋（之）＋所＋介＋动”这样的结构：

（107）息（仁）义，豊（礼）所由生也，四行之所和也。（《郭店楚简·五行》）

（108）江海所以为百浴（谷）王，以其能为百浴（谷）下。（《郭店楚简·老子甲本》）

（109）蟨（殷）人之所㠯（以）弋（代）之，觀（观）亓容，圣（听）亓言。（《上博楚简五·鲍叔牙与隰朋之谏》）

（110）圣智（知），豊（礼）藥（乐）之所由生也，五［行之所和］也。（《郭店楚简·五行》）

把“其＋所＋介＋动＋者”或“其＋所＋介＋动＋（之）＋名”中的“者”或“（之）＋名”去掉，则成了“其＋所＋介＋动”这类结构：

（111）下之事上也，不从丌（其）所以命，而从丌所行。（《郭店楚简·缁衣》）

（112）遅（堋）亓（其）所㠯葬。（《上博楚简四·鲍叔牙与隰朋之谏》）

把“名＋（之）＋所＋介＋动＋者”或“其＋所＋介＋动＋者”中的“名＋（之）”或“其”省去，则成了“所＋介＋动＋者”这类结构，例如：

（113）季（教），所㠯（以）生悳（德）於中者也。（《上博楚简一·性情论》）

（114）者（书），所以会合古含（今）之恃（志）者也。（《郭店楚简·语丛一》）

（115）所道旞者，命曰“署人”。（《睡虎地秦简·法律答问》）道：由，从。旞：行。

“所+介+动”可以单独使用。例如：

（116）毋上（尚）获而上（尚）闻命，所㠯为毋退。（《上博楚简四·曹沫之阵》）

（117）亓（期）会之不难，所㠯为和於豫（舍）。（《上博楚简四·曹沫之阵》）

（118）智（知）㠯（己），所以智人；智人，所以智命。（《郭店楚简·尊德义》）

（119）帀（幣）帛，所㠯（以）为信与登（徵）也。（《上博楚简一·性情论》）

（120）夫丧，至悉（爱）之𠬝（卒）也，所㠯城（成）死也。（《上博楚简三·中弓》）

（121）杀𣪠（戮），所以敍（除）𢘓（怨）也。（《郭店楚简·尊德义》）

4－4：出土战国文献中“所+介+动”统计表

结构 / 统计	名$_1$+（之）+所+介+动+（之）+名$_2$	名+所+介+动+者	其+所+介+动+者	名+所+介+动	其+所+介+动	所+介+动+者	所+介+动	合计
数量	2	4	1	7	4	4	30	52

“所”字短语（包括“所+动”和“所+介+动”）是一种什么功能的短语呢？对此有两种看法。一种认为是名词性短语。如王克仲（1982）认为，“所+动”是一个名词性的词组，在句子中可以充当名词所能充当的任何句子成分。他还认为在“所+介+动”中的“所”不是介词的前置宾语，它在造句中起着把“介+动”这样一个动词性词组变为名词性词组的作用。另一种看法认为“所”字短语具有双重性。如何乐士（2004）认为“所+动”前面可以加“其”、“名”、“名之”等表领属关系的修饰成分，表明“所+动”

的名词性质；常在用作名词性谓语的“所+动”前出现“非”、“唯”、“皆”、“亦”等成分，也反映“所+动”的名词性质。但他认为“所+动”结构具有双重性，当它作定语时，就是个形容词性的结构。所以“所+动”是一个名词性兼形容词性的结构。何乐士认为“所+介+动”是一个名词性短语。

我们认为，前说更为可靠。当“所+动”或“所+介+动”作定语时，仍是名词性的，是以一个名词性词语的身份作定语的。在汉语中，不但形容词性词语可作定语，名词性词语也可以作定语。不能说“所”字短语作主语、宾语时是名词性的，作定语时就是形容词性的。不管作什么成分，它的性质并没变，都是名词性的短语。

作为名词性短语，“所”字短语可以作主语、判断句谓语、宾语、定语、中心语等成分，还可以作联合短语及“者”字短语的一部分。

“所”字短语作主语的例子如：

（122）今夬（决）耳故不穿，所夬（决）非珥所入殹，可（何）论？（《睡虎地秦简·法律答问》）

（123）一日㠯善立，所孥（教）皆终。（《上博楚简三·中弓》）

（124）朝廷之立（位），壤（让）而凥（处）戔（贱），所乇（度）不远幾（矣）。（《郭店楚简·成之闻之》）

（125）所城有坏者。（《睡虎地秦简·秦律杂抄》）

（126）所杀直（值）二百五十钱。（《睡虎地秦简·法律答问》）

（127）所以异於父，君臣不相才（存）也。（《郭店楚简·语丛三》）

“所”字短语作判断句谓语。例如：

（128）弜（强）行、忠譬（谋）、信言，此所不季（教）於帀（师）也。（《上博楚简六·天子建州甲》）

（129）此所㠯为和於邦。（《上博楚简四·曹沫之阵》）

（130）此三者所㠯战。（《上博楚简四·曹沫之阵》）

（131）�（幣）帛，所㠯为信与登（徵）也。（《上博楚简一·性情论》）

（132）雀（爵）立（位），所以託（信）丌肰（然）也。（《郭店楚简·尊德义》）

（133）禩（鬼）神勑武，非所目斈（教）民，唯君其知之。（《上博楚简四·曹沫之阵》）

“所”字短语作宾语，例如：

（134）严敬不敢怠荒，因载所美，卲（昭）友（蔡）皇工（功）。（《中山王譽方壶铭》，《集成》15·9735）

（135）君子亡所不足，无所又（有）㑹（馀）。（《上博楚简五·弟子问》）

（136）詧（察）天人之分，而智（知）所行矣。（《郭店楚简·穷达以时》）

（137）后自得所亡。（《睡虎地秦简·法律答问》）

（138）盗盗人，买（卖）所盗，以买它物，以畀其主。（《睡虎地秦简·法律答问》）

（139）一曰不察所亲。不察所亲，则怨数至。二曰不智（知）所使。不智（知）所使，则以权衡求利。（《睡虎地秦简·为吏之道》）

“所”字短语可以作定语，例如：

（140）其所受臧（贓），亦与盗同法。（《龙岗秦简》148）

（141）十四葉，片器啬夫亮痘所勬（勒）翰（看）器。（《十四葉方壶铭》，《集成》15·9665）

（142）差（左）斂弔（弘）所驭乘车。（《曾侯乙墓竹简》7）

（143）凡五亥，不可目（以）畜六牲頋（扰），帝之所目翏（戮）六頋（扰）之日。（《九店楚简》40）

（144）凡君子所以立身大法晶（三）。（《郭店楚简·六德》）

（145）此所胃（谓）艮山，禹之离日也。（《睡虎地秦简·日书甲种》）

“所”字短语可以作中心语，例如：

（146）金石刻，尽始皇帝所为也。（《峄山刻石》）

（147）智（知）天所为，智人所为，虗（然）句（后）智道。（《郭店楚简·语丝一》）

（148）古戢（岁）者，溼（湿）澡（燥）之所生也；溼（湿）澡者，仓（沧）然之所生也。（《郭店楚简·太一生水》）

（149）人各食其所耆（嗜），不踐以贫（分）人；各乐其所乐，而踐以

贫（分）人。(《睡虎地秦简·为吏之道》)

(150) 古者，民各有乡俗，其所利及好恶不同。(《睡虎地秦简·语书》)

(151) 周人之所目（以）弋（代）之。(《上博楚简二·鲍叔牙与隰朋之谏》)

有时，两个“所”字短语构成名词性的联合短语，例如：

(152) 好亚（恶），眚（性）也。所好所亚（恶），勿（物）也。善不［善，眚也］，所善所不善，埶（势）也。(《郭店楚简·性自命出》)

这个例子中的由两个“所”字短语构成的联合短语是作主语的。

“所”字短语还可以作“者”字短语的一部分，这时“所字短语”与“者”的结合较紧密。例如：

(153) 可（何）如为“犯令”、“法（废）令”？律所谓者，令曰勿为而为之。(《睡虎地秦简·法律答问》)

(154) 斗乘亢，门有客，所言者行事也、请谒事也。(《周家台秦简·日书》)

(155) 豊（礼）之所至者，乐亦至安（焉）。(《上博楚简二·民之父母》)

(156) 虗（吾）所旻（得）地於膚（莒）中者，无有名山名溪。(《上博楚简四·柬大王泊旱》)

(157) 古之所以行虖（乎）闵（蛮）嘍（貉）者，女（如）此也。(《郭店楚简·忠信之道》)

(158) 虗（吾）所以又（有）大患者，为虗（吾）又（有）身。(《郭店楚简·老子乙本》)

这种“所”字短语是“者”字助词短语的一部分。有人认为这是“所……者”结构，其实“所”和“者”并不处于一个层次之上。以“所以有大患者”为例，可作如下层次分析：

所 以 有 大 患 者

|　　者　　|字|

|所|　　字|

|状|　　中|

|动|宾|

|定）中|

二、“者”和“所”的区别

关于“者”和“所”的区别，有些学者做过论述。朱德熙（1982）认为，“者”是提取主语的，而“所”是提取宾语的。姚振武（1998）认为，“者”和“所”的区别并不在于此，因为单个动词与“者”结合后也可以指称宾语。他把汉语谓词性成分名词化分为两种类型。第一种“VP”只是单个的谓词，指称的只能是一般，并且只能是本体；第二种“VP”中包含本体成分，指称的只能是与所出现的本体相关的个别（绝对个别和相对个别）。他认为“所”是古汉语谓词性成分名词化指称个别宾语的必有标记，是第二种名词化的标记，而“者”显然是第一种名词化的标记。

姚振武（1998）说来未必可信。因为出现在“者”前的“VP”，有不少并不是单个动词，而是动宾、动补、状中短语，甚至是主谓短语。“者”出现在这些词语之后，很难说是指称一般的，这时它跟“所”在指称一般或个别方面并无明显的不同。

我们认为，“者”和“所”的区别，有以下几点：

第一，“者”用于“VP”之后，而“所”用于“VP”之前。

第二，“者”可用于名词语之后，起自指（或说复指）作用，而“所”不能用于名词语之前。若用于名词语之前，这个名词语也是有过动词化的过程的。也就是说经过了先动词化、再名词化的过程。这时名词语所表示的意义跟没有经过这个过程所表示的意义不同。

第三，“者”和“所”即使都与谓词语结合也有不同。“者”前的“VP”一般是转指施事的，而“所”后的“VP”一般是转指受事的，也可以转指处所、凭借、原因、时间等。

总之，上古汉语中的“所”不是代词，是结构助词，有附着作用，是名词化的标记。“所+V”中的“所”有替代作用，可以表示“V”的受事、施事、处所、凭借、原因、时间等，“所+介+动”可以表示工具、凭借、原因、处所、时间、目的、伴随等。先秦汉语中不存在“为……所……”式被动句，所以也不存在作为被动标记的“所”。结构助词“所”源于意义是处所的名词“所”，其间经历了语法化的过程。“所”字短语可以分为两种类型，即“所+动+（者）”和“所+介+动+（者）”。“所+动+（者）”中的

“动”在出土战国文献中有单个动词、状中短语、中补短语、动宾短语、联合短语、连谓短语和复句形式。“所+动+（者）”是助词短语，可以单独使用，其前可以出现名词性词语（名词性词语和“所”字短语之间可以加“之”，也可以不加）或“其”。“所+动”后也可以出现名词性词语（所字短语和名词性词语之间可以加“之”，也可以不加）或“者”。在“所+动”的前后都可以出现名词性词语，构成“$名_1$+（之）+所+动+（之）+$名_2$”这样的结构。“所+介+动”中的“介”，在出土战国文献中有“以”、“由”、“与”、“道”。其中的“动”在出土战国文献中可以是单个动词，也可以是状中短语、中补短语、动宾短语和联合短语。“所+介+动”前后都可以出现名词性词语，构成“$名_1$+（之）+所+介+动+（之）+$名_2$”这样的结构，“$名_1$+（之）”可以用“其”替换，也可以省略；“（之）+$名_2$”可以用“者”替换，也可以省略。“所+动”和“所+介+动”都是名词性的短语，可以作主语、判断句谓语、宾语、定语和中心语等成分。“所”与“者”的区别主要是“者”后置于VP，而“所”前置于VP；“者”可以用于名词性词语之后起自指作用，而“所”不能；“者”前的VP名词化后一般是转指施事的，而“所”后的VP名词化后转指的对象是多样的。

参考文献

白兆麟：《“所”字词组后附之“者”字新探》，《安徽大学学报》1980年第3期。

陈承泽：《国文法草创》，商务印书馆1922年版。

陈朋：《试论“名·之所·动”可作定语》，《中国语文》1980年第5期。

方有国：《上古汉语所字与所字结构再研究》，《上古汉语语法研究》，巴蜀书社2000年版。

郭锡良：《古代汉语》，语文出版社1992年版。

郝维平：《上古汉语“所”字新探》，《古汉语研究》1996年第2期。

何乐士：《〈左传〉的“所”》，《左传虚词研究》（修订本），商务印书馆2004年版。

何容：《中国文法论》，商务印书馆1942年版。

金兆梓：《国文法之研究》，中华书局1922年版。

黎锦熙：《新著国语文法》，商务印书馆 1942 年版。

吕叔湘：《中国文法要略》，商务印书馆 1942 年版。

马汉麟：《古代汉语“所”字的指代作用和“所”字词组的分析》，《中国语文》1962 年第 10 期。

马建忠：《马氏文通》，商务印书馆 1898 年版。

南开大学：《古代汉语读本》，人民教育出版社 1960 年版。

宋绍年：《关于“名（代）+所+动”结构的切分》，《中国语文》1996 年第 2 期。

王克仲：《关于先秦“所”字词性的调查报告》，《古汉语研究论文集》，北京出版社 1982 年版。

王力：《古代汉语》，中华书局 1962 年版。

杨树达：《增订积微居小学金石论丛》，科学出版社 1955 年版。

姚振武：《个别性指称与“所”字结构》，《古汉语研究》1998 年第 3 期。

张其昀：《“所”字用法源流考》，《盐城师专学报》1990 年第 4 期。

赵世举：《〈孟子〉定中结构三平面研究》，中国青年出版社 2000 年版。

周法高：《中国古代语法》，［台湾］中央研究院历史语言研究 1959 年版。

朱德熙：《自指和转指——汉语名词化标记“的、者、所、之”的语法功能和语义功能》，《方言》1980 年第 1 期。

第五节　出土战国文献中的助词“其”

“其”可以用作结构助词，这时用法同“之”。结构助词“其”可以用于定中之间，可译为“的”。例如：

（1）纕（襄）安君其鉼（瓶），式孛（瑴）。（《襄安君扁壶铭》，《集成》15・9606）

（2）天丌（其）沓（本）才（在）上，地丌沓才下。（《行气玉铭》）

（3）廿年，相邦冉其造，西工师旬、丞咢、隶臣口。（《廿年相邦冉戈铭》，《集成》17・11359）

（4）九年，将军张二月，溥宫我其献。（《九年将军戈铭》，《集成》17・11325）

依据张玉金（2004：179），在西周时代的语料中，“其”可训为“之”，用于定中之间，例如“孟侯，朕其弟，小子封”（《尚书·康诰》）、“琱生奉扬朕宗君其休”（《召伯虎簋铭》）。在出土战国文献中也有这种用法的“其”，如例（1）中的“襄安君其瓶”，意即襄安君之瓶；例（2）中的“天其本”、“地其本”，即指天之本、地之本。例（3）可与下引一例相比较：“十三年，相邦义之造”（《十三年相邦义戈铭》，《集成》17·11394）。很明显，“相邦冉其造”，即指相邦冉之造。“造”应是动词用为名词，是所造的意思，用作中心语。例（4）中的“其”类此。

结构助词“其”也可以用于状语和中心语之间，可译为“地”。例如：

（5）可（何）㠯（以）女（如）是亓（其）疾與（欤）才（哉）？（《上博楚简五·姑成家父》）

（6）古（故）道［之出言］，淡可（兮）丌（其）无味也。（《郭店楚简·老子丙本》）

（7）猷（犹）虖（乎）丌（其）贵言也。（《郭店楚简·老子丙本》）

（8）聿（尽）之而悬（疑），必攼鎔（裕）鎔丌（其）迁。（《郭店楚简·语丛四》）

依据张玉金（2004：179），在西周时代的语料中，“其”可作结构助词，用于状语和中心语之间，例如“纯其艺黍稷”（《尚书·酒诰》）、“阒其无人，三年不觌”（《周易·丰卦》）。在出土战国文献中，也可以见到这类例子，如上引例（5）至例（8）。

例（5）中的“如是其疾”可与下例比较：“王曰：若是其甚与？”（《孟子·梁惠王上》）对于“若是其甚与”一句，王力等（1962：295）认为是“其甚若是与”的倒装。此说不可信。“若是其甚”是状中结构，“若是”是状语，“甚”为中心语（是形容词），“其”为状中之间的结构助词。例（5）中的“如是其疾欤哉”也可以作这样的分析。类似的例子还有：“自吾执斧斤以随夫子，未尝见材如此其美也”（《庄子·人间世》）。这里的“如此其美”作“材”的谓语，而“材如此其美”又作“见”的宾语。在这样的句法环境里，“如此其美”不可能是主谓倒置句。

例（6）至（8）可与下例比较：“百神翳其备降兮，九疑缤其并迎”（屈原《离骚》）。对这个例子中的“其”，何乐士（2006：300）做如下分析：它是语助词，用于句中修饰语之后，谓语中心词之前，可译为“地”。我们认为何乐士的分析基本正确，只是应把语助词改为结构助词。上引例（6）至例（8）中的“其”都是结构助词，用于状中之间，可译为“地”。如例（7）就可译为“舒缓地慎重发言”。

结构助词“其”也可以用于主谓之间，例如：

（9）君子其它（施）也忠，古（故）蛮亲傅也。（《郭店楚简·忠信之道》）

（10）虐（吾）昏（闻）夫叁（舜）丌（其）幼也，每目（以）□寺丌言。（《上博楚简二·子羔》）

上引例（9）中的“施”是动词，是行、用的意思。例（10）中的“幼”应是形容词，可作谓语，例如“王孙满尚幼，观之”（《左传·僖公三十三年》）。例（9）中的“其”用于主语“君子”和“施”之间，“君子其施也”作主语；例（10）中的“其”用于主语“夫舜”和谓语“幼”之间，“夫舜其幼也”作宾语。

关于结构助词“之”，许多学者认为是源自代词的。如王力（1958：335）、郭锡良（1989：88）、方有国（2002：195）、张敏（2003）、张玉金（2005）等。结构助词“其”应跟“之”一样，也是源自代词。它们的虚化机制也应是一样的。

5－1：出土战国文献中虚词“其”统计表

文献 / 用法	战国金文	战国简牍		战国帛书	战国玉石文字	合计
		楚简	秦简			
结构助词	3	7			3	13

第六节　出土战国文献中的其他助词

除了“之”、“者”、“所”、“然”之外，在出土战国文献中还有其他一些助词，如表数助词“馀”，列举助词“等”、“云”。下面分别予以讨论。

一、表数助词“馀”

作为表数助词，“馀”可以用在表示整数的数词之后、名词之前，表示零数，可译为“多”。例如：

（1）外大母同里丁坐有宁毒言，以卅馀岁时䙴（迁）。（《睡虎地秦简·封诊式》）

（2）取十馀叔（菽）置粥中而饮之。（《周家台秦简·病方及其它》）

魏德胜（2000：239）认为上引例（1）中的“馀”是助词，可从。这种“馀”跟现代汉语中的表数助词“多”用法相同。“多”的用例如“他已经等你两个多小时了”、“图书馆订了十多种刊物”。跟“多”不同的是，“多”前后可以出现量词，而“馀”前后一般不用量词。

二、列举助词“等”和“云”

（一）等

用在虚指代词或名词之后，表示列举未尽，仍可译为“等”。用在名词（专有名词，人名）之后的例子如：

（3）黑夫等直佐淮阳，攻反城久，伤未可智（知）也。（《睡虎地秦牍》M4：11号）

这种例子在传世文献中可以见到，例如“然臣之弟子禽滑釐等三百人已持臣守圉之器在宋城上而待楚寇矣”（《墨子·公输》）、“燕王喜、太子丹等，皆率其精兵东保于辽东”（《战国策·燕策》）。

用在虚指代词之后的例子如：

（4）甲等及里人弟兄及它人智（知）丙者，皆难与丙饮食。（《睡虎地秦简·封诊式》）

（5）丙家节（即）有祠，召甲等，甲等不肯来。（《睡虎地秦简·封诊式》）

（6）甲等而捕丁、戊，戊射乙，而伐杀收首。（《睡虎地秦简·封诊式》）

（7）某里公士甲等廿人诣里人士五（伍）丙。（《睡虎地秦简·封诊式》）

（8）自昼甲将乙等徼循到某山。（《睡虎地秦简·封诊式》）

魏德胜（2000：234）认为上引各例中的“等”为助词，可从。从例（7）的“甲等廿人”来看，“等”确实是表示列举未尽的。上引各例中的“甲”、“乙”等，当为虚指代词，详见杨伯峻、何乐士（1992）。这种“等”到现代汉语中还用，只是用法有了发展变化。

（二）云

用在转述类话语的后面，前面有“曰”这个动词与之呼应，标志话语部分到“云”结束，“云”表示确认上述话语为传闻。例如：

（9）凡鬼恒执匴以入人室，曰“气（饩）我食”云，是是饿鬼。（《睡虎地秦简·日书甲种》）

参考文献

何乐士：《古代汉语虚词词典》，语文出版社2006年版。

魏德胜：《〈睡虎地秦墓竹简〉语法研究》，首都师范大学出版社2000年版。

杨伯峻、何乐士：《古汉语语法及其发展》，语文出版社1992年版。

第五章

出土战国文献中的语气词

语气词起加强语气表达的信息量的作用。

语气词的语法特点如下：一是通常附着在句子末尾，也可以出现在句子中，前者叫句末语气词，后者叫句中语气词；二是不仅配合句子语气表明特定意图，而且可以加强语气表达的信息量。

出土战国文献中的语气词如下：

（一）句尾语气词

可以分为三大类：

1. 陈述语气词

共有 8 个：也（施）（981）、殹（142）、矣（232）、已（7）、而已（5）、耳（2）、尔（11）、焉（7）。

“也（施）”和“殹”是静态语气词，表示判断、确认肯定的语气。

“矣”是动态语气词，表现出现新情况的语气。

“已”也是动态语气词，表示所述事件已经成为事实的肯定语气。

“而已”、“耳”，将事态往小处说，表示限止语气。

“尔”、“焉”，将事态往大处说，表肯定提醒的语气。

2. 疑问语气词

有两个：乎（59）、与（22）

“乎”是一个表示真性疑问的语气词。

“与”表示半信半疑的语气。

3. 感叹语气词

有四个：哉（42）、乎（3）、兮（2）、夫（2）。

“哉”是专职表感叹的语气词。

感叹语气词“乎”源自疑问语气词“乎”，也可以表示感叹语气。

“兮”可表感叹语气，同时有拉长声调、使语气舒缓的作用。

“夫”表示带有伤感的感叹语气。

（二）句中语气词

有5个：也（189）、殹（8）、矣（2）、尔（2）、乎（10）。

句中语气词“也”、“殹”、“矣”、“尔”分别源自句尾语气词“也”、“殹”、“矣”、“尔”，句中语气词“乎”则源自感叹语气词“乎”。

“也”可以用在主语、状语、兼语之后，也可以用在“者”字短语、连谓短语、转折短语中，表示停顿。

“殹”可用于主语、状语、定语之后，也可以用在转折短语中，表示停顿。

“矣”只用在转折短语、连谓短语中，表示停顿，也表示动作的实现体。

“尔”用于主语之后，表示停顿，又有夸大的意思。

“乎”可用在主语、状语之后，表示停顿，同时有表示感叹的作用。

第一节　出土战国文献中的语气词“与”

句末语气词“与”是怎么用的，表达什么语气呢？对此学术界的看法不尽相同：

王力等（1962：280—281）认为，除了在特指问句和选择问句而外，“与”字一般不表示纯粹的疑问。用“与”的时候，在多数情况下，是说话人猜想大约是这样一件事情，但是还不能深信不疑，要求对话人加以证实。在特指问句、选择问句中，“与”的疑问语气强得多。“与”也能用于反问。

郭锡良（1988、1989）认为，疑问句末用“与”，是表示说话人猜想大约是这样，却非深信不疑，要求得到证实，是一种探询的语气。“与”用在其他类型的疑问句中，也是表示探询语气。即使在感叹句里，“与”仍是表探询语气的。

王克仲（1984）认为，从“与”表达的语气上看，可以分为选择问、反问、试探问、是非问四类。在表示反问的这一类里，又兼有表示感叹的语气。

李佐丰（2004：281—219）认为，“与”主要用在测问句中，除此之外，也能用在是非问、选择问、特指问和反问句中，这时或许多少仍有些测度的意味。“与”还能用于感叹句中。

何乐士（2006：551—553）认为，“与”主要有两种用法，即作疑问语气词、感叹语气词。作疑问语气词时，可以用在疑问句和选择问句句末，表示疑问语气；用在反问句句末，表反问语气；用在测度问句句末，表示测度疑问语气。作感叹语气词时，用在感叹句句末，表示感叹语气。

华建光（2008）认为，句末语气词主要是表达疑信情态和调节语势，均属于广义的“情态”范畴。其中：“也/矣/已/耳/夫”为“传信”语气词，“乎$_1$/与/耶”为“传疑”语气词，其中“乎$_1$”较多用于质疑（反诘）；“与/耶”（=也乎$_1$）较多用于揣测（求证）。

我们认为，探讨这个问题可以分两步走，首先看“与”用在哪种句类（根据语气分出的句子种类）当中，然后看它在当中表达什么语气。

语气词“与”在出土战国文献中只出现22次。依据这些用例，可知出土战国文献中的语气词“与”不用于感叹句中，只用于是非问句、特指问句、选择问句和反问句中。

用于是非问句中的语气词“与”最常见，共出现15次。为了说明问题，把它们都列出来：

（1）人而亡恒，不可为卜箬（筮）也，丌（其）古之遗言舆（与）?（《郭店楚简·缁衣》）

（2）天陞（地）之刖（间），丌（其）猷（猶）囯（橐）籊（籥）与?（《郭店楚简·老子甲本》）

（3）曰：诗丌（其）猷坪（平）门与?（《上博楚简一·诗序》）

（4）审（湛）零（露）之賹也，丌（其）猷軳与?（《上博楚简一·诗序》）

（5）毋乃胃（谓）丘之畣（答）非与?（《上博楚简二·鲁邦大旱》）

(6) 令尹胃（谓）太宰："唯。必三軍（军）又（有）大事，邦家㠯（以）杌隉，社禝（稷）㠯（以）危与?"（《上博楚简四·柬大王泊旱》）

(7) 人之眚（性）非与? 止虐（呼）亓（其）孝。（《郭店楚简·语丛三》）

(8) 女（如）夫视人不猒（厌），问礼不倦，则□□□繇悬（仁）㝵（与）?（《上博楚简六·孔子见季逗子》）

(9) 鞄（鲍）耑（叔）舀（牙）盒（答）曰："曷（害）牆（将）逨（来），牆又（有）兵，又（有）惪（忧）於公身。"公曰："肰（然）则可敓（夺）㝵（与）?"（《上博楚简五·竞建内之》）

(10) 庄公曰："沫，虐（吾）言氏（是）不（否），而毋或（惑）者（诸）少（小）道与? 吾一欲闻三代之所。"（《上博楚简四·曹沫之阵》）

(11) 桓子曰："二道者，可旻（得）䎽（闻）㝵（与）?"夫子曰："言即至矣，唯（虽）吾子勿䎽（问），古（故）将㠯（以）告。"（《上博楚简六·孔子见季逗子》）

(12) [子复曰]："□可旻（得）而䎽（闻）㝵（与）?"（《上博楚简二·民之父母》）

(13) 桓子曰：女（如）夫悬（仁），人之未察亓（其）行（?）□□凥（处），可明而智（知）与?（《上博楚简六·孔子见季逗子》）

(14) 悬（仁）㤅（励）悬（仁）而进之，不悬（仁）人弗得进矣，訂（治）旻（得）不可（考）人而与?（《上博楚简六·孔子见季逗子》）

(15) 猶芑蘭礜（与）?（《信阳楚简》1—24）

例（1）中的"其"是测度副词，"与"表示测度语气，"其……与"是一种测度句，"其古之遗言与"是说这大概是古人留下来的话吧? 例（2）、（3）、（4）同此，这三例中的"猷（猶）"是动词。例（5）中的"毋乃"也是测度副词，"与"表示测度语气，"毋乃……与"又是一种测度句，"毋乃谓丘之答非与"是说你大概认为我的回答不对吧? 以上几例都是"与"跟前面的副词共同表达测度语气，构成测度问句。

例（6）的上文是"令尹子林问於大宰子止：'为人臣者亦有争乎?'太宰答曰：'君王元君，君善，大夫何用争?'"例（6）可以译为：令尹对太宰说，是啊，一定是三军有大事，国家动荡，社稷因而危险不安（臣子才需要抗争）吧？可见这个句子也是测度句，句末的“与”是表达测度语气的。例（7）是说，人性不是别的吧，只不过是孝而已。很明显句中的“与”是表测度语气的。如果把它看成是表示疑问语气，那么前小句与后面的小句就没法衔接。例（8）大概是说：如果能视人不厌，问礼不倦，那么就可以说是遵循仁了吧？其中的“与”表示测度语气。例（9）中的“然则可夺与”，是接着鲍叔牙的话说的。齐桓公的意思是说：你既然知道灾害将至，兵灾要来，在我身上又有忧患，那么你大概可以去除它吧？这个句子也是测度句。对例（10），季旭昇（2007：137—234）等译为：庄公说：“沬，我先前所说的实在是不对的，应该是惑于小道吧？我很想听听三代成功的原因。”很明显，其中的“与”也是表示测度语气的。例（11）中的“可得闻与”是说能够说给我听听吧？这是个测度句。例（12）、（13）、（14）均类此。例（15）可以和前引例（2）、（3）、（4）相比较，都是测度句，只不过是例（2）、（3）、（4）中的“与”与前面的“其”相呼应，共同表达测度语气，而例（15）只用“与”表达这种语气。前引例（6）至（15）也都是单独用句末语气词“与”表示测度语气。

徐杰（2001：167—194）通过对英语、日语、马来语、现代汉语等疑问句的分析，发现各语言要表疑问时，一般先动用词汇手段（如疑问代词），再动用语法手段（添加语气词、重叠、语序易位等），最后才会启用语调、重音之类的语音手段。疑问语调只是在语段中没有表疑问的词汇或语法手段时才是必须和强制的。

在上引各例中，前五例主要动用了词汇手段——测度副词和语法手段——语气词“与”，两者共同表达测度语气，而后十例主要动用了语法手段——语气词“与”，单独表达测度语气。这就是说，在出土战国文献中，是非问句中的“与”，基本上都是表示半信半疑语气的，都是测度而问的，没有例外。王力等（1962）、郭锡良（1988、1989）、李佐丰（2004）等的说法是可信的。所以说在是非问句中的“与”可以表示真正的有疑而问，这个观点是我们不能同意的。

“与”可以用在特指问句的句末，但这种“与”很少见，在出土战国文献中只见到下引一例：

（16）可（何）目（以）女（如）是亓（其）疾与才（哉）！（《上博

楚简五·姑成家父》)

此例句末为“与”、“哉”两个语气词连用。“与”为疑问语气词，“哉”为感叹语气词。在先秦汉语里，当这两种语气词连用时，一般都是疑问语气词放在感叹语气词之前，例如“吾得仲父已难矣，得仲父之后，何为不易乎哉!”(《韩非子·难二》)

前人已指出，连用的语气词都分别担负了表达语气的任务，但语气的重点落在了最后一个语气词上，最后一个语气词决定了一个句子的句类。因此，例(16)应是一个感叹句。就组合层次来说，“与”先与前面的句子形式组合，处于内层，而“哉”再与“句子形式+与”组合，处于外层，如下图所示：

何以如是其疾与哉

|______________|　　内层

|________________|　外层

就内层而言，“何以如是其疾+与”，其中疑问代词“何”可表示疑问语气(范晓等 2003：359 认为，疑问语气的表达形式有疑问代词、语气词、语调、句法格式等)，但其中的“与”仍有测度的语气。由于“何”的作用，“何以如是其疾与”的疑问语气强烈一些。

“与”也可以用在选择问句的末尾，在两个分句末尾都用。这种“与”只见到 4 次。例如：

(17) 子羔曰：“尧之得舜也，舜之德则诚善与，伊(抑)尧之德则甚明与?”(《上博楚简二·子羔》)

(18) 厽(三)王者之乍(作)也，虘(皆)人子也，而丌(其)父戔(贱)而不足偁也与，殹(抑)亦城(诚)天子也与?(《上博楚简二·子羔》)

上引两例，都是选择问句，“与”用于其中。依据吕叔湘(1985)，选择问句有两个供选择的部分“A”和“B”，“A”和“B”原来都是是非问句，选择问是 A、B 合并以后的形式。例如：

是非问“A”	是非问“B”	选择问
你去?	我去?	你去还是我去?

选择问的疑问点往往是“A”、“B”中的不同成分。

依据这个理论，上引例（17）、（18）也都是由两个是非问构成的。以（18）为例，其中选择问句的两个构成部分是“舜之德则诚善与?”、“尧之德则甚明与?”这两个部分原来都是是非问句，其中的“与”原来也都是表示测度语气的。但当“A”和“B”合并为选择问句后，由于句式的关系（前面说过，范晓等 2003：359 认为，疑问语气的表达形式有疑问代词、语气词、语调、句法格式等），整个句子的疑问语气强烈一些。

例（18）也是选择问句，其两个分句的末尾为语气词“也”和“与”连用。“也”为陈述语气词，表确认肯定的语气；“与”为疑问语气词，表测度。在先秦汉语里，当陈述语气词和疑问语气词连用时，一般是前者在后者之前，例如“唯求则非邦也与?”（《论语·先进》）

例（18）中选择问句的两个构成部分，原来都是是非问句。句末的“也”和“与”连用，分别表达了各自的语气，但语气词的重点落在最后一个语气词上。就组合层次而言，“也”先与前面的句子形式组合，表示确定；“与”再与“句子形式+也”组合，表示测度。当两个是非问组合成一个选择问句之后，“也与”的性质和作用并未改变，“与”仍是表示测度语气的。只不过由于句式的关系，整个句子的疑问语气强烈一些。

“与”还用在反问句之中。这种“与”只见到 2 次。例如：

（19）鲁臧（庄）公牆（将）为大钟，型既城（成）矣，散（曹）蔑（沫）内（入）见曰：“昔周室之邦（封）鲁，东西七百，南北五百，非山非泽，亡又（有）不民。今邦麏（弥）少（小）而钟愈大，君亓（其）煮（图）之。昔尭（尧）之乡（饗）叁（舜）也，饭於土輻（簋），欲（啜）於土型（鉶），而坆（抚）又（有）天下，此不贫於散（美）而福（富）於悳（德）与?”（《上博楚简四·曹沫之阵》）

（20）嬰（举）天下之名，無又（有）法（废）者与?（《上博楚简三·恒先》）

对于例（19）中的最后一句，季旭昇等（2007：137—234）译为“这不是对物质的美的追求很简单、而对道德的修为很讲求吗?”这是把此句看成反问句。从上文来看，他们对此句句子的语气的把握是准确的。对例（20），季旭昇（2005：197—244）等译为：“天下所有的‘名’，难道没有毁废的吗”，也看成反问句。

对反问句中的“与”该如何分析呢？它是表达什么语气的呢？

我们认为，在上引两个例子中，都有否定词（前例为“不”，后例为“无”）和句末语气词“与”，整个句子表达肯定的意思。在这样的句法环境里，否定词“不”为“岂不”的意思，“无”为“岂无”的意思，这就是说，反问语气主要由特定句法环境里的否定词表达，而“与”仍有测度而问的语气。

因此，我们基本同意郭锡良（1988、1989）和李佐丰（2004）的观点。郭锡良认为，疑问句末用“与”，是表示说话人猜想大约是这样，却非深信不疑，要求得到证实，是一种探询的语气。“与”用在其他类型的疑问句中，也是表示探询语气；李佐丰认为，“与”主要用在测问句中，除此之外，也能用在是非问、选择问、特指问和反问句中，这时或许多少仍有些测度的意味。

王力等（1962）的观点我们基本同意，但他认为在特指问句、选择问句中“与”的疑问语气强得多，这有待商榷。句末用“与”的特指问句、选择问句，其句末的疑问语气确实是疑问语气强的，但那不是“与”的作用，而主要是疑问代词和句式有作用。

王克仲（1984）、何乐士（2006）两先生的观点，我们不能同意。他们认为“与”出现在什么句类之末就表达什么语气（特别是何乐士），这就把复杂的问题简单化了。在汉语里，表达语气的手段是多样的，而且有选择上的先后的；一个语气词是有其基本语气的，如果有发展，那是有理据可循的；一个句子末尾的语气不能和句末的语气词的语气画等号。

对于“与/耶”，华建光（2008）认为是较多用于揣测（求证），这与我们的观点接近。但是认为“与/耶”等于“也+乎”，则是我们不能同意的。按照目前的通说（多数学者都表示赞同），两个语气词连用，各自表达特定的语气，但是语气的重点落到最后一个语气词上，最后一个语气词决定整个句子的句类。如果“与/耶”真的等于“也+乎”，那么“与/耶”的语气应该是确认语气和疑问语气的复合，而不会是什么揣测语气。

总之，语气词“与”，只见于楚简中，共出现22次，在秦简中一例也见不到。很可能在战国和秦代，在秦地人的语言中不使用这个句末语气词（当地人使用连词“及”）。

第二节 出土战国文献中的语气词“也”

对于出土战国文献中的语气词“也”，以前有学者研究过，如张振林（1982）、姜允玉（2002）。

张振林（1982）认为，语气词“也”还有“施”、“殹”两种写法。在现已出土的古文字材料中，字写作“也”的有楚简，写作“施”的有中山王譻鼎，写作“殹”的有秦器。睡虎地秦墓竹简中有大量以“殹”为“也”的例子。信阳楚简用“也”字，而本为楚地之云梦，进入秦以后即用“殹”字。看来“也”、“施”、“殹”原有地域国别上的差异。

姜允玉（2002）首先分析了中山王铜器铭文中的“也”以及战国时期出土文献中的“也”、“殹”，得出了以下三点结论：第一，战国时期出土文献中出现了很多新的叹词和句末语气词，但表示句子的语气时主要靠特殊的语气词“也”，“也”用在句末或句中的位置，并结合前后文意来表达各种不同的语气。第二，中山王铜器铭文受到文体和书写条件的限制，它所反映出来的语言规律比西周金文要复杂得多，而比秦汉文献简单，“也”字的使用正是这种过渡阶段的一个小小标志。第三，秦汉简帛中“也”、“殹”的使用，除有国别地域上的差异以外，还有文体上的差别。虽然同一地区竹简里同时出现“也”、“殹”，但篇名的性质不同。比如民间的医书《放马滩》《睡虎地》中《日书》，或文学修饰性质较强的《马王堆·经法·明理》、《马王堆·纵横家书》等几乎用“也”字，但是官方的医书《张家山·脉书》、《马王堆·阴阳十一脉》，或法律性强的文章《龙岗·经法》、《马王堆·经法·军政》都用语气词“殹”字。

他们的研究有筚路蓝缕之功，但都比较简略，使用的材料不够全面，结论也有可商榷之处。本文拟在他们研究的基础上，从语法学角度对出土战国文献中的语气词“也”做进一步的探究。

一、书写形式

在出土战国文献中，用作语气词的“也”、“施”（或释为“旃”）、“殹”三者是什么关系呢？

“也”在战国金文、楚简、秦简和战国玉石文字中都可以见到，它跟传世文献中的语气词“也”用法相同，记录的是一个词。

“施”只出现在中山国金文当中。“施”从“也”得声，它的上古音是书纽、歌部、平声，拟音为 çĭai①。“也”的上古音是馀纽、歌部、上声，拟音为 ʎĭai②。这两者声纽为旁纽关系，韵部为叠韵关系。所以“也”和“施”应是同一个词的两个不同书写形式。“施”或释为“旃”，“旃”的上古音为章纽、元部、平声，拟音为 ţĭan①。“旃”与“也”声纽为旁纽关系，韵部为对转关系，读音也相近。所以即使释为“旃”，它与“也”也应是同一个词的两个不同书写形式。

“也”和“殹”是什么关系呢？是一个词的两种不同书写形式，还是两个不同的词？从用法上来看，“殹”和“也”很相近，比如都有用作句末语气词和句中语气词的用法，所表示的语气也基本相同，但是两者之间还有一些区别（另详它文），而且两者的上古音也不相近。“殹”的读音为“于计切”，以“殹”为声符的“翳”的读音也是“于计切”。它们的上古音为影纽、脂部、去声，拟音为 ĭei③。“也”的上古音为馀纽、歌部、上声，拟音为 ʎĭai。“殹”与“也”的韵部为旁转关系，但它们的声纽并不相近。由于用法有别，语音相隔，我们难以把“殹”和“也”看成是一个词的两种不同书写形式，而应看成是不同方言里的两个同义词。“殹”和“也”的关系，可能如同“耶”和“欤”的关系一样。李学勤（1981）、冯春田（1993）、大西克也（1998）等，均认为“殹”是秦国方言词，这种看法是可信的。

正因如此，我们把“也”和“施”放在一起讨论，而另有专文讨论“殹”。

二、句末语气词“也”

句末语气词“也”可以跟其他语气词连用，也可以单用。最常见的是单用的，连用的很少见。

单用的“也”可以出现在陈述句末尾，也可以出现在疑问句、感叹句、祈使句末尾。前一种“也”很常见，后三种“也”很少见。

陈述句末尾的“也”可以出现在单句之后，也可以出现在复句（包括紧缩复句）之末，还可以出现在复句前一分句的末尾。

出现在单句之末的“也”，可以出现在判断句之末，也可以出现在叙述句之末，还可以出现在描写句之末。出现在判断句之末的最常见，有463次，而出现在叙述句之末的是88次，出现在描写句之末的是11次。

一提到古代汉语中的判断句，不少人可能马上会想到“亚父者，范增也”（《史记·项羽本纪》）这类句子。因为一般的论著在给古代汉语中的判断句下定义时，都说是以名词或名词性词组做谓语表示判断的句子。但事实上，古代汉语中的判断句很复杂。依据李佐丰（2004：378—393），古代汉语判断句的谓语除了可由名词性词语充当外，还可以由谓词性词语、主谓短语、介宾短语充当，例如“天下者，高祖天下”（《史记·魏其武安侯列传》）、“快意而丧君，犯刑也”（《国语·晋语三》）、“勍敌之人隘而不列，天赞我也”（《左传·僖公二十二年》）、“先王、名士、达师之所以过俗者，以其知也”（《吕氏春秋·审己》）。判断句的主语除了可由名词性词语充当外，也可由谓词性词语、主谓短语、“之”字短语充当，例如“知死不辟，勇也”（《左传·昭公二十年》）、“舜相尧二十八载，非人之所能为也”（《孟子·万章上》）、“桀纣之失天下也，失其民也”（《孟子·离娄上》）。本文所谓判断句，即从李佐丰说。

“也”前的判断句，其谓语可由名词或名词性短语充当，例如：

（1）口，关也。（《睡虎地秦简·为吏之道》）

（2）钦！是契也。（《上博楚简二·子羔》）

（3）憙（喜）惹（怒）哀悲之氣（气），眚（性）也。（《上博楚简一·性情论》）

以上各例，判断句谓语都由名词充当。下引各例，判断句谓语则由名词性短语充当，例如：

（4）叁（舜），人子也。（《上博楚简二·子羔》）

（5）此君子之大矛（务）也。（《上博楚简五·季庚子问於孔子》）

（6）行之不[illegible]（过），智（知）道者也。（《郭店楚简·性自命出》）

（7）此所不季（教）於帀（师）也。（《上博楚简六·天子建州甲》）

（8）季（教），所㠯（以）生悳（德）於中者也。（《上博楚简一·性情论》）

(9) 此则仆之皋（罪）也。(《上博楚简四·昭王与龚之脽》)

(10) 金石刻，尽始皇帝所为也。(《峄山刻石》)

上引例 (4)、(5)，其谓语由定中短语充当，例 (6) 由“者”字短语充当，例 (7) 由“所”字短语充当，例 (8) 由“所者”短语充当，例 (9) 谓语前有副词“则”，例 (10) 谓语前有副词“尽”。

判断句谓语也可以由谓词性短语、主谓短语、介宾短语充当。例如：

(11) 叁（舜）咖（耕）於鬲（歷）山，宙（陶）笛（拍）於河匿（浦），立而为天子，堣（遇）先（尧）也。(《郭店楚简·穷达以时》)

(12) 虽（夏）用戈，正（征）不備（服）也。(《郭店楚简·唐虞之道》)

(13) 夫书者，目（以）箸（著）君子之悳（德）也。(《上博楚简五·季庚子问於孔子》)

(14) 升为天子而不乔（骄），不流也。(《郭店楚简·唐虞之道》)

(15) 悉（爱）睪（亲）巟（忘）曼（贤），忎（仁）而未义也。尊（尊）曼（贤）遗睪（亲），我（义）而未忎（仁）也。(《郭店楚简·唐虞之道》)

(16) 奠（郑）卫之乐，则非丌圣（声）而 （从）之也。(《上博楚简一·性情论》)

例 (11)、(12)，其判断句谓语都由动宾短语充当；例 (13)、(14)，其判断句谓语是状中短语，例 (15)、(16) 中的判断句谓语都是转折短语，例 (16) 的谓语前还用了副词“则”。判断句谓语也可以是主谓短语，例如：

(17) 悬而畫（划）於伓（背）而生，生而能言，是墨（禹）也。(《上博楚简二·子羔》)

(18) 公瘟（疥）且瘖（瘧），夐（逾）戢（岁）不已，是虗（吾）亡良祝吏（史）也。(《上博楚简六·競公瘧》)

李佐丰 (2004：382—383) 曾谈到“吾不能早用子，今急而求子，是寡人之过也”(《左传·僖公三十年》)、“天帝使我长百兽，今子食我，是逆天帝命也”(《战国策·楚策一》) 这类句子。他认为这样的句子是判断句，是主谓短语充当谓语。此说可从。

判断句谓语还可以是复句形式，这是以往的人没有谈到的。例如：

(19) 翠（轻）绌（绝）贫戔（贱），而至（重）绌（绝）賱（富）贵，㝵（则）好急（仁）不硻（坚），而亚（恶）亚（恶）不紝（著）也。(《郭店楚简·缁衣》)

(20) 退与诸侯齿长於会同，则上逆於天，下不顺於人施（也）。(《中山王譽方壶铭》，《集成》15·9735)

这种谓语前一般都加副词“则”，如上引两例。

判断句谓语也可以由介宾短语充当，例如：

(21) 夫葛之见诃（歌）也，则以叶萋之故也。(《上博楚简一·诗序》)

(22) 今夫䰡（鬼）神又（有）所明又（有）所不明，则目（以）亓（其）赏善罚暴也。(《上博楚简五·鬼神之明》)

(23) 紸（疏）斩布，实（绖）、丈（杖），为父也。(《郭店楚简·六德》)

(24) 憃（吟），𡕒（遊，由）哀也。(《上博楚简一·性情论》)

这种介宾短语后，一般是省去了谓语核心。以（21）为例，谓语的中心应是“见歌”，因已在上句出现，所以省去了。

判断句主语问题也很复杂。可以是名词，如前引例（1）、(4)；也可以是代词，如（2）、（5）、（7），还可以是名词性短语，如（3）、（13）、(16)。

判断句主语也可以由动词、谓词性短语、主谓短语、复句形式充当，如(8)、(11)、(12)、(14)、(15)、(17)、(18)。

有些“也”所出现的句子，不是判断句，而是叙述句。但句中的核心动词是“为”、“谓”、“言”、“道”、“曰”等，这些动词都含有“是”的意义。这种句子和判断句是相通的，因而句后也可以用“也”。例如：

(25) 凡人憍（伪）为可亚（恶）也。(《上博楚简一·性情论》)

(26) 凡人青（情）为可兑（悦）也。(《郭店楚简·性自命出》)

(27) 非为媺（媺）玉、肴生（牲）也。(《上博楚简六·競公瘧》)

这种“为”可以译为“是”，如例（27）可译为“并非是美玉、佳肴牺牲等祭品”。核心动词是“谓”的例子如：

(28) 又（有）郪（国）之母，可以长［久，是胃（谓）深根固柢之法］、长生旧（久）视之道也。(《郭店楚简・老子乙本》)

(29) 智（知）而事之，胃（谓）之障（尊）臤（贤）者也。(《郭店楚简・五行》)

(30) “明明才（在）上，虖（赫）虖（赫）才（在）下”，此之谓也。(《郭店楚简・五行》)

(31) 谓“人貉”者，其子入养主之谓也。（《睡虎地秦简・法律答问》）

李佐丰（2004：390）认为，以“谓”为核心动词的句子，是判断句，属于判断句的评议句。试比较下引两句，应知判断句和“谓”字句在功能上确实是相通的：“可（何）谓‘集人’？古主取薪者殹”（《睡虎地秦简・法律答问》）、“可（何）谓‘夏子’？臣邦父、秦母谓殹”（《睡虎地秦简・法律答问》）。“言”字句的例子如：

(32) 支（偏）牆（将）军居左，上牆军居右，言以襃（丧）豊（礼）居之也。(《郭店楚简・老子丙本》)

(33) “槁木三年，不必为邦（封）羿（旗）”害？言寷（陈）之也。(《郭店楚简・成之闻之》)

李佐丰（2004：390）认为，这种“言”字句也属于判断句的评议句。“言”和“谓”同义，用法也相同。与“谓”、“言”同义的，还有“道”和“曰”，也应属于评议句：

(34) ……害？道不说（悦）之司（辞）也。（《郭店楚简・成之闻之》）

(35) ……害？曰童而皆臤於丌（其）初者也。（《上博楚简一・诗序》）

“也”字也可以用在一般的叙述句之末，例如：

(36) ［君子］新（慎）丌（其）昰（独）也。(《郭店楚简・五行》)

(37) 牆（将）中（仲）之言不可不韦（畏）也。(《上博楚简一・诗序》)

(38) 子敨（问）之曰：“赐，不虐（吾）智（知）也。”(《上博楚简五・弟子问》)

（39）亓（其）力能至安（焉）而弗为唬（乎）？虐（吾）弗智（知）也。（《上博楚简五・鬼神之明》）

（40）昔三弋（代）之明王之又（有）天下者，莫之畬（予）也。（《上博楚简二・从政甲》）

（41）众之所植，莫之能妌（升）也。（《上博楚简六・孔子见季趄子》）

前面讲过，判断句的谓语也可以由谓词性词语和主谓短语充当，这样的判断句和叙述句很容易混淆，应该如何区别呢？最主要的区别，是看主语和谓语之间的关系。判断句的谓语，或是对主语的归类，或是释因，或是评议，例如“四渎者，江、河、淮、济也”（《史记・河渠书》）、“秦人、白狄伐晋，诸侯贰故也”（《左传・成公九年》）、“襄仲如齐纳币，礼也”（《左传・文公二年》）。即使判断句谓语由谓词语充当，判断句的主谓关系也不超出上述这三类。而叙述句的中心是动词，谓语是对主语的叙述，其主语或者是动词所表动作的施事，或是受事，或是当事。总之，还是可以把两者区别开来的。

“也”也可以用在描写句的句末，例如：

（42）庚亡其盗，丈夫矣。其室在北方。其悒（邑）扁（偏）也。（《放马滩秦简・日书甲・亡盗章》）

（43）归官立正（政）相宜也。（《睡虎地秦简・日书甲种》）

（44）［四海（海）］之内，丌眚（性）一也。（《上博楚简一・性情论》）

这种句子也和形容词语做判断句谓语的句子不同，这种句子谓语是对主语的描写，而不是判断。

上引各例中的“也”都出现在单句之末，主要是出现在作为判断句的单句之末。“也”也可以用于复句之末。

“也”可以用在并列复句之末，例如：

（45）羕（养）眚者，习也；长眚者，道也。（《上博楚简一・性情论》）

（46）蜀（独）智（知），人所亚（恶）也；蜀贵，人所亚（恶）也；蜀賱（富），人所亚也。（《上博楚简五・君子为礼》）

（47）又（有）亡之相生也，难惕（易）之相成也，长耑（短）之相型（形）也，高下之相浧（盈）也，音圣（声）之相和也，先后之相墮（随）也。（《郭店楚简·老子甲本》）

（48）依惠则民材（财）足，不旹（时）则亡懽（劝）也。（《郭店楚简·尊德义》）

（49）孴（教）非改道也，孴（教）之也。（《郭店楚简·尊德义》）

（50）导（得）丌人昊（则）壆（举）安（焉），不导（得）丌人昊（则）止也。（《郭店楚简·六德》）

上引例（45）至（48）各个分句之间是并举关系，例（49）、（50），各个分句之间是对举关系。

“也”用于顺承复句末尾的例子如：

（51）晶（三）者皆迵（通），肰（然）句（后）是也。（《郭店楚简·六德》）

（52）行此虔（文）也，肰（然）句（后）可逾也。（《郭店楚简·尊德义》）

（53）墨（禹）迵（通）淮与忻（沂），东豉（注）之泻（海），於是虐（乎）竸州、簷（莒）州飼（始）可凥也。（《上博楚简二·容成氏》）

（54）东豉（注）之河，於是於（乎）敘（豫）州飼（始）可凥（处）也。（《上博楚简二·容成氏》）

（55）既又（有）夫六立（位）也，以贡（任）此［六］［戠（职）］也。（《郭店楚简·六德》）

（56）員（损）之或（又）員（损），以至亡为也。（《郭店楚简·老子乙本》）

“也”用于解说复句末尾的例子如：

（57）曰：呼！我智（知）令某瘧，令某瘧者某也。（《周家台秦简·病方及其它》）

“也”用于递进复句的例子如：

（58）募（寡）人或安（焉），而未之导（得）也。（《郭店楚简·鲁穆公问子思》）

（59）剽日，不可以使人及畜六畜，它毋有为也。（《睡虎地秦简·日书

乙种》)

“也”字用于转折复句末尾的例子如：

(60) 唯（虽）又（有）臤（贤）才，弗智（知）舉（举）也。(《上博楚简三·中弓》)

(61) 民可道也，而不可弜（强）也。(《郭店楚简·尊德义》)

(62) 所为衍（道）者四，唯人衍（道）为可衍（道）也。(《郭店楚简·性自命出》)

(63) 明目而见之，不可旻（得）而见也。(《上博楚简二·民之父母》)

(64) 尧𠂤（以）天下壤（让）於臤（贤）者，天下之臤者莫之能受也。(《上博楚简二·容成氏》)

(65) 视之不足见，圣（听）之不足聑（闻），而不可既也。(《郭店楚简·老子丙本》)

“也”用于条件复句末尾的例子如：

(66) 舉（举）天下之为也，无夜（舍）也，无与也，而能自为也。(《上博楚简三·恒先》)

(67) 人之不能𠂤（以）憍（伪）也，可智（知）也。(《上博楚简一·性情论》)

“也”用于假设复句末尾的例子如：

(68) 句（苟）毋害，少枉内之可也。(《上博楚简一·性情论》)

(69) 人而亡亘（恒），不可为卜筮（筮）也。(《郭店楚简·缁衣》)

(70) 古（故）夫夫、妇妇、父父、子子、君君、臣臣，此六者各行亓（其）戠（职），而杏（讪）夸（誇）爙（靡）繇（由）乍（作）也。(《郭店楚简·六德》)

(71) 富不施，贫毋（无）告也。(《睡虎地秦简·为吏之道》)

(72) 福（富）而贫（分）贱，则民谷（欲）亓福（富）之大也。(《郭店楚简·成之闻之》)

(73) 上好是勿（物）也，下必又（有）甚安（焉）者。(《郭店楚简·尊德义》)

“也”用于因果复句末尾的例子如：

（74）圣人无为，古（故）无败也。（《郭店楚简·老子丙本》）

（75）君子女（如）此，古（故）不皇（诳）生，不怀（倍）死也。（《郭店楚简·忠信之道》）

（76）豫（抒）亓（其）志，求敊（养）新（亲）之志，害（盖）亡不以也，是以敀（绵）也。（《郭店楚简·六德》）

（77）天〈夫〉唯弗居也，是以弗去也。（《郭店楚简·老子甲本》）

（78）孔子曰：夫祭，至敬之杳（本）也，所目（以）立生也，不可不訢（慎）也。（《上博楚简三·中弓》）

（79）上之丮（好）亚（恶），不可不訢（慎）也，民之表也。（《上博楚简一·缁衣》）

“也”用于目的复句末尾的例子如：

（80）季（教）此民尔（爾），叓（使）之又（有）向也。（《郭店楚简·六德》）

（81）君子弜（强）行，目（以）歬（待）名之至也。（《上博楚简二·从政乙》）

“也”用于时间复句（此概念详见何乐士2001：991）末尾的例子如：

（82）亓（其）才（在）民前也，民弗害也。（《郭店楚简·老子甲本》）

（83）亓（其）安也，易柰（持）也。（《郭店楚简·老子甲本》）

（84）埜（尧）叁（舜）之王，利天下而弗利也。（《郭店楚简·唐虞之道》）

“也”用于紧缩复句（单独成句的）末尾的例子如：

（85）非圣智者莫之能也。（《郭店楚简·六德》）

（86）句（苟）毋（无）大害，少桂（枉）内（入）之可也。巳（已）昊（则）勿逯（復）言也。（《郭店楚简·性自命出》）

（87）化则雔（难）犂（犯）也。（《郭店楚简·语丛三》）

（88）犾则晋眭（邦）之社袒（稷）可㝵（得）而事也。（《上博楚简五·姑成家父》）

上面讲了三种“也”：用于单句末尾的、用于复句末尾的和用于紧缩复句末尾的。这三种“也”，学术界都公认是句末语气词。

但是，“也”还可以用于复句的前一分句的末尾。例如“操蛇之神闻之，惧其不已也，告之于帝”（《列子》）。对于这种“也”，郭锡良（2007：130）认为是句中语气词，其所起的作用与句末语气词不同。何乐士（2004）则只把从句（偏句）末尾的“也”看作句中语气词，认为其所起的作用与句末语气词不同；她没有谈到联合复句前一分句末尾的“也”。

我们认为，把复句的前一分句末尾的“也”看成句中语气词，认为它与句末语气词作用不同，这种看法有待商榷。

我们看到这种现象，同样的“小句+也”，在有的复句中处于句末，而在有的复句中却处于句中，例如：

（89）斗乘牵牛，门有客，所言者请谒、狱讼事也。（《周家台秦简·日书》）

（90）［斗乘］危，门有客，所言者危行事也。（《周家台秦简·日书》）

（91）斗乘亢，门有客，所言者行事也，请谒事也，不成。（《周家台秦简·日书》）

（92）［斗乘］营，门有客，所言者分楬事也，不成。（《周家台秦简·日书》）

例（89）、（90）中的“所言者……事也”都处于复句之末，没疑问应看成句末语气词。可是在（91）、（92）中，“所言者……事也”都处于复句之中，这种“也”若按上述理论应看成句中语气词。但这样处理不能令人接受，同样的“所言者……事也”，因位置不同，句末的“也”性质就变了，作用也不同了？其实“所言者……事也”不管处于复句的哪个位置，其中的“也”都是用于判断句末尾表示判断语气的。

联合复句是几个分句的联合，各分句间意义上平等，无主从之分。很难说联合复句末尾的“也”是句尾语气词，而前面分句末尾的“也”就是句中语气词。以前引例（45）、（46）为例，（45）是两个判断句的并列，例（46）是三个判断句的并列。各个分句末的“也”都是表示判断的句末语气词。又以例（47）为例，这是6个“主语+之+谓语+也”的并列，最后一个“也”肯定是句末语气词，而前5个也应这样看。同样是“主语+之+谓语”后的“也”，实在不能做不一样的处理。如果说有区别，那只是“也”后的停顿时间不同，“也”的作用都是表示判断确认语气的。

偏正复句内各分句间意义有主有从，但它跟联合复句一样，也是由两个或两个以上分句复合而成的。偏句（从句）之末的“也”也应看成句末语气词。以前引例（78）、（79）为例，两者都是因果复句。这两个例子中都有“不可不慎也”一句，但在例（78）中，它处于复句句末；在（79）中它是复句的前一分句。如果我们把（78）“不可不慎”后的“也”看成句末语气词，而把（79）中“不可不慎”后的“也”看成句中语气词，这恐怕很难让人接受。事实上，它们两个都是句末语气词，只不过一个处于复句之末，一个处于分句之末罢了。例（78）的原因分句是“夫祭，至敬之本也，所以立生也”，这其实是两个判断句的并列，这两个“也”虽然处于复句前一分句之末尾，但明显不是句中语气词，而是用于判断句之末表示判断语气的。

研究现代汉语语法的学者们认为，在分句之末，有功能语气。邢福义（1998：15）认为小句处于中枢地位，每个小句都带有特定的语气。构成单句的小句和处于复句之末的小句自不必说，即使是充当复句前一分句的小句，它们在复句里也有各自的语气。例如：“你是田家媳妇，我就不是田家的媳妇吗?”这是“陈述语气+疑问语气”，“城上风紧，快下城吧!”这是“陈述语气+祈使语气”，“好冷，我受不了了”这是“感叹语气+陈述语气”。上述各复句前一分句的功能语气都是由语调表达的，当然也可以由语气词来表达。这样看来，处于复句前一分句之末的“也”是表达功能语气的，是跟复句之末的“也”一样的。

华建光（2008）也把复句中前面分句末尾的“也”看成句末语气词，这是正确的。

所以，我们把复句前一分句之末的“也”也视为句末语气词，认为它与单句、复句之末的“也”性质、作用是基本一致的。

“也”用于并列复句前面分句末的例子如前引（45）、（46）、（47）、（49），又如：

（93）亓生赐羕（养）也，亓死赐葬。（《上博楚简二·容成氏》）

（94）悬（仁）为可新（亲）也，义为可畚（尊）也，宖（忠）为可訐（信）也，孛（学）为可嗌（益）也，畬（教）为可頪（类）也。（《郭店楚简·尊德义》）

（95）言之而不义，口勿言也；视之而不义，目勿视也；圣（听）之而不义，耳勿圣（听）也；逳（动）而不义，身毋逳（动）安（焉）。（《上博楚简五·君子为礼》）

（96）凡皼（动）眚（性）者，勿（物）也；逆眚（性）者，兑（悦）也；忞（交）眚（性）者，古（故）也；蕙（厲）眚（性）者，宜（义）也；出眚（性）者，埶（势）也。（《上博楚简一·性情论》）

（97）孔子曰：庶民智（知）敓（说）之事魂（鬼）也，不智（知）型（刑）与惪（德）。（《上博楚简二·鲁邦大旱》）

（98）不可又（有）为也，而可以葬貍（埋）。（《睡虎地秦简·日书甲种》）

“也”用于顺承复句前一分句末尾的例子如前引例（52）、（55），又如：

（99）见叴（皋）咎（陶）之臤（贤）也，而欲目（以）为後。（《上博楚简二·容成氏》）

（100）溼（湿）澡（燥）逿（復）相補（辅）也，成岁而步（止）。（《郭店楚简·太一生水》）

（101）天陸（地）相盒（合）也，以逾（降）甘露（露）。（《郭店楚简·老子甲本》）

“也”用于解说复句前一分句末尾的例子如：

（102）舉（举）天下之生同也，亓事无不逿（復）。（《上博楚简三·恒先》）

“也”用于转折复句前一分句末尾的例子如前引例（61），又如：

（103）唯（虽）丌難（难）也，女（汝）隹（惟）目（以）☐。（《上博楚简三·中弓》）

（104）道四述也，唯人道为可道也。（《上博楚简一·性情论》）

（105）衍（道）不可遍也，能獸（守）弌（一）凸（曲）安（焉）。（《郭店楚简·六德》）

（106）金石之又（有）圣（声）也，弗钩（扣）不鸣。（《上博楚简一·缁衣》）

（107）憩（宠）为下也，㝵（得）之若䁖（惊），遊（失）之若䁖（惊）。（《郭店楚简·老子乙本》）

（108）泰山高也，人居之。（《周家台秦简·病方及其它》）

“也”用于选择复句前一分句末尾的例子如：

（109）蒦（与）其汋（溺）於人施（也），宁汋（溺）於渊。（《中山王礜鼎铭》，《集成》5·2840）

“也”用于条件复句前一分句末尾的例子如前引（67）。

“也”用于假设复句前一分句末尾的例子如前引（73），又如：

（110）节（即）有为也，其央（殃）不出岁中，小大必治。（《睡虎地秦简·日书甲种》）

（111）又（有）亓（其）为人之㑀=（㑀㑀）女（如）也，不又（有）夫柬=（柬柬）之心则悉。（《上博楚简一·性情论》）

（112）戊子以有求也，必得之。（《睡虎地秦简·日书甲种》）

（113）谷（欲）人之敬㠯（己）也，则必先敬人。（《郭店楚简·成之闻之》）

（114）天下皆智（知）敚（媺）之为媺也，亚（恶）巳（已）。（《郭店楚简·老子甲本》）

（115）为上可𥉋（望）而智（知）也，为下可頪（类）而篙（等）也，昊（则）君不悞（疑）亓（其）臣，臣不惑於君。（《郭店楚简·缁衣》）

“也”用于因果复句前一分句末尾的例子如前引（77）、（78），又如：

（116）神明復（復）相補也，是以成侌（阴）昜（阳）。（《郭店楚简·太一生水》）

（117）仓然復相補也，是以成溼（湿）澡（燥）。（《郭店楚简·太一生水》）

（118）以亓（其）不静（争）也，古（故）天下莫能与之静（争）。（《郭店楚简·老子甲本》）

（119）《木苽》有藏愿而未达也，因木瓜之保（报），以俞（抒）其愿者也。（《上博楚简一·诗序》）

（120）下，土也，而胃（谓）之陛（地）。（《郭店楚简·太一生水》）

（121）吉、实日，皆利日也，无不可有为也。（《睡虎地秦简·日书乙种》）

“也”用于时间复句前一分句末尾的例子如前引（82）、（83），又如：

（122）昔尧之鄉（饗）叁（舜）也，饭於土釉（熘）。（《上博楚简四·曹沫之阵》）

（123）墉遅是（氏）之又（有）天下也，皆不受（授）亓子而受（授）臤（贤）。（《上博楚简二·容成氏》）

（124）尧之取叁（舜）也，从者（诸）卉茅之中，与之言豊（礼）。（《上博楚简二·子羔》）

（125）臤（贤）人之居邦豪（家）也，孯（夙）嬰（兴）夜寐（寐）。（《上博楚简五·季庚子问於孔子》）

（126）圣人之才（在）民前也，以身後之；亓（其）才民上也，以言下之。（《郭店楚简·老子甲本》）

以上各例，“也”用于单句、复句、紧缩复句之后，其后可标句号，都是陈述语气。用于分句之后的“也”，其后可标逗号，也是陈述语气，“分句+也”所在的复句，句末也标句号。

“也”除了用于陈述句末尾之外，还可用于疑问句、感叹句、祈使句之后，但都很少见。

句末用“也”的疑问句有以下5类：一是是非问句，例如：

（127）二月辛巳，黑夫、惊敢再拜问中：母毋（无）恙也？（《睡虎地秦牍》M4：11号）

（128）母力毋（无）恙也？（《睡虎地秦牍》M4：6号）

二是特指问句，例如：

（129）而盗徙之，赎耐，可（何）重也？是，不重。（《睡虎地秦简·法律答问》）

（130）是可（何）也？（《上博楚简五·竞建内之》）

（131）虐（吾）可（何）以智（知）亓（其）肰（然）也？（《郭店楚简·老子甲本》）

（132）敢䎽（问）可（何）胃（谓）也？（《上博楚简五·君子为礼》）

三是正反问句，例如：

（133）辞相家爵不也？书衣之南军毋囚不也？（《睡虎地秦牍》M4：11

号）

四是测度句，例如：

（134）庚（康）子曰："毋乃肥之昏也？"（《上博楚简五·季庚子问於孔子》）

（135）惊敢大心问衷：母得毋恙也？（《睡虎地秦牍》M4：6号）

（136）惊多问：新负、嫛皆得无恙也？（《睡虎地秦牍》M4：6号）

五是反问句，例如：

（137）夫子唯又（有）舉（举），女（汝）蜀（独）正之，幾（岂）不又（有）ætte（匡）也？（《上博楚简三·中弓》）

（138）女（汝）安（焉）能也？（《上博楚简五·弟子问》）

"也"还可以用于感叹句的末尾，例如：

（139）虗（吾）子可（何）其躾（惰）也！（《上博楚简五·君子为礼》）

（140）一何忧也！（《信阳楚简》1—039）

（141）《少（小）虽（雅）》員（云）："夋（允）也，君子；㝵（则）也，大㞣（成）！"（《上博楚简一·缁衣》）

例（139）中的程度副词"何其"一般用于感叹句中，例如"君臣相顾，不知所归，至於誓天断发，泣下沾襟，何其衰也！"（欧阳修《伶官传序》）例（140）中的"一何"也是程度副词，多用于感叹句，如"拔剑割肉，壹何壮也！"（《汉书·东方朔传》）例（141）两个小句，都是感叹句，主谓倒置。

"也"还可以用于祈使句的末尾，例如：

（142）贞：才（在）郢为三月，尚自宜訓（顺）也！（《新蔡楚简》乙四：35）

（143）毋自隓（隋）也！（《上博楚简三·中弓》）

（144）新负勉力视瞻丈人，毋与□勉力也！（《睡虎地秦牍》M4：11号）

例（142）中的"尚"为劝令副词，表示期望，例如"初，灵王卜，曰：余尚得天下！"（《左传·昭公三年》）例（143）、（144）中的"毋"为否定副词，表示禁止、劝阻，例如"使止子玉曰：毋死！"（《左传·文公十

年》)

“也”除了单用之外，还和其它语气词连用。与其它语气词连用可以分为三种情况。一是“也”与陈述语气连用。这时“也”有两种位置，一是“也”位于其他陈述语气词之后，例如：

(145) 正(当)丌虡(然)而行，怠(治)安(焉)尔(爾)也。(《郭店楚简·语丛一》)

“焉”和“尔”作为语气词都可独立使用，例如“将有西师过轶我，击之，必大捷焉”(《左传·僖公三十二年》)、“象往入舜宫，舜在床琴。象曰：郁陶思君尔”(《孟子·万章上》)。在例(154)中，“焉”、“爾”连用，其后又出现了“也”，这种例子在传世文献中也可以见到，例如：“管仲死，桓公使为之服。宦于大夫者之为之服也，自管仲始也，有君命焉尔也”(《礼记·杂记下》)。

二是“也”位于其它语气词之前，例如：

(146) 繇(由)丘簹(观)之，则散(微)言也已。(《上博楚简五·季庚子问於孔子》)

(147) 至(致)而亡及也巳(已)。(《郭店楚简·语丛四》)

“已”作为句末语气词可以独立使用，例如“然则王之所大欲可知已”(《孟子·梁惠王上》)。“也”和“已”前后连用，在传世文献中也可以见到：“子曰：年四十而见恶焉，其终也已”(《论语·阳货》)。

第二种情况是“也”和疑问语气词连用。这时“也”总是位于疑问语气词之前，例如：

(148) 前(延)陵季子，其天民也虖(乎)？(《上博楚简五·弟子问》)

(149) 女(汝)弗智(知)也虖(乎)？(《上博楚简五·弟子问》)

(150) 又(有)陞(施)之胃(谓)也虖(乎)？(《上博楚简五·弟子问》)

(151) “厽(三)王者之乍也，膚(皆)人子也，而丌父戔(贱)而不足偁也与？殹(抑)亦城(诚)天子也与？”孔子曰：“善，而(爾)昏(问)之也。”(《上博楚简二·子羔》)

上引例(148)至(150)，是“也”和“乎”连用，这种例子在传世文献中可以见到，例如："栾怀子曰：其为未卒事于齐故也乎？"（《左传·襄公十九年》）上引例（15）是"也"和"与"连用，这种例子在传世文献中也可以见到，例如"季庚子问：仲由可使从政也与？"（《论语·雍也》）

第三种情况是"也"与感叹语气词连用。这时"也"也都出现在感叹语气词之前，例如：

（152）孔子曰：此命也夫！（《上博楚简一·诗序》）

（153）莫我智（知）也夫！（《上博楚简五·弟子问》）

（154）募（寡）人之不剁也，幾（岂）不二子之慐（忧）也才（哉）！（《上博楚简五·竞建内之》）

例（152）、（153）是"也"和"夫"连用的例子，这种例子在传世文献中可以见到，例如："王曰：天败楚也夫！余不可以待。"（《左传·成公十六年》）例（154）是"也"和"哉"连用的例子，这种例子在传世文献中也可以见到，如"子綦曰：此何木也哉？此必有异材夫"（《庄子·人间世》）。例（154）是反问句，反问句也包含了强烈的语气，所以"哉"也经常出现在反问句中，仍表示感叹。

用于句末的"也"是助什么结构成分的呢？过去，学者们大都认为句末的"也"是助全句的。但是张文国（1999）不同意这种观点。他认为，句末的"也"字决不是助全句的，最多是助谓语部分的。因为有不少例子，主语后和句末都出现了一个"也"字，如"鞅也，请终身守此言也"（《左传·昭公二十五年》）。他认为，判断句句末的"也"是助判断谓语的，而叙述句末尾的"也"情况复杂一些，当谓语为无宾谓词性成分时，它自然是助谓语部分的，但当谓语部分包含有宾语或补语时，它是助宾语或补语的。因为句末的"也"可以出现在两个谓词性并列成分中间、双宾语中间、宾语和补语中间等。

我们认为张文国之说并不可从。这主要是因为他没有分清楚句末的"也"和句中的"也"，把两者混同起来了，而句末的"也"和句中的"也"作用是不同的。句中语气词主要功能是表示停顿，而句末语气词主要是表达陈述、疑问等功能语气。以"鞅也，请终身守此言也"为例，前一个"也"表示停顿，后一个"也"表功能语气。因此前一个"也"可以说是助“鞍”的，而后一个“也”应是助句的。

句末语气词是功能语气类别的形式标志，是表达功能语气的（详见齐沪扬 2002：21）。而功能语气是以“表示说话人使用句子要达到的交际目的”为依据划分出来的。交际中基本的表述单位是句子，句子才有功能语气，可按功能语气的不同分为陈述、疑问、祈使、感叹等类型。正因如此，我们说句末语气词还是助句子的。黎锦熙《新著国语文法》说：“助词是国语所独有的，它的作用只用在句子的末尾表示全句的语气。”（P139）王力的《汉语史稿》说：“西洋语言的语气是由动词的形态变化来表示的；汉语的语气是由句末的虚词来表示的。这种虚词所表示的不是一个动词的语气，而是全句的语气。”（P445）黎先生、王先生的说法从理论上讲都是很有道理的。

我们认为，一个单句末尾的“也”，应是助单句的。只有单句末尾的“也”表达功能语气，属于句末语气词。单句中若再出现“也”或其他语气词，则都是句中语气词，主要是表示停顿的。

复句末尾的“也”，似乎可以看成是助复句的；复句前一分句末尾的“也”，好像应视为句中语气词。但是这种看法对于汉语来说，可能不太合适。前面我们已经论证过，复句前一分句末尾的“也”也应视为句末语气词。例如一个判断句形式，可以作单句，如前引例（1）；也可以作复句的前一分句，如前引例（78）；还可以作复句的后一分句，如前引（79）。这三种判断句形式后的“也”很难说有很大的不同。“主语+之+谓语+也”，既可以作复句的后一分句，如（47），也可以作复句前一分句，如（47）、（122）。像“不可不慎也”这一小句，可以作复句的后一分句如（78），也可以作复句前一分句，如（79），这两种情况下的“也”很难说有很大的不同。

正因如此，我们说复句前一分句末尾的“也”是助前一分句；复句后一分句末尾的“也”是助后一分句的。在古代汉语里，“也”可以只出现在复句后一分句中，前一分句不用“也”，如前引（74）；“也”可以仅出现在前一分句末尾，如前引（93）；“也”可以同时出现在复句前一分句末尾和后一分句末尾，如（77）、（78）。这说明复句中的“也”都是助分句的。

我们认为在汉语中，“小句”更为基本。邢福义的《汉语语法学》（东北师范大学出版社，1998 年）是一部具有开创性的著作，他论述了小句的中枢地位。他认为小句是最小的具有表述性和独立性的语法单位。所谓具有表述性是指能够表明说话的一个意旨，体现一个特定的意图，或者表明一个陈述，或者表明一个感慨，或者提出一个要求，或者提出一个疑问。小句是最小的语法单位，复句也好，句群也好，起码包含两个小句。小句是句，两个小句都带有特定的语气。由一个小句构成的单句自不必说，即使是充当分句的小句，它们在复句里也各有自己的语气。（P13—15）

由此看来，在复句中，并不是只有复句末尾才有一个功能语气，而是在复句的各个分句末尾都有功能语气。正因如此，不管是在复句的后一分句也好，还是在复句的前一分句也好，都是句末语气词，都表达功能语气。这样复句前一分句末尾的“也”是助前一分句的，后一分句末尾的“也”是助后一分句的。

由于汉语的小句是最小的具有表述性的单位，所以每个小句后都有功能语气，不管它是作单句还是作分句，不管是复句的前一分句还是后一分句。由于汉语的特性如此，所以古代汉语在标点断句时，具有灵活性，有时可以点逗号也可以点句号。如果我们生硬地规定复句前一分句末尾的“也”是句中语气词，那么我们在标点上就不可能有这样的灵活性。

紧缩复句是由复句紧缩而成的，形似单句，这种句子末尾的“也”是助紧缩复句后半部分（原复句后一分句）的。

句末的“也”到底表达了什么语气呢？对于这个问题，学术界有不同的看法：

一种看法认为，“也”可以表多种语气。如何乐士（2004）认为“也”可以伴随文义表示判断、解释、陈述、感叹、疑问、反问等多种语气。

另一种看法认为，“也”有一种基本的语气。如郭锡良（2007：113—115）认为“也”主要用在判断句中，它的基本作用是帮助谓语表示判断语气。除判断句外，“也”字还用在其他类型的句子中，它所表达的语气虽然相应地有变化，但基本上并没有脱离判断语气的范畴。“也”可用于陈述句、祈使句、疑问句、复句中，但都主要表示肯定语气。

再一种看法认为“也”是表示情态的。如华建光（2008）认为“也/矣/已”为“传信”语气词，他同时信从蒲立本（2006）的说法，认为

“也/矣/已”兼有体标记功能，“也”兼作非完成体标记，“矣/已”兼作完成体标记（“已”专用于推断句）。

那么句末语气词“也”所表示的语气到底如何呢？我们认为在这几种看法中，郭锡良的看法是比较可信的。

在出土战国文献中，句末（小句之末）语气词“也”共出现981次，其中用于陈述句末尾的有942次（不包括句末有语气词连用的陈述句），占总次数的96%。这可见“也”与陈述句的密切关系。

在陈述句末尾的“也”，又常用于判断句句末。仅以句类为陈述句的单句为例，用于判断句之后的“也”就出现了463次，占这种单句总次数（562）的82.4%。这又可以看出“也”与判断句的密切关系。所以我们认为，“也”原本是用于句末表示判断语气的，其基本语气也就是判断语气。这一点以往学者们都有谈到，但他们没有从统计学的角度加以论证。

句类为陈述句的单句之末的“也”，除了用于判断句之外，还可以用在叙述句和描写句的末尾，次数分别是88次、11次，分别占这种单句总次数（562）的15.7%、2%。这种用于叙述句、描写句之末的“也”，我们认为是表示确认肯定语气的。对事物加以判断和对事物加以确认肯定，这两者是相通的，后者是由前者发展出来的。

句类为陈述句的复句之末的“也”，其实是助复句的最后一个小句的。这最后一个小句，可以是判断句，也可以是叙述句和描写句。如果是判断句，那么其后的“也”是表示判断语气的；如果是叙述句和描写句，那么其后的“也”是表示确认肯定语气的。郭锡良（2007：115）认为，“也”字常用在复句后面一个分句的句尾，表示对这个复句的论判加以肯定或确认，也表示肯定的语气。郭锡良的观点大致是可信的。

句类为陈述句的紧缩复句之末的“也”跟上述复句之末的“也”是一致的。由于紧缩复句都是假设复句的紧缩，所以这种“也”一般用来对假设的结果加以确认肯定。

句类为陈述句的分句之末的“也”，其实是助复句中前面的分句的。这样的小句，可以是判断句，也可以是叙述句和描写句。如果是判断句，那么其后的“也”是表示判断语气的；如果是叙述句和描写句，那么其后的“也”是表示确认肯定语气的。如前所述，邢福义（1998）已经谈到了，即使是复句的前一分句，也有各自的语气，如陈述语气、感叹语气等等。

除了陈述句之外，“也”还可以用于疑问句、感叹句、祈使句的句末。当“小句+也”之后为疑问语气、感叹语气、祈使语气时，这种“也”是表示什么语气的呢？这至少可有两种看法，一是认为“也”分别表达了疑问、感叹、祈使语气；二是认为“也”仍表示判断、确认肯定的语气。我们认为后一种说法是可信的。

用于疑问句末尾的“也”并不是表达疑问语气的。范晓等（2003：359）认为，疑问语气的表达形式有疑问代词、语气词、语调、句法格式等。徐杰（2001：167—194）通过对英语、日语、马来语、现代汉语等疑问句的分析，发现各语言要表疑问时，一般先动用词汇手段（如疑问代词），再动用语法手段（添加语气词、重叠、语序易位等），最后才会启用语调、重音之类的语音手段。疑问语调只是在语段中没有表疑问的词汇或语法手段时才是必须和强制的。

前面说过，“也”前的疑问句有是非问句、特指问句、正反问句、测度问句和反问句五种。

在是非问句中，没有词汇手段、语法手段时，表示疑问语气要靠疑问语调。例如：子张问：“十世可知也?”子曰：“殷因于夏礼，所损益，可知也；周因于殷礼，所损益，可知也。其或继周者，虽百世，可知也。”（《论语·为政》）例中4个“也”都是附加在“可知”上，只不过第一个“可知也”在疑问句中，后3个“可知也”在陈述句中。从句法组合角度看，这些“也”不管是出现在问句中还是陈述句里，都应该是一个语气词。正是基于这种观察，王力（1989：301）认为“十世可知也?”是靠语调而不是“也”传达疑问。因此，“十世可知也?”之所以是疑问句，是因为附加了疑问语调。所谓语调，是句子中的语气要素，可以向听话人传递某种语气信息，如陈述、疑问、允许、可能等，语调主要跟句子的音高有关，有一定的形式标志。在现代汉语书面语中，这个形式标志表现为句号、问号和叹号。古代汉语的口语已经消失，所以它的语调无从听到，不能用五度标记法表示。在古代汉语的书面语中，一般不加标点符号，所以也没有现代汉语句号、问号和感叹号这类形式标志。但是由于语调是句子的重要语气要素，所以即使是古代汉语的句子也是有语调的，尤其是没有词汇手段、语法手段时。语调和句末语气词在句子末尾的组合是有层次的，句末语气词可以和语调处于一个层次，也可以处于不同的层次。例如“我是历来主张军队要艰苦奋斗，要成为模范的。”这个例子句末的“的”和语调处于一个层次，共同表达陈述语气。又如“这么重要的事情你也会忘记的?”“你告诉我的事，我是肯定不会说的!”这两个句子末尾的“的”后的标点符号都不是句号，但这里的“的”具有的非句号的倾向是假性的。因为“的”之后还可以加上其他语气词，如“这么重要的事情你也会忘记的吗?”在这里，“的”之后的问号与“的”不处于同一层次，而是与非句号语气词“吗”处于同一层次。杨永龙（2004）曾谈到语气词和语调的组合层次问题，他对下引两例做如下的层次分析：

岂以仁义为不美也 ［M］　　（［M］代表语气要素）

不识臣之力也，君之力也［M］

杨永龙认为，前一个例子是反问句，反问语气由“岂”与语调表示，“也”仍表判断确认，本身并不负载反问信息。后一例类此。

在特指问句中，主要是由疑问代词表示疑问语气（可能还有语调，下同），而不是句末的“也”；在正反问句中，主要是由“V 不”这种格式来表示疑问，而不是句末的“也”；在测度问句中，主要是靠测度副词“毋乃”、“得毋”、“得无”来表达测度语气，而不是句末的“也”；在反问句中，主要是靠反问副词“岂”、“焉”来表达反问语气，而不是句末的“也”。

这样看来，上述句末有“也”的疑问句，其疑问语气的表达手段主要是疑问代词、副词、疑问格式、疑问语调等（或只用其中一种，或两种合用），其中的“也”仍表示判断、确认肯定语气。我们可以举“是可（何）也?”（《上博楚简五·竞建内之》）为例来说明这一点，这个小句疑问语气主要是由“何”来表示的（可能还有疑问语调），而其中的“也”仍表示判断、确认肯定语气。

句末有“也”的感叹句，其感叹语气的表达手段主要是程度副词“何其”、“一何”和主谓倒置这种句式（还有感叹语调），其中的“也”仍表示判断、确认肯定语气。句末有“也”的祈使句，其祈使语气的表达手段主要是劝令副词“尚”、否定副词“毋”（还有祈使语调），其中的“也”仍表示它的基本语气。

郭锡良（2007：114）认为，祈使句中的“也”字也不是表示祈使或命令的语气，而是对这种命令、祈使加以肯定，也是表示肯定语气；疑问句中的“也”字也不表示疑问语气，仍然是表示肯定或判断的语气。洪波等（2005：183）也认为，“也”字可以出现在疑问句、反问句、祈使句或感叹句中，但它本身不表示疑问语气、反问语气、祈使语气或感叹语气，仍表示确认论断。上述两家的说法基本上是可信的。

那么，“也”与其它语气词连用时所表示的语气又如何呢？

关于语气词连用的问题，前人和时贤多有论述。

马建忠（1898）把连用的语气词称为“合助助字”。他说：“合助助字者，或两字叠助一句，则谓之双合字。或叠三字，则谓之参合字。古人谨尔话言，往往意在言外，记者追忆其言而笔之，笔之或不足拟其辞，故助以声。一之不足，而再焉，而参焉，至辞气毕达而止。”又说：“凡句之有合助者，大抵皆咏叹而发。又凡助字之叠助一句，各以本意相加，非以二三字之合助，而更幻一新意者也。”“总之合助之字，各抱本意，藉以毕达句中所孕之辞气耳。”

王力等（1962）认为，句尾语气词连用可以表达句子的复杂语气，连用后的语气词分别承担了各自语气表达的作用，不过语气的重点一般都落在最后一个语气词上。

郭锡良（1988，1989）发现，语气词连用有很强的规律性，疑问语气词、感叹语气词往往殿后，论断语气词“也”一般只能在前。朱承平（1998）对此也有比较详细的论述。杨永龙（2004）根据郭锡良、朱承平的论述，把先秦语气词同现的位序概括为：

焉>而已>耳>也>矣>乎/邪/与>哉>夫（“>”读作“先于”）

陈述语气词>疑问语气词>反问/感叹语气词

这种位序是由层次制约、语义制约、句类转换制约这三者决定的。

张世禄的《古代汉语》认为，不同语气词的连用，可以表明语气和句调的层次，在同一句型中，也表明语气的层次。如“夫子圣矣乎？”（《孟子·公孙丑上》）一句，其中的“矣”表事情的已然，指明内层的基调；“乎”表示疑问，放在最后，指明这个句子的外层总调。可用下图表示：

夫子圣矣乎

内层

外层

又如“鄙夫可与事君也与哉！”（《论语·阳货》），此句有三层：内层用“也”煞句，是直陈句；次外层用“乎”煞尾，是反问句；最外层用“哉”煞尾，是感叹句。这可用下图表示：

鄙夫可与事君也与哉

内层

次外层

外层

杨永龙（2000）也谈到句尾语气词同现的组合层次问题。二词同现时，这些语气词在句中处于不同结构层面，可以概括为两种组合类型：A 式为$[(S_2+P_2)+P_1]$（其中$S_2+P_2=S_1$），如：“官爵可买，则工商不卑也矣。”（《韩非子·五蠹》）“也”表确认语气，与“不卑”组合，“矣”与“不卑也”再组合。B 式为$\{[X+(S_2+P_2)]+P_1\}$（其中$S_2+P_2<S_1$），如：“战而胜，则无以加焉矣。”（《战国策·东周策》）句中的“焉”的直接成分是“加”（S2），“加焉”与“无以”组合，然后“无以加焉”再与“矣”组合。三词同现时，也有两种结构类型：C 式为$\{[(S_3+P_3)+P_2]+P_1\}$（其中$S_3+P_3=S_2$，$S_2+P_2=S_1$），如：“文子曰：我王者也乎哉？”（《国语·晋语》）其中“我王者”加“也”为判断句式，加“乎”表疑问，再加“哉”便为反问问。D 式为$\{\{[X+(S_3+P_3)]+P_2\}+P_1\}$（其中$S_3+P_3<S_2$，$S_2+P_2=S_1$），如：“独吾君也乎哉！”（《左传·襄公二十五年》）其中“吾君也”是判断句式，与“独”（X）组合，意为“仅仅是我的国君”；加“乎”意为“仅仅是我的国君吗？”；再加“哉”意为“难道只是我的国君吗？”杨永龙谈到，之所以语气词连用，语气重心在最后一个语气词，是因为只有最后的语气词才可能是真正的句尾语气词，才可能属于整个句子。

赵长才（1995）则对先秦语气词连用现象进行了历史考察。春秋中期以前，为萌芽期。春秋晚期战国初期为发展期。战国中期为高峰期。战国晚期为衰退期。他讨论了各个时期语气词连用现象的特点。

华建光（2008）考察战国传世文献中语气词连用后有两点发现：①语气词之间能否连用，体现了语气词之间的功能关系。凡同属一个范畴、并且功能相同者，不能连用，所以“乎$_1$/与/耶”不能连用，“乎$_2$/兮”不能连用；凡同属一个范畴，并在功能上形成对立者，也不能实现连用，所以“也矣”不能连用，“夫”和“乎$_1$/耶/与”不能连用，“与/耶”和“矣”不能连用（与/耶是“也乎$_1$”合音）。②语气词连用的位序如下：耳>也/已/矣>乎$_1$/与/耶/夫>哉>乎$_2$。制约语气词连用位序的语义原则是：表达命题义越多则越靠前，即越靠近命题核（即谓语中心）；表达说者主观性越多则越靠后，即越远离命题核。

以上各家的论述，都是可以参考的。关于语气词的连用，可以概括为如下几句话：语气词连用分别承担了各自语气表达的作用，不过语气的重点一般落在最后一个语气词上（可能有例外）；不是任何两个或几个语气词都能连用；语气词连用的位序有规律性；语气词连用一般不在同一层面上；语气词连用是一种历史现象。

有了这样的认识，再来谈“也”与其它语气词连用时所表达的语气，就容易了。前引例（145）“焉爾也”连用，“焉”表示肯定语气，同时有将事态往大处说的意思；“爾”与“焉”基本一致，表肯定语气，同时有将事态往大处说的意思。两者连用，表达的语气更为强烈。最后的“也”是语气重点，表示确认肯定的语气。例（146）、（147）中“也已”连用，其中“也”表示确认肯定语气，“已”表示所述事件已经成为事实。例（148）、（149）、（150）中“也乎”连用，“也”表示判断、确认肯定的语气，“乎”表示疑问。例（151）中的“也与”，“也”表示判断、确认语气，“与”表示疑问语气。例（152）、（153）中“也夫”连用，“也”表示判断、确认肯定的语气，“夫”表示感叹语气。例（154）中的“也哉”，“也”表示判断语气，“哉”表示感叹语气。可见，当“也”与其他语气词连用时，“也”仍然表示判断、确认肯定的语气。除了“焉爾也”之外，“也”都不是最后一个语气词，不是语气的重点。廖礼平（1987）、朱承平（1998）有与我们上述的分析相类似的分析，可以参看。

前面说过，有一种看法认为“也”可以伴随文义表示判断、解释、陈述、感叹、疑问、反问等多种语气。这是我们不能同意的。“也”有其基本的用法，即表示判断、确认肯定语气。即使出现在疑问句、感叹句、祈使句的句末，也是如此。不能仅根据语气词所在小句的语气来确定语气词的语气。

华建光（2008）认为，语气是个广义的概念，包括情态和语力。情态包括知信态度、轻重缓急，而语力是指陈述、疑问、祈使、感叹等。古代汉语中的语气词是表示情态的，不是表示语力的。华建光的看法我们难以接受。句末语气词是用于小句之末表示功能语气的，是句类的标志，现代汉语中的语气词都是如此。齐沪扬（2002：21）把现代汉语的语气分成两大类，即功能语气和意志语气。功能语气包括陈述语气、疑问语气、祈使语气、感叹语气，意志语气包括可能语气、能愿语气、允许语气、料悟语气。他特别指出，句末语气词是表示功能语气的。现代汉语中的语气词是这样，古代汉语中的语气词也应如此，古今汉语不会有那么大的差别。再说知信态度和功能语气应是统一的。比如传信语气词由于表达的是说话者对所说内容的“确信”情态，所以强烈倾向于出现在陈述句中；传疑语气词由于表达的是说话者对所说内容的“怀疑”情态，所以强烈倾向于出现在疑问句中。华建光认为“也/矣/已/耳/夫”为“传信”语气词，“乎$_1$/与/耶”为“传疑”语气词，“哉”有加强语势的作用；“兮/乎$_2$”则有舒缓语势（曳音）的作用。这样，同样的句末语气词，有些被看成是表示语意的，有些被看成是表示语势的，差别那样大，这不能不令人怀疑。

华建光（2008）认为“也/矣/已”为“传信”语气词，他同时从蒲立本（2006）的说法，认为“也/矣/已”兼有体标记功能，“也”兼作非完成体标记，“矣/已”兼作完成体标记（“已”专用于推断句）。传信语气词用于极性询问句（无疑问代词）时，仍有传信功能；用于祈使句时，则传信功能发生泛化，表说者“不确定”的情态；用于特指询问句和反问句时，则传信功能发生弱化，主要只起舒缓语势的情态功能。对“也”兼作非完成体标记这种说法，我们不敢苟同。所谓“体”，一般说的是动作，而“也”前的谓语经常是名词性的，无所谓“体”。按照华建光的说法，“也”

和“矣/已”对立，不能连用。可是在古代文献中，却有“也已”、“也已矣”这样的语气词连用形式。难道它们前面的“体”既是非完成体又是完成体？华建光提出的“泛化”、“弱化”说也值得考虑。比如他认为“也”用于特指询问句时，传信功能发生弱化，主要只起舒缓语势的情态功能。但是在出土战国文献中见到的“是可（何）也?”（《上博楚简五·竞建内之》）则明显不是这样。这是个判断句，判断语气由“也”表示；而疑问语气主要由疑问代词“何”来表示。又如他认为“也”用于祈使句时，则传信功能发生泛化，表说者“不确定”的情态，但我们在前面已经指出，在祈使句末的“也”仍表示其基本语气。

句末语气词“也”的功能可以概括为三个：

一是传信功能。前面已经论述过了，“也”的基本语气是表示判断语气，又有确认肯定语气。所以“也”的表义功能也就是传信功能。所谓“传信”，是说话人传达的内容是确实的消息。

二是小句标志功能。前面已经论证过，“也”是助小句的，表示小句的判断、确认肯定的语气。加上句末语气词“也”，就说明它的前面是小句，所以它是小句的标志。“小句+也”，可以作单句、复句后一分句（包括紧缩复句）、复句前一分句等。

三是停顿功能。当“小句+也”作单句或作复句的后一分句（包括紧缩复句）时，停顿就要长一些；当“小句+也”作复句的前面分句时，停顿就短一些。

三、句中语气词“也”

句中语气词“也”可以出现在主语、状语、兼语之后，也可以出现在“者”字短语、连谓短语、转折短语之中。

（一）主语后

用于主语之后的句中语气词“也”最常见，有137次，占句中语气词“也”总次数（189）的72.5%。句中语气词“也”前的主语有以下几种：

一是由名词充当，例如：

（155）中（仲）弓畣（答）曰：售（雍）也弗昏（闻）也。（《上博楚简三·中弓》）

（156）中（仲）弓曰：售（雍）也不悬（敏）。（《上博楚简三·中弓》）

（157）丘也昏（闻）君子田肥民则安。（《上博楚简五·季庚子问於孔子》）

二是由定中短语充当，例如：

（158）二人也僜（朋）堂（党）、群獸（兽）轟（遷）。（《上博楚简五·竞建内之》）

（159）此言也，言余（舍）之此而厇（度）於天心也。（《郭店楚简·成之闻之》）

（160）人之道也，或遜（由）中出，或遜外内（入）。（《郭店楚简·语丛一》）

三是由“主+之+谓”充当，这种主语最常见，例如：

（161）刚之桓（柱）也，刚取之也。（《郭店楚简·性自命出》）

（162）后稷之见贵也，则目（以）文武之悳（德）也。（《上博楚简一·诗序》）

（163）先王之斈（教）民也，司（始）於孝弟。（《郭店楚简·六德》）

（164）文王之见也女（如）此。（《郭店楚简·五行》）

（165）虗（吾）子之答也可（何）女（如）？（《上博楚简四·相邦之道》）

（166）卑（譬）道之才（在）天下也，猷（犹）少（小）浴（谷）之㢭（与）江海。（《郭店楚简·老子甲本》）

（167）上不以丌道，民之从之也难。（《郭店楚简·成之闻之》）

（168）君子之求者（诸）吕（己）也深。（《郭店楚简·成之闻之》）

“主+之+谓”的“主”如果换成“其”，则“之”就可以不用了。例如：

（169）古（故）君子之畜（友）也又（有）瞥（向），丌恶也又（有）方。（《上博楚简一·缁衣》）

（170）父亡亚（恶），君猷（犹）父也。丌（其）弗亚（恶）也，猷（犹）三跏（军）之旃（旌）也。（《郭店楚简·语丛三》）

（171）言语睪（较）之，丌勳（胜）也不若丌巳（已）也。（《郭店楚

简·成之闻之》）

（172）戋（残）民而餵（怨）之，丌（其）甬（用）心也牆（将）可（何）女（如）？（《上博楚简一·诗序》）

（173）亓（其）为忞（灾）也深矣。（《上博楚简五·鲍叔牙与隰朋之谏》）

（174）凡君子所以立身大法晶（三），丌（其）睪（绎）之也六。（《郭店楚简·六德》）

在“其+谓”前还可以再出现“名词”，例如：

（175）邦风丌（其）内（纳）勿（物）也尃（溥）。（《上博楚简一·诗序》）

（176）君子其它（施）也忠。（《郭店楚简·忠信之道》）

四是由复句形式充当，例如：

（177）子曰：正（政）之不行，季（教）之不成也，鼎（则）坓（刑）罚不足耻而雀（爵）不足懽（劝）也。（《郭店楚简·缁衣》）

五是由“主+之+介+宾”构成，例如：

（178）君子之於言也，非从末澅（流）者之贵。（《郭店楚简·成之闻之》）

（179）豊（礼）之於屎（尸）窗（庙）也，不腈（精）为腈（精）。（《上博楚简六·天子建州甲》）

（180）宣钟之在晋也为六墉。（《曾侯乙钟铭》，《集成》2·293）

（181）割肄之在楚也为吕鐘。（《曾侯乙钟铭》，《集成》2·293）

当“主+之+介+宾”中的“主”由“其”替代，则可以不用“之”。例如：

（182）妥宾之在楚也为坪皇，其在申也为遅（夷）则。（《曾侯乙钟铭》，《集成》2·327）

（183）大（太）簇之在周也为刺音，其在晋也为槃钟。（《曾侯乙钟铭》，《集成》2·322）

（184）其在楚也为文王。（《曾侯乙钟铭》，《集成》2·323）

（185）其於久远也，如后嗣为之者，不称成功盛德。（《峄山刻石》）

六是由谓词性词语充当。谓词性词语可以是状中短语、中补短语、兼语短语、转折短语。例如：

（186）以己丑、酉、巳，不可家（嫁）女、取妻，交徙人也可也。（《睡虎地秦简·日书甲种》）

（187）節（即）於而（儒）也，则猷（犹）是也。（《郭店楚简·成之闻之》）

（188）叓（使）民相新（亲）也難（难）。（《郭店楚简·六德》）

（189）禮（禅）而不遭（传），圣之盛也；利天下而弗利也，忎（仁）之至也。（《郭店楚简·唐虞之道》）

（190）聋（闻）君子之道而不智（知）丌（其）君子道也，胃（谓）之不圣。见臤（贤）人而不智（知）丌（其）又（有）悳（德）也，胃之不智。（《郭店楚简·五行》）

以上各例，“主语+也”都出现在谓语之前。而下引三例，则是主谓倒置句，“主语”之后加“也”，仍为句中语气词。例如：

（191）孔=（孔子）曰：“善才（哉），商也！牆（将）可季時（诗）矣。”（《上博楚简二·民之父母》）

（192）孔子曰：“善，而（爾）昏（问）之也！”（《上博楚简二·子羔》）

（193）可言虐（乎），其信也？（《上博楚简五·弟子问》）

（二）状语后

句中语气词“也”前的状语有两种，一是句首状语，二是句中状语。

“也”前的句首状语，有的是时间名词语，有的是介宾短语。例如：

（194）是戢（岁）也，晋人戮（伐）齐。（《上博楚简五·鲍叔牙与隰朋之谏》）

（195）是岁也，恒思少司马屈䊮目足金六匀（钧）听命於柊。（《包山楚简》130）

（196）堂（当）是时也，戲（疠）役（疫）不至。（《上博楚简二·容成氏》）

（197）及丌（其）又（有）天下也，不以天下为重。（《郭店楚简·唐虞之道》）

（198）及丌（其）为埜（尧）臣也，甚忠。（《郭店楚简·唐虞之道》）

（199）寺（待）其来也，沃之。（《睡虎地秦简・日书甲种》）

“也”前的句中状语，都是由介宾短语充当的。例如：

（200）民必因此至（重）也以復（报）之。（《郭店楚简・成之闻之》）

（201）人之败也，亙（恒）於丌（其）叡（且）成也败之。（《郭店楚简・老子丙本》）

（202）又（有）道春秋，亡不以丌生也亡耳。（《郭店楚简・语丛三》）

（203）为此殜也从事。（《上博楚简五・姑成家父》）

（三）兼语后

（204）是古（故）先王之𡕒（教）民也，不𤔲（使）此民也𢘓（忧）丌身。（《郭店楚简・六德》）

（205）𤔲（使）雔（雍）也从於𨌊（宰）夫之遂（後）。（《上博楚简三・中弓》）

（206）其后必有子将弟也死。（《睡虎地秦简・日书甲种》）将：或。

（四）用于“者”字短语中

“者”字词组有两种，一是名词语+者；二是谓词语+者。在这两种“者”字之前，都可以出现“也”。例如：

（207）子也者，会埻（最）长材以事上，胃之宜（义）。（《郭店楚简・六德》）

（208）夫时（诗）也者，㠯（以）箬（誌）君子之志。夫义者，㠯斤（谨）君子之行也。（《上博楚简五・季庚子问於孔子》）

（209）宜（义）也者，群善之蕝（蕝）也。习也者，又（有）㠯（以）习丌眚（性）也。道也者，群勿（物）之道。（《上博楚简一・性情论》）

（210）以訏（信）从人多也。訏（信）也者，妇悳（德）也。（《郭店楚简・六德》）

以上都是“名词+者”中间用了“也”。下引各例是“谓词语+者”中间用“也”的例子如：

（211）𡍜（禅）也者，上直（德）受（授）𦣻（贤）之胃（谓）也。……不𡍜（禅）而能𧊒（化）民者，自生民未之又（有）也。（《郭店楚简・唐虞之道》）

（212）[illegible]（範）天陛（地）也者，忠訐（信）之胃（谓）此〈也〉。（《郭店楚简·忠信之道》）

（213）句（苟）不从丌繇（由），不反丌本，未有可㝵（得）也者。（《郭店楚简·成之闻之》）

（214）又（有）为也者之胃（谓）古（故）。（《郭店楚简·性自命出》）

（215）凡勿（物）亡不异也者。（《郭店楚简·性自命出》）

（216）亡亡繇（由）也者。（《郭店楚简·语丛三》）

（五）用于连谓短语之中

（217）𦖞（闻）芺（笑）圣（声），㝵（则）𩏂（鲜）女（如）也斯（斯）憙（喜）。昏（闻）訶（歌）謠（謡），则舀（陶）女（如）也斯（斯）奮（奋）。圣（听）琴（琴）开（瑟）之圣（声）则誖（悸）女（如）也斯（斯）難（叹）。（《郭店楚简·性自命出》）

（218）雚（观）査（賚）、武，㝵（则）齐（斋）女（如）也㫊（斯）复（作）。雚（观）邵（韶）、頣（夏），㝵（则）免（靦）女（如）也㫊（斯）㑅（斂）。（《郭店楚简·性自命出》）

（219）乐之𢿚（动）心也，濬深𦚔（郁）舀，丌（其）剌（烈）㝵（则）流女（如）也以悲。（《郭店楚简·性自命出》）

（220）人有哀思也弗忘。（《睡虎地秦简·日书甲种》）

（六）用于转折短语之中

（221）有为也而遇雨，命之央（殃）蚤（早）至。（《睡虎地秦简·日书乙种》）

（222）受不若也，可从也而不可及也。（《郭店楚简·尊德义》）

（223）古（故）共是勿（物）也而又（有）深安（焉）者，可斈（教）而不可矣（疑）也。可季（教）也而不可迪丌民，而不可𡴀（止）也。（《郭店楚简·尊德义》）

我们认为，句中语气词的“也”是源自句末语气词的“也”。

先看主语后的“也”。例如“大臣之不新（亲）也，㝵（则）忠敬不足，而賏（富）贵巳（已）逃（过）也。”（《郭店楚简·缁衣》）对于这种句子，我们依据李佐丰（2004：381）的观点，把它看成是单句，“则”前是主语（“则”为副词），其后为谓语。但是何乐士（2001：95）则把这样的句子看成是按断复句。这种认识的分歧具有启示意义。最初，这种句子可能是一个复句，这样，前一个“也”用于分句之后，后一个“也”用于复句之后，都是句末语气词。这意味着，前一个“也”之前是“主题+述题”，后一个“也”之前也是“主题+述题”。但是前一分句是“结果”，后一分句是“原因”，两者之间有密切的关系，又由于受到了汉语中释因句的影响（释因句如“秦人、白狄伐晋，诸侯贰故也。”《左传·成公九年》），前后两个分句“紧密化”，发生了“重新分析的变化”，前一个“也”前的部分变成了主语，“则”后的部分变成了谓语，前后两部分合成了一个单句。相应地，由两个“主题+述题”结构，变成了一个“主题+述题”结构。这样，句末的“也”就变成了句中的“也”了，相应地它的作用也发生了变化，不再表达功能语气，而只用于表示停顿了。

所以说由“主之谓/其谓”、“谓词性词语”、“复句形式”充当的主语之后的句中语气词“也”，是最早产生的，而这种“也”也最为常见。由于介词与动词相近，很多介词源于动词，所以“也”既然可以用于“主之谓/其谓”之后，也可以用于“主之介宾/其介宾”之后。这种“也”的使用改变了句子的句法结构和语用结构，“主之介宾/其介宾”变成了句子的主语、主题。

上述各种类型的主语之后的“也”产生之后，功能泛化，“也”就可以用于由“名词”、“定中短语”充当的主语之后了。

用于句首状语和句中状语之后的“也”，跟主语之后的“也”也有密切的关系。“也”用于其后的句中状语，都是由介宾短语充当的。这种“也”跟“主之介宾/其介宾”之后的“也”是有密切联系的。都用于介宾之后，都表示停顿，只不过句法分析不同：前者是介宾短语作状语，后者是“主之介宾”整体为主语。语用功能不同：前者介宾前的主语是句子主题，后者“主之介宾”为句子主题。

其后用“也”的句首状语有两种，一种是由名词性词语充当的，一种是由介宾短语充当的。由介宾短语充当的句首状语之后的“也”，跟“主之介宾”后的“也”也有密切关系：两者都出现在介宾短语之后，“也”之前都是句子的主题。由名词性词语充当的句首状语之后的“也”，跟由名词语充当的主语之后的“也”也有密切联系：两者都用于名词语之后，“也”前的部分都是句子的主题。

兼语后的“也”，跟由名词性词语充当的主语之后的“也”有密切联系：都用于名词语之后表示停顿；“也”前的名词语与其后的动词语都有施事和动作的关系。兼语和其后的动词语关系不太紧密，其间可以加入句中语气词表示停顿。

关于“也者”，前人有过论述。何乐士（2004：441）认为，它是语气词连用，表示对主语的强调，同时标志主语是被下文解释、说明的对象。郭锡良（2007：130）也认为，“也者”连用，都是起停顿和舒缓语气的作用。

我们认为这样的说法可以商榷。

关于“者”，我们认为，它无论是出现在动词语之后，还是出现在名词语之后，都是结构助词，都与其前的成分构成“者”字短语（关于“者”字的研究，另详它文）。我们认为“也者”的“者”是结构助词，而不是语气词；“也”是用于“者”字短语之中的句中语气词。

这样的观点，我们认为是可信的。

赵世举（2000：47）认为用于谓词语之后的“者”是作中心语的，其前的谓词语做定语。这样说有一定的道理，如“所食之粟”可以说成“所食者”。在出土战国文献中，可以见到语气词“殹”用于定中结构之中的例子，如：

（224）县料而不备者，钦书其县料殹之数。（《睡虎地秦简·效律》）

（225）没入其贩假殹钱财它物于县、道官。（《龙岗秦简》26）

例（224）中的“县料殹之数”是定中短语，意思是称量出的数量，“县料”是定语，而“殹”用于其后。例（225）一般在“殹”后标点，但这样一来，后小句没有动词了。正确的做法是不标点，把“贩假殹钱财它物”看成是定中短语，其中“贩假”为定语，“殹”用于定语之后。例（225）是说，由县、道官府没收其出卖或出借的钱财及其它物品。

既然“殹”可以用于定语“VP”和中心语“（之）+名”之间，那么当然可以用于“VP+者”之间，因为“之+名”可以用“者”替代。

所以“也者”中的“者”不是语气词，而仍是结构助词。最能说明它不是语气词的有两点：一是这种“也者”不但可用于句中主语之后，也可以用于句末，如（213）、（215）、（216）；二是这种“者”的结构助词功能十分明显，如例（215）“凡物亡不异也者”，其中“不异也者”这个“者”字词组作“亡”的宾语，“者”是“不异”名词化的标记，“不异者”是不异之物的意思。朱德熙（1983）明确指出，“VP 也者”是表示指称的名词性结构，这种“者”不能看成语气词。他的这种观点是可信的。

这种“也”的产生，也许是受到了状语之后的“也”的影响，或者说来源于状语之后的“也”。因为状语跟中心语构成偏正短语，定语也与中心语也构成偏正短语；既然状语后可以用“也”表示停顿；定语之后也可以这样。定语之后可以用，“者”字之前当然也可以用。定语后、“者”字之前的“也”都是表示停顿的句中语气词。我们这个观点若能成立，那么朱德熙（1983）的观点就可商榷，他认为“X 也者”里的“X 也”应该看成是一个潜在的同一性主谓结构的谓语部分。

连谓短语、转折短语中的“也”很明显是源自分句之末的“也”。连谓短语中的“也”跟复句中的“也”关系密切，试把前引例（217）与下例相比较：“又（有）丌（其）为人之快女（如）也，弗敖（养）不可。又（有）丌（其）为人之慕（渊）女（如）也，弗杈（补）不足。”（《郭店楚简·性自命出》）此例中的“也”用于分句之末，例（217）中的“也”用于连谓短语中，但两种“也”都出现在“X 如”之后。如果主语相同，那么顺承复句可以压缩为连谓短语；相应地用于分句之末的“也”就变成用于连谓短语之中的“也”了。即使主语不相同，顺承复句也可以压缩为紧缩复句。

转折短语中“也”的产生机制跟连谓短语中的“也”相同。如前引例（222）中的“可从也而不可及也”，如果在“可从也”后边加标点，就是个转折复句，“也”就是用于分句之末的；如果不加标点，那么“也”就是用于转折短语中的。由此看来，转折短语中的“也”确实是由分句之末的“也”来的。

句中语气词“也”的辖域在它的前面，而不是在它的后面。

主语之后“也”的辖域即为它前面的主语。由“主之谓/其谓”充当的主语后的“也”管辖整个主语，由“主之介宾/其介宾”充当的主语后的“也”也是如此。主语如果由复句形式充当，那么这种复句形式后的“也”

也管辖整个主语。一个复句后的句末语气词“也”一般仅管辖复句的后一分句，从这一点来看，作主语的复句形式后的句中语气词“也”的辖域扩大了。

句首状语后的“也”管辖整个句首状语，句中状语后的“也”的辖域只是状语部分。句中状语都由介宾短语充当，这时就容易跟“主之介宾”后的“也”相混，区别是看“主”之后是否有“之”。像前引例（200）、（201），不但“介宾”前无“之”，而且在“介宾”前还有副词状语。兼语后的“也”仅管辖兼语，“者”字短语中“也”的管辖范围不超过“者”字短语，辖域是“者”字短语中“者”前的部分。连谓短语中“也”的辖域是“也”前的一个“谓”，转折短语中“也”的辖域也是“也”前的一个“谓”。

句中语气词“也”的主要功能是用于某一句法成分之后表示停顿。用于主语后、句首状语之后时，表示的停顿应该长一些；用于其他成分之后，表示的停顿短一些。

用句中语气词“也”之后，原来没有停顿的地方有停顿了，或者停顿短的地方停顿长了，这样语气就不那样急促，而是比较舒缓，所以认为“也”可以表舒缓语气没有错。

在一个成分之后用“也”，只是暂时停顿一下，话还没说完，还要继续说（基本交际单位是句子，句子之末语义才完整），所以认为句中语气词也表示语意未完、提起下文，也不算错。

在一个成分之后加上句中语气词“也”，使原来没有停顿的地方有了停顿，或使原来有小停顿的地方有了大停顿，这样“也”前的成分就更引人注意了，所以如果说句中语气词“也”对它前面的成分起提示强调的作用，也可以。

但句中语气词“也”的基本作用是表示停顿，其它功用是从基本功用中衍生出来的。

张文国（1999）认为，即使是句中语气词“也”，它也是某句话新信息的标志。此话可以商榷。前面说过，“也”可以用于语句主语、句首状语之后，它们都是句子的主题，主题部分是表示旧信息的。

华建光（2008）研究了传世战国文献中的句中语气词。认为各个句中语

2－1：出土战国文献中语气词“也”统计表

<table>
<tr><th colspan="4" rowspan="2">文献
用法</th><th rowspan="2">战国金文</th><th colspan="2">战国简牍</th><th rowspan="2">战国帛书</th><th rowspan="2">战国玉石文字</th><th rowspan="2">合计</th></tr>
<tr><th>楚简</th><th>秦简</th></tr>
<tr><td rowspan="30">句末语气词</td><td rowspan="26">陈述句句末</td><td rowspan="3">单句末</td><td>判断句</td><td>10</td><td>406</td><td>46</td><td></td><td>1</td><td>463</td></tr>
<tr><td>叙述句</td><td></td><td>82</td><td>5</td><td></td><td>1</td><td>88</td></tr>
<tr><td>描写句</td><td></td><td>9</td><td>2</td><td></td><td></td><td>11</td></tr>
<tr><td rowspan="10">复句末（复句后一分句）</td><td>并列复句</td><td></td><td>19</td><td>1</td><td></td><td></td><td>20</td></tr>
<tr><td>顺承复句</td><td></td><td>12</td><td>23</td><td></td><td></td><td>35</td></tr>
<tr><td>解说复句</td><td></td><td></td><td>1</td><td></td><td></td><td>1</td></tr>
<tr><td>递进复句</td><td></td><td>2</td><td>1</td><td></td><td></td><td>3</td></tr>
<tr><td>转折复句</td><td></td><td>23</td><td>4</td><td></td><td></td><td>27</td></tr>
<tr><td>条件复句</td><td></td><td>2</td><td></td><td></td><td></td><td>2</td></tr>
<tr><td>假设复句</td><td></td><td>35</td><td>21</td><td></td><td></td><td>56</td></tr>
<tr><td>因果复句</td><td></td><td>34</td><td>9</td><td></td><td></td><td>43</td></tr>
<tr><td>目的复句</td><td></td><td>2</td><td></td><td></td><td></td><td>2</td></tr>
<tr><td>时间复句</td><td></td><td>7</td><td></td><td></td><td></td><td>7</td></tr>
<tr><td colspan="2">紧缩复句末</td><td></td><td>9</td><td></td><td></td><td></td><td>9</td></tr>
<tr><td rowspan="9">分句末（复句前一分句）</td><td>并列分句</td><td></td><td>35</td><td>9</td><td></td><td></td><td>44</td></tr>
<tr><td>顺承分句</td><td></td><td>12</td><td></td><td></td><td></td><td>12</td></tr>
<tr><td>解说分句</td><td></td><td>1</td><td></td><td></td><td></td><td>1</td></tr>
<tr><td>转折分句</td><td></td><td>11</td><td>2</td><td></td><td></td><td>13</td></tr>
<tr><td>选择分句</td><td>1</td><td></td><td></td><td></td><td></td><td>1</td></tr>
<tr><td>条件分句</td><td></td><td>2</td><td></td><td></td><td></td><td>2</td></tr>
<tr><td>假设分句</td><td>2</td><td>23</td><td>22</td><td></td><td></td><td>47</td></tr>
<tr><td>原因分句</td><td></td><td>32</td><td>3</td><td></td><td></td><td>35</td></tr>
<tr><td>时间分句</td><td></td><td>20</td><td></td><td></td><td></td><td>20</td></tr>
<tr><td colspan="3">疑问句句末</td><td></td><td>6</td><td>10</td><td></td><td></td><td>16</td></tr>
<tr><td colspan="3">感叹句句末</td><td></td><td>7</td><td></td><td></td><td></td><td>7</td></tr>
<tr><td colspan="3">祈使句句末</td><td></td><td>2</td><td>1</td><td></td><td></td><td>3</td></tr>
<tr><td colspan="3">语气词连用</td><td></td><td>13</td><td></td><td></td><td></td><td>13</td></tr>
</table>

续表

用法＼文献		战国金文	战国简牍		战国帛书	战国玉石文字	合计
			楚简	秦简			
句中语气词	主语后	20	113	4			137
	状语后		11	1		1	13
	兼语后		2	1			3
	“者”字短语中		20				20
	连谓短语中		11	1			12
	转折短语中		3	1			4
总计		33	966	168		3	1170

气词在所附句法成分及其构成上也存在差异。“也”主要是附加在“主语”上，其次是状语和宾语，附加在呼语和连接语则很少见，而“乎$_2$”则主要是附加在连接语上，其次是主语和状语，再次是呼语。“焉”主要是附加在“状语”上，其次是附加在“连接语”上。值得注意的是，只“也”有附加在宾语上的用例。“也/耶/乎$_2$”所附主语主要是由谓词性短语构成，其中“也”最为突出，它所附的主语有1879例（81.59%）是“主之谓”短语；只有“也”可以附加在由“主之谓”短语和副词短语构成的状语上，“乎$_2$”则主要是附加在谓词性短语构成的状语上，只1例是附加在名词短语构成的状语上；“也/焉/乎$_2$”所附连接语主要由介词短语构成，只见“也”所附加连接语有5例为连词。值得注意的是，“也”所附句法成分，有2080例是由“主之谓”短语构成，占句中“也”总用例的76.27%。这是“也”区别于其它句中语气词的一个鲜明特点。在语义—语用功能上，句中语气词的基本功能是标识暂顿和舒缓语势。从话语角度看，“焉/也/耶”有标记主位的功能，“兮/乎$_2$”则仍只起曳音作用。华建光研究传世战国文献里句中语气词“也”后所得出的结论与我们的有相类似的地方，如他认为“也”常用于“主之谓”之后，其基本功能是标识暂顿和舒缓语势等等。不过，我们列出了一些他没有列出过的现象，讨论了一些他未曾涉及的问题，得出的结论也不尽相同。

参考文献

大西克也：《“殹”和“也”交替》，《中国出土资料研究》1998年第2号。

范晓、张豫峰：《语法理论纲要》，上海译文出版社2003年版。

冯春田：《睡虎地秦墓竹简语法札记》，《语言学论丛》第18辑，商务印书馆1993年版。

郭锡良：《先秦语气词新探》（一），《古汉语研究》1988年创刊号。

郭锡良：《先秦语气词新探》（二），《古汉语研究》1989年第1期。

郭锡良：《古代汉语语法讲稿》，语文出版社2007年版。

何乐士：《〈左传〉的语气词“也”》，《左传虚词研究》（修订本），商务印书馆2004年版。

洪波主编：《立体化古代汉语教程》，高等教育出版社2005年版。

华建光：《战国传世文献语气词研究》，中国人民大学汉语言文字学专业博士学位论文2008年。

姜允玉：《出土文献中的语气词“也”》，《古文字研究》（第二十四辑），中华书局2002年版。

黎锦熙：《新著国语文法》，商务印书馆1956年版。

李学勤：《秦简的古文字学考察》，《云梦秦简研究》，中华书局1981年版。

李佐丰：《古代汉语语法学》，商务印书馆2004年版。

廖礼平：《〈论语〉〈孟子〉中语气词连用初探》，《徐州师范学院学报》1987年第3期。

刘晓南：《先秦语气词的历时多义现象》，《古汉语研究》1991年第3期。

马建忠：《马氏文通》，商务印书馆1898年版。

蒲立本：《古汉语语法纲要》，语文出版社2006年版。

王力：《汉语史稿》，中华书局1958年版。

王力主编：《古代汉语》（共四册），中华书局1962年版。

邢福义：《汉语语法学》，东北师范大学出版社1998年版。

徐杰：《普遍语法原则与汉语语法现象》，北京大学出版社2001年版。

杨伯峻、何乐士：《古汉语语法及其发展》（修订本），语文出版社2001年版。

杨永龙：《先秦汉语语气词同现的结构层次》，《古汉语研究》2004年第4期。

张文国：《〈左传〉“也”字研究》，《古汉语研究》1999年第2期。

张振林：《先秦古文字材料中的语气词》，《古文字研究》（第七辑），中华书局1982年版。

赵长才：《先秦汉语语气连用现象的历时演变》，《中国语文》1995年第1期。

赵世举：《〈孟子〉定中结构三平面研究》，中国青年出版社2000年版。

朱承平：《先秦汉语句尾语气词的组合及组合层次》，《中国语文》1998年第4期。

朱德熙：《自指和转指——汉语名词化标记“的、者、所、之”的语法功能和语义功能》，《方言》1983年第1期。

朱德熙：《语法讲义》，商务印书馆1982年版。

第三节　出土战国文献中的语气词“殹”

对于出土战国文献中的语气词“殹”，张振林（1982）、姜允玉（2002）都曾讨论过。

张振林认为，后世从“也”的字，来源于“它”。用“它”描写语气声音作句末语气词，形变为“也”，是战国以后的事。其作为语气词字未定型，故又有作“施”作“殹”的。字写作“也”的有楚简，写作“施”的有中山王器，写作“殹”的有秦器。睡虎地秦简里有大量的以“殹”为“也”的例子。本为楚地的云梦，进入秦以后即用“殹”字，看来“也”、“施”、“殹”原有地域国别上的差异。

姜允玉认为，秦汉简帛中“也”、“殹”的使用，除有国别地域上的差异以外，还有文体下的差别。虽然同一地区竹简里同时出现“也”、“殹”，但篇名的性质不同。比如民间的医书《放马滩》《睡虎地》中《日书》，或文学修饰性质较强的《马王堆·经法·明理》、《马王堆·纵横家书》等几乎用“也”字，但是官方的医书《张家山·脉书》、《马王堆·阴阳十一脉》，或法律性强的文章《龙岗·经法》、《马王堆·经法·军政》都用语气词“殹”字。

以上两家的研究，都不是专门从现代语法学的角度讨论出土战国文献中语气词“殹”的，而且近年来又有不少新的语料出土，所以有必要在他们研究的基础上做进一步的探讨。

一、“殹”与“也”的关系

语气词“殹”出现在下列出土战国文献中：睡虎地秦简、周家台秦简、龙岗秦简、放马滩秦简、新郪虎符、杜虎符、诅楚文。这些文献都是出土秦文献，在其它出土战国文献中是见不到语气词“殹”的。

在其它出土战国文献中常见到语气词“也”。在秦简中也可以见到语气词“也”，共出现168次。而在出土秦文献中“殹”共出现148次。“也”出现的次数比“殹”多。

那么“也”和“殹”到底是什么关系呢？是一个词的两种不同书写形式，还是两个不同的词？

从用法上来看，“殹”和“也”很相近，比如都有句末语气词和句中语气词的用法，所表示的语气也基本相同，但是两者之间还有一些区别（详见下文），而且两者的上古音也不相近。“殹”的读音为“于计切”，以“殹”为声符的“翳”的读音也是“于计切”。它们的上古音为影纽、脂部、去声，拟音为ĭei③。“也”的上古音为馀纽、歌部、上声，拟音为ʎĭai。“殹”与“也”的韵部为旁转关系，但它们的声纽并不相近。由于语音相隔，我们难以把“殹”和“也”看成是一个词的两种不同书写形式，而应看成是不同方言里的两个同义词。“殹”和“也”的关系，正如同“耶”和“欤”的关系一样。李学勤（1981）、冯春田（1993）、大西克也（1998）等，均认为“殹”是秦国方言词，这种看法是可信的。

二、句末语气词“殹”

“殹”跟“也”不同，在出土战国文献中从不与其它语气词连用，都是单用的。秦简里的“也”也从不与其它语气词连用。

“殹”可用于陈述句末尾，也可以用在疑问句、祈使句末尾。用于陈述句末尾的“殹”最常见。

用于陈述句末尾的“殹”有三种情况：一是用于单句之末，二是用于复句之末，三是用于分句之末。我们把分句之末的“殹”也看成句末语气词，理由下文要谈。

单句之末的“殹”也有三种情况，一是用于判断句末，二是用于叙述句末，三是用于描写句末。第一种最常见，第二种次之，第三种很少见。

“殹”前判断句的谓语，多数是由名词性词语充当的，例如：

（1）琼者，玉检殹。（《睡虎地秦简·法律答问》）

（2）丙，乙妾殹。（《睡虎地秦简·封诊式》）

（3）此甲、乙牛殹。（《睡虎地秦简·封诊式》）

（4）此所谓戎磿日殹。（《周家台秦简·日书》）

（5）此首，某里士五（伍）戊殹。（《睡虎地秦简·封诊式》）

（6）此弩矢，丁及首人弩矢殹。（《睡虎地秦简·封诊式》）

这种判断句的主语可以承前省去，只剩下“判断句谓词+殹”这个部分。例如：

（7）可（何）谓“宫均人”？宫中主循者殹。（《睡虎地秦简·法律答问》）

（8）可（何）谓“集人”？古主取薪者殹。（《睡虎地秦简·法律答问》）

在这种判断句谓语前，还可以加副词状语，或者加强判断语气，或者表示范围，或者表示对判断的否定。例如：

（9）垣北即巷殹。（《睡虎地秦简·封诊式》）

（10）此皆大罪殹。（《睡虎地秦简·语书》）

（11）可（何）谓“宫狡士”、“外狡士”，皆主王犬者殹。（《睡虎地秦简·法律答问》）

（12）所夬（决）非珥所入殹。（《睡虎地秦简·法律答问》）

李佐丰（2004：378—393）认为，判断句的谓语，不但可由名词语充当，也可以由谓词语和主谓短语充当，如“不闻命而擅进退，犯政也；快意而丧君，犯刑也”（《国语·晋语三》）、“勍敌之人隘而不成列，天赞我也”（《左传·僖公二十二年》）。“殹”前的判断句谓语也可以由谓词性词语、主谓短语充当，例如：

（13）是即法（废）主之明法殹。（《睡虎地秦简·语书》）

（14）其论可（何）殹？即去署殹。（《睡虎地秦简·法律答问》）

（15）凡法律令者，以教道（导）民，去其淫避（僻），除其恶俗，而使之之於为善殹。（《睡虎地秦简·语书》）

（16）“羊躯”，草实可食殹。（《睡虎地秦简·法律答问》）

我们认为，上述各例中作判断句谓语的谓词性词语和主谓短语，都已“名词化”了，即由谓词性的短语变成了名词性的短语。有一些判断句谓语发生了自指的变化，如上引例（13）、（14）；有一些判断句谓语发生了转指的变化，如（15）、（16）。

李佐丰（2004：386—393）把古代汉语中的判断句归为三类，一是归类句，二是释因句，三是评议句。他认为评议句有四种形式，其中有一种是由动词“谓”、“言”、“可”构成的评议句。例如“明德，务崇之之谓也”（《左传·成公二年》）、“奉酒醴以告曰‘嘉栗旨酒’，谓其上下皆有嘉德而无违心也”（《左传·桓公六年》）、“子若免之，以劝左右，可也”（《左传·昭公元年》）。

在出土战国文献中，“殹”可用于由动词“谓”和“可”构成的评议句之末。例如：

（17）“同居”，独户母之谓殹。“室人”者，一室尽当坐罪人之谓殹。（《睡虎地秦简·法律答问》）

（18）“臧（脏）人”者，甲把其衣钱匿臧（藏）乙室，即告亡，欲令乙为盗之，而实弗盗之谓殹。（《睡虎地秦简·法律答问》）

（19）生翏，翏之已乃斩之之谓殹。（《睡虎地秦简·法律答问》）

（20）者（诸）候（侯）客节（即）来使入秦，当以玉问王之谓殹。（《睡虎地秦简·法律答问》）

以上四例，“殹”前的部分是“O+之+谓”，“之”前的部分当是“谓”的宾语，而“之”是用来复指前置宾语的。“O+之+谓”中的“之”也可以不用，例如：

（21）可（何）谓“率敖”？“率敖”当里典谓殹。（《睡虎地秦简·法律答问》）

（22）可（何）谓“夏子”？臣邦父、秦母谓殹。（《睡虎地秦简·法律答问》）

（23）“四邻”即伍人谓殹。（《睡虎地秦简·法律答问》）

（24）坐隶，隶不坐户谓殹。（《睡虎地秦简·法律答问》）

“殹”前的谓语部分也可以是“谓+O”，这时“谓”的宾语不前置，而出现在“谓”的后面。例如：

（25）令曰为之，弗为，是谓“法（废）令”殹。（《睡虎地秦简·法律答问》）

以上是“殹”用于由动词“谓”构成的评议句句末的例子，“殹”也可以用于由动词“可”构成的评议句句末，例如：

（26）传车、大车轮，葆缮参邪，可殹。（《睡虎地秦简·秦律十八种》）

（27）官长及吏以公牛牛稾其月食及公牛乘马之稾，可殹。（《睡虎地秦简·秦律十八种》）

（28）入刍稾，相输度，可殹。（《睡虎地秦简·秦律十八种》）

（29）其前入者是增积，可殹。（《睡虎地秦简·秦律十八种》）

（30）其少，欲一县之，可殹。（《睡虎地秦简·秦律十八种》）

（31）其有不尽此数者，可殹。（《睡虎地秦简·秦律十八种》）

以上是“殹”用于句型为单句的判断句之末的例子，“殹”也可以用于句型为单句的叙述句之末，但这种例子不多见，例如：

（32）斗为人殴殹。（《睡虎地秦简·法律答问》）

（33）唯是秦邦赢众敝赋、鞈輸棧輿、礼傻介老，将之以自救殹。（《诅楚文·大沈厥湫文》）

（34）毋（无）意殹。（《睡虎地秦简·封诊式》，意：怀疑对象。）

（35）毋（无）它亡殹。（《睡虎地秦简·封诊式》）

“殹”也可以用于句型为单句的描写句之末，这种例子极少见，例如：

（36）当以告不审论，且以所辟？以所辟论当殹。（《睡虎地秦简·法律答问》）

（37）完之当殹。（《睡虎地秦简·法律答问》）

以上是“殹”用于单句之末的例子。“殹”也可以用于复句之末。用于并列复句末尾的例子如：

（38）君鬼臣忠，父兹（慈）子孝，政之本殹；志彻官治，上明下圣，治之纪殹。（《睡虎地秦简·为吏之道》）

（39）守囚即更人殹，原者署人殹。（《睡虎地秦简·法律答问》）

用于顺承复句末尾的例子如：

（40）今七年，丹刺伤人垣雍里中，因自刺殹。（《放马滩秦简·墓主记》）

（41）即置盎水中榣（摇）之，音（䘏）血子殹。（《睡虎地秦简·封诊式》）

用于解说复句末尾的例子如：

（42）乙有结復（複）衣，缪缘及殿（纯），新殹。（《睡虎地秦简·封诊式》）

用于转折复句末尾的例子如：

（43）甲告乙盗牛，今乙贼伤人，非盗牛殹。（《睡虎地秦简·法律答问》）

（44）甲告乙贼伤人，问乙贼杀人，非伤殹。（《睡虎地秦简·法律答问》）

（45）阬閬强肮（伉）以视（示）强，而上犹智之殹。（《睡虎地秦简·语书》）

（46）王室所当祠固有矣，擅有鬼立（位）殹。（《睡虎地秦简·法律答问》）

用于假设复句末尾的例子如：

（47）若弗智（知），是即不胜任、不智殹。（《睡虎地秦简·语书》）

（48）过六百六十钱以上，赀官啬夫一甲，而復责其出殹。（《睡虎地秦简·效律》）

（49）人字，其日在首，富难胜殹。（《睡虎地秦简·日书甲种》）

（50）燔燧之事，虽毋会符，行殹。（《杜虎符铭》，《集成》18 · 12109）

用于因果复句末尾的例子如：

（51）甲、丙战刑（邢）丘城，此甲、丙得首殹。（《睡虎地秦简·封诊式》）

（52）毋以䕩沃腏上，鬼弗食殹。（《放马滩秦简·墓主记》）

“殹”不但可用于复句之末，也可以用于复句中前一分句的末尾。

用于并列复句前一分句末尾的例子如前引例（38）、（39），又如：

(53) 丙毋病殹，毋（无）它罪。(《睡虎地秦简·封诊式》)

用于转折复句前一分句末尾的例子如：

(54) 虽未有杀伤殹，貲二甲。(《龙岗秦简》105—106)

(55) 君子不病殹，以其病病殹。(《睡虎地秦简·为吏之道》)

用于假设复句前一分句末尾的例子如：

(56) 其有欲坏更殹，必讞之。(《睡虎地秦简·秦律十八种》)

(57) 有事请殹，必以书，毋口请。(《睡虎地秦简·秦律十八种》)

(58) 有出殹，必以岁前。(《睡虎地秦简·日书乙种》)

(59) 有买（卖）及买殹，各嬰其贾（价）。(《睡虎地秦简·秦律十八种》)

(60) 禾粟虽败而尚可食殹，程之。(《睡虎地秦简·秦律十八种》)

(61) 非史子殹，毋敢学学室。(《睡虎地秦简·秦律十八种》)

用于因果复句前一分句末尾的例子如：

(62) 以一曹事不足独治殹，故有公心。(《睡虎地秦简·语书》)

(63) 非前谋殹，当为收。(《睡虎地秦简·法律答问》)

以上是“殹”用于陈述句末尾的例子。此外，“殹”还可以用于疑问句和祈使句的末尾。

“殹”前的疑问句，主要有两种：一是特指问句，二是正反问句。

用于特指问句之后的“殹”的例子如：

(64) 或与人斗，缚而尽拔其须麋（眉），论可（何）殹？(《睡虎地秦简·法律答问》)

(65) 论可（何）殹？当完城旦。(《睡虎地秦简·法律答问》)

(66) 论可（何）殹？为告黥城旦不审。(《睡虎地秦简·法律答问》)

(67) 论可（何）殹？为不直。(《睡虎地秦简·法律答问》)

在秦简中“论何殹”很常见。在“何”之前可以出现副词状语“皆”、“各”，例如：

(68) 一日而得，论皆可（何）殹？(《睡虎地秦简·法律答问》)

(69) 出缴，得，论各可（何）殹？(《睡虎地秦简·法律答问》)

在“论”之前可以出现由“其”或名词语充当的定语，例如：

(70) 其论可（何）殹？(《睡虎地秦简·法律答问》)

（71）乙论可（何）殹？毋论。（《睡虎地秦简·法律答问》）

（72）乙弗觉，问：乙论可（何）殹？（《睡虎地秦简·法律答问》）

（73）问：吏及乙论可（何）殹？（《睡虎地秦简·法律答问》）

对“论何殹”一句该如何分析呢？王鍈（1982）认为是动宾式，这是疑问代词做宾语但不前置的例子。而冯春田（1983）则认为这种分析不可靠，“论可（何）也”应为主谓式，而不是动宾式。王鍈（1983）则认为，应把“论何殹”这种句式分为两种情况：一是“论”前有“其”的，这是“其”作主语，“何”作宾语，整句可解作“他（它）该判处什么”；二是“论”和“何”之间插入了“皆”、“各”等副词的，这是主谓式。

前面说过，“论何殹”有三种情况，一是“论”前无定语，“何”前无副词状语；二是“何”前有副词状语；三是“论”前有定语。很明显，对这三种情况应作统一的分析。

我们认为“论何殹”不可能是动宾式，因为在先秦汉语中疑问代词“何”作动词的宾语一定要前置，把“论何殹”分析为动宾式，与通例不符。

其实，“论何殹”中的“论”已名词化了，表示转指，是“所论”的意思，指所判的罪，作判断句的主语；而“何”这个疑问代词作判断句的谓语。“论何殹”是说所判的罪是什么。冯春田（1983）认为“论何殹”是主谓式，这是对的，只是没有细加分析。

由于“论何殹”中的“何”是作判断谓语的，所以它的前面可以出现副词状语。在先秦汉语中，判断句谓语前加副词状语这种例子很常见，不需举例。由于“论何殹”中的“论”已转化为名词了，作判断句的主语，所以它的前面可以加由“其”或名词语充当的定语。在上古汉语中，“其”通常是作定语的，一般不作单句的主语。从“其”的使用规律来看，不能把“其”看成是主语，也不能把“论何殹”分析为动宾式。

“何殹”作判断句谓语的例子，在秦简中还可以找到，例如：

（74）“侨（矫）丞令”可（何）殹？（《睡虎地秦简·法律答问》）

（75）“公室告”［何］殹？“非公室告”可（何）殹？（《睡虎地秦简·法律答问》）

例（74）中的“侨（矫）丞令”是个法律术语，应是名词性的，它作主语；其后的“可（何）殹”作谓语。这是问这个术语是什么含义。例（75）类此。

用于正反问句末尾的“殹”的例子如：

（76）相与斗，交伤，皆论不殹？交论。（《睡虎地秦简·法律答问》）

（77）遗矢弱（溺）不殹？乃解索，视口鼻渭（喟）然不殹？（《睡虎地秦简·封诊式》）

（78）顷半（畔）封殹，且非是？（《睡虎地秦简·法律答问》）

（79）狱已断乃听，且未断犹听殹？（《睡虎地秦简·法律答问》）

正反问句有两类，一类是单句，这种句子中的谓语部分都是“谓词语+不”，在“不”后加“殹”，如前引例（76）、（77）；一类是复句，肯定的部分是前一分句，否定的部分是后一分句，中间有选择连词“且”，语气词“殹”可以加在前一分句之末，如例（78）；也可以加在后一分句之末，如例（79）。

我们在秦简中还可以见到特指问句、正反问句连用，而在正反问句后加“殹”的例子：

（80）讯甲亭人及丙：智（知）男子可（何）日死，闻号寇者不殹？（《睡虎地秦简·封诊式》）

用于祈使句末尾的“殹”很少，例如：

（81）勿予其言殹！（《龙岗秦简》198）予：赞同。

（82）司寇勿以为仆、养，守官府及除有为殹！（《睡虎地秦简·秦律十八种》）

语气词“殹”可用于句末，也可以用于句中，那么两者之间的界线如何？

单句之末、复句之末的“殹”肯定是句末语气词，这一点学术界没有争议。

关键是分句之末的“殹”是句末语气词呢，还是句中语气词？没有人谈到前一分句末的“殹”，却有人谈到前一分句末的“也”。郭锡良（2007：130）、何乐士（2004）都把前一分句的“也”看成句中语气词，认为这种“也”跟其它句中语气词所起的作用一样。我们认为这样的看法值得商榷。

首先，我们看到同样的“小句+也”，有时作复句的后一分句，有时作复句的前一分句。例如：

（83）斗乘牵牛，门有客，所言者请谒、狱讼事也。（《周家台秦简·日书》）

（84）斗乘亢，门有客，所言者行事也，请谒事也，不成。（《周家台秦简·日书》）

（85）孔子曰：夫祭，至敬之沓（本）也，所以立生也，不可不新（慎）也。（《上博楚简三·中弓》）

（86）上之玝（好）亚（恶），不可不新（慎）也，民之表也。（《上博楚简一·缁衣》）

在（83）中，“所言者……事也”这一小句处于复句之末；而在（84）中则处于分句之末。如果按照郭锡良（2007：130）和何乐士（2004）的说法，那么就要说（83）中的“也”是句末语气词，而（84）中的“也”是句中语气词。可这样的处理不能令人满意，同样的“小句+也”只因位置不同，其中“也”的性质就变了，作用也不同了，这缺乏说服力。应该说，不管“小句+也”处于复句的后一分句还是前一分句，其中的“也”都是句末语气词，都是表示判断语气的。同样（85）、（86）中的“不可不慎也”也是如此。

其次，从复句的构成来看，也应把复句前一分句末尾的“也”看成句末语气词。联合复句是几个分句的联合，各个分句之间意义上是平等的，并无主从之分。很难说联合复句末尾的“也”是句末语气词，而其前面分句末尾的“也”就是句中语气词。例如：

（87）蜀（独）智（知），人所亚（恶）也；蜀贵，人所亚也；蜀賲（富），人所亚也。（《上博楚简五·君子为礼》）

（88）又（有）亡之相生也，难惕（易）之相成也，长耑（短）之相型（形）也，高下之相浧（盈）也，音圣（声）之相和也，先后之相堕（随）也。（《郭店楚简·老子甲本》）

例（87）是三个判断句的并列，各小句末尾的“也”都是表示判断语气的，并没有什么不同；（88）是6个“主+之+谓+也”的并列，最后一个小句的“也”既然一定要分析为句尾语气词，那么前5个小句之末的“也”也应这样分析，实在没有采取不同处理的理由。

偏正复句也是由两个或两个以上分句复合而成的，虽然各个分句间意义有主有从，但也没有采取不同处理的理由。正句末尾的“也”应看成句末语气词，偏句之末的“也”也应这样看。我们知道，复句有时正句在后，有时则偏句在后。前引（85）是个因果复句，“夫祭，至敬之本也，所以立生也”是原因分句，“不可不慎也”是结果分句。原因分句有两个“也”都是表示判断语气的，是句末语气词，而不是句中语气词。前引（86）则是结果分句“上之𢅔（好）亚（恶），不可不慎也”在前，而原因分句“民之表也”在后，这里的“也”肯定应看成句末语气词。既然如此，当原因分句在前时，其后的“也”也应看成句末语气词。

最后，研究现代汉语语法的学者们认为，在分句之末，有功能语气。邢福义（1998）认为小句处于中枢地位，每个小句都带有特定的语气。构成单句的小句和处于复句之末的小句自不必说，即使是充当复句前一分句的小句，它们在复句里也有各自的语气。例如：“你是田家媳妇，我就不是田家的媳妇吗?”这是“陈述语气+疑问语气”，“城上风紧，快下城吧!”这是“陈述语气+祈使语气”，“好冷，我受不了。”这是“感叹语气+陈述语气”。上述各分句的功能语气都是由语调表达的，当然也可以由语气词来表达。这样看来，处于复句前一分句之末的“也”是表达功能语气的，是跟复句之末的“也”一样的。

所以，华建光（2008）把复句中前面分句末尾的“也”都看成句末语气词，这是正确的。“也”如此，“殹”也是这样，因为两者性质、用法和语气都是相同的。

“殹”用于单句之末，是助单句的；用于复句之末，是助复句的后一分句的；用于复句的前一分句之末，是助前一分句的。

句末语气词“殹”表达什么语气呢?

不管是单句、复句之末的“殹”，还是复句的前一分句之末的“殹”，其实都是助它前面的小句的（主要是助小句中的谓语的，详见朱德熙 1982：207）。当“小句+殹”之后为陈述语气时，又有三种情况，一是“殹”前的小句是判断句，二是叙述句，三是描写句。第一种情况最为常见，仅以单句为例来说明，用于判断句末尾的为 46 次，占总次数（56）的 82.1%。用于判断句末尾的“殹”是表示判断语气的，这是最常见的用法，也是最基本的用法。而用于叙述句、描写句末尾的“殹”则是表示确认肯定语气的。对事物加以判断和对事物加以确认肯定，两者是相通的，后者是前者发展出来的。

当“小句+殹”之后为疑问语气、祈使语气时，这种“殹”是表示什么语气的呢？这至少可有两种看法，一是认为“殹”分别表达了疑问、祈使语气；二是认为“殹”仍表示判断、确认肯定的语气。我们认为后一种说法更为可信。

用于疑问句末尾的“殹”并不是表达疑问语气的。徐杰（2001：167—194）通过对英语、日语、马来语、现代汉语等疑问句的分析，发现各语言要表疑问时，一般先动用词汇手段（如疑问代词），再动用语法手段（添加语气词、重叠、语序易位等），最后才会启用语调、重音之类的语音手段。疑问语调只是在语段中没有表疑问的词汇或语法手段时才是必须和强制的。前面说过，“殹”前的疑问句，主要有特指问句和正反问句两种。在特指问句中，是疑问代词（如“何”）表示疑问语气，而不是句末的“殹”；在正反问句中，是“V不”格式、“A且非A”格式表示疑问（范晓等2003：359认为，疑问语气的表达形式有疑问代词、语气词、语调、句法格式等），而不是句末的“殹”。这样看来，上述句末有“殹”的疑问句，其疑问语气的表达手段主要是疑问代词、疑问格式，其中的“殹”仍表示判断、确认肯定语气。当没有词汇手段、语法手段时，表示疑问语气就要靠语调。例如：子张问：“十世可知也?”子曰：“殷因于夏礼，所损益，可知也；周因于殷礼，所损益，可知也。其或继周者，虽百世，可知也。”（《论语·为政》）宪问耻。……“克、伐、怨、欲不行焉，可以为仁矣?”子曰：“可以为难矣。仁则吾不知也。”（《论语·宪问》）前例中4个“也”都是附加在“可知”上，只不过第一个“可知也”在疑问句中，后3个“可知也”在陈述句中。后例中“矣”附加在“可以为仁（难）”上，只不过前者是问句，后者是陈述句。从句法组合角度看，这些“也/矣”不管是出现在问句还是陈述句，都应该是一个语气词。正是基于这种观察，王力（1989：301）认为“十世可知也?”是靠语调而不是“也”传达疑问。因此，“十世可知也?”“可以为仁矣?”之所以是疑问句，是因为附加了疑问语调。

句末有“殹”的祈使句，其祈使语气的表达手段主要是否定副词“勿”（可能还有祈使语调），其中的“殹”仍表示它的基本语气。

华建光（2008）认为“也/矣/已”为“传信”语气词，同时从蒲立本（2006）的说法，认为“也/矣/已”兼有体标记功能，“也”兼作非完成体标记，“矣/已”兼作完成体标记（“已”专用于推断句）。传信语气词用于极性询问句（无疑问代词）时，仍有传信功能；用于祈使句时，则传信功能发生泛化，表说者“不确定”的情态；用于特指询问句和反问句时，则传信功能发生弱化，主要只起舒缓语势的情态功能。

华建光说“也”为“传信”语气词，我们基本同意。但认为“也”兼作非完成体标记，则不敢苟同。所谓“体”，一般说的是动作，而“也”和“殹”前的谓语经常是名词性的，无所谓“体”。按照华建光的说法，“也”和“矣/已”对立，不能连用。可是在古代文献中，却有“也已”、“也已矣”这样的语气词连用形式。难道它们前面的“体”既是非完成体又是完成体？华建光提出的“泛化”、“弱化”说也值得考虑。比如他认为“也”用于特指询问句时，传信功能发生弱化，主要只起舒缓语势的情态功能。但是在出土战国文献中常见的“论何殹”则明显不是这样。这是个判断句，判断语气由“殹”表示；而疑问语气由疑问代词“何”来表示。又如他认为“也”用于祈使句时，则传信功能发生泛化，表说者“不确定”的情态，但我们在前面已经指出，在祈使句末的“也”仍表示其基本语气。

三、句中语气词“殹”

句中语气词“殹”可以用在主语、状语、定语之后，也可以用在转折短语之中。

用于主语之后的例子如：

（89）其大厩、中厩、宫厩马牛殹，以其筋、革、角及其贾（价）钱效。（《睡虎地秦简·秦律十八种》）

用于状语（由介宾短语充当）之后的例子如：

（90）若以是月殹东徙，毄。

若以［是］月殹南徙，毄。

若以是月殹西徙，毄。

若以是月殹北徙，毄。（《睡虎地秦简·日书甲种》）

用于定语之后的例子如：

（91）县料而不备者，钦书其县料殹之数。（《睡虎地秦简·效律》）

（92）没入其贩假殹钱财它物于县、道官☐。（《龙岗秦简》26）

例（91）中的“县料殹之数”是定中短语，意思是称量出的数量，“县料”是定语，而“殹”用于其后，“也”没有这种用例（但可用于“者”字前的定语之后）。例（92）一般在“殹”后标点，但这样一来，后小句没有动词了。正确的做法是不标点，把“贩假殹钱财它物”看成是定中短语，其中“贩假”为定语，“殹”用于定语之后。例（92）是说，由县、道官府没收其出卖或出借的钱财及其它物品。这两个例子十分珍贵，是在传世文献中所见不到的。对第一个例子，学术界无异议。对于第二个例子，我们认为也要同第一个例子一样进行分析。

用于转折短语中的例子如：

（93）非適（谪）罪殹而欲为冗边五岁。（《睡虎地秦简·秦律十八种》）

通过对“也”的研究，我们知道主语之后的“也”其实是由分句之末的“也”演变而来的。主语之后的“也”为句中语气词，表示停顿，有舒缓语气的作用。这种句中语气词产生之后，功能扩大，也可以用于状语、定语之后表示停顿。转折短语中的“殹”是直接源自分句之末的“殹”。有些转折短语源自转折复句。如果主语相同，转折复句可以压缩为转折短语。压缩前，“殹”处于分句之末；压缩之后，“殹”处于短语之中。压缩前，“殹”为句末语气词，表示功能语气；压缩之后，“殹”变成了句中语气词，是表示停顿的。

华建光（2008）认为，在语义—语用功能上，句中语气词的基本功能是标识暂顿和舒缓语势。从话语角度看，“也”有标记主位的功能。这种看法基本不错，“殹”也有标记主位的功能，如前引例（89）。

3－1：出土战国文献中语气词“殹”统计表

<table>
<tr><td rowspan="4">用法</td><td colspan="15">句末语气词</td><td colspan="4">句中语气词</td><td rowspan="4">总计</td></tr>
<tr><td colspan="13">陈述句末</td><td rowspan="3">疑问句末</td><td rowspan="3">祈使句末</td><td rowspan="3">主语后</td><td rowspan="3">状语后</td><td rowspan="3">定语后</td><td rowspan="3">转折短语中</td></tr>
<tr><td colspan="3">单句末</td><td colspan="6">复句末</td><td colspan="4">复句前一分句末</td></tr>
<tr><td>判断句</td><td>叙述句</td><td>描写句</td><td>并列复句</td><td>顺承复句</td><td>解说复句</td><td>转折复句</td><td>假设复句</td><td>因果复句</td><td>并列分句</td><td>转折分句</td><td>假设分句</td><td>原因分句</td></tr>
<tr><td>数量</td><td>46</td><td>7</td><td>3</td><td>2</td><td>2</td><td>1</td><td>6</td><td>6</td><td>3</td><td>5</td><td>2</td><td>22</td><td>3</td><td>32</td><td>2</td><td>1</td><td>4</td><td>2</td><td>1</td><td>150</td></tr>
</table>

四、语气词“殹”和“也”的区别

语气词“殹”和“也”的性质、意义和用法基本相同，但也有区别（关于“也”的性质、意义和用法，详见本书第五章第二节《出土战国文献中的语气词“也”》）：

一、“殹”只见于出土秦文献之中，是秦国方言词；而“也”在战国金文、楚简、秦简和战国玉石文字中都可以见到，属于通语。

二、“也”的出现频率明显高于“殹”。在我们所统计的出土战国文献中，“也”共出现1170次；而“殹”只出现150次。在秦简中，“也”出现168次，也多于“殹”的出现次数。

三、“也”和“殹”虽然都可以用于复句、分句之末，但“也”的用法更为丰富。“殹”可用于并列复句、顺承复句、解说复句、转折复句、假设复句、因果复句之末，“殹”的用法“也”都有，此外，“也”还可以用于递进复句、条件复句、目的复句、时间复句之末。“殹”可用于并列分句、转折分句、假设分句、原因分句之末，“殹”的用法“也”都有，此外，“也”还可以用于顺承分句、解说分句、选择分句、条件分句、时间分句之末。“也”还可以用于紧缩复句之末，而“殹”无此用法。

四、“殹”可用于疑问句、祈使句句末，“也”也有这种用法，此外，“也”还可以用于感叹句句末，“殹”无此用法。“殹”可用于特指问句、正反问句之末，“也”也可以这样用，此外，“也”还可以用于是非问句、测度句、反问句之末，“殹”无此用法。“也”可以跟其它语气词连用，构成“焉尔也”、“也已”、“也乎”、“也欤”、“也夫”、“也哉”等形式，而“殹”无此用法。

五、“也”和“殹”都可用于主语后，但“也”有137次，“殹”只有1次；“也”前主语的种类繁多，“殹”前主语种类单一。“殹”只用于句中状语后，“也”除此之外还可用于句首状语之后。“也”可以用于“兼语”之后，“殹”无此用法。“也”可以用于“者”字短语中，共有20次，都出现在楚简之中，而“殹”无此用法。“殹”可用于定语之后，这种“殹”跟“者”字短语中的“也”相近。“也”还可用于连谓短语中，而“殹”未见到这样的用例。

当然，上述结论是根据目前所能见到的材料归纳出来的，随着新的出土战国文献的发现，某些结论可能会被改写。

参考文献

大西克也：《“殹”和“也”交替——六国统一前后书面语言的一个侧面》，《中国出土资料研究》1998年第2号。又收于李学勤、谢桂华主编《简帛研究》，广西师范大学出版社2001年版。

范晓、张豫峰：《语法理论纲要》，上海译文出版社2003年版。

冯春田：《关于秦墓竹简中有无“补充式”以及“疑问句疑问代词宾语的位置”问题——与王鍈同志商榷》，《语言研究》1983年第1期。

冯春田：《睡虎地秦墓竹简语法札记》，《语言学论丛》（第十八辑），商务印书馆1993年版。

郭锡良：《古代汉语语法讲稿》，语文出版社2007年版。

何乐士：《〈左传〉的语气词“也”》，《左传虚词研究》（修订本），商务印书馆2004年版。

华建光：《战国传世文献语气词研究》，中国人民大学汉语言文字学专业博士学位论文2008年。

姜允玉：《出土文献中的语气词“也”》，《古文字研究》（第二十四辑），中华书局2002年版。

李学勤:《秦简的古文字学考察》,《云梦秦简研究》,中华书局 1981 年版。

李佐丰:《古代汉语语法学》,商务印书馆 2004 年版。

蒲立本:《古汉语语法纲要》,语文出版社 2006 年版。

王力:《汉语语法史》,商务印书馆 1989 年版。

王锳:《云梦秦墓竹简所见某些语法现象》,《语言研究》1982 年第 1 期。

王锳:《就冯春田同志的商榷致〈语言研究〉编辑部的信》,《语言研究》1983 年第 1 期。

邢福义:《汉语语法学》,东北师范大学出版社 1998 年版。

徐杰:《普遍语法原则与汉语语法现象》,北京大学出版社 2001 年版。

张振林:《先秦古文字材料中的语气词》,《古文字研究》(第七辑),中华书局 1982 年版。

朱德熙:《语法讲义》,商务印书馆 1982 年版。

第四节　出土战国文献中的语气词“矣”

张富海(2006)写过《说“矣”》,这是从文字学角度对出土文献中“矣”进行的研究。到目前为止,还没有人从语法学角度对出土战国文献中的语气词“矣”做过系统的研究,因此本课题具有开创意义。

一、句末语气词“矣”

这种“矣”既可以出现在陈述句末,也可以出现在感叹句末(“矣”有时与语气词“尔”连用,表示陈述语气)。前者出现 223 次,后者仅出现 8 次。

陈述句末的“矣”前可以是单句、复句、紧缩复句,也可以是分句。“矣”前的单句,可以是判断句、叙述句、描写句、评议句。用句型为单句的判断句之末的“矣”的例子如:

(1)丑,牛矣。(《放马滩秦简·日书甲·亡盗章》)

(2)建日,良日矣。(《放马滩秦简·日书甲·建除书》)

(3)身窮不䣊(困),乑(损)而弗利躳(躬),忎(仁)歖(矣)。(《郭店楚简·唐虞之道》)

（4）智（知）足之为足，此亙（恒）足矣。（《郭店楚简·老子甲本》）

（5）《閵（关）疋（雎）》之改，则丌（其）思賹（益）矣。（《上博楚简一·诗序》）

（6）𧻚（予）䎽（闻）之：害□者，是矣。（《上博楚简六·孔子见季趄子》）

用在句型为单句的叙述句末尾的例子如：

（7）天陛（地）盟（明）弃我矣。（《上博楚简五·竞建内之》）

（8）夫为丌君之古（故）杀丌身者，尝又（有）之矣。（《郭店楚简·鲁穆公问子思》）

（9）王室所当祠固有矣。（《睡虎地秦简·法律答问》）

（10）若夫老老慈幼，既昏（闻）命壴（矣）。（《上博楚简三·中弓》）

（11）君［亓（其）］亦隹（唯）䎽（闻）夫垦（禹）、康（汤）、傑（桀）、受矣。（《上博楚简四·曹沬之阵》）

用在句型为单句的描写句末尾的例子如：

（12）古（故）夫叁（舜）之悳（德）丌城（诚）臤（贤）矣。（《上博楚简二·子羔》）

（13）魂（鬼）神之赏，此明矣。（《上博楚简五·鬼神之明》）

（14）☑亓志者募（寡）矣。（《上博楚简四·曹沬之阵》）

用在句型为单句的评议句（这种句子的谓语是由表示评议的动词——即能愿动词加上动词性词语充当的，是对主语所反映的事物或句子所反映的事件作主观的评议）的末尾，例如：

（15）子思曰：“恒爯（称）丌君之亚（恶）者，可胃（谓）忠臣矣。”（《郭店楚简·鲁穆公问子思》）

（16）孔子曰：叁（舜）丌（其）可胃（谓）受命之民矣。（《上博楚简二·子羔》）

（17）彼（破）日毋可以有为矣。成日可以谋事、可起众及作有为矣。（《放马滩秦简·日书甲·建除书》）

（18）孔子曰：善才（哉），昏（闻）虐（乎）！足目（以）季（教）壴（矣）。（《上博楚简三·中弓》）

以上是用于单句之末的“矣”的用例。“矣”也可以用于复句之末。

用于并列复句之末的例子如：

（19）目（以）亓所眊规（眭）之。目（以）亓所谷（欲）智（知）不行矣。（《上博楚简六·孔子见季趄子》）

（20）前日黑夫与惊别，今復会矣。（《睡虎地秦牍》M4：11号）

用于顺承复句之末的例子如：

（21）即令令史某齿牛，牛六岁矣。（《睡虎地秦简·封诊式》）

（22）臣请具刻诏书金石刻，因明白矣。（《峄山刻石》）

用于递进复句之末的例子如：

（23）君子不帝（啻）明虐（乎）民散（微）而巳（已），或（又）以智（知）丌弌（一）直（矣）。（《郭店楚简·六德》）

用于转折复句之末的例子如：

（24）倈（桀）不胃（谓）丌民必嬰（乱），而民又（有）为嬰矣。（《郭店楚简·尊德义》）

（25）奚（倾）耳而圣（听）之，不可昙（得）而闻也，明目而视之，不可昙（得）而视也，而旻（德）既塞於四海（海）矣。（《上博楚简二·民之父母》）

用于条件复句句末的例子如：

（26）☐女（如）此可，斯雀（爵）之矣。（《上博楚简一·诗序》，意思是只有如此劬劳忠厚，方可赐予爵服。）

用于假设复句末尾的“矣”最为常见。“矣”前的假设复句有三种：一是假设和结果一致的假设复句，例如：

（27）上好此勿（物）也，下必又（有）甚安（焉）者矣。（《郭店楚简·缁衣》）

（28）能（一）牙（与）之齐，终身弗改之直（矣）。（《郭店楚简·六德》，一：一旦。）

（29）走（上）句（苟）昌（倡）之，则民鲜不从怢（矣）。（《郭店楚简·成之闻之》）

（30）如此，则为人臣亦不忠矣。（《睡虎地秦简·语书》）

（31）新（慎）终若詞（始），则无败事直（矣）。（《郭店楚简·老子丙本》）｜慎冬（终）女（如）忖（始），此亡败事矣。（《郭店楚简·老子

甲本》）丨女（汝）能新（慎）纫（始）与冬（终），斯善欸（矣）。（《上博楚简五·弟子问》）

（32）室弗遗，即死矣。（《睡虎地秦牍》M4：6号）

（33）悉（爱）以身为天下，若可以迲（寄）天下矣。（《郭店楚简·老子乙本》）

（34）新（慎）求之於吕（己），而可以至川（顺）天棠（常）怏（矣）。（《郭店楚简·成之闻之》）

二是假设与结果不一致的假设复句，例如：

（35）人唯（虽）曰不利，虐（吾）弗訐（信）之矣。（《郭店楚简·缁衣》，虽：即使。）

（36）唯（虽）厚（厚）丌命（令），民弗从之怏（矣）。（《郭店楚简·成之闻之》，虽：即使。）

（37）从（纵）忎（仁）、圣可牙（与），旹（时）弗可及欸（矣）。（《郭店楚简·唐虞之道》，纵：纵然。）

三是上述两种句式综合的假设复句，即在结果分句前有两个假设，一个与结果一致（一般在前），一个是与结果不一致（一般在后）。例如：

（38）句（苟）又（有）丌青（情），唯（虽）未之为，异（斯）人訐（信）之壴（矣）。（《郭店楚简·性自命出》）

（39）句（苟）不从丌繇（由），唯（虽）弜（强）之，弗内（入）怏（矣）。（《郭店楚简·成之闻之》）

（40）又（有）丌人，亡丌殜，唯（虽）皀（贤），弗行矣。（《郭店楚简·穷达以时》）

用于因果复句的例子如：

（41）夫季是（氏）河东之城（盛）豙（家）也，亦目行壴（矣）。（《上博楚简三·中弓》）

（42）非豊（礼）而民兑（悦），忐（在）此少（小）人矣。非侖（伦）而民備（服），殜（际）此嬰（乱）矣。（《郭店楚简·尊德义》）

上引例（41）为前因后果句，例（42）为前果后因句。

“矣”也可以用于紧缩复句之末，这种紧缩复句一般都是假设复句的紧缩。例如：

（43）凡人怍（伪）为可亚（恶）也。怍（伪）异（斯）叟（吝）壴（矣），叟（吝）异慮壴（矣），慮异莫牙（与）之结壴（矣）。（《郭店楚简·性自命出》）

（44）邦坪（平）而民頫矣。（《上博楚简五·季庚子问於孔子》）

（45）孔子曰：言则娧（孅）矣。（《上博楚简五·季庚子问於孔子》）

（46）夫子曰：言即至矣。（《上博楚简六·孔子见季趄子》）

“矣”不但可用于复句的后一分句之末，还可以用于复句的前一分句之中。

用于并列复句前一分句之末的例子如：

（47）贫戔（贱）而不约者，虐（吾）见之壴（矣）；䝁（富）贵而不乔（骄）者，虐（吾）䎽（闻）而未之见也。（《上博楚简五·弟子问》）

（48）☑士，虐（吾）见之壴（矣）；事而弗受者，虐（吾）䎽（闻）而未之见也。（《上博楚简五·弟子问》）

（49）虐（吾）幣帛甚娧（孅）於虐（吾）先君之量矣；虐（吾）珪琛（宝）大於虐（吾）先君之［度］□。（《上博楚简六·竞公瘧》）

（50）圣牙（与）智豪（就）壴（矣），息（仁）牙（与）宜（义）豪（就）壴（矣），宨（忠）牙（与）訐（信）豪（就）［壴（矣）］。（《郭店楚简·六德》）

用于顺承复句前一分句之末的例子如：

（51）子邑（夏）曰：“‘五至’既䎽（闻）之矣，敢问可（何）胃（谓）‘三亡’？”（《上博楚简二·民之父母》）

（52）既成斈（教）矣，出帀（师）又（有）幾（忌）虖？（《上博楚简四·曹沫之阵》）

用于解说复句前一分句之末的例子如：

（53）《小旻》多疑矣，言不中志者也。（《上博楚简一·诗序》，意思是《小旻》篇多疑问，疑的是不合自己思想的事。）

用于转折复句前一分句之末的例子如：

（54）今法律令已具矣，而吏民莫用，乡俗淫失（泆）之民不止。（《睡虎地秦简·语书》）

（55）閈（见）於天下之勿（物）矣，犹粯（迷）惑於子之而迒（亡）

其邦。(《中山王䯭鼎铭》,《集成》5·2840)

用于假设复句前一分句之末的例子如:

(56)果勑(胜)矣,親(亲)率勑(胜)。(《上博楚简四·曹沫之阵》,意思是如果战胜了,国君要亲自处理胜利后的事务。)

用于因果复句前一分句之末的例子如:

(57)《天保》其㝵(得)录(禄)蔑畺(疆)矣,巽寡德故也。(《上博楚简一·诗序》)

以上各例中的"矣",都用于陈述句句末,都是单用。"矣"还可与"尔"连用,句末仍为陈述语气。例如:

(58)亥,豕矣。盗者中人矣尔,在屏、圂方及矢。(《放马滩秦简·日书甲·亡盗章》)

以上各例中的"矣",都用于陈述句句末,或者单用,或连用(极少见)。

"矣"还可以用于感叹句句末,例如:

(59)子𧗃(夏)曰:亓(斯)才(哉)许(语)也,败(快)矣!厷(宏)矣!大矣!(《上博楚简二·民之父母》)

(60)"清宙(庙)",王悳(德)也,至矣!(《上博楚简一·诗序》)

(61)"又(有)命自天,命此文王",城(诚)命之也,信矣!(《上博楚简一·诗序》)

(62)"昊天又城(成)命,二后受之",贵叡(且)㬎(显)矣!(《上博楚简一·诗序》)

下面要讨论关于语气词"矣"的几个问题。

第一个要讨论的是,复句前一分句之末的"矣"是不是句末语气词。有人认为不是句末语气词,但我们认为是。理由如下:

首先,从复句的构成来看,应把复句前一分句之末的"矣"看成是句末语气词。联合复句是由几个分句联合而成的,各个分句之间意义上是平等的,并无主从之分。很难说联合复句句末的"矣"是句尾语气词,而其前面分句末尾的"矣"就是句中语气词。如前引例(50),是三个分句并列,每个分句都是"X与Y就矣",最后一个分句的"矣"(即复句之末)是句尾语气词,前两个分句末尾的"矣"也是如此。偏正复句也是由两个或两个以上的分句复合而成，虽然各个分句之间意义有主有从，但每个分句末尾还是有功能语气的。正句末尾的“矣”应看成句末语气词，偏句末尾的“矣”也要这样看。偏正复句一般是偏句在前，正句在后的，但有时候是正句在前，偏句在后，如前引（57）。如果一定是复句之末的“矣”才是句尾语气词，那么当“偏句+矣”在前时，“矣”就不是句末语气词；当“偏句+矣”在后时，“矣”就是句末语气词；“正句+矣”亦然。这样处理，难以说得通，不能令人信服。如把“偏句”和“正句”后的“矣”都看成句末语气词，就没有上述矛盾了，也讲得通了。

其次，从复句前一分句末尾“矣”的功能来看，也应把这种“矣”看成句末语气词。试把例（51）中的“‘五至’既闻之矣”跟前引例（10）中的“既闻命矣”相比较，例（10）中的“既闻命矣”中的“矣”肯定是句末语气词，因为它出现在单句之末；既然如此，例（51）中的“‘五至’既闻之矣”中的“矣”也应这样看。两者都是与前面的“既”相呼应，表示叙述语气，其中的主要动词都是“闻”。如果分开处理，把例（51）中的“矣”看成句中语气词，而把例（10）中的“矣”看成句末语气词，这难以让人接受。前引例（54）中，分句之末的“矣”与前面的“已”呼应，跟“既……乎”中的“乎”也是一样的。仔细体会前引例（47）至（57）中的“矣”，可以明显感觉到，就它们所表示的语气而言，跟单句、复句末尾的“矣”并没有明显的区别。

再次，从“矣”与语气词“尔”连用的例子，也可以看出应把复句前一分句末尾的“矣”看成是句尾语气词。如前引例（58）语气词“矣”和“尔”连用，这时“矣”应视为句末语气词，不能看成句中语气词，但是“矣尔”却不是出现在复句之末，而是出现在复句前一分句之末。这个例子很有说服力。

最后，研究现代汉语语法的学者们认为，在复句前一分句之末有功能语气。邢福义（1998）认为小句处于中枢地位，每个小句都带有特定的功能语气。构成单句的小句和处于复句之末的小句自不必说，即使是充当分句的小句，它们也有各自的语气，例如：“你是田家媳妇，我就不是田家媳妇吗？”这是陈述语气+疑问语气；“城上风紧，快下城吧！”这是陈述语气+祈使语气；“好冷，我受不了了”，这是感叹语气+陈述语气。上述各复句前一分句末的功能语气都是由语调表达的，当然也可以由句末语气词来表达。这样看来，古代汉语复句前一分句之末的“矣”也有功能语气可以表达，也是句末语气词。

我们论证过复句前一分句的“也”应看成句末语气词，复句前一分句末尾的“矣”也要这样看。华建光（2008）也认为复句前一分句末尾的语气词为句末语气词，这是可信的。

第二个要讨论的是，句末语气词“矣”的辖域如何？即它是助什么成分的？

“矣”是句末语气词，句末语气词是功能语气类别的形式标志，是表达功能语气的（详见齐沪扬 2002：21）。功能语气是以“表达说话人使用句子要达到的交际目的”为依据划分出来的。交际中基本的表述单位是句子，句子才有功能语气，功能语气包括陈述、祈使、疑问、感叹等语气。因此，我们说句末语气词还是助句子的。黎锦熙《新著国语文法》说：“助词是国语所独有的，它的作用只用在句子的末尾表示全句的语气。”（P139）王力的《汉语史稿》也说：“西洋语言的语气是由动词的形态变化来表示的，汉语的语气是由句末的虚词来表示的。这种虚词所表示的不是一个动词的语气，而是全句的语气。”（P445）上述两先生的说法是很有道理的。

一个单句是一个交际的基本单位，单句末尾有功能语气，单句末尾的“矣”肯定是句末语气词，它是助单句的。复句由两个或两个以上分句所构成。前边我们已经证明过，复句的每一分句后都有功能语气。“矣”可以用于复句前一分句末尾，也可以用于后一分句末尾。当“矣”用于前一分句时，它是助前一分句的，当用于后一分句末尾（即用于复句之末）时，它是助后一分句的。

总之，我们说句末语气词“矣”是助小句的，这个小句也可以作单句，也可以作复句的前一分句或后一分句。紧缩复句末尾的“矣”主要是助紧缩复句的后半部分（原复句后一分句）的。

朱德熙（1982：207）指出：“通常认为语气词是加在整个句子上头的，其实出现在主谓结构后头的语气词，多半是附加在谓语上头。举例来说，‘你去吧’的构造不是‘你去/吧’，而是‘你/去吧’。……有的时候，语气词是加在谓语内部一个成分上头的。例如：你觉得（谁去合适/呢）？我知道（下雨/了）。”照这样看来，小句后的“矣”主要是助小句的谓语部分的。

第三个要讨论的是，句末语气词“矣”出现在各类小句（按谓语的不同划分）后的情况如何？小句（可以作单句，也可以作复句的前一分句或后一分句）按其谓语的不同，可以分为四大类：一是判断句，这是由名词性词语充当谓语表示判断的句子；二是叙述句，这是由动词性词语充当谓语表示叙述的句子；三是描写句，这是由形容词性词语或数词性词语充当谓语表示描写或数量的句子；四是评议句，是由能愿动词加上动词性词语表示评议的句子。在这四种句子的末尾都可以用“矣”。

判断小句句末用“矣”的例子如前引例（1）至（6），又如前引（57）前一分句。叙述小句句末用“矣”的例子如前引例（7）至（11），又如例（26）后一分句、（28）后一分句、（47）前一分句、（51）前一分句。描写小句句末用“矣”的例子如前引例（12）至（14），又如例（21）后一分句、（30）后一分句、（49）前一分句。评议小句句末用“矣”的例子如前引例（15）至（18），又如（33）后一分句、（34）后一分句、（37）后一分句。

在出土战国文献中，“矣”用于各种小句之后的频率如下表所示：

4-1：出土战国文献中用于各种小句之后的“矣”

用法＼文献	战国金文	战国简牍		战国帛书	战国玉石文字	合计
		楚简	秦简			
判断小句		10	29			39
叙述小句	1	62	74		1	138
描写小句		23	2			25
评议小句		18	4			22
总计	1	113[①]	109		1	224

①不包括用于感叹句末和连谓短语、转折短语中的“矣”。

上表所统计的，都是出现在陈述句句末的“矣”。由上表可以看出，陈述句末的“矣”最常见，有 224 次，占“矣”出现总次数（234）的

95.7%。陈述句末的“矣”又常出现在叙述小句末尾，有138次，占陈述句末尾“矣”（224）的61.6%。

第四个要讨论的是，占总次数95.7%的陈述句末尾的“矣”到底是表示什么语气的呢?

对此学术界的看法基本一致。郭锡良（2007：117）认为，“矣”的基本作用是告诉人们，它前面的句子是把事物现阶段作为新情况报导出来，它是帮助表示陈述语气的，现代汉语中的语气词“了”的作用同它相似。何乐士（2006：506）认为陈述句末的“矣”用于叙述事物动态变化的陈述句末，表示事物已经怎样或将会怎样。洪波等（2005：184）认为“矣”表示肯定语气，同时还是实现体的标记，表示所述事件已成为事实或推定将成为事实，一般情况都可翻译为“了”。华建光（2008）认为句末语气词主要是表达疑信情态和调节语势，均属于广义的“情态”范畴。其中：“也/矣/已”为“传信”语气词。值得注意的是，“也/矣/已”兼有体标记功能，“也”兼作非完成体标记，“矣/已”兼作完成体标记（“已”专用于推断句）。

根据以上诸家论述，又根据对“矣”的用例的体味，我们可以说，陈述句末尾的“矣”都是表示出现新情况的语气，是个表动态的语气词，相当于现代汉语中的“了”。

当“矣”用于判断小句之末时，它表示说话人认为听话人不了解这个判断，告诉听话人有新的判断了。当“矣”用于叙述小句之末时，它表示说话人认为听话人不了解所叙述的事情，告诉听话人事情有发展变化了。当“矣”用于描写小句之末时，它表示说话人认为听话人不了解所描绘的性质、状态，告诉听话人事物性质状态有变化了。当“矣”用于评议小句的句末时，它表示说话人认为听话人不了解对动作行为的评议，告诉听话人评议有变化了。总之，“矣”所表示的是事物有了发展变化，但说话人认为听话人不了解，于是就把事物的发展变化作为一种新情况讲给听话人。

被说话人当作一种新情况的事物的发展变化，其时间可以是现在时，还可以是过去时、将来时。事物的发展变化发生在现在，说话人认为听话人不了解，就把它当作新情况说给听话人。这种例子常见。“矣”所在的小句中，可以有时间名词“今”，如例（20）、（54），也可以不加时间名词，如例（7）、例（47）、（48）前一分句、例（50）。事物的发展变化发生在过去，说话人认为听话人不了解，就把它当作新情况说给听话人。这种“矣”所在的小句，一般有时间副词“尝”、“既”，例如例（8）、（10）、（25）、（51）、（52）。事物将会有发展变化，说话人有这样的推测，但认为听话人不了解，就把它当作新情况说给听话人。这种“矣”字最常见。假设复句中结果分句的“矣”，都是这种用法。仅这种“矣”就出现了114次，占陈述句末“矣”总次数（224）的50.9%。这能够理解，因为事情在过去、现在有发展变化，说话人与听话人一般是共同了解的，无须报导新情况。可是事物将要发展变化，这不是一般人能推测出来的，也是不容易了解的，因此对这种“将然”的事物加以报导，成了“矣”的最常用的用法。崔立斌（2004：269）说：“矣”表示对事物的发展变化进行陈述的语气，可以表示事物过去已发生的某种变化，也可以表示从过去到现在的变化，还可以表示将来必然发生的变化。崔立斌这种说法大抵是可信的。

在陈述句末尾，“矣”一般是单用的，有时与“尔”连用，如前引（58）中的“盗者中人矣尔”。“尔”在秦简中可以单用，例如“酉，鸡矣，盗从西方入，復从西方出尔，在囷屋东屎水旁”（《放马滩秦简・日书甲・亡盗章》）。“尔”表示肯定语气，同时有将事态往大处说的意思，与“而已”“耳”相对，与现代汉语的“呢”大致相当。“矣”和“尔”连用，各自表达出了自己的独特语气，而语气的重点落在最后面的“尔”上。“矣尔”这种语气词连用的例子，在传世文献中是见不到的，因此是很有价值的。

第五个要讨论的是，感叹句末尾的“矣”是表示什么语气的呢？

在出土战国文献中，“矣”还用于感叹句句末，如前引例（59）至（62）。在传世文献中也有这样的用例。那么这种感叹句末的“矣”是表达什么语气的呢？对于这个问题，学术界有两种看法：一是认为“矣”可表达感叹的语气。如何乐士（2006：506）认为，用于感叹句末的“矣”，配合文义表示称赞、惊叹、感慨等语气。崔立斌（2004：270）认为描写句末的“矣”都略带感叹语气，特别是在倒装句中，“矣”所带的感叹语气就更明显了，如“死矣，盆成括！”（《孟子・尽心下》）二是认为并不由“矣”表达感叹语气。如郭锡良（2007：117）认为，描写句中用“矣”字，句子是感叹句，但是句子的感叹语气并不是真正由“矣”字来承担的，而是由句中其他词语的内涵和整个句式来表达的，“矣”字仍然是帮助把事物的状态当作新情况来报导。洪波等（2005：184）也认为，“矣”也可以用于感叹句中，但是它仍表示本身固有的意义。

我们认为，后一种说法较为可信。理由如下：

第一，“矣”只出现在特定类型的感叹句之后，说明“矣”还不具有表示感叹语气的作用。句末用“矣”的感叹句都是描写句，而且只是描写句当中的一种。用“矣”的感叹句，其谓语核心部分都是形容词。这些形容词都具有［+可变+褒义］这样的语义特征，如前引例（59）至（62）。并不是所有“描写句+矣”之末都是感叹语气。“描写句+矣”的语气，跟句中的形容词关系很大，如果是具有［+可变−褒义］的形容词，这种句子的句末不会是感叹语气；如果是具有褒义的形容词前加了否定词，这种句子的句末也不会是感叹语气。只有同时具备［+可变+褒义］这样的语义特征的形容词，其所在小句的句末才会是感叹语气。像例（59）至（62）这样的句子，其实都是表示事物的性质状态向好或更好的方向变化，而且说话人认为听话人不知道这一情况，才说出来的，这时自然带有感叹的语气。可见，这种感叹句的感叹语气与句中形容词有很大关系，句末的“矣”不会是表达感叹语气的，而仍是起基本的作用的。否则，我们就解释不通，如果“矣”可表感叹语气，为什么“矣”不能用于其它种类的句子之后？

第二，在汉语中，表示语气的成分不只语气词一种，还有其他语气结构成分。表达句子语气的，除了语气词之外，还有语调、句式变化和其他语气成分（如助动词、语气副词、叹词）。我们认为，句末用“矣”的感叹句，其感叹语气是由语调表达出来的，而不是由“矣”表达出来的。在句末用“矣”的感叹句中，“矣”仍表示出现新情况，处于内层；语调表示感叹语气，处于外层。如下图所示：

贵且显矣［M］　　M：代表语调

|________|　　内层

|__________|　　外层

语调相当一个感叹语气词，它用于句子的最末尾，决定全句的感叹语

气。而“矣”不表示感叹语气，仍表示出现新情况。

第三，现代汉语中的“了”也可以用于感叹句末，但研究现代汉语语法的学者并不把它看成是表感叹语气的。例如“科技博览会上的仿真机器人太好玩了!”这个“了”后是感叹号，但是，这种“了”具有的非句号倾向是假性的。因为在“了”之后、感叹号之前还可以加感叹语气词“啊”，例如“科技博览会上的仿真机器人太好玩了啊!”事实上，“了”后的感叹号不是附加在“了”这个语气词上，而是属于非句号语气词“啊”的。“矣”其实也是这样，在“矣”之后可以加感叹语气词，构成感叹句，例如“吾死矣夫!”(《孟子・离娄下》)、“宫室盛矣哉!”(《史记・春申君列传》)、“中庸之为德也，其至矣乎!”(《论语・雍也》)如果“矣”可表示感叹语气，那么就不用在“矣”后再加感叹语气词了。

总之，感叹句句末的“矣”不是表感叹语气的，而仍表示出现新情况的语气。

在传世文献中“矣”还可以用于祈使句、疑问句之末，例如“君击之矣!”(《韩非子・十过》)、“侯谁在矣? 张仲孝友。”(《诗经・小雅・六月》)出于同样的理由，我们认为祈使句和感叹句句末的“矣”表达的不是祈使、感叹语气，而仍是表示出现新情况的语气。华建光(2008)认为，传信语气词用于极性询问句(无疑问代词)时，仍有传信功能；用于祈使句时，则传信功能发生泛化，表说者“不确定”的情态；用于特指询问句和反问句时，则传信功能发生弱化，主要只起舒缓语势的情态功能。华建光所谓的“泛化”、“弱化”尚须论证，但他认为祈使句、疑问句之末的“矣”并不表达祈使、感叹语气，则是可信的。

第六个要讨论的是，句末语气词“矣”的功能问题。“矣”的功能有三：一是传信功能。“矣”有确定的语气，是对已然的事实的确定。“矣”跟“也”一样，归到传信语气词之列。二是完句功能。“矣”用于小句之末，标志其前的部分为小句，有了“矣”，小句的独立性更强，一般不能做句子成分。三是停顿功能。“矣”字之后，都要有停顿。只是在单句、复句、紧缩复句之后，停顿的要长一些，复句前一分句之末，停顿要短一些。

二、句中语气词“矣”

句中语气词“也”可以用在主语、状语、兼语之后，也可以用“者”字短语之中，可是“矣”没有这些用法。句中语气词“也”可以用在连谓短语、转折短语中，“矣”也有这样的用法，但很少见。例如：

(63) 敬壯（庄），逯（贵）豊，行矣而亡𢖟（遗）。(《郭店楚简·尊德义》)

(64) 丌𡊄（载）也亡𠪚（厚）安（焉），交矣而弗智（知）也，亡。(《郭店楚简·尊德义》)

上引两例中的“矣”，既不是用于单句、复句之末，也不是用于分句之末，而是处于连谓短语、转折短语的前一个动词语之后。在汉语中，小句是交际的基本单位，在小句之后才有功能语气。上两例中的“行矣”、“交矣”都不是独立的小句，其后不可能有功能语气。那么，处于复杂谓词性短语之中的“矣”，不能视为句末语气词，而应看作句中语气词。

这种“矣”非常明显是来源于分句之末的“矣”。复句前一分句末的“矣”是表示功能语气的。但是，如果把复句紧缩，把转折复句、顺承复句压缩为转折短语、连谓短语，那么分句之后的“矣”就变成了转折短语、连谓短语中的“矣”了，就由句末语气词变为句中语气词了。

这种“矣”都用于动词之后的。其作用应该有二：一是跟其它句中语气词一样，都有表示停顿的作用（句末语气词也有这种作用）；二是用于动词之后表示实现体，相当于“吃了饭去上班”中的“了”。

总之，在出土战国文献中，“矣”有句末语气词和句中语气词两种用法，前者很常见，后者很少见。句末语气词“矣”可以用在陈述句末，也可以用在感叹句末，都表示出现新情况的语气；句中语气词“矣”有表示停顿的作用，也表示动作的实现体。

4－2：出土战国文献中语气词“矣”统计表

用法＼文献				战国金文	战国简牍		战国帛书	战国玉石文字	合计
					楚简	秦简			
句末语气词	陈述句末	单句末	判断句		6	28			34
			叙述句		5	3			8
			描写句		5				5
			评议句		8	4			12
		复句末	并列复句		2	1			3
			顺承复句		2	1		1	4
			递进复句		1				1
			转折复句		4	1			5
			条件复句		1				1
			假设复句		47	67			114
			因果复句		8				8
		紧缩复句			8	1			9
		分句末	并列分句		7	1			8
			顺承分句		2				2
			解说分句		1				1
			转折分句	1	1	1			3
			假设分句		3				3
			因果分句		2				2
	语气词连用					1			1
	感叹句句末				8				8
句中语气词	转折短语中				1				1
	连谓短语中				1				1
总计				1	123	109		1	234

参考文献

陈志明、党厚：《〈论语〉“矣”字用法考察》，《山西师范大学学报》1996年第2期。

崔立斌：《〈孟子〉词类研究》，河南大学出版社2004年版。

郭锡良：《古代汉语语法讲稿》，语文出版社 2007 年版。

何乐士：《古代汉语虚词词典》，语文出版社 2006 年版。

洪波：《立体化古代汉语教程》，高等教育出版社 2005 年版。

华建光：《战国传世文献语气词研究》，中国人民大学汉语言文字学专业博士学位论文 2008 年。

季旭升：《〈上海博物馆藏战国楚竹书（三）〉读本》，万卷楼图书股份有限公司 2005 年版。

季旭升：《〈上海博物馆藏战国楚竹书（四）〉读本》，万卷楼图书股份有限公司 2007 年版。

黎锦熙：《新著国语文法》，商务印书馆 1956 年版。

刘钊：《郭店楚简校释》，福建人民出版社 2003 年版。

齐沪扬：《语气词与语气系统》，安徽教育出版社 2002 年版。

苏建洲：《〈上海博物馆藏战国楚竹书（二）〉校释》，花木兰文化出版社 2006 年版。

王力：《汉语史稿》，中华书局 1958 年版。

邢福义：《汉语语法学》，东北师范大学出版社 1998 年版。

张富海：《说“矣”》，《古文字研究》（第二十六辑），中华书局 2006 年版。

朱德熙：《语法讲义》，商务印书馆 1982 年版。

邹濬智：《〈上海博物馆藏战国楚竹书（一）·缁衣〉研究》，花木兰文化出版社 2006 年版。

第五节　出土战国文献中的语气词“乎”

张振林（1982）讨论过先秦出土文献中的语气词“乎”。他认为，在甲骨卜辞和西周、春秋的铜器铭文中，经常出现“乎”字，但都不作语气词用。“乎”作为语气词，只见于中山王譻鼎中，字写作“虖”。出现两次，一是“而皇（况）才（在）於孛（少）君虖?”这是表反诘语气；二是“於虖，新绎（哉）！社稷其庶虖?”这是表委婉推测的语气。

张文不是专门从语法学角度来研究出土战国文献中语气词“乎”的；

而且张文之后，又有不少新的材料出土，其中有一些句末语气词“乎”的用例。所以，有必要重新探讨这个课题。

一、句末语气词“乎”

这种“乎”可以用于单句、复句和分句之末，有62次，占总次数（72）的86.1%。

句末语气词“乎”可用于疑问句和假设陈述句之末，前者最常见，有59次，占句末语气词“乎”总次数（62）的95.2%。

（一）疑问句末的“乎”

“乎”前的疑问句可以分为两种，一种是询问句，即有疑而问的疑问句，二是反问句，既无疑而问的疑问句。

“乎”前的询问句又有三种：一是是非问句，二是正反问句，三是选择问句。

“乎”用于是非问句之末的例子如：

（1）“逿（復）败戰（战）又（有）道虖（乎）？”夻（答）曰：“又（有）。”（《上博楚简四·曹沫之阵》）

（2）“逿（復）甘（酣）戰（战）又（有）道虖（乎）？”夻（答）曰：“又（有）。”（《上博楚简四·曹沫之阵》）

（3）此三者足目（以）戰（战）虖（乎）？（《上博楚简四·曹沫之阵》）

（4）命（令）尹子林\[?\]（问）於大（太）宰子\[?\]：“为人臣者亦又（有）\[?\]（争）\[?\]（乎）？”大宰答曰：“君王元君，君善，大夫可（何）\[?\]（用）\[?\]（争）？”（《上博楚简四·柬大王泊旱》）

（5）\[?\]（申）公子皇（惶）见王，王曰：“\[?\]（申）公忘夫析述之下虖（乎）？”\[?\]公曰：“臣不\[?\]（知）君王之\[?\]（将）为君，如臣\[?\]（知）君王之为君，臣\[?\]（将）或至（致）安（焉）。”（（《上博楚简六·申公臣灵王》）

（6）陵尹与\[?\]尹：“又（有）古（故）\[?\]（乎）？\[?\]（愿）闻之。”（《上博楚简四·柬大王泊旱》）

以上诸例，“乎”前都是单句。“乎”之前也可以是复句，但“乎”的辖域一般都是“乎”所在的最后一个分句，例如：

(7)“既成爻（教）矣，出帀（师）又（有）幾（忌）虖（乎）?”倉（答）曰：“又（有）。”（《上博楚简四·曹沫之阵》）

(8)君必不已，则繇（由）亓杲（本）虖（乎）?（《上博楚简四·曹沫之阵》）

(9)虗（吾）又（有）所䎽（闻）之：“一出言三军皆懽（劝），一出言三军皆迬（往），又（有）之虖（乎）?”倉（答）曰：“又（有）。”（《上博楚简四·曹沫之阵》）

以上各例都是一般的是非问句，其句法形式与陈述句相同，要求听话人对问句的语义内容作出肯定或否定的回答，以整个句子作为一个疑问点，其疑问程度高。

“乎”还可以用于测度问这种是非问句之末，例如：

(10)孔子倉（答）曰：“邦大旱，毋乃遊（失）者（诸）型（刑）与悳（德）虗（乎）?”（《上博楚简二·鲁邦大旱》）

(11)《黄鴓（鸟）》则困而谷（欲）反丌（其）古（故）也，多耻者丌（其）忞（病）之啓（乎）?（《上博楚简一·诗序》）

(12)（受）曰：“九邦者亓（其）可逨（来）乎?”文王曰：“可。”（《上博楚简二·容成氏》）

(13)於（呜）虖（乎）新（欣）𢦏（哉）！社稷其庶虖?（《中山王𫲨鼎铭》,《集成》5·2840）

(14)虗（吾）古（故）[曰視（鬼）神又（有）]所明又（有）所不明，此之胃（谓）唬（乎）?（《上博楚简五·鬼神之明》）

这种“乎”常与其前表测度的副词“毋乃”、“其”前后呼应，构成“毋乃……乎”、“其……乎”这样格式的测度问句。这种句子也是是非问句，以整个句子作为一个疑问点，但疑问程度跟一般是非问句相比是低的，是疑信之间的语气。

“乎”还可以用于回声问这种是非问句之末，例如：

(15)[子]䖒（夏）䎽（问）於孔子曰：“《诗》曰：‘幾（凯）俤（弟）君子，民之父母。’敢闻（问）可（何）女（如）而可胃（谓）民之父母?”孔=（孔子）倉（答）曰：“民[之]父母虖（乎）?必达於豊

（礼）乐之茝，目（以）至（致）‘五至’、目行‘三亡’，目皇于天下。四方又（有）败，必先䛐（知）之，亓（其）［可］胃（谓）民之父母矣。”（《上博楚简二·民之父母》）

（16）子邑（夏）曰：“敢聞（问）可（何）胃（谓）‘五至’?”孔=（孔子）曰：“‘五至’虖（乎）? 勿（物）之所至者，志（诗）亦至安（焉）；志之［所］至者，豊（礼）亦至安（焉）；豊（礼）之所至者，乐亦至安（焉）；乐之所至者，𢘓（哀）亦至安（焉）。𢘓（哀）乐相生，君子目正，此之胃（谓）‘五至’。”（《上博楚简二·民之父母》）

（17）子邑（夏）曰：“‘五至’既闻之矣，敢闻（问）可（何）胃（谓）‘三亡’?”孔=（孔子）曰：“‘三亡’虖（乎）? 亡聖（声）之乐，亡（无）體（体）［之］豊（礼），亡備（服）之丧。君子目此皇于天下，奚（倾）耳而圣（听）之，不可㝵（得）而闻也；明目而视之，不可㝵（得）而视也，而㝵（德）既塞於四海（海）矣，此之谓‘三亡’。”（《上博楚简二·民之父母》）

以上三例中的“民之父母乎”、“‘五至’乎”、“‘三亡’乎”都是回声问句。它们都是重复对方的问话，要求对方给予证实，赢得考虑回答的时间。这种问句前边隐含一个“尔问”，“乎”是跟“尔问……”相适应的。回声问句改变了原来问句的句子类型。“何如而可谓民之父母?”、“何谓五至?”、“何谓三亡”，这些问句都是特指问句。但是“民之父母乎”、“五至乎”、“三亡乎”则都是是非问句，而且都有隐含。如果把隐含补出来则是：“尔问何如而可谓民之父母乎?”、“尔问何谓五至乎?”、“尔问何谓三亡乎?”这种问句的疑问点都是整个句子，而不是其中的疑问代词，其疑问程度比一般是非问句要低，但比测度问句要高一些。

“乎”用于正反问句之末的例子如：

（18）魂（鬼）神不明，则必又（有）古（故）。亓力能至安（焉）而弗为唬（乎）? 虗（吾）弗智（知）也。意（抑）亓力古不能至安（焉）唬（乎）? 虗（吾）或弗智（知）也。（《上博楚简五·鬼神之明》）

上引例（18）中的“亓力能至安（焉）而弗为唬（乎）”和“亓力古不能至安（焉）唬（乎）”构成正反问句，两句之后都用“乎”，后一句前使用了选择连词“意（抑）”来表示在“正”和“反”之间的选择关系。

不过，在“正”句和“反”句之间还插进了一个句子“虐（吾）弗智（知）也”，使得正反问句的两个分句关系不太紧密。但是，由选择连词“意（抑）”来看，还是看成一个正反问句好，而不看成两个是非问句。正反问句的疑问点是“X不X”，由于提出肯定、否定两项，可能与不可能各占一半，疑惑程度居中，信、疑各为一半。

“乎”用于选择问句之末的例子如：

（19）曰：“四与五之閒（间）虖（乎）?”王曰：“女（如）四与五之閒（间），載（载）之塼（传）车目（以）走（上）虖？殹（抑）四艕（轲）目（以）逾虖?”醓尹子桱曰：“四艕（舸）目（以）逾。”（《上博楚简六·庄王既成》）

上引例（19）中的“載（载）之塼（传）车目（以）走（上）虖？殹（抑）四艕（轲）目（以）逾虖（乎）?”为选择问句，每个分句末尾都用了语气词“虖（乎）”，句中用选择连词“殹（抑）”来连接。选择问句的疑问点是A抑B，其疑问程度比正反问句高，约有60%。

“乎”也可以用在反问句之后。所谓反问句，是指说话人借用疑问句形式说明一个道理或事实，语气是“疑”，而语意是“信”。反问的语句形式是肯定的，表达的意思是否定的；语句形式是否定的，表达的意思是肯定的。

这种反问句谓语前可有表反问的副词“其”、“而况”，或表否定的副词“不”、“勿”。例如：

（20）行此者丌（其）又（有）不王虐（乎）?（《上博楚简一·诗序》）

此例中的“乎”与前边的“其”相呼应，构成“其……乎”这样的反问格式。

（21）龟筮猷（猶）弗智（知），而皇（况）於人唇（乎）?（《郭店楚简·缁衣》）

（22）昔者，郾君子徻，觀（叡）弇夫㹞（悟），𨱗（长）为人宔（主），閈（见）於天下之勿（物）矣，猶粯（迷）惑於子之而亡其邦，为天下殍，而皇（况）才（在）於少君虖（乎）?（《中山王𫊣鼎铭》，《集成》5·2840）

上引两例中的“乎”与前边的“而况”相呼应，构成“而况……乎”这样的反问格式。

（23）孔子退，告子赣（贡）曰：“虚（吾）见於君，不昏（问）又（有）邦之道，而昏（问）叟（相）邦之道，不亦墍（钦）虖（乎）?”（《上博楚简四·相邦之道》）

（24）不攻（攻）不可能，不亦智（知）亙（恒）虖（乎）？《鵲（鹊）樔（巢）》出吕（以）百两，不亦又离虖（乎）？（《上博楚简一·诗序》）

上引两例中的“乎”与前边的“不亦”相呼应，构成“不亦……乎”这样的反问句式。

（25）一日吕（以）不善立（涖），所孝（教）皆崩，可不新（慎）乎？（《上博楚简三·中弓》）

（26）反此道也，民必因此至（重）也以退之，可不新（慎）虖（乎）？（《郭店楚简·成之闻之》）

上两例中的“乎”与前边的“可不”相呼应，构成“可不……乎”这样的反问格式。

（27）不飤五谷，鸣仉（居）危枋，则不难虖（乎）？（《上博楚简六·孔子见季趄子》）

（28）唯（虽）君亡道，臣敢勿事虖（乎）？唯（虽）父亡道，子敢勿事虖（乎）？（《上博楚简二·容成氏》）

上引（27）中“乎”与前面的“不”相呼应，构成“不……乎”这样的反问格式；（28）中的“乎”与前面的“敢勿”相呼应，构成“敢勿……乎”这样的反问格式。

（29）文王隹（虽）谷（欲）也，旻（得）虖（乎）？此命也。（《上博楚简一·诗序》）

（30）夫川，水吕（以）为肤，鱼吕（以）为民，女（如）天不雨，水牆（将）沽（涸），鱼牆（将）死，丌（其）欲雨或（又）甚於我，或（又）必寺（待）虐（吾）名（禜）虐（乎）？（《上博楚简二·鲁邦大旱》）

上引（29）中的“乎”单独表达反问语气。例（30）“或必寺（待）

虐（吾）名（禜）虐（乎）”中的“或”，有两种解释：一是读为“何”，二是读为“又”。后说可从。首先，“或”、“何”两字，仅有双声关系，韵部距离稍远，而且在古籍中并无两字通假的例证。其次，“或”与“又”上古音相近，两者在古籍中有通假的例证。如“既立之监，或佐之史”（《诗经·小雅·宾之初筵》）。再次，在传世古籍中有“或”假为“又”、用在反问句中的例子：“父死之谓何，或敢有他志以辱君义?”（《礼记·檀弓下》）最后，如果把“或”读为“何”，那么就要把例（30）看成是特指问句形式的反问句，但是在出土战国文献中见不到这种形式的反问句。

反问句虽然采用问句形式，但是问话人心目中已有了明确的看法，答案就在问句之中，没有什么疑惑的因素，信为1而疑为0。

前引各例，都是“乎”单独使用的例子，“乎”还可以跟“也”连用，这时是“也”在前，“乎”在后。“也乎”可以用在一般是非问句末，也可以用在测度问句之末，例如：

（31）女（汝）弗智（知）也虐（乎）?（《上博楚简五·弟子问》）

（32）前（延）陵季子，其天民也虖（乎）?（《上博楚简五·弟子问》）

疑问句末的“乎”（包括单用的、与“也”连用的）到底是表达什么语气的呢？

对此，学术界的看法是一致的，都认为“乎”可表疑问语气，而且疑问语气比较强。那么，为什么这么说呢？该如何论证呢？对此前人谈得少。下面试就这个问题谈谈我们的看法。

从形式上来看，出土战国文献中的“乎”主要是用于是非问句之末，“乎”在性质为询问句的是非问句之末出现38次，在性质为反问句的是非问句之末出现了17次，两项合计有55次，占疑问句句末“乎”总次数（59）的93.2%。

“乎”有4次出现在正反问句、选择问句之末，但从派生关系来看，“乎”原来也是用在是非问句之末的。吕叔湘（1985）认为，正反问句和选择问句都是从是非问句派生出来的，因为它们分别是由“两个是非问合并而成”，即：

你去？你不去？→你去不去？

你去？我去？→你去还是我去？

出土战国文献中的“乎”，在正反问句和选择问句中的两个分句之末都出现，尤其是正反问句中间还被加进了一个小句，关系比较松散，“由两个是非问句合并而成”的迹象更明显。

句末加“乎”的是非问句形式，可以分为四类：

一是一般是非问句，疑问点为整个句子，疑问程度很高。

二是回声问句，疑问点为整个句子，疑问程度较高。

三是测度问句，疑问点为整个句子，疑问程度为疑信参半。

四是反问句，有疑问之形而无疑问之实。

在回答“乎”在上述各类句子中所表示的语气之前，先谈谈疑问语气的表达手段。关于这个问题，范晓等（2003：359）认为有疑问代词、语气词、语调、句法格式等。徐杰（2001：167—194）通过对英语、日语、马来语、现代汉语等疑问句的分析，发现各语言要表疑问时，一般先动用词汇手段（如疑问代词），再动用语法手段（添加语气词、重叠、语序易位等），最后才会启用语调、重音之类的语音手段。疑问语调只是在语段中没有表疑问的词汇或语法手段时才是必须和强制的。

“乎”前的一般是非问句，其句子中并无表达疑问的疑问代词和副词这种词汇手段。那么这种疑问句的疑问语气是怎么表达出来的呢？这有三种可能：一是由句尾语气词“乎”表达出来的，二是由句尾语气词“乎”和语调共同表达出来的，三是由语调表达出来的。如果是前二种情况，那么“乎”都是表示疑问语气的。如果是后一种，那么“乎”就不是表示疑问语气的，句子疑问语气是由语调表达出来的。我们认为，这后一种可能性不大。如果“乎”不表示疑问语气，那么作为句末语气词，它表达什么语气呢？它肯定不能表达陈述语气，因为“乎”从来也不出现在一般陈述句句末（可以出现在假设陈述句之末）。它也不会是表达感叹语气的，因为如果是这样，那就等于承认表达感叹语气的“乎”可以出现在表达疑问的语调之前，这违背了下述规律：当疑问语气表达形式和感叹语气表达形式连用时，总是疑问语气表达形式在前，而感叹语气表达形式在后。再说从上引诸例中也体会不出感叹语气。它也不会是表达祈使语气的，因为仔细体会上引例（1）至（9），感觉不到这些句子有祈使语气，况且在出土战国文献中，“乎”没有出现在祈使句句末的用例。

“乎”可用于回声问句之末，这更能说明它是表疑问语气的。由上引例（15）至（17）来看，在加“乎”之前，这些例子都是特指问句；可是在加“乎”之后，句子变成了是非问句，疑问点由疑问代词变成了整个句子，这是“乎”的作用。这说明“乎”确有表达疑问语气的作用，而且说明“乎”的基本作用是表达是非问——以整个句子为疑问点。

“乎”还常用于测度句和反问句之末。测度句和反问句也都是疑问句。测度句是半信半疑的语气，反问句的语意是“信”，但语气是“疑”。吕叔湘（1982）说过：“疑问语气是一个总名，‘疑’和‘问’的范围不完全一致。一方面，有传疑而不发问的句子，例如‘也许会下雨吧’，可以用问话的语调，也可以不用问话的语调；另一方面，也有不疑而故问的句子，例如‘这还用说?’等于说‘这不用说’。前者是测度，后者是反诘；测度句介乎疑信之间，反诘句有疑问之形而无疑问之实。只有询问句是疑且问，如‘前次的信收到没有?’‘我不知道你收到没有，我问你。’询问、反诘、测度，总称为疑问语气。”（第16章）据此看来，疑问句可从语气和语意两个方面来分析，语气上是疑问句，可语意上不一定都是有疑的：有的有疑，有的半信半疑，有的无疑有信。“乎”既然在测度句、反问句中都可以用，而且比较常见，这说明“乎”是从形式上表示疑问语气的。

关于疑问形式，有真性疑问和假性疑问之分。凡是“信”大于“疑”的疑问形式，所传达的是假性疑问的信息；而“疑”大于“信”的疑问形式，所传达的是真性疑问。从这个角度，可以把上引四种是非问句，按照从真性疑问到假性疑问的次序排列为一个连续统：

一般是非问句——回声问句——测度句——反问句

左侧的一般是非问句为典型的真性疑问，右侧的反问句为典型的假性疑问，回声问句接近于一般是非问句，测度问句接近于反问句。

“乎”出现在上述四种疑问句之末的情形是不同的。“乎”出现在一般是非问句、回声问句之末时，不需要借助一些有形的标志。而当它出现在测度句、反问句之末时，经常要借助一些有形的标志：

“乎”出现在测度问句之末时，句子谓语前常要出现副词“毋乃”、“其”等标志；

“乎”出现在反问句之末时，句子谓语前常出现“其”、“而况”、“不亦”、“可不”、“敢勿”等标志。

这说明，在构成具有假性疑问功能的疑问句时，“乎”字句需要有形标志的帮助（越靠近假性疑问需要的有形标志越多），“乎”靠近假性疑问一端时会受到更多的限制。据此，可以把“乎”看成一个真性疑问语气词，它一般要借助有形标志的帮助，才可表达假性疑问。

“乎”与“也”可以连用，如上引例（31）、（32），这时两者处于不同的层次：“也”处于内层，“乎”处于外层。“也”表达的仍然是判断、确认肯定的语气，而“乎”表示的是疑问语气。句子的语气类型由“乎”来决定，是疑问句。

句末语气词“乎”的功能有三：

一是传疑功能。前面说过，“乎”可以表示疑问语气，而且是真性疑问。

二是完句功能。“乎”可用于单句、复句之末，也可用于分句之末，表示一个小句的完结。所以“完句”中的“句”是指小句。

三是停顿功能。“乎”之后总会有停顿，在单句、复句之末停顿得长一些，在分句之末停顿得短一些。

（二）假设陈述句末的“乎”

依据何乐士（2006：189），在传世文献中，有些“乎”用在假设复句前面分句的末尾，这个分句是感叹句，例如“以容取人乎，失之子羽；以言取人乎，失之宰予。”（《韩非子·显学》）。除了何乐士所举的之外，又如：“勿已乎，则隰朋可也。”（《吕氏春秋·贵公》）这种例子在出土战国文献中也可以见到：

（33）☐君祝敚，毋尃青（情），忍辠（罪）虐（乎），则言不圣（听），青（请）不隻（获）；女（如）川（顺）言弇亚（恶）虐（乎），则忑（恐）后豉（诛）於吏（史）者。（《上博楚简六·竞公瘧》）

（34）欲祭於楚邦者虐（乎），尚謐（蔽）而卜之於大夏。如孚，将祭之。（《上博楚简四·柬大王泊旱》）

华建光（2008）认为这种末尾用“乎”的句子并不是感叹句，而是假设陈述句。“假设”陈述句表达的是说者的“假定”情态，和“怀疑”多有相通之处。对此，吕叔湘（2004：420）曾经指出：“假设句和问句很多相通之处，就因为同是不定的语气。”因此，“假设”陈述句中的“乎”表达的也是说者的“不定”情态。

我们认为华建光的说法基本可信。上引两例中的“乎”确实都用于假设分句之末，但很明显，这种“乎”仍有疑惑不定的语气，这种语气源自“乎”所表示的疑问语气。

在传世文献中，“乎”还可以用于感叹句末尾，那么“乎”能否表达感叹语气？对此，何乐士（2006：188—189）认为“乎”可表达感叹语气，而郭锡良（2007：123）倾向于否定。郭锡良举了两个句末用“乎”的感叹句的例子：

善哉，技盖至此乎！（《庄子·庖丁解牛》）

天乎！吾无罪！（《史记·秦始皇本纪》）

他认为前一个例子的“乎”是句尾语气词，但全句的感叹语气并不是由“乎”字表示的，而是由“哉”字表示的，“乎”在句中仍带有不确定的疑问语气。后一个例子中的“乎”应是句中语气词，它的作用是表停顿兼惊讶的语气。

我们认为何乐士的说法可从。

如果认为上引感叹句末的“乎”不表达感叹语气，那么就只有一种解释了：“乎”处于内层，表疑问语气，语调处于外层，表达感叹语气，语气的重点落在后面的表感叹的语调上。如果这样解释，那么上引句末用“乎”的感叹句句末是复合语气：疑问语气+感叹语气。可是这样的解释不能让人接受，其原因在于许多句末用“乎”的感叹句之末根本没有疑问语气，例如“子谓颜渊，曰：‘惜乎！吾见其进也，未见其止也！’”（《论语·子罕》）“惜乎”之末根本体味不出疑问语气。

事实上，“乎”可表感叹语气，这种语气是由“乎”的疑问语气中发展出来的，这种发展是可能的，是有旁证的。依据石毓智（2006：220—222），在现代汉语中，“吗”是一个专门表示疑问的语气词，另外还有一个专职表感叹的语气词“嘛”。不论从表达功能上、分布上，还是从语音形式上来看，都可以证明表感叹的“嘛”是从表疑问的“吗”发展出来的。又据齐沪扬（2002：135），现代汉语“呢”的最基本语义是表疑问语气，由此衍生出了表反诘的语气，表反诘语气再次衍生为表感叹语气。由“吗”

和“呢”来看，上古汉语的“乎”也可以由表疑问语气发展为表感叹语气。

二、句中语气词“乎”

句中语气词“乎”主要有两种用法。

一是用在语句主语之后，例如：

（35）成孙弋曰：“惐（噫）！善才（哉），言虖（乎）！”（《郭店楚简·鲁穆公问子思》）

（36）孔子曰：善才（哉），昏（闻）乎！足目（以）季（教）壴（矣）。（《上博楚简三·中弓》）

对于例（35），刘钊（2003：178）译为成孙弋说：“啊！这个话说得好！”很明显，“善哉，言乎！”是个主谓倒置的感叹句，主语是“言乎”，谓语是“善哉”。例（36）类此。在传世文献中，也可以见到“乎”用在主语后、而主谓不倒置的例子，如“心乎爱矣！”（《诗经·小雅·隰桑》）主语之后的“乎”是表停顿、感叹的。

这种“乎”应是由表感叹的句末语气词“乎”发展而来。句末语气词可以发展为句中语气词，例如语气词“也”就是这样（详见《出土战国文献中的语气词“也”》）。句末表感叹的“乎”可以用在呼应语之后（类似于句末的位置），例如“参乎！吾道一以贯之。”（《论语·里仁》）、“将闾乃仰天大呼天者三，曰：‘天乎！吾无罪！’”（《史记·秦始皇本纪》）由呼应语之后再发展为主语之后。

二是用在作状语的形容词或副词之后，例如：

（37）夜（豫）虖（乎）［丌（其）］奴（如）冬涉川，猷（猶）虖（乎）丌（其）奴（如）愄（畏）四哭（邻）。（《郭店楚简·老子甲本》）

（38）敢（儼）虖（乎）丌（其）奴（如）客，𣵀（涣）虖（乎）丌（其）奴（如）懌（释）。（《郭店楚简·老子甲本》）

（39）屯（敦）虖（乎）丌（其）奴（如）樸，坉（沌）虖（乎）丌（其）奴（如）浊。（《郭店楚简·老子甲本》）

（40）冬（终）虖（乎）不猒（厌）人。（《上博楚简一·诗序》）

对于这类“乎”，目前主要有两种看法：一是把它看作语缀助词，如何乐士（2006：191）；二是把它看作语气词，认为它置于形容词和重叠式形容词之后，构成形容词句，用于赞美或忧伤的感叹，如麦梅翘（1987：41）。

我们认为上述两种看法都值得商榷。

如果把“乎”看成是语缀助词，那么“乎”就跟语缀助词“然”一样了。但是“形容词+然”，不但可作状语，也可以作谓语、定语，例如“天油然作云，沛然下雨”（《孟子·梁惠王上》）、“王嘿然”（《史记·商君列传》）、“庞然大物也”（柳宗元《黔之驴》）。可“形容词+乎”只能作状语。可见两者并不相同。

按照麦梅翘的看法，在“形容词+乎”之后都要断句，都可标上感叹号。但是，如上引例（37）至（40）所示，“乎”之后不可标点。“乎”前有时是副词，更不可标点。

这种“乎”，我们认为是句中语气词，主要是表示停顿的。

在《左传》中常见到在“於是”后用“乎”的例子，如“是岁也，狄伐鲁，叔孙庄叔於是乎败狄于鹹。”（《左传·襄公三十年》）、“其藏水也，深山穷谷，固阴沍寒，於是乎取之。”（《左传·昭公四年》）、“申人、鄫人召西戎以伐周，周於是乎亡。”（《周语·晋语一》）这种“於是”都是作状语的。除了“於是”之外，还可见到其它用在介宾短语状语之后的“乎”的用例：“季康子问：‘仲由可使从政也与？’子曰：‘由也果，於从政乎何有？’”（《论语·雍也》）“此秋声也，胡为乎来哉？”（欧阳修《秋声赋》）对于“於是”后的“乎”，杨伯峻、何乐士（2001：503）认为是语缀助词（对于其它介宾短语状语之后的“乎”，何乐士却认为是语气词，2006：189），而麦梅翘（1987）则认为是助词，作用是表示语气停顿。我们认为麦梅翘的说法近是，这种“乎”的作用是表示语气停顿的，但其性质并不是所谓的助词，而是句中语气词。

“也”原为句末语气词，又发展出句中语气词的用法。句中语气词“也”也可以用于介宾短语状语之后，例如“民必因此垦（重）也以遑（报）之。”（《郭店楚简·成之闻之》）“人之败也，亙（恒）於丌（其）叡（且）成也败之。”（《郭店楚简·老子丙本》）介宾短语状语之后的“乎”与介宾短语状语之后的“也”性质应是一样的，都是句中语气词。如果介宾短语状语之后的“乎”是句中语气词，那么形容词状语、副词状语之后的“乎”也应这样看。

作为句中语气词，“乎”主要是表示语气停顿的，形容词状语后的“乎”应是源自下面这种“乎”：“为之歌豳，曰：‘美哉！荡乎！乐而不淫，其周公之东乎？’”（《左传·襄公二十九年》）“为之歌大雅，曰：‘广哉！熙熙乎！曲而有直体，其文王之德乎？’”（《左传·襄公二十九年》）上引各例，“形容词+乎”之后，还是谓词语。如果形容词为其后谓词语的“偏”，即可以修饰其后的谓词语，那么就可以把“形容词+乎+谓词语”连读，这样形容词状语后的“乎”就产生了。“乎”既然可以用于形容词状语之后，当然也可以用于副词状语之后了。

总之，在出土战国文献中，“乎”有句末语气词和句中语气词两种用法。句末语气词“乎”主要是表疑问语气的，可以单用，也可以与“也”连用。在传世文献中，“乎”还可表示感叹语气，这种用法来源于表疑问语气的用法。句中语气词“乎”可以用于主语之后，也可以用于状语之后，都表停顿、感叹，都是由句末感叹语气词“乎”发展而来的。

5-1：出土战国文献中语气词“乎”统计表

<table>
<tr><th colspan="3" rowspan="2">文献
用法</th><th rowspan="2">战国金文</th><th colspan="2">战国简牍</th><th rowspan="2">战国帛书</th><th rowspan="2">战国玉石文字</th><th rowspan="2">合计</th></tr>
<tr><th>楚简</th><th>秦简</th></tr>
<tr><td rowspan="4">疑问句</td><td rowspan="3">询问句</td><td>是非问句</td><td>1</td><td>37</td><td></td><td></td><td></td><td>38</td></tr>
<tr><td>正反问句</td><td></td><td>2</td><td></td><td></td><td></td><td>2</td></tr>
<tr><td>选择问句</td><td></td><td>2</td><td></td><td></td><td></td><td>2</td></tr>
<tr><td>反问句</td><td>是非问句</td><td>1</td><td>16</td><td></td><td></td><td></td><td>17</td></tr>
<tr><td colspan="3">感叹句</td><td></td><td>3</td><td></td><td></td><td></td><td>3</td></tr>
<tr><td colspan="2" rowspan="2">句中语气词</td><td>主语后</td><td></td><td>2</td><td></td><td></td><td></td><td>2</td></tr>
<tr><td>状语后</td><td></td><td>8</td><td></td><td></td><td></td><td>8</td></tr>
<tr><td colspan="3">总计</td><td>2</td><td>70</td><td></td><td></td><td></td><td>72</td></tr>
</table>

参考文献

范晓、张豫峰：《语法理论纲要》，上海译文出版社 2003 年版。

郭锡良:《古代汉语语法讲稿》，语文出版社 2007 年版。

华建光:《战国传世文献语气词研究》，中国人民大学汉语言文字学专业博士学位论文 2008 年。

何乐士:《古代汉语虚词词典》，语文出版社 2006 年版。

刘钊:《郭店楚简校释》，福建人民出版社 2003 年版。

吕叔湘:《疑问・否定・肯定》,《中国语文》1985 年第 4 期。

吕叔湘:《中国文法要略》，商务印书馆 1982 年版。

麦梅翘:《〈左传〉的“乎”》,《古汉语研究论文集》（三），北京出版社 1987 年版。

齐沪扬:《语气词与语气系统》，安徽教育出版社 2002 年版。

石毓智:《语法化的动因与机制》，北京大学出版社 2006 年版。

徐杰:《普遍语法原则与汉语语法现象》，北京大学出版社 2001 年版。

杨伯峻、何乐士:《古汉语语法及其发展》（修订本），语文出版社 2001 年版。

张振林:《先秦古文字材料中的语气词》,《古文字研究》（第七辑），中华书局 1982 年版。

第六节 出土战国文献中的语气词“哉”

张振林（1982）研究过先秦古文字材料中的语气词“哉”，指出这个词有“才”、“𢦏”、“哉”、“䊷”四种写法，都从“才”得声。他一共举出“哉”的十三个用例，认为都是用在句末表感叹语气的。

从张文所举的例子来看，他所使用的语料主要有两周金文、楚帛书、信阳楚简等。张文之后，又有不少新的材料出土，所以有必要对这个问题重新加以研讨。

本文只研究出土战国文献中的语气词“哉”，不涉及春秋时代及春秋以前文献中的语气词“哉”。

一、“哉”的语法位置

在所有的句末语气词中，“哉”出现的时代最早。在西周金文中，已经可以见到句末语气词“哉”了，大都是用于感叹句末的。例如“乌虖，哀戋（哉）！用天降大丧于上或（国），亦唯噩侯馭方率南淮尸（夷）、东尸广伐南或（国）东或，至于历内。”（《禹鼎铭》）

出土战国文献中的语气词“哉”，可以出现在下述语法位置，即感叹句、祈使句、疑问句的末尾。在感叹句末尾的最多，有25次，占“哉”出现总次数（42）的59.5%；祈使句末尾的有5次，占总次数的11.9%；疑问句末尾（主要是反问句末）的有12次，占总次数的28.6%。

（一）用于感叹句句末的“哉”

（1）善哉，善哉，參（三）善才（哉）！（《上博楚简五·三德》）

（2）曰：於（呜）唬（虖）悰（哀）哉！少（小）臣成暮生毕孤☑。（《新蔡楚简》甲三：23、57）

（3）皇考孝武趄（桓）公龏（恭）戴（哉）！大慕（谟）克成。（《陈侯因育敦铭》，《集成》9·4649）

（4）厇（浊）燹（气）生陛（地），清燹生天，燹（气）信神才（哉）！（《上博楚简三·恒先》）

（5）女（如）夫政坓（刑）与悳（德），㠯（以）事上天，此是才（哉）！（《上博楚简二·鲁邦大旱》）

上引前两例“哉”小句主语未出现，后三例出现了，主语都出现在谓语之前。有时，感叹句发生主谓倒置，“哉”用于前置的谓语之后。例如：

（6）孔=（孔子）曰：“善才（哉），商也！”（《上博楚简二·民之父母》）

（7）成孙弋曰：“悏（噫）！善才（哉），言唇（乎）！”（《郭店楚简·鲁穆公问子思》）

（8）孔子曰：“善才（哉），昏（闻）虐（乎）！”（《上博楚简三·中弓》）

（9）臧（庄）公曰：“曼（慢）才（哉），虐（吾）䎽（闻）此言！”（《上博楚简四·曹沫之阵》）

（10）允哉，若言！明跋之于壶而时观焉。（《中山王兽方壶铭》，《集成》15·9735）

（二）用于祈使句句末的“哉”

（11）彭祖曰：“休才（哉）！乃㮤（将）多昏（问）因由，乃不遊（失）厇（度）。”（《上博楚简三·彭祖》）休哉：停停吧。

（12）帝曰：繇，敬（?）之哉！母（毋）弗或（有）敬。（《楚帛书·乙篇》）

（13）王曰：者氻，女（汝）亦虔秉不（丕）涇（经）德，台（以）克总光朕郕（越），于之悉（逊）学，趄（桓）趄（桓）哉！弼王侘（宅）。（《者氻钟铭》，《集成》1·125）依据《尚书·牧誓》中的“尚桓桓”，应知例中的“趄趄哉”应是命令语气。

（14）尔母（毋）大而悕（肆），母（毋）富而喬（骄），母（毋）众而囂，叟（邻）邦难寴（亲），戟（仇）人在彷（旁）。於虖，念之哉！（《中山王礜鼎铭》，《集成》5·2840）

（三）用于反问句句末的“哉”

这有两种情况，一是反问句为特指问句的形式，二是反问句为是非问句的形式。前者的例子如：

（15）句（苟）又（有）丌（其）殜（世），可（何）慬（难）之又（有）才（哉）?（《郭店楚简·穷达以时》）

（16）戠（察）丌见者，青（情）安遊（失）才（哉）?（《郭店楚简·性自命出》）

（17）目（以）不能事君，天下之为君者，隹（谁）欲畜女（汝）者才（哉）?（《上博楚简五·姑成家父》）

（18）臧（庄）公［曰］：今天下之君子既可智（知）已，筥（孰）能并兼人才（哉）?（《上博楚简四·曹沫之阵》）

（19）立死可（何）戢（伤）才（哉）?（《上博楚简五·姑成家父》）

后者的例子如：

（20）姑（苦）或（成）豪（家）父曰：“虐（吾）敢欲褱衮目（以）事殜（世）才（哉）?”（《上博楚简五·姑成家父》）

以上都是反问句中语气词单用的例子。下引两例，有人认为是语气词连用的例子：

（21）☐吾岂不知哉夫！周公曰☐。（《信阳楚简》1—014）

（22）公岂不飤（饱）杒（粱）飤肉才（哉）殹（也）？亡女（如）庶民可（何）？（《上博楚简二·鲁邦大旱》）

有人认为例（21）是“哉”和“夫”连用，但是，在传世文献中见不到这样的用例。所以“夫”应该属于下一句，“夫”加在“周公”之上，或者看成句首语气词，或者看成指示代词。有人认为例（2）是语气词“哉”和“也”连用，这也不可信。因为在传世文献中也见不到这种例子。在传世文献里，“哉”和“也”连用时，总是“也”在前，“哉”在后。例如“何可胜道也哉！”（王安石《游褒禅山记》）上引例（22）中的“殹”属下句，读为“抑”，是选择连词。这种用例在出土战国文献中常见，例如“女（如）四与五之閒（间），載（载）之塼（传）车目（以）走（上）虖（乎）？殹（抑）四舿（舸）目（以）逾虖（乎）？”（《上博楚简六·庄王既成》）“殹”读为“也”，用作句末语气词，这种用例都出现在秦简之中，没有例外。即使从这一点来看，也不能把“殹”看成句末语气词。例（22）其实是一个选择问句，意思是你难道没吃厌了美食吗，还是不能把百姓怎么样呢？

在反问句中，“哉”可以跟其它语气词连用，但“哉”都出现在别的语气词之后，例如：

（23）募（寡）人之不剌也，幾（岂）不二子之惪（忧）也才（哉）！（《上博楚简五·竞建内之》）

（24）［三郤］胃（谓）姑（苦）或（成）豢（家）父曰：“为此殜（世）也从事，可（何）目（以）女（如）是亓（其）疾与（欤）才（哉）！”（《上博楚简五·姑成家父》）

在上引例（23）中，“哉”与“也”连用；在（24）中，“哉”与“欤”连用。

“哉”有时还用在疑问句末尾，只见到一个例子：

（25）［哀公曰：“庶民以我不知以说之事鬼也，女（如）］之可（何）才（哉）？（《上博楚简二·鲁邦大旱》）

例（25）中的“哉”用在特指问句之末。这种“哉”在传世文献中可以见到，例如“吴起何如人哉？”（《史记·孙子吴起列传》）

二、“哉”的语气

在上古汉语里，“哉”到底表达什么样的语气呢？对此主要有三种看法。

第一种看法是多功能论，认为“哉”可表示多种语气。例如何乐士（2006：569）认为“哉”可以用在感叹句句末，表示感叹语气；也可以用在特指问句、选择问句、反诘问句等问句之末，配合文义表示相关问句语气；还可以用于表祈使、命令或表期盼的句子之末，作祈使语气词。王力等（1981：281）认为“哉”字的用途主要有二：一是表反问，二是表示感叹。

第二种看法是单功能论，认为“哉”只表示一种语气。郭锡良（2007：119）认为语气词“哉”的基本作用是表感叹语气，可用于感叹句中，“哉”字虽大多用在反问句和询问句中，但它们并非表示反问语气或询问语气，而仍是表示感叹语气。洪波等（2005：191—192）也认为“哉”只是个感叹语气词。

第三种看法是说“哉”不表语气，只有加强语势的作用。华建光（2008）认为句末语气词主要是表达疑信情态和调节语势的，均属于广义的“情态”范畴。其中“也/矣/已/耳/夫”为“传信”语气词，“乎$_1$/与/耶”为“传疑”语气词，“哉”有加强语势的作用；“兮/乎$_2$”则有舒缓语势（曳音）的作用。

我们认为，第二种看法是比较可信的。

在出土战国文献中，59.5%的“哉”用于感叹句末，这种“哉”是表示感叹语气的，这是“哉”的基本用法。感叹句的感叹语气或者是由“哉”表示的，或者是由“哉”和语调共同表示的。

11.9%的“哉”用于祈使句末。这种“哉”在传世文献中也可以见到，例如“无若殷王受之迷乱、酗于酒德哉！”（《尚书·无逸》）、“振振君子，归哉归哉！”（《诗经·如南·殷其雷》）我们认为，祈使句末的“哉”并不是表示祈使语气的，而仍是表示感叹语气的，因为祈使句有时也包含强烈的语气。当感叹语气成分与祈使语气成分连用时，可有两种位置，一是感叹语气成分在祈使语气成分之前，二是祈使语气成分在感叹语气成分之前。依据洪波等（2005：191），“来”是古代汉语中专门用于祈使句表示祈使语气的语气词。当“来”和表示感叹语气的“乎”共现时，就有两种位置，一是“乎来”，二是“来乎”，例如“盍归乎来！”（《孟子·离娄上》），“长铗归来乎！”（《战国策·齐策四》）据此来看，“哉”用于祈使句末可有两种分析。一种是表感叹语气的“哉”处于内层，而表祈使语气的语调处于外层：

敬之哉 ［M］ （［M］代表语调这种语气结构成分）

这时整个句子有感叹语气，也有祈使语气，但语气的重点落到祈使语气上，整个句子的句类为祈使句。另一种分析是表祈使语气的语气结构成分（为零形式，用ø代表）处于内层，而表感叹语气的“哉”处于外层（整个句子的语调与“哉”所表示的语气相同）：

敬之［ø］哉 （［ø］为零形式语气结构成分）

这时整个句子也有祈使语气和感叹语气，但语气的重点落到感叹语气上，整个句子的句类为感叹句（其中含有祈使语气）。依据齐沪扬（2002：112），祈使语气可以用感叹句式表示。所以虽然整个句子为感叹句，但也可以表示祈使语气，更何况这个感叹句之中还含有祈使语气。上述两种分析都说得通（但前一种分析更合理一些），无论采用哪种分析，其中的“哉”都不是祈使语气词，而仍是感叹语气词。

28.6%的“哉”用于疑问句句末，主要是用于反问句句末。这种“哉”在传世文献中可以见到，例如：“相如虽驽，独畏廉将军哉？”（《史记·廉颇蔺相如列传》）“君子于役，不知其期，曷至哉？”（《诗经·王风·君子于役》）我们认为，反问句末、询问句末的“哉”并不表示反问语气、询问语气，而仍是表示感叹语气的，因为有时反问句、询问句也可以有强烈的语气。当感叹语气与疑问语气连用时，其语气结构成分只有一种位置，即反问语气、询问语气在感叹语气之前。例如“若寡人者，可以保民而王乎哉！”（《孟子·梁惠王上》）、“彼以其富，我以吾仁；彼以其爵，我以吾义。我何慊乎哉！”（《孟子·公孙丑下》）“若白黑然，可诎邪哉！”（《荀子·君道》）据此看来，“哉”用于反问句和询问句之末，只能有一种分析，即表反问、询问语气的语气结构成分在前，处于内层；而表感叹语气的“哉”在后，处于外层。表反问、询问语气的语气结构成分主要是疑问代词，如前引例（15）至（19）、（25）。这时主要由疑问代词表示反问、询问语气，而“哉”表示感叹语气。整个句子语气的重点落在最后一个语气词上，其句类为感叹句，这时是用感叹句式来表示反问、询问语气，况且在感叹语气中含有反问、询问语气。表反问语气的语气结构成分有时是副词或助动词，如前引例（20）中的“敢”。“敢”可以表示反问，等于说“岂敢”，例如“敢辱高位?”（《左传·庄公二十二年》）例（20）中主要由“敢”表示反问语气，而“哉”表示感叹语气。整个句子语气的重点落在最后一个语气词“哉”上，其句类为感叹句，这时也是用感叹句式来表示反问语气。

“哉”可以跟其它语气词连用，如前引例（23）、（24）。例（23）中的语气结构成分主要有三：一是表反问语气的“岂”，二是表陈述语气的“也”，三是表感叹语气的“哉”和语调［M］。它们的组合层次如下（参见杨永龙 2004）：

岂不二子之忧也 哉［M］

“也”处于内层，“岂”处于次外层，“哉”处于外层，它们分别表达不同的语气，但语气的重点落在最后一个语气词“哉”上，它决定了整个句子的句类为感叹句，但其中包含判断确认、反问等语气。例（24）中的语气结构成分主要有疑问代词“何”、语气词“欤”和“哉”，还有语调［M］。它们的组合层次如下：

何以如是其疾欤哉［M］

“欤”和“何”处于内层，表反问语气，“哉”和语调［M］处于外层，表感叹语气，语气的重点落在最后一个语气词“哉”上，它决定了整个句子的句类为感叹句，但其中包含反问语气。

所以，我们赞同“哉”语气的单功能论。

华建光（2008）认为，语气是个广义的概念，包括情态和语力。情态包括知信态度、轻重缓急，而语力是指陈述、疑问、祈使、感叹等。古代汉语中的语气词是表示情态的，不是表示语力的。具体到“哉”，它又不是表示知信态度的，而是表示轻重缓急的，即起加强语势的作用。华建光的看法我们难以接受。句末语气词是用于小句之末表示句类的，现代汉语中的语气词都是如此。齐沪扬（2002：21）把现代汉语的语气分成两大类，即功能语气和意志语气。功能语气包括陈述语气、疑问语气、祈使语气、感叹语气，意志语气包括可能语气、能愿语气、允许语气、料悟语气。他特别指出，句末语气词是表示功能语气的。现代汉语中的语气词是这样，古代汉语中的语气词也应如此，古今汉语不会有那么大的差别。古代汉语的“哉”同现代汉语中的“啊”非常类似，“啊”可以表示感叹语气，古代汉语的“哉”也应如此。华建光认为“也/矣/已/耳/夫”为“传信”语气词，“乎$_1$/与/耶”为“传疑”语气词，“哉”有加强语势的作用；“兮/乎$_2$”则有舒缓语势（曳音）的作用。这样，同样的句末语气词，有些被看成是表示语意的，有些被看成是表示语势的，差别那样大，这不能不令人怀疑。

总之，在出土战国文献中，语气词“哉”可以用在感叹句、反问句、祈使句末，有时也用在询问句末。它一般是单用的，有时也与其它语气词连用。无论在什么环境中出现，“哉”所表示的语气基本上都是感叹语气。

6-1：出土战国文献中语气词“哉”统计表

用法 \ 文献		战国金文	战国简牍		战国帛书	战国玉石文字	合计
			楚简	秦简			
感叹句末		9	16				25
祈使句末		3	1		1		5
疑问句末	反问句末		11				11
	询问句末		1				1
总计		12	29		1		42

出现“哉”的语料具有地域性。“哉”最常见于楚文献（楚简、楚帛书、楚金文）中，共有33次，占总次数（42）的78.6%。其次是出现在越文献（金文）、齐文献（金文）、中山文献（金文）中，都少见。但不见于

秦文献里，这是否意味着战国时代秦人不使用语气词“哉”呢?

参考文献

郭锡良:《古代汉语语法讲稿》，语文出版社2007年版。

何乐士:《古代汉语虚词词典》，语文出版社2006年版。

洪波:《立体化古代汉语教程》，高等教育出版社2005年版。

华建光:《战国传世文献语气词研究》，中国人民大学汉语言文字学专业博士学位论文2008年。

季旭升:《〈上海博物馆藏战国楚竹书（三）〉读本》，[台湾]万卷楼图书股份有限公司2005年版。

季旭升:《〈上海博物馆藏战国楚竹书（四）〉读本》，[台湾]万卷楼图书股份有限公司2007年版。

刘钊:《郭店楚简校释》，福建人民出版社2003年版。

齐沪扬:《语气词与语气系统》，安徽教育出版社2002年版。

苏建洲:《〈上海博物馆藏战国楚竹书（二）〉校释》，[台湾]花木兰文化出版社2006年版。

王力主编:《古代汉语》（共四册），中华书局1981年版。

杨永龙:《先秦汉语语气词同现的结构层次》，《古汉语研究》2004年第4期。

张振林:《先秦古文字材料中的语气词》，《古文字研究》（第七辑），中华书局1982年版。

邹濬智:《〈上海博物馆藏战国楚竹书（一）·缁衣〉研究》，[台湾]花木兰文化出版社2006年版。

第七节　出土战国文献中的语气词“焉”

除了兼词用法之外，“焉（安）”还可以用作语气词。那么该如何区别兼词“焉（安）”和语气词“焉（安）”呢？对此，一些学者做过论述。

何乐士（1988）认为：凡位于作谓语中心成分的动词或形容词之前或之后的“焉”解作“於+宾”而有助于或者无损于理解文义的，都是兼词；

凡位于“动词或形容词+於+宾语”之后的“焉”，不能再解作“於+宾”的，是语气词。

荆贵生（1988）认为，可以从两个方面进行辨析。一是以句子结构为标准。有下列情况之一者，句尾的“焉”应为纯粹语气词：主语是表示处所的名词或名词性词组时，如“南方有鸟焉”（《荀子·劝学》）；主语是代替表示处所、范围或方面的名词或名词性词组的指示代词时，如“彼有人焉”（《三国志·吴书·吴主传》）；状语是表示处所、范围、对象的词或词组时，如“寡人之于国也，尽心焉耳矣”（《孟子·梁惠王上》）。二是以语气为标准。有下列情况之一者，句尾的“焉”应为纯粹语气词：在表示限止语气的句子末；在表示疑问语气的句子末；在表示感叹、祈使、推测语气的句子末。

崔立斌（2004）认为：不能轻易地把“焉”看成语气词，只有当“焉”所指代的内容在句子中已经出现了，它的指代意义已经消失了，这时才把“焉”看成语气词，如“於我心有慼慼焉”（《孟子·梁惠王上》）（P183）。

上引何乐士（1988）的看法，是可取的，但过于强调主观的“理解”，而忘掉了还有一些客观的标志可供参考。荆贵生（1988）的看法过于宽泛，把许多兼词“焉”都划到了语气词里。崔立斌（2004）的看法似可商榷，所指代的内容在句子中出现了，那是兼词“焉”的特点。

前面说过，何乐士（1988）概括出了兼词“焉”的三个主要特点，我们认为这是科学的。在判断一个“焉（安）”是兼词还是语气词时，首先要根据这些特点。有这些特点的是兼词，没有的、用在句末尾仅有表示语气作用的是语气词。此外，语气词“焉（安）”还有一些形式标志，如与其它语气词在前后句子中互见，在同一句子中同现等。

兼词“焉（安）”是从属于谓语中心的，不必一定出现于句末。所以凡是处于句中（不是句中语气词应出现的位置）而可解为“于/於+宾”的，应看成兼词，不应看成语气词。例如“古（故）共是勿（物）也而又（有）深安（焉）者，可孛（教）而不可矣（疑）也。”（《郭店楚简·尊德义》）

兼词“焉（安）”必须表示与谓语中心有关的施事、受事、对象、与事、伴随、比较、处所、范围方面、时间等。依据“焉（安）”所在的上下文，如果能分析出上述语义内容之一，这是兼词；否则用于句末、仅表语气的是语气词。

兼词“焉（安）”的上文一般要有先行词，这个先行词可以在“焉（安）”小句之前的小句中，也可以跟“焉”处于同一小句里。例如：

（1）含（今）受为无道，䎽（昏）者百眚（姓），至（制）约者（诸）侯，天𨟻（将）戜（诛）安（焉）。（《上博楚简二·容成氏》）“焉”的先行词是“受”。

（2）禹乃建鼓於廷，目为民之又（有）詓（讼）告者鼓（鼓）安（焉）。（《上博楚简二·容成氏》）“焉”的先行词是“鼓”。

（3）丙有宁毒言，甲等难饮食焉，来告之。（《睡虎地秦简·封诊式》）“焉”的先行词是“丙”。

（4）受䎽（闻）之，乃出文王於虽（夏）壴（台）之下而䎽（问）安（焉）。（《上博楚简二·容成氏》）“焉”的先行词是“文王”。

（5）天大、陉（地）大，道大，王亦大，国中又（有）四大安（焉）。（《郭店楚简·老子甲本》）

（6）面有黑子焉。（《睡虎地秦简·日书甲种》）

后两例中“焉（安）”的先行词，都与“焉（安）”出现在同一小句里，只是语法位置不同。这种“焉（安）”有些学者视为语气词，但我们仍视为兼词。我们认为，出现在同一小句中的先行词，跟出现在前面小句中的先行词并没有本质不同，不能因为不好翻译就把这种“焉（安）”视为语气词。出现于同一小句的“焉（安）”及其先行词，尽管在语义表达上一样，显得是一种“冗余”。但是由于两者语法位置不同，所以在语法及语用上却有差别。在文言文中，有类似的句子，如“子曰：老者安之，朋友信之，少者怀之。”（《论语·公冶长》）。这个例子里的三个“之”分别指代前面的“老者”、“朋友”、“少者”。又如“今薪登（蒸）思吴（虞）守之，泽梨（济）吏（史）渔守之，山林吏（史）衡守之。”（《上博楚简六·竞公瘧》）

但是，如果“焉（安）”的先行词与“焉（安）”处在同一小句中同样的语法位置上，那么我们同意何乐士（1988）的意见，倾向于把这种“焉（安）”看成语气词，或者至少认为这是由兼词“焉（安）”向语气词“焉

（安）”转化的滥觞。例如：

（7）悳（德）者，虘（且）莫大啓（乎）豊（礼）乐安（焉）。（《郭店楚简·尊德义》）

在《左传》中有同样的例子，如“楚之灭蔡也，灵王迁许、胡、沈、道、房、申於荆焉。”（《左传·昭公十三年》）这个例子，何乐士（1988）认为是“用以煞句也”的语气词。

如果“焉（安）”处于句末，其前找不到先行词，本身已不表示施事、受事等等，不能被理解为“于/於+宾语”，那么就应该视为句尾语气词了。例如：

（8）政（当）丌慮（然）而行，怠（治）安（焉）。（《郭店楚简·语丝一》）

（9）先之以悳（德），则民进善安（焉）。（《郭店楚简·尊德义》）

语气词“焉（安）”可与其它语气词在前后句子中互见，也可在同一小句中同现。例如：

（10）言之而不义，口勿言也；视之而不义，目勿视也；圣（听）之而不义，耳勿圣（听）也；蓮（动）而不义，身毋蓮（动）安（焉）。（《上博楚简五·君子为礼》）

（11）君子言訐（信）言（焉）尔（爾），言煬言（焉）尔（爾）。（《郭店楚简·六德》）

（12）正（当）丌慮（然）而行，怠（治）安（焉）尔（爾）也。（《郭店楚简·语丛一》）

在例（10）中，有四个分句并列。在前三个分句末尾，用的句尾语气词是“也”，在最后一个分句，用的句尾语气词是“焉（安）”。在例（11）中，句末是“焉爾”两个语气词同现，这种例子在传世文献中可以见到（其中的“焉爾”可以写成“焉尔”），例如：“橐驼非能使木寿且孳也，能顺木之天以致其性焉尔。”（柳宗元《种树郭橐驼传》）其中的“焉尔”，学者们认为是两个语气词同现。例（11）中的“焉”被写成了“言”，而兼词“焉”却从来没有这样写的。古人有时似乎有意从写法上对兼词“焉”和语气词“焉”加以区别。例（12）中的“焉爾也”则是三个语气词同现，这种例子在传世文献中也可以见到，例如“管仲死，桓公使为之服。宦于大夫者之为之服也，自管仲始也，有君命焉尔也”（《礼记·杂记下》）。把例（12）和前引例（8）相比较，应知例（8）中的“焉（安）”也应为语气词。

语气词“焉（安）”应该是由兼词“焉（安）”虚化过来的。前面说过，兼词“焉（安）”可以处于句中（非句中语气词出现的位置），也可以处于句末。语气词“焉（安）”只能是由句末的兼词“焉（安）”虚化过来的。兼词“兼（安）”所包含的代词，其先行词可以出现在“焉”小句前面的句子里，也可以跟“焉”在同一小句中出现。在后一种情况下，虽然“焉”有语法和语用方面的作用，可是在表义上已具有冗余性，很容易被重新分析为“矣”、“也”一类的句尾语气词。当“焉”及其先行词出现在同一小句同一语法位置上时，“焉（安）”已基本上成了一个句尾语气词了。当这个语气词产生之后，它就既可以单用，也可以与其它语气词前后互见，还可以跟其它句尾语气词同现。

句尾语气词“焉（安）”表示肯定语气，同时有将事态往大处说的意思（参见洪波等 2005，P186—187）。语气词“焉（安）”跟“爾”功能基本一致，所以两者有时连用，如前引例（11）、例（12）。从出土文献看，“焉（安）”只出现在陈述句中，是个陈述语气词，并不表示疑问、测度、感叹等语气。我们认为即使“焉（安）”出现在疑问句、测度句、感叹句的末尾，也不表示疑问、测度、感叹等语气，而仍表示它原来的意义。

句中语气词“焉”在出土文献中只见到 1 例，写作“於”，用于主语之后。例如：

（13）《诗》於（焉）又（有）之曰：“岂弟君子，民之父母。”（《上博楚简四·曹沫之阵》）这个“焉”出现在句中语气词可以出现的地方，表示它前面的成分是一个话题。

第八节 出土战国文献中的其他语气词

在出土战国文献中，除了“也”、“殹”、“矣”、“而已”、“乎”、“与”、“哉”之外，还有其它一些语气词。这些语气词是“耳”、“尔”、“已”、“兮”。

一、语气词“耳”

在出土战国文献中，语气词“耳”只见到2次：

（1）又（有）阅春秋，亡不以丌生也亡耳。（《郭店楚简·语丛三》）

（2）思（使）良车良士往取之餌（耳）。（《上博楚简四·曹沫之阵》）

上引例（1）“春秋”前的一个字，我们从李零（2007）说释为“阅”，是经历之义。例（2）中的“餌”，季旭升等（2007：148）作如字解，把此句译为让好的车队、好的士卒去攻取敌人的饵军。这样的解释於义难通，况且如果是此义，“取”后应是“其”字，而不应是“之”。在传世战国文献中，“耳”表限止语气，含有将事态往小处说的意思，可以译为“而已”、“罢了”。例如“寡人非能好先王之乐也，直好世俗之乐耳”（《孟子·梁惠王下》）、“故君子之所以日进，与小人之所以日退，一也。君子小人之所以相县者在此耳”（《荀子·天论》）。出土战国文献中的语气词“耳”，也应是表示这种限止语气的。

二、语气词“尔”

语气词“尔”有两种用法，一是作句末语气词，二是作句中语气词。

句末语气词“尔”可以单用，也可以与其它语气词连用。单用的例子如：

（3）口惠而实弗从，君子弗言尔（爾）。心［疋（疏）而貌］睪（亲），君子弗申尔（爾）。（《郭店楚简·忠信之道》）

（4）乍（作）豊（礼）乐，折（制）坓（刑）法，季（教）此民尔（爾）。（《郭店楚简·六德》）

（5）未，羊，盗者从南方，有（又）从出尔，在牢圈中。| 申，猴矣，盗从西方尔，在山谷。| 酉，鸡矣，盗从西方入，復从西方出尔，在囷屋东屎水旁。| 戌，犬尔，［在］责（积）薪粪、蔡中。（《放马滩秦简·日书甲·亡盗章》）

这种“尔”在传世战国文献中可以见到。例如“荀息对曰：‘君若用臣之谋，则今日取郭而明日取虞尔，君何忧焉？’”（《公羊传·僖公十八年》）“象入舜宫，舜在床琴。象曰：‘郁陶思君尔。’”（《孟子·万章上》）对于这种“尔”，洪波等（2005：186）认为它是表示肯定语气的，同时有将事态往大处说的意思，与“而已”、“耳”相对，与现代汉语中的“呢”大致相当。此说可从。出土战国文献中的语气词“尔”也应这样分析。

与其它语气词连用的例子如：

（6）君子言訐（信）言（焉）尔（爾），言煬言（焉）尔（爾）。（《郭店楚简·六德》）

（7）正（当）亓虗（然）而行，怠（治）安（焉）尔（爾）也。（《郭店楚简·语丛一》）

（8）亥，豖矣，盗者中人矣尔，在屏、圂方及矢。（《放马滩秦简·日书甲·亡盗章》）

在例（6）中语气词“尔”与“焉”连用，形成“焉尔”这样的格式。“焉”的功能与“爾”基本一致，表示肯定语气，同时有将事态往大处说的意思（参见洪波等2005：186）。两个同义的语气词连用，加强这种肯定、夸大的语气。在传世文献中，可以见到“焉尔”这样的固定词组，例如“橐驼非能使木寿且孳也，能顺木之天以致其性焉尔。”（柳宗元《种树郭橐驼传》）但此例中的“尔”通“耳”，是罢了、而已的意思，与例（6）中的不同。由此可以看出例（6）的珍贵，它使我们看到，在古代汉语中“焉尔”应有两种解释，这两种解释有时代性。

例（7）中是“焉”、“尔”、“也”的连用，构成“焉尔也”这样的固定词组。这种用例在传世文献中可以见到，例如“管仲死，桓公使为之服。宦于大夫者之为之服也，自管仲始也，有君命焉尔也！”（《礼记·杂记下》）“焉”和“尔”是同义的语气词，两者连用，加强了肯定、夸大的语气，这已在前边讲过了。最后用“也”，表示判断、确认的语气。语气的重点落到最后一个语气词“也”上。

例（8）中“矣”和“尔”连用，构成“矣尔”这样的固定词组。这种用例，在传世文献中见不到，因而这个例子是很珍贵的。“矣”表示报道新情况的语气，“尔”表示肯定、夸大的语气，语气的重点落到最后一个语气词“尔”上。

句中语气词“尔”的用例如下：

（9）亓（其）言尔（爾）訐（信），古（故）𢓊（转）而可受也。

（《郭店楚简・忠信之道》）

（10）足此民尔（爾）生死之用。（《郭店楚简・六德》）

例（9）中的“尔”用在主语之后，主要表示停顿的语气，同时有夸大的意思。例（10）的意思是，满足人民生前死后的器用。例（10）中的“民尔生死”可以看作主谓短语，“尔”也是用如主语之后的，也是句中语气词。

“尔”跟“也”一样，可以作句末语气词，也可以作句中语气词，后者源自前者。句中语气词“也”也可以用在主语之后，例如：“子朱曰：‘朱也当御。’叔向曰：‘肸也欲子员之对客也。’”（《国语・晋语八》）

三、语气词“已”

语气词“已”只作句末语气词用，可以单独使用，也可以跟其它语气词连用。

“已”单用的例子如：

（11）天下皆智（知）攷之为媺也，亚（恶）巳（已）；皆智善，此其不善巳（已）。（《郭店楚简・老子甲本》）

（12）[敓]，则可巳（已）；不敓（悦），可去也。（《郭店楚简・语丛三》）

（13）今天下之君子既可智（知）已。（《上博楚简四・曹沫之阵》）

（14）亓（其）人婁（数）多已。（《上博楚简六・競公瘧》）

语气词“已”是由“完毕”义的动词“已”虚化而成的。它表示肯定语气，同时表示所述事件已经成为事实，可译为“了”。上引四个例子中的“已”都可如此解释。

“已”与其它语气词连用的例子如：

（15）繇（由）丘籊（观）之，则散（微）言也已。（《上博楚简五・季庚子问於孔子》）

（16）至（致）而亡及也巳（已）。（《郭店楚简・语丛四》）

上引两例，都是“已”跟“也”连用、构成“也已”这样惯用词组的例子。这种例子在传世文献中也可以见到，例如“及楚杀子玉，公喜而后可知也。曰：‘莫余毒也已！’”（《左传・宣公十二年》）、“君子食无求饱，居无求安，敏于事而慎于言，就有道而正焉，可谓好学也已！”（《论语·学而》）“也已”中的“也”表判断确认的语气，而“已”表示业已实现的语气，语气的重点落到最后一个语气词“已”上。

很明显，“已”和“矣”同义，那么两者的区别何在？洪波等（2005：185）认为两者有三点差异：一是“已”表示确信的语气比“矣”要强，而“矣”表示实现的意义更为显著；二是“已”更多出现在人物话语中，“矣”则没有这种倾向；三是“已”不能用於推定所述事件将成为事实。

四、语气词“兮”

在出土战国文献中，语气词“兮”只出现2次：

(17) 尸（鸤）鴼（鸠）曰：丌义一氏（兮），心女（如）结也。虗（吾）信之。（《上博楚简一·诗序》）

(18) 古（故）道［之出言］，淡可（兮）丌（其）无味也。（《郭店楚简·老子丙本》）

例（17）引自《诗经》，所以严格说起来，它反映的是春秋时代的语言现象。此例中的“兮”，用于陈述句末，表示感叹，有拉长声调、抒发感情的作用，可译为“啊”、“呀”。例（18）中的“兮”用在陈述句中，表示语气停顿舒缓，同时有抒发感情的作用。

五、语气词“则”

在出土战国文献中，还可以见到用作句末语气词的“则”，只出现2次，都出现在《诗经》引文之中。很明显，这是西周春秋时代“则”的用法（韵文中），而不是战国时代“则”的用法：

(19)《寺（诗）》員（云）：“皮（彼）求我𠟭（则），女（如）不我㝵（得）。”（《郭店楚简·缁衣》）

(20)《㞷（诗）》员（云）：“皮（彼）求我则，女（如）不我㝵（得）。”（《上博楚简一·缁衣》）

马瑞辰《毛诗传笺通释》说：“则字为句末语助词，故《笺》但云‘王之始征求我，不释则字。”若此说可信，则“则”应视为句末语气词。

此外，在传世文献中，“则”还有疑问语气词的用法，如“盖钟子期死，伯牙终身不复鼓琴，何则?”（司马迁《报任安书》）这种“则”，在出土战国文献中还见不到。

参考文献

何乐士:《古代汉语虚词词典》，语文出版社 2006 年版。

洪波:《立体化古代汉语教程》，高等教育出版社 2005 年版。

季旭升:《〈上海博物馆藏战国楚竹书（四)〉读本》，[台湾] 万卷楼图书股份有限公司出版 2007 年版。

李零:《郭店楚简校读记》[增订本]，中国人民大学出版社 2007 年版。

第　六　章

出土战国文献中的兼词

所谓兼词，是指一个词的某一个义项中含有两个部分，这两个部分属于不同的词类。例如“焉”的含义为“于是”或“于之”，“于”为介词，“是”或“之”属于代词。

兼词，有的是由合音造成的，如“诸”，有的则其原始含义就是如此。

有两个词：焉（101）、诸（21）。

“焉”是介代兼词，可以表示施事、受事、对象、与事、伴随、比较、处所、范围方面、时间等。

“诸”是“之於”的合音，其中的“於”可以分为四类：一是作处所连词，二是作位事介词，三是作范围介词，四是作当事介词。

第一节　出土战国文献中的兼词“焉”

本文只讨论出土战国文献中“焉”的兼词、连词和语气词用法，不涉及其疑问代词等的用法。

一、书写形式

“焉”这个虚词的写法，明显是因地域而异的。根据笔者的研究，这个词在楚简中写作“安”，偶尔写作“言”，而在秦简和中山国金文中则写作“焉”。楚国在南方，秦国在西方，中山国在北方。由此可见，“焉”这个词在南方写作“安”、“言”，在西方、北方写作“焉”。

“安”与“焉”的上古音十分相近。“安”是元部、影纽、平声，拟音为 an①。“焉”有两个音，一个跟“安”有双声叠韵的关系，属于元部、影纽、平声，拟音为 ĭan①；另一个属于元部、匣纽、平声。这第二个音跟“安”的字音也相近，韵部为叠韵关系，声母为邻纽关系（喉与牙）。因为两者音近，所以可以通假。依据王海根（2006），“安”可通“焉”，“焉”也可通“安”。《广雅》：“焉，安也。”《正字通》：“安与焉同。”刘淇《助字辨略》：“安得为焉者，声相近也。”王引之《经传释词》也训“安”为“焉”。

从出土战国文献来看，“安”和“焉”两个字，是一个词的两种不同书写形式。明白了这一点，再回过头来看传世文献，会有新的看法。在传世文献中，“焉”可以作顺承连词，例如：

（1）必知乱之所自起，焉能治之；不知乱之所自起，则弗能治。（《墨子·兼爱上》）

“安”、“案”、“按”也有这样的用法，例如：

（2）既而皆入其地，王安挺志。（《国语·吴语》）

（3）刑政平，百姓和，国俗节，则兵劲城固，敌国案自诎矣。（《荀子·王制》）

（4）人皆失丧志，我按起而治之。（《荀子·富国》）

作为顺承连词，“焉”、“安”、“案”、“按”是四个不同的词呢？还是一个词的四个不同书写形式？抑或是其它的情况？

何乐士（2006）认为是三个词，立了“焉”、“安”、“案（按）”三个词条，只承认“案”和“按”是一个词的不同书写形式。其实，这四个字记录的是同一个词，应立为一个词条，即“焉（安、案、按）”。在出土战国文献里，只有楚简中有顺承连词“焉”，都写成“安”，没有例外。在传世文献中，用作疑问代词的有“焉”，也有“安”，这是两个同义的疑问代词，还是一个代词？何乐士（2006）立了“字”、“焉”两个词条，李佐丰（2003）也认为是两个代词。我们则认为，两者记录的应是同一个代词。“安”、“焉”这两个字的上古音极为相近。在传世文献里，作为疑问代词的“安”和“焉”用法是相同的，主要都是问处所、表反问。在出土文献中，这个词在楚简里都写作“安”，不写作“焉”。

结合出土文献和传世文献来看，作为兼词的“焉”有“焉”、“安”两种写法，立词条时可写为“焉（安）”；作为连词的“焉”，有“焉”、“安”、“案”、“按”四种写法，立词条时可写成“焉（安、案、按）”；作为语气词的“焉”，有“焉”、“安”、“言”三种写法，立词条时可以写为“焉（安、言）”。“言”为元部、疑纽、平声，拟音为ŋĭan①。“言”与“安”韵部为叠韵关系，声母为邻纽关系，上古音相近。

除了用作疑问代词之外，出土战国文献中的“焉（安）”主要有三种用法，即用作兼词、语气词、连词。这三种用法“焉（安）”的出现频率见下表：

1-1：出土战国文献虚词“焉”统计表

文献 用法	战国金文	战国简牍	战国帛书	战国玉石文字	合计
兼词	2	98	0	1	101
语气词	0	7	0	0	7
连词	0	23	0	0	23
总计	2	128	0	1	131

由上表来看，出土战国文献中“焉（安）”的最常见的用法是作兼词。

二、兼词“焉（安）”

对于这种“焉”的性质，学术界主要有两种看法：

一、认为它是特殊的指示代词。如郭锡良等（1991），又如崔立斌（2004）。

二、认为它是兼词。如何乐士（1988）。

为什么把它看成是特殊的指示代词呢？特殊性何在？郭锡良等（1991）解释说：“它既是指示代词，又同时具有语气词的性质。”（P323）这种说法其实源自王力等（1962）。王力主编的《古代汉语》认为“焉字是一个指示代词兼语气词。我们说它是指示代词，因为它常常指代某一范围或方面；我们说它是语气词，因为它常用於叙述句的句尾来表示停顿，就一般情况说，它的后面不再加别的语气词。”李佐丰（2004）认为“焉”是一个兼有指代作用的决断词。他所谓的决断词，其实是表示陈述语气的句尾语气词，所以李佐丰的说法跟王力的说法很类似。王力等（1962）没说“焉”是一个特殊的指示代词，只说它是一个指示代词兼语气词，可以简称为兼词。何乐士（1988）也认为“焉”是兼词，但他认为“焉”是介代兼词。那么，“焉（安）”到底是指示代词兼语气词呢？还是介词兼代词呢？

我们认为，何乐士的说法更为可信。这是因为，把“焉（安）”看成兼有语气词用法的根据不可靠。王力等（1962）认为“焉（安）”兼有语气词的性质，主要根据有二：一是“常用于叙述句的句尾表示停顿”；二是它的后面一般不再加别的语气词。这两点难以成立。

首先，不少兼词“焉（安）”并不出现在句尾，而是出现在句中。例如：

（5）有实官高其垣墙。它垣属焉者，独高其置刍廥及仓茅盖者。（《睡虎地秦简·秦律十八种》）

（6）上好此勿（物）也，下必又（有）甚安（焉）者矣。（《郭店楚简·缁衣》）

（7）古（故）共是勿（物）也而又（有）深安（焉）者，可孛（教）而不可矣（疑）也。（《郭店楚简·尊德义》）

（8）亓（其）能至安（焉）而弗为唬（乎）？（《上博楚简五·鬼神之明》）

其次，在“焉（安）”的后面还可以再出现别的语气词。例如：

（9）意（抑）亓力古（故）不能至安（焉）唬（乎）？（《上博楚简五·鬼神之明》）

如果兼词“焉（安）”都处于句子末尾，那么说它兼有语气词的性质还有根据。可是，如上引诸例所示，不少兼词“焉”是用于句中的，用于句中的“焉（安）”（有一些用于“者”字词组中），就不可能兼有语气词的性质（句中的“焉（安）”并不处于句中语气词可以出现的位置）。我们没有理由说句尾的“焉（安）”和句中的“焉（安）”是不同的，例如我们不能说上引例（8）中的“焉（安）”和下例中的“焉（安）”是两种性质的

词："志（诗）之［所］至者，豊（礼）亦至安（焉）。"（《上博楚简二·民之父母》）

由上引例（5）至（8）来看，"焉（安）"并不限于出现在句子末尾；由上引例（9）来看，"焉（安）"后还可以出现别的语气词。可见，王力等（1962）把"焉（安）"看作兼有语气词性质的两点根据都不太可靠。

现在看来，把"焉（安）"视为介代兼词，还是比较可信的，因为不少学者认为"焉（安）"应理解为"介词+代词"。清代吴昌莹的《经词衍释》说："焉，犹於是也。"他举的是《左传·定公五年》里的一个例子："父兄亲暴骨焉。"他的解释是："言暴骨於是也。"（P30）马建忠的《马氏文通》说："'焉'代'於是'者，指事也；代'於此'者，指地也；代'於之'者，指人也。"（P54）何乐士的（1988）认为"焉（安）"相当于"介词加代词"，介词包括"於"、"于"；代词包括"之"、"此"、"是"、"安"、"何"。

李佐丰（2004）不同意这种理解，他认为这有两点难处：一是"于是"、"于此"、"于斯"等虽然在古汉语中确实存在，但"于之"则极为罕见；二是把"焉"理解为"于是"等等，已经把它的决断作用否定了。他所谓的决断作用，其实就是表达陈述语气。（P241—242）李佐丰的质疑根据不足。首先，在先秦传世文献中"于之"虽然极为罕见，但在先秦出土文献中却较常见，例如"方不出于之?"（《合集》28012）其次，前面已说过，"焉（安）"并不具有表达语气的作用，既然没有也无所谓"否定"了。

许多"焉（安）"确实可以理解为"介词加代词"，例如"若者吾舅死于虎，吾夫又死焉，今吾子又死焉。"（《礼记·檀弓下》）很明显，"焉"是替代前面的"于虎"的，确实可译为"于是"或"于此"等。何乐士（1988）详细研究了《左传》里的"焉"。她认为，可以理解为介词加代词的，有859次，占总次数（877）的97%。何乐士的分析是扎实可信的。

但是，我们必须指出，何乐士（1988）认为"焉（安）"所包含的代词，包括"安"、"何"，这是不可信的。从西周时代起，"焉（安）"已有疑问代词用法，这种用法的"焉（安）"和兼词"焉"应是两个不同的词，不可混为一谈。作为疑问代词"焉（安）"，不能理解为介词加"安"或"何"，因为"焉"前还可以出现介词"于"。例如："皎皎白驹，食我场藿。絷之维之，以永今夕。所谓伊人，于焉嘉客?”（《诗经·小雅·白驹》）“焉”前既然已出现了“于”，“焉”中不应再含有“于”。作为兼词的“焉”，其前从来也没有出现过介词“于”或“於”。所以兼词“焉（安）”和疑问代词“焉（安）”应是两个不同的词。

所以，我们把“焉（安）”视为介代兼词，介词包括“于”或“於”；代词包括“是”、“此”、“之”等。何乐士（1988）认为兼词“焉（安）”主要有三个特点：一是绝大多数兼词位于句末，但它不属于整个句子而属于用作谓语中心成分的动词或形容词；二是它表示与中心成分有关的人物、处所、事件、状态等；三是它的特殊作用是，由于“焉”所包含的代词在上文已有先行词，用“焉”代替“於/于+宾语”可以避免重复，使句子简洁、中心突出。我们认为，何乐士对于“焉（安）”的特点的认识是准确而深刻的，是我们辨别一个“焉（安）”是否兼词的依据。

由于“焉（安）”可以理解为“介词+代词”，在句子中一般作补语，所以，对兼词“焉”的下位区分，可以采用对介词的分类方法。在目前见到的出土战国文献中，兼词“焉（安）”共出现 94 次，这些“焉（安）”有以下几类：

一是表示施事的。例如：

（10）不肰（然），忎（恐）亡安（焉）。（《上博楚简四·曹沫之阵》）

此例中的“亡”是灭亡的意思。“忎（恐）亡安（焉）”是说恐怕被敌国亡灭。

二是表示受事的。例如：

（11）乐丌（其）衍（道），兑（悦）丌（其）酱（教），是目（以）敬安（焉）。（《郭店楚简·性自命出》）

（12）含（今）受为无道，䎽（昏）者百眚（姓），至（制）约者（诸）侯，天䣿（将）戓（诛）安（焉）。（《上博楚简二·容成氏》）

这种“焉（安）”都出现在及物动词之后，所指代的就是动作的受事，可以译为“之”。例如对例（11）中的“焉”，刘钊（2003）就这样翻译。这种“焉（安）”在出土战国文献中共见到 11 次，出现在下列动词之后（动词后的数字表示次数）：戓（诛）（2）、敬（2）、䙵（窥）（1）、備（服）（2）、鼓（鼓，击的意思）（1）、观（1）、舉（举）（1）、赏庆

（“庆”也奖赏的意思）（1）。

对于这种“焉（安）”，何乐士（2006）看作是人称代词，跟“之”相当。她认为，作人称代词的“焉”和作兼词的“焉”是有区别的：在语法功能上，一般人称代词“焉”大都是作前面动词的受事宾语，“焉”相当于“之”。若把这种“焉”理解作“于之”，就不符合动词的语法特点。兼词的“焉”相当于“于+是/之”，表示动作行为发生或起始的处所、动作的施动者、比较的对象、动作旁及的对象。若把兼词“焉”当作“之”，就可能使人辨别不清句法结构的性质。（P464）

但是，这样的说法未必可信。前面说过，兼词“焉（安）”相当于“介词加代词”，具体说来相当于“于/於+之/是/此”。介词“于/於”是可以引进动作行为的受事的，也就是说“于/於”的宾语实际上可以是谓语动词的受事宾语，例如：

（13）国将兴，听於民；将之，听於神。（《左传·庄公三十二年》）

（14）舜明於庶物，察於人伦。（《孟子·离娄下》）

在受事宾语之前，一般是不用介词的。有时为了表示对宾语的强调，就用“于/於”把它引进来，这种“于/於”起加强语气的作用。何乐士把“众恶之，必察焉”（《论语·卫灵公》）中的“焉”看作是相当于“之”的第三人称代词。但是若把“必察焉”和前引例（14）中的“察於人伦”相比较，就会明白“必察焉”中的“焉”仍以看作兼词为宜。由此看来，用在及物动词之后、表示受事的“焉（安）”也应看作兼词，其中的介词是引介受事成分的。这种“焉”跟作受事宾语的“之”是不同的，“焉”有对受事的强调作用，而“之”则没有。

三是表示对象的。例如：

（15）募（寡）人惑安（焉），而未之[彐寸]（得）也。（《郭店楚简·鲁穆公问子思》）

（16）以履履男子，利焉。（《睡虎地秦简·封诊式》）

例（15）中的“惑安（焉）”是说对此感到疑惑；例（16）中的“利焉”是说对他合适。

四是表示与事的。所谓“与事”，包括给予的对象、祭祀的对象、索取的对象、询问的对象等等。例如：

(17) 大材埶（艺）者大官，少（小）材埶者少官，因而它（施）录（禄）安（焉）。(《郭店楚简·六德》)

(18) ☐□氏之有天下，厚施而泊（薄）奢（敛）安（焉）。(《上博楚简二·容成氏》)

(19) 受餌（闻）之，乃出文王於虽（夏）臺（台）之下而餌（问）安（焉）(《上博楚简二·容成氏》)

五是表示伴随的。所谓伴随，是指偕同的对象。例如：

(20) 丙有宁毒言，甲等难饮食焉，来告之。(《睡虎地秦简·封诊式》)

(21) 甲取人亡妻以为妻，不智（知）亡，有子焉。(《睡虎地秦简·法律答问》)

前例中的“饮食焉”是说跟他（丙）一起饮食，后例中的“有子焉”是说跟她有了孩子。

六是表示比较的。例如：

(22) 此言也，言不靋（逆）大祟（常）者，文王之型（刑）莫至（重）安（焉）。(《郭店楚简·成之闻之》)

(23) 或，恒安（焉）。生或者同安（焉）。(《上博楚简三·恒先》)

七是表示处所的。可以表示所在，也可以表示所从、所到。例如：

(24) 瑶、敓舉（与）雁成，唯周鳜之妻葬安（焉）。(《包山楚简》91) 成：和解。

(25) 乐之所至者，悫（哀）亦至安（焉）。(《上博楚简二·民之父母》)

(26) 屈（掘）其室中三尺，燔豕矢焉，则止矣。……票（飘）风入人宫而有取焉。(《睡虎地秦简·日书甲种》)

八是表示范围方面的。例如：

(27) 天大，陞（地）大，道大，王亦大。国中又（有）四大安（焉），王凥一安（焉）。(《郭店楚简·老子甲本》)

(28) 圣人之訂（治）民，民道也。壘（禹）之行水，水之道也。戚（造）父之駭（御）马，马之道也。句（后）禝（稷）之埶（艺）陞（地），陞（地）之道也。莫不又（有）道安（焉）。(《郭店楚简·尊德义》)

九是表示时间的。例如：

(29) 敓（曹）穫（沫）曰：□不同矣，臣是古（故）不敢以古畣（答），肰（然）而古亦有大道安（焉）。(《上博楚简四·曹沫之阵》)“焉（安）”中的代词回指其先行词“古”。

兼词“焉”的用法可用下表表示：

1－2：出土战国文献中兼词“焉”统计表

用法＼文献	战国金文	战国简牍		战国帛书	战国玉石文字	合计
		楚简	秦简			
表示施事	0	2	0	0	0	2
表示受事	1	10	0	0	0	11
表示对象	0	2	1	0	0	3
表示与事	0	10	0	0	0	10
表示伴随	0	0	4	0	0	4
表示比较	1	10	4	0	0	15
表示处所	0	23	14	0	1	38
范围方面	0	14	3	0	0	17
表示时间	0	1	0	0	0	1
合计	2	72	26	0	1	101

由上表看来，表示处所和范围方面的最多，两项加起来有55次，占总次数（101）的54.5%。最少的是表示对象、施事和时间的，分别出现3次、2次、1次。表示施事、受事、与事的用法只见于楚简中（在战国金文中有1例表示受事的），表示伴随的用法只见于秦简中，表示对象、比较、处所、范围方面的用法，在楚简、秦简中都可以见到。

总之，在出土战国文献中，“焉（安）”有“焉”、“安”、“言”等写法，有兼词、语气词和连词等用法。兼词“焉（安）”是介代兼词，可以表示施事、受事、对象、与事、伴随、比较、处所、范围方面、时间等；语气词“焉”表示肯定语气，同时有将事态往大处说的意思；连词“焉（安）”表示时间先后关系。在上述三种用法中，兼词“焉（安）”最为常见。

“焉（安）”的语气词用法见第五章第七节；其连词用法见第三章第十

六节。

参考文献

崔立斌：《〈孟子〉词类研究》，河南大学出版社 2004 年版。

郭锡良等：《古代汉语》（上），天津教育出版社 1991 年版。

何乐士：《古代汉语虚词词典》，语文出版社 2006 年版。

何乐士：《〈左传〉的“焉”》，《古汉语研究》（第一辑），中华书局 1988 年版。

洪波等：《立体化古代汉语教程》，高等教育出版社 2005 年版。

荆贵生：《句尾“焉”字的词性及辨别方法》，《河南大学学报》1988 年第 1 期。

李佐丰：《先秦汉语实词》，北京广播学院出版社 2003 年版。

李佐丰：《古代汉语语法学》，商务印书馆 2004 年版。

刘钊：《郭店楚简校释》，福建人民出版社 2003 年版。

马建忠：《马氏文通》，商务印书馆 1898 年版。

王海根：《古代汉语通假字大字典》，福建人民出版社 2006 年版。

王力主编：《古代汉语》（共四册），中华书局 1962 年版。

吴昌莹：《经词衍释》，中华书局 1956 年版。

第二节　出土战国文献中的兼词“诸”

在上古汉语中，有些“诸”可以解为“之于”或“之乎”。对于这种“诸”该如何看呢？它的性质如何？

这主要有四种看法：

一是看作合音词，如吴庆峰（2006：434）。

二是看作兼词，为代介兼词或代语兼词。如何乐士（2006：623）。

三是既是兼词也是合音词，如杨伯峻（1981：367）。

四是看作代词。如尹君（1984：753—756）。他认为，通常被解释为“之于”的“诸”是相当于“之”的代词，古代汉语的补语可以不用介词引介，而现代汉语常用介词，译时可以添上，但不能便根据译文习惯以及语音的偶合而直解一词为两词。同理，相当于“之乎”的“诸”，也只相当于“之”，本属一音之转，后面“乎”的有无，是行文繁简的随意；不能根据习惯的多数、译文的现实以及语音的偶合而解一词为两词。

那么，对这种“诸”该如何分析呢？

首先看看是否可以把“诸”看成“之於”、“之乎”的合音词。“之”在上古为章纽、之韵、平声，拟音为ȶĭə①，“於”为影纽、鱼韵、平声，拟音为ĭa①，“诸”为章纽、鱼韵、平声，拟音为ȶĭa①。“於”为零声，当“之”和“於”连读，而且速度较快时，确实可以把“之於”读为“诸”。取“之”的声母和“於”的韵母，合起来就是“诸”的音。“乎”的上古音为匣纽、鱼韵、平声，拟音为ɣa①，当“之乎”连读，而且速度较快时，可以读为“诸”。这时取“之”的声母和介音，而取“乎”的韵。这样看来，把“诸”看成“之於”、“之乎”的合音词，应该是没有问题的。

相当于“之於”或“之乎”的“诸”到底是一个词，还是两个词呢？本来，“之於”、“之乎”都是两个词，它们的合音形式“诸”也应视为两个词才对。但是，由于它们书写形式只用一个了，而且经常使用，这就给人一种整体感。而且在上古汉语中有兼词“焉”，意思相当于“於是”，受此类化，作为合音词的“诸”就跟“焉”越来越近了，所以把“诸”跟“焉”一样看待，都视为兼词也是可以的。现代汉语的“甭”，是“不用”的合音，但学者们已把它视为一个词了。

但是跟“焉”不同，“焉”是词义中就有“於是”这样的意思，而语音上并不是“於是”的合音；而“诸”先是“之於”或“之乎”的合音，而后形成一个整体。从这个意义上说，杨伯峻（1981）的观点更好一些。“诸”既是合音词，也是一个兼词，而不是两个词，更不能看作是跟“焉”一样的兼词。

虽然有些“诸”确实可以解为“之”，但是“诸”并不能都看作代词。有些“诸”明显可解为“之於”，例如“武夫力而拘诸原，妇人暂而免诸国。”（《左传·僖公三十三年》）有些“诸”明显可以解为“之乎”，例如“使齐人傅诸，使楚人傅诸？”（《孟子·滕文公下》）。所以第四种看法也不可取。

“诸”可以是“之於”的意思，也可以是“之乎”的意思。由前者发展出相当于介词“於”的“诸”，例如：“臧氏使五人以戈楯伏诸桐汝之闾。”（《左传・昭公二十五年》）、“崔明夜辟（避）诸大墓。”（《左传・襄公二十七年》）由后者发展出相当于“之”的“诸”，例如：“冬，晋荐饥，使乞糴于秦。秦伯谓子桑：‘与诸乎？’”（《左传・僖公十三年》）、“仲几曰：‘纵子忘之，山川鬼神其忘诸乎？”（《左传・定公一年》）。为什么会有这样的变化呢？

依据高继平等（1990：138），语境可以使一个义位中的某个义素，获得义位的价值。又依据裘锡圭（1988：143），“休”的本义是人在树荫下休息。由于语境的作用，“人在树荫下休息”中的“树荫”这个义素，可获得义位的价值，例如“依松柏之余休”（《汉书・孝成班倢伃传》），其中的“休”可以当树荫讲；“人在树荫下休息”中的“休息”这个义素，也可以获得义位的价值，例如“景公猎，休，坐地而食。”（《晏子春秋・内篇谏下九》）张纯一校注：“休，息也。”

既然如此，“诸”的“之於”中的“於”，由于语境的作用，可以获得义位的价值，这时“诸”就义同“於”。“诸”的“之於”中的“之”，由于语境的作用，可以获得义位的价值，这时“诸”就义同“之”。

何乐士（2004：315）说：“‘诸’是个兼词，所以用法比较灵活；既然可相当于代词‘之’加介词（於、于），或‘之’加语气词‘乎’，也就可以分别相当于‘之’或‘于’（於）或‘乎’。正如兼词‘焉’既然相当于‘於’加‘之’，就可以分别相当于‘於’或‘之’一样。这也许是兼词的共同特点吧。”

何乐士指出了这种现象，只是未从语义学的角度加以解释。

在出土战国文献中，“诸”共出现21次。这些“诸”都应视为合音兼词，相当于“之於”，没有例外。

既然“诸”相当于“之於”，那么，对“诸”的下位分类，可以参考对介词“於”的分类。

“诸”可以分为三类，一类是其中的“於”是引介处所的，二类是其中的“於”是引介当事的，三类是其中的“於”是引介范围的。

“诸”中的“於”为位事介词或处所介词的例子（这种“诸”出现9次）如：

(1) 又（有）鬃（燕）監（衔）卵階（错）者（诸）亓（其）前，取而軟（吞）之。(《上博楚简二·子羔》)

(2) 置诸冥室椟棺之中。(《诅楚文·大沈厥湫文》)

(3) 不我（义）而孤者（诸）己，弗受也。(《郭店楚简·语丛三》)

(4) 姑（苦）戌（成）豪（家）父専（搏）长鱼矞，桿（梏）者（诸）廷。(《上博楚简五·姑成家父》)

(5) 尧之取垒（舜）也，从者（诸）卉茅之中，与之言豊（礼）。(《上博楚简二·子羔》)

(6) 戠（察）反者（诸）吕（己）而可以智（知）人。(《郭店楚简·成之闻之》)

上引前三例中“诸”所含的“於”可译为“在”，为位事介词；后三例中的可译为“到”，为处所介词。

“诸”中的“於”为范围介词的例子（这种“诸”共出现5次）如：

(7) 戠（察）者（诸）出，所以智（知）吕（己）。(《郭店楚简·尊德义》)

(8) 故夫夫、妇妇、父父、子子、君君、臣臣，六者各行其职，而讪誇亡由作也。雚（观）者（诸）时（诗）、箸（书），昊（则）亦才（在）壴（矣）。(《郭店楚简·六德》)

(9) 孔子倉（答）曰：“邦大旱，毋乃遊（失）者（诸）型（刑）与悳（德）虖（乎）?”(《上博楚简二·鲁邦大旱》)

例(7)中的“察诸出”是说由表现来观察它。例(8)中的“观诸诗书”，是说由诗、书来观察它。例(9)中的“遊（失）者（诸）型（刑）与悳（德）”是说在刑和德上有缺失。

范围介词的用法源自处所介词的用法，前者是后者的抽象化、扩大化。这两种“於”的意思是很接近的。

“诸”中的“於”为当事介词的例子（这种“於”共出现7次）如：

(10) 大〈天〉陞（施）者（诸）亓（其）人，天也。(《郭店楚简·五行》)

(11) ☐［貢（任）］者（诸）父兄，貢（任）者（诸）子弟。(《郭店楚简·六德》)

（12）是古（故）君子之求者（诸）吕（己）也深。（《郭店楚简·成之闻之》）

（13）则诉者（诸）瑰（鬼）神。（《上博楚简五·竞建内之》）

当事介词源自处所介词，详见洪波（1988）。

“诸”前的动词，有时是二价动词，有时是三价动词，但不能是一价动词，更不能是零价动词。

“诸”前的动词可以是二价动作动词，如“攻”、“梏”、“修”、“从”、“由”、“反（返）”。这种“诸”中的“於”都是处所介词，如前引例（4）、（5）、（6）。

“诸”前的动词也可以是二价性状动词，如“失”。这种“诸”中的“於”为范围介词，如前引例（9）。

“诸”前的动词还可以是二价心理动词，如“观”、“察”。这种“诸”中的“於”也都是范围介词，如前引例（8）、（9）。

“诸”前的三价动词，都是动作动词。有四类，一类是告知类动词，如“诉”，这种“诸”中的“於”为当事介词，如前引（13）；二类是索取类动词，如“求”，这种“诸”中的“於”也是当事介词，如前引例（12）；三类是给予类动词，如“施”、“任”，这种“诸”中的“於”为当事介词，如前引例（10）、例（11）；三类是放置类动词，如“错”、“置”、“著”、“加”，这种“诸”中的“於”是位事介词，如前引例（1）、（2）、（3）。

下引一例中的“都”如果确实应读为“诸”，则可训为“之”，例如：

（14）甬（用）都（诸）斊（教）於邦。（《上博楚简四·曹沫之阵》）

参 考 文 献

高继平：《新编语言学概论》，辽宁古籍出版社 1990 年版。

管敏义：《兼词“诸”与“焉”》，《宁波师范学院学报》1990 年第 2 期。

何乐士：《〈左传〉的“诸”》，《左传虚词研究》（修订本），商务印书馆 2004 年版。

何乐士：《古代汉语虚词词典》，语文出版社 2006 年版。

刘百顺：《关于“诸”训释的几个问题》，《西北大学学报》1984 年第 4 期。

裘锡圭：《文字学概要》，商务印书馆 1988 年版。

吴庆峰主编：《〈史记〉虚词通释》，齐鲁书社 2006 年版。

解惠全、洪波：《“于”“於”介词用法源流考》，《语言研究论丛》（第五辑），南开大学出版社 1988 年版。

杨伯峻：《古汉语虚词》，中华书局 1981 年版。

尹君：《文言虚词通释》，广西人民出版社 1984 年版。

馀 论

本书所使用的语料是经过精心挑选的，即必须是形成时代和出土时代都是战国时代（确切地说是春秋末年到秦代）的才可以。这样的研究能描绘出战国时代虚词的真实面貌。然后把出土战国文献中的虚词和传世战国文献中的虚词进行异同比较，并据此对战国时代虚词的情况做出实事求是的判断。在对战国时代虚词的情况有了比较全面的了解之后，可以进行纵向的比较，考察汉语虚词在上古时代的演变规律。

一、与传世战国文献中的虚词进行比较

这种比较是很有意义的。一方面对于传世战国文献虚词的整理研究有价值，另一方面对于全面了解战国时代的虚词也是很有意义的（因为出土战国文献的数量毕竟是有限的）。

如前所述，在出土战国文献中连词“与”可以作并列连词和选择连词，详情如下表所示：

1-1：出土战国文献连词“与”统计表

<table>
<tr><th colspan="2" rowspan="2">文献
用法</th><th rowspan="2">战国金文</th><th colspan="3">战国简牍</th><th rowspan="2">战国帛书</th><th rowspan="2">战国玉石文字</th><th rowspan="2">合计</th></tr>
<tr><th>楚简</th><th>曾简</th><th>秦简</th></tr>
<tr><td rowspan="2">连词</td><td>并列连词</td><td>1</td><td>97</td><td>28</td><td>4</td><td></td><td></td><td>130</td></tr>
<tr><td>选择连词</td><td>1</td><td>2</td><td></td><td></td><td></td><td></td><td>3</td></tr>
</table>

那么连词“与”在传世战国文献中的情形是怎样的呢?

在传世战国文献中，连词“与”共出现714次，其中作并列连词有672次，占总次数的94.1%；作选择连词有42次，占总次数的5.9%（这项统计是我的学生莫艾飞在我的指导下完成的，统计时所使用的传世战国文献有十种：即《左传》、《国语》、《论语》、《墨子》、《老子》、《战国策》、《庄子》、《韩非子》、《孟子》、《荀子》。应该说明的是，上述语料有一些可能早到春秋末期）。

（一）并列连词

“与”连接词与词、短语与短语，表示它们之间的并列关系，有“和”、“同”一类意思。例如：

（1）宣姜与公子朔构急子。（《左传·桓公十六年》）

（2）其不改父之臣与父之政，是难能也。（《论语·子张》）

（3）乃使荀息以垂棘之璧与屈产之乘赂虞公而求假道焉。（《韩非子·十过》）

（4）今王信田伐与参、去疾之言，且攻齐。（《战国策·苏代自齐献书于燕王》）

（5）故视而可见者，形与色也；听而可闻者，名与声也。（《庄子·天道》）

（6）孔子侍坐于鲁哀公，哀公赐之桃与黍。（《韩非子·外储说左下》）

从以上例子可以看出，由“与”字构成的并列结构在句中可以充当多种句子成分：在（1）句中做主语，在（2）句中做动词宾语，在（3）句中做介词宾语，在（4）句中做定语，在（5）句中做判断句谓语，在（6）句中做直接宾语。

并列连词“与”前可以出现“之”，构成“甲之与乙”这种格式，常作主语部分，与它后面的谓语一起，构成“甲之与乙，谓语”句式。其中的“之”起强调作用，可不译。例如：

（7）子墨子言曰：今若国之与国之相攻，家之与家之相篡，人之与人之相贼，君臣不惠忠，父子不慈孝，兄弟不和调，此则天下之害也。（《墨子·兼爱中》）

（8）夫周君、窦屡、奉阳君之与穰侯，贸首之仇也。（《战国策·秦败

东周》）

（二）选择连词

“与”连接词与词、短语与短语、分句与分句，表示它们之间的选择关系，主要有两种形式：

1. “与”独立连接词与词、词组与词组，表示二者之间的选择关系，有“或”、“或者”、“还是”一类意思。如：

（9）齐，楚之权敌也，不用有鲁与无鲁。（《战国策·楚将伐齐》）

（10）如求得其情与不得，无益损乎其真。（《庄子·齐物论》）

（11）凡有季氏与无，于我孰利？（《左传·昭公二十五年》）

（12）居如大神，动如天帝，持老养衰，犹有善于是者与不？（《荀子·正论》）

（13）齐、魏合与离，于秦孰利？（《战国策·或谓公仲曰听者听国》）

（14）镜于水见面之容，镜于人则知吉与凶。”（《墨子·非攻中》）

这类用法的“与”连接的前后两项多是一正一反的对立双方。前一项多为动词性成分，而后一项则在动词前加“不”、“无”等构成否定形式，也常直接用否定词“无”、“否”、“不”等代替；“与”前后两项还可以是两个反义词。

这种选择连词“与”前也可以加“之”，例如：

（15）千钧得船则浮，锱铢失船则沉，非千钧轻而锱铢重也，有势之与无势也。（《韩非子·功名》）

（16）然则斗与不斗邪，亡于辱之与不辱也，乃在于恶之与不恶也。（《荀子·正论》）

2. “与”跟其他虚词配合，用来连接分句与分句，构成选择复句。常见格式有“与……宁……”、“与……不如……”、“与……岂若……”等。这些句式的共同特点是：它们都表示比较性的选择关系，在二者中择一，通常是舍弃前者而选择后者。如：

（17）与杀吾父、逐吾主母者，宁佯踬而覆之。（《战国策·苏代谓燕昭王》）

（18）简子曰：“与吾得革车千乘，不如闻行人烛过之一言也。”（《韩非子·难二》）

(19) 汤三使往聘之，既而幡然改曰："与我处畎亩之中，由是以乐尧舜之道，吾岂若使是君为尧舜之君哉?"(《孟子·万章上》225)

"与"常跟"其"结合，可看作复音虚词，这种用例出现29次。"与其"跟其它虚词配合，用来连接分句与分句，构成选择复句，跟"与"单独和其它虚词连接复句的用法基本一致。常见格式有"与其……宁……"、"与其……不如……"、"与其……岂若……"等。如：

(20) 罗曰："与其素厉，宁为无勇。"(《左传·定公十二年》)

(21) 与其勤而不入，不如逃之。(《国语·晋语一》)

(22) 且而与其从辟人之士也，岂若从辟世之士哉！(《论语·微子第十八》)

(23) 子不如易于齐，与其死也。(《左传·定公十年》)

(24) 今乱本成矣，立可必乎？孝而安民，子其图之！与其危身以速罪也。(《左传·闵公二年》)

例(20)至(22)属于上述"与其"跟其它虚词组合连接选择复句的一般格式；例(23)中"不如"连接的选项提前，意思基本不变；例(24)只出现了"与其"连接一个选项，另一选项在前面出现，这类情况较少见。

1-2：传世战国文献连词"与"统计表

		左传	国语	论语	墨子	老子	战国策	庄子	韩非子	孟子	荀子	总计
并列连词		187	69	18	94	3	92	87	73	29	20	672
选择连词	"与"连接的词与词、词组与词组间表示选择关系	4	2		10		8	1	8		4	37
	"与"连接分句与分句，并与其他虚词配合构成选择复句						2	1	1	1		5
合计		191	71	18	104	3	102	89	82	30	24	714

比较一下两种文献中的连词"与"，就会发现有同有异。两种文献中的

连词“与”都有并列连词和选择连词的用法，都是并列连词更为常见。

但在传世战国文献中，并列连词和选择连词“与”前都可以出现“之”，这种例子在出土战国文献中见不到。在传世战国文献中，选择连词“与”前后可以是一对反义词，这种例子在出土战国文献中也见不到。在出土战国文献中，可以见到“与其……宁……”这种选择复句。这种句式在传世战国文献中也可以见到，此外还可以见到下列选择复句的句式：“与……宁……”、“与……不如……”、“与……岂若……”、“与其……不如……”、“与其……岂若……”。在传世战国文献中，上述选择复句的分句还可以前后倒置，这种例子在出土战国文献中也是见不到的。

在出土战国文献中，并列连词“与”主要出现在楚简和曾简之中，在楚简中有97次，在曾简中有28次，在秦简中只出现4次。并列连词“及”主要出现在秦简中，有313次，在楚简中只出现了6次。在战国玉石文字中并列连词“及”出现5次，这些文献也都属于秦文献。曾国靠近楚国，所以基本上可以说在南方用并列连词“与”，而在西方用并列连词“及”。

从传世战国文献来看，一般是多用并列连词“与”而少用或不用并列连词“及”，具体情况如下：

1-3：传世战国文献并列连词“与”和“及”统计表

	左传	国语	论语	墨子	老子	战国策	庄子	韩非子	孟子	荀子	总计
并列连词“与”	187	69	18	94	3	92	87	73	29	20	672
并列连词“及”	105	27	1	39	0	12	0	7	3	3	197

除《战国策》外，上引各书的作者（这个问题很复杂，这里简而言之）及其地域是：老子是楚国人、庄子是宋国人，孔子、墨子、左丘明是鲁国人，孟子是邹国人（鲁国贵族后裔），荀子是赵国人，韩非是韩国人。

如果上引各书在流传过程中未被篡改，则可以说楚国和宋国人并列连词用“与”而不用“及”（这个结论跟由出土战国文献得出的结论相同），东方的邹鲁、中原的韩赵大都是常用“与”而少用“及”。

二、对上古时代虚词进行纵向的比较

在对战国时代虚词有了全面的了解之后，可以进行纵向的比较研究，这便于了解汉语虚词的历时性，有利于探究汉语虚词发展演变的规律。

前面说过，出土战国文献中结构助词“之”可用于定中之间、状中之间、中补之间、主谓之间以及主语与介宾之间，其基本功用是充当定语、状语和补语的标志。不过，“之”并不是一开始就这样的，在殷墟甲骨文中“之”只做代词。

那么结构助词“之”是怎么来的呢？对此学术界有几种不同的说法：

第一，源自动词“之”。如高名凯（1946：303）说：“第三身代词不成问题是指示词引申出来的。至于规定词，就没有那么清楚。大约规定词的来源是‘之’的实义‘出也’引申出来的，属于某者是由某所从出。”高名凯所说的“规定词”即是指助词。

第二，源自代词“之”。如王力（1958：335）说：“介词‘之’和代词‘之’同出一源。在最初的时候，指示代词‘之’放在名词后面复指，表示领有。‘麟之趾’的原始意义是‘麟它趾’，‘公侯之事’的原始意义是‘公侯他们事情’。这种解释可以拿两件事情来证明：第一，上古人称代词后面不能加‘之’；第二，在先秦语料中，‘之’字作为名词定语的介词的占大多数。”王力所说的“介词”即是指助词。

第三，为原生的结构助词。如唐钰明（1998）认为，“公侯之事”这种结构里的“之”不能看成复指性的指示代词。针对王力“上古人称代词后面不能加‘之’”的看法，他提出两汉和先秦各十个这样的例子加以辩驳，认为它应是与后代的“的”性质相同的结构助词。他说：“为了避免歧义并使定语与中心词的关系更加明确，‘之’字终于在西周中期的金文里率先嵌入了这类定中结构。”

多数学者赞同第二种看法，如郭锡良（1989：88）、Yue（1998）、方有国（2002：159）、张敏（2003）等。

郭锡良（1989：88）认为代词“之”是表示泛指。他的看法是，泛指代词“之”进一步虚化，更变成了连词（即助词）“之”，并举《孟子·梁惠王上》中的“鸡豚狗彘之畜，无失其时”和《庄子·养生主》中的“手之所触”，将其理解为“鸡豚狗彘这类家畜”、“手这身体一部分所接触的地方”。他认为：“这种‘之’也是一种复指，用复指来提示前面的成分和后面的成分是一种偏正关系；由于指代作用的虚化以至消失，于是‘之’只起连接定语和中心词的作用了，因而变成连词。Yue（1998）对这个问题做了详尽、专门的研究。她对甲骨文、金文、《尚书》、《诗经》、《左传》中“之”字的各种用法及其演变做了穷尽性的定量分析，并勾勒了虚词“之”的语法化过程，也提出了其它语言里类似现象的佐证。她认为早期的“之”是一个全能指称词，其指称意义的范围包括动词性的（位移动词）、指示性的、人称性的（回指）以及副词性的（表程度和方式），其中含指称义的动词性用法是最根本的，各种用法的历时发展途径是：从指称性的动词演化为指示词和代词，再进一步发展成定语标记（即助词，包括“主之谓”里的“之”）。她指出，在判断“X之Y”这样的构造里“之”的性质时，Y的词性是关键性的。若Y是NP时，“之”负载的仍然是指示性功能，还不算定语标记；真正的定语标记只出现在Y为VP或PP的构造里，由于Y的非名词属性，“之”已难以看作指示词。

方有国（2002：159）也把我们称为“助词”的“之”看作是连词。他认为，指示代词“之”变为定中间连词“之”，也变为主谓间连词“之”。定语后的“之”，最初是复指前边的定语表示强调的，但由于定语成分就在它的前面，句法结构上它并不是十分重要，在长期使用中，复指淡化，变成了联系主谓的连词。

张敏（2003）专门探讨了定语标记“之”的语法化问题。他把这个问题放在一个更大的视野中去考察：既将考察纳入语言类型学和语言普遍现象的视野中，也与其他相关成分联系起来，寻找其中的平行现象。张敏不同意助词“之”为原生结构助词的推断，也不同意直接来源于动词的推测，而认为来源于代词。他认为代词“之”之所以在上古汉语里往助词“之”的方向发展，是有两个相关结构因素在起促进作用，一是上古汉语里比后代使用得广泛的代词复指机制，一是在汉语里已基本确立的“话题——说明”结构模式，为上古汉语的助词“之”在“话题基模”基础上的形成提供了刺激作用。他在Yue（1998）的基础上，对“之”的语法化过程做了“拾漏补缺”式的探讨，认为“X之Y”中的“之”虽以后指为常，但也有不少前指的；“之”作为一个体词性的代词，在前指时，首选是体词，然后才是谓词，在谓词性成分中，首选是小句，末选是形容词。张敏不同意Yue的下述观点：即将“X之Y”中的“Y”为动词性成分看作是“之”字性质变化的标志，张敏选择的标志是含“之”的定中结构中不同词性的定语的相对比例达到某个阀限。据此他认为助词“之”的成熟应是定在上古汉语的晚期。

我们赞同助词“之”源于代词“之”的说法，并要就此问题做进一步的探讨。

以往的研究有一个很大的局限，即认为作为助词“之”源头的代词“之”是一个名词性（或体词性）的代词。实际上，甲骨文的代词“之”既是名词性的，也是谓词性的（参见张玉金2001）。而这两种词性的代词“之”都是助词“之”的源头。

（一）定中之间助词“之”的来源

就此可以概括为以下三点：第一、如果定语是名词性成分，而且“之”可作前指的解读，那么这种“之”即来源于作定语的有指代作用的名词性代词“之”；第二、如果定语是名词性成分，而且“之”可作后指的解读，那么这种“之”即来源于作定语的仅起指示作用的名词性代词“之”；第三、如果定语是谓词性成分，而且“之”可作前指的解读，那么这种“之”即来源于前指的谓词性代词“之”。

首先说第一。“NP之中心语”中的“之”，有一些只能作前指的解读（参见张敏2003）。例如：

（1）伯夷叔齐饿于首阳之下。（《论语·季氏》）

（2）庚午之日，日始有谪。（《左传·昭公三十一年》）

（3）天既遐终大邦殷之命。（《尚书·召诰》）

（4）未其有若汝封之心。（《尚书·康诰》）

（5）先王之大业。（《尚书·盘庚》）

（6）邦伯师长百执事之人，尚皆隐哉。（《尚书·盘庚》）

例（1）可解作“首阳其下”。例（2）中的“之”指代庚午那个特定的日子。余例类此。这种“之”即来源于作定语的起指代作用的名词性代词“之”。

作定语的名词性代词“之”明显可分为两种，一种是起指代作用的，一种是仅起指示作用的。仅起指示作用的名词性代词“之”的用例见下文。起指代作用的名词性代词“之”不仅见于甲骨文，也见于先秦传世文献。例如：

（7）贞：翌辛丑不其啓？王占曰：今夕其雨，翌辛［丑］［啓］。之夕允雨，辛丑啓。（《合集》3297）

（8）己丑卜，宾贞：唯冥人？

贞：不唯冥人？

唯之人？

不唯之人？（《合集》7851）

（9）子曰：“求也，千室之邑，百乘之家，可使为之宰，不知其仁也。”（《论语·公冶长》）

（10）楚子之在蔡也，郹阳封人之女奔之，生大子建。及即位，使伍奢为之师。（《左传·昭公十九年》）

例（7）中的“之”指代“庚子”，“之夕”即指庚子那天的晚上。例（8）中的“之”指代“冥”，“之人”即指冥那个地方的人。例（9）中的“之”指代“千室之邑，百乘之家”，例（10）中的“之”指代大子建。

前引例（2）“庚午之日”可与下例相比较：“甲午卜，争贞：翌乙未勿﨏用羌？/甲午卜，争贞：翌乙未用羌？用。之日雾。”（《合集》456）“之日雾”中的“之”指代“乙未”。假如在“之日雾”前加上“乙未”，就成了“乙未之日雾”，其中的“之”就起到了复指前面的定语以表示强调的作用。这种起复指强调作用的“之”在长期使用的过程中，复指作用逐渐淡化，最终变成了助词“之”。这时“之”不再作定语了，而是起明确定中关系的作用。

再次说第二。“NP之中心语”中的“之”有一些可作后指的解读。例如：

（11）粪土之墙。（《论语·公冶长》）

（12）古之贤人。（《论语·八佾》）

张敏（2003）认为，例（11）只可解作“粪土那墙”，例（12）只可解作“古代那些贤人”。这种“之”即来源于作定语的仅起指示作用的名词性代词“之”。作定语的仅起指示作用的名词性代词“之”不见于甲骨文，但见于先秦传世文献。例如：

（13）之子于归，言秣其马。（《诗经·周南·汉广》）

（14）适莽苍者，三餐而反，腹犹果然；适百里者，宿舂粮；适千里者，三月聚粮。之二虫又何知？（《庄子·逍遥游》）

很明显，例（13）、（14）这种“之”，即源于例（7）至例（10）这类“之”。作定语的有指代作用的名词性代词“之”在使用过程中替代作用逐渐消失后，就成了仅起指示作用的名词性代词“之”。在这种“之”之前，可加名词性定语。最初，“NP 之中心语”中的“之”是对中心语起指示作用的代词，后来在长期使用的过程中，指示作用逐渐淡化，“之”就变成了一个表示定中关系的助词。这时的“之”不再作定语，而是用在“NP”和“中心语”之间起纽带作用。

最后说第三。“VP 之中心语”中的“之”，可作前指的解读。例如：

（15）唯王令南宫伐反虎方之年。（《中方鼎铭》）

（16）王命善夫克舍令于成周遹正八师之年。（《善夫克鼎铭》）

（17）唯天子休于麦辟侯之年。（《麦尊铭》）

（18）大司马邵阳败晋师于襄阳之岁。（《鄂君启节铭》）

（19）不二心之臣。（《尚书·顾命》）

（20）暋为羞刑暴德之人，同于厥邦。（《尚书·立政》）

（21）立于淫乱之国，而好尽言，以招人过，怨之本也。（《国语·周语下》）

（22）恻隐之心，人皆有之；羞恶之心，人皆有之；恭敬之心，人皆有之。（《孟子·告子上》）

这种“之”即源自前指的谓词性代词“之”。这种“之”在先秦传世文献中几乎见不到，但在甲骨文中却不少见。例如：

（23）贞：王有败，不之？
　　　贞：王有败，允之？（《合集》17311）

（24）父乙刍，唯之？
　　　父乙刍，不唯之？（《合集》974）

（25）王往于田，弗以祖丁暨父乙，唯之？

王弗以祖丁暨父乙，不唯之？（《合集》10515）

（26）癸卯卜，争贞：王令三百射，弗告十示，王᠎冎唯之？（《合集》5775）

上引诸例中的“之”都是谓词性代词，可训为“然”，是如此的意思。它所指代的谓词性词语都出现在“之”的前面。如例（23）中的“之”即指代“王有败”、例（24）中的“之”即指代“父乙刍”、例（25）中的“之”即指代“王往于田，弗以祖丁暨父乙”、例（26）中的“之”即指代“王令三百射，弗告十示”。

“VP之中心语”中的“之”，最初应是谓词性代词，复指前面的谓词性词语（所以前引“淫乱之国”可解作“淫乱这样的国家”）。但是在长期使用过程中，复指的作用逐渐消失，就由代词变成了一个起联系作用的助词了；相应地，“之”也就不再作句子成分了。

（二）状中之间助词“之”的来源

就此可以概括为以下两点：第一、若状语由谓词性词语或副词充当，则其后的“之”应源自前指的谓词性代词“之”；第二、若状语由名词性词语充当，则其后的“之”应源自前指的有指代作用的名词性代词“之”。

首先说第一。助词“之”前的状语有些是由谓词性词语或副词充当的，这种“之”可作前指的解读。例如：

（27）惟文王德丕承，无疆之恤。（《尚书·君奭》）

（28）宣子出曰：“吾浅之为丈夫也。”（《左传·襄公十九年》）

（29）迩之事父，远之事君。（《论语·阳货》）

（30）既之阴女，反予来赫。（《诗经·大雅·桑柔》）

（31）今此下民，亦孔之哀。（《诗经·小雅·十月之交》）

这种“之”无疑源自例（23）至例（26）这类前指的谓词性代词“之”。谓词性代词可直接作状语，如“天之方难，无然宪宪。”（《诗经·大雅·板》）、“懿！父乃是子。”（《沈子簋铭》）。当代词所指代的成分出现在作状语的代词前时，谓词性代词“之”就逐渐虚化为助词。

其次说第二。助词“之”前的状语有一些是由时间名词语充当的，这种“之”可作前指的解读。例如：

（32）民今之无禄，天夭是椓。（《诗经·小雅·正月》）

（33）壹者之来，云何其盱！（《诗经·小雅·何人斯》）（壹者：义为曩者、曩昔、从前）

例（32）中的“民今之无禄”是说百姓在现在这个时候“无禄”；例（33）中的“壹者之来”是说过去那个时候“来”。可见这种“之”源自前指的有指代作用的名词性代词“之”。

（三）主谓之间、中补之间助词“之”的来源

就主谓之间助词“之”的来源可以概括为以下两点：第一、若“主之谓”中的“之”可作前指的解读，那么它即来源于作主语的有指代作用的名词性代词“之”；第二、若“主之谓”中的“之”可作后指的解读，那么它即源自后指的谓词性代词“之”。

首先说第一。“主之谓”中的“之”有些可作前指的解读，例如：

（34）皮之不存，毛将安傅？（《左传·僖公十四年》）

（35）虽我之死，有子存焉。（《列子·汤问》）

（36）宰我出。子曰：“予之不仁也。子生三年，然后免于父母之怀，夫三年之丧，天下之通丧也。予也有三年之爱于其父母乎？”（《论语·阳货》）

例（34）可解作“皮这种东西不存在了，毛将要附在哪里？”例（35）可解作“虽然我这个人死了，可还有儿子在。”例（36）中的“予之不仁也”可解作“宰予这个人不仁德啊！”。

这种“之”即源自作主语的有指代作用的名词性代词“之”。这种“之”不见于先秦传世文献，但在甲骨文中可以见到。例如：

（37）贞：王梦，唯之孽？（《合集》17412）试比较：戊子卜，宾贞：王听，唯祖乙孽我？（《合集》1632）

（38）□申卜，壳［贞］：王梦，唯之蛊？（《合集》17415）

（39）壬辰卜，争贞：唯鬼施？

贞：不唯之施？（《合集》1114）

例（37）中的“之”，指代某位或某几位祖先，在句子中作主语。这是卜问：大王做了梦，是他（或他们）在作祟吗？例（38）中的“之”与例（37）中的相同。例（39）中的“之”即指代“鬼”，也作句子的主语。

在“之（作主语）VP”前，可再出现名词性主语，形成“NP 之 VP”这样的句式。最初，其中的“之”是复指这个名词性主语的，并对它予以强调。但是后来在长期使用过程中，其复指作用逐渐消失；相应地，“之”不再是作主语的代词，而变成了用于主谓之间的助词。“之”可用于独立成句的主谓之间，如上引例（36）；但更多的是用于作分句或句子成分的主谓之间，如前引例（34）、（35）。主谓之间有了助词“之”，给人一种话未说完的感觉，这就是所谓的取消句子的独立性。

其次说第二。“主之谓”中的“之”，有一些可作后指的解读。例如：

（40）何许子之不惮烦？（《孟子·滕文公上》）

（41）我之不德，民将弃我，岂唯郑？（《左传·襄公九年》）

例（40）是说为什么许先生这样不怕麻烦，例（41）是说我这样不仁德，百姓将抛弃我，难道仅仅是郑国？很明显，这种“之”应是后指的。判断主谓之间的“之”究竟是作前指解，还是作后指解，要看哪个成分被强调了。像例（34）中的“皮”，与“毛”相对而言，就被强调了。而例（41）非常明显是强调行为“不德”的，因为是这样的行为导致被百姓抛弃。

可作后指解读的“主之谓”中的“之”，应是源自后指的谓词性代词“之”。这种“之”在甲骨文中业已存在。例如：

（42）祖辛唯之：不若王多匚于唐？

祖辛不唯之：不若王多匚于唐？（《合集》1285）

（43）贞：王𡆥不唯之：弗告三百射？（《合集》5775）

（44）唯之：其凡？

不唯之：其凡？

壬戌卜，内贞：之：其凡？／

贞：不唯之：其凡？（《合集》2498）

例（42）中的“之”，指代其后的“不若王多匚于唐”；例（43）中的“之”，指代其后的“弗告三百射”；例（44）中的“之”，指代其后的“其凡”。上引三例中的“之”都是指代其后的谓词性词语，可训为“然、如此”。

可作后指解读的“主之谓”中的“之”，最初是与其后的“谓”构成同位短语，共同作“主”的谓语的。但是，后来在长期使用的过程中，“之”的指代作用就逐渐淡化，由一个谓词性的代词变为表示话未说完的助词；相应地，“之”也就不能再作句子成分了。

中补之间的“之”，都应作后指的解读。例如：

（45）天下之刖者多矣，子奚哭之悲也。（《韩非子・和氏》）

（46）齐王按戈而却曰：“此一何庆吊相随之速也？”（《战国策・燕策一》）

（47）为善者天报之以福，为不善者天报之以祸。今夫子累德积义怀美行之日久矣，奚居之隐也。（《荀子・宥坐》）

（48）武帝下车，泣曰：“嚄！大姊，何藏之深也。”（《史记・外戚世家》）

例（45）中的“子奚哭之悲也”，是说你为什么哭得这这样悲痛。其余诸例类此。很明显，“之”是指向补语的。这种“之”是源自后指的谓词性代词“之”。

最初，谓词性代词“之”与补语构成同位短语，共同作谓语中心语的补语。但是，后来在长期使用的过程中，“之”的指代作用就逐渐淡化，最终由代词变成了一个用于中补之间的助词。

从历时的角度观察，“之”的时代性非常鲜明：

1. 在殷墟甲骨文中，“之”只有代词用法，没有结构助词的用法。

2. 在西周春秋金文中，“之”只可用于定语和中心词之间（助词“之”的这种用法比它的其它助词用法都要早）。例如：

（49）王令东宫追以六师之年。（《启贮簋铭》）

（50）王用弗望（忘）圣人之后，多蔑曆易休。（《师望鼎铭》）

3. 在出土战国文献中，结构助词“之”不但可用于定中之间，也可用于状中之间、中补之间、主谓之间以及主语与介宾之间。

参考文献

方丽娜：《西周金文虚词研究》，［台湾］台湾师范大学国文研究所硕士论文1985年。

方有国：《上古汉语语法研究》，巴蜀书社2002年版。

高名凯：《汉语语法论》，开明书店 1948 年版。

郭锡良：《试论上古汉语指示代词的体系》，《语言文字学术论集》，知识出版社 1989 年版。

唐钰明：《之字复指说献疑》，《李新魁教授纪念文集》，中华书局 1998 年版。

王力：《汉语史稿》，中华书局 1958 年版。

张敏：《从类型学看上古汉语定语标记“之”语法化的来源》，吴福祥、洪波：《语法化与语法研究》（一），商务印书馆 2003 年版。

张玉金：《甲骨文语法学》，学林出版社 2001 年版。

张玉金：《西周汉语语法研究》，商务印书馆 2004 年版。

Yue, Anneo. Zhi in pre-Qin Chinese. T' oung pao LXXXIV, Brill, Leidrn, 1998.

后　记

1985年9月至1988年8月，我在北京大学中文系古典文献专业师从裘锡圭先生攻读博士学位。在接受先生指导的过程中，我逐渐悟出做学问、写论文应遵循的一些原则。

第一，要重视文献综述，弄清楚前人和时贤对所要研究的问题都有哪些观点。裘先生自己在这方面就做出了榜样。他的文章发表后，若发现以往有相近似的观点，就一定以书面的形式表达歉意，表示这是不应有的失误。

第二，研究一个问题，应把与这个问题有关的原始材料都收集齐全。裘先生非常反对仅就一两个例子就发表见解。比如若要研究甲骨文中的“若”，那就把“若”的用例以及与此相关的用例都收集起来，在此基础上提出见解。当然，这可能是一个逐渐积累的过程。裘先生强调“好记性不如烂笔头”。在读书过程中，若遇到与某一问题有关的材料，就随手记在单纸片上，放到一个信封内或笔记本里。这样逐渐积累，如果某一问题的材料积累齐全，观点也成熟了，就可以动手写论文了。裘先生跟我们讨论问题时，常把他的某个信封或笔记本拿出来，让我们看有关的材料。裘先生说过，我们跟清儒没法比，他们的古文功底很好。但如果在研究一个问题之时，有关的书都查到，是可以弥补这一缺欠的。如今比过去更方便了，一些古籍有了电子文档，更有助于检索了。

第三，对某一问题的解答，要考虑多种可能。我记得，在我写出论文交给他审阅时，他常常说，除了这种观点外，也还有另外几种可能。裘先生的意思是，当要研究一个问题时，在把所有原始材料收集齐全之后，在寻求对一个问题的解答时，要考虑到有多种可能，然后，通过对各种材料的分析，提出一种最有可能的解答。这其中当然应有论证：为什么是这种解答，为什么不是其他的解答。在我看来，这一点对于搞学问来说是至关重要的，我想这是裘先生取得突出成就的原因之一吧。一般人看到一些材料，可能就会形成一种观点，然后就觉得这种观点是正确的，从方方面面加以论证，但却可能是错误的。我记得，我请裘先生评论一位学者的学术研究，裘先生的评论是“爱钻牛角尖”，我想这是指这位学者在形成了一种观点之后，就不考虑其他可能了。

第四，研究学问时，一定要“忌主观、重反证。”研究学问，最为重要的就是要在收集尽可能全面的材料的基础上，通过严谨的研究程序，得出符合客观实际的科学结论。所以，重要的是“忌主观”。“忌主观”就是让我们自己的观点符合实际存在的语言材料，而不是让客观的语言材料屈从于我们的观点。要想做到这一点，就要放弃对自己已经初步得出的结论的偏爱，考虑到各种可能的解答，而根据实际的语言材料分析哪种观点的可能性最大。我们得出一种观点之后，要能用这种观点解释所有的相关材料。如果不能做到这一点，很可能所得出的结论是不正确或者不全面的。尤其应该注意的是，要特别重视与所得出的观点相反的证据，这就是“重反证”。如果一些反证无法科学地解释，就必须放弃自己的观点。我非常重视“忌主观，重反证”这六个字，曾把它写成条幅，挂在床头。每当研究问题时，看看这六个字，心中就有警惕性。

第五，引例正确、分析综合。研究一个问题，就要收集齐与此有关的全部语料。对每一条语料的解析，都应是正确无误的。裘先生在审阅我的论文时，有时会指出我对甲骨文断句有误，并严厉地批评。为了对每一条语料都有正确的分析，他要求我们有宽广深厚的理论知识基础。我研究甲骨文语法，裘先生就要求我认真学习甲骨学知识，如甲骨断代学、殷代周祭制度等等。这是完全正确的，如果对一个语句分析错了，那么建立在这个基础上的结论也就不可靠了。在研究问题时，裘先生很重视对分析综合方法的运用，而反对玩弄一些名词术语却解决不了实际问题。在裘先生的文章里，见不到那些后面括着英文的时髦词语，都是些朴朴实实的话。我记得一次外出参加学术会，回来后跟裘先生说自己学到了很多理论方法，觉得很受启发。当时裘先生并不以为然，他表示，还是要把有关材料收集齐全，进行分析综合。

这种朴实的方法，得出的结论也最为坚实可靠。

最后，但也许是最重要的是要有严谨踏实、认真负责的精神。裘先生给自己的公子取名为“裘实”，这是希望他实事求是。裘先生给我们讲过几次，做事一定要认真踏实。他说自己在文化大革命的时候被下放到干校劳动，就认真去做，结果也有收获，自己的身体得到了锻炼。他的意思是做什么事都要认真去做，结果总会有收获。即使在今天，我也常常想起裘先生的这些话，努力按照先生的要求去做。

裘先生所传授的这些治学方法，是十分宝贵的。不过，知易行难。即使在今天，我也不能说很好地领会了裘先生的治学思想并切实地付诸实践。

本书研究的是战国时代的虚词。战国时代是中国历史上一个非常重要的时代，这个时代的语言是典范的文言文，而其中的虚词又是这种语言的两种主要语法手段之一，所以研究这种语言中的虚词是很有意义的。以往对这个课题的研究，主要都使用传世战国文献，但这种文献有其局限性。它屡经传抄刊刻，错误很多，有的经过改写删节，几乎面目全非。就虚词而言，这种失真的情况尤其严重。而出土文献除去传抄的古书以外，很少有这种问题。即使是传抄的古书，通常也比传世的本子近真。因此研究出土战国文献中的虚词，能使我们看清楚战国时代使用虚词的真实情况。

2006年5月，我申报的国家社会科学基金项目“虚词理论与出土战国文献虚词研究”获准立项（06BYY036），此后就开始了研究工作。我首先收集了出土战国文献这种原始材料以及此前的相关研究成果，并进行了当代汉语虚词理论的探究。然后从出土战国文献中收集每个虚词的每个用例，逐例进行分析、归类，对每个虚词都进行了静态描写和必要统计，在此基础上进行综合研究，概括出了出土战国文献的虚词系统，并进行了必要的比较研究、专题研究以及对疑难问题的探讨等。到2009年8月，我完成了这个项目，写出了50多万字的稿子，名曰《出土战国文献虚词研究》。

由于研究时所用的语料是古文字材料，不便于直接在电脑上写作，而是先要写在稿纸上，这样就需要把所写出来的文稿输入计算机。这个工作都是由我爱人刘海霞女士来完成的（实际上近来我写的每一篇论文、每一部书稿都是她帮助我变成电子文档的）。这部书稿字数比较多，难度很大，里边有许多需要造的字，她不辞辛劳，夜以继日，终于按时完成了录入工作。录入完毕后，她又对全文一个字一个字地检查（查出来不少问题），确保无误，这令我十分感动。

在联系书稿出版的过程中，我结识了人民出版社总编室主任陈鹏鸣先生。陈先生对我的书稿评价很好，告诉我可以申报《国家哲学社会科学成果文库》，于是我在2010年5月提出了申请。暨南大学中文系教授、广东省中国语言学会会长邵敬敏先生、华南师范大学教授吴辛丑先生作为同行专家做了推荐。蒙评审专家（到现在我也不能确切知道是哪几位专家，请允许我在此表达由衷的感激之情）不弃，拙稿得以入选2010年《国家哲学社会科学成果文库》（批准号为10KYY002）。2010年10月，我收到了《入选通知》和《评审专家意见》。按照《评审专家意见》和出版社发来的体例要求，我又对全书做了一次全面的修改。我的研究是在前人和时贤所做研究的基础上进行的，没有他们打下的基础也不会有本项成果。对于这些成果，一般都在参考文献中列出了。若有个别遗漏，纯属疏忽，非敢掠美。

在本书即将出版的时刻，谨以感恩之心向上面提到的以及未能提到的女士们、先生们表示我由衷的谢意！

作　者

2010年12月5日于广州

责任编辑:陈鹏鸣
装帧设计:肖　辉
版式设计:肖　辉　周方亚
责任校对:吴海平

图书在版编目(CIP)数据

出土战国文献虚词研究/张玉金 著. -北京:人民出版社,2011.3
(国家哲学社会科学成果文库)
ISBN 978-7-01-009686-5

Ⅰ.①出…　Ⅱ.①张…　Ⅲ.①古汉语虚词-研究-战国时代　Ⅳ.①H141

中国版本图书馆 CIP 数据核字(2011)第 025844 号

出土战国文献虚词研究
CHUTU ZHANGUO WENXIAN XUCI YANJIU

张玉金　著

人民出版社 出版发行
(100706　北京朝阳门内大街 166 号)

北京中科印刷有限公司印刷　新华书店经销

2011 年 3 月第 1 版　2011 年 3 月北京第 1 次印刷
开本:710 毫米×1000 毫米　1/16
印张:43　字数:680 千字

ISBN 978-7-01-009686-5　定价:110.00 元

邮购地址 100706　北京朝阳门内大街 166 号
人民东方图书销售中心　电话 (010)65250042　65289539